공인 노무사

2025

1차시험 | 필수과목

사회보험법

시대에듀

공인
노무사
사회보험법

머리말

사회가 고도화됨에 따라 노사관계 및 노동이슈가 증가하고 있고, 개별적 노사관계는 물론 집단적 노사관계에 이르기까지 분쟁의 해결이라는 측면에서 공인노무사의 역할은 더욱 증대되고 있다. 이에 따라 최근 고용노동부는 공인노무사의 인력수급을 적정화하기 위하여 2018년부터 공인노무사시험 합격인원을 기존보다 50명 더 늘리기로 하였다.

공인노무사시험은 격년제로 시행되었으나, 1998년부터는 매년 1회 치러지고 있으며, 2024년부터는 1차시험이 과목당 40문항으로 문제 수가 증가되었다. 1차시험은 5지 택일형 객관식, 2차시험은 논문형 주관식으로 진행되고, 1·2차시험 합격자에 한하여 전문지식과 응용능력 등을 확인하기 위한 3차시험(면접)이 실시된다.

전 과목의 평균이 60점 이상이면 합격하는 1차시험 준비의 키워드는 '효율성'으로, 보다 어려운 2차시험 준비를 철저히 하기 위하여 단시간에 효율적으로 학습할 필요가 있는데, 본 교재는 이를 위한 기본서로서 다년간의 기출문제를 분석하여 꼭 필요한 내용만을 담아 구성하였다.

「**2025 시대에듀 EBS 공인노무사 1차 사회보험법**」의 특징은 다음과 같다.

첫 번째 최신 개정법령과 최근 기출문제의 출제경향을 완벽하게 반영하였다.

두 번째 EBS 교수진의 철저한 검수를 통하여 교재상의 오류를 없애고, 최신 학계동향을 정확하게 반영하였으므로, 출제가능성이 높은 주제를 빠짐없이 학습할 수 있다.

세 번째 상세한 이론 및 해설을 수록하였고, 기출표기를 통하여 해당 조문의 중요도를 한눈에 파악할 수 있다.

네 번째 매 Chapter와 관련된 기출문제만을 모아 구성한 실전대비문제로 문제해결능력을 습득하고, 변형·심화문제에 대비할 수 있다.

다섯 번째 대한민국을 대표하는 교육방송 EBS와의 강의연계를 통하여 검증된 강의를 지원받을 수 있다.

본 교재가 공인노무사시험을 준비하는 수험생 여러분에게 합격을 위한 좋은 안내서가 되기를 바라며, 여러분의 합격을 기원한다.

편저자 올림

이 책의 구성과 특징

핵심이론

CHAPTER

01 사회보장기본법

제1절 사회보장기본법의 개관

사회보장기본법은 사회보장제도의 기본적인 사항을 법률로써 규정한 것이다. 이 법은 비록 개별적인 사
관련법보다 시기적으로 늦게 입법되었음에도 불구하고 제반 사회보장법의 모법으로서의 위치를 가지고
볼 수 있다. 현대 복지국가에서의 사회보장제도는 각 국가마다 상이한 형태로 운영되고 있지만, 사회
기본적 형태는 소득보장과 의료보장을 중심축으로 구성되고 있다.

▶ **핵심이론**

최근 12년간의 기출문제 보기지문을 바탕으로 핵심이론을 구성하였고, 기출연도를 표시하여 반복출제된 내용을 확인할 수 있도록 하였다.

고용보험위원회의 구성(영 제1조의3)

① 법 제7조 제4항 제1호 및 제2호에 따른 근로자와 사용자를 대표하는 사람은 각각 전국 규모의 노동
사용자단체에서 추천하는 사람 중에서 고용노동부장관이 위촉한다.
② 법 제7조 제4항 제3호에 따른 공익을 대표하는 사람은 고용보험과 그 밖의 고용노동 분야 전반에 관
풍부한 사람 중에서 고용노동부장관이 위촉한다.
③ 법 제7조 제4항 제4호에 따른 정부를 대표하는 사람은 고용보험 관련 중앙행정기관의 고위공무원
중에서 고용노동부장관이 임명한다. 기출 23 · 24

위원의 임기 등(영 제1조의4)

① 법 제7조 제4항 제1호부터 제3호까지의 규정에 따른 위촉위원(이하 "위촉위원")의 임기는 2년으로 한다
임기는 전임자 임기의 남은 기간으로 한다. 기출 23
② 위촉위원은 제1항에 따른 임기가 만료된 경우에도 후임위원이 위촉될 때까지 그 직무를 수행할 수
③ 고용노동부장관은 위촉위원이 다음 각 호의 어느 하나에 해당하는 경우에는 해당 위원을 해촉(解
1. 심신장애로 인하여 직무를 수행할 수 없게 된 경우
2. 직무와 관련된 비위사실이 있는 경우
3. 직무태만, 품위손상이나 그 밖의 사유로 인하여 위원으로 적합하지 아니하다고 인정되는 경우
4. 위원 스스로 직무를 수행하는 것이 곤란하다고 의사를 밝히는 경우

▶ **법령박스**

학습의 토대가 되는 조문을 수록하여 어떠한 조문이 중요한지, 시험에 자주 출제되는지를 파악할 수 있도록 하였다.

연금기금의 운용원칙

연금기금은 향후 안정적 연금지급을 위한 책임준비비금이므로 장기적
소득보장과 복지증진에 부합되도록 운용되어야 한다. 따라서 연금기
공공성을 들고 있다.
① **수익성** : 국민경제의 안정과 국민경제의 성장에 기여하면서 수익
의 효율적 운용이 필요하다.
② **안정성** : 장래의 급여에 대한 책임준비비금으로 안정성을 보장
③ **공공성** : 국민경제에 긍정적인 영향을 미칠 수 있도록 기금운용
수 있어야 한다.

▶ **심화박스**

보충학습이 필요한 부분에 대해서는 하위 법령이나 관련 이론을 수록하여 해당 이론을 보다 쉽게 이해할 수 있도록 하였다.

✔ 핵심문제

01 고용보험 및 산업재해보상보험의 보험료징수 등에 관한 법령상 보험사무대행
범위가 아닌 것은? 기출 19

① 확정보험료의 부과
② 개산보험료의 신고
③ 고용보험 피보험자의 자격 관리에 관한 사무
④ 보험관계의 소멸의 신고
⑤ 보험관계의 변경의 신고

【해설】
① (×) 확정보험료의 부과는 징수법 시행령 제46조에서 정한 보험사무대행기관에 위

▶ **관련 핵심문제**

해당 이론과 관련된 핵심문제를 수록하여 학습한 내용을 확인 · 복습할 수 있도록 하였다.

실전대비문제

02 기출 24 ☑ 확인Check! O △ X

국민연금법에 관한 내용으로 옳지 않은 것은?

① 급여수급전용계좌에 입금된 급여와 이에 관한 채권은 압류할 수 없다.
② 장애연금액은 장애등급 2급에 해당하는 자에 대하여는 기본연금액의 1천분의 600에 해당하는 금액에 부양가족연금액을 더한 금액으로 한다.
③ 장애등급이 2급 이상인 장애연금 수급권자가 사망하면 그 유족에게 유족연금을 지급한다.
④ 가입자 또는 가입자였던 자가 가입기간이 10년 미만이고 60세가 된 때에는 본인이나 그 유족의 청구에 의하여 반환일시금을 지급받을 수 있다.
⑤ 장애연금 수급권자가 고의나 중대한 과실로 요양 지시에 따르지 아니하거나 정당한 사유 없이 요양지시에 따르지 아니하여

02

① (O) 연금법 제58조 제3항
② (×) 장애연금액은 장애등급 2급에 해당하는 자에 대하여는 기본연금액의 1천분의 800에 해당하는 금액에 부양가족연금액을 더한 금액으로 한다(연금법 제68조 제1항 제2호).
③ (O) 연금법 제72조 제1항 제5호
④ (O) 연금법 제77조 제1항 제1호
⑤ (O) 연금법 제86조 제1항 제3호

정답 ②

▲ 실전대비문제

매 Chapter별로 기출문제를 수록하여 문제해결능력을 습득하고, 최근 출제경향을 파악할 수 있도록 하였다.

▲ 상세해설 및 정답

가능한 모든 지문에 대하여 최신 개정법령과 출제 포인트를 반영한 상세한 해설을 정답과 함께 수록하였다.

PLUS

유족연금의 수급권자(연금법 제72조)

① 다음 각 호의 어느 하나에 해당하는 사람이 사망하면 그 유족에게 유족연금을 지급한다.
1. 노령연금 수급권자
2. 가입기간이 10년 이상인 가입자 또는 가입자였던 자
3. 연금보험료를 낸 기간이 가입대상기간의 3분의 1 이상인 가입자 또는 가입자였던 자
4. 사망일 5년 전부터 사망일까지의 기간 중 연금보험료를 낸 기간이 3년 이상인 가입자 또는 가입자였던 자. 다만 간 중 체납기간이 3년 이상인 사람은 제외한다.
5. 장애등급이 2급 이상인 장애연금 수급권자

② 제1항에도 불구하고 같은 항 제3호 또는 제4호에 해당하는 사람이 다음 각 호의 기간 중 사망하는 경우에는 유족 지 아니한다.
1. 제6조 단서에 따라 가입 대상에서 제외되는 기간
2. 국외이주·국적상실 기간

▲ PLUS 심화학습

문제와 관련된 중요조문은 바로 확인할 수 있도록 해당 문제 하단에 배치하여 학습의 효율성을 높였다.

자격시험 소개

★ 2024년 제33회 시험공고 기준

◉ 공인노무사란?

⋯› 노동관계법령 및 인사노무관리 분야에 대한 전문적인 지식과 경험을 제공함으로써 사업 또는 사업장의 노동관계업무의 원활한 운영을 도모하며, 노사관계를 자율적이고 합리적으로 개선시키는 전문인력을 말한다.

◉ 주요업무

❶ 공인노무사는 다음의 직무를 수행한다.

(1) 노동관계법령에 따라 관계기관에 대하여 행하는 신고 · 신청 · 보고 · 진술 · 청구(이의신청 · 심사청구 및 심판청구를 포함한다) 및 권리구제 등의 대행 또는 대리
(2) 노동관계법령에 따른 서류의 작성과 확인
(3) 노동관계법령과 노무관리에 관한 상담 · 지도
(4) 「근로기준법」을 적용받는 사업이나 사업장에 대한 노무관리진단
(5) 「노동조합 및 노동관계조정법」에서 정한 사적(私的) 조정이나 중재
(6) 사회보험관계법령에 따라 관계기관에 대하여 행하는 신고 · 신청 · 보고 · 진술 · 청구(이의신청 · 심사청구 및 심판청구를 포함한다) 및 권리구제 등의 대행 또는 대리

❷ "노무관리진단"이란 사업 또는 사업장의 노사당사자 한쪽 또는 양쪽의 의뢰를 받아 그 사업 또는 사업장의 인사 · 노무관리 · 노사관계 등에 관한 사항을 분석 · 진단하고, 그 결과에 대하여 합리적인 개선방안을 제시하는 일련의 행위를 말한다.

◉ 응시자격

❶ 공인노무사법 제4조 각 호의 결격사유에 해당하지 아니하는 사람

다음의 어느 하나에 해당하는 사람은 공인노무사가 될 수 없다.
① 미성년자
② 피성년후견인 또는 피한정후견인
③ 파산선고를 받은 사람으로서 복권(復權)되지 아니한 사람
④ 공무원으로서 징계처분에 따라 파면된 사람으로서 3년이 지나지 아니한 사람
⑤ 금고(禁錮) 이상의 실형을 선고받고 그 집행이 끝나거나(집행이 끝난 것으로 보는 경우를 포함한다) 집행이 면제된 날부터 3년이 지나지 아니한 사람
⑥ 금고 이상의 형의 집행유예를 선고받고 그 유예기간이 끝난 날부터 1년이 지나지 아니한 사람
⑦ 금고 이상의 형의 선고유예기간 중에 있는 사람
⑧ 징계에 따라 영구등록취소된 사람

❷ 2차시험은 당해 연도 1차시험 합격자 또는 전년도 1차시험 합격자
❸ 3차시험은 당해 연도 2차시험 합격자 또는 전년도 2차시험 합격자

◉ 시험일정

구 분	인터넷 원서접수	시험일자	시행지역	합격자 발표
2025년 제34회 1차	2025년 4월 중	2025년 5월 중	서울, 부산, 대구, 인천, 광주, 대전	2025년 6월 중
2025년 제34회 2차	2025년 7월 중	2025년 8월 중		2025년 11월 중
2025년 제34회 3차		2025년 11월 중	서 울	2025년 12월 중

※ 시험에 응시하려는 사람은 응시원서와 함께 영어능력검정시험 성적표를 제출하여야 한다.

◉ 시험시간

구 분	교 시	시험과목	문항수	시험시간	시험방법
1차시험	1	1. 노동법 I 2. 노동법 II	과목당 40문항 (총 200문항)	80분 (09:30~10:30)	객관식 (5지 택일형)
	2	3. 민 법 4. 사회보험법 5. 영어(영어능력검정시험 성적으로 대체) 6. 경제학원론 · 경영학개론 중 1과목		120분 (11:20~13:20)	
2차시험	1 2	1. 노동법	4문항	교시당 75분 (09:30~10:45) (11:15~12:30)	주관식 (논문형)
	3	2. 인사노무관리론	과목당 3문항	과목당 100분 (13:50~15:30) (09:30~11:10) (11:40~13:20)	
	4 5	3. 행정쟁송법 4. 경영조직론 · 노동경제학 · 민사소송법 중 1과목			
3차시험	1. 국가관 · 사명감 등 정신자세 3. 예의 · 품행 및 성실성	2. 전문지식과 응용능력 4. 의사발표의 정확성과 논리성		1인당 10분 내외	면 접

◉ 합격기준

구 분	합격자 결정
1차시험	영어과목을 제외한 나머지 과목에서 과목당 100점을 만점으로 하여 각 과목의 점수가 40점 이상이고, 전 과목 평균점수가 60점 이상인 사람
2차시험	• 과목당 만점의 40% 이상, 전 과목 총점의 60% 이상을 득점한 사람을 합격자로 결정 • 각 과목의 점수가 40% 이상이고, 전 과목 평균점수가 60% 이상을 득점한 사람의 수가 최소합격인원보다 적은 경우에는 최소합격인원의 범위에서 모든 과목의 점수가 40% 이상을 득점한 사람 중에서 전 과목 평균점수가 높은 순서로 합격자를 결정
3차시험	• 평정요소마다 "상"(3점), "중"(2점), "하"(1점)로 구분하고, 총 12점 만점으로 채점하여 각 시험위원이 채점한 평점의 평균이 "중"(8점) 이상인 사람 • 위원의 과반수가 어느 하나의 같은 평정요소를 "하"로 평정하였을 때에는 불합격

◉ 영어능력검정시험

시험명	토플(TOEFL)		토익 (TOEIC)	텝스 (TEPS)	지텔프 (G-TELP)	플렉스 (FLEX)	아이엘츠 (IELTS)
	PBT	IBT					
일반응시자	530	71	700	340	65(Level 2)	625	4.5
청각장애인	352	–	350	204	43(Level 2)	375	–

자격시험 검정현황

공인노무사 수험인원 및 합격자현황

구 분	1차시험				2차시험				3차시험			
	대 상	응 시	합 격	합격률	대 상	응 시	합 격	합격률	대 상	응 시	합 격	합격률
제27회('18)	4,744	4,044	2,420	59.8%	3,513	3,018	300	9.9%	300	300	300	100%
제28회('19)	6,211	5,269	2,494	47.3%	3,750	3,231	303	9.4%	303	303	303	100%
제29회('20)	7,549	6,203	3,439	55.4%	4,386	3,871	343	8.9%	343	343	343	100%
제30회('21)	7,654	6,692	3,413	51.0%	5,042	4,514	322	7.1%	322	322	320	99.4%
제31회('22)	8,261	7,002	4,221	60.3%	5,745	5,128	549	10.7%	551	551	551	100%
제32회('23)	10,225	8,611	3,019	35.1%	5,327	4,724	395	8.4%	395	395	551	100%
제33회('24)	11,646	9,602	2,150	22.4%	인쇄일 현재 2024년 제33회 2차 · 3차 검정현황 미발표							

검정현황(그래프)

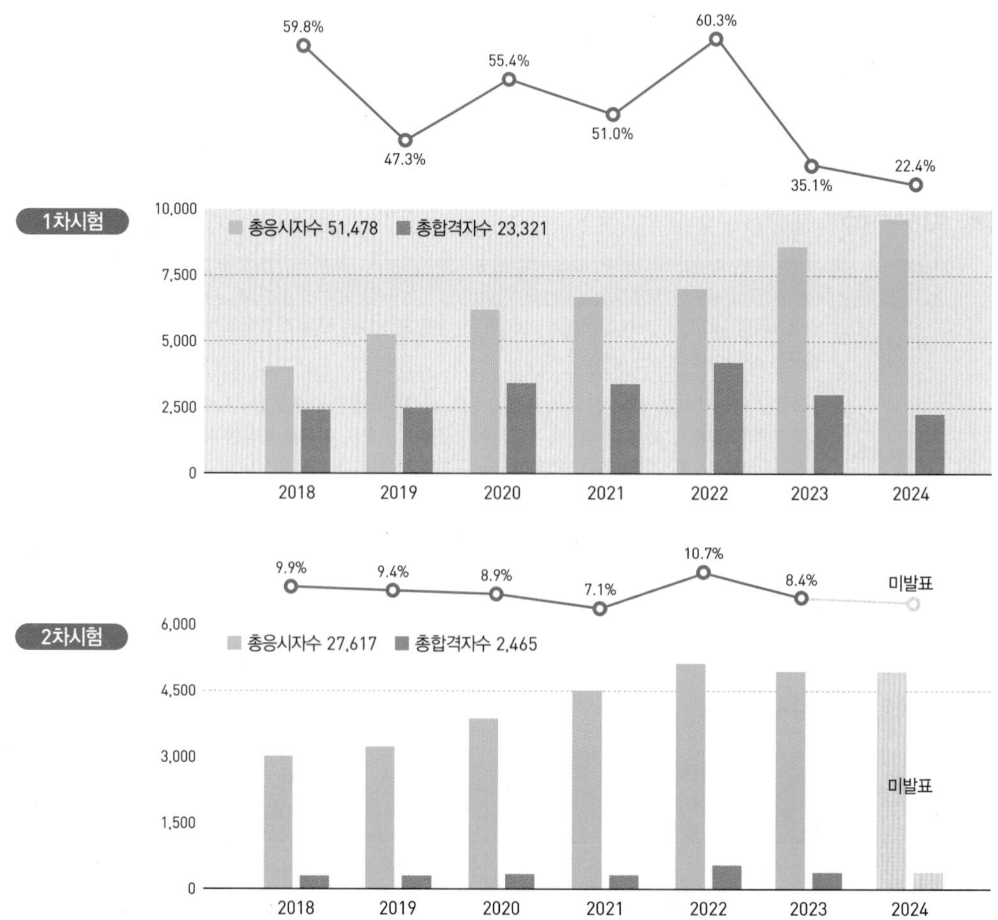

최신 개정법령 소개

❖ 본 교재에 반영한 최신 개정법령은 아래와 같다.

사회보험법	시행일	주요 제 · 개정조문
사보법	2021.12.09.	**제3조 제6호** : 사회보장 행정데이터 정의 규정 신설 **제42조, 제43조** : 사회보장 행정데이터의 제공 요청 및 사회보장 행정데이터 분석센터의 설치 · 운영규정 신설
고보법	2023.07.01.	**제18조** : 피보험자격의 취득기준 규정 개정 **제40조** : 구직급여의 수급요건 규정 개정 **제43조의2** : 둘 이상의 피보험자격 취득 시 수급자격의 인정 규정 개정 **제49조** : 대기기간 규정 개정 **제77조의2** : 예술인인 피보험자에 대한 고용보험 특례 규정 개정 **제77조의7** : 노무제공자인 피보험자에 대한 고용보험 특례 규정 개정
	2023.07.01.	**제10조** : 적용 제외 규정 개정
산재법	2024.02.09.	**제63조** : 유족보상연금 수급자격자의 범위 규정 개정 **제64조** : 유족보상연금 수급자격자의 자격 상실과 지급 정지 규정 개정
	2023.07.01	**제53조** : 부분휴업급여 규정 개정 **제91조의15 이하** : 노무제공자에 대한 특례 규정 신설
	2023.01.12.	**제36조** : 보험급여의 종류와 산정 기준 규정 개정 **제91조의12** : 건강손상자녀에 대한 보험급여의 특례 규정 신설
연금법	2023.09.29.	**제3조** : 가입대상기간 정의 규정 개정 **제92조** : 연금보험료의 추후 납부 규정 개정
	2023.09.14.	**제52조** : 부양가족연금액 규정 개정 **제52조의2** : 부양가족연금액 및 유족연금 지급 대상의 장애 인정기준 규정 개정 **제73조** : 유족의 범위 규정 개정 **제75조** : 유족연금 수급권의 소멸 규정 개정 **제92조** : 유족연금의 지급 정지 규정 개정
건강법	2024.08.21.	**제44조** : 비용의 일부부담 규정 개정
	2024.02.20.	**제72조** : 재산보험료부과점수 규정 개정
징수법	2024.01.01.	**제16조의4** : 월 중간 고용관계 변동 등에 따른 월별보험료 산정 규정 개정
	2023.01.01.	**제3조** : 기준보수 규정 개정 **제16조의3** : 월별보험료의 산정 규정 개정
	2022.12.31.	**제16조의8** : 월별보험료의 고지 규정 개정 **제16조의9** : 보험료의 정산 규정 개정 **제22조의5** : 제2차 납부의무 규정 개정 **제28조의6** : 고액 · 상습 체납자의 인적사항 공개 규정 개정

최근 7개년 출제경향

◉ 노동법 Ⅰ

▶ **회별 최다 출제항목 :** 기타 법령(11.9문), 근로기준법 개설(3.6문), 휴게·휴일·휴가 및 여성과 연소근로자의 보호(2.7문) 순이다.

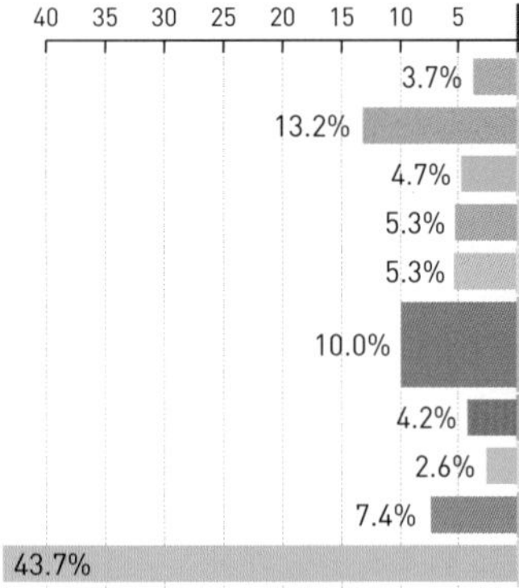

구분		2018	2019	2020	2021	2022	2023	2024	누 계	출제비율	회별출제
Ch01	총 설	1	1	1	1	1	1	1	7	3.7%	1.0
Ch02	근로기준법 개설	4	2	5	3	3	4	4	25	13.2%	3.6
Ch03	근로관계의 성립	2	3	-	1	1	1	1	9	4.7%	1.3
Ch04	임 금	-	1	2	2	2	1	2	10	5.3%	1.4
Ch05	근로시간	1	1	1	1	3	1	2	10	5.3%	1.4
Ch06	휴게 · 휴일 · 휴가 및 여성과 연소근로자의 보호	2	2	3	3	2	4	3	19	10.0%	2.7
Ch07	취업규칙 및 기숙사	1	1	1	1	1	1	2	8	4.2%	1.1
Ch08	근로관계의 변경	1	-	1	-	1	-	2	5	2.6%	0.7
Ch09	근로관계의 종료	3	4	1	3	1	-	2	14	7.4%	2.0
Ch10	기타 법령	10	10	10	10	10	12	21	83	43.7%	11.9

◉ 노동법 Ⅱ

▶ **회별 최다 출제항목 :** 단체교섭권(5.4문), 단결권(5문), 단체행동권(4문) 순이다.

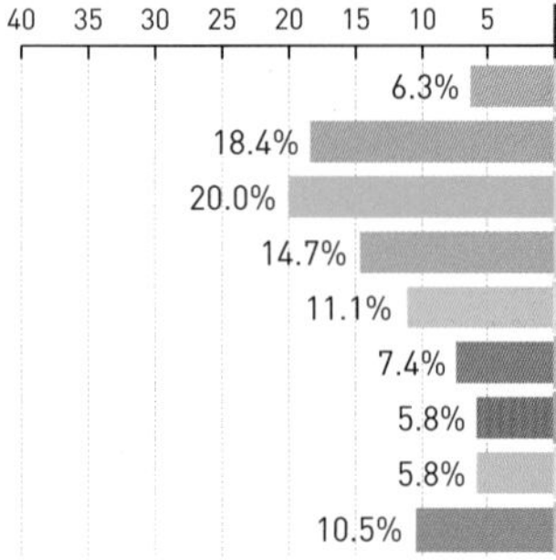

구분		2018	2019	2020	2021	2022	2023	2024	누 계	출제비율	회별출제
Ch01	총 설	2	3	2	1	1	1	2	12	6.3%	1.7
Ch02	단결권	4	5	5	5	4	6	6	35	18.4%	5.0
Ch03	단체교섭권	6	6	4	5	6	6	5	38	20.0%	5.4
Ch04	단체행동권	4	4	4	5	4	3	4	28	14.7%	4.0
Ch05	노동쟁의조정제도	2	2	4	3	3	2	5	21	11.1%	3.0
Ch06	부당노동행위구제제도	3	1	2	2	3	1	2	14	7.4%	2.0
Ch07	노사협의회	1	1	1	1	1	2	4	11	5.8%	1.6
Ch08	노동위원회	1	1	1	1	1	2	4	11	5.8%	1.6
Ch09	기타 법령	2	2	2	2	2	2	8	20	10.5%	2.9

◉ 민법

▶ **회별 최다 출제항목 :** 권리의 변동(6.9문), 채권의 효력(3.9문), 계약각론(3.1문) 순이다.

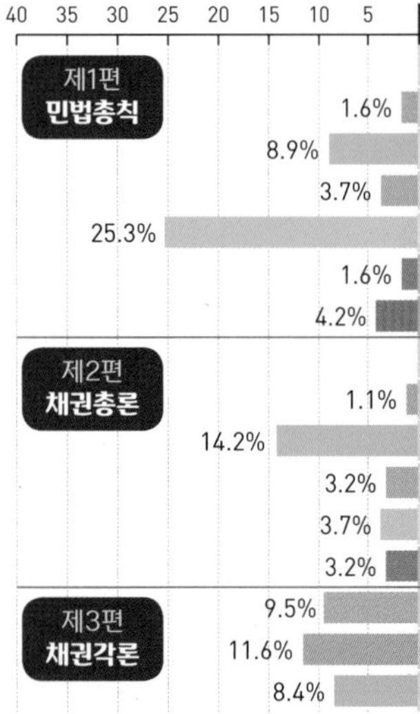

	구분		2018	2019	2020	2021	2022	2023	2024	누 계	출제비율	회별출제
제1편 민법총칙	Ch01	민법 서론	-	-	-	-	-	-	-	-	-	-
	Ch02	권리 일반	1	1	-	-	1	-	-	3	1.6%	0.4
	Ch03	권리의 주체	3	2	3	2	2	2	3	17	8.9%	2.4
	Ch04	권리의 객체	1	1	1	1	1	1	1	7	3.7%	1.0
	Ch05	권리의 변동	6	7	6	7	6	7	9	48	25.3%	6.9
	Ch06	기 간	-	-	-	1	1	1	-	3	1.6%	0.4
	Ch07	소멸시효	1	1	1	1	1	1	2	8	4.2%	1.1
제2편 채권총론	Ch01	채권법 서론	-	-	-	-	-	-	-	-	-	-
	Ch02	채권의 목적	-	-	1	-	1	-	-	2	1.1%	0.3
	Ch03	채권의 효력	5	4	4	4	1	4	5	27	14.2%	3.9
	Ch04	다수당사자의 채권관계	1	-	1	1	1	1	1	6	3.2%	0.9
	Ch05	채권양도와 채무인수	-	2	1	1	1	-	2	7	3.7%	1.0
	Ch06	채권의 소멸	1	-	1	-	2	-	2	6	3.2%	0.9
제3편 채권각론	Ch01	계약총론	1	2	1	3	3	3	5	18	9.5%	2.6
	Ch02	계약각론	2	3	3	2	2	3	7	22	11.6%	3.1
	Ch03	법정채권관계	3	2	2	2	2	2	3	16	8.4%	2.3

◉ 사회보험법 ▶ 회별 최다 출제항목 : 고용보험법(6.7문), 산업재해보상보험법(6.6문), 징수법(5.0문) 순이다.

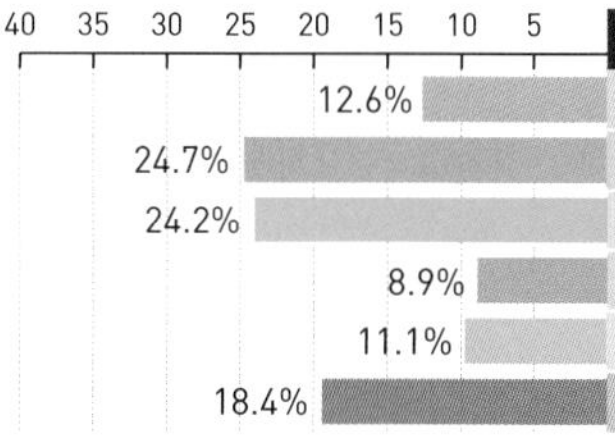

	구 분	2018	2019	2020	2021	2022	2023	2024	누 계	출제비율	회별출제
Ch01	사회보장기본법	4	4	3	3	4	3	3	24	12.6%	3.4
Ch02	고용보험법	6	5	7	6	6	7	10	47	24.7%	6.7
Ch03	산업재해보상보험법	6	6	6	6	6	6	10	46	24.2%	6.6
Ch04	국민연금법	2	2	2	2	2	2	5	17	8.9%	2.4
Ch05	국민건강보험법	2	3	2	2	2	4	6	21	11.1%	3.0
Ch06	징수법	5	5	5	6	5	3	6	35	18.4%	5.0

◉ 경제학원론 ▶ 회별 최다 출제항목 : 인플레이션과 실업(4.3문), 생산요소시장과 소득분배(3.7문), 시장이론(3.4문) 순이다.

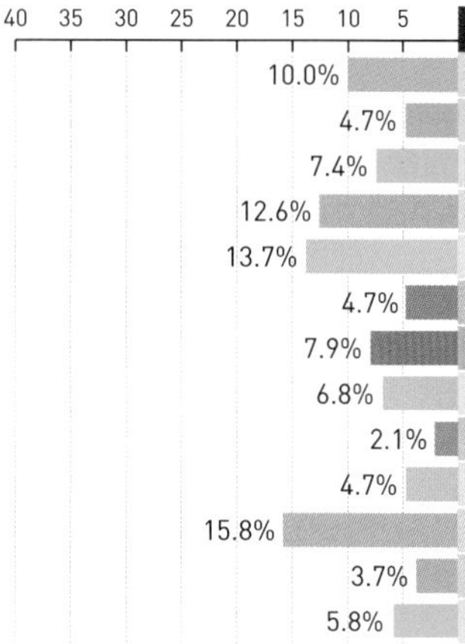

	구 분	2018	2019	2020	2021	2022	2023	2024	누 계	출제비율	회별출제
Ch01	수요와 공급	5	3	2	1	2	2	4	19	10.0%	2.7
Ch02	소비자이론	1	2	2	1	1	1	1	9	4.7%	1.3
Ch03	생산자이론	1	3	1	1	1	3	4	14	7.4%	2.0
Ch04	시장이론	2	2	3	6	2	3	6	24	12.6%	3.4
Ch05	생산요소시장과 소득분배	6	3	3	3	5	3	3	26	13.7%	3.7
Ch06	시장과 효율성	-	2	2	3	2	-	-	9	4.7%	1.3
Ch07	국민소득결정이론	1	1	3	3	3	1	3	15	7.9%	2.1
Ch08	거시경제의 균형	-	3	2	2	1	2	3	13	6.8%	1.9
Ch09	거시경제안정화정책	-	1	1	1	1	-	-	4	2.1%	0.6
Ch10	미시적 기초	2	-	2	1	1	2	1	9	4.7%	1.3
Ch11	인플레이션과 실업	4	3	3	2	5	6	7	30	15.8%	4.3
Ch12	경기변동과 경제성장	-	-	-	1	-	1	5	7	3.7%	1.0
Ch13	국제경제학	3	2	1	-	1	1	3	11	5.8%	1.6

◉ 경영학개론 ▶ 회별 최다 출제항목 : 조직구조와 조직행위(4.7문), 마케팅(3.7문), 재무관리(3.4문) 순이다.

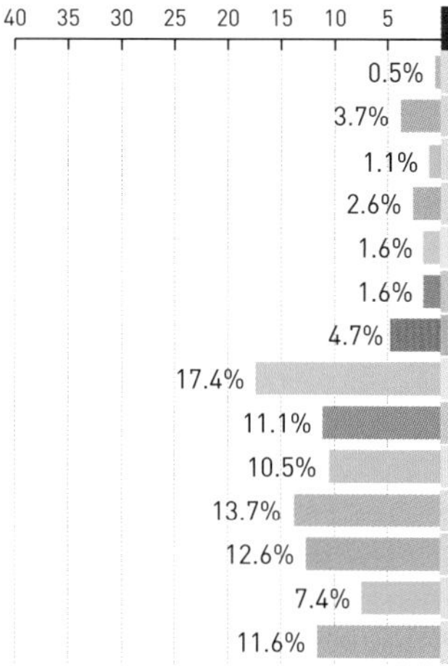

	구 분	2018	2019	2020	2021	2022	2023	2024	누 계	출제비율	회별출제
Ch01	경영의 기초	-	-	1	-	-	-	-	1	0.5%	0.1
Ch02	경영의 역사	-	1	-	2	1	-	3	7	3.7%	1.0
Ch03	경영환경	-	-	-	-	-	1	1	2	1.1%	0.3
Ch04	기업형태 및 기업집중	1	1	1	1	-	1	-	5	2.6%	0.7
Ch05	경영목표와 의사결정	-	1	-	1	-	1	-	3	1.6%	0.4
Ch06	경영관리론	-	-	-	-	1	1	1	3	1.6%	0.4
Ch07	전략수립과 전략실행	1	1	2	1	2	1	1	9	4.7%	1.3
Ch08	조직구조와 조직행위	3	4	6	4	3	6	7	33	17.4%	4.7
Ch09	인사관리와 노사관계관리	5	4	1	3	3	-	5	21	11.1%	3.0
Ch10	생산관리	3	-	2	2	3	4	6	20	10.5%	2.9
Ch11	마케팅	4	4	3	3	4	3	5	26	13.7%	3.7
Ch12	재무관리	3	3	3	4	4	1	6	24	12.6%	3.4
Ch13	경영정보시스템	2	2	3	1	2	2	2	14	7.4%	2.0
Ch14	회계학	3	4	3	3	2	4	3	22	11.6%	3.1

이 책의 목차

공인노무사 1차

사회보험법

핵심이론 + 실전대비문제

2025 시대에듀 EBS 공인노무사 1차 사회보험법

사회보험법

제1장 사회보장기본법

제2장 고용보험법

제3장 산업재해보상보험법

제4장 국민연금법

제5장 국민건강보험법

제6장 고용보험 및 산업재해보상보험의 보험료징수 등에 관한 법률

CHAPTER

01 사회보장기본법

제1절 사회보장기본법의 개관

사회보장기본법은 사회보장제도의 기본적인 사항을 법률로써 규정한 것이다. 이 법은 비록 개별적인 사회보장 관련법보다 시기적으로 늦게 입법되었음에도 불구하고 제반 사회보장법의 모법으로서의 위치를 가지고 있다고 볼 수 있다. 현대 복지국가에서의 사회보장제도는 각 국가마다 상이한 형태로 운영되고 있지만, 사회보장의 기본적 형태는 소득보장과 의료보장을 중심축으로 구성되고 있다.

제2절 사회보장기본법의 주요 내용

I 서 설

1. 목적과 기본이념

(1) 목적(법 제1조)

사회보장기본법은 사회보장에 관한 국민의 권리와 국가 및 지방자치단체의 책임을 정하고 사회보장정책의 수립·추진과 관련 제도에 관한 기본적인 사항을 규정함으로써 국민의 복지증진에 이바지하는 것을 목적으로 한다. 기출 18

(2) 기본이념(법 제2조)

사회보장은 모든 국민이 다양한 사회적 위험으로부터 벗어나 행복하고 인간다운 생활을 향유할 수 있도록 자립을 지원하며, 사회참여·자아실현에 필요한 제도와 여건을 조성하여 사회통합과 행복한 복지사회를 실현하는 것을 기본 이념으로 한다. 기출 18

2. 사회보장의 기본개념(법 제3조)

(1) 사회보장

출산, 양육, 실업, 노령, 장애, 질병, 빈곤 및 사망 등의 사회적 위험으로부터 모든 국민을 보호하고 국민 삶의 질을 향상시키는 데 필요한 소득·서비스를 보장하는 사회보험, 공공부조, 사회서비스를 말한다.

기출 16

(2) 사회보험

국민에게 발생하는 사회적 위험을 보험의 방식으로 대처함으로써 국민의 건강과 소득을 보장하는 제도를 말한다. 기출 18·22

(3) 공공부조

국가와 지방자치단체의 책임 하에 생활 유지 능력이 없거나 생활이 어려운 국민의 최저생활을 보장하고 자립을 지원하는 제도를 말한다. 기출 14·20

(4) 사회서비스

국가·지방자치단체 및 민간부문의 도움이 필요한 모든 국민에게 복지, 보건의료, 교육, 고용, 주거, 문화, 환경 등의 분야에서 인간다운 생활을 보장하고 상담, 재활, 돌봄, 정보의 제공, 관련 시설의 이용, 역량 개발, 사회참여 지원 등을 통하여 국민의 삶의 질이 향상되도록 지원하는 제도를 말한다.

(5) 평생사회안전망

생애주기에 걸쳐 보편적으로 충족되어야 하는 기본욕구와 특정한 사회위험에 의하여 발생하는 특수욕구를 동시에 고려하여 소득·서비스를 보장하는 맞춤형 사회보장제도를 말한다. 기출 13

(6) 사회보장 행정데이터

국가, 지방자치단체, 공공기관 및 법인이 법령에 따라 생성 또는 취득하여 관리하고 있는 자료 또는 정보로서 사회보장정책 수행에 필요한 자료 또는 정보를 말한다.

3. 다른 법률과의 관계

사회보장에 관한 다른 법률을 제정하거나 개정하는 경우에는 이 법에 부합되도록 하여야 한다(법 제4조).

기출 22

Ⅱ 사회보장의 책임

1. 국가와 지방자치단체의 책임(법 제5조)

① 국가와 지방자치단체는 모든 국민의 인간다운 생활을 유지·증진하는 책임을 가진다. 기출 16·21

② 국가와 지방자치단체는 사회보장에 관한 책임과 역할을 합리적으로 분담하여야 한다. 기출 16·21·22

③ 국가와 지방자치단체는 국가 발전수준에 부응하고 사회환경의 변화에 선제적으로 대응하며 지속가능한 사회보장제도를 확립하고 매년 이에 필요한 재원을 조달하여야 한다. 기출 13·16·21

④ 국가는 사회보장제도의 안정적인 운영을 위하여 중장기 사회보장 재정추계를 격년으로 실시하고 이를 공표하여야 한다. 기출 18·20·21·23·24

사회보장 재정추계 등(영 제2조)

① 보건복지부장관은 사회보장기본법(이하 "법"이라 한다) 제5조 제4항에 따른 사회보장 재정추계(財政推計)를 위하여 재정추계를 실시하는 해의 3월 31일까지 재정추계 세부지침을 마련하여야 한다. 기출 24 이 경우 재정추계 세부지침에는 재정의 세부범위, 추계방법, 추진체계, 공표방법·절차 등이 포함되어야 한다.

② 보건복지부장관은 제1항의 재정추계 세부지침에 따라 추계를 실시하는 해의 9월 30일까지 재정추계를 하고, 그 결과를 법 제20조에 따른 사회보장위원회(이하 "위원회"라 한다)의 심의를 거쳐 같은 해 10월 31일까지 관계 중앙행정기관의 장에게 통보하여야 한다. 기출 24

③ 관계 중앙행정기관의 장은 제2항에 따른 재정추계 결과를 바탕으로 정책개선안을 마련하여 같은 해 12월 31일까지 보건복지부장관에게 제출하여야 한다. 기출 24

④ 보건복지부장관은 제3항에 따라 제출받은 정책개선안을 종합하여 이를 추계 실시 해의 다음 해 3월 31일까지 위원회에 보고하여야 한다. 기출 24

2. 국가등과 가정(법 제6조)

① 국가와 지방자치단체는 가정이 건전하게 유지되고 그 기능이 향상되도록 노력하여야 한다.

기출 14·16·22

② 국가와 지방자치단체는 사회보장제도를 시행할 때에 가정과 지역공동체의 자발적인 복지활동을 촉진하여야 한다. 기출 22

3. 국민의 책임(법 제7조)

① 모든 국민은 자신의 능력을 최대한 발휘하여 자립·자활(自活)할 수 있도록 노력하여야 한다.

기출 14·22

② 모든 국민은 경제적·사회적·문화적·정신적·신체적으로 보호가 필요하다고 인정되는 사람에게 지속적인 관심을 가지고 이들이 보다 나은 삶을 누릴 수 있는 사회환경 조성에 서로 협력하고 노력하여야 한다.

③ 모든 국민은 관계 법령에서 정하는 바에 따라 사회보장급여에 필요한 비용의 부담, 정보의 제공 등 국가의 사회보장정책에 협력하여야 한다. 기출 13

4. 외국인에 대한 적용(법 제8조)

국내에 거주하는 외국인에게 사회보장제도를 적용할 때에는 상호주의의 원칙에 따르되, 관계 법령에서 정하는 바에 따른다. 기출 18·20·22

Ⅲ 사회보장을 받을 권리(사회보장수급권)

1. 의의 및 법적 성격

① 제반 사회보장제도상의 급여를 받는 것을 권리로서 인정함을 말한다. 사회보장기본법에서 이러한 수급권을 미리 규정함으로써 권리성을 부여하여 국민복지를 증진하려는 것이다.

② 국민의 생존을 위한 권리라는 점에서 생존권적 기본권, 경제적 기본권의 성격을 가진다.

2. 수급권자

① 모든 국민은 사회보장에 관한 관계법령이 정하는 바에 따라 사회보장의 급여를 받을 권리(사회보장수급권)를 가진다(법 제9조). 기출 14

② 국내에 거주하는 외국인에게 사회보장제도를 적용할 때에는 상호주의의 원칙에 따르되, 관계 법령에서 정하는 바에 따른다(법 제8조).

③ 사회보장의 대상자는 모든 국민(예외적으로 외국인포함)이고 수급권자는 구체적으로 사회보장수급권이 부여되는 사람이다.

3. 급여수준(법 제10조)

① 국가와 지방자치단체는 모든 국민이 건강하고 문화적인 생활을 유지할 수 있도록 사회보장급여의 수준 향상을 위하여 노력하여야 한다.

② 국가는 관계 법령에서 정하는 바에 따라 최저보장수준과 최저임금을 매년 공표하여야 한다. 기출 14 · 15 · 22

③ 국가와 지방자치단체는 최저보장수준과 최저임금 등을 고려하여 사회보장급여의 수준을 결정하여야 한다. 기출 17 · 18

4. 급여신청(법 제11조)

① 사회보장급여를 받으려는 사람은 관계 법령에서 정하는 바에 따라 국가나 지방자치단체에 신청하여야 한다. 다만, 관계 법령에서 따로 정하는 경우에는 국가나 지방자치단체가 신청을 대신할 수 있다. 기출 14 · 15

② 사회보장급여를 신청하는 사람이 다른 기관에 신청한 경우에는 그 기관은 지체 없이 이를 정당한 권한이 있는 기관에 이송하여야 한다. 이 경우 정당한 권한이 있는 기관에 이송된 날을 사회보장급여의 신청일로 본다. 기출 15

5. 수급권의 보호, 제한 및 포기

(1) 보호(법 제12조)

사회보장수급권은 관계 법령에서 정하는 바에 따라 다른 사람에게 양도하거나 담보로 제공할 수 없으며, 이를 압류할 수 없다(일신전속권). 기출 18 · 19 · 20 · 21

(2) 제한(법 제13조)

① 사회보장수급권은 제한되거나 정지될 수 없다. 다만, 관계 법령에서 따로 정하고 있는 경우에는 제한되거나 정지될 수 있다. 기출 14 · 17 · 19 · 21

② 사회보장수급권이 제한되거나 정지되는 경우에는 제한 또는 정지하는 목적에 필요한 최소한의 범위에 그쳐야 한다. 기출 17 · 19 · 21 · 22

(3) 포기(법 제14조)

① 사회보장수급권은 정당한 권한이 있는 기관에 서면으로 통지하여 이를 포기할 수 있다. 기출 14 · 15 · 17 · 22 · 23

② 사회보장수급권의 포기는 취소할 수 있다. 다만, 사회보장수급권을 포기하는 것이 다른 사람에게 피해를 주거나 사회보장에 관한 관계 법령에 위반되는 경우에는 사회보장수급권을 포기할 수 없다. 기출 18 · 19 · 20 · 21 · 23

6. 불법행위에 대한 구상권(법 제15조)

제3자의 불법행위로 피해를 입은 국민이 그로 인하여 사회보장수급권을 가지게 된 경우 사회보장제도를 운영하는 자는 그 불법행위의 책임이 있는 자에 대하여 관계 법령에서 정하는 바에 따라 구상권을 행사할 수 있다. 기출 19

✔ 핵심문제

01 **사회보장기본법령상 사회보장수급권에 관한 설명으로 옳지 않은 것은?** 기출 19

① 사회보장수급권은 관계 법령에서 정하는 바에 따라 다른 사람에게 양도하거나 담보로 제공할 수 없다.
② 사회보장수급권은 제한되거나 정지될 수 없으나, 관계 법령에서 따로 정하고 있는 경우에는 그러하지 아니하다.
③ 사회보장수급권이 정지되는 경우에는 정지하는 목적에 필요한 최소한의 범위에 그쳐야 한다.
④ 사회보장수급권은 포기할 수 있으나 포기한 후에는 이를 취소할 수 없다.
⑤ 제3자의 불법행위로 피해를 입은 국민이 그로 인하여 사회보장수급권을 가지게 된 경우 사회보장제도를 운영하는 자는 그 불법행위의 책임이 있는 자에 대하여 관계 법령에서 정하는 바에 따라 구상권을 행사할 수 있다.

[해설]
④ (×) 사회보장수급권은 정당한 권한이 있는 기관에 서면으로 통지하여 포기할 수 있다(사보법 제14조 제1항). 사회보장수급권의 포기는 취소할 수 있다(동법 제14조 제2항).

정답 ④

02 **사회보장기본법상 사회보장수급권에 관한 내용으로 옳지 않은 것은?** 기출 17

① 사회보장수급권은 관계 법령에서 정하는 바에 따라 다른 사람에게 양도하거나 담보로 제공할 수 없다.
② 사회보장수급권은 관계 법령에서 따로 정하고 있는 경우 외에는 제한되거나 정지될 수 없다.
③ 사회보장수급권이 제한되는 경우에는 제한하는 목적에 필요한 최소한의 범위에 그쳐야 한다.
④ 사회보장수급권은 정당한 권한이 있는 기관에 서면으로 통지하여 포기할 수 있다.
⑤ 사회보장수급권의 포기는 취소할 수 없다.

[해설]
⑤ (×) 사회보장수급권의 포기는 취소할 수 있다(사보법 제14조 제2항).

정답 ⑤

03 **사회보장기본법상 사회보장수급권에 관한 설명으로 옳지 않은 것은?** 기출 14

① 모든 국민은 사회보장 관계 법령에서 정하는 바에 따라 사회보장급여를 받을 권리를 가진다.
② 사회보장수급권은 정당한 권한이 있는 기관에 서면으로 통지하여 포기할 수 있다.
③ 국가는 사회보장급여를 받으려는 사람을 대리하여 사회보장급여를 신청할 수 있다.
④ 사회보장수급권은 관계 법령에서 정하는 바에 따라 담보로 제공할 수 없다.
⑤ 관계 법령에서 따로 정하고 있는 경우 사회보장수급권은 제한되거나 정지될 수 있다.

[해설]
① (O) 사보법 제9조
② (O) 사보법 제14조 제1항
③ (×) 사회보장급여를 받으려는 사람은 관계 법령에서 정하는 바에 따라 국가나 지방자치단체에 신청하여야 한다. 다만, 관계 법령에서 따로 정하는 경우에는 국가나 지방자치단체가 신청을 대신할 수 있다(사보법 제11조 제1항).
④ (O) 사보법 제12조
⑤ (O) 사보법 제13조 제1항

정답 ③

Ⅳ 사회보장 기본계획의 수립

1. 사회보장 기본계획의 수립(법 제16조)

(1) 기본계획의 수립연한

보건복지부장관은 관계 중앙행정기관의 장과 협의하여 사회보장 증진을 위하여 사회보장에 관한 기본계획을 5년마다 수립하여야 한다. 기출 13·15·17·20·23

(2) 기본계획에 포함되어야 할 사항

① 국내외 사회보장환경의 변화와 전망 기출 15
② 사회보장의 기본목표 및 중장기 추진방향
③ 주요 추진과제 및 추진방법
④ 필요한 재원의 규모와 조달방안
⑤ 사회보장 관련 기금 운용방안 기출 12·13
⑥ 사회보장 전달체계 기출 20
⑦ 그 밖에 사회보장정책의 추진에 필요한 사항

(3) 기본계획의 확정 및 변경

기본계획은 사회보장위원회와 국무회의의 심의를 거쳐 확정한다. 기본계획 중 대통령령으로 정하는 중요한 사항을 변경하려는 경우에도 같다. 기출 12·13·15·20

사회보장 기본계획의 수립(영 제3조)

① 보건복지부장관은 법 제16조 제1항에 따른 사회보장에 관한 기본계획(이하 "기본계획"이라 한다)의 효율적 수립을 위하여 기본계획 작성지침을 작성하여 이를 관계 중앙행정기관의 장에게 통보하여야 한다.
② 관계 중앙행정기관의 장은 제1항에 따라 통보받은 기본계획 작성지침에 따라 소관별 기본계획안을 작성하여 보건복지부장관에게 제출하여야 하고, 보건복지부장관은 이를 종합한 기본계획안을 작성하여 법 제16조 제3항에 따른 절차에 따라 기본계획을 확정하여야 한다.
③ 법 제16조 제3항에서 "대통령령으로 정하는 중요사항"이란 다음 각 호의 사항을 말한다.
1. 사회보장의 기본목표 및 중장기 추진방향
2. 주요 추진과제 및 추진방법
3. 필요한 재원의 규모와 조달방안
4. 그 밖에 사회보장 전달체계 관련 사항 등 위원회에서 심의가 필요하다고 인정하는 사항

다른 계획과의 관계(영 제4조)

① 다른 법령에 따라 수립되는 사회보장에 관한 계획은 기본계획의 주요 내용을 반영하여야 한다.
② 관계 중앙행정기관의 장은 소관 사회보장에 관한 계획을 수립·변경하는 경우 그 내용을 보건복지부장관에게 통보하여야 한다.
③ 보건복지부장관은 제2항에 따라 관계 중앙행정기관의 장이 통보한 내용을 종합하여 위원회에 보고하여야 한다.

2. 다른 계획과의 관계(법 제17조) 기출 12·13·17·20

기본계획은 다른 법령에 따라 수립되는 사회보장에 관한 계획에 우선하며 그 계획의 기본이 된다.

3. 연도별 시행계획의 수립·시행 등(법 제18조)

① 보건복지부장관 및 관계 중앙행정기관의 장은 기본계획에 따라 사회보장과 관련된 소관 주요 시책의 시행계획(이하 "시행계획")을 매년 수립·시행하여야 한다. 기출 15·20

② 관계 중앙행정기관의 장은 소관 시행계획 및 전년도의 시행계획에 따른 추진실적을 대통령령으로 정하는 바에 따라 매년 보건복지부장관에게 제출하여야 한다.

③ 보건복지부장관은 관계 중앙행정기관 및 보건복지부 소관의 추진실적을 종합하여 성과를 평가하고, 그 결과를 사회보장위원회에 보고하여야 한다.

④ 보건복지부장관은 평가를 효율적으로 하기 위하여 이에 필요한 조사·분석 등을 전문기관에 의뢰할 수 있다.

⑤ 시행계획의 수립·시행 및 추진실적의 평가 등에 필요한 사항은 대통령령으로 정한다(제5항).

✔ 핵심문제

01 사회보장기본법령상 사회보장 기본계획에 관한 설명으로 옳은 것을 모두 고른 것은? 기출 15

ㄱ. 보건복지부장관은 관계 중앙행정기관의 장과 협의하여 사회보장 증진을 위하여 사회보장에 관한 기본계획을 5년마다 수립하여야 한다.
ㄴ. 사회보장 기본계획에는 국내외 사회보장환경의 변화와 전망이 포함되어야 한다.
ㄷ. 사회보장 기본계획은 사회보장위원회와 국무회의의 심의를 거쳐 확정한다.
ㄹ. 보건복지부장관 및 관계 중앙행정기관의 장은 기본계획에 따라 사회보장과 관련된 소관 주요 시책의 시행계획을 2년마다 수립·시행하여야 한다.

① ㄱ, ㄷ
② ㄴ, ㄹ
③ ㄱ, ㄴ, ㄷ
④ ㄱ, ㄷ, ㄹ
⑤ ㄴ, ㄷ, ㄹ

[해설]

제시된 내용 중 옳은 것은 ㄱ, ㄴ, ㄷ이다.
ㄱ. (O) 사보법 제16조 제1항
ㄴ. (O) 사보법 제16조 제2항 제1호
ㄷ. (O) 사보법 제16조 제3항 전문
ㄹ. (×) 보건복지부장관 및 관계 중앙행정기관의 장은 기본계획에 따라 사회보장과 관련된 소관 주요 시책의 시행계획을 매년 수립·시행하여야 한다(사보법 제18조 제1항).

정답 ③

연도별 시행계획의 수립 · 제출(영 제5조)

① 보건복지부장관은 법 제18조 제1항에 따른 사회보장과 관련된 소관 주요 시책의 시행계획(이하 "시행계획"이라 한다)의 효율적 수립 · 시행을 위하여 다음 해의 시행계획 수립을 위한 지침을 작성하여 이를 매년 12월 31일까지 관계 중앙행정기관의 장에게 통보하여야 한다.
② 법 제18조 제2항에 따라 관계 중앙행정기관의 장은 제1항에 따른 지침에 따라 소관별 시행계획을 작성하여 매년 1월 31일까지 보건복지부장관에게 제출하여야 하고, 보건복지부장관은 이를 종합 · 검토하여 위원회에서 심의할 수 있도록 하여야 한다.
③ 보건복지부장관은 시행계획이 위원회 심의를 거쳐 확정된 경우에는 이를 지체 없이 관계 중앙행정기관의 장에게 통보하여야 한다.

시행계획의 평가(영 제6조)

① 법 제18조 제5항에 따라 보건복지부장관은 시행계획에 따른 추진실적의 평가를 위한 지침을 작성하여 매년 1월 31일까지 관계 중앙행정기관의 장에게 통보하고, 관계 중앙행정기관의 장은 통보받은 평가지침에 따라 전년도 시행계획의 추진실적을 평가한 후 그 결과를 매년 3월 31일까지 보건복지부장관에게 제출하여야 한다. 기출 22
② 보건복지부장관은 제1항에 따라 관계 중앙행정기관의 장이 제출한 평가결과를 종합 · 검토하여 위원회의 심의를 거친 후 그 결과를 매년 9월 30일까지 관계 중앙행정기관의 장에게 통보하여야 한다.
③ 관계 중앙행정기관의 장은 제2항에 따라 통보받은 평가결과를 다음 연도 시행계획에 반영하여야 한다.

4. 지역계획의 수립 · 시행(법 제19조)

① 특별시장 · 광역시장 · 특별자치시장 · 도지사 또는 특별자치도지사 · 시장(제주특별자치도 설치 및 국제자유도시 조성을 위한 특별법에 따른 행정시장을 포함) · 군수 · 구청장(자치구의 구청장을 말한다)은 관계 법령으로 정하는 바에 따라 사회보장에 관한 지역계획(이하 "지역계획")을 수립 · 시행하여야 한다.
② 지역계획은 기본계획과 연계되어야 한다. 기출 13

사회보장에 관한 지역계획의 수립 · 시행 등(영 제7조)

① 법 제19조 제1항에 따라 특별시장 · 광역시장 · 특별자치시장 · 도지사 · 특별자치도지사(이하 "시 · 도지사"라 한다) 및 시장(「제주특별자치도 설치 및 국제자유도시 조성을 위한 특별법」 제11조 제1항에 따른 행정시장을 포함한다) · 군수 · 구청장(자치구의 구청장을 말한다. 이하 같다)은 사회보장에 관한 지역계획(이하 "지역계획"이라 한다)을 수립한 경우 그 계획을 소관 중앙행정기관의 장에게 제출하여야 한다.
② 소관 중앙행정기관의 장은 제1항에 따라 제출받은 지역계획을 보건복지부장관에게 제출하여야 한다.
③ 시 · 도지사 또는 시장 · 군수 · 구청장은 법 제19조 제2항에 따라 지역계획과 기본계획이 연계되도록 하기 위하여 기본계획의 수립 또는 변경이 있는 경우 소관 지역계획에 관련 내용을 반영하여야 한다.
④ 관계 중앙행정기관의 장은 소관 지역계획의 내용이 기본계획과 부합하지 않는 등 필요한 경우 해당 시 · 도지사 또는 시장 · 군수 · 구청장에게 그 조정을 권고할 수 있다.
⑤ 관계 중앙행정기관의 장은 필요시 관계 법령에서 정하는 바에 따라 소관 지역계획의 추진실적을 평가할 수 있고, 평가한 경우 그 결과를 보건복지부장관에게 제출하여야 한다.
⑥ 보건복지부장관은 제5항에 따라 관계 중앙행정기관의 장이 제출한 평가결과를 종합 · 검토하여 위원회에 보고하여야 한다.

V 사회보장위원회

1. 소속(법 제20조 제1항) 기출 15·20

사회보장에 관한 주요시책을 심의·조정하기 위하여 국무총리 소속으로 사회보장위원회를 둔다.

2. 구성(법 제21조 제1항 내지 제5항, 영 제8조, 제9조, 제9조의2) 기출 15·16

① 위원회는 위원장 1명, 부위원장 3명과 행정안전부장관, 고용노동부장관, 여성가족부장관, 국토교통부장관을 포함한 30명 이내의 위원으로 구성한다.

② 위원장은 국무총리가 되고 부위원장은 기획재정부장관, 교육부장관 및 보건복지부장관이 된다.

기출 20·21

③ 위원회의 위원장은 위원회를 대표하고, 위원회의 사무를 총괄한다. 위원장이 부득이한 사유로 직무를 수행할 수 없을 때에는 위원장이 미리 정한 부위원장 순서로 그 직무를 대행하고, 위원장과 부위원장이 모두 부득이한 사유로 그 직무를 수행할 수 없을 때에는 위원장이 미리 지명한 위원이 그 직무를 대행한다.

✔ 핵심문제

01 사회보장기본법령상 사회보장위원회의 구성에 관한 설명으로 옳은 것은? 기출 16

① 농림축산식품부장관, 환경부장관은 위원회의 위원이다.
② 대통령이 위촉한 근로자를 대표하는 위원은 어떤 경우에도 해촉될 수 없다.
③ 보궐위원의 임기는 2년으로 한다.
④ 위원회의 위원장은 행정안전부장관이 된다.
⑤ 위원회의 사무를 효율적으로 처리하기 위하여 행정안전부에 사무국을 둔다.

[해설]

① (O) 대통령령으로 정하는 관계 중앙행정기관의 장인 법무부장관, 국가보훈부장관, 문화체육관광부장관, 농림축산식품부장관, 산업통상자원부장관, 환경부장관 및 국무조정실장은 사회보장위원회의 위원이 된다(사보법 제21조 제3항 제1호, 동법 시행령 제9조 제1항).

정답 ①

02 사회보장기본법상 사회보장위원회에 관한 설명으로 옳지 않은 것은? 기출 15

① 사회보장에 관한 주요 시책을 심의·조정하기 위하여 국무총리 소속으로 사회보장위원회를 둔다.
② 관계 중앙행정기관의 장과 지방자치단체의 장은 사회보장위원회의 심의·조정 사항을 반영하여 사회보장제도를 운영 또는 개선하여야 한다.
③ 사회보장위원회는 위원장 1명, 부위원장 3명과 행정안전부장관, 고용노동부장관, 여성가족부장관, 국토교통부장관을 포함한 20명 이내의 위원으로 구성한다.
④ 사회보장위원회의 위원장은 국무총리가 되고 부위원장은 기획재정부장관, 교육부장관 및 보건복지부장관이 된다.
⑤ 사회보장위원회를 효율적으로 운영하고 위원회의 심의·조정사항을 전문적으로 검토하기 위하여 위원회에 실무위원회를 두며, 실무위원회에 분야별 전문위원회를 둘 수 있다.

[해설]

③ (×) 위원회는 위원장 1명, 부위원장 3명과 행정안전부장관, 고용노동부장관, 여성가족부장관, 국토교통부장관을 포함한 30명 이내의 위원으로 구성한다(사보법 제21조 제1항).

정답 ③

④ 위원회의 위원은 다음의 어느 하나에 해당하는 사람으로 한다.
   ㉠ 대통령령으로 정하는 관계 중앙행정기관의 장 : 법무부장관, 국가보훈부장관, 문화체육관광부장관, 농림축산식품부장관, 산업통상자원부장관, 환경부장관 및 국무조정실장
   ㉡ 다음의 사람 중에서 대통령이 위촉하는 사람
      ㉮ 근로자를 대표하는 사람
      ㉯ 사용자를 대표하는 사람
      ㉰ 사회보장에 관한 학식과 경험이 풍부한 사람
      ㉱ 변호사 자격이 있는 사람

⑤ 대통령은 ④ ㉡의 위원이 ㉮ 심신장애로 인하여 직무를 수행할 수 없게 된 경우, ㉯ 직무와 관련된 비위사실이 있는 경우, ㉰ 직무태만, 품위손상이나 그 밖의 사유로 인하여 위원으로 적합하지 아니하다고 인정되는 경우, ㉱ 위원 스스로 직무를 수행하는 것이 곤란하다고 의사를 밝히는 경우 등의 어느 하나에 해당하는 때에는 해당 위원을 해촉할 수 있다. **기출** 21

⑥ 위원회에 간사 2명을 두고, 간사는 국무조정실 사회조정실장과 보건복지부 사회복지정책실장으로 한다. **기출** 21

⑦ 위원의 임기는 2년으로 한다. 다만, 공무원인 위원의 임기는 그 재임 기간으로 한다.

⑧ 보궐위원의 임기는 전임자 임기의 남은 기간으로 한다. **기출** 16 · 20

3. 운영(법 제21조 제6항 내지 제8항, 영 제10조, 제11조)

(1) 회의의 운영

① 위원장은 위원회의 회의를 소집하고, 그 의장이 되며, 위원장은 위원회의 회의 개최일 7일 전까지 회의의 일시 · 장소 및 심의 안건을 위원회의 위원에게 통보하여야 한다. 다만, 긴급한 사유가 있는 경우에는 회의 일시 등을 회의 전날까지 통보할 수 있다.

② 위원회 회의는 재적위원 과반수의 출석으로 개의(開議)하고, 출석위원 과반수의 찬성으로 의결한다.

③ 위원회 심의를 위하여 필요하면 관계 중앙행정기관, 지방자치단체 및 공공기관의 장이나 소속 공무원 · 임직원 또는 관련 전문가를 참석하게 하여 의견을 듣거나, 관계 기관 등에 대하여 필요한 자료 또는 의견의 제출 등을 요청할 수 있다.

④ 위원회에 출석한 위원, 관계 기관 · 단체 등의 직원 또는 전문가에게는 예산의 범위에서 수당과 여비를 지급할 수 있다. 다만, 공무원이 그 소관업무와 직접 관련되어 출석한 경우에는 그러하지 아니한다.

(2) 실무위원회의 설치

① 위원회를 효율적으로 운영하고 위원회의 심의 · 조정사항을 전문적으로 검토하기 위하여 위원회에 실무위원회를 두며, 실무위원회에 분야별 전문위원회를 둘 수 있다. **기출** 14 · 15 · 20 실무위원회는 공동위원장 2명을 포함하여 30명 이내의 위원으로 구성한다. **기출** 21

② 실무위원회에서 의결한 사항은 위원장에게 보고하고 위원회의 심의를 거쳐야 한다. 다만, 대통령령으로 정하는 경미한 사항에 대하여는 실무위원회의 의결로써 위원회의 의결을 갈음할 수 있다.

③ 위원회의 사무를 효율적으로 처리하기 위하여 보건복지부에 사무국을 둔다. **기출** 20 · 21

4. 직무(위원회의 심의 · 조정사항)(법 제20조 제2항) 기출 12 · 23

① 사회보장 증진을 위한 기본계획
② 사회보장 관련 주요 계획
③ 사회보장제도의 평가 및 개선
④ 사회보장제도의 신설 또는 변경에 따른 우선순위
⑤ 둘 이상의 중앙행정기관이 관련된 주요 사회보장정책
⑥ 사회보장급여 및 비용 부담
⑦ 국가와 지방자치단체의 역할 및 비용 분담
⑧ 사회보장의 재정추계 및 재원조달 방안
⑨ 사회보장 전달체계 운영 및 개선
⑩ 사회보장통계
⑪ 사회보장정보의 보호 및 관리
⑫ 중앙행정기관의 장등의 신청에 따른 조정
⑬ 그 밖에 위원장이 심의에 부치는 사항

5. 관계행정기관의 협력(법 제20조 제3항 · 제4항, 영 제7조의2)

① 위원장은 확정된 기본계획과 심의 · 조정한 결과를 관계 중앙행정기관의 장과 지방자치단체의 장에게 통지하여야 한다. 기출 12
② 관계 중앙행정기관의 장과 지방자치단체의 장은 위원회의 심의 · 조정 사항을 반영하여 사회보장제도를 운영 또는 개선하여야 한다. 기출 15 관계 중앙행정기관의 장과 지방자치단체의 장은 사회보장제도의 운영 또는 개선에 관한 결과를 보건복지부장관에게 제출하여야 한다.

Ⅵ 사회보장정책의 기본방향

1. 평생사회안전망의 구축 · 운영(법 제22조)

① 국가와 지방자치단체는 모든 국민이 생애 동안 삶의 질을 유지 · 증진할 수 있도록 평생사회안전망을 구축하여야 한다. 기출 15
② 국가와 지방자치단체는 평생사회안전망을 구축 · 운영함에 있어 사회적 취약계층을 위한 공공부조를 마련하여 최저생활을 보장하여야 한다. 기출 15 · 23

2. 사회서비스 보장(법 제23조)

① 국가와 지방자치단체는 모든 국민의 인간다운 생활과 자립, 사회참여, 자아실현 등을 지원하여 삶의 질이 향상될 수 있도록 사회서비스에 관한 시책을 마련하여야 한다. 기출 15 · 23
② 국가와 지방자치단체는 사회서비스 보장과 소득보장이 효과적이고 균형적으로 연계되도록 하여야 한다.

3. 소득 보장(법 제24조)

① 국가와 지방자치단체는 다양한 사회적 위험 하에서도 모든 국민들이 인간다운 생활을 할 수 있도록 소득을 보장하는 제도를 마련하여야 한다.

② 국가와 지방자치단체는 공공부문과 민간부문의 소득보장제도가 효과적으로 연계되도록 하여야 한다. 기출 15

Ⅶ 사회보장제도의 운영

1. 운영원칙(법 제25조)

사회보장기본법에서 말하는 운영원칙은 보편성, 형평성, 민주성, 연계성 및 전문성을 말하는 것으로서, 이를 사회보장제도의 기본원칙으로 말한 베버리지(Beveridge), ILO 및 세계노동조합 등의 견해를 반영한 것으로 풀이할 수 있다.

(1) 보편성

국가와 지방자치단체가 사회보장제도를 운영할 때에는 이 제도를 필요로 하는 모든 국민에게 적용하여야 한다. 기출 22

(2) 형평성

국가와 지방자치단체는 사회보장제도의 급여 수준과 비용 부담 등에서 형평성을 유지하여야 한다.

(3) 민주성

국가와 지방자치단체는 사회보장제도의 정책 결정 및 시행 과정에 공익의 대표자 및 이해관계인 등을 참여시켜 이를 민주적으로 결정하고 시행하여야 한다. 기출 14

(4) 연계성 및 전문성

국가와 지방자치단체가 사회보장제도를 운영할 때에는 국민의 다양한 복지 욕구를 효율적으로 충족시키기 위하여 연계성과 전문성을 높여야 한다.

(5) 시행책임

사회보험은 국가의 책임으로 시행하고, 공공부조와 사회서비스는 국가와 지방자치단체의 책임으로 시행하는 것을 원칙으로 한다. 다만, 국가와 지방자치단체의 재정 형편 등을 고려하여 이를 협의·조정할 수 있다.

기출 14·19·22

2. 협의 및 조정(법 제26조)

① 국가와 지방자치단체는 사회보장제도를 신설하거나 변경할 경우 기존 제도와의 관계, 사회보장 전달체계와 재정 등에 미치는 영향, 재원의 규모·조달방안을 포함한 재정에 미치는 영향 및 지역별 특성 등을 사전에 충분히 검토하고 상호협력하여 사회보장급여가 중복 또는 누락되지 아니하도록 하여야 한다(법 제26조 제1항). 기출 19

② 중앙행정기관의 장과 지방자치단체의 장은 사회보장제도를 신설하거나 변경할 경우 신설 또는 변경의 타당성, 기존 제도와의 관계, 사회보장 전달체계에 미치는 영향, 지역복지 활성화에 미치는 영향 및 운영 방안 등에 대하여 대통령령으로 정하는 바에 따라 보건복지부장관과 협의하여야 한다(법 제26조 제2항).

기출 14

③ 중앙행정기관의 장과 지방자치단체의 장은 업무를 효율적으로 수행하기 위하여 필요하다고 인정하는 경우에는 관련 자료의 수집・조사 및 분석에 관한 업무를 다음의 기관 또는 단체에 위탁할 수 있다(법 제26조 제3항).

㉠ 정부출연연구기관 등의 설립・운영 및 육성에 관한 법률에 따라 설립된 정부출연연구기관

㉡ 사회보장급여의 이용・제공 및 수급권자 발굴에 관한 법률에 따른 한국사회보장정보원

㉢ 그 밖에 대통령령으로 정하는 전문기관 또는 단체

④ 중앙행정기관의 장과 지방자치단체의 장은 협의가 이루어지지 아니할 경우 위원회에 조정을 신청할 수 있으며, 위원회는 대통령령으로 정하는 바에 따라 이를 조정한다(법 제26조 제4항).

⑤ 보건복지부장관은 사회보장급여 관련 업무에 공통적으로 적용되는 기준을 마련할 수 있다(법 제26조 제5항).

기출 17・18

협의 운용방안(영 제14조)

보건복지부장관은 사회보장제도의 신설 또는 변경과 관련하여 법 제26조에 따른 협의를 원활히 하기 위하여 협의 대상기준, 절차 등 세부 운용방안(이하 "협의 운용방안"이라 한다)을 마련하여 매년 12월 31일까지 중앙행정기관의 장과 지방자치단체의 장에게 통보하여야 한다.

사회보장제도의 신설 또는 변경에 대한 협의(영 제15조)

① 법 제26조 제2항에 따라 중앙행정기관의 장과 지방자치단체의 장은 사회보장제도를 신설하려는 경우 매년 4월 30일(지방자치단체의 장의 경우에는 6월 30일)까지 다음 각 호의 사항을 포함한 협의요청서를 보건복지부장관에게 제출해야 한다.
1. 사업 대상, 지원 내용, 전달체계 등 사회보장제도 신설과 관련된 세부사업계획
2. 사회보장제도 신설의 근거에 관한 사항
3. 사회보장제도 신설에 따라 예상되는 사업의 성과
4. 사회보장제도의 신설에 필요한 예산규모에 관한 사항
5. 그 밖에 사회보장제도의 신설에 따른 협의에 필요한 서류

② 법 제26조 제2항에 따라 중앙행정기관의 장과 지방자치단체의 장은 사회보장제도의 변경으로 다음 각 호의 사항이 변경되는 경우(물가상승률, 최저보장수준, 최저임금 등 관계 법령에서 정하는 사항으로 변경되는 경우는 제외한다) 매년 4월 30일(지방자치단체의 장의 경우에는 6월 30일)까지 제1항 각 호의 사항을 포함하는 협의요청서를 보건복지부장관에게 제출해야 한다. 이 경우 제1항 각 호의 사항 중 "신설"은 "변경"으로 본다.
1. 소득, 재산, 연령, 자격 등 대상자 선정기준
2. 국고보조율 등 지방자치단체의 재정부담 수준
3. 그 밖에 급여 내용, 전달체계 등 보건복지부장관이 정하는 사항

③ 제2항에도 불구하고 보건복지부장관은 사회보장제도의 중장기 발전방향, 기존 사회보장제도와의 관계, 전달체계에 미치는 영향 등을 고려하여 사전협의가 필요하다고 인정되는 경우에는 해당 중앙행정기관의 장 또는 지방자치단체의 장에게 제1항에 따른 협의요청서의 제출을 요구할 수 있다. 이 경우 해당 중앙행정기관의 장 또는 지방자치단체의 장은 제출을 요구받은 날로부터 30일 이내에 협의요청서를 제출하여야 한다.

④ 중앙행정기관의 장과 지방자치단체의 장은 제1항에 따른 기한 이후에 긴급한 사유 등으로 사회보장제도의 신설 또는 변경이 필요한 경우에는 사업계획을 확정한 즉시 보건복지부장관에게 협의요청서를 제출하여야 한다.

⑤ 보건복지부장관은 협의에 필요한 자료가 누락되거나 보완이 필요한 경우 해당 중앙행정기관의 장과 지방자치단체의 장에게 기한을 정하여 필요한 자료의 제출 및 수정 또는 보완을 요구할 수 있으며, 요청을 받은 중앙행정기관의 장과 지방자치단체의 장은 특별한 사유가 없는 경우 이에 따라야 한다.

⑥ 보건복지부장관은 제14조에 따라 통보된 협의 운용방안에 따라 미리 관계 중앙행정기관의 장과 지방자치단체의 장에게 신설하거나 변경하려고 하는 사회보장제도에 대한 사업계획안의 제출을 요청할 수 있다.

⑦ 법 제26조 제2항에 따라 지방자치단체의 장이 보건복지부장관과 협의하는 경우에 보건복지부장관은 소관 중앙행정기관의 장에게 의견을 요청할 수 있다. 이 경우 해당 중앙행정기관의 장은 특별한 사유가 없으면 의견 요청을 받은 날부터 2주 이내에 보건복지부장관에게 의견을 제출하여야 한다.

⑧ 법 제26조 제3항 제3호에서 "대통령령으로 정하는 전문기관 또는 단체"란 다음 각 호의 어느 하나에 해당하는 기관 또는 단체를 말한다.

1. 「고등교육법」 제2조에 따른 학교
2. 「특정연구기관 육성법」 제2조에 따른 특정연구기관

협의결과의 처리(영 제16조)

① 보건복지부장관은 제15조 제1항에 따라 협의요청서가 제출된 사업에 대한 협의가 완료된 경우에는 위원회에 보고하고 그 결과를 기획재정부장관과 행정안전부장관에게 통보하여야 한다.

② 삭제 〈2020.7.7.〉

③ 위원회는 법 제26조 제4항에 따른 조정 신청을 받은 날부터 60일 이내에 조정을 해야 한다. 다만, 부득이한 사유가 있는 경우에는 30일 이내의 범위에서 그 기간을 연장할 수 있다.

④ 위원회는 법 제26조 제4항에 따라 조정을 하는 경우 해당 중앙행정기관의 장 또는 지방자치단체의 장으로부터 의견 진술 또는 제출의 요청을 받은 때에는 의견을 진술하거나 제출하게 해야 한다.

⑤ 보건복지부장관은 법 제26조 제4항에 따른 위원회의 심의·조정 결과를 해당 중앙행정기관의 장, 기획재정부장관, 행정안전부장관 및 해당 지방자치단체의 장에게 통보해야 한다.

3. 민간의 참여(법 제27조)

① 국가와 지방자치단체는 사회보장에 대한 민간부문의 참여를 유도할 수 있도록 정책을 개발·시행하고 그 여건을 조성하여야 한다. 기출 17

② 국가와 지방자치단체는 사회보장에 대한 민간부문의 참여를 유도하기 위하여 다음의 사업이 포함된 시책을 수립·시행할 수 있다. 기출 14

㉠ 자원봉사, 기부 등 나눔의 활성화를 위한 각종 지원 사업

㉡ 사회보장정책의 시행에 있어 민간 부문과의 상호협력체계 구축을 위한 지원사업

㉢ 그 밖에 사회보장에 관련된 민간의 참여를 유도하는 데에 필요한 사업

③ 국가와 지방자치단체는 개인·법인 또는 단체가 사회보장에 참여하는 데에 드는 경비의 전부 또는 일부를 지원하거나 그 업무를 수행하기 위하여 필요한 지원을 할 수 있다. 기출 14·19

4. 비용의 부담(법 제28조)

① 사회보장비용의 부담은 각각의 사회보장제도의 목적에 따라 국가, 지방자치단체 및 민간부문 간에 합리적으로 조정되어야 한다. 기출 14·17·19

② 사회보험에 드는 비용은 사용자, 피용자(被傭者) 및 자영업자가 부담하는 것을 원칙으로 하되, 관계 법령에서 정하는 바에 따라 국가가 그 비용의 일부를 부담할 수 있다. 기출 12·14·19

③ 공공부조 및 관계 법령에서 정하는 일정 소득 수준 이하의 국민에 대한 사회서비스에 드는 비용의 전부 또는 일부는 국가와 지방자치단체가 부담한다. 기출 12·14·19

④ 부담 능력이 있는 국민에 대한 사회서비스에 드는 비용은 그 수익자가 부담함을 원칙으로 하되, 관계 법령에서 정하는 바에 따라 국가와 지방자치단체가 그 비용의 일부를 부담할 수 있다.

기출 12·14·17·19·23

✔ 핵심문제

01 **사회보장기본법상 사회보장에 관한 정의이다. (   ) 안에 들어갈 내용으로 옳은 것은?** 기출 16

> "사회보장"이란 출산, 양육, 실업, 노령, 장애, 질병, 빈곤 및 사망 등의 사회적 위험으로부터 모든 국민을 보호하고 국민 삶의 질을 향상시키는 데 필요한 소득·서비스를 보장하는 (   ), (   ), (   )(을)를 말한다.

① 사회보험, 공공부조, 사회안전망
② 공공부조, 사회서비스, 사회안전망
③ 사회보험, 공공부조, 사회서비스
④ 사회서비스, 사회안전망, 사회보험
⑤ 보편적 복지, 공공부조, 사회서비스

[해설]
(   ) 안에 들어갈 내용은 순서대로 사회보험, 공공부조, 사회서비스이다.
"사회보장"이란 출산, 양육, 실업, 노령, 장애, 질병, 빈곤 및 사망 등의 사회적 위험으로부터 모든 국민을 보호하고 국민 삶의 질을 향상시키는 데 필요한 소득·서비스를 보장하는 사회보험, 공공부조, 사회서비스를 말한다(사보법 제3조 제1호).

정답 ③

02 **사회보장기본법령상 사회보장 비용의 부담에 관한 설명으로 옳지 않은 것은?** 기출 19

① 사회보장 비용의 부담은 각각의 사회보장제도의 목적에 따라 국가, 지방자치단체 및 민간부문 간에 합리적으로 조정되어야 한다.
② 사회보험에 드는 비용은 사용자, 피용자 및 자영업자가 부담하는 것을 원칙으로 한다.
③ 부담 능력이 있는 국민에 대한 사회서비스에 드는 비용은 그 수익자가 부담함을 원칙으로 한다.
④ 공공부조에 드는 비용은 수익자가 부담함을 원칙으로 한다.
⑤ 공공부조 및 관계 법령에서 정하는 일정 소득 수준 이하의 국민에 대한 사회서비스에 드는 비용의 전부 또는 일부는 국가와 지방자치단체가 부담한다.

[해설]
④ (×) 공공부조 및 관계 법령에서 정하는 일정 소득 수준 이하의 국민에 대한 사회서비스에 드는 비용의 전부 또는 일부는 국가와 지방자치단체가 부담한다(사보법 제28조 제3항).

정답 ④

03 **사회보장기본법상 사회보장제도의 비용부담에 관한 설명으로 옳지 않은 것은?** 기출 14

① 사회보장 비용의 부담은 각각의 사회보장제도의 목적에 따라 국가, 지방자치단체 및 민간부문 간에 합리적으로 조정되어야 한다.
② 부담 능력이 있는 국민에 대한 사회서비스에 드는 비용은 국가와 지방자치단체가 부담하는 것을 원칙으로 한다.
③ 공공부조에 드는 비용의 전부 또는 일부는 국가와 지방자치단체가 부담한다.
④ 사회보험에 드는 비용은 사용자, 피용자 및 자영업자가 부담하는 것을 원칙으로 한다.
⑤ 국가와 지방자치단체는 개인·법인 또는 단체가 사회보장에 참여하는 데에 드는 경비의 전부 또는 일부를 지원할 수 있다.

[해설]
① (○) 사보법 제28조 제1항
② (×) 부담 능력이 있는 국민에 대한 사회서비스에 드는 비용은 그 수익자가 부담함을 원칙으로 하되, 관계 법령에서 정하는 바에 따라 국가와 지방자치단체가 그 비용의 일부를 부담할 수 있다(사보법 제28조 제4항).
③ (○) 사보법 제28조 제3항
④ (○) 사보법 제28조 제2항
⑤ (○) 사보법 제27조 제3항

정답 ②

5. 국가와 지방자치단체의 책무

(1) 사회보장전달체계의 구축(법 제29조)

① 국가와 지방자치단체는 모든 국민이 쉽게 이용할 수 있고 사회보장급여가 적시에 제공되도록 지역적·기능적으로 균형잡힌 사회보장 전달체계를 구축하여야 한다.

② 국가와 지방자치단체는 사회보장 전달체계의 효율적 운영에 필요한 조직, 인력, 예산 등을 갖추어야 한다.

③ 국가와 지방자치단체는 공공부문과 민간부문의 사회보장 전달체계가 효율적으로 연계되도록 노력하여야 한다. 기출 22

(2) 사회보장급여의 관리(법 제30조)

① 국가와 지방자치단체는 국민의 사회보장수급권의 보장 및 재정의 효율적 운용을 위하여 사회보장급여의 관리체계를 구축·운영하여야 한다.

㉠ 사회보장수급권자 권리구제

㉡ 사회보장급여의 사각지대 발굴

㉢ 사회보장급여의 부정·오류 관리

㉣ 사회보장급여의 과오지급액의 환수 등 관리

② 보건복지부장관은 사회서비스의 품질기준 마련, 평가 및 개선 등의 업무를 수행하기 위하여 필요한 전담기구를 설치할 수 있다. 기출 14·19

(3) 전문인력의 양성 등(법 제31조, 영 제17조)

① 국가와 지방자치단체는 사회보장제도의 발전을 위하여 전문인력의 양성, 학술 조사 및 연구, 국제 교류의 증진 등에 노력하여야 한다. 보건복지부장관은 사회보장 분야 전문 인력 양성을 위하여 관계 중앙행정기관, 지방자치단체, 공공기관 및 법인·단체 등의 직원을 대상으로 사회보장에 관한 교육을 매년 1회 이상 실시할 수 있다. 기출 24

② 관계 중앙행정기관의 장과 지방자치단체의 장은 필요한 경우 사회보장에 관한 교육을 보건복지부장관에게 요청할 수 있다.

(4) 사회보장통계의 작성(법 제32조 제1항, 영 제18조)

① 국가와 지방자치단체는 효과적인 사회보장정책의 수립·시행을 위하여 사회보장에 관한 통계를 작성·관리하여야 한다. 기출 19·22·23

② 보건복지부장관은 사회보장통계의 작성·제출과 관련하여 작성 대상 범위, 절차 등의 내용을 포함한 사회보장통계 운용지침을 마련하여 매년 12월 31일까지 관계 중앙행정기관의 장과 지방자치단체의 장에게 통보하여야 한다. 기출 24

③ 관계 중앙행정기관의 장과 지방자치단체의 장은 사회보장통계 운용지침에 따라 소관 사회보장 통계목록을 작성한 후 매년 1월 31일까지 보건복지부장관에게 제출하여야 하고, 소관 사회보장통계목록이 변경된 경우에는 변경일로부터 30일 이내에 보건복지부장관에게 통보하여야 한다.

④ 보건복지부장관은 제출받은 사회보장통계 목록에 누락된 것이 있는 경우 보완을 요청할 수 있으며, 해당 중앙행정기관의 장 또는 지방자치단체의 장은 특별한 사유가 없으면 이에 따라야 한다.

⑤ 관계 중앙행정기관의 장과 지방자치단체의 장은 사회보장통계 목록에 따른 소관 사회보장통계를 매년 2월 말일까지 보건복지부장관에게 제출하여야 한다.

(5) 업무의 민간위탁(법 제32조의2, 영 제18조의2)

보건복지부장관은 사회보장 재정추계 및 사회보장통계 업무를 효율적으로 수행하기 위하여 필요하다고 인정하는 경우에는 관련 자료의 수집·조사 및 분석에 관한 업무 등을 다음의 기관 또는 단체에 위탁할 수 있다. 기출 24

① 정부출연연구기관 등의 설립·운영 및 육성에 관한 법률에 따라 설립된 정부출연연구기관
② 고등교육법에 따른 학교
③ 특정연구기관 육성법에 따른 특정연구기관
④ 국공립 연구기관

(6) 정보의 공개(법 제33조)

국가와 지방자치단체는 사회보장제도에 관하여 국민이 필요한 정보를 관계 법령에서 정하는 바에 따라 공개하고, 이를 홍보하여야 한다. 기출 12

(7) 설명, 상담 및 통지(법 제34조 내지 제36조)

국가와 지방자치단체는 사회보장 관계 법령에서 규정한 권리나 의무를 해당 국민에게 설명하도록 노력하여야 하며, 사회보장에 관한 상담에 응하여야 하며, 사회보장에 관한 사항을 해당 국민에게 알려야 한다. 기출 12·21·22

6. 권리구제(법 제39조)

사회보장기본법은 위법 또는 부당한 처분을 받거나 필요한 처분을 받지 못함으로써 권리 또는 이익의 침해를 받은 국민은 행정심판을 청구하거나 행정소송을 제기하여 그 처분의 취소 또는 변경 등을 청구할 수 있다고 규정하고 있다.

✔ 핵심문제

01 사회보장기본법령상 사회보장제도의 운영에 관한 설명으로 옳지 않은 것은? 기출 19

① 사회보험은 국가와 지방자치단체의 책임으로 시행하고, 공공부조와 사회서비스는 국가의 책임으로 시행하는 것을 원칙으로 한다.
② 국가와 지방자치단체는 효과적인 사회보장정책의 수립·시행을 위하여 사회보장에 관한 통계를 작성·관리하여야 한다.
③ 국가와 지방자치단체는 사회보장제도를 신설하거나 변경할 경우 기존 제도와의 관계, 사회보장 전달체계와 재정 등에 미치는 영향 등을 사전에 충분히 검토하고 상호협력하여 사회보장급여가 중복 또는 누락되지 아니하도록 하여야 한다.
④ 보건복지부장관은 사회서비스의 품질기준 마련, 평가 및 개선 등의 업무를 수행하기 위하여 필요한 전담기구를 설치할 수 있다.
⑤ 국가와 지방자치단체는 개인·법인 또는 단체가 사회보장에 참여하는 데에 드는 경비의 전부 또는 일부를 지원하거나 그 업무를 수행하기 위하여 필요한 지원을 할 수 있다.

[해설]

① (×) 사회보험은 국가의 책임으로 시행하고, 공공부조와 사회서비스는 국가와 지방자치단체의 책임으로 시행하는 것을 원칙으로 한다(사보법 제25조 제5항).

정답 ①

Ⅷ 사회보장정보의 관리

1. 사회보장정보시스템의 구축 · 운영(법 제37조)

① 국가와 지방자치단체는 국민편익의 증진과 사회보장업무의 효율성 향상을 위하여 사회보장업무를 전자적으로 관리하도록 노력하여야 한다. 기출 13 · 18

② 국가는 관계 중앙행정기관과 지방자치단체에서 시행하는 사회보장수급권자 선정 및 급여 관리 등에 관한 정보를 통합 · 연계하여 처리 · 기록 및 관리하는 시스템(이하 "사회보장정보시스템")을 구축 · 운영할 수 있다. 기출 13

③ 보건복지부장관은 사회보장정보시스템의 구축 · 운영을 총괄한다. 기출 13

④ 보건복지부장관은 사회보장정보시스템 구축 · 운영의 전 과정에서 개인정보 보호를 위하여 필요한 시책을 마련하여야 한다.

⑤ 보건복지부장관은 관계 중앙행정기관, 지방자치단체 및 관련 기관 · 단체에 사회보장정보시스템의 운영에 필요한 정보의 제공을 요청하고 제공받은 목적의 범위에서 보유 · 이용할 수 있다. 이 경우 자료의 제공을 요청받은 자는 정당한 사유가 없으면 이에 따라야 한다.

⑥ 관계 중앙행정기관 및 지방자치단체의 장은 사회보장정보와 관련하여 사회보장정보시스템의 활용이 필요한 경우 사전에 보건복지부장관과 협의하여야 한다. 이 경우 보건복지부장관은 관련 업무에 필요한 범위에서 정보를 제공할 수 있고 정보를 제공받은 관계 중앙행정기관 및 지방자치단체의 장은 제공받은 목적의 범위에서 보유 · 이용할 수 있다. 기출 18

⑦ 보건복지부장관은 사회보장정보시스템의 운영 · 지원을 위하여 전담기구를 설치할 수 있다.

사회보장정보시스템의 구축 및 운영(영 제19조)

① 보건복지부장관은 법 제37조 제2항에 따른 사회보장정보시스템을 통해 다음 각 호의 업무를 수행할 수 있다.
1. 사회보장수급자 및 사회보장급여 현황관리
2. 사회보장 관련통계의 생성 및 관리
3. 사회보장급여의 신청, 수급자격의 조사업무 및 급여의 적정성 확인, 환수(還收) 등 사후관리 업무의 전자화 및 처리지원
4. 사회보장수급자격의 취득 · 상실 · 정지 · 변경 등 변동관리
5. 사회보장급여 및 보조금의 부정 · 중복수급 모니터링
6. 다른 법령에 따라 국가 및 지방자치단체로부터 위탁받은 사회보장에 관한 업무 기출 24

② 보건복지부장관이 법 제37조 제5항 및 제6항에 따라 사회보장정보시스템의 운영을 위하여 수집 · 보유 · 이용 · 제공할 수 있는 정보의 범위는 다음 각 호와 같다.
1. 사회보장수급자 수, 선정기준, 보장내용, 예산, 전달체계 등 사회보장제도 및 사회보장수급자 현황에 관한 자료
2. 사회보장급여의 신청, 수급자격의 조사 및 사후관리에 필요한 자료로서 신청인 및 그 부양의무자에 대한 다음 각 목의 어느 하나에 해당하는 자료. 다만, 부양의무자의 부양을 필요로 하지 않거나 근로능력, 소득 · 재산 상태 등에 관한 조사가 필요하지 않은 경우는 제외한다.
   가. 주민등록전산정보 등 인적사항 및 기본증명서 · 가족관계증명서 등 가족관계등록사항
   나. 토지 · 건물 · 선박 · 차량 · 주택분양권, 국민건강보험 · 국민연금 · 고용보험 · 산업재해보상보험 · 퇴직금 · 보훈급여 · 공무원연금 · 공무원 재해보상 · 군인연금 · 사립학교교직원연금 · 별정우체국연금, 근로장려금, 기본형공익직접지불금 등 소득 · 재산에 관한 자료
   다. 출입국 · 병무 · 교정 · 사업자등록증 · 고용정보 · 보건의료정보 등 근로능력 및 취업상태에 관한 자료
3. 사회보장급여 수급이력 및 사회보장급여와 관련된 신청, 제공 및 환수 등의 업무처리 내역에 관한 자료
4. 사회복지법인 및 사회복지시설, 관련 기관 및 단체의 보조금 수급이력에 관한 자료
5. 그 밖에 사회보장급여의 제공 및 관리 또는 위탁받은 업무의 처리에 필요한 정보로서 보건복지부장관이 정하는 자료

③ 보건복지부장관은 제1항 각 호의 업무를 수행하기 위하여 제2항 각 호에 해당하는 자료를 보건복지부장관이 정하는 바에 따라 정기적으로 갱신하여야 한다.

④ 삭제 〈2023.7.11.〉

⑤ 제1항 각 호의 업무처리 범위, 방법 및 절차와 그 밖에 필요한 사항은 보건복지부장관이 정한다.
⑥ 법 제37조 제7항에 따른 전담기구는 「사회보장급여의 이용・제공 및 수급권자 발굴에 관한 법률」 제29조에 따른 한국사회보장정보원으로 한다. 기출 24

민감정보 및 고유식별정보의 처리(영 제21조)

① 보건복지부장관(법 제37조 제7항에 따른 전담기구를 포함한다)은 다음 각 호의 사무를 수행하기 위하여 불가피한 경우 각 호의 구분에 따른 자료를 처리할 수 있다.
1. 법 제37조 및 이 영 제19조 제1항부터 제3항까지의 규정에 따른 사회보장정보시스템의 구축 및 운영 등에 관한 사무 : 「개인정보 보호법」 제23조에 따른 건강에 관한 정보(건강관리, 건강검진 및 의료비 지원에 관한 정보만 해당한다), 같은 법 시행령 제18조 제2호에 따른 범죄경력자료에 해당하는 정보, 같은 영 제19조 제1호부터 제4호까지의 규정에 따른 주민등록번호, 여권번호, 운전면허번호 또는 외국인등록번호가 포함된 자료
2. 법 제43조에 따른 사회보장 행정데이터 분석센터의 설치・운영에 관한 사무 : 「개인정보 보호법」 제23조에 따른 건강에 관한 정보가 포함된 자료 기출 24

② 위원회는 법 제42조에 따른 사회보장 행정데이터의 제공 요청에 관한 사무를 수행하기 위하여 불가피한 경우 「개인정보 보호법」 제23조에 따른 건강에 관한 정보가 포함된 자료를 처리할 수 있다.

2. 개인정보 등의 보호(법 제38조)

① 사회보장 업무에 종사하거나 종사하였던 자는 사회보장업무 수행과 관련하여 알게 된 개인・법인 또는 단체의 정보를 관계 법령에서 정하는 바에 따라 보호하여야 한다. 기출 12・13

② 국가와 지방자치단체, 공공기관, 법인・단체, 개인이 조사하거나 제공받은 개인・법인 또는 단체의 정보는 이 법과 관련 법률에 근거하지 아니하고 보유, 이용, 제공되어서는 아니 된다. 기출 13・18

Ⅸ 기 타

1. 국민 등의 의견수렴(법 제40조)

국가와 지방자치단체는 국민생활에 중대한 영향을 미치는 사회보장 계획 및 정책을 수립하려는 경우 공청회 및 정보통신망 등을 통하여 국민과 관계 전문가의 의견을 충분히 수렴하여야 한다.

2. 관계 행정기관 등의 협조(법 제41조)

국가와 지자체는 사회보장 관련 계획 및 정책의 수립・시행, 사회보장통계의 작성 등을 위하여 관련 공공기관, 법인, 단체, 개인에게 자료제출 등 필요한 협조를 요청할 수 있고, 사회보장위원회는 사회보장에 관한 자료제출 등 위원회 업무에 필요한 경우 관계 행정기관의 장에게 협조를 요청할 수 있다.

3. 사회보장행정데이터의 제공요청(법 제42조)

① 위원회는 사회보장정책의 심의・조정 및 연구를 위하여 관계기관의 장에게 사회보장행정데이터가 모집단의 대표성을 확보할 수 있는 범위에서 다음에 해당하는 사회보장행정데이터의 제공을 요청할 수 있다. 이 경우 사회보장행정데이터의 제공을 요청받은 관계기관의 장은 특별한 사유가 없으면 이에 따라야 한다.

㉠ 사회보험, 공공부조 및 사회서비스에 관한 다음의 자료 또는 정보
㉮ 국민연금・건강보험・고용보험・산업재해보상보험 등 사회보험에 관한 자료 또는 정보
㉯ 국민기초생활보장・기초연금 등 공공부조에 관한 자료 또는 정보
㉰ 아이돌봄서비스・장애인활동지원서비스 등 사회서비스에 관한 자료 또는 정보

㉡ 고용정책 기본법에 따른 고용·직업에 관한 정보

㉢ 국세기본법 및 지방세기본법에 따른 과세정보로서 다음의 정보

㉮ 소득세법에 따른 소득 및 원천징수

㉯ 조세특례제한법에 따른 근로장려금 및 자녀장려금의 결정·환급내역

㉰ 지방세법에 따른 재산세

㉣ 주민등록법에 따른 주민등록전산정보자료

㉤ 그 밖에 위원회의 업무수행을 위하여 필요하다고 대통령령으로 정하는 자료 또는 정보

② 요청할 수 있는 사회보장행정데이터의 구체적인 내용 및 모집단의 대표성을 확보할 수 있는 범위 등에 관한 사항은 대통령령으로 정한다.

✔ 핵심문제

01 사회보장기본법상 사회보장정보의 관리에 관한 설명으로 옳지 않은 것은? 기출 13

① 국가와 지방자치단체가 조사하거나 제공받은 개인·법인 또는 단체의 정보는 어떠한 경우에도 보유·이용·제공되어서는 아니 된다.

② 국가는 사회보장정보시스템을 구축·운영할 수 있다.

③ 보건복지부장관은 사회보장정보시스템의 구축·운영을 총괄한다.

④ 사회보장업무에 종사하거나 종사하였던 자는 사회보장 업무수행과 관련하여 알게 된 개인·법인 또는 단체의 정보를 관계 법령에서 정하는 바에 따라 보호하여야 한다.

⑤ 국가와 지방자치단체는 국민편익의 증진과 사회보장업무의 효율성 향상을 위하여 사회보장업무를 전자적으로 관리하도록 노력하여야 한다.

[해설]

① (×) 국가와 지방자치단체, 공공기관, 법인·단체, 개인이 조사하거나 제공받은 개인·법인 또는 단체의 정보는 사회보장기본법과 관련 법률에 근거하지 아니하고 보유·이용·제공되어서는 아니 된다(사보법 제38조 제2항).

② (O) 사보법 제37조 제2항

③ (O) 사보법 제37조 제3항

④ (O) 사보법 제38조 제1항

⑤ (O) 사보법 제37조 제1항

정답 ①

02 사회보장기본법상 사회보장정보시스템의 구축·운영 등에 관한 설명으로 옳지 않은 것은? 기출 18

① 보건복지부장관은 사회보장정보시스템의 구축·운영을 총괄한다.

② 국가와 지방자치단체는 국민편익의 증진과 사회보장업무의 효율성 향상을 위하여 사회보장업무를 전자적으로 관리하도록 노력하여야 한다.

③ 국가와 지방자치단체가 조사하거나 제공받은 개인·법인의 정보는 이 법과 관련 법률에 근거하지 아니하고 보유, 이용, 제공되어서는 아니 된다.

④ 관계 중앙행정기관 및 지방자치단체의 장은 사회보장정보와 관련하여 사회보장정보시스템의 활용이 필요한 경우 사전에 보건복지부장관과 협의하여야 한다.

⑤ 사회복지법인의 보조금 수급이력에 관한 자료는 사회보장정보시스템의 운영을 위하여 수집·보유할 수 있는 정보에 해당하지 않는다.

[해설]

⑤ (×) 사회복지법인 및 사회복지시설, 관련 기관 및 단체의 보조금 수급이력에 관한 자료는 보건복지부장관이 사회보장정보시스템의 운영을 위하여 수집·보유할 수 있는 정보에 해당한다(사보법 시행령 제19조 제2항 제4호).

정답 ⑤

제1장 제2장 제3장 제4장 제5장 제6장

③ 사회보장행정데이터를 제공하는 경우 가명정보로 제공하여야 한다. 위원회가 제공받은 사회보장행정데이터의 처리 및 보호에 관하여는 이 법에서 정하는 사항을 제외하고는 개인정보 보호법에 따른다.

사회보장 행정데이터의 제공 요청(영 제20조)

① 법 제42조 제1항 제5호에서 "대통령령으로 정하는 자료 또는 정보"란 다음 각 호의 자료 또는 정보를 말한다.
1. 「가족관계의 등록 등에 관한 법률」 제9조 제2항에 따른 가족관계등록부에 관한 자료 또는 정보
2. 「공공주택 특별법」 제49조 제6항에 따른 임대차계약에 관한 자료 또는 정보
3. 「근로자퇴직급여 보장법」 제13조, 제19조 및 제24조에 따른 확정급여형퇴직연금제도, 확정기여형퇴직연금제도 및 개인형퇴직연금제도의 설정 및 운영에 관한 자료 또는 정보
4. 「부동산 거래신고 등에 관한 법률」 제24조 제1항에 따른 주택 임대차 계약상황 및 「주택임대차보호법」 제3조의6에 따른 확정일자 부여에 관한 자료 또는 정보

4의2. 「초·중등교육법」 제25조 제1항 제2호에 따른 학적사항에 관한 자료 또는 정보

5. 「통계법」 제18조에 따라 승인을 받거나 같은 법 제20조에 따라 협의를 한 통계에 관한 자료 또는 정보
6. 「한국농어촌공사 및 농지관리기금법」 제24조의5 제1항에 따른 노후생활안정자금 지원에 관한 자료 또는 정보
7. 「한국장학재단 설립 등에 관한 법률」 제16조 제1항 제4호·제4호의2·제5호·제8호·제9호에 따른 등록금, 학자금 지원과 협력 프로그램 운영 지원에 관한 자료 또는 정보
8. 「한국주택금융공사법」에 따른 주택담보노후연금보증에 관한 자료 또는 정보

② 법 제42조 제1항에 따라 위원회가 요청할 수 있는 사회보장 행정데이터의 구체적인 내용은 별표와 같다.

4. 사회보장행정데이터 분석센터(법 제43조)

보건복지부장관은 제공받은 사회보장행정데이터의 원활한 분석, 활용 등을 위하여 사회보장행정데이터 분석센터를 설치·운영할 수 있다. 기출 23

✔ 핵심문제

01 사회보장기본법상 내용으로 옳은 것은? 기출 18

① 국가는 중장기 사회보장 재정추계를 매년 실시하고 공표하여야 한다.
② 사회보장수급권의 포기는 취소할 수 없다.
③ 사회서비스란 사회적 위험을 보험의 방식으로 대처함으로써 국민의 건강과 소득을 보장하는 제도를 말한다.
④ 사회보장수급권은 다른 사람에게 양도할 수 있다.
⑤ 국가와 지방자치단체는 최저보장수준과 최저임금 등을 고려하여 사회보장급여의 수준을 결정하여야 한다.

[해설]

① (×) 국가는 사회보장제도의 안정적인 운영을 위하여 중장기 사회보장 재정추계를 격년으로 실시하고 이를 공표하여야 한다(사보법 제5조 제4항).
② (×) 사회보장수급권의 포기는 취소할 수 있다(사보법 제14조 제2항).
③ (×) "사회서비스"란 국가·지방자치단체 및 민간부문의 도움이 필요한 모든 국민에게 복지, 보건의료, 교육, 고용, 주거, 문화, 환경 등의 분야에서 인간다운 생활을 보장하고 상담, 재활, 돌봄, 정보의 제공, 관련 시설의 이용, 역량 개발, 사회참여 지원 등을 통하여 국민의 삶의 질이 향상되도록 지원하는 제도를 말한다(사보법 제3조 제4호). 사회적 위험을 보험의 방식으로 대처함으로써 국민의 건강과 소득을 보장하는 제도는 "사회보험"이다(사보법 제3조 제2호).
④ (×) 사회보장수급권은 관계 법령에서 정하는 바에 따라 다른 사람에게 양도하거나 담보로 제공할 수 없으며, 이를 압류할 수 없다(사보법 제12조).
⑤ (○) 사보법 제10조 제3항

정답 ⑤

02 사회보장기본법상 내용으로 옳은 것은? 기출 17

① 사회보장위원회는 사회보장급여 관련 업무에 공통적으로 적용되는 기준을 마련하여야 한다.
② 사회보장 비용의 부담은 각각의 사회보장제도의 목적에 따라 국가, 지방자치단체가 민간부문보다 우선적으로 부담하여야 한다.
③ 국가와 지방자치단체는 관계 법령에서 정하는 바에 따라 공표된 최저보장수준과 최저임금 등을 고려하여 사회보장급여의 수준을 결정하여야 한다.
④ 사회보험에 드는 비용은 수익자가 부담함을 원칙으로 하되, 관계 법령에서 정하는 바에 따라 국가가 그 비용의 전부 또는 일부를 부담할 수 있다.
⑤ 사회보장에 관한 기본계획은 다른 법령에 따라 수립되는 사회보장에 관한 계획을 제외한 모든 계획의 기본이 된다.

[해설]

③ (○) 사보법 제10조 제3항

정답 ③

CHAPTER

01 사회보장기본법

01 기출 24

☑확인 Check! ○ △ ×

사회보장기본법령상 보건복지부장관이 중장기 사회보장 재정추계 및 사회보장통계업무를 효율적으로 수행하기 위하여 필요하다고 인정하는 경우 관련 자료의 수집 · 조사 및 분석에 관한 업무 등을 위탁할 수 있는 기관 또는 단체를 모두 고른 것은?

ㄱ. 정부출연연구기관 등의 설립 · 운영 및 육성에 관한 법률에 따라 설립된 정부출연연구기관
ㄴ. 고등교육법 제2조에 따른 학교
ㄷ. 특정연구기관 육성법 제2조에 따른 특정연구기관
ㄹ. 국공립 연구기관

① ㄱ, ㄴ, ㄷ
② ㄱ, ㄴ, ㄹ
③ ㄱ, ㄷ, ㄹ
④ ㄴ, ㄷ, ㄹ
⑤ ㄱ, ㄴ, ㄷ, ㄹ

정답 및 해설

01

ㄱ., ㄴ., ㄷ., ㄹ. 모두 보건복지부장관이 중장기 사회보장 재정추계 및 사회보장통계업무를 효율적으로 수행하기 위하여 필요하다고 인정하는 경우 관련 자료의 수집 · 조사 및 분석에 관한 업무 등을 위탁할 수 있는 기관 또는 단체에 해당한다.

정답 ⑤

PLUS

사회보장 재정추계 및 사회보장통계 등에 대한 민간위탁(사보법 제32조의2)

보건복지부장관은 제5조 제4항에 따른 사회보장 재정추계 및 제32조에 따른 사회보장통계 업무를 효율적으로 수행하기 위하여 필요하다고 인정하는 경우에는 관련 자료의 수집 · 조사 및 분석에 관한 업무 등을 다음 각 호의 기관 또는 단체에 위탁할 수 있다.

1. 정부출연연구기관 등의 설립 · 운영 및 육성에 관한 법률에 따라 설립된 정부출연연구기관
2. 그 밖에 대통령령으로 정하는 전문기관 또는 단체

사회보장 재정추계 및 사회보장통계 등에 대한 민간위탁 대상기관(사보법 시행령 제18조의2)

법 제32조의2 제2호에서 "대통령령으로 정하는 전문기관 또는 단체"란 다음 각 호의 어느 하나에 해당하는 기관 또는 단체를 말한다.

1. 고등교육법 제2조에 따른 학교
2. 특정연구기관 육성법 제2조에 따른 특정연구기관
3. 국공립 연구기관

02 기출 24

☑ 확인 Check! ○ △ ×

사회보장기본법령에 관한 설명으로 옳지 않은 것은?

① 보건복지부장관은 사회보장 행정데이터 분석센터의 설치・운영에 관한 사무를 수행하기 위하여 불가피한 경우 「개인정보 보호법」 시행령 제18조 제2호에 따른 범죄경력자료에 해당하는 정보를 처리할 수 있다.

② 보건복지부장관은 사회보장 분야 전문 인력 양성을 위하여 관계 중앙행정기관, 지방자치단체, 공공기관 및 법인・단체 등의 직원을 대상으로 사회보장에 관한 교육을 매년 1회 이상 실시할 수 있다.

③ 보건복지부장관은 사회보장정보시스템을 통해 다른 법령에 따라 국가 및 지방자치단체로부터 위탁받은 사회보장에 관한 업무를 수행할 수 있다.

④ 보건복지부장관은 사회보장통계의 작성・제출과 관련하여 작성 대상 범위, 절차 등의 내용을 포함한 사회보장통계 운용지침을 마련하여 매년 12월 31일까지 관계 중앙행정기관의 장과 지방자치단체의 장에게 통보하여야 한다.

⑤ 보건복지부장관이 사회보장정보시스템의 운영・지원을 위하여 설치할 수 있는 전담기구는 「사회보장급여의 이용・제공 및 수급권자 발굴에 관한 법률」 제29조에 따른 한국사회보장정보원으로 한다.

02

① (×) 보건복지부장관은 사회보장 행정데이터 분석센터의 설치・운영에 관한 사무를 수행하기 위하여 불가피한 경우 개인정보 보호법 제23조에 따른 건강에 관한 정보가 포함된 자료를 처리할 수 있다(사보법 시행령 제21조 제1항 제2호).

② (○) 사보법 시행령 제17조 제1항

③ (○) 사보법 시행령 제19조 제1항 제6호

④ (○) 사보법 시행령 제18조 제1항

⑤ (○) 사보법 시행령 제19조 제6항, 사보법 제37조 제7항

정답 ①

03 기출 24

☑ 확인 Check! ○ △ ×

사회보장기본법령상 사회보장 재정추계(財政推計)에 관한 설명으로 옳지 않은 것은?

① 국가는 사회보장제도의 안정적인 운영을 위하여 중장기 사회보장 재정추계를 격년으로 실시하고 이를 공표하여야 한다.

② 보건복지부장관은 사회보장 재정추계를 위하여 재정추계를 실시하는 해의 1월 31일까지 재정추계세부지침을 마련하여야 한다.

③ 보건복지부장관은 마련한 재정추계 세부지침에 따라 추계를 실시하는 해의 9월 30일까지 재정추계를 하고, 그 결과를 사회보장위원회의 심의를 거쳐 같은 해 10월 31일까지 관계 중앙행정기관의 장에게 통보하여야 한다.

④ 관계 중앙행정기관의 장은 재정추계 결과를 바탕으로 정책개선안을 마련하여 같은 해 12월 31일까지 보건복지부장관에게 제출하여야 한다.

⑤ 보건복지부장관은 정책개선안을 종합하여 이를 추계 실시 해의 다음 해 3월 31일까지 사회보장위원회에 보고하여야 한다.

03

① (○) 사보법 제5조 제4항

② (×) 보건복지부장관은 「사회보장기본법」 제5조 제4항에 따른 사회보장 재정추계(財政推計)를 위하여 재정추계를 실시하는 해의 3월 31일까지 재정추계 세부지침을 마련하여야 한다(사보법 시행령 제2조 제1항 전문).

③ (○) 사보법 시행령 제2조 제2항

④ (○) 사보법 시행령 제2조 제3항

⑤ (○) 사보법 시행령 제2조 제4항

정답 ②

04 기출 23

☑ 확인Check! ○ △ ×

사회보장기본법령에 관한 설명으로 옳은 것은?

① 국가와 지방자치단체는 모든 국민의 인간다운 생활과 자립, 사회참여, 자아실현 등을 지원하여 삶의 질이 향상될 수 있도록 사회서비스에 관한 시책을 마련하여야 한다.

② 보건복지부장관은 제공받은 사회보장 행정데이터의 원활한 분석, 활용 등을 위하여 사회보장 행정데이터 분석센터를 설치 · 운영하여야 한다.

③ 부담 능력이 있는 국민에 대한 사회서비스에 드는 비용은 국가가 부담함을 원칙으로 한다.

④ 사회보장수급권을 포기하는 것이 다른 사람에게 피해를 주는 경우에는 사회보장수급권을 포기할 수 있다.

⑤ 보건복지부장관은 재정추계의 결과를 사회보장위원회의 심의를 거쳐 같은 해 9월 30일까지 관계 중앙행정기관의 장에게 통보하여야 한다.

04

① (○) 사보법 제23조 제1항

② (×) 보건복지부장관은 제공받은 사회보장 행정데이터의 원활한 분석, 활용 등을 위하여 사회보장 행정데이터 분석센터를 설치 · 운영할 수 있다(사보법 제43조 제1항).

③ (×) 부담 능력이 있는 국민에 대한 사회서비스에 드는 비용은 그 수익자가 부담함을 원칙으로 하되, 관계 법령에서 정하는 바에 따라 국가와 지방자치단체가 그 비용의 일부를 부담할 수 있다(사보법 제28조 제4항).

④ (×) 사회보장수급권을 포기하는 것이 다른 사람에게 피해를 주거나 사회보장에 관한 관계 법령에 위반되는 경우에는 사회보장수급권을 포기할 수 없다(사보법 제14조 제3항).

⑤ (×) 보건복지부장관은 재정추계 세부지침에 따라 추계를 실시하는 해의 9월 30일까지 재정추계를 하고, 그 결과를 사회보장위원회의 심의를 거쳐 같은 해 10월 31일까지 관계 중앙행정기관의 장에게 통보하여야 한다(사보법 시행령 제2조 제2항).

정답 ①

PLUS

사회보장 재정추계 등(사보법 시행령 제2조)

① 보건복지부장관은 「사회보장기본법」(이하 "법"이라 한다) 제5조 제4항에 따른 사회보장 재정추계(財政推計)를 위하여 재정추계를 실시하는 해의 3월 31일까지 재정추계 세부지침을 마련하여야 한다. 이 경우 재정추계 세부지침에는 재정의 세부범위, 추계방법, 추진체계, 공표방법 · 절차 등이 포함되어야 한다.

② 보건복지부장관은 제1항의 재정추계 세부지침에 따라 추계를 실시하는 해의 9월 30일까지 재정추계를 하고, 그 결과를 법 제20조에 따른 사회보장위원회(이하 "위원회"라 한다)의 심의를 거쳐 같은 해 10월 31일까지 관계 중앙행정기관의 장에게 통보하여야 한다.

③ 관계 중앙행정기관의 장은 제2항에 따른 재정추계 결과를 바탕으로 정책개선안을 마련하여 같은 해 12월 31일까지 보건복지부장관에게 제출하여야 한다.

④ 보건복지부장관은 제3항에 따라 제출받은 정책개선안을 종합하여 이를 추계 실시 해의 다음 해 3월 31일까지 위원회에 보고하여야 한다.

05 기출 23

☑ 확인 Check! ○ △ ×

사회보장기본법상 사회보장위원회에서 심의 · 조정하는 사항은 모두 몇 개인가?

- 사회보장 관련 주요 계획
- 둘 이상의 중앙행정기관이 관련된 주요 사회보장정책
- 사회보장급여 및 비용 부담
- 국가와 지방자치단체의 역할 및 비용 분담
- 사회보장 전달체계 운영 및 개선

① 1개　② 2개
③ 3개　④ 4개
⑤ 5개

05

5개의 지문 모두 사보법 제20조 제2항에서 정한 사회보장위원회의 심의 · 조정 사항에 해당한다.

정답 ⑤

PLUS

사회보장위원회(사보법 제20조)

① 사회보장에 관한 주요 시책을 심의 · 조정하기 위하여 국무총리 소속으로 사회보장위원회(이하 "위원회")를 둔다.
② 위원회는 다음 각 호의 사항을 심의 · 조정한다.
1. 사회보장 증진을 위한 기본계획
2. 사회보장 관련 주요 계획
3. 사회보장제도의 평가 및 개선
4. 사회보장제도의 신설 또는 변경에 따른 우선순위
5. 둘 이상의 중앙행정기관이 관련된 주요 사회보장정책
6. 사회보장급여 및 비용 부담
7. 국가와 지방자치단체의 역할 및 비용 분담
8. 사회보장의 재정추계 및 재원조달 방안
9. 사회보장 전달체계 운영 및 개선
10. 제32조 제1항에 따른 사회보장통계
11. 사회보장정보의 보호 및 관리
12. 제26조 제4항에 따른 조정
13. 그 밖에 위원장이 심의에 부치는 사항

06 기출 23

☑ 확인Check! ○ △ ✕

사회보장기본법에 관한 설명으로 옳은 것은?

① 사회보장수급권은 정당한 권한이 있는 기관에 서면이나 구두로 포기할 수 있다.

② 고용노동부장관은 관계 중앙행정기관의 장과 협의하여 사회보장에 관한 기본계획을 5년마다 수립하여야 한다.

③ 국가와 지방자치단체는 효과적인 사회보장정책의 수립·시행을 위하여 사회보장에 관한 통계를 작성·관리할 수 있다.

④ 국가는 사회보장제도의 안정적인 운영을 위하여 중장기 사회보장 재정추계를 매년 실시하고 이를 공표하여야 한다.

⑤ 국가와 지방자치단체는 평생사회안전망을 구축·운영함에 있어 사회적 취약계층을 위한 공공부조를 마련하여 최저생활을 보장하여야 한다.

06

① (×) 사회보장수급권은 정당한 권한이 있는 기관에 서면으로 통지하여 포기할 수 있다(사보법 제14조 제1항).

② (×) 보건복지부장관은 관계 중앙행정기관의 장과 협의하여 사회보장 증진을 위하여 사회보장에 관한 기본계획을 5년마다 수립하여야 한다(사보법 제16조 제1항).

③ (×) 국가와 지방자치단체는 효과적인 사회보장정책의 수립·시행을 위하여 사회보장에 관한 통계를 작성·관리하여야 한다(사보법 제32조 제1항).

④ (×) 국가는 사회보장제도의 안정적인 운영을 위하여 중장기 사회보장 재정추계를 격년으로 실시하고 이를 공표하여야 한다(사보법 제5조 제4항).

⑤ (○) 사보법 제22조 제2항

정답 ⑤

07 기출 22

☑ 확인Check! ○ △ ✕

사회보장기본법에 관한 설명으로 옳지 않은 것은?

① 모든 국민은 자신의 능력을 최대한 발휘하여 자립·자활(自活)할 수 있도록 노력하여야 한다.

② 국가와 지방자치단체는 사회보장제도를 시행할 때에 가정과 지역공동체의 자발적인 복지활동을 촉진하여야 한다.

③ 사회보험이란 국민에게 발생하는 사회적 위험을 보험의 방식으로 대처함으로써 국민의 건강과 소득을 보장하는 제도를 말한다.

④ 국내에 거주하는 외국인에게 사회보장제도를 적용할 때에는 국민과 차별하지 아니하되 예외적으로 상호주의에 따를 수 있다.

⑤ 국가와 지방자치단체는 가정이 건전하게 유지되고 그 기능이 향상되도록 노력하여야 한다.

07

① (○) 사보법 제7조 제1항

② (○) 사보법 제6조 제2항

③ (○) 사보법 제3조 제2호

④ (×) 국내에 거주하는 외국인에게 사회보장제도를 적용할 때에는 상호주의의 원칙에 따르되, 관계 법령에서 정하는 바에 따른다(사보법 제8조).

⑤ (○) 사보법 제6조 제1항

정답 ④

08 기출 22

☑ 확인Check! ○ △ ×

사회보장기본법상 사회보장제도의 운영에 관한 설명으로 옳지 않은 것은?

① 국가와 지방자치단체가 사회보장제도를 운영할 때에는 이 제도를 필요로 하는 모든 국민에게 적용하여야 한다.
② 국가와 지방자치단체는 공공부문과 민간부문의 사회보장 전달체계가 효율적으로 연계되도록 노력하여야 한다.
③ 공공부조는 국가의 책임으로 시행하고, 사회보험과 사회서비스는 국가와 지방자치단체의 책임으로 시행하는 것을 원칙으로 한다.
④ 국가와 지방자치단체는 사회보장 관계 법령에서 정하는 바에 따라 사회보장에 관한 상담에 응하여야 한다.
⑤ 국가와 지방자치단체는 효과적인 사회보장정책의 수립·시행을 위하여 사회보장에 관한 통계를 작성·관리하여야 한다.

08

① (○) 사보법 제25조 제1항
② (○) 사보법 제29조 제3항
③ (×) 사회보험은 국가의 책임으로 시행하고, 공공부조와 사회서비스는 국가와 지방자치단체의 책임으로 시행하는 것을 원칙으로 한다. 다만, 국가와 지방자치단체의 재정 형편 등을 고려하여 이를 협의·조정할 수 있다(사보법 제25조 제5항).
④ (○) 사보법 제35조
⑤ (○) 사보법 제32조 제1항

정답 ③

09 기출 22

☑ 확인Check! ○ △ ×

사회보장기본법령상 사회보장 관련 주요 시책의 시행계획에 관한 내용이다. (　　)에 들어갈 내용으로 옳은 것은?

> 보건복지부장관은 사회보장과 관련된 소관 주요 시책의 시행계획에 따른 추진실적의 평가를 위한 지침을 작성하여 매년 (ㄱ)까지 관계 중앙행정기관의 장에게 통보하고, 관계 중앙행정기관의 장은 통보받은 평가지침에 따라 전년도 시행계획의 추진실적을 평가한 후 그 결과를 매년 (ㄴ)까지 보건복지부장관에게 제출하여야 한다.

① ㄱ : 1월 31일, ㄴ : 3월 31일
② ㄱ : 1월 31일, ㄴ : 6월 30일
③ ㄱ : 3월 31일, ㄴ : 6월 30일
④ ㄱ : 3월 31일, ㄴ : 9월 30일
⑤ ㄱ : 6월 30일, ㄴ : 9월 30일

09

보건복지부장관은 시행계획에 따른 추진실적의 평가를 위한 지침을 작성하여 매년 1월 31일까지 관계 중앙행정기관의 장에게 통보하고, 관계 중앙행정기관의 장은 통보받은 평가지침에 따라 전년도 시행계획의 추진실적을 평가한 후 그 결과를 매년 3월 31일까지 보건복지부장관에게 제출하여야 한다(사보법 시행령 제6조 제1항).

정답 ①

10 기출 22

☑ 확인 Check! ○ △ ✕

사회보장기본법에 관한 설명으로 옳지 않은 것은?

① 국가는 관계 법령에서 정하는 바에 따라 최저보장수준과 최저임금을 매년 공표하여야 한다.
② 국가와 지방자치단체는 사회보장에 관한 책임과 역할을 합리적으로 분담하여야 한다.
③ 사회보장수급권이 제한되거나 정지되는 경우에는 제한 또는 정지하는 목적에 필요한 최소한의 범위에 그쳐야 한다.
④ 사회보장수급권은 정당한 권한이 있는 기관에 구두 또는 서면으로 통지하여 포기할 수 있다.
⑤ 사회보장에 관한 다른 법률을 제정하거나 개정하는 경우에는 사회보장기본법에 부합되도록 하여야 한다.

10

① (○) 사보법 제10조 제2항
② (○) 사보법 제5조 제2항
③ (○) 사보법 제13조 제2항
④ (×) 사회보장수급권은 정당한 권한이 있는 기관에 서면으로 통지하여 포기할 수 있다(사보법 제14조 제1항).
⑤ (○) 사보법 제4조

정답 ④

11 기출 21

☑ 확인 Check! ○ △ ✕

사회보장기본법령상 국가와 지방자치단체의 책임에 관한 내용으로 옳지 않은 것은?

① 국가와 지방자치단체는 국가발전수준에 부응하고 사회환경의 변화에 선제적으로 대응하며 지속 가능한 사회보장제도를 확립하고 매년 이에 필요한 재원을 조달하여야 한다.
② 국가와 지방자치단체는 사회보장 관계법령에서 규정한 권리나 의무를 모든 국민에게 설명하여야 한다.
③ 국가와 지방자치단체는 사회보장에 관한 책임과 역할을 합리적으로 분담하여야 한다.
④ 국가는 사회보장제도의 안정적인 운영을 위하여 중장기 사회보장 재정추계를 격년으로 실시하고 이를 공표하여야 한다.
⑤ 국가와 지방자치단체는 모든 국민의 인간다운 생활을 유지·증진하는 책임을 가진다.

11

① (○) 사보법 제5조 제3항
② (×) 국가와 지방자치단체는 사회보장 관계법령에서 규정한 권리나 의무를 해당 국민에게 설명하도록 노력하여야 한다(사보법 제34조).
③ (○) 사보법 제5조 제2항
④ (○) 사보법 제5조 제4항
⑤ (○) 사보법 제5조 제1항

정답 ②

12 기출 21

☑ 확인 Check! ○ △ ×

사회보장기본법령상 사회보장수급권에 관한 내용으로 옳지 않은 것은?

① 사회보장수급권이 정지되는 경우에는 정지하는 목적에 필요한 최소한의 범위에 그쳐야 한다.
② 사회보장수급권은 관계법령에서 정하는 바에 따라 타인에게 양도할 수 있다.
③ 사회보장수급권은 관계법령에서 따로 정하고 있는 경우에는 제한될 수 있다.
④ 사회보장수급권은 관계법령에서 정하는 바에 따라 타인에게 담보로 제공할 수 없다.
⑤ 사회보장수급권을 포기하는 것이 다른 사람에게 피해를 주는 경우에는 사회보장수급권을 포기할 수 없다.

12

① (○) 사회보장수급권이 제한되거나 정지되는 경우에는 제한 또는 정지하는 목적에 필요한 최소한의 범위에 그쳐야 한다(사보법 제13조 제2항).
② (×) 사회보장수급권은 관계법령에서 정하는 바에 따라 다른 사람에게 양도하거나 담보로 제공할 수 없으며, 이를 압류할 수 없다(사보법 제12조).
③ (○) 사회보장수급권은 제한되거나 정지될 수 없다. 다만, 관계법령에서 따로 정하고 있는 경우에는 그러하지 아니하다(사보법 제13조 제1항).
④ (○) 사보법 제12조
⑤ (○) 사회보장수급권을 포기하는 것이 다른 사람에게 피해를 주거나 사회보장에 관한 관계법령에 위반되는 경우에는 사회보장수급권을 포기할 수 없다(사보법 제14조 제3항).

정답 ②

13 기출 21

☑ 확인 Check! ○ △ ×

사회보장기본법령상 사회보장위원회에 관한 내용으로 옳지 않은 것은?

① 사회보장위원회의 부위원장은 기획재정부장관, 교육부장관 및 보건복지부장관이 된다.
② 사회보장위원회의 사무를 효율적으로 처리하기 위하여 보건복지부에 사무국을 둔다.
③ 사회보장위원회에 간사 1명을 두고, 간사는 보건복지부 사회복지정책실장으로 한다.
④ 대통령은 위촉한 사회보장위원회의 위원이 직무와 관련된 비위사실이 있는 경우에는 해당 위원을 해촉할 수 있다.
⑤ 사회보장위원회에 두는 실무위원회는 공동위원장 2명을 포함하여 30명 이내의 위원으로 구성한다.

13

① (○) 사보법 제21조 제2항
② (○) 사보법 제21조 제8항
③ (×) 사회보장위원회에 간사 2명을 두고, 간사는 국무조정실 사회조정실장과 보건복지부 사회복지정책실장으로 한다(사보법 시행령 제9조 제2항).
④ (○) 사보법 시행령 제9조의2
⑤ (○) 사보법 시행령 제11조 제3항

정답 ③

PLUS

위원회 위원의 해촉(사보법 시행령 제9조의2)

대통령은 법 제21조 제3항 제2호에 따른 위원이 다음 각 호의 어느 하나에 해당하는 경우에는 해당 위원을 해촉(解囑)할 수 있다.

1. 심신장애로 인하여 직무를 수행할 수 없게 된 경우
2. 직무와 관련된 비위사실이 있는 경우
3. 직무태만, 품위손상이나 그 밖의 사유로 인하여 위원으로 적합하지 아니하다고 인정되는 경우
4. 위원 스스로 직무를 수행하는 것이 곤란하다고 의사를 밝히는 경우

14 기출 20

☑ 확인Check! ○ △ ×

사회보장기본법에 관한 설명으로 옳은 것은?

① 사회보장수급권은 다른 사람에게 양도하거나 담보로 제공할 수 있으며, 이를 압류할 수 있다.
② 국내에 거주하는 외국인에게 사회보장제도를 적용할 때에는 상호주의에 따르되, 관계 법령에서 정하는 바에 따른다.
③ 사회보장수급권의 포기는 원칙적으로 취소할 수 없다.
④ 국가는 사회보장제도의 안정적인 운영을 위하여 중장기 사회보장 재정추계를 3년마다 실시한다.
⑤ 공공부조란 국민에게 발생하는 사회적 위험을 보험의 방식으로 대처함으로써 국민의 건강과 소득을 보장하는 제도를 말한다.

14

① (×) 사회보장수급권은 관계법령에서 정하는 바에 따라 다른 사람에게 양도하거나 담보로 제공할 수 없으며, 이를 압류할 수 없다(사보법 제12조).
② (○) 사보법 제8조
③ (×) 사회보장수급권의 포기는 취소할 수 있다(사보법 제14조 제2항).
④ (×) 국가는 사회보장제도의 안정적인 운영을 위하여 중장기 사회보장 재정추계를 격년으로 실시하고 이를 공표하여야 한다(사보법 제5조 제4항).
⑤ (×) "공공부조"(公共扶助)란 국가와 지방자치단체의 책임하에 생활유지능력이 없거나 생활이 어려운 국민의 최저생활을 보장하고 자립을 지원하는 제도를 말한다(사보법 제3조 제3호).

정답 ②

15 기출 20

☑ 확인Check! ○ △ ×

사회보장기본법상 사회보장 기본계획에 관한 설명으로 옳지 않은 것은?

① 사회보장 기본계획은 사회보장위원회와 국무회의의 심의를 거쳐 확정한다.
② 다른 법령에 따라 수립되는 사회보장에 관한 계획은 사회보장 기본계획에 우선한다.
③ 보건복지부장관은 관계 중앙행정기관의 장과 협의하여 사회보장 증진을 위하여 사회보장에 관한 기본계획을 5년마다 수립하여야 한다.
④ 사회보장 기본계획에는 사회보장 전달체계가 포함되어야 한다.
⑤ 보건복지부장관 및 관계 중앙행정기관의 장은 사회보장 기본계획에 따라 사회보장과 관련된 소관 주요 시책의 시행계획을 매년 수립·시행하여야 한다.

15

① (○) 사보법 제16조 제3항
② (×) 사회보장 기본계획은 다른 법령에 따라 수립되는 사회보장에 관한 계획에 우선하며 그 계획의 기본이 된다(사보법 제17조).
③ (○) 사보법 제16조 제1항
④ (○) 사보법 제16조 제2항 제6호
⑤ (○) 사보법 제18조 제1항

정답 ②

16 기출 20

☑ 확인Check! ○ △ ×

사회보장기본법령상 사회보장위원회에 관한 설명으로 옳지 않은 것은?

① 국무총리 소속으로 둔다.
② 부위원장은 기획재정부장관, 교육부장관 및 보건복지부장관이 된다.
③ 보궐위원의 임기는 전임자 임기의 남은 기간으로 한다.
④ 사무처리를 위한 사무국은 보건복지부에 둔다.
⑤ 심의·조정사항을 전문적으로 검토하기 위하여 전문위원회를 두며, 전문위원회에 분야별 실무위원회를 둔다.

16

① (O) 사보법 제20조 제1항
② (O) 사보법 제21조 제2항
③ (O) 사보법 제21조 제5항
④ (O) 사보법 제21조 제8항
⑤ (×) 사회보장위원회를 효율적으로 운영하고 사회보장위원회의 심의·조정사항을 전문적으로 검토하기 위하여 사회보장위원회에 실무위원회를 두며, 실무위원회에 분야별 전문위원회를 둘 수 있다(사보법 제21조 제6항).

정답 ⑤

17 기출 18

☑ 확인Check! ○ △ ×

사회보장기본법상 내용으로 옳지 않은 것은?

① 사회보장기본법은 사회보장에 관한 국민의 권리와 국가 및 지방자치단체의 책임을 정하고 있다.
② 사회보장은 사회참여·자아실현에 필요한 제도와 여건을 조성하여 사회통합과 행복한 복지사회를 실현하는 것을 기본 이념으로 한다.
③ 국가와 지방자치단체의 책임하에 생활유지능력이 없거나 생활이 어려운 국민의 최저생활을 보장하고 자립을 지원하는 제도를 공공부조라 한다.
④ 사회보장위원회는 사회보장급여 관련 업무에 공통적으로 적용되는 기준을 마련하여야 한다.
⑤ 국내에 거주하는 외국인에게 사회보장제도를 적용할 때에는 상호주의의 원칙에 따르되, 관계법령에서 정하는 바에 따른다.

17

① (O) 사보법 제1조
② (O) 사보법 제2조
③ (O) 사보법 제3조 제3호
④ (×) 보건복지부장관은 사회보장급여 관련 업무에 공통적으로 적용되는 기준을 마련할 수 있다(사보법 제26조 제5항).
⑤ (O) 사보법 제8조

정답 ④

18 기출 19

☑ 확인 Check! ○ △ ×

사회보장기본법령상 사회보장수급권에 관한 설명으로 옳지 않은 것은?

① 사회보장수급권은 관계법령에서 정하는 바에 따라 다른 사람에게 양도하거나 담보로 제공할 수 없다.

② 사회보장수급권은 제한되거나 정지될 수 없으나, 관계법령에서 따로 정하고 있는 경우에는 그러하지 아니하다.

③ 사회보장수급권이 정지되는 경우에는 정지하는 목적에 필요한 최소한의 범위에 그쳐야 한다.

④ 사회보장수급권은 포기할 수 있으나 포기한 후에는 이를 취소할 수 없다.

⑤ 제3자의 불법행위로 피해를 입은 국민이 그로 인하여 사회보장수급권을 가지게 된 경우 사회보장제도를 운영하는 자는 그 불법행위의 책임이 있는 자에 대하여 관계법령에서 정하는 바에 따라 구상권을 행사할 수 있다.

18

① (O) 사보법 제12조

② (O) 사보법 제13조 제1항

③ (O) 사회보장수급권이 제한되거나 정지되는 경우에는 제한 또는 정지하는 목적에 필요한 최소한의 범위에 그쳐야 한다(사보법 제13조 제2항).

④ (×) 사회보장수급권은 정당한 권한이 있는 기관에 서면으로 통지하여 포기할 수 있다(사보법 제14조 제1항). 사회보장수급권의 포기는 취소할 수 있다(동법 제14조 제2항).

⑤ (O) 사보법 제15조

정답 ④

19 기출 17

☑ 확인 Check! ○ △ ×

사회보장기본법상 사회보장수급권에 관한 내용으로 옳지 않은 것은?

① 사회보장수급권은 관계법령에서 정하는 바에 따라 다른 사람에게 양도하거나 담보로 제공할 수 없다.

② 사회보장수급권은 관계법령에서 따로 정하고 있는 경우 외에는 제한되거나 정지될 수 없다.

③ 사회보장수급권이 제한되는 경우에는 제한하는 목적에 필요한 최소한의 범위에 그쳐야 한다.

④ 사회보장수급권은 정당한 권한이 있는 기관에 서면으로 통지하여 포기할 수 있다.

⑤ 사회보장수급권의 포기는 취소할 수 없다.

19

① (O) 사보법 제12조

② (O) 사회보장수급권은 제한되거나 정지될 수 없다. 다만, 관계법령에서 따로 정하고 있는 경우에는 그러하지 아니하다(사보법 제13조 제1항).

③ (O) 사회보장수급권이 제한되거나 정지되는 경우에는 제한 또는 정지하는 목적에 필요한 최소한의 범위에 그쳐야 한다(사보법 제13조 제2항).

④ (O) 사회보장수급권은 정당한 권한이 있는 기관에 서면으로 통지하여 포기할 수 있다(사보법 제14조 제1항).

⑤ (×) 사회보장수급권의 포기는 취소할 수 있다(사보법 제14조 제2항).

정답 ⑤

20 기출 17

☑ 확인Check! ○ △ ×

사회보장기본법에 관한 내용이다. (　　) 안에 들어갈 내용을 순서대로 옳게 나열한 것은?

> • 보건복지부장관은 관계 중앙행정기관의 장과 협의하여 사회보장 증진을 위하여 사회보장에 관한 기본계획을 (　　)마다 수립하여야 한다.
> • 국가는 사회보장제도의 안정적인 운영을 위하여 중장기 사회보장 재정추계를 (　　)으로 실시하고 이를 공표하여야 한다.

① 3년, 매년　　② 3년, 격년
③ 5년, 매년　　④ 5년, 격년
⑤ 10년, 격년

20

• 보건복지부장관은 관계 중앙행정기관의 장과 협의하여 사회보장 증진을 위하여 사회보장에 관한 기본계획을 5년마다 수립하여야 한다(사보법 제16조 제1항).
• 국가는 사회보장제도의 안정적인 운영을 위하여 중장기 사회보장 재정추계를 격년으로 실시하고 이를 공표하여야 한다(사보법 제5조 제4항).

정답 ④

CHAPTER

02 고용보험법

제1절 고용보험법의 개관

Ⅰ 고용보험법의 의의

① 고용보험이란 실직근로자에게 실업급여를 지급하는 전통적 의미의 실업보험사업 외에 적극적인 취업알선을 통한 재취업의 촉진과 근로자 등의 고용안정을 위한 고용안정사업, 근로자 등의 직업능력개발사업 등을 상호 연계하여 실시하는 사회보험제도이다.

② 실업보험은 단순하게 실직자의 생계를 지원하는 사후적·소극적인 사회보장제도에 그치는 반면, 고용보험은 실직자에 대한 생계지원은 물론 재취업을 촉진하고 더 나아가 실업의 예방 및 고용안정, 노동시장의 구조개편, 직업능력개발을 강화하기 위한 사전적·적극적 차원의 종합적인 노동시장정책의 수단이라고 할 수 있다.

Ⅱ 고용보험법의 기능

① 산업구조조정에 따른 잉여인력이 새로운 산업으로 신속히 이동할 수 있도록 지원할 필요가 있다.

② 고용보험법의 제정으로 국가의 직업안정기능이 체계화되어 고용정보가 정확히 파악됨으로써 구조적인 인력수급의 불균형에 대응하고 인력수급의 원활을 기할 수 있다.

③ 기업의 필요에 따른 자율적인 훈련의 실시를 유도하여 산업수요에 부응하는 근로자의 직업능력개발을 활성화함으로써 기업의 경쟁력을 강화할 수 있다.

④ 실직근로자의 생활안정과 재취업을 촉진할 수 있다.

제2절 고용보험법의 주요 내용

Ⅰ 서 설

1. 목적 및 정의

(1) 목적(법 제1조)

이 법은 고용보험의 시행을 통하여 실업의 예방, 고용의 촉진 및 근로자 등의 직업능력의 개발과 향상을 꾀하고, 국가의 직업지도와 직업소개 기능을 강화하며, 근로자 등이 실업한 경우에 생활에 필요한 급여를 실시하여 근로자 등의 생활안정과 구직 활동을 촉진함으로써 경제·사회 발전에 이바지하는 것을 목적으로 한다.

(2) 용어의 정의(법 제2조) 기출 17 · 18

1) 피보험자

① 고용보험 및 산업재해보상보험의 보험료징수 등에 관한 법률(이하 "징수법")에 따라 보험에 가입되거나 가입된 것으로 보는 근로자, 예술인 또는 노무제공자

② 징수법에 따라 고용보험에 가입하거나 가입된 것으로 보는 자영업자(이하 "자영업자인 피보험자")

2) 이 직

피보험자와 사업주 사이의 고용관계가 끝나게 되는 것(예술인 및 노무제공자의 경우에는 문화예술용역 관련 계약 또는 노무제공계약이 끝나는 것)을 말한다.

3) 실 업

근로의 의사와 능력이 있음에도 불구하고 취업하지 못한 상태에 있는 것을 말한다.

4) 실업의 인정

직업안정기관의 장이 수급자격자가 실업한 상태에서 적극적으로 직업을 구하기 위하여 노력하고 있다고 인정하는 것을 말한다.

5) 보 수

소득세법에 따른 근로소득에서 대통령령으로 정하는 금품을 뺀 금액을 말한다.

6) 일용근로자

1개월 미만 동안 고용되는 사람을 말한다.

✔ 핵심문제

01 고용보험법에서 사용하는 용어의 뜻으로 옳은 것은? 기출 18

① 피보험자 : 근로기준법상 근로자와 사업주를 말한다.
② 이직 : 근로계약이 당사자의 합의에 의해 해지되는 것을 말하며, 정년퇴직은 포함되지 아니한다.
③ 실업 : 근로의 의사와 능력이 있음에도 불구하고 취업하지 못한 상태에 있는 것을 말한다.
④ 보수 : 사용자로부터 받는 일체의 금품을 말한다.
⑤ 일용근로자 : 3개월 미만 동안 고용된 사람을 말한다.

[해설]

① (×) 피보험자란 징수법에 따라 보험에 가입되거나 가입된 것으로 보는 근로자, 예술인 또는 노무제공자나 자영업자를 말한다(고보법 제2조 제1호).
② (×) 이직이란 피보험자와 사업주 사이의 고용관계가 끝나게 되는 것(예술인 및 노무제공자의 경우에는 문화예술용역 관련 계약 또는 노무제공계약이 끝나는 것)을 말한다(고보법 제2조 제2호).
③ (O) 고보법 제2조 제3호
④ (×) 보수란 소득세법 제20조에 따른 근로소득에서 대통령령으로 정하는 금품을 뺀 금액을 말한다. 다만, 휴직이나 그 밖에 이와 비슷한 상태에 있는 기간 중에 사업주 외의 자로부터 지급받는 금품 중 고용노동부장관이 정하여 고시하는 금품은 보수로 본다(고보법 제2조 제5호).
⑤ (×) 일용근로자란 1개월 미만 동안 고용되는 사람을 말한다(고보법 제2조 제6호).

정답 ③

2. 보험의 관장 및 고용보험사업 등

(1) 보험의 관장

고용보험(이하 "보험")은 고용노동부장관이 관장한다(법 제3조).

(2) 고용보험사업(법 제4조)

① 보험은 목적을 이루기 위하여 고용보험사업(이하 "보험사업")으로 고용안정 · 직업능력개발 사업, 실업급여, 육아휴직 급여 및 출산전후휴가 급여 등을 실시한다.

② 보험사업의 보험연도는 정부의 회계연도에 따른다.

(3) 국고의 부담(법 제5조)

① 국가는 매년 보험사업에 드는 비용의 일부를 일반회계에서 부담하여야 한다. 기출 19

② 국가는 매년 예산의 범위에서 보험사업의 관리 · 운영에 드는 비용을 부담할 수 있다.

(4) 보험료(법 제6조)

① 이 법에 따른 보험사업에 드는 비용을 충당하기 위하여 징수하는 보험료와 그 밖의 징수금에 대하여는 징수법으로 정하는 바에 따른다.

② 징수법에 따라 징수된 고용안정 · 직업능력개발 사업의 보험료 및 실업급여의 보험료는 각각 그 사업에 드는 비용에 충당한다. 다만, 실업급여의 보험료는 국민연금 보험료의 지원, 육아휴직 급여의 지급, 육아기 근로시간 단축 급여의 지급, 출산전후휴가 급여등 및 출산전후급여등의 지급에 드는 비용에 충당할 수 있다.

③ 자영업자인 피보험자로부터 징수법에 따라 징수된 고용안정 · 직업능력개발 사업의 보험료 및 실업급여의 보험료는 각각 자영업자인 피보험자를 위한 그 사업에 드는 비용에 충당한다. 다만, 실업급여의 보험료는 자영업자인 피보험자를 위한 국민연금 보험료의 지원에 드는 비용에 충당할 수 있다. 기출 13

3. 고용보험위원회(법 제7조)

(1) 소 속

이 법 및 징수법(보험에 관한 사항만 해당)의 시행에 관한 주요 사항을 심의하기 위하여 고용노동부에 고용보험위원회(이하 "위원회")를 둔다. 기출 20

(2) 구 성

① 위원회는 위원장 1명을 포함한 20명 이내의 위원으로 구성한다. 기출 20

② 위원회의 위원장은 고용노동부차관이 되고, 위원은 다음의 사람 중에서 각각 같은 수(數)로 고용노동부장관이 임명하거나 위촉하는 사람이 된다. 기출 20 · 24

㉠ 근로자를 대표하는 사람

㉡ 사용자를 대표하는 사람

㉢ 공익을 대표하는 사람

㉣ 정부를 대표하는 사람

③ 위원회는 심의 사항을 사전에 검토 · 조정하기 위하여 위원회에 전문위원회를 둘 수 있다. 기출 20

(3) 위원회의 심의 사항

① 보험제도 및 보험사업의 개선에 관한 사항 기출 20
② 징수법에 따른 보험료율의 결정에 관한 사항 기출 24
③ 보험사업의 평가에 관한 사항
④ 기금운용 계획의 수립 및 기금의 운용 결과에 관한 사항
⑤ 그 밖에 위원장이 보험제도 및 보험사업과 관련하여 위원회의 심의가 필요하다고 인정하는 사항

고용보험위원회의 구성(영 제1조의3)
① 법 제7조 제4항 제1호 및 제2호에 따른 근로자와 사용자를 대표하는 사람은 각각 전국 규모의 노동단체와 전국 규모의 사용자단체에서 추천하는 사람 중에서 고용노동부장관이 위촉한다.
② 법 제7조 제4항 제3호에 따른 공익을 대표하는 사람은 고용보험과 그 밖의 고용노동 분야 전반에 관하여 학식과 경험이 풍부한 사람 중에서 고용노동부장관이 위촉한다.
③ 법 제7조 제4항 제4호에 따른 정부를 대표하는 사람은 고용보험 관련 중앙행정기관의 고위공무원단에 속하는 공무원 중에서 고용노동부장관이 임명한다. 기출 23·24

위원의 임기 등(영 제1조의4)
① 법 제7조 제4항 제1호부터 제3호까지의 규정에 따른 위촉위원(이하 "위촉위원")의 임기는 2년으로 한다. 다만, 보궐위원의 임기는 전임자 임기의 남은 기간으로 한다. 기출 23
② 위촉위원은 제1항에 따른 임기가 만료된 경우에도 후임위원이 위촉될 때까지 그 직무를 수행할 수 있다.
③ 고용노동부장관은 위촉위원이 다음 각 호의 어느 하나에 해당하는 경우에는 해당 위원을 해촉(解囑)할 수 있다.
1. 심신장애로 인하여 직무를 수행할 수 없게 된 경우
2. 직무와 관련된 비위사실이 있는 경우
3. 직무태만, 품위손상이나 그 밖의 사유로 인하여 위원으로 적합하지 아니하다고 인정되는 경우
4. 위원 스스로 직무를 수행하는 것이 곤란하다고 의사를 밝히는 경우

위원장의 직무(영 제1조의5)
① 법 제7조에 따른 고용보험위원회(이하 "위원회")의 위원장은 위원회를 대표하며, 위원회의 사무를 총괄한다.
② 위원장이 부득이한 사유로 직무를 수행할 수 없을 때에는 위원장이 미리 지명하는 위원이 그 직무를 대행한다. 기출 23

회의(영 제1조의6)
① 위원장은 위원회의 회의를 소집하고, 그 의장이 된다.
② 위원회의 회의는 재적위원 과반수의 출석으로 개의(開議)하고 출석위원 과반수의 찬성으로 의결한다. 기출 23

전문위원회(영 제1조의7)
① 법 제7조 제5항에 따라 위원회에 고용보험운영전문위원회와 고용보험평가전문위원회(이하 "전문위원회")를 둔다. 기출 23·24
② 전문위원회는 각각 위원장 1명을 포함한 15명 이내의 위원으로 구성한다.
③ 위원회의 위원장은 위원회의 위원 중에서 전문위원회의 위원장을 임명하거나 위촉하고, 다음 각 호의 어느 하나에 해당하는 사람 중에서 전문위원회의 위원을 임명하거나 위촉한다.
1. 고용보험 등 사회보험에 관한 학식과 경험이 있고, 전국 규모의 노동단체나 전국 규모의 사용자단체에서 추천하는 사람
2. 고용보험 등 사회보험에 관한 학식과 경험이 풍부한 사람
3. 고용보험 관련 중앙행정기관의 3급 또는 4급 공무원
④ 전문위원회의 위원장은 법 제7조 제5항에 따라 전문위원회가 심의 사항에 대하여 검토·조정한 결과를 위원회에 보고하여야 한다.

조사 · 연구위원(영 제1조의8)

① 고용보험에 관한 전문적인 사항을 조사 · 연구하기 위하여 위원회에 5명 이내의 조사 · 연구위원을 둘 수 있다.
② 조사 · 연구위원은 고용보험에 관한 학식과 경험이 풍부한 사람 중에서 위원회의 위원장이 위촉한다.

협조의 요청(영 제1조의9)

위원회나 전문위원회(이하 "위원회등"이라 한다)는 안건의 심의를 위하여 필요하다고 인정하는 경우에는 관계 행정기관 또는 단체에 자료 제출을 요청하거나 관계 공무원이나 전문가 등 관계인을 출석시켜 의견을 들을 수 있다.

간사(영 제1조의10)

위원회등에는 각각 간사 1명을 두되, 간사는 고용노동부 소속 공무원 중에서 위원회의 위원장이 임명한다. 기출 24

위원의 수당(영 제1조의11)

위원회등의 회의에 출석하거나 회의 안건에 대한 검토의견을 제출한 위원에게는 예산의 범위에서 수당과 여비를 지급할 수 있다. 다만, 그 소관 업무와 직접 관련되는 공무원인 위원에게는 수당과 여비를 지급하지 아니한다.

4. 적용범위(법 제8조)

(1) 적용원칙

근로자를 사용하는 모든 사업 또는 사업장(이하 "사업")에 적용한다. 또한 예술인 또는 노무제공자의 노무를 제공받는 사업에 적용하되, 예술인 또는 노무제공자에 관한 고용보험법의 관련규정을 각각 적용한다.

(2) 적용제외사업(영 제2조)

산업별 특성 및 규모 등을 고려하여 다음의 사업에 대하여는 적용하지 아니한다.

① 다음의 어느 하나에 해당하는 공사. 다만, 건설산업기본법에 따른 건설사업자, 주택법에 따른 주택건설사업자, 전기공사업법에 따른 공사업자, 정보통신공사업법에 따른 정보통신공사업자, 소방시설공사업법에 따른 소방시설업자, 국가유산수리 등에 관한 법률에 따른 국가유산수리업자가 시공하는 공사는 제외한다. 기출 20

㉠ 고용보험 및 산업재해보상보험의 보험료징수 등에 관한 법률 시행령에 따른 총공사금액이 2천만원 미만인 공사

㉡ 연면적 100제곱미터 이하인 건축물의 건축 또는 연면적이 200제곱미터 이하인 건축물의 대수선에 관한 공사

② 가구 내 고용활동 및 달리 분류되지 아니한 자가소비 생산활동 기출 20

(3) 적용 제외 근로자(법 제10조, 영 제3조) 기출 14 · 15

① **해당 사업에서 소정근로시간이 대통령령으로 정하는 시간 미만인 근로자** : 해당 사업에서 1개월간 소정근로시간이 60시간 미만이거나 1주간의 소정근로시간이 15시간 미만인 근로자를 말한다. 다만, 해당 사업에서 3개월 이상 계속하여 근로를 제공하는 근로자나 일용근로자는 이 법의 적용대상이 된다.

② 국가공무원법과 지방공무원법에 따른 공무원. 다만, 대통령령으로 정하는 바에 따라 별정직 및 임기제 공무원의 경우는 본인의 의사에 따라 고용보험에 가입할 수 있다(제1항 제3호). 기출 13 · 24

별정직 · 임기제 공무원의 보험 가입(영 제3조의2)

① 별정직 또는 임기제 공무원(가입대상 공무원)을 임용하는 행정기관(소속기관)의 장은 가입대상 공무원이 해당 소속기관에 최초로 임용된 경우 지체 없이 법 제10조 제1항 제3호 단서에 따른 본인의 의사를 확인하여야 한다.

② 소속기관의 장은 보험가입 의사가 있는 것으로 확인된 가입대상 공무원에 대하여 임용된 날부터 3개월 이내에 고용노동부장관에게 고용보험 가입을 신청하여야 한다. 다만, 해당 가입대상 공무원이 원하는 경우에는 같은 기간에 직접 가입을 신청할 수 있으며, 이 경우 고용노동부장관은 가입 신청 사실을 소속기관의 장에게 알려야 한다. 기출 24

③ 제1항 또는 제2항에 따라 가입을 신청한 경우에 해당 가입대상 공무원은 가입을 신청한 날의 다음 날에 피보험자격을 취득한 것으로 본다. 이 경우 피보험자격을 취득한 공무원이 공무원신분의 변동에 따라 계속하여 다른 별정직 또는 임기제 공무원으로 임용된 때에는 별도의 가입신청을 하지 않은 경우에도 고용보험의 피보험자격을 유지한다. 기출 24

④ 고용보험에 가입한 공무원이 고용보험에서 탈퇴하려는 경우에는 고용노동부장관에게 탈퇴신청을 하여야 한다. 이 경우 탈퇴를 신청한 날의 다음 날에 피보험자격을 상실한 것으로 본다.

⑤ 탈퇴한 이후에는 공무원으로 계속 재직하는 동안에는 다시 가입할 수 없으며, 고용보험에서 탈퇴한 이후에는 수급자격을 인정하지 않는다. 기출 24 다만, 탈퇴한 공무원이 가입대상 공무원의 직에서 이직(가입대상 공무원 외의 공무원으로 임용된 경우를 포함한다)한 이후에 법과 이 영에 따라 다시 피보험자격을 취득한 경우에는 법 제40조 제1항 제1호에 따른 피보험 단위기간을 산정하는 경우에 그 이전 가입대상 공무원 재직 시의 피보험기간 중 법 제41조 제1항에 따른 보수 지급의 기초가 된 날을 합산하고, 법 제50조에 따라 피보험기간을 산정하는 경우에 탈퇴하기 전의 피보험기간도 같은 조에서 규정하고 있는 피보험기간에 포함하여 산정한다.

⑥ 고용보험에 가입한 공무원에 대한 보험료율은 징수법 시행령 제12조 제1항 제2호에 따른 실업급여의 보험율로 하되, 소속기관과 고용보험에 가입한 공무원이 각각 2분의 1씩 부담한다. 기출 24

③ 사립학교교직원 연금법의 적용을 받는 사람 기출 22

④ 별정우체국법에 따른 별정우체국 직원 기출 22

⑤ 농업 · 임업 및 어업 중 법인이 아닌 자가 상시 4명 이하의 근로자를 사용하는 사업에 종사하는 근로자. 다만, 본인의 의사로 고용노동부령으로 정하는 바에 따라 고용보험에 가입을 신청하는 사람은 고용보험에 가입할 수 있다.

⑥ 65세 이후에 고용(65세 전부터 피보험 자격을 유지하던 사람이 65세 이후에 계속하여 고용된 경우는 제외)되거나 자영업을 개시한 사람에게는 제4장 및 제5장(실업급여 및 육아휴직 급여등)을 적용하지 아니한다.

(4) 외국인근로자에 대한 적용(법 제10조의2)

외고법의 적용을 받는 외국인근로자에게는 이 법을 적용한다. 다만, 실업급여 및 육아휴직 급여규정은 고용노동부령으로 정하는 바에 따른 신청이 있는 경우에만 적용한다. 외고법의 적용을 받는 외국인근로자를 제외한 외국인이 근로계약, 문화예술용역 관련 계약 또는 노무제공계약을 체결한 경우에는 출입국관리법에 따른 체류자격의 활동범위 및 체류기간 등을 고려하여 대통령령으로 정하는 바에 따라 이 법의 전부 또는 일부를 적용한다.

5. 보험관계의 성립 · 소멸(법 제9조)

이 법에 따른 보험관계의 성립 및 소멸에 대하여는 징수법으로 정하는 바에 따른다. 기출 19

6. 보험 관련 조사 · 연구(법 제11조 제1항)

고용노동부장관은 노동시장 · 직업 및 직업능력개발에 관한 연구와 보험 관련 업무를 지원하기 위한 조사 · 연구 사업 등을 할 수 있다.

7. 보험사업의 평가(법 제11조의2)

고용노동부장관은 보험사업에 대하여 상시적이고 체계적인 평가를 하여야 한다. 고용노동부장관은 평가의 전문성을 확보하기 위하여 대통령령으로 정하는 기관에 평가를 의뢰할 수 있다. 고용노동부장관은 평가 결과를 반영하여 보험사업을 조정하거나 기금운용 계획을 수립하여야 한다.

8. 국제교류 · 협력(법 제12조)

고용노동부장관은 보험사업에 관하여 국제기구 및 외국 정보 또는 기관과의 교류 · 협력 사업을 할 수 있다.

✔ 핵심문제

01 **고용보험법령상 적용제외근로자에 관한 내용이다. (　　)에 들어갈 숫자를 순서대로 옳게 나열한 것은?** 기출 13

> 1개월간 소정근로시간이 (　　)시간 미만인 사람에게는 이 법을 적용하지 아니한다. 다만, (　　)개월 이상 계속하여 근로를 제공하는 사람과 법 제2조 제6호에 따른 일용근로자는 제외한다.

① 15, 1　　② 15, 3
③ 60, 1　　④ 60, 3
⑤ 90, 1

[해설]
1개월간 소정근로시간이 60시간 미만인 사람에게는 이 법을 적용하지 아니한다. 다만, 3개월 이상 계속하여 근로를 제공하는 근로자와 법 제2조 제6호에 따른 일용근로자는 제외한다.

> **적용제외(고보법 제10조)**
> ① 다음 각 호의 어느 하나에 해당하는 사람에게는 이 법을 적용하지 아니한다.
> 1. 삭제 〈2019.1.15.〉
> 2. 해당 사업에서 소정(所定)근로시간이 대통령령으로 정하는 시간 미만인 근로자
> 3. 국가공무원법과 지방공무원법에 따른 공무원. 다만, 대통령령으로 정하는 바에 따라 별정직공무원, 국가공무원법 제26조의5 및 지방공무원법 제25조의5에 따른 임기제공무원의 경우는 본인의 의사에 따라 고용보험(제4장에 한정)에 가입할 수 있다.
> 4. 사립학교교직원 연금법의 적용을 받는 사람
> 5. 그 밖에 대통령령으로 정하는 사람
>
> ② 65세 이후에 고용(65세 전부터 피보험자격을 유지하던 사람이 65세 이후에 계속하여 고용된 경우는 제외)되거나 자영업을 개시한 사람에게는 제4장 및 제5장을 적용하지 아니한다.
>
> **적용제외근로자(고보법 시행령 제3조)**
> ① 법 제10조 제1항 제2호에서 "해당 사업에서 소정(所定)근로시간이 대통령령으로 정하는 시간 미만인 근로자"란 해당 사업에서 1개월간 소정근로시간이 60시간 미만이거나 1주간의 소정근로시간이 15시간 미만인 근로자를 말한다.
> ② 제1항에도 불구하고 다음 각 호의 어느 하나에 해당하는 근로자는 법 적용 대상으로 한다.
> 1. 해당 사업에서 3개월 이상 계속하여 근로를 제공하는 근로자
> 2. 일용근로자
>
> ③ 법 제10조 제1항 제5호에서 "대통령령으로 정하는 사람"이란 다음 각 호의 어느 하나에 해당하는 사람을 말한다.
> 1. 「별정우체국법」에 따른 별정우체국 직원
> 2. 농업 · 임업 및 어업 중 법인이 아닌 자가 상시 4명 이하의 근로자를 사용하는 사업에 종사하는 근로자. 다만, 본인의 의사로 고용노동부령으로 정하는 바에 따라 고용보험에 가입을 신청하는 사람은 고용보험에 가입할 수 있다.

정답 ④

Ⅱ 피보험자의 관리

1. 피보험자격의 취득일(법 제13조)

(1) 원 칙

근로자인 피보험자는 이 법이 적용되는 사업에 고용된 날에 피보험자격을 취득한다.

(2) 예 외

다음의 경우에는 각각 그 해당되는 날에 피보험자격을 취득한 것으로 본다. 기출 15

① 적용 제외 근로자였던 자가 이 법의 적용을 받게 된 경우에는 그 적용을 받게 된 날 기출 15·18

② 징수법에 따른 보험관계 성립일 전에 고용된 근로자의 경우에는 그 보험관계가 성립한 날 기출 22

(3) 자영업자인 피보험자의 자격취득일

자영업자인 피보험자는 보험관계가 성립한 날에 피보험자격을 취득한다.

2. 피보험자격의 상실일(법 제14조)

(1) 피보험자격의 상실일

① 근로자인 피보험자가 적용 제외 근로자에 해당하게 된 경우에는 그 적용제외 대상자가 된 날 기출 15

② 징수법에 따라 보험관계가 소멸한 경우에는 그 보험관계가 소멸한 날 기출 15·22

③ 근로자인 피보험자가 이직한 경우에는 이직한 날의 다음 날 기출 15·18·22

④ 근로자인 피보험자가 사망한 경우에는 사망한 날의 다음 날 기출 18·19·22

(2) 자영업자인 피보험자의 자격상실일

자영업자인 피보험자는 보험관계가 소멸한 날에 피보험자격을 상실한다.

3. 피보험자격에 관한 신고 등(법 제15조)

(1) 사업주의 신고

① 사업주는 그 사업에 고용된 근로자의 피보험자격의 취득 및 상실 등에 관한 사항을 대통령령으로 정하는 바에 따라 고용노동부장관에게 신고하여야 한다. 기출 12

> **피보험자격의 취득 또는 상실 신고 등(영 제7조)**
>
> ① 사업주나 하수급인(下受給人)은 법 제15조에 따라 고용노동부장관에게 그 사업에 고용된 근로자의 피보험자격 취득 및 상실에 관한 사항을 신고하려는 경우에는 그 사유가 발생한 날이 속하는 달의 다음 달 15일까지(근로자가 그 기일 이전에 신고할 것을 요구하는 경우에는 지체 없이) 신고해야 한다. 이 경우 사업주나 하수급인이 해당하는 달에 고용한 일용근로자의 근로일수, 임금 등이 적힌 근로내용 확인신고서를 그 사유가 발생한 날의 다음 달 15일까지 고용노동부장관에게 제출한 경우에는 피보험자격의 취득 및 상실을 신고한 것으로 본다. 기출 13·21
>
> ② 징수법 제11조 제3항에 따라 사업의 개시 또는 종료 신고를 한 사업주는 제1항에 따른 신고기간 내에 고용노동부장관에게 피보험자격의 취득 또는 상실 신고를 해야 한다.

② 징수법에 따라 원수급인(元受給人)이 사업주로 된 경우에 그 사업에 종사하는 근로자 중 원수급인이 고용하는 근로자 외의 근로자에 대하여는 그 근로자를 고용하는 다음의 하수급인(下受給人)이 신고를 하여야 한다. 이 경우 원수급인은 고용노동부령으로 정하는 바에 따라 하수급인에 관한 자료를 고용노동부장관에게 제출하여야 한다.

㉠ 건설산업기본법에 따른 건설사업자
㉡ 주택법에 따른 주택건설사업자
㉢ 전기공사업법에 따른 공사업자
㉣ 정보통신공사업법에 따른 정보통신공사업자
㉤ 소방시설공사업법에 따른 소방시설업자
㉥ 국가유산수리 등에 관한 법률에 따른 국가유산수리업자

(2) 근로자의 신고

사업주가 피보험자격에 관한 사항을 신고하지 아니하면 대통령령으로 정하는 바에 따라 근로자가 신고할 수 있다(법 제15조 제3항). 기출 12 · 21

> **근로자의 피보험자격에 관한 신고(영 제8조)**
> 법 제15조 제3항에 따라 근로자가 피보험자격의 취득 및 상실 등에 관한 사항을 신고할 때에는 근로계약서 등 고용관계를 증명할 수 있는 서류를 제출하여야 한다.
>
> **피보험자의 전근 신고(영 제9조)**
> 사업주는 피보험자를 자신의 하나의 사업에서 다른 사업으로 전보시켰을 때에는 전보일부터 14일 이내에 고용노동부장관에게 신고하여야 한다.

(3) 신고사항의 고지

① 고용노동부장관은 신고된 피보험자격의 취득 및 상실 등에 관한 사항을 고용노동부령으로 정하는 바에 따라 피보험자 및 원수급인 등 관계인에게 알려야 한다.
② 사업주, 원수급인 또는 하수급인은 신고를 고용노동부령으로 정하는 전자적 방법으로 할 수 있다.
③ 고용노동부장관은 전자적 방법으로 신고를 하려는 사업주, 원수급인 또는 하수급인에게 고용노동부령으로 정하는 바에 따라 필요한 장비 등을 지원할 수 있다.
④ 자영업자인 피보험자는 피보험자격의 취득 및 상실에 관한 신고를 하지 아니한다. 기출 12 · 21

4. 피보험자격의 확인(법 제17조)

① 피보험자 또는 피보험자였던 사람은 언제든지 고용노동부장관에게 피보험자격의 취득 또는 상실에 관한 확인을 청구할 수 있다. 기출 18 · 21 · 22
② 고용노동부장관은 청구에 따르거나 직권으로 피보험자격의 취득 또는 상실에 관하여 확인을 한다.
③ 고용노동부장관은 확인 결과를 대통령령으로 정하는 바에 따라 그 확인을 청구한 피보험자 및 사업주 등 관계인에게 알려야 한다.

5. 피보험자격의 취득기준(법 제18조)

① 고용보험에 가입되거나 가입된 것으로 보는 근로자가 보험관계가 성립되어 있는 둘 이상의 사업에 동시에 고용되어 있는 경우에는 대통령령으로 정하는 바에 따라 그중 한 사업의 피보험자격을 취득한다.
② 고용보험에 가입되거나 가입된 것으로 보는 근로자, 예술인 또는 노무제공자가 동시에 고용보험에 가입하거나 가입된 것으로 보는 자영업자에 해당하는 경우에는 근로자, 예술인 또는 노무제공자로서의 피보험자격을 취득한다. 다만, 근로자, 예술인 또는 노무제공자인 피보험자가 ㉠ 일용근로자, ㉡ 단기예술인, ㉢ 단기노무제공자의 어느 하나에 해당하는 사람인 경우에는 근로자, 예술인 또는 노무제공자 및 자영업자의 피보험자격 중 하나를 선택하여 피보험자격을 취득하거나 유지한다.

③ ②에도 불구하고 고용보험에 가입되거나 가입된 것으로 보는 근로자, 예술인 또는 노무제공자가 동시에 고용보험에 가입하거나 가입된 것으로 보는 자영업자에 해당하는 경우에는 본인 의사에 따라 근로자, 예술인 또는 노무제공자 및 자영업자의 피보험자격 모두를 취득하거나 유지할 수 있다.

④ 예술인 또는 노무제공자가 보험관계가 성립되어 있는 둘 이상의 사업에서 동시에 노무를 제공하거나 근로를 제공하는 경우에는 대통령령으로 정하는 바에 따라 피보험자격을 취득한다.

피보험자격의 취득기준(영 제11조의2)

① 법 제18조 제1항에 따라 보험관계가 성립되어 있는 둘 이상의 사업에 동시에 고용되어 있는 근로자는 다음 각 호의 순서에 따라 피보험자격을 취득한다. 다만, 일용근로자와 일용근로자가 아닌 근로자로 동시에 고용되어 있는 경우에는 일용근로자가 아닌 근로자로 고용된 사업에서 우선적으로 피보험자격을 취득한다.

1. 고용산재보험료징수법 제16조의3에 따른 월평균보수(제21조의3에 따른 고용유지지원금을 받은 근로자의 경우에는 그 지원금 지급이 개시된 연도의 직전 연도의 보수총액을 기준으로 산정한 월평균보수)가 많은 사업
2. 월 소정근로시간이 많은 사업
3. 근로자가 선택한 사업

② 법 제77조의2 제1항에 따른 예술인(이하 "예술인")이 법 제18조 제4항에 따라 보험관계가 성립되어 있는 둘 이상의 사업에서 동시에 근로계약, 문화예술용역 관련 계약 또는 노무제공계약을 체결한 경우에는 다음 각 호의 구분에 따라 피보험자격을 취득한다.

1. 둘 이상의 문화예술용역 관련 계약을 동시에 체결한 경우에는 모든 사업에서 피보험자격을 취득한다.
2. 문화예술용역 관련 계약과 근로계약 또는 노무제공계약을 동시에 체결한 경우에는 모든 사업에서 피보험자격을 취득한다.
3. 문화예술용역 관련 계약과 둘 이상의 근로계약을 동시에 체결한 경우에는 제1호 및 제2호에 따르되, 근로자로서의 피보험자격의 이중 취득의 제한에 관하여는 제1항에 따른다.

③ 법 제77조의6 제1항에 따른 노무제공자(이하 "노무제공자")가 법 제18조 제4항에 따라 보험관계가 성립되어 있는 둘 이상의 사업에서 동시에 근로계약, 문화예술용역 관련 계약 또는 노무제공계약을 체결한 경우에는 다음 각 호의 구분에 따라 피보험자격을 취득한다.

1. 둘 이상의 노무제공계약을 동시에 체결한 경우에는 모든 사업에서 피보험자격을 취득한다.
2. 노무제공계약과 근로계약 또는 문화예술용역 관련 계약을 동시에 체결한 경우에는 모든 사업에서 피보험자격을 취득한다.
3. 노무제공계약과 둘 이상의 근로계약을 동시에 체결한 경우에는 제1호 및 제2호에 따르되, 근로자로서의 피보험자격의 이중 취득의 제한에 관하여는 제1항에 따른다.

Ⅲ 고용안정 · 직업능력개발 사업

1. 고용안정 · 직업능력개발 사업의 실시(법 제19조)

① 고용노동부장관은 피보험자 및 피보험자였던 사람, 그 밖에 취업할 의사를 가진 사람(피보험자 등)에 대한 실업의 예방, 취업의 촉진, 고용기회의 확대, 직업능력개발·향상의 기회 제공 및 지원, 그 밖에 고용안정과 사업주에 대한 인력 확보를 지원하기 위하여 고용안정·직업능력개발 사업을 실시한다.

② 고용노동부장관은 고용안정·직업능력개발 사업을 실시할 때에는 근로자의 수, 고용안정·직업능력개발을 위하여 취한 조치 및 실적 등 대통령령으로 정하는 기준에 해당하는 기업(이하 "우선지원 대상기업")을 우선적으로 고려하여야 한다(법 제19조 제2항).

우선지원대상기업의 범위(영 제12조)

① 법 제19조 제2항에서 "대통령령으로 정하는 기준에 해당하는 기업"이란 산업별로 상시 사용하는 근로자수가 [별표 1]의 기준에 해당하는 기업(우선지원대상기업)을 말한다.

[별표 1] 우선지원 대상기업의 상시 사용하는 근로자 기준

1. 500명 이하 : 제조업
2. 300명 이하 : 광업, 건설업, 운수 및 창고업, 정보통신업, 사업시설 관리 및 사업지원 및 임대 서비스업(다만, 부동산 이외 임대업은 그 밖의 업종으로 본다), 전문・과학 및 기술 서비스업, 보건업 및 사회복지 서비스업
3. 200명 이하 : 도매 및 소매업, 숙박 및 음식점업, 금융 및 보험업, 예술・스포츠 및 여가관련 서비스업
4. 100명 이하 : 그 밖의 업종

② 제1항에 해당하지 않는 기업으로서 중소기업기본법 제2조 제1항 및 제3항의 기준에 해당하는 기업은 제1항에도 불구하고 우선지원대상기업으로 본다.

③ 우선지원대상기업이 그 규모의 확대 등으로 우선지원대상기업에 해당하지 않게 된 경우 그 사유가 발생한 연도의 다음 연도부터 5년간 우선지원대상기업으로 본다.

④ 제1항부터 제3항까지의 규정에도 불구하고 독점규제 및 공정거래에 관한 법률에 따라 지정된 상호출자제한기업집단에 속하는 회사는 그 지정된 날이 속하는 보험연도의 다음 보험연도부터 우선지원 대상기업으로 보지 않는다.

⑤ 우선지원대상기업에 해당하는지를 판단하는 경우 그 기준이 되는 사항은 다음과 같다.

1. 상시 사용하는 근로자 수는 그 사업주가 하는 모든 사업에서 전년도 매월 말일 현재의 근로자수(건설업에서는 일용근로자의 수 제외)의 합계를 전년도의 조업 개월 수로 나누어 산정한 수로 하되, 공동주택관리법에 따른 공동주택을 관리하는 사업의 경우에는 각 사업별로 상시 사용하는 근로자의 수를 산정한다. 이 경우 상시 사용하는 근로자 수를 산정할 때 1개월 동안 소정근로시간이 60시간 이상인 단시간 근로자는 0.5명으로 하여 산정하고, 60시간 미만인 단시간 근로자는 상시 사용하는 근로자 수 산정에서 제외한다.
2. 하나의 사업주가 둘 이상의 산업의 사업을 경영하는 경우에는 상시 사용하는 근로자의 수가 많은 산업을 기준으로 하며, 상시 사용하는 근로자의 수가 같은 경우에는 임금총액, 매출액 순으로 그 기준을 적용한다.

⑥ 제5항에도 불구하고 보험연도 중에 보험관계가 성립된 사업주에 대해서는 보험관계성립일 현재를 기준으로 우선지원대상기업에 해당하는지를 판단해야 한다.

2. 고용창출의 지원(법 제20조)

(1) 의 의

고용노동부장관은 고용환경 개선, 근무형태 변경 등으로 고용의 기회를 확대한 사업주에게 대통령령으로 정하는 바에 따라 필요한 지원을 할 수 있다.

(2) 지원요건

① 고용노동부장관은 다음의 어느 하나에 해당하는 사업주에게 임금의 일부를 지원할 수 있다. 다만, ㉠의 경우에는 근로시간이 감소된 근로자에 대한 임금의 일부와 필요한 시설의 설치비의 일부도 지원할 수 있으며, ㉡의 경우에는 시설의 설치비의 일부도 지원할 수 있다(영 제17조).

㉠ 근로시간 단축, 교대근로 개편, 정기적인 교육훈련 또는 안식휴가 부여 등(이하 "일자리 함께하기")을 통하여 실업자를 고용함으로써 근로자 수가 증가한 경우(제1호) 기출 17

㉡ 고용노동부장관이 정하는 시설을 설치・운영하여 고용환경을 개선하고 실업자를 고용하여 근로자 수를 증가한 경우(제2호) 기출 17

㉢ 직무의 분할, 근무체계 개편 또는 시간제직무 개발 등을 통하여 실업자를 근로계약기간을 정하지 않고 시간제로 근무하는 형태로 하여 새로 고용하는 경우(제3호) 기출 17·23

㉣ 위원회에서 심의·의결한 성장유망업종, 인력수급 불일치 업종, 국내복귀기업 또는 지역특화산업 등 고용지원이 필요한 업종에 해당하는 기업이 실업자를 고용하는 경우(제4호) 기출 17·23

㉤ 위원회에서 심의·의결한 업종에 해당하는 우선지원 대상기업이 고용노동부장관이 정하는 전문적인 자격을 갖춘 자(이하 "전문인력")를 고용하는 경우(제5호) 기출 23

㉥ 임금피크제, 임금을 감액하는 제도 또는 그 밖의 임금체계 개편 등을 통하여 15세 이상 34세 이하의 청년 실업자를 고용하는 경우(제6호) 기출 23

㉦ 고용노동부장관이 고령자 또는 준고령자가 근무하기에 적합한 것으로 인정하는 직무에 고령자 또는 준고령자를 새로 고용하는 경우(제7호) 기출 23

② 지원하는 경우에 지원 대상, 지원 요건, 지원 수준, 지원 기간, 신청 기간, 신청 방법 등 지원에 필요한 사항은 고용노동부장관이 정하여 고시한다.

3. 고용조정의 지원

(1) 고용유지 지원금

1) 지원개관(법 제21조)

① 고용노동부장관은 경기의 변동, 산업구조의 변화 등에 따른 사업 규모의 축소, 사업의 폐업 또는 전환으로 고용조정이 불가피하게 된 사업주가 근로자에 대한 휴업, 휴직, 직업전환에 필요한 직업능력개발 훈련, 인력의 재배치 등을 실시하거나 그 밖에 근로자의 고용안정을 위한 조치를 하면 대통령령으로 정하는 바에 따라 그 사업주에게 필요한 지원을 할 수 있다. 이 경우 휴업이나 휴직 등 고용안정을 위한 조치로 근로자의 임금(근로기준법 제2조 제1항 제5호에 따른 임금)이 대통령령으로 정하는 수준으로 감소할 때에는 대통령령으로 정하는 바에 따라 그 근로자에게도 필요한 지원을 할 수 있다. 대통령령으로 정하는 수준이란 평균임금의 100분의 50 미만(지급되는 임금이 없는 경우를 포함)을 말한다(영 제21조의2).

기출 15·18·20

✔ 핵심문제

01 **고용보험법령상 고용창출에 대한 지원을 받을 수 있는 경우가 아닌 것은?** 기출 17

① 교대근로 개편을 통하여 실업자를 고용함으로써 근로자 수가 증가한 경우
② 시간제직무 개발을 통하여 실업자를 근로계약기간을 정하지 않고 시간제로 근무하는 형태로 하여 새로 고용하는 경우
③ 고용보험위원회에서 심의·의결한 인력수급 불일치 업종에 해당하는 기업이 실업자를 고용하는 경우
④ 고용노동부장관이 정하는 시설을 설치·운영하여 고용환경을 개선하고 실업자를 고용하여 근로자 수가 증가한 경우
⑤ 고용보험위원회에서 심의·의결한 업종에 해당하는 대규모기업이 직업안정기관의 장이 정하는 전문적인 자격을 갖춘 자를 고용하는 경우

[해설]
⑤ (×) 위원회에서 심의·의결한 업종에 해당하는 우선지원 대상기업이 고용노동부장관이 정하는 전문적인 자격을 갖춘 자를 고용하는 경우이다(고보법 시행령 제17조 제1항 제5호).

정답 ⑤

② 고용노동부장관은 고용조정으로 이직된 근로자를 고용하는 등 고용이 불안정하게 된 근로자의 고용안정을 위한 조치를 하는 사업주에게 대통령령으로 정하는 바에 따라 필요한 지원을 할 수 있다.

③ 고용노동부장관은 고용조정 지원을 할 때에는 고용정책 기본법에 따른 업종에 해당하거나 지역에 있는 사업주 또는 근로자에게 우선적으로 지원할 수 있다.

고용조정의 지원 내용 등(영 제18조)

① 법 제21조 제1항 및 제2항에 따라 근로자의 고용안정을 위한 조치를 하는 사업주에게는 지원금이나 장려금을 지급한다.

② 법 제21조 제3항에 따라 우선적으로 지원을 할 수 있는 사업주는 다음 각 호의 어느 하나에 해당하는 사업주로 한다.

1. 「고용정책 기본법 시행령」 제29조 제1항 제1호에 따라 고용조정 지원 등이 필요한 업종으로 지정된 업종(이하 이 조에서 "지정업종"이라 한다)에 속하는 사업을 하는 사업주
2. 제1호에 따른 사업주로부터 지정업종에 속하는 사업의 도급을 받아 제조·수리 등을 하는 사업주로서 매출액의 2분의 1 이상이 그 지정업종과 관련된 사업의 사업주
3. 「고용정책 기본법 시행령」 제29조 제1항 제2호 또는 제3호에 따라 고용조정 지원 등이 필요한 지역으로 지정된 지역(이하 "지정지역"이라 한다)에 위치하는 사업의 사업주

③ 고용노동부장관은 제2항 각 호의 어느 하나에 해당하는 사업주가 고용유지조치 또는 전직 지원을 하는 경우에는 제19조, 제20조, 제20조의2, 제21조, 제21조의2부터 제21조의4까지 및 제22조에도 불구하고 「고용정책 기본법」에 따른 고용정책심의회(이하 "고용정책심의회"라 한다)의 심의를 거쳐 지원의 요건과 지원의 수준을 달리 정할 수 있다.

2) 지원요건(영 제19조)

① 고용노동부장관은 고용조정이 불가피하게 된 사업주가 그 사업에서 고용하여 피보험자격 취득 후 90일이 지난 피보험자[일용근로자, 근로기준법에 따라 해고가 예고된 사람, 경영상 이유에 따른 사업주의 권고에 따라 퇴직이 예정된 사람 및 사업주(사업주가 법인인 경우에는 그 대표자)의 배우자 및 직계존속·비속은 제외]에게 다음의 어느 하나에 해당하는 조치(이하 "고용유지조치")를 취하여 그 고용유지조치 기간과 이후 1개월 동안 고용조정으로 피보험자를 이직시키지 않은 경우에 지원금(이하 "고용유지지원금")을 지급한다.

㉠ 근로시간 조정, 교대제[근로자를 조(組)별로 나누어 교대로 근무하게 하는 것] 개편 또는 휴업 등을 통하여 역(曆)에 따른 1개월 단위의 전체 피보험자 총근로시간의 100분의 20을 초과하여 근로시간을 단축하고, 그 단축된 근로시간에 대한 임금을 보전하기 위하여 금품을 지급하는 경우. 이 경우 전체 피보험자 총근로시간 등 근로시간의 산정방법에 관하여 필요한 사항은 고용노동부령으로 정한다.

㉡ 1개월 이상 휴직을 부여하고 그 휴직기간에 대하여 임금을 보전하기 위해 금품을 지급하는 경우

② 사업주가 다음의 어느 하나에 해당하는 경우에는 관할 직업안정기관의 장이 불가피하다고 인정하는 경우를 제외하고는 해당 달에 대한 고용유지지원금을 지급하지 않는다.

㉠ 사업주가 고용유지조치 기간 동안 근로자를 새로 고용하는 경우

㉡ 사업주가 3년 이상 연속하여 같은 달에 고용유지조치를 실시하는 경우

㉢ 사업주가 고용유지조치를 하려는 날의 전날 이전 2년 동안 고용유지지원금을 지급받은 사실이 있는 경우에는 그 고용유지조치 기간의 마지막 날의 다음 날부터 6개월 이내에 고용조정으로 소속 피보험자의 100분의 10 이상을 이직시킨 경우

③ 고용노동부장관은 고용조정이 불가피하게 된 사업주가 다음의 어느 하나에 해당하는 경우에는 고용유지조치의 대상이 되는 피보험자의 피보험자격 취득 기간을 고용노동부장관이 정하여 고시하는 기간으로 달리 정할 수 있다.

㉠ 우선지원대상 사업주인 경우

㉡ 재난 및 안전관리 기본법에 따른 재난 등으로 고용사정이 급격히 악화된 경우

④ 고용노동부장관은 파견사업주 또는 도급을 받은 사업주(이하 "수급사업주")가 다음의 어느 하나에 해당하는 경우에는 사용사업주 또는 도급을 주는 사업주의 사업장에 종사하는 피보험자를 대상으로 그 단축된 근로시간 또는 휴직기간을 산정하여 파견사업주 또는 수급사업주에게 고용유지지원금을 지급한다.

㉠ 파견근로자 보호 등에 관한 법률에 따른 파견사업주가 고용유지조치를 실시하고 있는 사용사업주의 사업장에서 종사하는 파견근로자를 대상으로 고용유지조치를 취하여 그 고용유지조치 기간과 이후 1개월 동안 고용조정으로 해당 피보험자를 이직시키지 않은 경우

㉡ 수급사업주가 고용유지조치를 실시하고 있는 도급을 주는 사업주의 사업장에서 종사하는 피보험자를 대상으로 고용유지조치를 취하여 그 고용유지조치 기간과 이후 1개월 동안 고용조정으로 해당 피보험자를 이직시키지 않은 경우

3) 고용유지조치계획수립 · 신고(영 제20조)

① 고용유지지원금을 받으려는 사업주는 고용노동부령으로 정하는 바에 따라 다음의 요건을 갖춘 고용유지조치계획을 역에 따른 1개월 단위로 수립하여 고용유지조치 실시예정일 전날까지 고용노동부장관에게 신고하여야 하며, 신고한 계획 중 고용유지조치 실시예정일, 고용유지조치 대상자, 고용유지조치기간에 지급할 금품 등 고용노동부령으로 정하는 사항을 변경하는 경우에는 변경예정일 전날까지 그 내용을 고용노동부장관에게 신고하여야 한다.

㉠ 고용유지조치계획의 수립 또는 변경 시 그 사업의 근로자대표와 협의를 거칠 것. 다만, 변경하려는 고용유지조치계획의 내용이 경영 악화 이전의 고용상태로 회복하기 위하여 고용유지조치기간을 단축하거나 고용유지대상자 수를 축소하는 등 근로자에게 불리하지 아니한 경우는 제외한다.

㉡ 직전 달(고용유지조치가 시작된 날이 속하는 달은 제외)에 대한 고용유지조치계획의 실시 내용 및 관련 증거 서류를 갖출 것

② 사업주는 다음의 어느 하나에 해당하는 부득이한 사유가 있는 경우에는 고용유지조치 실시일 또는 변경일부터 ㉠, ㉡에서 정한 기한까지 신고할 수 있다.

㉠ 다음의 어느 하나에 해당하는 경우 : 30일

㉮ 재난 및 안전관리기본법에 따라 특별재난지역으로 선포된 지역에 소재하는 사업의 사업주가 그 특별재난으로 인하여 고용유지조치를 실시한 경우

㉯ 유아교육법, 초 · 중등교육법 및 고등교육법에 따른 휴업명령 및 휴원 · 휴교 처분이 있는 경우

㉰ 감염병의 예방 및 관리에 관한 법률에 따른 조치가 있는 경우

㉡ ㉠ 외의 경우로서 다음의 어느 하나에 해당하는 경우 : 3일

㉮ 노사대표의 부재 등으로 인하여 고용유지조치계획의 수립 · 실시 여부에 관한 노사협의가 지연되는 경우

㉯ 제품이나 원자재의 50퍼센트 이상을 공급하거나 공급받는 사업이 예상할 수 없는 조업단축이나 폐업을 하는 경우

㉰ 천재지변이나 그 밖에 고용노동부장관이 인정하는 부득이한 사유가 발생한 경우

4) 지원금액(영 제21조)

① 고용유지지원금의 금액 : 고용유지지원금은 다음에 해당하는 금액으로 한다. 다만, 고용노동부장관이 실업의 급증 등 고용사정이 악화되어 고용안정을 위하여 필요하다고 인정할 때에는 1년의 범위에서 고용노동부장관이 정하여 고시하는 기간에 사업주가 피보험자의 임금을 보전하기 위하여 지급한 금품의 4분의 3 이상 10분의 9 이하로서 고용노동부장관이 정하여 고시하는 비율[우선지원 대상기업에 해당하지 않는 기업(이하 "대규모기업")의 경우에는 3분의 2]에 해당하는 금액으로 한다. 기출 23

㉠ 근로시간 조정, 교대제 개편, 휴업 또는 휴직 등으로 단축된 근로시간이 역에 따른 1개월의 기간 동안 100분의 50 미만인 경우 : 단축된 근로시간 또는 휴직기간에 대하여 사업주가 피보험자의 임금을 보전하기 위하여 지급한 금품의 3분의 2(대규모기업의 경우에는 2분의 1)에 해당하는 금액

㉡ 근로시간 조정, 교대제 개편, 휴업 또는 휴직 등으로 단축된 근로시간이 역에 따른 1개월의 기간 동안 100분의 50 이상인 경우 : 단축된 근로시간 또는 휴직기간에 대하여 사업주가 피보험자의 임금을 보전하기 위하여 지급한 금품의 3분의 2에 해당하는 금액

② 고용유지지원금의 범위

㉠ 고용유지지원금은 그 조치를 실시한 일수(둘 이상의 고용유지조치를 동시에 실시한 날은 1일로 본다)의 합계가 그 보험연도의 기간 중에 180일에 이를 때까지만 각각의 고용유지조치에 대하여 고용유지지원금을 지급한다. 기출 24

㉡ 지급되는 고용유지지원금은 고용유지조치별 대상 근로자 1명당 고용노동부장관이 정하여 고시하는 금액을 초과할 수 없다.

㉢ 지급되는 고용유지지원금은 고용유지조치별 대상 근로자 1명당 고용노동부장관이 정하여 고시하는 금액을 초과할 수 없다.

5) 고용유지조치계획위반에 대한 지원제한 기출 18

① 고용노동부장관은 고용유지조치계획과 다르게 고용유지조치를 이행한 사업주에게는 고용노동부령으로 정하는 바에 따라 해당 사실이 발생한 날이 속한 달에 대한 고용유지지원금의 전부 또는 일부를 지급하지 아니할 수 있다(영 제20조의2).

② 사업주가 고용유지조치 기간 동안 근로자를 새로 고용하거나 3년 이상 연속하여 같은 달에 고용유지조치를 실시하는 경우에는 관할 직업안정기관의 장이 불가피하다고 인정하는 경우를 제외하고는 해당 달에 대한 고용유지지원금을 지급하지 아니한다(영 제19조 제2항).

(2) 휴업 등에 따른 피보험자 지원(영 제21조의3)

1) 지원요건

고용노동부장관은 사업주가 고용노동부령으로 정하는 고용조정이 불가피하게 된 사유가 있음에도 고용조정을 하는 대신에 실시한 휴업 또는 휴직(이하 "휴업등")이 다음의 어느 하나에 해당하는 경우 해당 피보험자에게 지원금을 지급할 수 있다.

① 다음의 구분에 따른 피보험자 수에 대하여 30일 이상 휴업을 실시하고, 그 기간 동안 근로기준법에 따라 노동위원회의 승인을 받아 휴업수당을 지급하지 아니하거나 평균임금의 100분의 50 미만에 해당하는 액수의 휴업수당을 지급하는 경우

㉠ 전체 피보험자 수가 19명 이하인 경우 : 전체 피보험자 수의 100분의 50 이상

㉡ 전체 피보험자 수가 20명 이상 99명 이하인 경우 : 피보험자 10명 이상

㉢ 전체 피보험자 수가 100명 이상 999명 이하인 경우 : 전체 피보험자 수의 100분의 10 이상

㉣ 전체 피보험자 수가 1000명 이상인 경우 : 피보험자 100명 이상

② 휴직기간이 시작되기 전 1년 이내에 제19조 제1항 제1호에 따른 고용유지조치 또는 피보험자의 100분의 20 이상에 대한 같은 항 제2호에 따른 고용유지조치를 3개월 이상 실시한 후 다음의 구분에 따른 피보험자 수에 대하여 30일 이상 휴직을 실시하고, 그 기간 동안 근로자대표(근로자의 과반수로 조직된 노동조합이 있는 경우에는 그 노동조합, 근로자의 과반수로 조직된 노동조합이 없는 경우에는 근로자의 과반수를 대표하는 자를 말한다)와의 합의에 따라 휴직수당 등 금품을 지급하지 않는 경우

㉠ 전체 피보험자 수가 99명 이하인 경우 : 피보험자 10명 이상

㉡ 전체 피보험자 수가 100명 이상 999명 이하인 경우 : 전체 피보험자 수의 100분의 10 이상

㉢ 전체 피보험자 수가 1000명 이상인 경우 : 피보험자 100명 이상

③ 휴직기간이 시작되기 전 1년 이내에 제19조 제1항 제1호에 따른 고용유지조치 또는 피보험자의 100분의 20 이상에 대한 같은 항 제2호에 따른 고용유지조치를 3개월 이상 실시한 후 다음의 요건을 모두 갖춘 경우(피보험자가 10명 미만인 사업장의 사업주만 해당)로서 해당 사업주의 사업장에서 종사하는 피보험자에 대하여 30일 이상 휴직을 실시하고, 그 기간 동안 근로자대표와의 합의에 따라 휴직수당 등 금품을 지급하지 않는 경우

㉠ 재난 및 안전관리 기본법에 따른 재난 등으로 고용사정이 급격히 악화된 경우

㉡ 해당 보험연도의 기간 중에 180일까지 고용유지지원금을 지급받은 경우

2) 지원금액

① 지원금은 해당 피보험자의 평균임금의 100분의 50 범위에서 사업주가 해당 피보험자에게 지급한 임금 또는 수당 등을 고려하여 고용노동부장관이 정하는 금액으로 한다. 이 경우 지원금은 휴업등 대상 피보험자 1명당 고용노동부장관이 정하여 고시하는 금액을 초과할 수 없다.

② 지원금의 지급기간은 해당 휴업등의 기간 동안 피보험자 1명당 180일을 초과할 수 없다.

③ 고용노동부장관이 피보험자에게 지원금을 지급하는 경우 사업주는 지원금을 받는 피보험자의 직업능력 개발·향상 등을 위하여 필요한 조치에 관한 내용이 포함된 고용유지조치계획을 수립하여 고용노동부장관에게 제출하여야 한다.

④ 고용노동부장관은 재난 및 안전관리 기본법에 따른 재난으로 실업의 급증 등 고용사정이 악화되어 고용안정을 위한 긴급한 조치가 필요할 때에는 지원요건에 해당하지 않는 피보험자에 대해서도 2021년 6월 30일까지는 고용정책심의회의 심의를 거쳐 그 지원의 요건과 수준을 고시로 정하여 지원금을 지급할 수 있다. 이 경우 고시로 정하여 지원하는 기간은 6개월 이내로 하되, 필요한 경우 최대 6개월의 범위에서 그 기간을 연장할 수 있다.

(3) 재취업지원금(영 제22조)

고용노동부장관은 고용조정이 불가피하게 된 사업주가 단독이나 공동으로 다음의 어느 하나에 해당하는 사람에게 신속한 재취업을 지원하기 위해 필요한 시설을 직접 갖추거나 그 시설을 갖춘 외부기관에 위탁하여 재취업에 필요한 서비스를 제공하는 경우에는 고용노동부장관이 정하는 바에 따라 그 비용의 일부를 지원할 수 있다.

① 해당 사업의 피보험자로서 고용조정, 정년 또는 근로계약기간이 끝남에 따른 이직예정자

② 해당 사업의 피보험자였던 사람으로서 고용조정, 정년 또는 근로계약기간이 끝나 이직한 사람

4. 지역고용의 촉진(법 제22조)

(1) 의 의

고용노동부장관은 고용기회가 뚜렷이 부족하거나 산업구조의 변화 등으로 고용사정이 급속하게 악화되고 있는 지역으로 사업을 이전하거나 그러한 지역에서 사업을 신설 또는 증설하여 그 지역의 실업 예방과 재취업 촉진에 기여한 사업주, 그 밖에 그 지역의 고용기회 확대에 필요한 조치를 한 사업주에게 대통령령으로 정하는 바에 따라 필요한 지원을 할 수 있다.

(2) 지역고용촉진 지원금(영 제24조)

1) 지원요건

① 고용노동부장관은 지정지역으로 사업을 이전하거나 지정지역에서 사업을 신설 또는 증설하는 경우로서 다음의 요건을 모두 갖추어 사업을 이전, 신설 또는 증설하는 사업주에게 지역고용촉진 지원금을 지급한다.

㉠ 고용조정의 지원 등의 기간(지정기간)에 사업의 이전, 신설 또는 증설될 것

㉡ 사업의 이전, 신설 또는 증설과 그에 따른 근로자의 고용에 관한 지역고용계획을 세워 고용노동부장관에게 신고하고, 그 계획에 따라 시행할 것

㉢ 지역고용계획이 제출된 날부터 1년 6개월 이내에 이전, 신설 또는 증설된 사업의 조업이 시작될 것

㉣ 이전, 신설 또는 증설된 사업의 조업이 시작된 날(조업시작일) 현재 그 지정지역이나 다른 지정지역에 3개월 이상 거주한 구직자를 그 이전, 신설 또는 증설된 사업에 피보험자로 고용할 것

㉤ 고용정책심의회에서 그 필요성이 인정된 사업일 것

㉥ 지역고용계획의 실시 상황과 고용된 피보험자에 대한 임금지급 상황이 적힌 서류를 갖추고 시행할 것

② 지역고용촉진 지원금을 받으려는 사업주는 조업을 시작하면 고용노동부장관에게 신고하여야 한다.

2) 신청기간

해당 사업주의 조업시작일부터 1년 6개월 이내로 한다(규칙 제41조 제2항).

3) 지원금액

① 지역고용촉진 지원금은 고용된 피보험자에게 지급된 임금의 2분의 1(대규모기업의 경우에는 3분의 1)에 해당하는 금액으로 하되, 고용노동부장관이 고시한 금액을 초과할 수 없다.

② 지역고용촉진 지원금은 하나의 지정기간에 고용된 피보험자수가 200명을 초과하는 경우에는 그 초과하는 인원 중 100분의 30에 대하여만 지급한다.

4) 지원기간

지역고용촉진 지원금은 조업시작일부터 1년간 지급한다.

5) 지원제한

① 고용된 피보험자의 고용기간이 6개월 미만인 경우

② 사업주가 조업시작일 전 3개월부터 조업시작일 후 1년까지 고용조정으로 근로자를 이직시킨 경우

③ 구직자를 피보험자로 고용한 사업주가 해당 피보험자의 최종 이직(해당 사업주가 해당 피보험자를 고용하기 전 1년 이내에 이직한 경우로 한정) 당시 사업주와 같은 경우. 다만, 사업주가 근로기준법에 따라 해당 근로자를 우선적으로 고용한 경우는 제외한다.

④ 구직자를 피보험자로 고용한 사업주가 해당 근로자의 최종 이직 당시 사업주와 합병하거나 그 사업을 넘겨받은 사업주인 경우 등 해당 근로자의 최종 이직 당시 사업과 관련되는 사업주인 경우
⑤ 사업주가 임금 등을 체불하여 근로기준법에 따라 명단이 공개 중인 경우
⑥ 사업주가 고용된 근로자에게 최저임금액 미만의 임금을 지급한 경우. 다만, 해당 근로자가 최저임금의 적용이 제외되는 근로자인 경우는 제외한다.
⑦ 사업주(사업주가 법인인 경우에는 그 대표자)가 본인의 배우자 또는 직계존속・비속을 근로자로 고용한 경우
⑧ 이전, 신설 또는 증설된 사업의 조업시작일 현재 그 지정지역이나 다른 지정지역에 3개월 이상 거주한 구직자를 그 이전, 신설 또는 증설된 사업에 피보험자로 고용한 경우, 그 고용된 근로자가 고용된 날 이전 3년 동안에 2년 이상 지역고용촉진 지원금 지급대상이었던 경우
⑨ 그 밖에 지역 고용의 촉진을 위한 지원 목적에 부합하지 않는다고 고용노동부장관이 정하여 고시하는 대상이나 업종에 해당하는 경우

5. 고령자등 고용촉진의 지원

(1) 고용촉진장려금(영 제26조)

1) 지원요건

고용노동부장관은 장애인, 여성가장 등 노동시장의 통상적인 조건에서는 취업이 특히 곤란한 사람의 취업촉진을 위하여 직업안정기관이나 그 밖에 고용노동부령으로 정하는 기관(이하 "직업안정기관 등")에 구직등록을 한 사람으로서 다음의 어느 하나에 해당하는 실업자를 피보험자로 고용한 사업주에게 고용촉진장려금을 지급한다.

① 고용노동부장관이 고시하는 바에 따라 노동시장의 통상적인 조건에서는 취업이 특히 곤란한 사람을 대상으로 하는 취업지원프로그램을 이수한 사람
② 중증장애인으로서 1개월 이상 실업상태에 있는 사람
③ 가족 부양의 책임이 있는 여성 실업자 중 고용노동부령으로 정하는 사람으로서 국민기초생활 보장법 시행령에 따른 취업대상자 또는 한부모가족지원법에 따른 보호대상자에 해당하고 1개월 이상 실업상태에 있는 사람
④ 고용촉진장려금 지급요건을 갖추지 못한 실업자 중에서 실업의 급증 등 고용사정이 악화되어 취업촉진을 위한 조치가 필요하다고 고용노동부장관이 인정하는 사람

2) 신청기간

해당 사업주가 새로 근로자를 고용한 날부터 12개월 이내로 한다(규칙 제45조 제3항).

3) 지원금액

고용촉진장려금(이하 "고용촉진장려금")은 사업주가 피보험자를 6개월 이상 고용한 경우에 다음의 구분에 따라 지급한다.

① 고용기간이 6개월 이상 12개월 미만인 경우 : 6개월분
② 고용기간이 12개월 이상인 경우 : 12개월분. 다만, 고용노동부장관이 정하여 고시하는 피보험자에 대한 고용기간이 18개월 이상인 경우에는 다음의 구분에 따른다.
㉠ 고용기간이 18개월 이상 24개월 미만인 경우 : 18개월분
㉡ 고용기간이 24개월 이상인 경우 : 24개월분

4) 지원제한

고용촉진장려금은 다음의 어느 하나에 해당하는 경우에는 지급하지 않는다. 기출 12

① 근로계약기간이 단기간인 경우 등 고용노동부령으로 정하는 경우에 해당하는 사람을 고용하는 경우
② 대규모기업이 만 29세 이하인 실업자로서 고용노동부장관이 정하는 사람을 고용하는 경우
③ 사업주가 고용촉진장려금 지급대상자를 고용하기 전 3개월부터 고용 후 1년까지(고용촉진장려금 지급대상자의 고용기간이 1년 미만인 경우에는 그 고용관계 종료 시까지) 고용조정으로 근로자(고용촉진장려금 지급대상 근로자보다 나중에 고용된 근로자는 제외)를 이직시키는 경우
④ 고용촉진장려금 지급대상자를 고용한 사업주가 해당 근로자의 이직(해당 사업주가 해당 근로자를 고용하기 전 1년 이내에 이직한 경우에 한정) 당시의 사업주와 같은 경우. 다만, 다음의 어느 하나에 해당하는 경우에는 그러하지 아니하다.
㉠ 사업주가 근로기준법에 따라 해당 근로자를 우선적으로 고용한 경우
㉡ 사업주가 일용근로자로 고용하였던 근로자를 기간의 정함이 없는 근로계약을 체결하여 다시 고용한 경우
⑤ 고용촉진장려금 지급대상자를 고용한 사업주가 해당 근로자의 이직 당시의 사업주와 합병하거나 그 사업을 넘겨받은 사업주인 경우 등 해당 근로자의 이직 당시의 사업과 관련되는 사업주인 경우로서 고용노동부령으로 정하는 경우
⑥ 사업주가 임금 등을 체불하여 근로기준법에 따라 명단이 공개 중인 경우
⑦ 장애인고용촉진 및 직업재활법에 따른 장애인 고용 의무를 이행하지 않은 사업주가 그 장애인 고용 의무가 이행되기 전까지 같은 법에 따른 장애인(중증장애인은 제외)을 새로 고용한 경우
⑧ 그 밖에 고령자등 고용촉진을 위한 지원 목적에 부합하지 않는다고 고용노동부장관이 정하여 고시하는 대상이나 업종에 해당하는 경우

5) 지원한도

① 매년 고용노동부장관이 임금상승률, 노동시장 여건 등을 고려하여 고시하는 금액과 고용촉진장려금의 지급대상이 되는 피보험자의 수를 곱하여 산정한다. 다만, 고용노동부장관이 고시하는 금액은 지급대상이 된 기간 동안 해당 사업주가 지원요건을 충족하는 피보험자에 대하여 부담하는 보수를 초과할 수 없고, 고용촉진장려금의 지급대상이 되는 피보험자의 수는 다음의 인원을 한도로 한다.
㉠ **해당 사업의 직전 보험연도 말일 기준 피보험자 수가 10명 이상인 경우** : 그 피보험자 수의 100분의 30에 해당하는 인원. 다만, 100분의 30에 해당하는 인원이 30명을 넘는 경우에는 30명으로 한다.
㉡ **해당 사업의 직전 보험연도 말일 기준 피보험자 수가 10명 미만인 경우** : 3명
② 고용노동부장관은 재난 및 안전관리 기본법에 따른 재난으로 실업의 급증 등 고용사정이 악화되어 고용촉진을 위한 긴급한 조치가 필요할 때에는 사업주에 대한 지원을 확대하기 위하여 고용정책심의회의 심의를 거쳐 1년의 범위에서 고용기간, 고용촉진장려금의 지급제외 사유, 상한액 및 지급대상 피보험자 수의 한도를 고시로 달리 정할 수 있다.

(2) 고령자 계속고용장려금(영 제28조의4)

고용노동부장관은 사업주가 정년을 연장 또는 폐지하거나 정년의 변경 없이 정년에 도달한 근로자를 계속하여 고용하거나 재고용하는 경우에는 그 비용의 일부를 지원할 수 있다.

(3) 고령자 고용지원금(영 제28조의5)

고용노동부장관은 60세 이상인 근로자를 고용노동부령으로 정하는 기준 이상으로 고용하는 사업주에 대해서 그 고용에 필요한 비용의 일부를 지원할 수 있다.

(4) 출산육아기 고용안정장려금(영 제29조)

1) 지원요건(제1항)

고용노동부장관은 다음의 어느 하나에 해당하는 사업주에게 출산육아기 고용안정장려금을 지급한다.

① 피보험자인 근로자에게 남녀고용평등과 일·가정 양립 지원에 관한 법률에 따른 육아휴직 또는 육아기 근로시간 단축(이하 "육아휴직등")을 30일[근로기준법에 따른 출산전후휴가(이하 "출산전후휴가")의 기간과 중복되는 기간은 제외] 이상 허용한 사업주

② 피보험자인 근로자에게 출산전후휴가, 근로기준법에 따른 유산·사산 휴가(이하 "유산·사산 휴가") 또는 육아기 근로시간 단축을 30일 이상 부여하거나 허용하고 대체인력을 고용한 경우로서 다음의 요건을 모두 갖춘 우선지원대상기업의 사업주

㉠ 다음의 어느 하나에 해당할 것

㉮ 출산전후휴가, 유산·사산 휴가 또는 육아기 근로시간 단축의 시작일 전 2개월이 되는 날(출산전후휴가에 연이어 유산·사산 휴가 또는 육아기 근로시간 단축을 시작하는 경우에는 출산전후휴가 시작일 전 2개월이 되는 날) 이후 새로 대체인력을 고용하여 30일 이상 계속 고용한 경우 기출 21

㉯ 피보험자인 근로자에게 임신 중에 60일을 초과하여 근로시간 단축을 허용하고 대체인력을 고용한 경우로서 그 근로자가 근로시간 단축 종료에 연이어 출산전후휴가, 유산·사산 휴가 또는 육아기 근로시간 단축을 시작한 이후에도 같은 대체인력을 계속 고용한 경우. 이 경우 대체인력을 고용한 기간은 30일 이상이어야 한다.

㉡ 새로 대체인력을 고용하기 전 3개월부터 고용 후 1년까지(해당 대체인력의 고용기간이 1년 미만인 경우에는 그 고용관계 종료 시까지) 고용조정으로 다른 근로자(새로 고용한 대체인력보다 나중에 고용된 근로자는 제외)를 이직시키지 아니할 것

③ 피보험자인 근로자에게 육아기 근로시간 단축을 30일 이상 허용하거나 부여한 경우로서 다음의 요건을 모두 갖춘 우선지원대상기업의 사업주

㉠ 육아기 근로시간 단축 근로자의 단축된 근로시간이 주당 10시간 이상일 것

㉡ 육아기 근로시간 단축 근로자의 업무 일부를 대신하여 수행할 근로자(이하 "업무분담자")를 지정하고 해당 업무분담자에게 업무분담에 대한 금전적 지원을 하였을 것

2) 신청기간

출산육아기 고용안정장려금 지급 신청 기간은 육아휴직등, 출산전후휴가, 유산·사산 휴가 또는 육아기 근로시간 단축의 종료일부터 12개월 이내로 한다(규칙 제51조 제3항).

3) 지원금액의 산정

① **육아휴직등 장려금**(제3항) : 육아휴직등 장려금은 육아휴직등의 허용에 따른 사업주의 노무비용부담, 육아휴직등의 대상 자녀의 나이 등을 고려하여 매년 고용노동부장관이 정하여 고시하는 금액에 근로자가 사용한 육아휴직등의 개월 수를 곱하여 산정한 금액으로 한다.

② **대체인력지원금**(제4항) : 대체인력지원금은 대체인력 채용에 따른 사업주의 노무비용부담을 고려하여 고용노동부장관이 정하여 고시하는 금액에 출산전후휴가, 유산·사산 휴가 또는 육아기 근로시간 단축을 사용한 기간(출산전후휴가, 유산·사산 휴가 또는 육아기 근로시간 단축을 사용하기 전 2개월간의 업무 인수인계기간을 포함) 중 대체인력을 사용한 개월 수를 곱하여 산정한 금액으로 하되, 이 영 또는 다른 법령에 따라 국가 또는 지방자치단체가 해당 대체인력 채용 또는 업무분담자 지정에 대하여 사업주에게 지급하는 지원금 또는 장려금 등이 있는 경우에는 그 지원금 또는 장려금 등의 금액을 뺀 금액으로 한다. 이 경우 대체인력지원금의 금액은 사업주가 해당 대체인력에게 지급한 임금액을 초과할 수 없다.

③ **업무분담지원금**(제5항) : 업무분담지원금은 업무분담자 지정에 따른 사업주의 노무비용부담을 고려하여 고용노동부장관이 정하여 고시하는 금액에 육아기 근로시간 단축을 사용한 기간 중 업무분담자를 지정한 개월 수를 곱하여 산정한 금액으로 하되, 이 영 또는 다른 법령에 따라 육아기 근로시간 단축에 따른 업무분담자 지정 또는 대체인력 채용에 대해 사업주가 지원금 또는 장려금 등의 금전을 지급받은 경우에는 그 지원금 또는 장려금 등의 금액을 뺀 금액으로 한다. 이 경우 업무분담지원금의 금액은 사업주가 해당 업무분담자에게 지급한 금액을 초과할 수 없다.

4) **지원금액**(제6항)

① **육아휴직등 장려금** : 출산육아기 고용안정장려금의 100분의 50에 해당하는 금액은 사업주가 육아휴직등 장려금 지급요건을 갖추면 지급하고, 나머지 금액은 해당 사업주가 육아휴직등을 사용한 근로자를 육아휴직등이 끝난 후 6개월 이상 피보험자로 계속 고용하는 경우에 합산하여 한꺼번에 지급한다.

② **대체인력지원금** : 다음의 구분에 따른 금액은 사업주가 대체인력지원금 지급요건을 갖추면 지급하고, 나머지 금액은 해당 사업주가 출산전후휴가, 유산・사산 휴가 또는 육아기 근로시간 단축을 사용한 근로자를 출산전후휴가, 유산・사산 휴가 또는 육아기 근로시간 단축이 끝난 후 1개월 이상 피보험자로 계속 고용하는 경우(사업주가 해당 근로자의 자기 사정으로 인하여 1개월 이상 계속 고용하지 못한 경우를 포함)에 합산하여 한꺼번에 지급한다.

㉠ **업무 인수인계기간** : 대체인력지원금의 100분의 100

㉡ **출산전후휴가, 유산・사산 휴가 또는 육아기 근로시간 단축의 기간** : 대체인력지원금의 100분의 50

③ **업무분담지원금** : 사업주가 업무분담지원금 지급요건을 갖추면 업무분담지원금의 100분의 100을 지급한다.

5) **지원제한**(제2항)

고용노동부장관은 ① 부패방지 및 국민권익위원회의 설치와 운영에 관한 법률에서 정한 공공기관 및 공공기관의 운영에 관한 법에 따라 지정・고시된 공공기관의 사업주, ② 임금 등을 체불하여 근로기준법에 따라 명단이 공개 중인 사업주, ③ 그 밖에 지원 목적에 부합하지 않는다고 고용노동부장관이 정하여 고시하는 대상이나 업종의 사업주 등에게는 출산육아기 고용안정장려금을 지급하지 않는다.

6. 건설근로자 등의 고용안전 지원(법 제24조)

① 고용노동부장관은 건설근로자 등 고용상태가 불안정한 근로자를 위하여 다음의 사업을 실시하는 사업주에게 대통령령으로 정하는 바에 따라 필요한 지원을 할 수 있다(제1항).

㉠ 고용상태의 개선을 위한 사업(제1호)

㉡ 계속적인 고용기회의 부여 등 고용안정을 위한 사업(제2호)

㉢ 그 밖에 대통령령으로 정하는 고용안정 사업(제3호)

② 고용노동부장관은 사업주가 단독으로 고용안정 사업을 실시하기 어려운 경우로서 대통령령으로 정하는 경우에는 사업주 단체에 대하여도 지원을 할 수 있다(제2항).

7. 고용안정 및 취업촉진(법 제25조)

고용노동부장관은 피보험자등의 고용안정 및 취업을 촉진하기 위하여 다음의 사업을 직접 실시하거나 이를 실시하는 자에게 필요한 비용을 지원 또는 대부할 수 있다(제1항).

① 고용관리 진단 등 고용개선 지원 사업(제1호)

② 피보험자등의 창업을 촉진하기 위한 지원 사업(제2호)

③ 그 밖에 피보험자등의 고용안정 및 취업을 촉진하기 위한 사업으로서 대통령령으로 정하는 사업(제3호)

8. 고용촉진 시설에 대한 지원(법 제26조)

(1) 의 의

고용노동부장관은 피보험자 등의 고용안정·고용촉진 및 사업주의 인력 확보를 지원하기 위하여 대통령령으로 정하는 바에 따라 상담 시설, 어린이집, 그 밖에 대통령령으로 정하는 고용촉진시설을 설치·운영하는 자에게 필요한 지원을 할 수 있다.

(2) 고용촉진 시설의 지원(영 제38조)

1) 고용촉진시설

법 제26조에서 말하는 그 밖에 대통령령으로 정하는 고용촉진시설이란 다음과 같다(제1항).

① 고용정책 기본법에 따라 지방자치단체가 설치·운영하는 취업취약계층에 대한 고용서비스 제공에 필요한 시설(제1호)

② 고등교육법에 따른 학교 중 고용노동부장관이 지정한 학교가 운영하는 취업지원 시설(제2호)

③ 초·중등교육법 시행령에 따른 특수목적고등학교와 특성화고등학교 중 고용노동부장관이 지정한 학교(제3호)

④ 고용상 연령차별금지 및 고령자고용촉진에 관한 법률에 따른 고령자인재은행(제4호)

⑤ 그 밖에 피보험자 등의 고용안정, 고용촉진 및 사업주의 인력 확보를 위한 시설로서 고용노동부령으로 정하는 고용촉진 시설(제5호)

2) 비용 지원

① 고용노동부장관은 고용촉진 시설을 설치·운영하는 자에게 해당 시설의 설치·운영에 필요한 비용의 일부를 지원할 수 있다(제2항).

② 고용노동부장관은 사업주가 단독이나 공동으로 설치·운영하는 어린이집의 운영비용 중 일부를 고용노동부령으로 정하는 바에 따라 지원할 수 있다. 이 경우 우선지원대상기업의 사업주와 우선지원대상기업의 수가 100분의 50 이상인 사업주단체로서 다음의 어느 하나에 해당하는 기준을 충족하는 사업주단체에 대해서는 지원의 수준을 높게 정할 수 있다(제4항).

㉠ 매월 말일 기준으로 해당 사업주단체가 설치·운영하는 직장어린이집에서 보육하는 영유아 중 우선지원대상기업 소속 피보험자(영유아보육법에 따른 보호자인 피보험자로 한정)의 영유아(이하 "우선지원영유아") 수의 비율이 100분의 50 이상인 경우

㉡ 매월 말일 기준으로 해당 사업주단체가 설치·운영하는 직장어린이집에서 보육하는 영유아 중 우선지원영유아 수의 비율이 100분의 50 미만인 경우로서 다음의 요건을 모두 갖춘 경우

- ㉠에 따른 지원을 받은 적이 있을 것
- 해당 직장어린이집에 입소 신청한 우선지원영유아 중 입소하지 못하고 있는 우선지원영유아가 없을 것

③ 고용노동부장관은 어린이집을 단독이나 공동으로 설치하려는 사업주나 사업주단체에 대하여 고용노동부장관이 정하는 바에 따라 그 설치비용을 융자하거나 일부 지원할 수 있다. 이 경우 다음의 사업주나 사업주단체에 대하여는 융자나 지원의 수준을 높게 정할 수 있다(제5항).

㉠ 우선지원대상기업의 사업주

㉡ ②의 ㉠ 또는 ㉡의 요건을 충족하는 우선지원대상기업의 수가 100분의 50 이상인 사업주단체

㉢ 장애아동 또는 영아를 위한 어린이집을 설치하려는 사업주나 사업주단체

9. 일괄적용사업의 특례(영 제39조)

징수법 제8조에 따라 일괄적용되는 사업의 경우에는 개별 사업을 하나의 사업으로 보아, 고용창출 지원금(영 제17조), 고용유지 지원금(영 제19조), 지역고용촉진 지원금(영 제24조), 고령자 고용연장지원금(영 제25조), 60세 이상 고령자 고용지원금(영 제25조의2), 고용촉진 지원금(영 제26조) 및 출산육아기 고용안정지원금(영 제29조)을 적용한다.

10. 지원금등의 상호조정(영 제40조)

(1) 고용유지 지원금과 다른 지원금의 조정(제1항)

고용유지 지원금의 지급요건에 해당하는 사업주가 그 고용유지조치기간에 고용창출지원금(영 제17조), 고용유지를 위한 노사합의에 대한 지원금(영 제22조의2 제1항), 고용촉진장려금(영 제26조), 고령자 계속고용장려금(영 제28조의4) 또는 고령자 고용지원금(영 제28조의5)의 지급요건에 해당하는 조치를 한 경우에는 고용유지 지원금을 지급하고, 그 밖의 지원금 또는 장려금은 지급하지 아니한다.

(2) 고용창출 지원금 상호 간의 조정(제3항)

영 제17조 제1항 제1호 및 제2호에 따른 비용 지원(고용창출지원금)의 지급 요건에 동시에 해당하는 사업주가 있으면 그 사업주의 신청에 따라 하나의 지원금을 지급한다.

(3) 고용창출 지원금과 다른 지원금의 조정(제4항)

영 제17조 제1항 제1호 및 제2호에 따른 비용 지원금(고용창출지원금) 중 어느 하나의 지원금을 받고 있는 사업주가 해당 지원금을 받는 기간에 고용창출지원금(영 제17조 제1항 제3호 내지 제5호), 지역고용촉진지원금(영 제24조), 또는 고용촉진장려금(영 제26조) 중 어느 하나의 지원금 또는 장려금의 지급 요건에 해당하는 경우에는 그 사업주의 신청에 의하여 각 지원금 또는 장려금 중 해당하는 지원금 또는 장려금의 금액에 고용노동부장관이 정하여 고시하는 비율을 곱하여 산정한 금액을 지급한다.

(4) 그 밖의 지원금의 상호조정(제2항)

사업주가 동일한 근로자로 인하여 고용창출지원금(영 제17조 제1항 제3호 내지 제5호), 지역고용촉진지원금(영 제24조), 고용촉진장려금(영 제26조), 출산육아기 고용안정장려금(영 제29조 제1항), 고용안정과 취업촉진지원금(영 제35조) 및 직장어린이집 운영비용지원금(영 제38조 제4항) 지급 요건에 동시에 해당하게 된 경우에는 해당 사업주의 신청에 의하여 하나의 지원금 또는 장려금만 지급한다.

11. 사업주에 대한 직업능력개발 훈련의 지원(법 제27조)

(1) 지원요건(영 제41조 제1항)

① "대통령령으로 정하는 직업능력개발 훈련"이란 국민 평생 직업능력 개발법에 따라 인정받은 직업능력개발훈련과정으로서 다음의 어느 하나에 해당하는 훈련 또는 산업현장 일학습병행 지원에 관한 법률에 따라 인정받은 일학습병행과정을 말한다.

㉠ 피보험자[자영업자인 피보험자는 제외]를 대상으로 실시하는 직업능력개발 훈련

㉡ 피보험자가 아닌 사람으로서 해당 사업주에게 고용된 사람을 대상으로 실시하는 직업능력개발 훈련

㉢ 해당 사업이나 그 사업과 관련되는 사업에서 고용하려는 사람을 대상으로 실시하는 직업능력개발 훈련

㉣ 직업안정기관에 구직등록한 사람을 대상으로 실시하는 직업능력개발 훈련

㉤ 해당 사업에 고용된 피보험자(자영업자인 피보험자는 제외)에게 유급휴가[근로기준법의 연차 유급휴가가 아닌 경우로서 휴가기간 중 근로기준법 시행령에 따른 통상임금(이하 "통상임금")에 해당하는 금액 이상의 임금을 지급한 경우]를 주어 실시하는 직업능력개발 훈련으로서 다음의 어느 하나에 해당하는 훈련

㉮ 우선지원대상기업의 사업주나 상시 사용하는 근로자수가 150명 미만인 사업주("우선지원대상기업사업주등")가 해당 근로자를 대상으로 계속하여 5일 이상의 유급휴가를 주어 20시간 이상 실시하는 훈련

㉯ 우선지원대상기업사업주등이 해당 근로자를 대상으로 계속하여 30일 이상의 유급휴가를 주어 120시간 이상의 훈련을 실시하면서 대체인력을 고용하는 훈련

㉰ 우선지원대상기업사업주등이 아닌 사업주가 1년 이상 재직하고 있는 근로자를 대상으로 계속하여 60일 이상의 유급휴가를 주어 180시간 이상 실시하는 훈련

㉱ 사업주가 기능·기술을 장려하기 위하여 근로자 중 생산직 또는 관련 직에 종사하는 근로자로서 고용노동부장관이 고시하는 자를 대상으로 유급휴가를 주어 20시간 이상 실시하는 훈련

(2) 지원금액(영 제41조 제2항)

1) (1) ①의 어느 하나에 해당하는 직업능력개발 훈련에 대한 지원금

훈련비(고용노동부장관이 고시하는 기준에 해당하는 비용에 한정)에 사업 규모 등을 고려하여 고용노동부장관이 고시하는 비율을 곱하여 산정한 금액. 다만, 다음의 직업능력개발 훈련에 대한 지원금은 본문에 따른 금액에 다음의 구분에 따른 금액을 더한 금액으로 한다.

① (1) ①의 ㉢, ㉣에 해당하는 직업능력개발 훈련 : 고용노동부장관이 정하여 고시하는 훈련수당

② (1) ①의 ㉤에 해당하는 직업능력개발 훈련 : 유급휴가기간 중에 지급한 임금 및 대체인력에게 지급한 임금 중 고용노동부장관이 정하여 고시하는 금액

2) 산업현장 일학습병행 지원에 관한 법률에 따라 인정받은 일학습병행과정에 대한 지원금

고용노동부장관이 고시하는 훈련비에 훈련의 종류·직종, 사업 규모 등을 고려하여 고용노동부장관이 고시하는 비율을 곱하여 산정한 금액에 고용노동부장관이 고시하는 숙식비·훈련장려금을 더한 금액

(3) 우대지원(법 제27조)

① 고용노동부장관은 피보험자등의 직업능력을 개발·향상시키기 위하여 대통령령으로 정하는 직업능력개발 훈련을 실시하는 사업주에게 대통령령으로 정하는 바에 따라 그 훈련에 필요한 비용을 지원할 수 있다(제1항).

② 고용노동부장관은 사업주가 다음의 어느 하나에 해당하는 사람에게 직업능력개발 훈련을 실시하는 경우에는 대통령령으로 정하는 바에 따라 우대 지원할 수 있다(제2항).

㉠ 기간제 및 단시간근로자 보호 등에 관한 법률의 기간제근로자(제1호)

㉡ 근로기준법의 단시간근로자

㉢ 파견근로자보호 등에 관한 법률의 파견근로자

㉣ 일용근로자

㉤ 고용상 연령차별금지 및 고령자고용촉진에 관한 법률의 고령자 또는 준고령자

㉥ 그 밖에 대통령령으로 정하는 사람(제6호, 영 제41조 제3항)

㉮ 생산직 또는 생산 관련 직에 종사하는 근로자로서 고용노동부장관이 기능・기술을 장려하기 위하여 필요하다고 인정하여 고시하는 사람

㉯ 고용창출을 위하여 사업주가 근로자를 조(組)별로 나누어 교대로 근로하게 하는 교대제를 새로 실시하거나 조를 늘려 교대제를 실시(4조 이하로 실시하는 경우로 한정)한 이후 교대제의 적용을 새로 받게 되는 근로자로서 고용노동부장관이 정하여 고시하는 사람

㉰ 고용노동부장관이 정한 직업능력개발 훈련 및 평가를 받는 것을 조건으로 고용한 근로자

(4) 지원한도(영 제42조)

① 사업주가 지원받을 수 있는 직업능력개발 훈련비용의 연간 총액은 그 사업주가 징수법에 따라 부담하는 해당 연도 고용보험료 중 고용안정・직업능력개발사업의 보험료 또는 그 사업주가 징수법에 따라 해당 연도에 납부해야 할 고용보험 개산보험료 중 고용안정・직업능력개발사업의 보험료의 100분의 100(우선지원 대상기업의 경우에는 100분의 240)에 해당하는 금액으로 한다. 다만, 우대지원대상에 해당하는 사업주에게 지원할 수 있는 비용의 총 한도는 그 사업주가 부담하는 해당 연도 고용보험료 중 고용안정・직업능력개발사업의 보험료 또는 그 사업주가 해당 연도에 납부해야 할 고용보험 개산보험료 중 고용안정・직업능력개발사업의 보험료의 100분의 130(우선지원 대상기업의 경우에는 100분의 300)으로 할 수 있다(제1항).

② 사업주가 자신의 사업 외의 다른 사업에 고용된 근로자를 대상으로 국민 평생 직업능력개발법에 따라 훈련과정을 인정받아 훈련을 실시하는 경우에는 ①의 지원금 외에 그 사업주가 부담하는 해당 연도 고용보험료 중 고용안정・직업능력개발사업의 보험료 또는 그 사업주가 해당 연도에 납부하여야 할 고용보험 개산보험료 중 고용안정・직업능력개발사업의 보험료의 100분의 80까지 추가로 지원할 수 있다(제2항).

③ 지원금액이 기업의 규모・업종 등을 고려하여 고용노동부장관이 정하는 비용지원한도 최소금액에 미달하는 경우에는 고용노동부장관이 정하는 비용지원한도 최소금액을 지원금액으로 한다(제3항).

④ 다음의 어느 하나에 해당하는 지원금은 해당 사업주가 지원받을 수 있는 직업능력개발훈련비용 지원의 한도액에 포함되지 않는다.

㉠ 자영업자인 피보험자를 제외한 피보험자를 대상으로 실시하는 직업능력개발 훈련

㉮ 현장 훈련 지원 사업으로 실시하는 현장 훈련(훈련 기간이 6개월 이상인 경우로 한정)

㉯ 국민 평생 직업능력 개발법 시행령에 따른 양성훈련으로 실시하는 직업능력개발 훈련

㉡ 해당 사업이나 그 사업과 관련되는 사업에서 고용하려는 사람이나 직업안정기관에 구직등록한 사람을 대상으로 실시하는 직업능력개발 훈련의 지원금

㉢ 우선지원대상기업의 사업주나 상시 사용하는 근로자수가 150명 미만인 사업주("우선지원대상기업사업주등")가 해당 근로자를 대상으로 계속하여 5일 이상의 유급휴가를 주어 20시간 이상 실시하는 직업능력개발 훈련이나, 우선지원대상기업사업주등이 해당 근로자를 대상으로 계속하여 30일 이상의 유급휴가를 주어 120시간 이상의 훈련을 실시하면서 대체인력을 고용하는 직업능력개발 훈련의 지원금 중 다음의 어느 하나에 해당하는 지원금

㉮ 지원되는 유급휴가기간 중에 지급한 임금 및 대체인력에게 지급한 임금의 일부에 해당하는 금액

㉯ 직업능력개발 훈련의 분야 및 기간 등을 고려하여 고용노동부장관이 고시하는 직업능력개발 훈련의 훈련비

㉣ 산업현장 일학습병행 지원에 관한 법률에 따라 인정받은 일학습병행과정 훈련

⑤ 직업능력개발사업의 지원이 제한되는 사업주에 대하여는 국민 평생 직업능력 개발법에 따른 지원 또는 융자 제한 기간의 종료일이 속한 보험연도부터 3년간 ②부터 ④까지를 적용하지 않는다.

12. 피보험자 등에 대한 직업능력개발 지원(법 제29조)

(1) 개 관

① 고용노동부장관은 피보험자 등이 직업능력개발 훈련을 받거나 그 밖에 직업능력 개발·향상을 위하여 노력하는 경우에는 대통령령으로 정하는 바에 따라 필요한 비용을 지원할 수 있다(제1항).

② 고용노동부장관은 필요하다고 인정하면 대통령령으로 정하는 바에 따라 피보험자 등의 취업을 촉진하기 위한 직업능력개발 훈련을 실시할 수 있다(제2항).

③ 고용노동부장관은 대통령령으로 정하는 저소득 피보험자 등이 직업능력개발 훈련을 받는 경우 대통령령으로 정하는 바에 따라 생계비를 대부할 수 있다(제3항).

(2) 근로자의 직업능력개발 훈련비용의 지원(영 제43조)

1) 지원요건

고용노동부장관은 다음의 어느 하나에 해당하는 피보험자 등이 국민 평생 직업능력 개발법에 따른 직업능력개발훈련(이하 "직업능력개발훈련")을 수강한 경우에는 고용노동부령으로 정하는 바에 따라 필요한 비용의 전부나 일부를 지원할 수 있다.

① 우선지원 대상기업에 고용된 피보험자 등
② 직업능력개발훈련대상자인 기간제근로자, 단시간근로자, 파견근로자, 일용근로자인 피보험자 등
③ 자영업자인 피보험자 등
④ 직업안정기관의 장에게 취업훈련을 신청한 날부터 180일 이내에 이직 예정인 피보험자 등
⑤ 경영상의 이유로 90일 이상 무급 휴직 중인 피보험자 등
⑥ 대규모기업에 고용된 사람으로서 45세 이상이거나 고용노동부장관이 정하여 고시하는 소득액 미만인 피보험자등
⑦ 사업주가 실시하는 직업능력개발훈련을 수강하지 못한 기간이 3년 이상인 피보험자 등
⑧ 고평법에 따른 육아휴직 중인 피보험자 등

2) 지원방법

직업능력개발훈련에 드는 비용은 해당 훈련을 받는 피보험자 등이나 훈련을 실시하는 기관에 지급할 수 있다. 다만, 훈련을 받는 피보험자 등이 고용노동부장관이 정하는 바에 따라 여신전문금융업법에 따른 신용카드를 사용하여 훈련비용을 결제하고 신용카드를 발급한 신용카드업자가 그 훈련비용을 훈련을 실시하는 기관에 지급한 경우에 고용노동부장관은 그 훈련을 받는 피보험자 등을 대신하여 훈련비용을 해당 신용카드업자에게 지급할 수 있다.

(3) 능력개발비용의 대부(영 제45조)

1) 학자금 대부

고용노동부장관은 피보험자(자영업자는 해당 연도 대부사업 공고일 현재 보험가입 후 합산하여 180일이 지난 사람으로 한정)가 자기 비용으로 다음의 어느 하나에 해당하는 학교나 시설에 입학하거나 재학하는 경우에는 해당 학자금의 전부나 일부를 예산의 범위에서 대부할 수 있다(제1항).

① 국민 평생 직업능력 개발법에 따른 기능대학(제1호)
② 평생교육법에 따른 전문대학 또는 대학졸업자와 동등한 학력·학위가 인정되는 원격대학형태의 평생교육시설(제2호)
③ 고등교육법에 따른 학교(제3호)

2) 직업능력개발비용 대부

고용노동부장관은 피보험자가 직업능력개발훈련을 수강하는 경우 그 수강료의 전부나 일부를 예산의 범위에서 대부할 수 있다. 다만, 다음의 어느 하나에 해당하는 과정을 수강하는 경우는 제외한다(제2항).

① 세미나, 심포지엄 등 정보 교류 활동 또는 시사・일반상식 등 교양과정(제1호)

② 취미활동, 오락과 스포츠 등을 목적으로 하는 과정(제2호)

③ 그 밖에 고용노동부장관이 직업능력개발훈련과정으로 적합하지 아니하다고 인정하는 과정(제3호)

(4) 능력개발비용의 지원(영 제46조)

고용노동부장관은 기능대학, 원격대학형태의 평생교육시설, 고등교육법에 따른 학교나 시설에 입학하거나 재학하는 우선지원 대상기업의 피보험자(자영업자는 제외) 중 성적이 우수한 사람에게 예산의 범위에서 학자금의 전부나 일부를 지원할 수 있다.

(5) 취업훈련의 지원(영 제47조)

1) 실시대상

고용노동부장관은 창업 또는 취업을 위하여 직업능력개발훈련의 수강이 필요하다고 인정되는 실업자에게 취업훈련을 실시할 수 있다.

2) 훈련비 지급

취업훈련에 드는 비용은 해당 훈련을 받는 사람이나 훈련을 실시하는 기관에 지급할 수 있다. 다만, 훈련을 받은 사람이 고용노동부장관이 정하는 바에 따라 여신전문금융업법에 따른 신용카드를 사용하여 훈련비용을 결제하고 신용카드를 발급한 신용카드업자가 그 훈련비용을 훈련을 실시하는 기관에 지급한 경우에 고용노동부장관은 그 훈련을 받는 자를 대신하여 훈련비용을 해당 신용카드업자에게 지급할 수 있다.

3) 훈련수당 지급

고용노동부장관은 취업훈련을 수강하는 실업자가 구직급여의 수급자격이 없는 경우에는 훈련수당을 지급할 수 있다.

4) 훈련비 대부

고용노동부장관은 취업훈련을 수강하는 피보험자였던 실업자에게 해당 훈련비의 전부나 일부를 대부할 수 있다.

(6) 직업능력개발훈련 중 생계비 대부(영 제47조의2)

1) 대부대상

고용노동부장관이 생계비를 대부할 수 있는 "대통령령으로 정하는 저소득 피보험자등"이란 다음의 어느 하나에 해당하는 사람 중 소득수준 및 종전의 대부실적 등을 고려하여 고용노동부장관이 정하여 고시하는 선정기준에 해당하는 사람을 말한다.

① 징수법에 따라 보험에 가입되거나 가입된 것으로 보는 피보험자로서 휴직수당 등 금품을 받지 않고 휴직 중인 사람

② 자영업자인 피보험자

③ 기간제근로자

④ 단시간근로자

⑤ 파견근로자

⑥ 일용근로자

⑦ 고령자(55세 이상인 사람) 또는 준고령자(50세 이상 55세 미만인 사람)

⑧ 생산직 또는 생산 관련 직에 종사하는 근로자로서 고용노동부장관이 기능·기술을 장려하기 위하여 필요하다고 인정하여 고시하는 사람

⑨ 고용창출을 위하여 사업주가 근로자를 조(組)별로 나누어 교대로 근로하게 하는 교대제를 새로 실시하거나 조를 늘려 교대제를 실시(4조 이하로 실시하는 경우로 한정)한 이후 교대제의 적용을 새로 받게 되는 근로자로서 고용노동부장관이 정하여 고시하는 사람

⑩ 생계비 대부 신청 시 실업상태에 있는 피보험자등이었던 사람(실업급여를 수급하고 있는 사람은 제외)

⑪ 계약의 형식에 관계없이 임금을 목적으로 사업이나 사업장에 근로를 제공하는 근로자와 유사하게 노무를 제공함에도 근로기준법 등이 적용되지 않는 사람으로서 타인의 사업을 위하여 다른 사람을 사용하지 않고 그 운영에 필요한 노무를 직접 제공하고 그 대가를 받아 생활하는 피보험자등

⑫ 그 밖에 생계비 대부가 필요하다고 고용노동부장관이 인정하는 피보험자등

2) 대부금액

① 저소득 피보험자등이 직업능력개발 훈련을 받는 경우에 지급하는 생계비는 예산의 범위에서 대부할 수 있다.

② 고용노동부장관은 직업능력개발훈련에 따른 생계비의 대부를 신청하는 사람에 대하여 대부 대상자 해당 여부의 확인절차를 거친 후에 대부 여부를 결정하여야 한다.

13. 직업능력개발 훈련시설에 대한 지원 등(법 제30조)

고용노동부장관은 피보험자등의 직업능력 개발·향상을 위하여 필요하다고 인정하면 대통령령으로 정하는 바에 따라 직업능력개발 훈련시설의 설치 및 장비 구입에 필요한 비용의 대부, 그 밖에 고용노동부장관이 정하는 직업능력개발 훈련시설의 설치 및 장비 구입·운영에 필요한 비용을 지원할 수 있다.

14. 직업능력개발의 촉진(법 제31조)

고용노동부장관은 피보험자등의 직업능력 개발·향상을 촉진하기 위하여 다음의 사업을 실시하거나 이를 실시하는 자에게 그 사업의 실시에 필요한 비용을 지원할 수 있다.

① 직업능력개발 사업에 대한 기술지원 및 평가 사업

② 자격검정 사업 및 숙련기술장려법에 따른 숙련기술 장려 사업

③ 그 밖에 대통령령으로 정하는 사업

15. 건설근로자 등의 직업능력개발 지원(법 제32조, 영 제54조)

① 고용노동부장관은 건설근로자 등 고용상태가 불안정한 근로자를 위하여 직업능력 개발·향상을 위한 사업으로 대통령령으로 정하는 사업을 실시하는 사업주에게 그 사업의 실시에 필요한 비용을 지원할 수 있다. 고용노동부장관은 사업주가 단독으로 직업능력개발 사업을 실시하기 어려운 경우로서 대통령령으로 정하는 경우에는 사업주 단체에 대하여도 지원할 수 있다.

② 고용노동부장관은 건설업의 사업주나 사업주단체가, 일정한 사업장에 고용되지 아니한 건설근로자로서 고용노동부장관이 정하여 고시하는 사람의 직업능력의 개발·향상을 위해 직업능력개발훈련을 실시하는 경우에는 해당 비용의 일부를 지원하고, 건설근로자에게 훈련기간 중 훈련수당을 지급한 경우에는 그에 관하여 필요한 비용을 지원할 수 있다.

16. 고용정보의 제공 및 고용 지원 기반의 구축 등(법 제33조)

① 고용노동부장관은 사업주 및 피보험자등에 대한 구인·구직·훈련 등 고용정보의 제공, 직업·훈련 상담 등 직업지도, 직업소개, 고용안정·직업능력개발에 관한 기반의 구축 및 그에 필요한 전문 인력의 배치 등의 사업을 할 수 있다.

② 고용노동부장관은 필요하다고 인정하면 업무의 일부를 직업안정법에 따른 민간직업상담원에게 수행하도록 할 수 있다.

17. 지방자치단체 등에 대한 지원(법 제34조)

고용노동부장관은 지방자치단체 또는 대통령령으로 정하는 비영리법인·단체가 그 지역에서 피보험자등의 고용안정·고용촉진 및 직업능력개발을 위한 사업을 실시하는 경우에는 대통령령으로 정하는 바에 따라 필요한 지원을 할 수 있다.

18. 부정행위에 따른 지원의 제한(법 제35조)

(1) 부정행위자에 대한 지원제한

고용노동부장관은 거짓이나 그 밖의 부정한 방법으로 고용안정·직업능력개발 사업의 지원을 받은 자 또는 받으려는 자에게는 해당 지원금 중 지급되지 아니한 금액 또는 지급받으려는 지원금을 지급하지 아니하고, 1년의 범위에서 대통령령으로 정하는 바에 따라 지원금의 지급을 제한하며, 거짓이나 그 밖의 부정한 방법으로 지원받은 금액을 반환하도록 명하여야 한다(제1항).

(2) 추가징수

① 고용노동부장관은 지원받은 금액의 반환을 명하는 경우에는 이에 추가하여 고용노동부령으로 정하는 기준에 따라 그 거짓이나 그 밖의 부정한 방법으로 지급받은 금액의 5배 이하의 금액을 징수할 수 있다(제2항).

② 고용노동부장관은 고용안정·직업능력개발 사업의 지원을 받은 자에게 잘못 지급된 지원금이 있으면 그 지급금의 반환을 명할 수 있다(제3항).

③ 거짓이나 그 밖의 부정한 방법으로 직업능력개발 사업의 지원을 받은 자 또는 받으려는 자에 대한 지원의 제한, 반환 및 추가징수에 관하여는 국민 평생 직업능력 개발법의 규정을 준용한다(제4항).

(3) 체납자에 대한 지원제한

고용노동부장관은 보험료를 체납한 자에게는 고용노동부령으로 정하는 바에 따라 고용안정·직업능력개발 사업의 지원을 하지 아니할 수 있다(제5항).

Ⅳ 실업급여

1. 실업급여

(1) 실업급여의 종류

실업급여는 구직급여와 취업촉진 수당으로 구분한다. 기출 12

(2) 취업촉진 수당의 종류(법 제37조) 기출 20

① 조기재취업 수당

② 직업능력개발 수당

③ 광역 구직활동비

④ 이주비

(3) 실업급여의 지급(법 제37조의2, 영 제58조의2)

1) 실업급여수급계좌로의 입금

① 직업안정기관의 장은 수급자격자의 신청이 있는 경우에는 실업급여를 수급자격자 명의의 지정된 계좌(이하 "실업급여수급계좌")로 입금하여야 한다. 다만, 정보통신장애나 그 밖에 대통령령으로 정하는 불가피한 사유로 실업급여를 실업급여수급계좌로 이체할 수 없을 때에는 현금 지급 등 대통령령으로 정하는 바에 따라 실업급여를 지급할 수 있다.

② 실업급여수급계좌의 해당 금융기관은 이 법에 따른 실업급여만이 실업급여수급계좌에 입금되도록 관리하여야 한다. 기출 24

2) 이체가 제한되는 불가피한 사유

"대통령령으로 정하는 불가피한 사유"란 수급자격자가 섬 지역(제주특별자치도 본도 및 방파제 또는 교량 등으로 육지와 연결된 섬은 제외)에 거주하여 실업인정의 특례를 신청한 사람으로서 그 수급자격자가 금융기관을 이용할 수 없는 지역에 거주함으로, 실업급여의 신청일부터 14일 이내에 수급자격자에게 금융기관을 통하여 실업급여를 지급하는 것이 불가능한 경우를 의미한다.

3) 수급자격자에 대한 직접 지급

직업안정기관의 장은 정보통신장애나 이체가 제한되는 불가피한 사유로 인하여 실업급여를 실업급여수급계좌로 이체할 수 없을 때에는 해당 실업급여 금액을 수급자격자에게 직접 현금으로 지급할 수 있다. 기출 24
직업안정기관의 장은 수급자격 인정신청을 한 사람에게 신청인이 원하는 경우에는 해당 실업급여를 실업급여수급계좌로 받을 수 있다는 사실을 안내하여야 한다.

(4) 수급권의 보호(법 제38조, 영 제58조의3)

실업급여를 받을 권리는 양도 또는 압류하거나 담보로 제공할 수 없으며 지정된 실업급여수급계좌에 입금된 금액 전액에 관한 채권은 압류할 수 없다. 기출 13·19

(5) 공과금부과 제한(법 제38조의2)

실업급여로서 지급된 금품에 대하여는 국가·지자체의 공과금을 부과하지 아니한다.

2. 구직급여(법 제40조)

(1) 구직급여의 수급요건 기출 14

1) 통상근로자의 수급요건

구직급여는 이직한 근로자인 피보험자가 다음의 요건을 모두 갖춘 경우에 지급한다.

① 기준기간 동안의 피보험 단위기간이 합산하여 180일 이상일 것

② 근로의 의사와 능력이 있음에도 불구하고 취업(영리를 목적으로 사업을 영위하는 경우를 포함)하지 못한 상태에 있을 것

③ 이직사유가 수급자격의 제한 사유에 해당하지 아니할 것

④ 재취업을 위한 노력을 적극적으로 할 것

2) 일용근로자에게 추가되는 수급요건

① 수급자격 인정신청일이 속한 달의 직전 달 초일부터 수급자격 인정신청일까지의 근로일 수의 합이 같은 기간 동안의 총 일수의 3분의 1 미만일 것 또는 건설일용근로자로서 수급자격 인정신청일 이전 14일간 연속하여 근로내역이 없을 것 기출 18 · 20

② 최종 이직 당시의 기준기간 동안의 피보험 단위기간 중 다른 사업에서 수급자격의 제한 사유에 해당하는 사유로 이직한 사실이 있는 경우에는 그 피보험 단위기간 중 90일 이상을 일용근로자로 근로하였을 것

(2) 기준기간의 연장

기준기간은 이직일 이전 18개월로 하되, 근로자인 피보험자가 다음의 어느 하나에 해당하는 경우에는 다음의 구분에 따른 기간을 기준기간으로 한다.

1) 이직일 이전 18개월 동안에 질병 · 부상, 그 밖에 대통령령으로 정하는 사유로 계속하여 30일 이상 보수의 지급을 받을 수 없었던 경우

18개월에 그 사유로 보수를 지급받을 수 없었던 일수를 가산한 기간(3년을 초과할 때에는 3년)

2) 다음의 요건에 모두 해당하는 경우 : 이직일 이전 24개월

① 이직 당시 1주 소정근로시간이 15시간 미만이고, 1주 소정근로일수가 2일 이하인 근로자로 근로하였을 것

② 이직일 이전 24개월 동안의 피보험 단위기간 중 90일 이상을 ①의 요건에 해당하는 근로자로 근로하였을 것

(3) 피보험 단위기간(법 제41조)

① 근로자의 피보험 단위기간은 피보험기간 중 보수 지급의 기초가 된 날을 합하여 계산한다. 다만, 자영업자인 피보험자의 경우에는 그 수급자격과 관련된 폐업 당시의 적용 사업에의 보험가입기간 중에서 실제로 납부한 고용보험료에 해당하는 기간으로 한다(제1항). 기출 18

② 피보험 단위기간을 계산할 때에는 최후로 피보험자격을 취득한 날 이전에 구직급여를 받은 사실이 있는 경우에는 그 구직급여와 관련된 피보험자격 상실일 이전의 피보험 단위기간은 넣지 아니한다(제2항).

기출 20

③ 근로자인 피보험자가 기준기간 동안에 근로자 · 예술인 · 노무제공자 중 둘 이상에 해당하는 사람으로 종사한 경우의 피보험 단위기간은 대통령령으로 정하는 바에 따른다(제3항).

(4) 실업의 신고(법 제42조)

구직급여를 지급받으려는 사람은 이직 후 지체 없이 직업안정기관에 출석하여 실업을 신고하여야 한다. 다만, 재난으로 출석하기 어려운 경우 등 고용노동부령으로 정하는 사유가 있는 경우에는 고용정보시스템을 통하여 신고할 수 있다. 기출 14·16·18·20 실업의 신고에는 구직 신청과 수급자격의 인정신청을 포함하여야 한다. 구직급여를 지급받기 위하여 실업을 신고하려는 사람은 이직하기 전 사업의 사업주에게 피보험 단위기간, 이직 전 1일 소정근로시간 등을 확인할 수 있는 자료("이직확인서")의 발급을 요청할 수 있다. 이 경우 요청을 받은 사업주는 고용노동부령으로 정하는 바에 따라 이직확인서를 발급하여 주어야 한다.

(5) 수급자격의 인정(법 제43조)

1) 인정신청

구직급여를 지급받으려는 사람은 직업안정기관의 장에게 구직급여의 수급 요건을 갖추었다는 사실(이하 "수급자격")을 인정하여 줄 것을 신청하여야 한다(제1항).

2) 고려사항

수급자격인정신청인이 피보험자로서 마지막에 이직한 사업에 고용되기 전에 피보험자로서 이직한 사실이 있을 것, 마지막 이직 이전의 이직과 관련하여 구직급여를 받은 사실이 없을 것의 요건을 모두 갖춘 경우에는 마지막에 이직한 사업을 기준으로 수급자격의 인정 여부를 결정한다. 다만, 마지막 이직 당시 일용근로자로서 피보험 단위기간이 1개월 미만인 사람이 수급자격을 갖추지 못한 경우에는 일용근로자가 아닌 근로자로서 마지막으로 이직한 사업을 기준으로 결정한다(제3항). 기출 23

3) 인정결정통지

직업안정기관의 장은 수급자격의 인정신청을 받으면 그 신청인에 대한 수급자격의 인정 여부를 결정하고, 신청인에게 그 결과를 알려야 한다(제2항). 기출 16

(6) 둘 이상의 피보험자격 취득 시 수급자격의 인정(법 제43조의2, 영 제62조의2)

① 근로자, 예술인, 노무제공자 또는 자영업자인 피보험자로서 서로 다른 둘 이상의 피보험자격을 취득하였다가 이직하여 그 피보험자격을 모두 상실한 사람이 구직급여를 지급받으려는 경우에는 둘 이상의 피보험자격 중 자신이 선택한 피보험자격을 기준으로 수급자격의 인정 여부를 결정한다.

② 수급자격을 인정받으려는 사람이 선택한 피보험자격이 가장 나중에 상실한 피보험자격(피보험자격을 동시에 상실한 경우에는 동시에 상실된 피보험자격 모두를 말함)이 아닌 경우에는 가장 나중에 상실한 피보험자격과 관련된 이직사유가 피보험자의 중대한 귀책사유로 인한 해고나 자기 사정에 의한 이직 또는 자영업자인 피보험자의 폐업에 따른 수급자격의 제한 사유에 해당하지 아니하는 경우에만 수급자격을 인정한다. 다만, 직업안정기관의 장이 대통령령으로 정하는 바에 따른 소득감소로 이직하였다고 인정하는 경우에는 수급자격의 제한 사유에 해당하지 아니하는 것으로 본다.

③ 대통령령으로 정하는 바에 따른 소득감소란 ㉠ 가장 나중에 상실한 피보험자격이 단기예술인, 단기노무제공자 또는 노무제공플랫폼을 통해 노무를 제공하는 노무제공자에 해당하고, ㉡ 가장 나중에 상실한 피보험자격의 이직일 이전 1개월 동안 해당 피보험자격으로부터 발생한 소득이 수급자격을 인정받으려는 사람이 선택한 피보험자격의 이직일 이전 1개월 동안 해당 피보험자격으로부터 발생한 소득의 100분의 50 미만일 것, ㉢ 가장 나중에 상실한 피보험자격의 이직일 이전 1개월 동안 해당 피보험자격으로부터 발생한 1일 평균소득이 이직일 당시 적용되던 최저임금법에 따른 시간 단위에 해당하는 최저임금액에 소정근로시간 8시간을 곱한 금액에 100분의 80을 곱한 금액 이하일 것 등의 요건을 모두 갖춘 소득감소를 말한다.

(7) 실업의 인정(법 제44조)

1) 구직급여의 지급

구직급여는 수급자격자가 실업한 상태에 있는 날 중에서 직업안정기관의 장으로부터 실업의 인정을 받은 날에 대하여 지급한다. 기출 18·19·23

2) 실업의 인정방법

① 실업의 인정을 받으려는 수급자격자는 실업의 신고를 한 날부터 계산하기 시작하여 1주부터 4주의 범위에서 직업안정기관의 장이 지정한 날(실업인정일)에 출석하여 재취업을 위한 노력을 하였음을 신고하여야 하고, 직업안정기관의 장은 직전 실업인정일의 다음 날부터 그 실업인정일까지의 각각의 날에 대하여 실업의 인정을 한다. 다만, 다음에 해당하는 사람에 대한 실업의 인정 방법은 고용노동부령으로 정하는 기준에 따른다.

㉠ 직업능력개발 훈련 등을 받는 수급자격자

㉡ 천재지변, 대량 실업의 발생 등 대통령령으로 정하는 사유가 발생한 경우의 수급자격자

㉢ 그 밖에 대통령령으로 정하는 수급자격자

② 수급자격자가 다음의 어느 하나에 해당하면 직업안정기관에 출석할 수 없었던 사유를 적은 증명서를 제출하여 실업의 인정을 받을 수 있다. 기출 20·23

㉠ 질병이나 부상으로 직업안정기관에 출석할 수 없었던 경우로서 그 기간이 계속하여 7일 미만인 경우

㉡ 직업안정기관의 직업소개에 따른 구인자와의 면접 등으로 직업안정기관에 출석할 수 없었던 경우

㉢ 직업안정기관의 장이 지시한 직업능력개발 훈련 등을 받기 위하여 직업안정기관에 출석할 수 없었던 경우

㉣ 천재지변이나 그 밖의 부득이한 사유로 직업안정기관에 출석할 수 없었던 경우

3) 재취업활동 인정기준(규칙 제87조)

① 재취업활동으로 인정되는 경우

㉠ 구인업체를 방문하거나 우편·인터넷 등을 이용하여 구인에 응모한 경우 기출 18

㉡ 채용관련 행사에 참여하여 채용을 위한 면접에 응한 경우

㉢ 직업능력개발 훈련 등을 받는 경우 중 고용노동부장관이 정한 경우

㉣ 직업안정기관에서 실시하는 직업지도 프로그램에 참여한 경우

㉤ 해당 실업인정일부터 30일 이내에 취업하기로 확정된 경우

㉥ 국민 평생 직업능력 개발법에 따른 직업능력개발 훈련시설(법인을 포함)이나 학원의 설립·운영 및 과외교습에 관한 법률에 따른 학원 등에서 재취업을 위하여 수강 중인 경우로서 따로 재취업활동이 필요하지 아니하다고 직업안정기관의 장이 인정하는 경우

㉦ 구인업체가 부족한 경우 등 노동시장의 여건상 고용정보의 제공이 어려운 경우로서 직업지도를 위하여 필요하다고 판단되어 직업안정기관의 장이 소개한 사회봉사활동에 참여하는 경우

㉧ 고용노동부장관이 정하는 바에 따라 자영업 준비활동을 한 경우

㉨ 직업안정기관의 지원을 받아 재취업활동에 관한 계획을 수립하는 경우

㉩ 위의 규정에 준하는 경우로서 고용노동부장관이 정하는 경우

② 재취업활동으로 인정되지 않는 경우

㉠ 임신 · 출산 · 육아 · 노약자의 간호, 그 밖의 가사상의 이유로 이직한 사람 중 그 이직 원인이 아직 소멸되었다고 보기 어려운 경우

㉡ 질병 · 부상 등 정신적 · 육체적 조건으로 통상 취업이 곤란하다고 인정되는 경우

㉢ 산업재해보상보험법에 따른 휴업급여의 지급 대상이 되는 경우

㉣ 직업안정기관의 장이 미리 지정하여 준 직업소개나 직업지도를 위한 출석일에 정당한 사유 없이 출석하지 아니한 경우(출석하지 아니한 기간으로 한정한다)

㉤ 위의 규정에 준하는 경우로서 고용노동부장관이 정하는 경우

(8) 실업인정대상기간 중의 취업 등의 신고(법 제47조)

① 수급자격자는 실업의 인정을 받으려 하는 기간(이하 "실업인정대상기간") 중에 고용노동부령으로 정하는 기준에 해당하는 취업을 한 경우에는 그 사실을 직업안정기관의 장에게 신고하여야 한다(제1항). 직업안정기관의 장은 필요하다고 인정하면 수급자격자의 실업인정대상기간 중의 취업 사실에 대하여 조사할 수 있다(제2항). 기출 20

② 수급자격자는 취업한 사실이 있는 경우에는 취업한 날 이후 최초의 실업인정일에 제출하는 실업인정신청서에 그 사실을 적어야 한다(영 제69조).

(9) 기초일액(기초임금일액)(법 제45조)

1) 기초일액의 산정

① 구직급여의 산정 기초가 되는 임금일액(기초일액)은 수급자격의 인정과 관련된 마지막 이직 당시 근로기준법에 따라 산정된 평균임금으로 한다. 다만, 마지막 이직일 이전 3개월 이내에 피보험자격을 취득한 사실이 2회 이상인 경우에는 마지막 이직일 이전 3개월간(일용근로자의 경우에는 마지막 이직일 이전 4개월 중 최종 1개월을 제외한 기간)에 그 근로자에게 지급된 임금 총액을 그 산정의 기준이 되는 3개월의 총 일수로 나눈 금액을 기초일액으로 한다(제1항).

② 산정된 기초일액이 근로기준법에 따른 그 근로자의 통상임금보다 적을 경우에는 그 통상임금액을 기초일액으로 한다. 다만, 마지막 사업에서 이직 당시 일용근로자였던 사람의 경우에는 그러하지 아니하다(제2항).

2) 기준보수를 기초일액으로 하는 경우

기초일액을 산정하는 것이 곤란한 경우와 보험료를 징수법에 따른 기준보수를 기준으로 낸 경우에는 기준보수를 기초일액으로 한다. 다만, 보험료를 기준보수로 낸 경우에도 산정한 기초일액이 기준보수보다 많은 경우에는 그러하지 아니하다(제3항).

3) 기초일액의 하한액

산정된 기초일액이 그 수급자격자의 이직 전 1일 소정근로시간에 이직일 당시 적용되던 최저임금법에 따른 시간 단위에 해당하는 최저임금액을 곱한 금액(이하 "최저기초일액")보다 낮은 경우에는 최저기초일액을 기초일액으로 한다. 이 경우 이직 전 1일 소정근로시간은 고용노동부령으로 정하는 방법에 따라 산정한다(제4항).

4) 기초일액의 상한액

산정된 기초일액이 보험의 취지 및 일반 근로자의 임금 수준 등을 고려하여 대통령령으로 정하는 금액을 초과하는 경우에는 대통령령으로 정하는 금액을 기초일액으로 한다(제5항).

급여기초임금일액의 상한액(영 제68조)

① 법 제45조 제5항에 따라 구직급여의 산정기초가 되는 임금일액이 11만원을 초과하는 경우에는 11만원을 해당 임금일액으로 한다.

② 고용노동부장관은 제1항에 따른 금액이 적용된 후 물가상승률과 경기변동, 임금상승률등을 고려하여 조정이 필요하다고 판단되면 해당 금액의 변경을 고려하여야 한다.

(10) 구직급여일액(법 제46조)

1) 구직급여일액의 계산

구직급여일액은 다음의 구분에 따른 금액으로 한다.

① 그 수급자격자의 기초일액에 100분의 60을 곱한 금액으로 한다. 기출 13

② 산정된 구직급여일액이 최저구직급여일액보다 낮은 경우에는 최저구직급여일액을 그 수급자격자의 구직급여일액으로 한다.

2) 최저구직급여일액

최저기초일액으로 구직급여액을 계산하는 경우에는 그 수급자격자의 기초일액에 100분의 80을 곱한 금액으로 한다.

(11) 수급기간 및 수급일수(법 제48조)

1) 의 의

① 구직급여는 이 법에 따로 규정이 있는 경우 외에는 그 구직급여의 수급자격과 관련된 이직일의 다음 날부터 계산하기 시작하여 12개월 내에 소정급여일수를 한도로 하여 지급한다. 기출 23

② 12개월의 기간 중 임신·출산·육아, 그 밖에 대통령령으로 정하는 사유로 취업할 수 없는 사람이 그 사실을 수급기간에 직업안정기관에 신고한 경우에는 12개월의 기간에 그 취업할 수 없는 기간을 가산한 기간(4년을 넘을 때에는 4년)에 소정급여일수를 한도로 하여 구직급여를 지급한다.

2) 신고의 의제

다음에 해당하는 경우에는 해당 최초 요양일에 신고를 한 것으로 본다.

① 산업재해보상보험법에 따른 요양급여를 받는 경우

② 질병 또는 부상으로 3개월 이상의 요양이 필요하여 이직하였고, 이직 기간 동안 취업활동이 곤란하였던 사실이 요양기간과 부상·질병상태를 구체적으로 밝힌 주치의사의 소견과 요양을 위하여 이직하였다는 사업주의 의견을 통하여 확인된 경우

3) 수급기간의 연기사유(영 제70조) 기출 12

① 본인의 질병이나 부상(상병급여를 받은 경우의 질병이나 부상은 제외)

② 배우자의 질병이나 부상

③ 본인과 배우자의 직계존속 및 직계비속의 질병이나 부상

④ 배우자의 국외발령 등에 따른 동거 목적의 거소 이전

⑤ 병역법에 따른 의무복무

⑥ 범죄혐의로 인한 구속이나 형의 집행(형법 또는 직무와 관련된 법률을 위반하여 금고 이상의 형을 선고받아 수급자격이 없는 자는 제외)

⑦ 그밖에 이에 준하는 경우로서 노동부령이 정하는 사유

(12) 대기기간(법 제49조, 영 제71조의2)

실업의 신고일부터 계산하기 시작하여 7일간은 대기기간으로 보아 구직급여를 지급하지 아니한다. 다만, 최종 이직 당시 건설일용근로자였던 사람에 대해서는 실업의 신고일부터 계산하여 구직급여를 지급한다. 수급자격의 인정신청을 한 경우로서 가장 나중에 상실한 피보험자격과 관련된 이직사유를 직업안정기관의 장이 대통령령으로 정하는 바에 따른 소득감소로 이직하였다고 인정하는 경우에 해당하는 때에는 실업의 신고일부터 계산하기 시작하여 2주를 대기기간으로 보아 구직급여를 지급하지 아니한다.

(13) 소정급여일수 및 피보험기간(법 제50조) 기출 17 · 21 · 23 · 24

1) 의 의

① 하나의 수급자격에 따라 구직급여를 지급받을 수 있는 날(이하 "소정급여일수")은 대기기간이 끝난 다음 날부터 계산하기 시작하여 피보험기간과 연령에 따라 [별표 1]에서 정한 일수가 되는 날까지로 한다.

구직급여의 소정급여일수(고보법 [별표 1])

구 분		피보험기간				
		1년 미만	1년 이상 3년 미만	3년 이상 5년 미만	5년 이상 10년 미만	10년 이상
이직일 현재 연령	50세 미만	120일	150일	180일	210일	240일
	50세 이상	120일	180일	210일	240일	270일

비고 : 장애인고용촉진 및 직업재활법 제2조 제1호에 따른 장애인은 50세 이상인 것으로 보아 위 표를 적용한다.

② 수급자격자가 소정급여일수 내에 임신 · 출산 · 육아, 그 밖에 대통령령으로 정하는 사유로 수급기간을 연장한 경우에는 그 기간만큼 구직급여를 유예하여 지급한다.

2) 피보험기간

① 피보험기간은 그 수급자격과 관련된 이직 당시의 적용 사업에서 고용된 기간(적용제외근로자로 고용된 기간은 제외)으로 한다. 다만, 자영업자인 피보험자의 경우에는 그 수급자격과 관련된 폐업 당시의 적용 사업에의 보험가입기간 중에서 실제로 납부한 고용보험료에 해당하는 기간으로 한다. 기출 23

② 피보험기간을 계산할 때에 다음의 경우에는 각각 피보험기간을 계산한다.

㉠ 종전의 적용 사업에서 피보험자격을 상실한 사실이 있고 그 상실한 날부터 3년 이내에 현재 적용 사업에서 피보험자격을 취득한 경우 : 종전의 적용 사업에서의 피보험기간을 합산한다. 다만, 종전의 적용 사업의 피보험자격 상실로 인하여 구직급여를 지급받은 사실이 있는 경우에는 그 종전의 적용 사업에서의 피보험기간은 제외한다.

㉡ 자영업자인 피보험자가 종전에 근로자로서 고용되었다가 피보험자격을 상실한 사실이 있고 그 상실한 날부터 3년 이내에 자영업자로서 피보험자격을 다시 취득한 경우 : 종전의 적용 사업에서의 피보험기간을 합산하지 아니하되, 본인이 종전의 피보험기간을 합산하여 줄 것을 원하는 때에 한정하여 합산한다. 다만, 종전의 적용 사업의 피보험자격상실로 인하여 구직급여를 지급받은 사실이 있는 경우에는 그 종전의 적용 사업에서의 피보험기간은 제외한다.

③ 피보험자격 취득에 관하여 신고가 되어 있지 아니하였던 피보험자의 경우에는 하나의 피보험기간에 피보험자가 된 날이 다음의 어느 하나에 해당하는 날부터 소급하여 3년이 되는 해의 1월 1일 전이면 그 해당하는 날부터 소급하여 3년이 되는 날이 속하는 보험연도의 첫날에 그 피보험자격을 취득한 것으로 보아 피보험기간을 계산한다. 다만, 사업주가 다음의 어느 하나에 해당하는 날부터 소급하여 3년이 되는 해의 1월 1일 전부터 해당 피보험자에 대한 고용보험료를 계속 납부한 사실이 증명된 경우에는 고용보험료를 납부한 기간으로 피보험기간을 계산한다.

㉠ 제15조에 따른 피보험자격 취득신고를 한 날

㉡ 제17조에 따른 피보험자격 취득이 확인된 날

3. 연장급여

(1) 훈련연장급여(법 제51조)

1) 의 의

직업안정기관의 장은 수급자격자의 연령・경력 등을 고려할 때 재취업을 위하여 직업능력개발 훈련 등을 받도록 지시할 수 있다.

2) 훈련연장급여의 지급대상(요건 전부 충족 필요)(규칙 제94조 제1항)

① 직업능력개발 훈련을 받으면 재취업을 하기가 쉽다고 인정될 것

② 국가기술자격증이 없거나 있더라도 그 기술에 대한 노동시장의 수요가 급격히 감소했을 것

③ 최근 1년간 직업능력개발훈련을 받지 않았을 것

④ 실업의 신고일부터 직업안정기관의 장의 직업소개 또는 직업상담(심층상담 또는 집단상담으로 한정)에 3회 이상 응했으나 취업되지 않았을 것

3) 훈련연장급여의 지급기간 기출 20

직업안정기관의 장은 직업능력개발 훈련 등을 받도록 지시한 경우에는 수급자격자가 그 직업능력개발 훈련 등을 받는 기간 중 실업의 인정을 받은 날에 대하여는 소정급여일수를 초과하여 구직급여를 연장하여 지급할 수 있다. 이 경우 연장하여 지급하는 구직급여(훈련연장급여)의 지급 기간은 2년 이내로 한다(법 제51조 제2항, 영 제72조). 기출 24

(2) 개별연장급여(법 제52조)

1) 의 의

직업안정기관의 장은 취업이 특히 곤란하고 생활이 어려운 수급자격자로서 대통령령으로 정하는 사람에게는 그가 실업의 인정을 받은 날에 대하여 소정급여일수를 초과하여 구직급여를 연장하여 지급할 수 있다.

2) 개별연장급여의 지급대상

취업이 특히 곤란하고 생활이 어려운 수급자격자로서 대통령령으로 정하는 사람이란 다음의 요건을 모두 갖춘 수급자격자를 말한다(영 제73조 제1항).

① 실업신고일부터 구직급여의 지급이 끝날 때까지 직업안정기관의 장의 직업소개에 3회 이상 응하였으나 취업되지 않은 사람으로서 다음의 어느 하나에 해당하는 부양가족이 있는 사람, 즉 18세 미만이나 65세 이상인 사람, 장애인고용촉진 및 직업재활법에 따른 장애인, 1개월 이상의 요양이 요구되는 환자, 소득이 없는 배우자, 학업 중인 사람으로서 고용노동부장관이 정하여 고시하는 사람 등의 부양가족이 있는 사람

② 급여기초 임금일액과 본인과 배우자의 재산합계액이 각각 고용노동부장관이 정하여 고시한 기준 이하인 사람

3) 개별연장급여의 지급기간 기출 20

연장하여 지급하는 구직급여("개별연장급여")는 60일의 범위에서 대통령령으로 정하는 기간 동안 지급한다. 개별연장급여 지급일수는 최대 60일로 하되, 일정 기간 동안 실업급여를 반복하여 수급한 정도를 고려하여 고용노동부장관이 정하는 기준에 따라 그 지급기간을 60일 미만으로 정할 수 있다(영 제73조 제2항).

4) 개별연장급여의 지급신청

수급자격자가 개별연장급여를 지급받으려는 경우에는 구직급여일수 종료일까지 개별연장급여 신청서에 수급자격증을 첨부하여 신청지 관할 직업안정기관의 장에게 제출하여야 한다(영 제73조 제3항).

(3) 특별연장급여(법 제53조)

1) 특별연장급여의 지급사유

① 고용노동부장관은 실업의 급증 등 대통령령으로 정하는 사유가 발생한 경우에는 60일의 범위에서 수급자격자가 실업의 인정을 받은 날에 대하여 소정급여일수를 초과하여 구직급여를 연장하여 지급할 수 있다. 다만, 이직 후의 생활안정을 위한 일정 기준 이상의 소득이 있는 수급자격자 등 고용노동부령으로 정하는 수급자격자에 대하여는 그러하지 아니하다.

② "대통령령으로 정하는 사유"란 다음의 어느 하나에 해당하는 경우를 말한다(영 제74조). 다만, ㉠부터 ㉢까지의 경우는 그와 같은 상황이 계속될 것으로 예상되는 경우로 한정한다.

㉠ 매월의 구직급여 지급을 받은 사람의 수(훈련연장급여, 개별연장급여 또는 특별연장급여를 지급받는 사람의 수는 제외)를 해당 월의 말일의 피보험자수로 나누어 얻은 비율이 연속하여 3개월 동안 각각 100분의 3을 초과하는 경우(제1호)

㉡ 매월의 수급자격신청률이 연속하여 3개월 동안 100분의 1을 초과하는 경우(제2호)

㉢ 매월의 실업률이 연속하여 3개월 동안 100분의 6을 초과하는 경우(제3호)

㉣ 실업의 급증 등에 따른 고용사정의 급격한 악화로 고용정책심의회에서 특별연장급여의 지급이 필요하다고 의결한 경우(제4호)

2) 특별연장급여의 지급기간

고용노동부장관은 연장하여 지급하는 구직급여(특별연장급여)를 지급하려면 기간을 정하여 실시하여야 한다. 특별연장급여의 실시기간은 6개월 이내로 한다(규칙 제98조).

(4) 연장급여의 수급기간 및 구직급여일액(법 제54조)

1) 수급기간

연장급여를 지급하는 경우에 그 수급자격자의 수급기간은 그 수급자격자의 수급기간에 연장되는 구직급여일수를 더하여 산정한 기간으로 한다.

2) 구직급여일액

① 훈련연장급여를 지급하는 경우에 그 일액은 해당 수급자격자의 구직급여일액의 100분의 100으로 하고, 개별연장급여 또는 특별연장급여를 지급하는 경우에 그 일액은 해당 수급자격자의 구직급여일액의 100분의 70을 곱한 금액으로 한다.

② 산정된 구직급여일액이 최저구직급여일액보다 낮은 경우에는 최저구직급여일액을 그 수급자격자의 구직급여일액으로 한다.

(5) 연장급여의 상호조정 등(법 제55조)

① 연장급여는 그 수급자격자가 지급받을 수 있는 구직급여의 지급이 끝난 후에 지급한다.

② 훈련연장급여를 지급받고 있는 수급자격자에게는 그 훈련연장급여의 지급이 끝난 후가 아니면 개별연장급여 및 특별연장급여를 지급하지 아니한다. 기출 16·24

③ 개별연장급여 또는 특별연장급여를 지급받고 있는 수급자격자가 훈련연장급여를 지급받게 되면 개별연장급여나 특별연장급여를 지급하지 아니한다. 기출 16·24

④ 특별연장급여를 지급받고 있는 수급자격자에게는 특별연장급여의 지급이 끝난 후가 아니면 개별연장급여를 지급하지 아니하고, 개별연장급여를 지급받고 있는 수급자격자에게는 개별연장급여의 지급이 끝난 후가 아니면 특별연장급여를 지급하지 아니한다. 기출 16·24

(6) 지급일 및 지급 방법(법 제56조)

① 구직급여는 대통령령으로 정하는 바에 따라 실업의 인정을 받은 일수분(日數分)을 지급한다.

② 직업안정기관의 장은 각 수급자격자에 대한 구직급여를 지급할 날짜를 정하여 당사자에게 알려야 한다.

(7) 지급되지 아니한 구직급여(법 제57조, 영 제76조)

1) 의 의

수급자격자가 사망한 경우 그 수급자격자에게 지급되어야 할 구직급여로서 아직 지급되지 아니한 것이 있는 경우에는 그 수급자격자의 배우자(사실상의 혼인 관계에 있는 사람을 포함)·자녀·부모·손자녀·조부모 또는 형제자매로서 수급자격자와 생계를 같이하고 있던 사람의 청구에 따라 그 미지급분을 지급한다. 이때 지급되지 않은 구직급여의 지급을 청구하려는 사람("미지급급여청구자")은 미지급 실업급여 청구서를 사망한 수급자격자의 신청지 관할 직업안정기관의 장에게 제출해야 한다. 기출 23

2) 미지급구직급여 청구요건

수급자격자가 사망하여 실업의 인정을 받을 수 없었던 기간에 대하여는 지급되지 아니한 구직급여의 지급을 청구하는 사람이 사망한 수급자격자의 신청지 관할 직업안정기관에 출석하여 미지급 실업급여 청구서를 제출하고 해당 수급자격자에 대한 실업의 인정을 받아야 한다. 이 경우 수급자격자가 실업인정대상기간 중에 근로를 제공한 경우에 해당하면 지급되지 아니한 구직급여를 청구하는 사람이 직업안정기관의 장에게 신고하여야 한다.

3) 청구권자의 순위

지급되지 아니한 구직급여를 지급받을 수 있는 사람의 순위는 1)에서 열거된 순서로 한다. 이 경우 같은 순위자가 2명 이상이면 그중 1명이 한 청구를 전원(全員)을 위하여 한 것으로 보며, 그 1명에게 한 지급은 전원에 대한 지급으로 본다.

4. 구직급여의 지급제한 및 유예 기출 15

(1) 이직 사유에 따른 수급자격의 제한(법 제58조)

피보험자가 다음에 해당한다고 직업안정기관의 장이 인정하는 경우에는 수급자격이 없는 것으로 본다.

1) 중대한 귀책사유로 해고된 피보험자로서 다음의 어느 하나에 해당하는 경우

① 형법 또는 직무와 관련된 법률을 위반하여 금고 이상의 형을 선고받은 경우(제1호 가목)

② 사업에 막대한 지장을 초래하거나 재산상 손해를 끼친 경우로서 고용노동부령으로 정하는 기준에 해당하는 경우(제1호 나목)

고보법 시행규칙 [별표 1의2]

사업에 막대한 지장을 초래하거나 재산상 손해를 끼친 경우(규칙 제101조 제1항 관련)

1. 납품업체로부터 금품이나 향응을 받고 불량품을 납품받아 생산에 차질을 가져온 경우
2. 사업의 기밀이나 그 밖의 정보를 경쟁관계에 있는 다른 사업자 등에게 제공한 경우
3. 거짓 사실을 날조·유포하거나 불법 집단행동을 주도하여 사업에 막대한 지장을 초래하거나 재산상 손해를 끼친 경우
4. 직책을 이용하여 공금을 착복·장기유용·횡령하거나 배임한 경우
5. 제품이나 원료 등을 절취하거나 불법 반출한 경우
6. 인사·경리·회계담당 직원이 근로자의 근무상황 실적을 조작하거나 거짓서류 등을 작성하여 사업에 막대한 지장을 초래하거나 재산상 손해를 끼친 경우
7. 사업장의 기물을 고의로 파손하여 사업에 막대한 지장을 초래하거나 재산상 손해를 끼친 경우
8. 영업용 차량을 사업주의 위임이나 동의 없이 다른 사람에게 대리운전하게 하여 교통사고를 일으킨 경우

③ 정당한 사유 없이 근로계약 또는 취업규칙 등을 위반하여 장기간 무단 결근한 경우

2) 자기 사정으로 이직한 피보험자로서 다음의 어느 하나에 해당하는 경우 기출 15

① 전직 또는 자영업을 하기 위하여 이직한 경우

② 중대한 귀책사유가 있는 사람이 해고되지 아니하고 사업주의 권고로 이직한 경우

③ 그 밖에 고용노동부령으로 정하는 정당한 사유에 해당하지 아니하는 사유로 이직한 경우

고보법 시행규칙 [별표 2]

근로자의 수급자격이 제한되지 아니하는 정당한 이직 사유(제101조 제2항 관련)

1. 다음 각 목의 어느 하나에 해당하는 사유가 이직일 전 1년 이내에 2개월 이상 발생한 경우
   가. 실제 근로조건이 채용 시 제시된 근로조건이나 채용 후 일반적으로 적용받던 근로조건보다 낮아지게 된 경우
   나. 임금체불이 있는 경우
   다. 소정근로에 대하여 지급받은 임금이 최저임금법에 따른 최저임금에 미달하게 된 경우
   라. 근로기준법 제53조에 따른 연장 근로의 제한을 위반한 경우
   마. 사업장의 휴업으로 휴업 전 평균임금의 70퍼센트 미만을 지급받은 경우
2. 사업장에서 종교, 성별, 신체장애, 노조활동 등을 이유로 불합리한 차별대우를 받은 경우
3. 사업장에서 본인의 의사에 반하여 성희롱, 성폭력, 그 밖의 성적인 괴롭힘을 당한 경우

3의2. 근로기준법 제76조의2에 따른 직장 내 괴롭힘을 당한 경우

4. 사업장의 도산·폐업이 확실하거나 대량의 감원이 예정되어 있는 경우
5. 다음 각 목의 어느 하나에 해당하는 사정으로 사업주로부터 퇴직을 권고받거나, 인원 감축이 불가피하여 고용조정계획에 따라 실시하는 퇴직 희망자의 모집으로 이직하는 경우
   가. 사업의 양도·인수·합병
   나. 일부 사업의 폐지나 업종전환
   다. 직제개편에 따른 조직의 폐지·축소
   라. 신기술의 도입, 기술혁신 등에 따른 작업형태의 변경
   마. 경영의 악화, 인사 적체, 그 밖에 이에 준하는 사유가 발생한 경우
6. 다음 각 목의 어느 하나에 해당하는 사유로 통근이 곤란(통근 시 이용할 수 있는 통상의 교통수단으로는 사업장으로의 왕복에 드는 시간이 3시간 이상인 경우)하게 된 경우
   가. 사업장의 이전
   나. 지역을 달리하는 사업장으로의 전근
   다. 배우자나 부양하여야 할 친족과의 동거를 위한 거소 이전
   라. 그 밖에 피할 수 없는 사유로 통근이 곤란한 경우
7. 부모나 동거 친족의 질병·부상 등으로 30일 이상 본인이 간호해야 하는 기간에 기업의 사정상 휴가나 휴직이 허용되지 않아 이직한 경우
8. 산업안전보건법 제2조 제2호에 따른 "중대재해"가 발생한 사업장으로서 그 재해와 관련된 고용노동부장관의 안전보건상의 시정명령을 받고도 시정기간까지 시정하지 아니하여 같은 재해 위험에 노출된 경우

9. 체력의 부족, 심신장애, 질병, 부상, 시력·청력·촉각의 감퇴 등으로 피보험자가 주어진 업무를 수행하는 것이 곤란하고, 기업의 사정상 업무종류의 전환이나 휴직이 허용되지 않아 이직한 것이 의사의 소견서, 사업주 의견 등에 근거하여 객관적으로 인정되는 경우
10. 임신, 출산, 8세 이하 또는 초등학교 2학년 이하의 자녀(입양한 자녀를 포함)의 육아, 병역법에 따른 의무복무 등으로 업무를 계속적으로 수행하기 어려운 경우로서 사업주가 휴가나 휴직을 허용하지 않아 이직한 경우
11. 사업주의 사업 내용이 법령의 제정·개정으로 위법하게 되거나 취업 당시와는 달리 법령에서 금지하는 재화 또는 용역을 제조하거나 판매하게 된 경우
12. 정년의 도래나 계약기간의 만료로 회사를 계속 다닐 수 없게 된 경우
13. 그 밖에 피보험자와 사업장 등의 사정에 비추어 그러한 여건에서는 통상의 다른 근로자도 이직했을 것이라는 사실이 객관적으로 인정되는 경우

(2) 훈련 거부 등에 따른 급여의 지급 제한(법 제60조, 영 제79조)

1) 지급정지 대상자

수급자격자가 직업안정기관의 장이 소개하는 직업에 취직하는 것을 거부하거나 직업안정기관의 장이 지시한 직업능력개발 훈련 등을 거부하면 지급정지절차에 따라 구직급여의 지급을 정지한다.

① 직업안정기관의 장이 소개하는 직업에 취직하는 것을 거부하는 수급자격자

② 직업안정기관의 장이 지시한 직업능력개발훈련 등을 거부하는 수급자격자

③ 직업안정기관의 장이 실시하는 재취업 촉진을 위한 직업 지도를 거부하는 수급자격자

2) 급여지급이 가능한 정당한 사유가 있는 경우

① 소개된 직업 또는 직업능력개발 훈련 등을 받도록 지시된 직종이 수급자격자의 능력에 맞지 아니하는 경우

② 취직하거나 직업능력개발 훈련 등을 받기 위하여 주거의 이전이 필요하나 그 이전이 곤란한 경우

③ 소개된 직업의 임금 수준이 같은 지역의 같은 종류의 업무 또는 같은 정도의 기능에 대한 통상의 임금 수준에 비하여 100분의 20 이상 낮은 경우 등 고용노동부장관이 정하는 기준에 해당하는 경우

④ 그 밖에 정당한 사유가 있는 경우

3) 지급정지절차

① 수급자격자에게 구직급여의 지급이 정지될 수 있음을 사전에 알렸음에도 취직, 직업능력개발훈련 등을 두 번 이상 거부하는 경우에는 구직급여의 지급을 정지하여야 한다. 직업안정기관의 장은 구직급여의 지급을 정지할 때에는 다음 번 실업인정일의 전일까지 지급정지의 사유·기간 등을 수급자격자에게 알려야 하며, 그 지급정지기간에 대하여는 실업을 인정하지 아니한다.

② 정당한 사유의 유무(有無)에 대한 인정은 고용노동부장관이 정하는 기준에 따라 직업안정기관의 장이 행한다.

③ 구직급여의 지급을 정지하는 기간은 1개월의 범위에서 고용노동부장관이 정하여 고시한다.

(3) 부정행위에 따른 급여의 지급제한(법 제61조)

1) 지급제한

① 거짓이나 그 밖의 부정한 방법으로 실업급여를 받았거나 받으려 한 사람에게는 그 급여를 받은 날 또는 받으려 한 날부터의 구직급여를 지급하지 아니한다. 다만, 그 급여와 관련된 이직 이후에 새로 수급자격을 취득한 경우 그 새로운 수급자격에 따른 구직급여에 대하여는 그러하지 아니하다.

② 거짓이나 그 밖의 부정한 방법이 신고의무의 불이행 또는 거짓의 신고 등 대통령령으로 정하는 사유에 해당하면 그 실업인정대상기간에 한정하여 구직급여를 지급하지 아니한다. 다만, 2회 이상의 위반행위를 한 경우에는 ①의 본문에 따른다.

③ 거짓이나 그 밖의 부정한 방법으로 구직급여를 받았거나 받으려 한 사람이 그 구직급여를 받은 날 또는 실업인정의 신고를 한 날부터 소급하여 10년간 3회 이상 구직급여를 받지 못한 경우에는 대통령령으로 정하는 바에 따라 거짓이나 그 밖의 부정한 방법으로 구직급여를 받은 날 또는 실업인정의 신고를 한 날부터 3년의 범위에서 새로운 수급자격에 따른 구직급여를 지급하지 아니한다(법 제61조 제5항). 새로운 수급자격에 따른 구직급여를 지급하지 않는 기간은 다음의 구분에 따른다(영 제80조의2).

㉠ 구직급여를 받지 못한 횟수가 3회인 경우 : 1년

㉡ 구직급여를 받지 못한 횟수가 4회인 경우 : 2년

㉢ 구직급여를 받지 못한 횟수가 5회 이상인 경우 : 3년

2) 지급의제

① 거짓이나 그 밖의 부정한 방법으로 실업급여를 지급받았거나 받으려 한 사람이 구직급여를 지급받을 수 없게 된 경우에도 피보험기간 동안 그 구직급여를 지급받은 것으로 본다.

② 거짓이나 그 밖의 부정한 방법으로 실업급여를 지급받았거나 받으려 한 사람이 구직급여를 지급받을 수 없게 된 경우에도 상병급여를 지급할 때는 그 지급받을 수 없게 된 일수분의 구직급여를 지급받은 것으로 본다.

(4) 반환명령과 추가징수(법 제62조)

1) 반환명령(규칙 제104조)

① 지급받은 구직급여 전부의 반환을 명하는 경우 : 거짓이나 그 밖의 부정한 방법으로 구직급여를 지급받은 사람

② 지급받은 구직급여만 반환을 명하는 경우(부정행위로 인정받은 실업기간 중 지급받은 구직급여)

㉠ 실업인정 대상기간 중에 근로를 제공한 사실을 실업인정을 신청할 때 신고하지 아니하거나 사실과 다르게 신고한 경우와 실업인정을 신청할 때 실업인정 대상기간 중의 재취업 활동 내용을 사실과 다르게 신고한 경우(1회의 부정행위로 한정)

㉡ 일용근로자가 실업을 인정받으려는 기간 중에 근로를 제공한 사실을 신고하였으나 신고한 근로제공일수와 그 기간 중에 실제로 인정받은 근로일수의 차이가 3일 이내인 경우(횟수에 관계없다)

㉢ 실업인정 대상기간 중에 근로를 제공한 사실을 실업인정을 신청할 때 신고하지 아니하거나 사실과 다르게 신고한 경우에 해당하는 자가 직업안정기관의 장이 본인이나 사업장에 대한 조사를 하기 전까지 그 부정행위를 자진 신고하는 경우(1회의 부정행위로 한정)

2) 추가징수(규칙 제105조)

① 원칙 : 추가징수액은 거짓이나 그 밖의 부정한 방법으로 지급받은 구직급여액에 다음 표의 구분에 따른 비율을 곱한 금액으로 한다.

구 분		비 율
거짓이나 그 밖의 부정한 방법으로 구직급여를 받거나 받으려고 한 사람이 그 구직급여를 받은 날 또는 실업인정에 관한 신고를 한 날부터 소급하여 10년 동안 구직급여의 지급제한을 받은 횟수	3회 미만	100분의 100
	3회 이상 5회 미만	100분의 150
	5회 이상	100분의 200

② 추가징수의 가중·감면

㉠ 구직급여의 지급 제한을 받은 횟수에 사업주와 공모하여 거짓이나 그 밖의 부정한 방법으로 구직급여를 지급받은 경우에 해당하여 구직급여의 지급 제한을 받은 횟수가 포함되어 있으면 그 추가징수액은 거짓이나 그 밖의 부정한 방법으로 지급받은 구직급여액에 다음의 구분에 따른 비율을 곱한 금액으로 한다.

㉮ 3회 미만의 경우 : 100분의 300

㉯ 3회 이상 5회 미만의 경우 : 100분의 400

㉰ 5회 이상의 경우 : 100분의 500

㉡ 다음의 어느 하나에 해당하는 경우의 추가징수액은 ①이나 ② ㉠에 의하여 산정한 추가징수액에 다음의 구분에 따른 비율을 곱한 금액으로 한다.

㉮ 최종 이직 당시 일용근로자였던 사람으로서 수급자격 인정신청일 이전 1개월 동안의 근로일수를 3일 이내로 초과한 경우 : 100분의 30

㉯ 최종 이직 당시 건설일용근로자(통계법에 따라 통계청장이 고시하는 한국표준산업분류의 대분류상 건설업에 종사한 사람)로서 연속하여 근로내역이 없어야 하는 14일의 기간 중에 실제 근로한 날이 3일 이내인 경우 : 100분의 30

㉰ 기타 부정행위 조사에 성실히 따르고, 반환명령을 받은 금액 및 추가징수액의 즉시 납부를 서면으로 확약한 경우 : 100분의 60

③ 추가징수의 면제

㉠ 부정행위자 본인이나 사업장에 대한 조사 전까지 부정행위를 자진 신고한 사람

㉡ 실업인정 대상기간 중에 근로를 제공한 사실을 실업인정을 신청할 때 신고하지 아니하거나 사실과 다르게 신고한 경우와, 실업인정을 신청할 때 실업인정 대상기간 중의 재취업활동 내용을 사실과 다르게 신고한 경우에 해당하는 사람(1회의 부정행위로 한정)

㉢ 직업안정기관의 장이 생계가 현저히 곤란하다고 인정하는 사람

(5) 질병 등의 특례(법 제63조)

1) 의 의

수급자격자가 실업의 신고를 한 이후에 질병·부상 또는 출산으로 취업이 불가능하여 실업의 인정을 받지 못한 날에 대하여는 그 수급자격자의 청구에 의하여 구직급여일액에 해당하는 금액(이하 "상병급여")을 구직급여를 갈음하여 지급할 수 있다. 다만, 구직급여의 지급이 정지된 기간에 대하여는 상병급여를 지급하지 아니한다.

2) 지급일수

상병급여를 지급할 수 있는 일수는 그 수급자격자에 대한 구직급여 소정급여일수에서 그 수급자격에 의하여 구직급여가 지급된 일수를 뺀 일수를 한도로 한다. 이 경우 상병급여를 지급받은 사람에 대하여 이 법의 규정(부정행위에 따른 급여의 지급제한 규정 및 반환명령 등에 관한 규정은 제외)을 적용할 때에는 상병급여의 지급 일수에 상당하는 일수분의 구직급여가 지급된 것으로 본다.

3) 지급일

상병급여는 그 취업할 수 없는 사유가 없어진 이후에 최초로 구직급여를 지급하는 날(구직급여를 지급하는 날이 없는 경우에는 직업안정기관의 장이 정하는 날)에 지급한다. 다만, 필요하다고 인정하면 고용노동부장관이 따로 정하는 바에 따라 지급할 수 있다.

4) 지급제한

수급자격자가 근로기준법에 따른 휴업보상, 산업재해보상보험법에 따른 휴업급여, 국가배상법에 따른 휴업배상, 의사상자 등 예우 및 지원에 관한 법률에 따른 보상금을 지급받을 수 있는 경우에는 상병급여를 지급하지 아니한다.

5. 취업촉진 수당

(1) 조기재취업 수당(법 제64조)

1) 지급요건

① 조기재취업 수당은 수급자격자(외국인근로자의 고용 등에 관한 법률에 따른 외국인 근로자는 제외)가 안정된 직업에 재취직하거나 스스로 영리를 목적으로 하는 사업을 영위하는 경우로서 대통령령으로 정하는 기준에 해당하면 지급한다(제1항).

조기재취업 수당의 지급기준(영 제84조)

① 법 제64조 제1항에서 "대통령령으로 정하는 기준"이란 법 제42조에 따른 실업의 신고일부터 14일이 지난 후 재취업한 수급자격자가 재취업한 날의 전날을 기준으로 법 제50조에 따른 소정급여일수를 2분의 1 이상 남기고 재취업한 경우로서 다음 각 호의 어느 하나에 해당하는 경우를 말한다.

1. 12개월 이상 계속하여 고용된 경우이거나 이직일 당시 65세 이상인 사람(65세 전부터 65세가 될 때까지 피보험자격을 유지한 사람만 해당)으로서 6개월 이상 계속하여 고용될 것으로 고용노동부장관이 정하는 바에 따라 직업안정기관의 장이 인정하는 경우. 다만, 수급자격자가 다음 각 목의 어느 하나에 해당하는 경우는 제외한다.
   가. 최후에 이직한 사업의 사업주나 그와 관련된 사업주로서 고용노동부령으로 정하는 사업주에게 재고용된 경우
   나. 법 제42조에 따른 실업의 신고일 이전에 채용을 약속한 사업주에게 고용된 경우
   다. 국가공무원법 또는 지방공무원법에 따른 공무원으로 채용된 경우. 다만, 가입대상 공무원으로 채용된 경우는 제외한다.
   라. 조기재취업 수당 제도의 취지 및 근로자 평균 근로소득 등을 고려하여 고용노동부장관이 정하여 고시하는 임금액 이상을 받는 경우
2. 12개월 이상 계속하여 사업을 영위한 경우이거나 이직일 당시 65세 이상인 사람으로서 6개월 이상 계속하여 사업을 영위할 것으로 고용노동부장관이 정하는 바에 따라 직업안정기관의 장이 인정하는 경우. 이 경우 수급자격자가 법 제44조 제2항에 따라 해당 수급기간에 해당 사업을 영위하기 위한 준비활동을 재취업활동으로 신고하여 실업의 인정을 받았을 때로 한정한다.

② 법 제64조 제2항에서 "대통령령으로 정하는 기간"이란 2년을 말한다.

② 수급자격자가 안정된 직업에 재취업한 날 또는 스스로 영리를 목적으로 하는 사업을 시작한 날 이전의 2년 이내에 조기재취업 수당을 지급받은 사실이 있는 경우에는 조기재취업 수당을 지급하지 아니한다(제2항).

2) 지급액

조기재취업 수당의 금액은 구직급여의 소정급여일수 중 미지급일수의 비율에 따라 대통령령으로 정하는 기준에 따라 산정한 금액으로 한다(제3항).

조기재취업 수당의 금액(영 제85조) 기출 12·14

① 법 제64조 제3항에 따른 조기재취업 수당의 금액은 구직급여일액에 미지급일수의 2분의 1을 곱한 금액으로 한다.

3) 지급효과

조기재취업 수당을 지급받은 사람에 대하여 이 법의 규정(제61조 및 제62조는 제외)을 적용할 때에는 그 조기재취업 수당의 금액을 구직급여일액으로 나눈 일수분에 해당하는 구직급여를 지급한 것으로 본다.

4) 재취업촉진활동장려금

수급자격자를 조기에 재취업시켜 구직급여의 지급 기간이 단축되도록 한 사람에게는 대통령령으로 정하는 바에 따라 장려금을 지급할 수 있다.

(2) 직업능력개발 수당(법 제65조)

① 직업능력개발 수당은 수급자격자가 직업안정기관의 장이 지시한 직업능력개발 훈련 등을 받는 경우에 그 직업능력개발 훈련 등을 받는 기간에 대하여 지급한다.

② 구직급여의 지급이 정지된 기간에 대하여는 직업능력개발 수당을 지급하지 아니한다.

③ 직업능력개발 수당의 지급 요건 및 금액에 필요한 사항은 대통령령으로 정한다. 이 경우 인력의 수급 상황을 고려하여 고용노동부장관이 특히 필요하다고 인정하여 고시하는 직종에 관한 직업능력개발 훈련 등에 대하여는 직업능력개발 수당의 금액을 다르게 정할 수 있다.

(3) 광역구직활동비(법 제66조)

1) 의 의

광역 구직활동비는 수급자격자가 직업안정기관의 소개에 따라 광범위한 지역에 걸쳐 구직활동을 하는 경우로서 대통령령으로 정하는 기준에 따라 직업안정기관의 장이 필요하다고 인정하면 지급할 수 있다.

2) 지급요건

수급자격자가 다음의 요건을 모두 갖춘 경우에 지급한다(영 제89조).

① 구직활동에 드는 비용이 구직활동을 위하여 방문하는 사업장의 사업주로부터 지급되지 아니하거나 지급되더라도 그 금액이 광역 구직활동비의 금액에 미달할 것

② 수급자격자의 거주지로부터 구직활동을 위하여 방문하는 사업장까지의 거리가 고용노동부령으로 정하는 거리 이상일 것. 이 경우 거리는 거주지로부터 사업장까지의 통상적인 거리에 따라 계산하되, 수로(水路)의 거리는 실제 거리의 2배로 본다.

3) 지급액

광역 구직활동비의 금액은 구직 활동에 통상 드는 비용으로 하되, 그 금액의 산정은 고용노동부령으로 정하는 바에 따른다.

(4) 이주비(법 제67조)

1) 의 의

이주비는 수급자격자가 취업하거나 직업안정기관의 장이 지시한 직업능력개발 훈련 등을 받기 위하여 그 주거를 이전하는 경우로서 대통령령으로 정하는 기준에 따라 직업안정기관의 장이 필요하다고 인정하면 지급할 수 있다.

2) 지급요건

수급자격자가 다음의 요건을 모두 갖춘 경우에 지급한다(영 제90조).

① 취업하거나 직업훈련 등을 받게 된 경우로서 고용노동부장관이 정하는 기준에 따라 거주지 관할 직업안정기관의 장이 주거의 변경이 필요하다고 인정할 것

② 해당 수급자격자를 고용하는 사업주로부터 주거의 이전에 드는 비용이 지급되지 아니하거나 지급되더라도 그 금액이 이주비에 미달할 것

③ 취업을 위한 이주인 경우 1년 이상의 근로계약기간을 정하여 취업할 것

3) 지급액

이주비의 금액은 수급자격자 및 그 수급자격자에 의존하여 생계를 유지하는 동거 친족의 이주에 일반적으로 드는 비용으로 하되, 그 금액의 산정은 고용노동부령으로 정하는 바에 따라 따른다. 기출 15

(5) 취업촉진수당의 지급제한(법 제68조)

① 거짓이나 그 밖의 부정한 방법으로 실업급여를 받았거나 받으려 한 사람에게는 그 급여를 받은 날 또는 받으려 한 날부터의 취업촉진 수당을 지급하지 아니한다. 다만, 그 급여와 관련된 이직 이후에 새로 수급자격을 취득하면 그 새로운 수급자격에 따른 취업촉진 수당은 그러하지 아니하다.

② 거짓이나 그 밖의 부정한 방법이 실업인정대상기간 중의 취업에 대한 신고의무의 불이행 또는 거짓의 신고 등 대통령령으로 정하는 사유에 해당하면 취업촉진 수당의 지급을 제한하지 아니한다. 다만, 2회 이상의 위반행위를 한 경우에는 취업촉진 수당을 지급하지 아니한다.

③ 거짓이나 그 밖의 부정한 방법으로 실업급여를 지급받았거나 받으려 한 사람이 취업촉진 수당을 지급받을 수 없게 되어 조기재취업 수당을 지급받지 못하게 된 경우에도 구직급여의 지급과 관련하여 그 지급받을 수 없게 된 조기재취업 수당을 지급받은 것으로 본다. 따라서 그 조기재취업 수당의 금액을 구직급여일액으로 나눈 일수분에 해당하는 구직급여가 지급된 것으로 간주된다.

✔ 핵심문제

01 고용보험법상 자영업자인 피보험자에게 지급될 수 있는 급여는 모두 몇 개인가? 기출 14

ㄱ. 이주비
ㄴ. 훈련연장급여
ㄷ. 육아휴직 급여
ㄹ. 조기재취업 수당
ㅁ. 직업능력개발 수당

① 1개
② 2개
③ 3개
④ 4개
⑤ 5개

【해설】

ㄱ.·ㅁ. (O) 고용보험법상 자영업자인 피보험자에게 지급될 수 있는 급여는 이주비와 직업능력개발 수당 총 2개이다.

ㄴ.·ㄹ. (×) 고보법 제69조의2(자영업자인 피보험자의 실업급여의 종류)에 따른 자영업자인 피보험자의 실업급여의 종류는 제37조에 따른다. 따라서 자영업자인 피보험자에게 지급할 수 있는 실업급여는 구직급여와 취업촉진수당(조기재취업 수당, 직업능력개발 수당, 광역구직활동비, 이주비)으로 구분된다. 다만, 제51조부터 제55조까지의 규정에 따른 연장급여와 제64조에 따른 조기재취업 수당은 제외한다.

ㄷ. (×) 고보법 제70조에 따른 육아휴직 급여를 지급받을 수 있는 원인이 되는 육아휴직은 사업주가 근로자에게 허용하는 것이다. 자영업자는 스스로가 사업주이므로 육아휴직 급여의 대상에는 해당하지 않는다.

정답 ②

6. 자영업자인 피보험자에 대한 실업급여 적용의 특례

(1) 자영업자인 피보험자의 실업급여의 종류(법 제69조의2) 기출 14·15·18·21

자영업자인 피보험자의 실업급여에는 구직급여와 취업촉진 수당이 포함되나, 연장급여와 조기재취업 수당은 제외된다.

(2) 구직급여의 수급 요건(법 제69조의3) 기출 18·19·21

구직급여는 폐업한 자영업자인 피보험자가 다음의 요건을 모두 갖춘 경우에 지급한다.

① 폐업일 이전 24개월간 자영업자인 피보험자로서 갖춘 피보험 단위기간이 합산하여 1년 이상일 것
② 근로의 의사와 능력이 있음에도 불구하고 취업을 하지 못한 상태에 있을 것
③ 폐업사유가 수급자격의 제한 사유에 해당하지 아니할 것
④ 재취업을 위한 노력을 적극적으로 할 것

(3) 기초일액(법 제69조의4, 영 제68조 제1항)

① 자영업자인 피보험자이었던 수급자격자에 대한 기초일액은 다음의 구분에 따른 기간 동안 본인이 납부한 보험료의 산정기초가 되는 징수법에 따라 고시된 보수액을 전부 합산한 후에 그 기간의 총일수로 나눈 금액으로 한다.
㉠ **수급자격과 관련된 피보험기간이 3년 이상인 경우** : 마지막 폐업일 이전 3년의 피보험기간의 총일수
㉡ **수급자격과 관련된 피보험기간이 3년 미만인 경우** : 수급자격과 관련된 그 피보험기간의 총일수

② 자영업자인 피보험자이었던 수급자격자가 피보험기간을 합산하게 됨에 따라 소정급여일수가 추가로 늘어나는 경우에는 그 늘어난 일수분에 대한 기초일액은 ①에 따라 산정된 기초일액으로 하되, 기초일액이 최저기초일액에 미치지 못하는 경우에는 최저기초일액으로 하고, 기초일액이 기초임금일액의 상한액(11만원)을 초과하는 경우에는 그 금액(11만원)으로 한다.

✔ 핵심문제

01 고용보험법령상 자영업자인 피보험자에 대한 실업급여 적용의 특례에 관한 내용으로 옳은 것은? 기출 18

① 자영업자인 피보험자의 실업급여의 종류에는 조기재취업수당이 포함된다.
② 자영업자인 피보험자의 실업급여에는 취업촉진수당이 포함되지 아니한다.
③ 자영업자인 피보험자로서 폐업한 수급자격자에 대한 구직급여일액은 그 수급자격자의 기초일액에 100분의 60을 곱한 금액으로 한다.
④ 폐업사유에 관계없이 수급자격이 인정된다.
⑤ 폐업한 자영업자인 피보험자의 구직급여 수급요건에 재취업을 위한 노력을 적극적으로 하는 것은 포함되지 아니한다.

[해설]

① (×) 자영업자인 피보험자의 실업급여의 종류는 제37조에 따른다. 다만, 제51조부터 제55조까지의 규정에 따른 연장급여와 제64조에 따른 조기재취업수당은 제외한다(고보법 제69조의2).
② (×) 자영업자인 피보험자의 실업급여에는 구직급여와 취업촉진수당이 포함되고 연장급여와 조기재취업수당은 제외된다(고보법 제69조의2 참조).
③ (○) 고보법 제69조의5
④ (×) 폐업사유가 수급자격의 제한사유에 해당하지 아니하여야 수급자격이 인정된다(고보법 제69조의3 제3호).
⑤ (×) 재취업을 위한 노력을 적극적으로 할 것을 요한다(고보법 제69조의3 제4호).

정답 ③

(4) 구직급여일액(법 제69조의5) 기출 23

자영업자인 피보험자로서 폐업한 수급자격자에 대한 구직급여일액은 그 수급자격자의 기초일액에 100분의 60을 곱한 금액으로 한다. 기출 18 · 21

(5) 소정급여일수(법 제69조의6) 기출 22 · 23

자영업자인 피보험자로서 폐업한 수급자격자에 대한 소정급여일수는 대기기간이 끝난 다음 날부터 계산하기 시작하여 피보험기간에 따라 [별표 2]에서 정한 일수가 되는 날까지로 한다.

자영업자의 구직급여의 소정급여일수(고보법 [별표 2])

구 분	피보험기간			
	1년 이상 3년 미만	3년 이상 5년 미만	5년 이상 10년 미만	10년 이상
소정급여일수	120일	150일	180일	210일

(6) 폐업사유에 따른 수급자격의 제한(법 제69조의7, 규칙 제115조의2)

폐업한 자영업자인 피보험자가 다음의 어느 하나에 해당한다고 직업안정기관의 장이 인정하는 경우에는 수급자격이 없는 것으로 본다.

① 법령을 위반하여 허가 취소를 받거나 영업 정지를 받음에 따라 폐업한 경우 기출 19 · 23

② 방화(放火) 등 피보험자 본인의 중대한 귀책사유로서 자영업자인 피보험자가 본인의 사업장 또는 사업장 내의 주요 생산 · 판매시설 등에 대하여 형법 제13장의 죄를 범하여 금고 이상의 형을 선고받고 폐업한 경우나 자영업자인 피보험자가 본인의 사업과 관련하여 형법 제347조, 제350조, 제351조(제347조 및 제350조의 상습범으로 한정), 제355조, 제356조 또는 특정경제범죄 가중처벌 등에 관한 법률 제3조에 따라 징역형을 선고받고 폐업한 경우 기출 23

③ 매출액 등이 급격하게 감소하는 등 고용노동부령으로 정하는 사유가 아닌 경우로서 전직 또는 자영업을 다시 하기 위하여 폐업한 경우

④ 그 밖에 고용노동부령으로 정하는 정당한 사유에 해당하지 아니하는 사유로 폐업한 경우

(7) 자영업자인 피보험자에 대한 실업급여의 지급 제한(법 제69조의8, 규칙 제115조의4) 기출 13 · 21

고용노동부장관은 보험료를 체납한 사람에게는 고용노동부령으로 정하는 바에 따라 이 장에 따른 실업급여를 지급하지 아니할 수 있다. 자영업자인 피보험자가 해당 고용보험가입기간 동안 고용보험료를 [별표 2의4]의 구분에 따른 횟수 이상 체납한 경우에는 실업급여를 지급하지 않는다. 다만, 자영업자인 피보험자가 최초의 실업인정일까지 체납한 고용보험료 및 그에 따른 연체금을 전부 납부한 경우에는 실업급여를 지급한다.

자영업자 실업급여 지급이 제한되는 보험료체납횟수(고보법 시행규칙 [별표 2의4])

구 분	피보험기간		
	1년 이상~2년 미만	2년 이상~3년 미만	3년 이상
체납횟수	1회	2회	3회

(8) 준용규정

자영업자의 실업급여를 받을 권리는 양도 또는 압류하거나 담보로 제공할 수 없다(법 제69조의9, 제38조). 기출 21

V 육아휴직 급여와 육아기 근로시간 단축급여

1. 육아휴직 급여(법 제70조)

(1) 지급요건

고용노동부장관은 육아휴직을 30일(근로기준법에 따른 출산전후휴가기간과 중복되는 기간은 제외) 이상 부여받은 피보험자 중 육아휴직을 시작한 날 이전에 피보험 단위기간이 합산하여 180일 이상인 피보험자에게 육아휴직 급여를 지급한다(법 제70조 제1항).

(2) 지급신청

1) 신청절차

① 육아휴직 급여를 지급받으려는 사람은 육아휴직을 시작한 날 이후 1개월부터 육아휴직이 끝난 날 이후 12개월 이내에 신청하여야 한다. 다만, 해당 기간에 대통령령으로 정하는 사유로 육아휴직 급여를 신청할 수 없었던 사람은 그 사유가 끝난 후 30일 이내에 신청하여야 한다(법 제70조 제2항).

② 피보험자가 육아휴직 급여 지급신청을 하는 경우 육아휴직 기간 중에 이직하거나 고용노동부령으로 정하는 기준에 해당하는 취업을 한 사실이 있는 경우에는 해당 신청서에 그 사실을 기재하여야 한다(법 제70조 제3항). 피보험자는 이직 또는 취업을 한 날 이후 최초로 제출하는 육아휴직 급여 신청서에 이직 또는 취업을 한 사실을 적어야 한다(영 제96조).

2) 신청기간 연장사유(영 제94조) 기출 20

① 천재지변

② 본인이나 배우자의 질병, 부상

③ 본인과 배우자의 직계존속 및 직계비속의 질병, 부상

④ 병역법에 따른 의무복무

⑤ 범죄혐의로 인한 구속이나 형의 집행

(3) 육아휴직 급여액(영 제95조)

1) 월별 지급액

육아휴직 급여는 육아휴직 시작일을 기준으로 한 월 통상임금의 100분의 80에 해당하는 금액을 월별 지급액으로 한다. 다만, 해당 금액이 150만원을 넘는 경우에는 150만원으로 하고, 해당 금액이 70만원보다 적은 경우에는 70만원으로 한다(제1항).

2) 분할사용

육아휴직을 분할하여 사용하는 경우에는 각각의 육아휴직 사용기간을 합산한 기간을 육아휴직 급여의 지급대상 기간으로 본다(제2항).

3) 일수에 비례한 계산

육아휴직 급여의 지급대상 기간이 1개월을 채우지 못하는 경우에는 월별 지급액을 해당 월에 휴직한 일수에 비례하여 계산한 금액을 지급액으로 한다(제3항).

4) 분할지급

육아휴직 급여의 100분의 75에 해당하는 금액(다음의 어느 하나에 해당하는 경우에는 각 구분에 따른 금액)은 매월 지급하고, 그 나머지 금액은 육아휴직 종료 후 해당 사업장에 복직하여 6개월 이상 계속 근무한 경우에 합산하여 일시불로 지급한다. 다만, 고용노동부령으로 정하는 정당한 사유로 6개월 이상 계속 근무하지 못한 경우에도 그 나머지 금액을 지급한다(제4항).

① 월별로 육아휴직 급여를 지급하는 경우로서 육아휴직 급여의 100분의 75에 해당하는 금액이 1)에 따른 최소 지급액보다 적은 경우 : 1)에 따른 최소 지급액

② 일수에 비례하여 육아휴직 급여를 지급하는 경우로서 육아휴직 급여의 100분의 75에 해당하는 금액이 1)에 따른 최소 지급액을 일수에 비례하여 계산한 금액보다 적은 경우 : 1)에 따른 최소 지급액을 일수에 비례하여 계산한 금액

(4) 지급특례(영 제95조의3)

1) 부모가 모두 육아휴직을 하는 경우

같은 자녀에 대하여 자녀의 출생 후 18개월이 될 때까지 피보험자인 부모가 모두 육아휴직을 하는 경우(부모의 육아휴직기간이 전부 또는 일부 겹치지 않은 경우를 포함) 그 부모인 피보험자의 육아휴직 급여의 월별 지급액은 다음의 구분에 따라 산정한 금액으로 한다.

① 육아휴직 시작일부터 6개월까지 : 육아휴직 시작일을 기준으로 한 각 피보험자의 월 통상임금에 해당하는 금액. 이 경우 그 월별 지급액의 상한액은 다음의 구분에 따르며, 그 월별 지급액의 하한액은 부모 각각에 대하여 70만원으로 한다.

㉠ 부모가 육아휴직을 사용한 기간이 각각 1개월인 경우 : 부모 각각에 대하여 월 200만원

㉡ 부모가 육아휴직을 사용한 기간이 각각 2개월인 경우 : 부모 각각에 대하여 첫 번째 달은 월 200만원, 두 번째 달은 월 250만원

㉢ 부모가 육아휴직을 사용한 기간이 각각 3개월인 경우 : 부모 각각에 대하여 첫 번째 달은 월 200만원, 두 번째 달은 월 250만원, 세 번째 달은 월 300만원

㉣ 부모가 육아휴직을 사용한 기간이 각각 4개월인 경우 : 부모 각각에 대하여 첫 번째 달은 월 200만원, 두 번째 달은 월 250만원, 세 번째 달은 월 300만원, 네 번째 달은 월 350만원

㉤ 부모가 육아휴직을 사용한 기간이 각각 5개월인 경우 : 부모 각각에 대하여 첫 번째 달은 월 200만원, 두 번째 달은 월 250만원, 세 번째 달은 월 300만원, 네 번째 달은 월 350만원, 다섯 번째 달은 월 400만원

㉥ 부모가 육아휴직을 사용한 기간이 각각 6개월인 경우 : 부모 각각에 대하여 첫 번째 달은 월 200만원, 두 번째 달은 월 250만원, 세 번째 달은 월 300만원, 네 번째 달은 월 350만원, 다섯 번째 달은 월 400만원, 여섯 번째 달은 월 450만원

② 육아휴직 7개월째부터 육아휴직 종료일까지 : 육아휴직 시작일을 기준으로 한 각 피보험자의 월 통상임금의 100분의 80에 해당하는 금액. 다만, 해당 금액이 150만원을 넘는 경우에는 부모 각각에 대하여 150만원으로 하고, 해당 금액이 70만원보다 적은 경우에는 부모 각각에 대하여 70만원으로 한다. 기출 24

2) 임신을 이유로 육아휴직을 하는 경우

임신 중인 여성 근로자가 임신을 이유로 육아휴직을 하는 경우에는 임신 중인 태아를 자녀로 보고, 임신 중인 여성 근로자와 그 배우자를 부모로 본다.

3) 한부모가족의 모 또는 부가 육아휴직을 하는 경우

한부모가족지원법의 모 또는 부에 해당하는 피보험자가 육아휴직을 하는 경우 그 육아휴직 급여는 다음의 구분에 따른다.

① 육아휴직 시작일부터 3개월까지 : 육아휴직 시작일을 기준으로 한 월 통상임금에 해당하는 금액. 다만, 해당 금액이 250만원을 넘는 경우에는 250만원으로 하고, 해당 금액이 70만원보다 적은 경우에는 70만원으로 한다.

② 육아휴직 4개월째부터 종료일까지 : 육아휴직 시작일을 기준으로 한 월 통상임금의 100분의 80에 해당하는 금액. 다만, 해당 금액이 150만원을 넘는 경우에는 150만원으로 하고, 해당 금액이 70만원보다 적은 경우에는 70만원으로 한다.

4) 지원방법

같은 자녀에 대하여 자녀의 출생 후 12개월이 될 때까지 피보험자인 부모가 모두 육아휴직을 하는 경우와 한부모가족지원법의 모 또는 부에 해당하는 피보험자가 육아휴직을 하는 경우, 육아휴직 급여는 육아휴직 시작일부터 3개월까지는 육아휴직 급여의 월별 지급액 전부를 매월 지급한다.

(5) 육아휴직 급여의 감액(영 제98조)

고용노동부장관은 피보험자가 남녀고용평등과 일·가정 양립 지원에 관한 법률에 따른 육아휴직 기간 중 사업주로부터 육아휴직을 이유로 금품을 지급받은 경우로서 매월 단위로 육아휴직 기간 중 지급받은 금품과 다음의 구분에 따른 금액을 합한 금액이 육아휴직 시작일을 기준으로 한 월 통상임금을 초과한 경우에는 그 초과하는 금액을 다음의 구분에 따른 금액에서 빼고 지급한다.

① 고평법에 의한 육아휴직 급여, 두 번째 육아휴직자에 대한 한시적 특례로 육아휴직 4개월째부터 육아휴직 종료일까지 인정되는 육아휴직 급여, 출생 후 12개월 이내의 자녀에 대한 육아휴직 급여 등의 특례로 육아휴직 4개월째부터 육아휴직 종료일까지 인정되는 육아휴직 급여, 한부모가족지원법상의 모 또는 부에 해당하는 피보험자가 육아휴직을 하는 경우 육아휴직 4개월째부터 종료일까지 인정되는 육아휴직 급여(일수에 비례하여 계산한 육아휴직 급여를 포함)의 경우 : 육아휴직 급여의 100분의 75에 해당하는 금액. 다만, 그 금액이 최소지급액(150만원을 넘는 경우에는 150만원, 70만원보다 적은 경우에는 70만원)보다 적은 경우에는 150만원, 70만원으로 한다.

② 두 번째 육아휴직자에 대한 한시적 특례로 육아휴직 시작일부터 3개월까지 인정되는 육아휴직 급여, 출생 후 12개월 이내의 자녀에 대한 육아휴직 급여 등의 특례로 육아휴직 시작일부터 3개월까지 인정되는 육아휴직 급여, 한부모가족지원법상의 모 또는 부에 해당하는 피보험자가 육아휴직을 하는 경우 육아휴직 시작일부터 3개월까지 인정되는 육아휴직 급여(일수에 비례하여 계산한 육아휴직 급여를 포함)의 경우 : 육아휴직 급여의 100분의 100에 해당하는 금액

(6) 육아휴직의 확인(법 제71조)

사업주는 피보험자가 육아휴직 급여를 받으려는 경우 고용노동부령으로 정하는 바에 따라 사실의 확인 등 모든 절차에 적극 협력하여야 한다.

(7) 육아휴직 급여의 지급 제한 등(법 제73조)

① 피보험자가 육아휴직 기간 중에 그 사업에서 이직한 경우에는 그 이직하였을 때부터 육아휴직 급여를 지급하지 아니한다.

② 피보험자가 육아휴직 기간 중에 취업을 한 경우에는 그 취업한 기간에 대해서는 육아휴직 급여를 지급하지 아니한다. 기출 13·15

③ 피보험자가 사업주로부터 육아휴직을 이유로 금품을 지급받은 경우 대통령령으로 정하는 바에 따라 급여를 감액하여 지급할 수 있다.

④ 거짓이나 그 밖의 부정한 방법으로 육아휴직 급여를 받았거나 받으려 한 사람에게는 그 급여를 받은 날 또는 받으려 한 날부터의 육아휴직 급여를 지급하지 아니한다. 다만, 그 급여와 관련된 육아휴직 이후에 새로 육아휴직 급여 요건을 갖춘 경우 그 새로운 요건에 따른 육아휴직 급여는 그러하지 아니하다.

⑤ 육아휴직 기간 중 취업한 사실을 기재하지 아니하거나 거짓으로 기재하여 육아휴직 급여를 받았거나 받으려 한 사람에 대해서는 위반횟수 등을 고려하여 고용노동부령으로 정하는 바에 따라 지급이 제한되는 육아휴직 급여의 범위를 달리 정할 수 있다.

(8) 육아휴직 급여의 사무의 위탁(영 제99조)

직업안정기관의 장은 피보험자의 신청에 따라 필요하다고 인정하면 그 자에게 행하는 육아휴직 급여에 관한 사무를 다른 직업안정기관의 장에게 위탁하여 처리할 수 있다. 기출 13

2. 육아기 근로시간 단축급여(법 제73조의2)

(1) 지급요건

고용노동부장관은 고평법에 따른 육아기 근로시간 단축을 30일(근로기준법에 따른 출산전후휴가기간과 중복되는 기간은 제외) 이상 실시한 피보험자 중 육아기 근로시간 단축을 시작한 날 이전에 피보험 단위기간이 합산하여 180일 이상인 피보험자에게 육아기 근로시간 단축 급여를 지급한다(법 제73조의2 제1항).

(2) 단축급여 신청

육아기 근로시간 단축 급여를 지급받으려는 사람은 육아기 근로시간 단축을 시작한 날 이후 1개월부터 끝난 날 이후 12개월 이내에 신청하여야 한다. 다만, 해당 기간에 대통령령으로 정하는 사유로 육아기 근로시간 단축 급여를 신청할 수 없었던 사람은 그 사유가 끝난 후 30일 이내에 신청하여야 한다(법 제73조의2 제2항).

기출 16

(3) 육아기 근로시간 단축급여액(영 제104조의2) 기출 17

① 육아기 근로시간 단축 급여 신청기간의 연장 사유에 관하여는 육아휴직 급여 신청기간의 연장 사유 규정을 준용한다. 이 경우 "육아휴직 급여"는 "육아기 근로시간 단축 급여"로 본다(제1항).

② 육아기 근로시간 단축 급여액은 다음의 계산식에 따라 산정한다. 다만, 육아기 근로시간 단축 급여의 지급대상 기간이 1개월을 채우지 못하는 경우에는 다음의 계산식에 따라 산출된 금액을 그 달의 일수로 나누어 산출한 금액에 그 달에 육아기 근로시간 단축을 사용한 일수를 곱하여 산정한다(제2항).

(매주 최초 10시간 단축분)

$$\text{육아기 근로시간 단축 개시일을 기준으로 근로기준법에 따라 산정한 월 통상임금액에 해당하는 금액 (200만원을 상한액으로 하고 50만원을 하한액으로 한다)} \times \frac{\text{10(주당 단축 근로시간이 10시간 미만인 경우 실제 단축한 시간)}}{\text{단축 전 소정근로시간}}$$

(나머지 근로시간 단축분)

$$\text{육아기 근로시간 단축 개시일을 기준으로 근로기준법에 따라 산정한 월 통상 임금의 100분의 80에 해당하는 금액 (150만원을 상한액으로 하고, 50만원을 하한액으로 한다)} \times \frac{\text{단축 전 소정근로시간} - \text{단축 후 소정근로시간} - 10}{\text{단축 전 소정근로시간}}$$

(4) 육아기 근로시간 단축급여의 감액(영 제104조의4)

고용노동부장관은 피보험자가 육아기 근로시간 단축기간 중 매월 단위로 사업주로부터 지급받은 금품(임금과 육아기 근로시간 단축을 이유로 지급받은 금품)과 육아기 근로시간 단축 급여를 합한 금액이 다음의 구분에 따른 통상임금을 초과한 경우에는 그 초과하는 금액을 육아기 근로시간 단축 급여에서 빼고 지급한다.

① 육아기 근로시간 단축기간 중 통상임금 인상이 없는 경우 : 육아기 근로시간 단축 시작일의 직전 월을 기준으로 한 월 통상임금

② 육아기 근로시간 단축기간 중 통상임금이 인상된 경우 : 다음의 구분에 따른 통상임금

㉠ 통상임금이 인상된 날의 전날 까지 : 육아기 근로시간 단축 시작일의 직전 월을 기준으로 한 월 통상임금

㉡ 통상임금이 인상된 날 이후 : 통상임금이 인상된 날을 기준으로 한 월 통상임금

3. 출산전후휴가 급여등

(1) 지급요건(법 제75조)

고용노동부장관은 피보험자가 근로기준법에 따른 출산전후휴가 또는 유산·사산 휴가를 받은 경우와 배우자 출산휴가를 받은 경우로서 다음의 요건을 모두 갖춘 경우에 출산전후휴가 급여등을 지급한다.

① 휴가가 끝난 날 이전에 피보험 단위기간이 합산하여 180일 이상일 것

② 휴가를 시작한 날[출산전후휴가 또는 유산·사산 휴가를 받은 피보험자가 속한 사업장이 우선지원 대상기업이 아닌 경우에는 휴가 시작 후 60일(한 번에 둘 이상의 자녀를 임신한 경우에는 75일)이 지난 날] 이후 1개월부터 휴가가 끝난 날 이후 12개월 이내에 신청할 것. 다만, 그 기간에 대통령령으로 정하는 사유로 출산전후휴가 급여등을 신청할 수 없었던 사람은 그 사유가 끝난 후 30일 이내에 신청하여야 한다.

(2) 지급기간 등(법 제76조)

1) 지급기간

다음의 휴가 기간에 대하여 근로기준법의 통상임금(휴가를 시작한 날을 기준으로 산정)에 해당하는 금액을 지급한다.

① 근로기준법에 따른 출산전후휴가 또는 유산·사산 휴가 기간. 다만, 우선지원 대상기업이 아닌 경우에는 휴가 기간 중 60일(한 번에 둘 이상의 자녀를 임신한 경우에는 75일)을 초과한 일수(30일을 한도로 하되, 한 번에 둘 이상의 자녀를 임신한 경우에는 45일을 한도)로 한정한다.

② 고평법에 따른 배우자 출산휴가 기간 중 최초 5일. 다만, 피보험자가 속한 사업장이 우선지원 대상기업인 경우에 한정한다.

2) 출산전후휴가 급여 등의 상·하한액(영 제101조)

① 상한액 : 다음의 사항을 고려하여 매년 고용노동부장관이 고시하는 금액

㉠ 출산전후휴가급여등 수급자들의 평균적인 통상임금 수준

㉡ 물가상승률

㉢ 최저임금법에 따른 최저임금

㉣ 그 밖에 고용노동부장관이 필요하다고 인정하는 사항

② 하한액 : 출산전후휴가, 유산·사산 휴가 또는 배우자 출산휴가의 시작일 당시 적용되던 최저임금법에 따른 시간 단위에 해당하는 최저임금액(시간급 최저임금액)보다 그 근로자의 시간급 통상임금이 낮은 경우에는 시간급 최저임금액을 시간급 통상임금으로 하여 산정된 출산전후휴가 급여 등의 지원기간 중 통상임금에 상당하는 금액

(3) 출산전후휴가 급여 등의 감액(영 제104조)

고용노동부장관은 피보험자가 출산전후휴가 기간 또는 유산·사산 휴가 기간, 배우자 출산휴가 기간 중 사업주로부터 통상임금에 해당하는 금품을 지급받은 경우로서 사업주로부터 받은 금품과 출산전후휴가 급여등을 합한 금액이 휴가 시작일을 기준으로 한 통상임금을 초과한 경우 그 초과하는 금액을 출산전후휴가 급여등에서 빼고 지급한다. 다만, 휴가기간 중에 통상임금이 인상된 피보험자에게 사업주가 인상된 통상임금과 출산전후휴가 급여등의 차액을 지급했을 때에는 그렇지 않다.

(4) 출산전후휴가 급여 등의 수급권 대위(법 제75조의2)

사업주가 출산전후휴가 급여 등의 지급사유와 같은 사유로 그에 상당하는 금품을 근로자에게 미리 지급한 경우로서 그 금품이 출산전후휴가 급여 등을 대체하여 지급한 것으로 인정되면 그 사업주는 지급한 금액(상한액을 초과할 수 없다)에 대하여 그 근로자의 출산전후휴가 급여 등을 받을 권리를 대위한다.

(5) 기간제근로자 또는 파견근로자에 대한 적용(법 제76조의2)

고용노동부장관은 기단법에 따른 기간제근로자 또는 파견법에 따른 파견근로자가 근로기준법에 따른 출산전후휴가기간 또는 유산·사산 휴가 기간 중 근로계약기간이 끝나는 경우 근로계약 종료일 다음 날부터 해당 출산전후휴가 또는 유산·사산 휴가 종료일까지의 기간에 대한 출산전후휴가 급여등에 상당하는 금액 전부를 기간제근로자 또는 파견근로자에게 지급한다.

Ⅵ 예술인인 피보험자에 대한 고용보험 특례

1. 예술인에 대한 적용(법 제77조의2)

(1) 원 칙

근로자가 아니면서 예술인 복지법에 따른 예술인 등 대통령령으로 정하는 사람 중 문화예술용역 관련 계약(이하 "문화예술용역 관련 계약")을 체결하고 다른 사람을 사용하지 아니하고 자신이 직접 노무를 제공하는 사람(이하 "예술인")과 이들을 상대방으로 하여 문화예술용역 관련 계약을 체결한 사업에 대해서는 고용보험 특례규정을 적용한다.

> **예술인인 피보험자의 범위(영 제104조의5)**
>
> ① 법 제77조의2 제1항에서 "「예술인 복지법」 제2조 제2호에 따른 예술인 등 대통령령으로 정하는 사람"이란 다음 각 호의 어느 하나에 해당하는 사람을 말한다.
>
> 1. 「예술인 복지법」 제2조 제2호의2에 따른 예술 활동 증명 예술인
> 2. 「예술인 복지법」 제3조의2 제1항 각 호의 어느 하나에 해당하나 예술 활동 증명을 받지 못하였거나 예술 활동 증명의 유효기간이 지난 사람으로서 문화예술 분야에서 창작, 실연(實演), 기술지원 등의 활동을 하고 있거나 하려는 사람

② 법 제77조의2 제2항 제2호 본문에서 "대통령령으로 정하는 소득 기준"이란 다음 각 호와 같다.
1. 예술인과 사업주가 체결한 문화예술용역 관련 계약의 월평균소득(예술인이 문화예술용역 관련 계약에서 지급받기로 한 금액을 계약기간으로 나누어 월 단위로 산정한 금액을 말한다. 이하 같다)이 50만원 이상일 것
2. 제1호에 따른 소득 기준을 충족하지 못하는 예술인이 둘 이상의 문화예술용역 관련 계약을 체결한 경우로서 같은 기간에 해당하는 문화예술용역 관련 계약의 월평균소득을 합산(본인이 합산하기를 원하는 경우만 해당한다)하여 그 합계액이 50만원 이상일 것

(2) 적용제외

예술인이 다음의 어느 하나에 해당하는 경우에는 이 법을 적용하지 아니한다.

① 65세 이후에 근로계약, 문화예술용역 관련 계약 또는 노무제공계약을(65세 전부터 피보험자격을 유지하던 사람이 65세 이후에 계속하여 근로계약, 문화예술용역 관련 계약 또는 노무제공계약을 체결한 경우는 제외) 체결하거나 자영업을 개시하는 경우

② 예술인 중 대통령령으로 정하는 소득 기준을 충족하지 못하는 경우. 다만, 예술인 중 계약의 기간이 1개월 미만인 사람(이하 "단기예술인")은 제외한다.

③ 15세 미만인 경우. 다만, 15세 미만인 예술인으로서 고용보험 가입을 원하는 사람은 대통령령으로 정하는 바에 따라 고용보험에 가입할 수 있다.

(3) 피보험자격에 관한 신고등

① 사업의 특성 및 규모 등을 고려하여 대통령령으로 정하는 사업이 다음의 어느 하나에 해당하는 경우에는 하수급인이 사용하는 예술인에 대하여 대통령령으로 정하는 바에 따라 발주자 또는 원수급인이 피보험자격에 관한 신고를 하여야 한다.

㉠ 하나의 사업에 다수의 도급이 이루어져 원수급인이 다수인 경우

㉡ 하나의 사업이 여러 차례의 도급으로 이루어져 하수급인이 다수인 경우

② 하수급인인 사업주와 예술인 등은 발주자・원수급인이 피보험자격 취득 등의 신고를 위하여 대통령령으로 정하는 관련 자료, 정보 등을 요청하는 경우 이를 제공하여야 한다.

③ 예술인과 문화예술용역 관련 계약을 체결한 사업의 사업주(하수급인이 사용하는 예술인에 대하여는 발주자 또는 원수급인)는 징수법에 따라 보험료를 부담하며, 그 보험관계의 성립・소멸 및 변경, 보험료의 산정・납부 및 징수에 필요한 사항은 징수법에서 정하는 바에 따른다.

예술인의 피보험자격에 관한 신고(영 제104조의6)

① 예술인과 문화예술용역 관련 계약을 체결한 사업주는 법 제77조의5 제1항에서 준용하는 법 제15조에 따라 그 사업과 관련된 예술인의 피보험자격 취득 및 상실에 관한 사항을 그 사유가 발생한 날이 속하는 달의 다음 달 15일까지(예술인이 그 기일 이전에 신고할 것을 요구하는 경우에는 지체 없이) 고용노동부장관에게 신고해야 한다.

② 제1항에도 불구하고 단기예술인과 문화예술용역 관련 계약을 체결한 사업주가 해당 계약 기간에 제공된 문화예술용역 일수, 계약금액 등이 적힌 노무제공내용 확인신고서를 그 사유가 발생한 날이 속하는 달의 다음 달 15일까지 고용노동부장관에게 제출한 경우에는 해당 단기예술인의 피보험자격의 취득 및 상실에 관한 사항을 신고한 것으로 본다.

③ 예술인은 법 제77조의5 제1항에서 준용하는 법 제15조 제3항에 따라 피보험자격의 취득 및 상실에 관한 사항을 신고하는 경우에는 문화예술용역 관련 계약서 등 문화예술용역 관련 계약 관계를 증명할 수 있는 서류를 제출해야 한다.

④ 법 제77조의2 제2항 제3호 단서에 따라 고용보험 가입을 원하는 15세 미만인 예술인과 문화예술용역 관련 계약을 체결한 사업주(법 제77조의2 제3항에 해당하는 경우에는 그 발주자 또는 원수급인)는 고용노동부령으로 정하는 바에 따라 고용노동부장관에게 고용보험 가입을 신청해야 한다. 다만, 해당 15세 미만인 예술인이 원하는 경우에는 직접 가입을 신청할 수 있고, 가입 신청을 받은 고용노동부장관은 그 사실을 사업주에게 알려야 한다.

⑤ 제4항에 따라 가입을 신청한 경우 해당 15세 미만인 예술인은 가입을 신청한 날의 다음 날에 피보험자격을 취득한 것으로 본다. 다만, 해당 15세 미만인 예술인이 단기예술인인 경우에는 문화예술용역 관련 계약에 따라 노무를 제공한 날에 피보험자격을 취득한 것으로 본다.
⑥ 고용보험에 가입한 15세 미만인 예술인이 고용보험에서 탈퇴하려는 경우에는 고용노동부령으로 정하는 바에 따라 고용노동부장관에게 탈퇴 신청을 해야 한다. 이 경우 탈퇴를 신청한 날의 다음 날에 피보험자격을 상실한 것으로 본다.
⑦ 법 제77조의2 제3항 각 호 외의 부분에서 "대통령령으로 정하는 사업"이란 국가, 지방자치단체 또는 공공기관의 운영에 관한 법률에 따른 공공기관(해당 문화예술용역 관련 계약 기간 중에 공공기관에서 제외된 경우에는 그 계약이 종료 또는 해지될 때까지는 제외된 공공기관을 포함)이 발주하는 문화예술용역 관련 사업을 말한다.
⑧ 법 제77조의2 제3항에 따라 발주자 또는 원수급인은 원수급인 또는 하수급인이 사용하는 예술인에 대하여 다음 각 호의 구분에 따라 해당 예술인의 피보험자격 취득 및 상실에 관한 사항을 신고해야 한다.
1. 하나의 사업에 다수의 도급이 이루어져 원수급인이 다수인 경우 : 발주자가 원수급인 및 하수급인이 사용하는 예술인의 피보험자격 취득 및 상실에 관한 사항을 신고할 것
2. 하나의 사업이 여러 차례의 도급으로 이루어져 하수급인이 다수인 경우 : 원수급인이 하수급인이 사용하는 예술인의 피보험자격 취득 및 상실에 관한 사항을 신고할 것
⑨ 법 제77조의2 제4항에서 "대통령령으로 정하는 관련 자료, 정보"란 다음 각 호의 자료와 정보를 말한다.
1. 원수급인과 하수급인 또는 하수급인 사이에 체결된 하도급계약서
2. 문화예술용역 관련 계약서
3. 사용하는 예술인의 명부

2. 예술인에 대한 구직급여(법 제77조의3)

(1) 지급요건

예술인의 구직급여는 다음의 요건을 모두 갖춘 경우에 지급한다. 다만, ⑥은 최종 이직 당시 단기예술인이었던 사람만 해당한다.

① 이직일 이전 24개월 동안의 피보험 단위기간이 통산하여 9개월 이상일 것 기출 21
② 근로 또는 노무제공의 의사와 능력이 있음에도 불구하고 취업(영리를 목적으로 사업을 영위하는 경우를 포함)하지 못한 상태에 있을 것
③ 이직사유가 수급자격의 제한 사유에 해당하지 아니할 것. 다만, 예술인이 이직할 당시 대통령령으로 정하는 바에 따른 소득감소로 인하여 이직하였다고 직업안정기관의 장이 인정하는 경우에는 수급자격의 제한 사유에 해당하지 아니하는 것으로 본다.
④ 이직일 이전 24개월 중 3개월 이상을 예술인인 피보험자로 피보험자격을 유지하였을 것 기출 21
⑤ 재취업을 위한 노력을 적극적으로 할 것
⑥ 다음의 요건을 모두 갖출 것
㉠ 수급자격의 인정신청일 이전 1개월 동안의 노무제공일수가 10일 미만이거나 수급자격 인정신청일 이전 14일간 연속하여 노무제공내역이 없을 것 기출 24
㉡ 최종 이직일 이전 24개월 동안의 피보험 단위기간 중 다른 사업에서 수급자격의 제한 사유에 해당하는 사유로 이직한 사실이 있는 경우에는 그 피보험 단위기간 중 90일 이상을 단기예술인으로 종사하였을 것 기출 24

예술인인 피보험자의 구직급여 수급요건 등(영 제104조의8)

① 법 제77조의3 제1항 제3호 단서에서 "대통령령으로 정하는 바에 따른 소득감소"란 다음 각 호의 어느 하나에 해당하는 소득감소가 있는 경우를 말한다. 다만, 고용노동부장관은 「재난 및 안전관리 기본법」에 따른 재난 등 사회적・경제적 위기가 발생한 경우에는 제1호 및 제2호에 따른 소득감소를 비교하는 시점을 달리 정하여 고시할 수 있다.

1. 이직일이 속한 달의 직전 3개월 동안에 이직할 당시의 문화예술용역 관련 계약(이하 "최종 계약"이라 한다. 이하 이 항에서 같다)으로부터 발생한 소득이 전년도 같은 기간에 최종 계약으로부터 발생한 소득(최종 계약이 없는 경우에는 전년도 같은 기간에 유효한 다른 문화예술용역 관련 계약으로부터 발생한 소득을 말한다)보다 100분의 20 이상 감소한 경우
2. 다음 각 목에 해당하는 소득 감소가 모두 이루어진 경우
   가. 이직일이 속한 달의 직전 3개월 동안에 최종 계약으로부터 발생한 소득의 월평균금액이 이직일이 속한 연도의 전년도에 최종 계약으로부터 발생한 소득의 월평균금액[최종 계약이 없는 경우에는 그 전년도에 유효한 다른 문화예술용역 관련 계약(계약 기간이 1개월 이상인 것만 해당한다)으로부터 발생한 소득의 월평균금액을 말한다. 이하 나목에서 "전년도 월평균금액"이라 한다]보다 작을 것
   나. 이직일이 속한 달의 직전 12개월 동안에 최종 계약으로부터 발생한 월별 소득이 전년도 월평균금액보다 100분의 20 이상 작은 달이 5개월 이상일 것

④ 법 제77조의3 제5항에서 "대통령령으로 정하는 금액"이란 6만 6천원을 말한다.

⑤ 법 제77조의3 제6항 단서에서 "대통령령으로 정하는 기간"이란 다음 각 호의 구분에 따른 기간을 말한다.

1. 법 제77조의3 제6항 제1호에 해당하는 경우 : 4주
2. 법 제77조의3 제6항 제2호에 해당하는 경우 : 2주

⑥ 법 제77조의3 제7항 단서에 따른 단기예술인의 피보험기간은 다음 각 호의 구분에 따라 산정한다.

1. 해당 달의 노무제공일수가 11일 이상인 경우 : 1개월로 산정
2. 해당 달의 노무제공일수가 10일 이하인 경우 : 월별 노무제공일수를 더하여 22로 나눈 기간으로 산정

⑦ 실업인정대상기간 중 취업 등으로 발생한 소득은 법 제77조의3 제8항 및 다음 각 호의 구분에 따라 해당 금액을 감액하고 구직급여를 지급해야 한다.

1. 예술인인 피보험자가 다음 각 목의 어느 하나에 해당하여 취업 등을 한 것으로 보는 경우 : 해당 근로일수, 노무제공일수 또는 영업일수에 그에 해당하는 구직급여일액을 곱한 금액 전부
   가. 1개월 소정근로시간을 60시간 이상 또는 1주일 소정근로시간을 15시간 이상으로 정하여 근로를 제공하는 경우
   나. 3개월 이상 계속하여 근로를 제공하는 경우
   다. 일용근로자로서 근로를 제공하거나 단기예술인 또는 법 제77조의6 제2항 제2호 단서에 따른 단기노무제공자로서 노무를 제공하는 경우
   라. 문화예술용역 관련 계약(월평균소득이 50만원 이상인 것을 말한다) 또는 노무제공계약(제104조의11 제2항 제1호에 따른 월보수액이 80만원 이상인 것을 말한다)을 새로 체결하여 노무를 제공하는 경우
   마. 상업・농업 등 가업에 종사(무급 가사종사자를 포함한다)하거나 다른 사람의 사업에 참여하여 근로를 제공함으로써 다른 사업에 상시 취직하기가 곤란하다고 인정되는 경우
   바. 「소득세법」, 「부가가치세법」 또는 「법인세법」에 따라 사업자등록을 한 경우. 다만, 휴업신고를 하는 등 실제 사업을 하지 않았음을 증명한 경우와 부동산임대업 중 근로자를 고용하지 않고 임대사무실도 두지 않은 경우는 제외한다.
   사. 그 밖에 사회통념상 취업을 하였다고 인정되는 경우
2. 제1호 외의 경우로서 실업인정대상기간 중 발생한 1일 평균소득이 고용노동부장관이 고시한 금액을 넘는 경우 : 해당 실업인정대상기간 중 발생한 1일 평균소득에서 고용노동부장관이 고시한 금액을 뺀 금액을 모두 더한 금액

(2) 피보험 단위기간

피보험 단위기간은 그 수급자격과 관련된 이직 당시의 사업에서의 피보험자격 취득일부터 이직일까지의 기간으로 산정하고, 이직일 이전 24개월 동안 근로자, 예술인, 노무제공자 중 둘 이상에 해당하는 사람으로 종사한 경우의 피보험 단위기간은 대통령령으로 정하는 바에 따른다.

(3) 기초일액

예술인의 기초일액은 수급자격 인정과 관련된 마지막 이직일 전 1년간의 징수법에 따라 신고된 보수총액을 그 산정의 기준이 되는 기간의 총 일수로 나눈 금액으로 한다. 다만, 예술인(기준보수를 적용받지 아니하는 예술인은 제외)의 기초일액이 이직 당시 예술인의 일단위 기준보수 미만인 경우에는 일단위 기준보수를 기초일액으로 한다.

(4) 구직급여일액

① 예술인의 구직급여일액은 기초일액에 100분의 60을 곱한 금액으로 한다. 기출 21

② 구직급여일액의 상한액은 근로자인 피보험자의 구직급여 상한액 등을 고려하여 대통령령으로 정하는 금액(6만 6천원)으로 한다. 기출 21

③ 예술인은 실업의 신고일부터 계산하기 시작하여 7일간은 대기기간으로 보아 구직급여를 지급하지 아니한다. 다만, ㉠ 예술인이 이직할 당시 대통령령으로 정하는 바에 따른 소득감소로 인하여 이직하였다고 직업안정기관의 장이 인정하는 경우나, ㉡ 수급자격의 인정신청을 한 경우로서 가장 나중에 상실한 피보험자격과 관련된 이직사유를 대통령령으로 정하는 바에 따른 소득감소로 인한 이직으로 직업안정기관의 장이 인정하는 경우에는 각 사유별로 ㉠은 4주, ㉡은 2주를 대기기간으로 보아 구직급여를 지급하지 아니하며, 위의 각 사유 중 둘 이상에 해당하는 경우에는 그 대기기간이 가장 긴 기간을 대기기간으로 본다.

④ 예술인의 소정급여일수 산정을 위한 피보험기간은 피보험 단위기간으로 한다. 다만, 단기예술인은 해당 계약기간 중 노무제공일수 등을 고려하여 대통령령으로 정하는 바에 따라 산정한 기간으로 한다.

⑤ 직업안정기관의 장은 예술인인 피보험자에 대하여 구직급여를 지급하는 경우에는 실업인정대상기간 중 취업 등으로 발생한 소득에 대해서는 소득수준, 근로 등의 활동 기간 등을 고려하여 대통령령으로 정하는 바에 따라 일부 또는 전부를 감액하고 지급하여야 한다.

3. 예술인의 출산전후급여(법 제77조의4)

고용노동부장관은 예술인인 피보험자 또는 피보험자였던 사람이 출산 또는 유산・사산을 이유로 노무를 제공할 수 없는 경우에는 출산전후급여 등을 지급한다. 다만, 같은 자녀에 대하여 출산전후휴가 급여 등 및 출산전후급여 등의 지급요건을 동시에 충족하는 경우 등에 대해서는 대통령령으로 정하는 바에 따라 지급한다.

예술인의 출산전후급여등의 지급요건 등(영 제104조의9)

① 고용노동부장관은 법 제77조의4 제2항에 따라 예술인인 피보험자 또는 피보험자였던 사람이 다음 각 호의 요건을 모두 갖춘 경우에 출산전후급여 등(이하 "출산전후급여등")을 지급한다.

1. 다음 각 목의 구분에 따른 요건을 갖출 것
   - 가. 출산 또는 유산・사산을 한 날 현재 피보험자인 예술인 : 출산 또는 유산・사산을 한 날 이전에 예술인으로서의 피보험 단위기간이 합산하여 3개월 이상일 것
   - 나. 출산 또는 유산・사산을 한 날 현재 피보험자가 아닌 예술인 : 출산 또는 유산・사산을 한 날 이전 18개월 동안 예술인으로서의 피보험 단위기간이 합산하여 3개월 이상일 것
2. 제2항에 따른 출산전후급여등의 지급기간에 노무제공을 하지 않을 것. 다만, 그 지급기간 중 노무제공 또는 자영업으로 발생한 소득이 각각 고용노동부장관이 정하여 고시하는 금액 미만인 경우에는 노무제공을 하지 않은 것으로 본다.

3. 출산 또는 유산·사산을 한 날부터 12개월 이내에 출산전후급여등을 신청할 것. 다만, 다음 각 목의 어느 하나에 해당하는 사유로 그 기간까지 신청할 수 없었던 경우에는 그 사유가 끝난 날부터 30일 이내에 신청해야 한다.
가. 천재지변
나. 본인, 배우자 또는 본인·배우자의 직계존속·직계비속의 질병이나 부상
다. 범죄 혐의로 인한 구속이나 형의 집행

② 출산전후급여등의 지급기간은 다음 각 호의 구분에 따른다.
1. 예술인인 피보험자 또는 피보험자였던 사람이 출산한 경우 : 출산 전과 후를 연속하여 90일(한 번에 둘 이상의 자녀를 임신한 경우에는 120일)로 하되, 출산 후에 45일(한 번에 둘 이상의 자녀를 임신한 경우에는 60일) 이상이 되도록 할 것
2. 예술인인 피보험자 또는 피보험자였던 사람이 유산 또는 사산한 경우 : 다음 각 목에 해당하는 기간
가. 임신기간이 11주 이내인 경우 : 유산 또는 사산한 날부터 5일
나. 임신기간이 12주 이상 15주 이내인 경우 : 유산 또는 사산한 날부터 10일 기출 23
다. 임신기간이 16주 이상 21주 이내인 경우 : 유산 또는 사산한 날부터 30일
라. 임신기간이 22주 이상 27주 이내인 경우 : 유산 또는 사산한 날부터 60일
마. 임신기간이 28주 이상인 경우 : 유산 또는 사산한 날부터 90일

③ 출산전후급여등은 출산 또는 유산·사산한 날부터 소급하여 1년(출산 또는 유산·사산을 한 날 현재 피보험자가 아닌 예술인의 경우에는 18개월) 동안의 월평균보수에 해당하는 금액을 기준으로 제2항 각 호의 구분에 따른 기간에 대하여 산정한 금액으로 하되, 그 상한액과 하한액은 다음 각 호의 사항을 고려하여 고용노동부장관이 정하여 고시한다.
1. 제101조에 따른 출산전후휴가 급여등의 상한액과 하한액
2. 예술인인 피보험자의 월평균보수 수준
3. 물가상승률
4. 그 밖에 고용노동부장관이 필요하다고 인정하는 사항

④ 예술인인 피보험자 또는 피보험자였던 사람이 같은 출산 또는 유산·사산을 이유로 다음 각 호에 해당하는 금액을 지급받은 경우에는 제3항에도 불구하고 그 지급받은 금액을 제외하고 출산전후급여등을 지급한다.
1. 법 제75조에 따라 근로자로서 지급받은 출산전후휴가 급여등
2. 법 제76조에 따른 출산전후휴가 급여등의 지급기간에 법 제77조 제1항에서 준용하는 법 제73조 제3항에 따라 근로자로서 해당 사업주로부터 지급받은 금품
3. 법 제77조의9 제1항에 따라 노무제공자로서 지급받은 출산전후급여등 및 출산전후급여등의 지급기간에 노무제공자로서 해당 사업주로부터 지급받은 금품
4. 제2항에 따른 출산전후급여등의 지급기간에 예술인으로서 해당 사업주로부터 지급받은 금품

Ⅶ 노무제공자인 피보험자에 대한 고용보험 특례

1. 노무제공자에 대한 적용(법 제77조의6)

(1) 원 칙

근로자가 아니면서 자신이 아닌 다른 사람의 사업을 위하여 자신이 직접 노무를 제공하고 해당 사업주 또는 노무수령자로부터 일정한 대가를 지급받기로 하는 계약(이하 "노무제공계약")을 체결한 사람 중 대통령령으로 정하는 직종에 종사하는 사람(이하 "노무제공자")과 이들을 상대방으로 하여 노무제공계약을 체결한 사업에 대해서는 고용보험 특례규정을 적용한다.

노무제공자인 피보험자의 범위(영 제104조의11)

① 법 제77조의6 제1항에서 "대통령령으로 정하는 직종에 종사하는 사람"이란 다음 각 호의 어느 하나에 해당하는 사람을 말한다.

1. 보험을 모집하는 사람으로서 다음 각 목의 어느 하나에 해당하는 사람
   가. 보험업법 제84조 제1항에 따라 등록한 보험설계사
   나. 우체국 예금·보험에 관한 법률에 따른 우체국보험의 모집을 전업으로 하는 사람 기출 22
2. 통계법 제22조에 따라 통계청장이 고시하는 직업에 관한 표준분류(이하 "한국표준직업분류표")의 세세분류에 따른 학습지 방문강사, 교육교구 방문강사 등 회원의 가정 등을 직접 방문하여 아동이나 학생 등을 가르치는 사람
3. 한국표준직업분류표의 세분류에 따른 택배원인 사람으로서 택배사업[소화물을 집화(集貨)·수송과정을 거쳐 배송하는 사업]에서 집화 또는 배송 업무를 하는 사람
4. 대부업 등의 등록 및 금융이용자 보호에 관한 법률 제3조 제1항 단서에 따른 대출모집인
5. 여신전문금융업법 제14조의2 제1항 제2호에 따른 신용카드회원모집인(전업으로 하는 사람만 해당)
6. 방문판매 등에 관한 법률 제2조 제2호에 따른 방문판매원 또는 같은 조 제8호에 따른 후원방문판매원으로서 상시적으로 방문판매업무를 하는 사람. 다만, 자가소비를 위한 방문판매원·후원방문판매원 및 제2호 또는 제7호에 동시에 해당하는 사람은 제외한다. 기출 22
7. 한국표준직업분류표의 세세분류에 따른 대여제품 방문점검원 기출 22
8. 가전제품의 판매를 위한 배송업무를 주로 수행하고 가전제품의 설치, 시운전 등을 통해 작동상태를 확인하는 사람 기출 22
9. 초·중등교육법 제2조에 따른 학교에서 운영하는 방과후학교의 과정을 담당하는 강사 기출 22
10. 건설기계관리법 제3조 제1항에 따라 등록된 건설기계를 직접 운전하는 사람
11. 화물자동차 운수사업법 제2조 제11호에 따른 화물차주로서 다음 각 목의 어느 하나에 해당하는 사람
    가. 자동차관리법 제3조 제1항 제4호에 따른 특수자동차로 수출입 컨테이너 또는 시멘트를 운송하는 사람
    나. 자동차관리법 제2조 제1호 본문에 따른 피견인자동차 또는 제3조에 따른 일반형 화물자동차로 화물자동차 운수사업법 시행령 제4조의7 제1항에 따른 안전운송원가가 적용되는 철강재를 운송하는 사람
    다. 자동차관리법 제3조에 따른 일반형 화물자동차 또는 특수용도형 화물자동차로 물류정책기본법 제29조 제1항에 따른 위험물질을 운송하는 사람
    라. 택배사업에서 택배사업자나 화물자동차 운수사업법에 따른 운수사업자(이하 이 호에서 "운수사업자")로부터 업무를 위탁받아 자동차관리법 제3조 제1항 제3호의 일반형 화물자동차 또는 특수용도형 화물자동차로 물류센터 간 화물 운송 업무를 하는 사람
    마. 자동차관리법 제3조 제1항 제3호의 일반형 화물자동차 또는 특수용도형 화물자동차로 같은 법에 따른 자동차를 운송하는 사람
    바. 자동차관리법 제3조 제1항 제3호의 특수용도형 화물자동차로 밀가루 등 곡물 가루, 곡물 또는 사료를 운송하는 사람
    사. 유통산업발전법에 따른 대규모점포나 준대규모점포를 운영하는 사업 또는 체인사업에서 그 사업주나 운수사업자와 노무제공계약을 체결하여 자동차관리법 제3조 제1항 제3호의 일반형 화물자동차 또는 특수용도형 화물자동차로 상품을 물류센터로 운송하거나 점포 또는 소비자에게 배송하는 업무를 하는 사람
    아. 유통산업발전법에 따른 무점포판매업을 운영하는 사업에서 그 사업주나 운수사업자와 노무제공계약을 체결하여 자동차관리법 제3조 제1항 제3호의 일반형 화물자동차 또는 특수용도형 화물자동차로 상품을 물류센터로 운송하거나 소비자에게 배송하는 업무를 하는 사람
    자. 한국표준산업분류표의 중분류에 따른 음식점 및 주점업을 운영하는 사업(여러 점포를 직영하는 사업 또는 가맹사업거래의 공정화에 관한 법률에 따른 가맹사업으로 한정)에서 그 사업주나 운수사업자와 노무제공계약을 체결하여 자동차관리법 제3조 제1항 제3호의 일반형 화물자동차 또는 특수용도형 화물자동차로 식자재나 식품 등을 물류센터로 운송하거나 점포로 배송하는 업무를 하는 사람
    차. 한국표준산업분류표의 세분류에 따른 기관 구내식당업을 운영하는 사업에서 그 사업주나 운수사업자와 노무제공계약을 체결하여 자동차관리법 제3조 제1항 제3호의 일반형 화물자동차 또는 특수용도형 화물자동차로 식자재나 식품 등을 물류센터로 운송하거나 기관 구내식당으로 배송하는 업무를 하는 사람

12. 한국표준직업분류표의 세분류에 따른 택배원으로서 퀵서비스업자(소화물을 집화·수송 과정을 거치지 않고 배송하는 사업을 말한다)로부터 업무를 의뢰받아 배송 업무를 하는 사람. 다만, 다음 각 목의 사람은 제외한다.
  가. 제3호에 해당하는 사람
  나. 자동차관리법 제3조 제1항 제3호의 화물자동차로 배송 업무를 하는 사람
13. 대리운전업자(자동차 이용자의 요청에 따라 목적지까지 유상으로 그 자동차를 운전하도록 하는 사업의 사업주를 말한다)로부터 업무를 의뢰받아 대리운전 업무를 하는 사람
14. 소프트웨어 진흥법에 따른 소프트웨어사업에서 노무를 제공하는 같은 법에 따른 소프트웨어기술자
15. 관광진흥법 제38조 제1항 단서에 따른 관광통역안내의 자격을 가진 사람으로서 외국인 관광객을 대상으로 관광안내를 하는 사람
16. 도로교통법에 따른 어린이통학버스를 운전하는 사람
17. 체육시설의 설치·이용에 관한 법률 제7조에 따라 직장체육시설로 설치된 골프장 또는 같은 법 제19조에 따라 체육시설업의 등록을 한 골프장에서 골프경기를 보조하는 골프장 캐디

(2) 적용제외

노무제공자가 다음의 어느 하나에 해당하는 경우에는 이 법을 적용하지 아니한다.

① 65세 이후에 근로계약, 노무제공계약 또는 문화예술용역 관련 계약(65세 전부터 피보험자격을 유지하던 사람이 65세 이후에 계속하여 근로계약, 노무제공계약 또는 문화예술용역 관련 계약을 체결한 경우는 제외)을 체결하거나 자영업을 개시하는 경우

② 노무제공자 중 대통령령으로 정하는 소득 기준을 충족하지 못하는 경우. 다만, 노무제공자 중 계약의 기간이 1개월 미만인 사람(이하 "단기노무제공자")은 제외한다.

③ 15세 미만인 경우. 다만, 15세 미만인 노무제공자로서 고용보험 가입을 원하는 사람은 대통령령으로 정하는 바에 따라 고용보험에 가입할 수 있다.

노무제공자인 피보험자의 범위(영 제104조의11)

② 법 제77조의6 제2항 제2호 본문에서 "대통령령으로 정하는 소득기준"이란 다음 각 호와 같다.
1. 노무제공자와 사업주가 체결한 노무제공계약에 따라 발생한 월보수액(해당 사업주가 노무제공계약을 새로 체결한 경우에는 고용산재보험료징수법 시행령 제19조의7 제3항 제2호의2에 따라 신고한 보수액을 말하고, 그 신고 이후에는 사업주가 매월 노무제공자에게 지급하는 보수액)이 80만원 이상일 것
2. 제1호에 따른 소득기준을 충족하지 못하는 노무제공자가 둘 이상의 노무제공계약을 체결한 경우로서 같은 기간에 해당하는 노무제공계약의 월보수액을 합산(본인이 합산하기를 원하는 경우만 해당)하여 그 합계액이 80만원 이상일 것

③ 노무제공자가 제2항 제2호에 따라 둘 이상의 노무제공계약의 월보수액을 합산하기를 원하는 경우에는 고용노동부령으로 정하는 바에 따라 노무제공계약의 월보수액의 합계액이 80만원 이상이 되는 날이 속하는 달의 다음 달 15일까지 고용노동부장관에게 합산신청을 해야 한다.

④ 고용노동부장관은 제3항에 따라 합산신청을 받은 경우 해당 노무제공자가 제2항 제2호에 따른 소득기준을 충족하는지를 확인하여 그 결과를 해당 사업주(소득기준을 충족하는 경우만 해당) 및 노무제공자에게 통보해야 한다. 이 경우 노무제공자가 제3항에 따라 합산신청을 한 때에 해당 사업주가 제104조의12 제1항에 따라 그 노무제공자의 피보험자격 취득에 관한 신고를 한 것으로 본다.

(3) 피보험자격의 취득

노무제공자와 그와 노무제공계약을 체결한 사업의 사업주(이하 "노무제공사업의 사업주")는 징수법에 따라 보험료를 부담하며, 그 보험관계의 성립·소멸 및 변경, 보험료의 산정·납부 및 징수에 필요한 사항은 징수법에서 정하는 바에 따른다.

노무제공자의 피보험자격에 관한 신고 등(영 제104조의12)

① 노무제공자와 노무제공계약을 체결한 사업주는 법 제77조의10 제1항에서 준용하는 법 제15조에 따라 그 사업과 관련된 노무제공자의 피보험자격 취득 및 상실에 관한 사항을 그 사유가 발생한 날이 속하는 달의 다음 달 15일까지(노무제공자가 그 기일 이전에 신고할 것을 요구하는 경우에는 지체 없이) 고용노동부장관에게 신고해야 한다.
② 제1항에도 불구하고 노무제공자와 노무제공계약을 체결한 사업주가 해당 노무제공계약 기간에 고용산재보험료징수법 시행령 제19조의3 제5항에 따라 산업재해보상보험법 제10조에 따른 근로복지공단(이하 "근로복지공단")에 월 보수액을 신고한 경우에는 그 사업과 관련된 노무제공자의 피보험자격 취득 및 상실에 관한 사항을 신고한 것으로 본다.
③ 제1항에도 불구하고 단기노무제공자와 노무제공계약을 체결한 사업주가 해당 계약 기간에 제공된 노무제공일수, 노무제공대가 등이 적힌 노무제공내용 확인신고서를 그 사유가 발생한 날이 속하는 달의 다음 달 15일까지 고용노동부장관에게 제출한 경우에는 해당 단기노무제공자의 피보험자격의 취득 및 상실에 관한 사항을 신고한 것으로 본다.
④ 법 제77조의6 제2항 제3호 단서에 따라 고용보험 가입을 원하는 15세 미만인 노무제공자와 노무제공계약을 체결한 사업의 사업주(이하 "노무제공사업의 사업주")와 법 제77조의7 제1항에 따른 노무제공플랫폼사업자(이하 "노무제공플랫폼사업자")는 고용노동부령으로 정하는 바에 따라 고용노동부장관에게 고용보험 가입을 신청해야 한다. 다만, 해당 15세 미만인 노무제공자가 원하는 경우에는 직접 가입을 신청할 수 있고, 가입 신청을 받은 고용노동부장관은 그 사실을 노무제공사업의 사업주나 노무제공플랫폼사업자에게 알려야 한다.
⑤ 제4항에 따라 가입을 신청한 경우 해당 15세 미만인 노무제공자는 가입을 신청한 날의 다음 날에 피보험자격을 취득한 것으로 본다. 다만, 해당 15세 미만인 노무제공자가 단기노무제공자인 경우에는 노무제공계약에 따라 노무를 제공한 날에 피보험자격을 취득한 것으로 본다.
⑥ 고용보험에 가입한 15세 미만인 노무제공자가 고용보험에서 탈퇴하려는 경우에는 고용노동부령으로 정하는 바에 따라 고용노동부장관에게 탈퇴 신청을 해야 한다. 이 경우 탈퇴를 신청한 날의 다음 날에 피보험자격을 상실한 것으로 본다.
⑦ 노무제공자는 법 제77조의10 제1항에서 준용하는 법 제15조 제3항에 따라 피보험자격의 취득 및 상실에 관한 사항을 신고하는 경우에는 노무제공계약서 등 노무제공계약 관계를 증명할 수 있는 서류를 제출해야 한다.

2. 노무제공플랫폼사업자에 대한 특례(법 제77조의7)

(1) 노무제공자에 대한 피보험자격의 취득신고

노무제공사업의 사업주가 노무제공자와 노무제공사업의 사업주에 관련된 자료 및 정보를 수집·관리하여 이를 전자정보 형태로 기록하고 처리하는 시스템(이하 "노무제공플랫폼")을 구축·운영하는 사업자(이하 "노무제공플랫폼사업자")와 노무제공플랫폼 이용에 대한 계약(이하 "노무제공플랫폼이용계약")을 체결하는 경우 노무제공플랫폼사업자는 대통령령으로 정하는 바에 따라 노무제공자에 대한 피보험자격의 취득 등을 신고하여야 한다.

노무제공플랫폼사업자의 노무제공자 피보험자격 신고 등(영 제104조의13)

① 노무제공플랫폼사업자의 노무제공자에 대한 피보험자격 취득 및 상실에 관한 사항의 신고를 그 사유가 발생한 날이 속하는 달의 다음 달 15일까지(노무제공자가 그 기일 이전에 신고할 것을 요구하는 경우에는 지체 없이) 고용노동부장관에게 해야 한다.
② 제1항에도 불구하고 노무제공플랫폼사업자가 노무제공계약 기간에 고용산재보험료징수법 시행령 제19조의3 제5항에 따라 근로복지공단에 월 보수액을 신고한 경우에는 노무제공자에 대한 피보험자격 취득 및 상실에 관한 사항을 신고한 것으로 본다.
③ 제1항에도 불구하고 노무제공플랫폼사업자가 피보험자격 취득 및 상실에 관한 사항을 신고해야 하는 대상이 단기노무제공자인 경우로서 노무제공사업의 사업주와 단기노무제공자가 체결한 노무제공계약 기간에 제공된 노무제공일수, 노무제공대가 등이 적힌 노무제공내용 확인신고서를 그 사유가 발생한 날이 속하는 달의 다음 달 15일까지 고용노동부장관에게 제출한 경우에는 해당 단기노무제공자의 피보험자격 취득 및 상실에 관한 사항을 신고한 것으로 본다.

> ④ 법 제77조의7 제2항 제2호에서 "사업장의 명칭·주소 등 대통령령으로 정하는 자료 또는 정보"란 다음 각 호의 자료 또는 정보를 말한다.
> 1. 사업장의 명칭·주소
> 2. 사업주(법인인 경우에는 대표자)의 이름
> 3. 사업주의 사업자등록번호(법인인 경우에는 법인등록번호를 포함)
>
> ⑤ 법 제77조의7 제2항 제3호에서 "노무제공자의 이름·직종·보수 등 대통령령으로 정하는 자료 또는 정보"란 다음 각 호의 자료 또는 정보를 말한다.
> 1. 노무제공자의 이름·직종
> 2. 노무제공자의 주민등록번호(외국인인 경우에는 외국인등록번호)
> 3. 노무제공계약의 시작일 또는 종료일
> 4. 노무제공횟수 및 노무제공일수
> 5. 월보수액(단기노무제공자의 경우에는 노무제공대가)

(2) 자료 또는 정보제공의 요청

① 고용노동부장관은 노무제공자에 관한 보험사무의 효율적 처리를 위하여 노무제공플랫폼사업자에게 해당 노무제공플랫폼의 이용 및 보험관계의 확인에 필요한 다음의 자료 또는 정보의 제공을 요청할 수 있다. 이 경우 요청을 받은 노무제공플랫폼사업자는 정당한 사유가 없으면 그 요청에 따라야 한다.

㉠ 노무제공플랫폼이용계약의 개시일 또는 종료일

㉡ 노무제공사업의 사업주의 보험관계와 관련된 사항으로서 사업장의 명칭·주소 등 대통령령으로 정하는 자료 또는 정보

㉢ 노무제공자의 피보험자격과 관련된 사항으로서 노무제공자의 이름·직종·보수 등 대통령령으로 정하는 자료 또는 정보

② 노무제공플랫폼사업자는 요청받은 자료 또는 정보의 제공을 위하여 필요한 경우에는 해당 노무제공자와 노무제공사업의 사업주에게 필요한 자료 또는 정보의 제공을 요청할 수 있다. 이 경우 요청을 받은 노무제공자와 노무제공사업의 사업주는 정당한 사유가 없으면 그 요청에 따라야 한다. 고용노동부장관은 노무제공플랫폼사업자가 제공한 자료 또는 정보를 해당 보험사무의 처리에 필요한 범위에서만 활용하여야 하며, 이를 공개해서는 아니 된다.

(3) 관련정보의 보관

노무제공플랫폼사업자는 노무제공자의 피보험자격 신고와 관련된 정보를 해당 노무제공자와 노무제공사업의 사업주 사이에 체결된 노무제공계약이 끝난 날부터 3년 동안 노무제공플랫폼에 보관하여야 한다.

3. 노무제공자에 대한 구직급여(법 제77조의8)

(1) 지급요건

노무제공자의 구직급여는 다음의 요건을 모두 갖춘 경우에 지급한다. 다만, ⑥은 최종 이직 당시 단기노무제공자였던 사람만 해당한다.

① 이직일 이전 24개월 동안 피보험 단위기간이 통산하여 12개월 이상일 것

② 근로 또는 노무제공의 의사와 능력이 있음에도 불구하고 취업(영리를 목적으로 사업을 영위하는 경우를 포함)하지 못한 상태에 있을 것

③ 이직사유가 수급자격의 제한 사유에 해당하지 아니할 것. 다만, 노무제공자로 이직할 당시 대통령령으로 정하는 바에 따른 소득감소로 인하여 이직하였다고 직업안정기관의 장이 인정하는 경우에는 수급자격의 제한 사유에 해당하지 아니하는 것으로 본다.
④ 이직일 이전 24개월 중 3개월 이상을 노무제공자인 피보험자로 피보험자격을 유지하였을 것
⑤ 재취업을 위한 노력을 적극적으로 할 것
⑥ 다음의 요건을 모두 갖출 것
㉠ 수급자격의 인정신청일 이전 1개월 동안의 노무제공일수가 10일 미만이거나 수급자격 인정신청일 이전 14일간 연속하여 노무제공내역이 없을 것
㉡ 최종 이직일 이전 24개월 동안의 피보험 단위기간 중 다른 사업에서 수급자격의 제한 사유에 해당하는 사유로 이직한 사실이 있는 경우에는 그 피보험 단위기간 중 90일 이상을 단기노무제공자로 종사하였을 것

노무제공자인 피보험자의 구직급여 수급요건 등(영 제104조의15)

① 법 제77조의8 제1항 제3호 단서에서 "대통령령으로 정하는 바에 따른 소득감소"란 다음 각 호의 어느 하나에 해당하는 소득감소가 있는 경우를 말한다. 다만, 고용노동부장관은 재난 및 안전관리 기본법에 따른 재난 등 사회적·경제적 위기가 발생한 경우에는 제1호 및 제2호에 따른 소득감소를 비교하는 시점을 달리 정하여 고시할 수 있다.
1. 이직일이 속한 달의 직전 3개월 동안에 이직할 당시의 노무제공계약(이하 "최종계약")으로부터 발생한 소득이 전년도 같은 기간에 최종계약으로부터 발생한 소득(최종계약이 없는 경우에는 전년도 같은 기간에 유효한 다른 노무제공계약으로부터 발생한 소득)보다 100분의 30 이상 감소한 경우
2. 다음 각 목에 해당하는 소득감소가 모두 이루어진 경우
가. 이직일이 속한 달의 직전 3개월 동안에 최종계약으로부터 발생한 보수액의 월평균금액이 이직일이 속한 연도의 전년도에 최종계약으로부터 발생한 보수액의 월평균금액[최종계약이 없는 경우에는 그 전년도에 유효한 다른 노무제공계약(계약기간이 1개월 이상인 것만 해당)으로부터 발생한 보수액의 월평균금액. 이하 나목에서 "전년도 월평균금액"]보다 작을 것
나. 이직일이 속한 달의 직전 12개월 동안에 최종계약으로부터 발생한 월별 보수액이 전년도 월평균금액보다 100분의 30 이상 작은 달이 5개월 이상일 것

④ 법 제77조의8 제5항 후단에서 "대통령령으로 정하는 금액"이란 6만6천원을 말한다.
⑤ 법 제77조의8 제6항 단서에서 "대통령령으로 정하는 기간"이란 다음 각 호의 구분에 따른 기간을 말한다.
1. 제1항 제1호 또는 제2호에 따른 소득 감소의 정도가 100분의 30 이상 100분의 50 미만인 경우 : 4주
2. 제1항 제1호 또는 제2호에 따른 소득 감소의 정도가 100분의 50 이상이거나 법 제77조의8 제6항 제2호에 해당하는 경우 : 2주

⑥ 법 제77조의8 제7항 단서에 따른 단기노무제공자의 피보험기간은 다음 각 호의 구분에 따라 산정한다.
1. 해당 달의 노무제공일수가 11일 이상인 경우 : 1개월로 산정
2. 해당 달의 노무제공일수가 10일 이하인 경우 : 월별 노무제공일수를 더하여 22로 나눈 기간으로 산정

⑦ 실업인정대상기간 중 취업 등으로 발생한 소득은 법 제77조의8 제8항 및 다음 각 호의 구분에 따라 해당 금액을 감액하고 구직급여를 지급해야 한다.
1. 노무제공자인 피보험자가 제104조의8 제7항 제1호 각 목에 해당하여 취업 등을 한 것으로 보는 경우 : 해당 근로일수, 노무제공일수 또는 영업일수에 그에 해당하는 구직급여일액을 곱한 금액 전부
2. 제1호 외의 경우로서 실업인정대상기간 중 발생한 1일 평균소득이 고용노동부장관이 고시한 금액을 넘는 경우 : 해당 실업인정대상기간 중 발생한 1일 평균소득에서 고용노동부장관 고시에 따라 산정된 금액을 뺀 금액을 모두 더한 금액

(2) 피보험 단위기간

피보험 단위기간은 그 수급자격과 관련된 이직 당시의 사업에서의 피보험자격 취득일부터 이직일까지의 기간으로 산정하고, 이직 전 24개월 중 근로자·노무제공자·예술인 중 둘 이상에 해당하는 사람으로 종사한 경우의 피보험 단위기간은 대통령령으로 정하는 바에 따른다.

(3) 기초일액

① 노무제공자의 기초일액은 수급자격 인정과 관련된 마지막 이직일 전 1년간의 징수법에 따라 신고된 보수 총액을 그 산정의 기준이 되는 기간의 총 일수로 나눈 금액으로 한다. 다만, 노무제공자(기준보수를 적용받지 아니하는 노무제공자는 제외)의 기초일액이 이직 당시 노무제공자의 일단위 기준보수 미만인 경우에는 일단위 기준보수를 기초일액으로 한다.

② 노무제공특성에 따라 소득확인이 어렵다고 대통령령으로 정하는 직종의 노무제공자의 기초일액은 고용노동부장관이 고시하는 금액으로 한다.

(4) 구직급여일액

① 노무제공자의 구직급여일액은 기초일액에 100분의 60을 곱한 금액으로 한다. 이 경우 구직급여일액의 상한액은 근로자인 피보험자의 구직급여 상한액 등을 고려하여 대통령령으로 정하는 금액(6만 6천원)으로 한다.

② 노무제공자는 실업의 신고일부터 계산하기 시작하여 7일간은 대기기간으로 보아 구직급여를 지급하지 아니한다. 다만, ㉠ 노무제공자가 이직할 당시 대통령령으로 정하는 바에 따른 소득감소로 인하여 이직하였다고 직업안정기관의 장이 인정하는 경우나, ㉡ 수급자격의 인정신청을 한 경우로서 가장 나중에 상실한 피보험자격과 관련된 이직사유를 대통령령으로 정하는 바에 따른 소득감소로 인한 이직으로 직업안정기관의 장이 인정하는 경우에, 각 사유별로 ㉠은 소득 감소의 정도가 100분의 30 이상 100분의 50 미만인 경우에는 4주, 소득 감소의 정도가 100분의 50 이상인 경우에는 2주, ㉡은 2주를 대기기간으로 보아 구직급여를 지급하지 아니하며, 위의 각 사유 중 둘 이상에 해당하는 경우에는 그 대기기간이 가장 긴 기간을 대기기간으로 본다.

③ 노무제공자의 소정급여일수 산정을 위한 피보험기간은 피보험 단위기간으로 한다. 다만, 단기노무제공자의 피보험기간은 해당 계약기간 중 노무제공일수 등을 고려하여 대통령령으로 정하는 바에 따라 산정한 기간으로 한다.

④ 직업안정기관의 장은 노무제공자인 피보험자에 대하여 구직급여를 지급하는 경우 실업인정대상기간 중 취업 등으로 발생한 소득에 대해서는 소득수준, 근로 등의 활동 기간 등을 고려하여 대통령령으로 정하는 바에 따라 일부 또는 전부를 감액하고 지급하여야 한다.

4. 노무제공자의 출산전후급여등(법 제77조의9)

① 고용노동부장관은 노무제공자인 피보험자 또는 피보험자였던 사람이 출산 또는 유산・사산을 이유로 노무를 제공할 수 없는 경우에는 출산전후급여 등을 지급한다. 다만, 같은 자녀에 대하여 출산전후휴가 급여 등 또는 출산전후급여 등의 지급요건을 동시에 충족하는 경우 대통령령으로 정하는 바에 따라 지급한다.

② 출산전후급여등의 지급요건, 지급수준 및 지급기간 등은 대통령령으로 정하는 바에 따른다.

노무제공자의 출산전후급여등의 지급요건 등(영 제104조의16)

① 고용노동부장관은 법 제77조의9 제2항에 따라 노무제공자인 피보험자 또는 피보험자였던 사람이 다음 각 호의 요건을 모두 갖춘 경우에 출산전후급여등을 지급한다.

1. 다음 각 목의 구분에 따른 요건을 갖출 것
   가. 출산 또는 유산・사산을 한 날 현재 피보험자인 노무제공자 : 출산 또는 유산・사산을 한 날 이전에 노무제공자로서의 피보험 단위기간이 합산하여 3개월 이상일 것
   나. 출산 또는 유산・사산을 한 날 현재 피보험자가 아닌 노무제공자 : 출산 또는 유산・사산을 한 날 이전 18개월 동안 노무제공자로서의 피보험 단위기간이 합산하여 3개월 이상일 것

2. 제2항에 따른 출산전후급여등의 지급기간에 노무제공을 하지 않을 것. 다만, 그 지급기간 중 노무제공 또는 자영업으로 발생한 소득이 각각 고용노동부장관이 정하여 고시하는 금액 미만인 경우에는 노무제공을 하지 않은 것으로 본다.
3. 출산 또는 유산·사산을 한 날부터 12개월 이내에 출산전후급여등을 신청할 것. 다만, 다음 각 목의 어느 하나에 해당하는 사유로 그 기간까지 신청할 수 없었던 경우에는 그 사유가 끝난 날부터 30일 이내에 신청해야 한다.
가. 천재지변
나. 본인, 배우자 또는 본인·배우자의 직계존속·직계비속의 질병이나 부상
다. 범죄 혐의로 인한 구속이나 형의 집행

② 출산전후급여등의 지급기간은 제104조의9 제2항에 따른다. 이 경우 "예술인"을 "노무제공자"로 한다.

③ 출산전후급여등은 출산 또는 유산·사산한 날부터 소급하여 1년(출산 또는 유산·사산을 한 날 현재 피보험자가 아닌 노무제공자의 경우에는 18개월) 동안의 월평균보수에 해당하는 금액을 기준으로 제104조의9 제2항 각 호의 구분에 따른 기간에 대하여 산정한 금액으로 하되, 그 상한액과 하한액은 다음 각 호의 사항을 고려하여 고용노동부장관이 정하여 고시한다.
1. 제101조에 따른 출산전후휴가 급여등의 상한액과 하한액
2. 노무제공자인 피보험자의 월평균보수 수준
3. 물가상승률
4. 그 밖에 고용노동부장관이 출산전후급여등의 산정에 필요하다고 인정하는 사항

④ 제3항에도 불구하고 법 제77조의9 제1항 단서에 따라 노무제공자인 피보험자 또는 피보험자였던 사람이 같은 출산 또는 유산·사산을 이유로 다음 각 호에 해당하는 금액을 지급받은 경우에는 그 지급받은 금액을 제외하고 출산전후급여등을 지급한다.
1. 법 제75조에 따라 근로자로서 지급받은 출산전후휴가 급여등
2. 법 제76조에 따른 출산전후휴가 급여 등의 지급기간에 법 제77조 제1항에서 준용하는 법 제73조 제3항에 따라 근로자로서 해당 사업주로부터 지급받은 금품
3. 법 제77조의4 제1항에 따라 예술인으로서 지급받은 출산전후급여등
4. 제104조의9 제2항에 따른 출산전후급여등의 지급기간에 예술인으로서 해당 사업주로부터 지급받은 금품
5. 제2항에 따른 출산전후급여등의 지급기간에 노무제공자로서 해당 사업주로부터 지급받은 금품

Ⅷ 고용보험기금

1. 기금의 설치 및 조성(법 제78조)

① 고용노동부장관은 보험사업에 필요한 재원에 충당하기 위하여 고용보험기금(이하 "기금")을 설치한다.
② 기금은 보험료와 이 법에 따른 징수금·적립금·기금운용 수익금과 그 밖의 수입으로 조성한다.

2. 기금의 관리·운용(법 제79조)

① 기금은 고용노동부장관이 관리·운용한다. 기출 13
② 기금의 관리·운용에 관한 세부 사항은 국가재정법의 규정에 따른다. 기출 13
③ 고용노동부장관은 다음의 방법에 따라 기금을 관리·운용한다.
㉠ 금융기관에의 예탁 기출 22
㉡ 재정자금에의 예탁
㉢ 국가·지방자치단체 또는 금융기관에서 직접 발행하거나 채무이행을 보증하는 유가증권의 매입
㉣ 보험사업의 수행 또는 기금 증식을 위한 부동산의 취득 및 처분
㉤ 그 밖에 대통령령으로 정하는 기금 증식 방법(자본시장과 금융투자업에 관한 법률에 따른 증권의 매입)

④ 고용노동부장관은 기금을 관리·운용할 때에는 그 수익이 대통령령으로 정하는 수준[1년 만기 정기예금 이자율(은행법에 따라 설립된 은행 중 전국을 영업구역으로 하는 은행이 적용하는 이자율)이나 예상물가 상승률 등을 고려하여 고용노동부장관이 정하는 수익률] 이상 되도록 하여야 한다.

⑤ 기금수입징수관은 기금징수액보고서를, 기금재무관은 기금지출원인행위액 보고서를, 기금지출관은 기금지출액보고서를 매월 말일을 기준으로 작성하여 다음 달 20일까지 고용노동부장관에게 제출하여 기금의 운용상황을 보고하여야 한다(영 제117조 제1항). 기출 22

3. 기금의 용도(법 제80조 제1항) 기출 19

① 고용안정·직업능력개발 사업에 필요한 경비
② 실업급여의 지급
③ 국민연금 보험료의 지원
④ 육아휴직 급여 및 출산전후휴가 급여등의 지급
⑤ 보험료의 반환
⑥ 일시 차입금의 상환금과 이자
⑦ 이 법과 징수법에 따른 업무를 대행하거나 위탁받은 자에 대한 출연금
⑧ 그 밖에 이 법의 시행을 위하여 필요한 경비로서 대통령령으로 정하는 경비와 고용안정·직업능력개발이나 실업급여의 지급에 따른 사업의 수행에 딸린 경비

✔ 핵심문제

01 고용보험법상 고용보험기금에 관한 설명으로 옳은 것은? 기출 13

① 고용보험기금을 지출할 때 자금 부족이 발생하더라도 고용보험기금의 부담으로 금융기관으로부터 차입을 할 수 없다.
② 고용보험기금계정은 모든 고용보험사업을 통합하여 관리한다.
③ 고용보험기금의 결산상 손실금이 생기면 적립금을 사용하여 이를 보전(補塡)할 수 없다.
④ 고용보험기금은 근로복지공단 이사장이 관리·운용한다.
⑤ 고용보험기금의 관리·운용에 관한 세부사항은 국가재정법의 규정에 따른다.

【해설】
① (×) 기금을 지출할 때 자금 부족이 발생하거나 발생할 것으로 예상되는 경우에는 기금의 부담으로 금융기관·다른 기금과 그 밖의 재원 등으로부터 차입을 할 수 있다(고보법 제86조).
② (×) 고용보험기금계정은 고용안정·직업능력개발사업 및 실업급여, 자영업자의 고용안정·직업능력개발사업 및 자영업자의 실업급여로 구분하여 관리한다(고보법 제82조 제2항).
③ (×) 기금의 결산상 손실금이 생기면 적립금을 사용하여 이를 보전할 수 있다(고보법 제85조 제2항).
④ (×) 기금은 고용노동부장관이 관리·운용한다(고보법 제79조 제1항).
⑤ (O) 고보법 제79조 제2항

정답 ⑤

4. 기금운용 계획 등(법 제81조)

(1) 승인 및 공표

① 고용노동부장관은 매년 기금운용 계획을 세워 고용보험위원회 및 국무회의의 심의를 거쳐 대통령의 승인을 받아야 한다. 기출 17

② 고용노동부장관은 매년 기금의 운용 결과에 대하여 고용보험위원회의 심의를 거쳐 공표하여야 한다. 기출 17

(2) 포함되어야 할 사항(영 제109조)

① 기금의 수입과 지출에 관한 사항

② 해당 연도의 사업계획・지출원인행위계획과 자금계획에 관한 사항

③ 전년도 이월자금의 처리에 관한 사항

④ 적립금에 관한 사항

⑤ 그 밖에 기금운용에 필요한 사항

5. 기금계정의 설치(법 제82조)

① 고용노동부장관은 한국은행에 고용보험기금계정을 설치하여야 한다. 기출 22

② 고용보험기금계정은 고용안정・직업능력개발 사업 및 실업급여, 자영업자의 고용안정・직업능력개발 사업 및 자영업자의 실업급여로 구분하여 관리한다. 기출 13

6. 기금의 적립(법 제84조)

① 고용노동부장관은 대량 실업의 발생이나 그 밖의 고용상태 불안에 대비한 준비금으로 여유자금을 적립하여야 한다.

② 여유자금의 적정규모는 다음과 같다.

㉠ **고용안정・직업능력개발 사업 계정의 연말 적립금** : 해당 연도 지출액의 1배 이상 1.5배 미만

㉡ **실업급여 계정의 연말 적립금** : 해당 연도 지출액의 1.5배 이상 2배 미만

7. 잉여금과 손실금의 처리(법 제85조)

① 기금의 결산상 잉여금이 생기면 이를 적립금으로 적립하여야 한다.

② 기금의 결산상 손실금이 생기면 적립금을 사용하여 이를 보전(補塡)할 수 있다. 기출 13・17・22

8. 차입금(법 제86조)

기금을 지출할 때 자금 부족이 발생하거나 발생할 것으로 예상되는 경우에는 기금의 부담으로 금융기관・다른 기금과 그 밖의 재원 등으로부터 차입을 할 수 있다. 기출 13・17・22

Ⅸ 심사청구 및 재심사청구

1. 심사청구

(1) 심사대상(법 제87조)

피보험자격의 취득·상실에 대한 확인, 실업급여 및 육아휴직 급여와 출산전후휴가급여 등에 관한 처분(이하 "원처분등")에 이의가 있는 자는 심사관에게 심사를 청구할 수 있다.

(2) 청구기간(법 제87조)

심사의 청구는 확인 또는 처분이 있음을 안 날부터 90일 이내에 제기하여야 한다. 기출 22 심사청구는 시효중단에 관하여 재판상의 청구로 본다. 기출 14·19·22

(3) 대리인의 선임(법 제88조) 기출 15

심사청구인은 법정대리인 외에 다음의 어느 하나에 해당하는 자를 대리인으로 선임할 수 있다. 기출 13·19

① 청구인의 배우자, 직계존속·비속 또는 형제자매
② 청구인인 법인의 임원 또는 직원
③ 변호사나 공인노무사
④ 심사위원회의 허가를 받은 자

(4) 고용보험심사관의 심사

1) 고용보험심사관의 설치(법 제89조)

① 심사를 행하게 하기 위하여 고용보험심사관(이하 "심사관")을 둔다.
② 심사관은 심사청구를 받으면 30일 이내에 그 심사청구에 대한 결정을 하여야 한다. 다만, 부득이한 사정으로 그 기간에 결정할 수 없을 때에는 한 차례만 10일을 넘지 아니하는 범위에서 그 기간을 연장할 수 있다. 기출 23
③ 당사자는 심사관에게 심리·결정의 공정을 기대하기 어려운 사정이 있으면 그 심사관에 대한 기피신청을 고용노동부장관에게 할 수 있다. 기출 13·23
④ 심사청구인이 사망한 경우 그 심사청구인이 실업급여의 수급권자이면 제57조에 따른 유족이, 그 외의 자인 때에는 상속인 또는 심사청구의 대상인 원처분등에 관계되는 권리 또는 이익을 승계한 자가 각각 심사청구인의 지위를 승계한다.

2) 심사청구의 방식(법 제90조)

① 피보험자격의 취득·상실 확인에 대한 심사의 청구는 근로복지공단(이하 "근로복지공단")을, 실업급여 및 육아휴직 급여와 출산전후휴가 급여 등에 관한 처분에 대한 심사의 청구는 직업안정기관의 장을 거쳐 심사관에게 하여야 한다(제1항). 기출 14·24
② 직업안정기관 또는 근로복지공단은 심사청구서를 받은 날부터 5일 이내에 의견서를 첨부하여 심사청구서를 심사관에게 보내야 한다(제2항). 기출 23·24
③ 심사의 청구는 대통령령으로 정하는 바에 따라 문서로 하여야 한다(법 제91조).

3) 보정 및 각하결정(법 제92조)

① 심사청구 기간(심사의 청구는 확인 또는 처분이 있음을 안 날부터 90일 이내에, 재심사의 청구는 심사청구에 대한 결정이 있음을 안 날부터 90일 이내에 각각 제기하여야 한다)이 지났거나 법령으로 정한 방식을 위반하여 보정하지 못할 것인 경우에 심사관은 그 심사의 청구를 결정으로 각하하여야 한다. 기출 14·19

② 심사의 청구가 법령으로 정한 방식을 어긴 것이라도 보정할 수 있는 것인 경우에 심사관은 상당한 기간을 정하여 심사청구인에게 심사의 청구를 보정하도록 명할 수 있다. 다만, 보정할 사항이 경미한 경우에는 심사관이 직권으로 보정할 수 있다.

③ 심사관은 심사청구인이 보정을 하지 아니하면 결정으로써 그 심사청구를 각하하여야 한다.

4) 원처분등의 집행 정지(법 제93조)

① 심사의 청구는 원처분등의 집행을 정지시키지 아니한다. 다만, 심사관은 원처분등의 집행에 의하여 발생하는 중대한 위해를 피하기 위하여 긴급한 필요가 있다고 인정하면 직권으로 그 집행을 정지시킬 수 있다. 기출 13·14·24

② 심사관은 집행을 정지시키려고 할 때에는 그 이유를 적은 문서로 그 사실을 직업안정기관의 장 또는 근로복지공단에 알려야 한다.

③ 직업안정기관의 장 또는 근로복지공단은 통지를 받으면 지체 없이 그 집행을 정지하여야 한다.

④ 심사관은 집행을 정지시킨 경우에는 지체 없이 심사청구인에게 그 사실을 문서로 알려야 한다.

5) 심사관의 권한(법 제94조)

① 심사관은 심사의 청구에 대한 심리를 위하여 필요하다고 인정하면 심사청구인의 신청 또는 직권으로 다음의 조사를 할 수 있다.

㉠ 심사청구인 또는 관계인을 지정 장소에 출석하게 하여 질문하거나 의견을 진술하게 하는 것 기출 23

㉡ 심사청구인 또는 관계인에게 증거가 될 수 있는 문서와 그 밖의 물건을 제출하게 하는 것

㉢ 전문적인 지식이나 경험을 가진 제3자로 하여금 감정하게 하는 것

㉣ 사건에 관계가 있는 사업장 또는 그 밖의 장소에 출입하여 사업주·종업원이나 그 밖의 관계인에게 질문하거나 문서와 그 밖의 물건을 검사하는 것

② 심사관이 사건에 관계가 있는 사업장 또는 그 밖의 장소에 출입하여 사업주·종업원이나 그 밖의 관계인에게 질문과 검사를 하는 경우에는 그 권한을 나타내는 증표를 지니고 이를 관계인에게 내보여야 한다.

(5) 심사청구에 대한 결정(법 제96조)

심사관은 심사의 청구에 대한 심리를 마쳤을 때에는 원처분등의 전부 또는 일부를 취소하거나 심사청구의 전부 또는 일부를 기각한다. 기출 24

1) 결정방법(법 제97조)

결정은 대통령령으로 정하는 바에 따라 문서로 하여야 한다. 심사관은 결정을 하면 심사청구인 및 원처분등을 한 직업안정기관의 장 또는 근로복지공단에 각각 결정서의 정본을 보내야 한다.

2) 결정효력(법 제98조)

결정은 심사청구인 및 직업안정기관의 장 또는 근로복지공단에 결정서의 정본을 보낸 날부터 효력이 발생한다. 결정은 원처분 등을 행한 직업안정기관의 장 또는 근로복지공단을 기속한다. 기출 13·14·24

2. 재심사청구

(1) 심사대상(법 제87조)

심사관의 심사청구에 대한 결정에 이의가 있는 자는 심사위원회에 재심사를 청구할 수 있다. 기출 19·23

(2) 청구기간(법 제87조)

재심사의 청구는 심사청구에 대한 결정이 있음을 안 날부터 90일 이내에 각각 제기하여야 한다. 기출 22

재심사의 청구는 시효중단에 관하여 재판상의 청구로 본다.

(3) 대리인의 선임(법 제88조) 기출 15

재심사청구인은 법정대리인 외에 다음의 어느 하나에 해당하는 자를 대리인으로 선임할 수 있다.

기출 13·19

① 청구인의 배우자, 직계존속·비속 또는 형제자매

② 청구인인 법인의 임원 또는 직원

③ 변호사나 공인노무사

④ 심사위원회의 허가를 받은 자

(4) 고용보험심사위원회의 재심사(법 제99조)

1) 심사위원회의 구성

① 재심사를 하게 하기 위하여 고용노동부에 고용보험심사위원회(이하 "심사위원회")를 둔다.

② 심사위원회는 근로자를 대표하는 사람 및 사용자를 대표하는 사람 각 1명 이상을 포함한 15명 이내의 위원으로 구성한다.

③ 위원 중 2명은 상임위원으로 한다.

④ 다음의 어느 하나에 해당하는 사람은 위원에 임명될 수 없다.

㉠ 피성년후견인·피한정후견인 또는 파산의 선고를 받고 복권되지 아니한 사람

㉡ 금고 이상의 실형을 선고받고 그 집행이 끝나거나(집행이 끝난 것으로 보는 경우를 포함) 집행이 면제된 날부터 3년이 지나지 아니한 사람

㉢ 금고 이상의 형의 집행유예를 선고받고 그 유예기간 중에 있는 사람

⑤ 위원 중 공무원이 아닌 위원이 다음의 어느 하나에 해당되는 경우에는 해촉(解囑)할 수 있다.

㉠ 심신장애로 인하여 직무를 수행할 수 없게 된 경우

㉡ 직무와 관련된 비위사실이 있는 경우

㉢ 직무태만, 품위손상이나 그 밖의 사유로 인하여 위원으로 적합하지 아니하다고 인정되는 경우

㉣ 위원 스스로 직무를 수행하는 것이 곤란하다고 의사를 밝히는 경우

⑥ 상임위원은 정당에 가입하거나 정치에 관여하여서는 아니 된다.

⑦ 심사위원회는 재심사의 청구를 받으면 50일 이내에 재결(裁決)을 하여야 한다. 다만, 부득이한 사정으로 그 기간에 재결할 수 없을 때에는 한 차례만 10일을 넘지 아니하는 범위에서 그 기간을 연장할 수 있다.

⑧ 심사위원회에 사무국을 둔다.

2) 재심사청구(법 제100조)

재심사는 원처분등을 행한 직업안정기관의 장 또는 근로복지공단을 상대방으로 하여 청구한다. 기출 13

3) 심리(법 제101조)

① 심사위원회는 재심사의 청구를 받으면 그 청구에 대한 심리 기일 및 장소를 정하여 심리 기일 3일 전까지 당사자 및 그 사건을 심사한 심사관에게 알려야 한다. 기출 22

② 당사자는 심사위원회에 문서나 구두로 그 의견을 진술할 수 있다. 기출 22

③ 심사위원회의 재심사청구에 대한 심리는 공개한다. 다만, 당사자의 양쪽 또는 어느 한 쪽이 신청한 경우에는 공개하지 아니할 수 있다. 기출 19·22

④ 심사위원회는 심리조서를 작성하여야 한다.

⑤ 당사자나 관계인은 심리조서의 열람을 신청할 수 있다.

⑥ 위원회는 당사자나 관계인이 열람 신청을 하면 정당한 사유 없이 이를 거부하여서는 아니 된다.

⑦ 심사위원회는 재심사청구의 심리를 위하여 심사관과 동일의 권한을 행사할 수 있다. 심사위원회의 요구에 의하여 지정 장소에 출석한 재심사청구인 또는 관계인과 전문적인 지식이나 경험을 이용하여 감정을 한 감정인에게는 고용노동부장관이 정하는 실비를 변상한다.

4) 재심사청구에 대한 재결(법 제102조, 제96조 내지 제98조)

심사위원회는 재심사의 청구에 대한 심리를 마쳤을 때에는 원처분등의 전부 또는 일부를 취소하거나 재심사청구의 전부 또는 일부를 기각한다. 재결은 대통령령으로 정하는 바에 따라 문서로 하여야 한다. 심사위원회는 재결을 하면 재심사청구인 및 원처분 등을 한 직업안정기관의 장 또는 근로복지공단에 각각 재결서의 정본을 보내야 한다. 재결은 재심사청구인 및 직업안정기관의 장 또는 근로복지공단에 재결서의 정본을 보낸 날부터 효력이 발생한다. 재결은 원처분 등을 행한 직업안정기관의 장 또는 근로복지공단을 기속한다.

5) 재결에 대한 불복(행정소송법 제20조)

심사위원회의 재결에 대한 불복이 있는 자는 재심사청구에 대한 재결이 있음을 안 날로부터 90일 이내에 제기해야 하며, 재결이 있은 날로부터 1년을 경과하면 이를 제기할 수 없다.

✔ 핵심문제

01 고용보험법상 심사의 청구에 관한 내용으로 옳지 않은 것은? 기출 14

① 심사의 청구는 시효중단에 관하여 재판상의 청구로 본다.
② 실업급여 및 육아휴직 급여와 출산전후휴가급여등에 관한 처분에 대한 심사의 청구는 직업안정기관의 장을 거쳐 심사관에게 하여야 한다.
③ 심사의 청구는 확인 또는 처분이 있음을 안 날부터 90일 이내에 제기하여야 한다.
④ 결정은 심사청구인 및 직업안정기관의 장 또는 근로복지공단에 결정서의 정본을 보낸 날부터 효력이 발생한다.
⑤ 고용보험심사관은 심사청구인의 신청에 의하여 원처분 등의 집행을 정지시킬 수 있다.

[해설]

① (O) 고보법 제87조 제3항
② (O) 제87조 제1항에 따른 심사를 청구하는 경우 제17조에 따른 피보험자격의 취득·상실 확인에 대한 심사의 청구는 산업재해보상보험법 제10조에 따른 근로복지공단을, 제4장에 따른 실업급여 및 제5장에 따른 육아휴직 급여와 출산전후휴가급여등에 관한 처분에 대한 심사의 청구는 직업안정기관의 장을 거쳐 심사관에게 하여야 한다(고보법 제90조 제1항).
③ (O) 고보법 제87조 제2항
④ (O) 고보법 제98조 제1항
⑤ (×) 고용보험심사관은 신청이 아니라 직권으로 원처분의 집행을 정지시킬 수 있다. 즉, 심사의 청구는 원처분등의 집행을 정지시키지 아니한다. 다만, 심사관은 원처분등의 집행에 의하여 발생하는 중대한 위해(危害)를 피하기 위하여 긴급한 필요가 있다고 인정하면 직권으로 그 집행을 정지시킬 수 있다(고보법 제93조 제1항).

정답 ⑤

X 불이익 처우의 금지 및 소멸시효

1. 불이익 처우의 금지(법 제105조)

사업주는 근로자가 고용노동부장관에게 피보험자격의 취득 또는 상실에 관한 확인청구를 한 것을 이유로 그 근로자에게 해고나 그 밖의 불이익한 처우를 하여서는 아니 된다.

2. 소멸시효(법 제107조)

① 다음의 어느 하나에 해당하는 권리는 3년간 행사하지 아니하면 시효로 소멸한다.

㉠ 제3장에 따른 지원금을 지급받거나 반환받을 권리

㉡ 제4장에 따른 취업촉진 수당을 지급받거나 반환받을 권리

㉢ 제4장에 따른 구직급여를 반환받을 권리

㉣ 제5장에 따른 육아휴직 급여, 육아기 근로시간 단축 급여 및 출산전후휴가 급여 등을 반환받을 권리

② 소멸시효의 중단에 관하여는 산업재해보상보험법을 준용한다.

3. 국민기초생활 보장법의 수급자에 대한 특례(법 제113조의2)

국민기초생활 보장법에 따라 자활을 위한 근로기회를 제공하기 위한 사업은 이 법의 적용을 받는 사업으로 본다. 이 경우 해당 사업에 참가하여 유급으로 근로하는 국민기초생활 보장법에 따른 수급자는 이 법의 적용을 받는 근로자로 보고, 보장기관(같은 법에 따라 사업을 위탁하여 행하는 경우는 그 위탁기관)은 이 법의 적용을 받는 사업주로 본다. 기출 19

XI 벌 칙

1. 형벌(법 제116조) 기출 16 · 17

① 사업주와 공모하여 거짓이나 그 밖의 부정한 방법으로 다음에 따른 지원금 또는 급여를 받은 자와 공모한 사업주는 각각 5년 이하의 징역 또는 5천만원 이하의 벌금에 처한다(제1항).

㉠ 고용안정 · 직업능력개발 사업의 지원금

㉡ 실업급여

㉢ 육아휴직 급여, 육아기 근로시간 단축 급여 및 출산전후휴가 급여등

㉣ 구직급여 및 출산전후급여등

② 다음의 어느 하나에 해당하는 자는 3년 이하의 징역 또는 3천만원 이하의 벌금에 처한다(제2항).

㉠ 근로자가 고용노동부장관에게 피보험자격의 취득 또는 상실에 관한 피보험자격을 확인청구한 것을 이유(예술인, 노무제공자의 피보험자격확인에 준용되는 경우 포함)로 그 근로자를 해고하거나 그 밖에 근로자에게 불이익한 처우를 한 사업주

㉡ 거짓이나 그 밖의 부정한 방법으로 고용안정 · 직업능력개발 사업의 지원금 또는 실업급여, 육아휴직 급여, 육아기 근로시간 단축 급여 및 출산전후휴가 급여, 실업급여 및 출산전후급여등을 받은 자. 다만, 사업주와 공모하여 거짓이나 그 밖의 부정한 방법으로 지원금 또는 급여를 받은 자와 공모한 사업주는 제외한다.

2. 양벌규정(법 제117조)

법인의 대표자나 법인 또는 개인의 대리인, 사용인, 그 밖의 종업원이 그 법인 또는 개인의 업무에 관하여 제116조의 위반행위를 하면 그 행위자를 벌하는 외에 그 법인 또는 개인에게도 해당 조문의 벌금형을 과한다. 다만, 법인 또는 개인이 그 위반행위를 방지하기 위하여 해당 업무에 관하여 상당한 주의와 감독을 게을리하지 아니한 경우에는 그러하지 아니하다.

3. 과태료(법 제118조)

(1) 300만원 이하의 과태료 부과 처분

다음의 어느 하나에 해당하는 사업주, 보험사무대행기관, 노무제공플랫폼사업자의 대표자 또는 대리인・사용인, 그 밖의 종업원에게는 300만원 이하의 과태료를 부과한다.

① 근로자의 피보험자격의 취득 및 상실 등에 관한 사항(예술인, 노무제공자의 피보험자격 등에 준용되는 경우 포함) 또는 사업의 특성 및 규모 등을 고려하여 대통령령으로 정하는 사업이, 하나의 사업에 다수의 도급이 이루어져 원수급인이 다수인 경우나 하나의 사업이 여러 차례의 도급으로 이루어져 하수급인이 다수인 경우에, 하수급인이 사용하는 예술인의 피보험자격의 취득 및 상실 등에 관한 사항 또는 노무제공플랫폼이용계약을 체결하는 경우 노무제공자의 피보험자격의 취득 및 상실 등에 관한 사항 등을 신고를 하지 아니하거나 거짓으로 신고한 자 기출 17

② 이직확인서를 발급하여 주지 아니하거나 거짓으로 작성하여 발급하여 준 자(예술인, 노무제공자의 구직급여에 준용되는 경우 포함) 기출 16・17

③ 이직확인서를 제출하지 아니하거나 거짓으로 작성하여 제출한 자(예술인, 노무제공자의 구직급여에 준용되는 경우 포함)

④ 고용노동부장관의 요구에 따르지 아니하여 보고를 하지 아니하거나 거짓으로 보고한 자, 같은 요구에 따르지 아니하여 문서를 제출하지 아니하거나 거짓으로 적은 문서를 제출한 자 또는 출석하지 아니한 자(예술인, 노무제공자의 출산전후급여등에 준용되는 경우 포함)

⑤ 실업급여를 지급받기 위하여 증명서교부를 청구하는 이직한 사람의 요구에 따르지 아니하여 증명서를 내주지 아니한 자(예술인, 노무제공자의 출산전후급여등에 준용되는 경우 포함)

⑥ 고용노동부 소속 직원의 질문에 답변하지 아니하거나 거짓으로 진술한 자 또는 조사를 거부・방해하거나 기피한 자(예술인, 노무제공자의 출산전후급여등에 준용되는 경우 포함)

(2) 100만원 이하의 과태료 부과 처분

① 다음의 어느 하나에 해당하는 피보험자, 수급자격자 또는 지급되지 아니한 실업급여의 지급을 청구하는 자에게는 100만원 이하의 과태료를 부과한다.

㉠ 고용노동부장관에 의해 요구된 보고를 하지 아니하거나 거짓으로 보고한 자, 문서를 제출하지 아니하거나 거짓으로 적은 문서를 제출한 자 또는 출석하지 아니한 자(예술인, 노무제공자의 출산전후급여등에 준용되는 경우 포함) 기출 16

㉡ 고용노동부 소속 직원의 질문에 답변하지 아니하거나 거짓으로 진술한 자 또는 검사를 거부・방해하거나 기피한 자(예술인, 노무제공자의 출산전후급여등에 준용되는 경우 포함)

② 심사 또는 재심사의 청구를 받아 하는 심사관 및 심사위원회의 질문에 답변하지 아니하거나 거짓으로 진술한 자 또는 검사를 거부・방해하거나 기피한 자에게는 100만원 이하의 과태료를 부과한다(예술인, 노무제공자의 출산전후급여등에 준용되는 경우 포함).

CHAPTER

02 고용보험법

01 기출 24

☑ 확인 Check! ○ △ ×

고용보험법상 「장애인고용촉진 및 직업재활법」 제2조 제1호에 따른 장애인의 피보험기간이 1년인 구직급여의 소정급여일수는?

① 120일
② 180일
③ 210일
④ 240일
⑤ 270일

PLUS

구직급여의 소정급여일수(고보법 [별표 1])

구 분		피보험기간				
		1년 미만	1년 이상 3년 미만	3년 이상 5년 미만	5년 이상 10년 미만	10년 이상
이직일 현재 연령	50세 미만	120일	150일	180일	210일	240일
	50세 이상	120일	180일	210일	240일	270일

비고 : 장애인고용촉진 및 직업재활법 제2조 제1호에 따른 장애인은 50세 이상인 것으로 보아 위 표를 적용한다.

정답 및 해설

01

장애인고용촉진 및 직업재활법 제2조 제1호에 따른 장애인은 이직일 현재 연령을 50세 이상으로 간주하므로, 피보험기간이 1년인 구직급여의 소정급여일수는 180일이 된다(고보법 [별표 1]).

정답 ②

02 기출 24

☑ 확인Check! ○ △ ×

고용보험법상 심사 및 재심사청구에 관한 설명으로 옳은 것은?

① 직업안정기관 또는 근로복지공단은 심사청구서를 받은 날부터 7일 이내에 의견서를 첨부하여 심사청구서를 고용보험심사관에 보내야 한다.

② 고용보험심사관은 원처분등의 집행에 의하여 발생하는 중대한 위해(危害)를 피하기 위하여 긴급한 필요가 있다고 인정되더라도 직권으로는 그 집행을 정지시킬 수 없다.

③ 육아휴직 급여와 출산전후휴가 급여등에 관한 처분에 대한 심사의 청구는 근로복지공단을 거쳐 고용보험심사관에게 하여야 한다.

④ 고용보험심사관은 심사의 청구에 대한 심리(審理)를 마쳤을 때에는 원처분등의 전부 또는 일부를 취소하거나 심사청구의 전부 또는 일부를 기각한다.

⑤ 심사청구에 대한 결정은 심사청구인 및 직업안정기관의 장 또는 근로복지공단에 결정서의 정본을 보낸 다음 날부터 효력이 발생한다.

02

① (×) 직업안정기관 또는 근로복지공단은 심사청구서를 받은 날부터 5일 이내에 의견서를 첨부하여 심사청구서를 고용보험심사관에 보내야 한다(고보법 제90조 제2항).

② (×) 고용보험심사관은 원처분등의 집행에 의하여 발생하는 중대한 위해(危害)를 피하기 위하여 긴급한 필요가 있다고 인정하면 직권으로 그 집행을 정지시킬 수 있다(고보법 제93조 제1항 단서).

③ (×) 육아휴직 급여와 출산전후휴가 급여등에 관한 처분에 대한 심사의 청구는 직업안정기관의 장을 거쳐 고용보험심사관에게 하여야 한다(고보법 제90조 제1항 후단).

④ (○) 고보법 제96조

⑤ (×) 심사청구에 대한 결정은 심사청구인 및 직업안정기관의 장 또는 근로복지공단에 결정서의 정본을 보낸 날부터 효력이 발생한다(고보법 제98조 제1항).

정답 ④

03 기출 24

☑ 확인Check! ○ △ ×

고용보험법령상 보험가입 등에 관한 설명으로 옳지 않은 것은?

① 「국가공무원법」에 따른 임기제 공무원(이하 "임기제 공무원"이라 한다)의 경우는 본인의 의사에 따라 고용보험(실업급여에 한정)에 가입할 수 있다.

② 임기제 공무원이 원하는 경우에는 임용된 날부터 3개월 이내에 고용노동부장관에게 직접 고용보험가입을 신청할 수 있다.

③ 고용보험 피보험자격을 취득한 임기제 공무원이 공무원 신분의 변동에 따라 계속하여 다른 임기제공무원으로 임용된 때에는 별도의 가입신청을 하지 않은 경우에도 고용보험의 피보험자격을 유지한다.

④ 임기제 공무원이 가입한 고용보험에서 탈퇴한 이후에 가입대상 공무원으로 계속 재직하는 경우 본인의 신청에 의하여 고용보험에 다시 가입할 수 있다.

⑤ 고용보험에 가입한 임기제 공무원에 대한 보험료는 소속기관과 고용보험에 가입한 임기제 공무원이 각각 2분의 1씩 부담한다.

03

① (○) 고보법 제10조 제1항 제3호 단서

② (○) 고보법 시행령 제3조의2 제2항 단서 전단

③ (○) 고보법 시행령 제3조의2 제3항 후문

④ (×) 임기제 공무원이 가입한 고용보험에서 탈퇴한 이후에 가입대상 공무원으로 계속 재직하는 경우 본인의 신청에 의하여 고용보험에 다시 가입할 수 없다(고보법 시행령 제3조의2 제5항 본문).

⑤ (○) 고용보험에 가입한 공무원에 대한 보험료율은 고용산재보험료징수법 시행령에 따른 실업급여의 보험료율로 하되, 소속기관과 고용보험에 가입한 공무원이 각각 2분의 1씩 부담한다(고보법 시행령 제3조의2 제6항).

정답 ④

04 기출 24

확인Check! ○ △ ×

고용보험법상 최종 이직 당시 단기예술인인 피보험자에게만 적용되는 구직급여 지급요건을 모두 고른 것은?

> ㄱ. 수급자격의 인정신청일 이전 1개월 동안의 노무제공일수가 10일 미만이거나 수급자격 인정신청일 이전 14일간 연속하여 노무제공내역이 없을 것
> ㄴ. 이직일 이전 24개월 동안의 피보험 단위기간이 통산하여 9개월 이상일 것
> ㄷ. 이직일 이전 24개월 중 3개월 이상을 예술인인 피보험자로 피보험자격을 유지하였을 것
> ㄹ. 최종 이직일 이전 24개월 동안의 피보험 단위기간 중 다른 사업에서 제77조의5 제2항에서 준용하는 제58조에 따른 수급자격의 제한 사유에 해당하는 사유로 이직한 사실이 있는 경우에는 그 피보험 단위기간 중 90일 이상을 단기예술인으로 종사하였을 것
> ㅁ. 근로 또는 노무제공의 의사와 능력이 있음에도 불구하고 취업(영리를 목적으로 사업을 영위하는 경우를 포함한다)하지 못한 상태에 있을 것

① ㄱ, ㄹ
② ㄱ, ㄴ, ㅁ
③ ㄴ, ㄹ, ㅁ
④ ㄴ, ㄷ, ㄹ, ㅁ
⑤ ㄱ, ㄴ, ㄷ, ㄹ, ㅁ

04

고용보험법상 최종 이직 당시 단기예술인인 피보험자에게만 적용되는 구직급여 지급요건에 해당하는 것은 ㄱ과 ㄹ이다.

ㄱ. (○) 수급자격의 인정신청일 이전 1개월 동안의 노무제공일수가 10일 미만이거나 수급자격 인정신청일 이전 14일간 연속하여 노무제공내역이 없을 것(고보법 제77조의3 제1항 제6호 가목)

ㄴ. (×) 이직일 이전 24개월 동안의 피보험 단위기간이 통산하여 9개월 이상일 것(고보법 제77조의3 제1항 제1호)은 예술인의 구직급여 지급요건에 해당한다. 설문이 "최종 이직 당시 단기예술인인 피보험자에게만 적용되는 구직급여 지급요건"을 고르는 것이므로 틀린 지문이 된다.

ㄷ. (×) 이직일 이전 24개월 중 3개월 이상을 예술인인 피보험자로 피보험자격을 유지하였을 것(고보법 제77조의3 제1항 제4호)은 예술인의 구직급여 지급요건에 해당한다. 설문이 "최종 이직 당시 단기예술인인 피보험자에게만 적용되는 구직급여 지급요건"을 고르는 것이므로 틀린 지문이 된다.

ㄹ. (○) 최종 이직일 이전 24개월 동안의 피보험 단위기간 중 다른 사업에서 제77조의5 제2항에서 준용하는 제58조에 따른 수급자격의 제한 사유에 해당하는 사유로 이직한 사실이 있는 경우에는 그 피보험 단위기간 중 90일 이상을 단기예술인으로 종사하였을 것(고보법 제77조의3 제1항 제6호 나목)

ㅁ. (×) 근로 또는 노무제공의 의사와 능력이 있음에도 불구하고 취업(영리를 목적으로 사업을 영위하는 경우를 포함한다)하지 못한 상태에 있을 것(고보법 제77조의3 제1항 제2호)은 예술인의 구직급여 지급요건에 해당한다. 설문이 "최종 이직 당시 단기예술인인 피보험자에게만 적용되는 구직급여 지급요건"을 고르는 것이므로 틀린 지문이 된다.

정답 ①

PLUS

예술인인 피보험자에 대한 구직급여(고보법 제77조의3)

① 예술인의 구직급여는 다음 각 호의 요건을 모두 갖춘 경우에 지급한다. 다만, 제6호는 최종 이직 당시 단기예술인이었던 사람만 해당한다.

1. 이직일 이전 24개월 동안의 피보험 단위기간이 통산하여 9개월 이상일 것
2. 근로 또는 노무제공의 의사와 능력이 있음에도 불구하고 취업(영리를 목적으로 사업을 영위하는 경우를 포함한다. 이하 이 장에서 같다)하지 못한 상태에 있을 것
3. 이직사유가 제77조의5 제2항에서 준용하는 제58조에 따른 수급자격의 제한 사유에 해당하지 아니할 것. 다만, 제77조의5 제2항에서 준용하는 제58조 제2호 가목에도 불구하고 예술인이 이직할 당시 대통령령으로 정하는 바에 따른 소득감소로 인하여 이직하였다고 직업안정기관의 장이 인정하는 경우에는 제58조에 따른 수급자격의 제한 사유에 해당하지 아니하는 것으로 본다.
4. 이직일 이전 24개월 중 3개월 이상을 예술인인 피보험자로 피보험자격을 유지하였을 것
5. 재취업을 위한 노력을 적극적으로 할 것

6. 다음 각 목의 요건을 모두 갖출 것
가. 수급자격의 인정신청일 이전 1개월 동안의 노무제공일수가 10일 미만이거나 수급자격 인정신청일 이전 14일간 연속하여 노무제공내역이 없을 것
나. 최종 이직일 이전 24개월 동안의 피보험 단위기간 중 다른 사업에서 제77조의5 제2항에서 준용하는 제58조에 따른 수급자격의 제한 사유에 해당하는 사유로 이직한 사실이 있는 경우에는 그 피보험단위기간 중 90일 이상을 단기예술인으로 종사하였을 것

05 기출 24

☑ 확인 Check! ○ △ ×

고용보험법령상 육아휴직 급여 등의 특례에 관한 내용이다. ( )에 들어갈 내용은?

> 같은 자녀에 대하여 자녀의 출생 후 18개월이 될 때까지 피보험자인 부모가 모두 육아휴직을 하는 경우(부모의 육아휴직기간이 전부 또는 일부 겹치지 않은 경우를 포함한다) 그 부모인 피보험자의 육아휴직 급여의 월별 지급액은 육아휴직 7개월째부터 육아휴직 종료일까지는 육아휴직 시작일을 기준으로 한 각 피보험자의 월 통상임금의 (ㄱ)에 해당하는 금액으로 한다. 다만, 해당 금액이 (ㄴ)만원을 넘는 경우에는 부모 각각에 대하여 (ㄴ)만원으로 하고, 해당 금액이 70만원보다 적은 경우에는 부모 각각에 대하여 70만원으로 한다.

① ㄱ : 100분의 70, ㄴ : 150
② ㄱ : 100분의 70, ㄴ : 200
③ ㄱ : 100분의 80, ㄴ : 100
④ ㄱ : 100분의 80, ㄴ : 150
⑤ ㄱ : 100분의 80, ㄴ : 200

05
( )의 ㄱ과 ㄴ에 들어갈 내용은 100분의 80과 150이다.

정답 ④

PLUS

출생 후 18개월 이내의 자녀에 대한 육아휴직 급여 등의 특례(고보법 시행령 제95조의3)

① 제95조 제1항 및 제95조의2 제1항・제2항에도 불구하고 같은 자녀에 대하여 자녀의 출생 후 18개월이 될 때까지 피보험자인 부모가 모두 육아휴직을 하는 경우(부모의 육아휴직기간이 전부 또는 일부 겹치지 않은 경우를 포함한다) 그 부모인 피보험자의 육아휴직 급여의 월별 지급액은 다음 각 호의 구분에 따라 산정한 금액으로 한다.
2. 육아휴직 7개월째부터 육아휴직 종료일까지 : 육아휴직 시작일을 기준으로 한 각 피보험자의 월 통상임금의 100분의 80에 해당하는 금액. 다만, 해당 금액이 150만원을 넘는 경우에는 부모 각각에 대하여 150만원으로 하고, 해당 금액이 70만원보다 적은 경우에는 부모 각각에 대하여 70만원으로 한다.

06 기출 24

☑ 확인 Check! ○ △ ✕

고용보험법령상 실업급여에 관한 설명으로 옳지 않은 것은?

① 실업급여수급계좌의 해당 금융기관은 「고용보험법」에 따른 실업급여만이 실업급여수급계좌에 입금되도록 관리하여야 한다.
② 직업안정기관의 장은 수급자격 인정신청을 한 사람에게 신청인이 원하는 경우에는 해당 실업급여를 실업급여수급계좌로 받을 수 있다는 사실을 안내하여야 한다.
③ 실업급여수급계좌에 입금된 실업급여 금액 전액 이하의 금액에 관한 채권은 압류할 수 없다.
④ 실업급여로서 지급된 금품에 대하여는 「국세기본법」 제2조 제8호의 공과금을 부과한다.
⑤ 직업안정기관의 장은 정보통신장애로 인하여 실업급여를 실업급여수급계좌로 이체할 수 없을 때에는 해당 실업급여 금액을 수급자격자에게 직접 현금으로 지급할 수 있다.

06

① (O) 고보법 제37조의2 제2항
② (O) 고보법 시행령 제58조의2 제3항
③ (O) 고보법 제38조 제2항, 동법 시행령 제58조의3
④ (×) 실업급여로서 지급된 금품에 대하여는 국가나 지방자치단체의 공과금(「국세기본법」 제2조 제8호 또는 「지방세기본법」 제2조 제1항 제26호에 따른 공과금을 말한다)을 부과하지 아니한다(고보법 제38조의2).
⑤ (O) 고보법 제37조의2 제1항 단서, 동법 시행령 제58조의2 제2항

정답 ④

07 기출 24

☑ 확인 Check! ○ △ ✕

고용보험법령상 연장급여의 상호 조정 등에 관한 설명으로 옳지 않은 것은?

① 훈련연장급여의 지급 기간은 1년을 한도로 한다.
② 훈련연장급여를 지급받고 있는 수급자격자에게는 그 훈련연장급여의 지급이 끝난 후가 아니면 특별연장급여를 지급하지 아니한다.
③ 개별연장급여를 지급받고 있는 수급자격자가 훈련연장급여를 지급받게 되면 개별연장급여를 지급하지 아니한다.
④ 특별연장급여를 지급받고 있는 수급자격자에게는 특별연장급여의 지급이 끝난 후가 아니면 개별연장급여를 지급하지 아니한다.
⑤ 특별연장급여는 그 수급자격자가 지급받을 수 있는 구직급여의 지급이 끝난 후에 지급한다.

07

① (×) 훈련연장급여의 지급 기간은 2년을 한도로 한다(고보법 제51조 제2항, 동법 시행령 제72조).
② (O) 훈련연장급여를 지급받고 있는 수급자격자에게는 그 훈련연장급여의 지급이 끝난 후가 아니면 개별연장급여 및 특별연장급여를 지급하지 아니한다(고보법 제55조 제2항).
③ (O) 개별연장급여 또는 특별연장급여를 지급받고 있는 수급자격자가 훈련연장급여를 지급받게 되면 개별연장급여나 특별연장급여를 지급하지 아니한다(고보법 제55조 제3항).
④ (O) 특별연장급여를 지급받고 있는 수급자격자에게는 특별연장급여의 지급이 끝난 후가 아니면 개별연장급여를 지급하지 아니하고, 개별연장급여를 지급받고 있는 수급자격자에게는 개별연장급여의 지급이 끝난 후가 아니면 특별연장급여를 지급하지 아니한다(고보법 제55조 제4항).
⑤ (O) 고보법 제55조 제1항

정답 ①

08 기출 24

☑ 확인Check! ○ △ ×

고용보험법상 훈련연장급여에 관한 내용이다. (　　)에 들어갈 숫자를 순서대로 옳게 나열한 것은?

> 제54조(연장급여의 수급기간 및 구직급여일액)
> ① 〈중략〉
> ② 제51조에 따라 훈련연장급여를 지급하는 경우에 그 일액은 해당 수급자격자의 구직급여일액의 100분의 (　　)으로 하고, 제52조 또는 제53조에 따라 개별연장급여 또는 특별연장급여를 지급하는 경우에 그 일액은 해당 수급자격자의 구직급여일액의 100분의 (　　)을 곱한 금액으로 한다.

① 60, 60
② 70, 60
③ 80, 60
④ 90, 70
⑤ 100, 70

08

(　　)에 들어갈 숫자는 순서대로 100, 70이다.

정답 ⑤

PLUS

연장급여의 수급기간 및 구직급여일액(고보법 제54조)

① 제51조부터 제53조까지의 규정에 따른 연장급여를 지급하는 경우에 그 수급자격자의 수급기간은 제48조에 따른 그 수급자격자의 수급기간에 연장되는 구직급여일수를 더하여 산정한 기간으로 한다.
② 제51조에 따라 훈련연장급여를 지급하는 경우에 그 일액은 해당 수급자격자의 구직급여일액의 100분의 100으로 하고, 제52조 또는 제53조에 따라 개별연장급여 또는 특별연장급여를 지급하는 경우에 그 일액은 해당 수급자격자의 구직급여일액의 100분의 70을 곱한 금액으로 한다.
③ 제2항에 따라 산정된 구직급여일액이 제46조 제2항에 따른 최저구직급여일액보다 낮은 경우에는 최저구직급여일액을 그 수급자격자의 구직급여일액으로 한다.

09 기출 24

☑ 확인Check! ○ △ ×

고용보험법령상 고용유지지원금에 관한 설명이다. ( )에 들어갈 내용으로 옳은 것은?(다만, 2020년 보험연도의 경우는 제외한다.)

> 고용유지지원금은 그 조치를 실시한 일수(둘 이상의 고용유지조치를 동시에 실시한 날은 (ㄱ)로 본다)의 합계가 그 보험연도의 기간 중에 (ㄴ)에 이를 때까지만 각각의 고용유지조치에 대하여 고용유지지원금을 지급한다.

① ㄱ : 1일, ㄴ : 60일
② ㄱ : 1일, ㄴ : 90일
③ ㄱ : 1일, ㄴ : 180일
④ ㄱ : 2일, ㄴ : 90일
⑤ ㄱ : 2일, ㄴ : 180일

09

( )의 ㄱ과 ㄴ에 들어갈 내용은 1일, 180일이다.

정답 ③

PLUS

고용유지지원금의 금액 등(고보법 시행령 제21조)

① 고용유지지원금은 다음 각 호에 해당하는 금액으로 한다. 다만, 고용노동부장관이 실업의 급증 등 고용사정이 악화되어 고용안정을 위하여 필요하다고 인정할 때에는 1년의 범위에서 고용노동부장관이 정하여 고시하는 기간에 사업주가 피보험자의 임금을 보전하기 위하여 지급한 금품의 4분의 3 이상 10분의 9 이하로서 고용노동부장관이 정하여 고시하는 비율[우선지원대상기업에 해당하지 않는 기업(이하 "대규모기업")의 경우에는 3분의 2]에 해당하는 금액으로 한다.

1. 근로시간 조정, 교대제 개편, 휴업 또는 휴직 등으로 단축된 근로시간이 역에 따른 1개월의 기간 동안 100분의 50 미만인 경우 : 단축된 근로시간 또는 휴직기간에 대하여 사업주가 피보험자의 임금을 보전하기 위하여 지급한 금품의 3분의 2(대규모기업의 경우에는 2분의 1)에 해당하는 금액
2. 근로시간 조정, 교대제 개편, 휴업 또는 휴직 등으로 단축된 근로시간이 역에 따른 1개월의 기간 동안 100분의 50 이상인 경우 : 단축된 근로시간 또는 휴직기간에 대하여 사업주가 피보험자의 임금을 보전하기 위하여 지급한 금품의 3분의 2에 해당하는 금액

② 제1항에 따른 고용유지지원금은 그 조치를 실시한 일수(둘 이상의 고용유지조치를 동시에 실시한 날은 1일로 본다)의 합계가 그 보험연도의 기간 중에 180일에 이를 때까지만 각각의 고용유지조치에 대하여 고용유지지원금을 지급한다.

③ 제2항에도 불구하고 2020년 보험연도의 경우 고용유지조치를 실시한 일수의 합계가 240일에 이를 때까지 고용유지지원금을 지급한다.

④ 삭제 〈2013.12.24.〉

⑤ 제1항에 따라 지급되는 고용유지지원금은 고용유지조치별 대상 근로자 1명당 고용노동부장관이 정하여 고시하는 금액을 초과할 수 없다.

10 기출 24

☑ 확인Check! ○ △ ×

고용보험법령상 고용보험위원회(이하 '위원회'라 한다)에 관한 설명으로 옳지 않은 것은?

① 위원회의 위원장은 고용노동부차관이 되며, 그 위원장은 위원을 임명하거나 위촉한다.
② 위원회에는 고용보험운영전문위원회와 고용보험평가전문위원회를 둔다.
③ 위원회의 위원 중 정부를 대표하는 사람은 임명의 대상이 된다.
④ 위원회의 간사는 1명을 두되, 간사는 고용노동부 소속 공무원 중에서 위원장이 임명한다.
⑤ 「고용보험 및 산업재해보상보험의 보험료징수 등에 관한 법률」에 따른 보험료율의 결정에 관한 사항은 위원회의 심의사항이다.

10

① (×) 위원회의 위원장은 고용노동부차관이 되고, 위원은 근로자를 대표하는 사람, 사용자를 대표하는 사람, 공익을 대표하는 사람, 정부를 대표하는 사람 중에서 각각 같은 수(數)로 고용노동부장관이 임명하거나 위촉하는 사람이 된다(고보법 제7조 제4항).
② (○) 고보법 제7조 제5항, 동법 시행령 제1조의7 제1항
③ (○) 위원회의 위원 중 정부를 대표하는 사람은 고용보험 관련 중앙행정기관의 고위공무원단에 속하는 공무원 중에서 고용노동부장관이 임명한다(고보법 제7조 제4항 제4호, 동법 시행령 제1조의3 제3항).
④ (○) 고보법 시행령 제1조의10
⑤ (○) 고보법 제7조 제2항 제2호

정답 ①

PLUS

고용보험위원회(고보법 제7조)

① 이 법 및 고용산재보험료징수법(보험에 관한 사항만 해당한다)의 시행에 관한 주요 사항을 심의하기 위하여 고용노동부에 고용보험위원회(이하 이 조에서 "위원회")를 둔다.
② 위원회는 다음 각 호의 사항을 심의한다.
  1. 보험제도 및 보험사업의 개선에 관한 사항
  2. 고용산재보험료징수법에 따른 보험료율의 결정에 관한 사항
  3. 제11조의2에 따른 보험사업의 평가에 관한 사항
  4. 제81조에 따른 기금운용 계획의 수립 및 기금의 운용 결과에 관한 사항
  5. 그 밖에 위원장이 보험제도 및 보험사업과 관련하여 위원회의 심의가 필요하다고 인정하는 사항
③ 위원회는 위원장 1명을 포함한 20명 이내의 위원으로 구성한다.
④ 위원회의 위원장은 고용노동부차관이 되고, 위원은 다음 각 호의 사람 중에서 각각 같은 수(數)로 고용노동부장관이 임명하거나 위촉하는 사람이 된다.
  1. 근로자를 대표하는 사람
  2. 사용자를 대표하는 사람
  3. 공익을 대표하는 사람
  4. 정부를 대표하는 사람
⑤ 위원회는 심의 사항을 사전에 검토·조정하기 위하여 위원회에 전문위원회를 둘 수 있다.
⑥ 위원회 및 전문위원회의 구성·운영과 그 밖에 필요한 사항은 대통령령으로 정한다.

고용보험위원회의 구성(고보법 시행령 제1조의3)

① 법 제7조 제4항 제1호 및 제2호에 따른 근로자와 사용자를 대표하는 사람은 각각 전국 규모의 노동단체와 전국 규모의 사용자단체에서 추천하는 사람 중에서 고용노동부장관이 위촉한다.
② 법 제7조 제4항 제3호에 따른 공익을 대표하는 사람은 고용보험과 그 밖의 고용노동 분야 전반에 관하여 학식과 경험이 풍부한 사람 중에서 고용노동부장관이 위촉한다.
③ 법 제7조 제4항 제4호에 따른 정부를 대표하는 사람은 고용보험 관련 중앙행정기관의 고위공무원단에 속하는 공무원 중에서 고용노동부장관이 임명한다.

11 기출 23

☑ 확인Check! ○ △ ×

고용보험법령상 구직급여에 관한 설명으로 옳지 않은 것은?

① 마지막 이직 당시 일용근로자로서 피보험 단위기간이 1개월 미만인 사람이 수급자격을 갖추지 못한 경우에는 일용근로자가 아닌 근로자로서 마지막으로 이직한 사업을 기준으로 수급자격의 인정 여부를 결정한다.

② 구직급여는 수급자격자가 실업한 상태에 있는 날 중에서 직업안정기관의 장으로부터 실업의 인정을 받은 날에 대하여 지급한다.

③ 수급자격자가 사망한 경우 그 수급자격자에게 지급되어야 할 구직급여로서 아직 지급되지 않은 구직급여의 지급을 청구하려는 사람은 미지급 실업급여 청구서를 사망한 수급자격자의 신청지 관할 직업안정기관의 장에게 제출해야 한다.

④ 구직급여는 이 법에 따로 규정이 있는 경우 외에는 그 구직급여의 수급자격과 관련된 이직일부터 계산하기 시작하여 12개월 내에 하나의 수급자격에 따라 구직급여를 지급받을 수 있는 날을 한도로 하여 지급한다.

⑤ 수급자격자가 질병이나 부상으로 직업안정기관에 출석할 수 없었던 경우로서 그 기간이 계속하여 7일 미만인 경우에 해당하면 직업안정기관에 출석할 수 없었던 사유를 적은 증명서를 제출하여 실업의 인정을 받을 수 있다.

11

① (○) 고보법 제43조 제3항 단서

② (○) 고보법 제44조 제1항

③ (○) 고보법 제57조 제1항, 고보법 시행령 제76조 제1항

④ (×) 구직급여는 이 법에 따로 규정이 있는 경우 외에는 그 구직급여의 수급자격과 관련된 이직일의 다음날부터 계산하기 시작하여 12개월 내에 소정급여일수'[하나의 수급자격에 따라 구직급여를 지급받을 수 있는 날(註)]를 한도로 하여 지급한다(고보법 제48조 제1항, 제50조 제1항).

⑤ (○) 고보법 제44조 제3항 제1호

정답 ④

PLUS

지급되지 아니한 구직급여(고보법 제57조)

① 수급자격자가 사망한 경우 그 수급자격자에게 지급되어야 할 구직급여로서 아직 지급되지 아니한 것이 있는 경우에는 그 수급자격자의 배우자(사실상의 혼인 관계에 있는 사람을 포함)·자녀·부모·손자녀·조부모 또는 형제자매로서 수급자격자와 생계를 같이하고 있던 사람의 청구에 따라 그 미지급분을 지급한다.

③ 제1항에 따라 지급되지 아니한 구직급여를 지급받을 수 있는 사람의 순위는 같은 항에 열거된 순서로 한다. 이 경우 같은 순위자가 2명 이상이면 그중 1명이 한 청구를 전원(全員)을 위하여 한 것으로 보며, 그 1명에게 한 지급은 전원에 대한 지급으로 본다.

지급되지 않은 구직급여의 청구(고보법 시행령 제76조)

① 법 제57조 제1항에 따라 지급되지 않은 구직급여의 지급을 청구하려는 사람(이하 "미지급급여청구자")은 미지급 실업급여 청구서를 사망한 수급자격자의 신청지 관할 직업안정기관의 장에게 제출해야 한다.

12 기출 23

☑ 확인Check! ○ △ ×

고용보험법령상 고용유지지원금에 관한 내용이다. (   )에 들어갈 내용은?

> 고용노동부장관이 실업의 급증 등 고용사정이 악화되어 고용안정을 위하여 필요하다고 인정할 때에는 (ㄱ)년의 범위에서 고용노동부장관이 정하여 고시하는 기간에 사업주가 피보험자의 임금을 보전하기 위하여 지급한 금품의 (ㄴ)로서 고용노동부장관이 정하여 고시하는 비율에 해당하는 금액으로 한다.

① ㄱ : 1, ㄴ : 3분의 2 이상 10분의 7 이하
② ㄱ : 1, ㄴ : 4분의 3 이상 10분의 9 이하
③ ㄱ : 2, ㄴ : 3분의 2 이상 10분의 7 이하
④ ㄱ : 2, ㄴ : 4분의 3 이상 10분의 9 이하
⑤ ㄱ : 3, ㄴ : 3분의 2 이상 10분의 9 이하

12

고용유지지원금은 다음 각 호에 해당하는 금액으로 한다. 다만, 고용노동부장관이 실업의 급증 등 고용사정이 악화되어 고용안정을 위하여 필요하다고 인정할 때에는 1년의 범위에서 고용노동부장관이 정하여 고시하는 기간에 사업주가 피보험자의 임금을 보전하기 위하여 지급한 금품의 4분의 3 이상 10분의 9 이하로서 고용노동부장관이 정하여 고시하는 비율에 해당하는 금액으로 한다(고보법 시행령 제21조 제1항).

정답 ②

13 기출 23

☑ 확인Check! ○ △ ×

고용보험법령상 예술인인 피보험자가 임신 13주차에 유산을 한 경우 출산전후급여등의 지급기간은?

① 5일　② 10일
③ 15일　④ 20일
⑤ 30일

13

임신기간이 12주 이상 15주 이내인 예술인인 피보험자 또는 피보험자였던 사람이 유산 또는 사산한 경우, 출산전후급여등의 지급기간은 유산 또는 사산한 날부터 10일이다(고보법 시행령 제104조의9 제2항 제2호 나목).

정답 ②

PLUS

예술인의 출산전후급여등의 지급요건 등(고보법 시행령 제104조의9)

② 출산전후급여등의 지급기간은 다음 각 호의 구분에 따른다.

1. 예술인인 피보험자 또는 피보험자였던 사람이 출산한 경우 : 출산 전과 후를 연속하여 90일(한 번에 둘 이상의 자녀를 임신한 경우에는 120일)로 하되, 출산 후에 45일(한 번에 둘 이상의 자녀를 임신한 경우에는 60일) 이상이 되도록 할 것
2. 예술인인 피보험자 또는 피보험자였던 사람이 유산 또는 사산한 경우 : 다음 각 목에 해당하는 기간
   가. 임신기간이 11주 이내인 경우 : 유산 또는 사산한 날부터 5일
   나. 임신기간이 12주 이상 15주 이내인 경우 : 유산 또는 사산한 날부터 10일
   다. 임신기간이 16주 이상 21주 이내인 경우 : 유산 또는 사산한 날부터 30일
   라. 임신기간이 22주 이상 27주 이내인 경우 : 유산 또는 사산한 날부터 60일
   마. 임신기간이 28주 이상인 경우 : 유산 또는 사산한 날부터 90일

14 기출 23

☑ 확인Check! ○ △ ×

고용보험법령상 고용보험위원회(이하 '위원회'라 한다)에 관한 설명으로 옳지 않은 것은?

① 위촉위원 중 정부를 대표하는 사람의 임기는 2년으로 한다.
② 위촉위원 중 보궐위원의 임기는 전임자 임기의 남은 기간으로 한다.
③ 위원회의 위원장이 부득이한 사유로 직무를 수행할 수 없을 때에는 위원장이 미리 지명하는 위원이 그 직무를 대행한다.
④ 위원회의 회의는 재적위원 과반수의 출석으로 개의(開議)하고 출석위원 과반수의 찬성으로 의결한다.
⑤ 위원회에 고용보험운영전문위원회와 고용보험평가전문위원회를 둔다.

14

① (×) 고용보험위원회의 위촉위원 중 근로자를 대표하는 사람, 사용자를 대표하는 사람, 공익을 대표하는 사람의 임기는 2년으로 한다(고보법 시행령 제1조의4 제1항 본문). 위촉위원 중 정부를 대표하는 사람은 고용보험 관련 중앙행정기관의 고위공무원단에 속하는 공무원 중에서 고용노동부장관이 임명하는 것으로 규정하고 있으나(고보법 시행령 제1조의3 제3항), 별도의 임기는 규정하고 있지 아니하다.
② (○) 고보법 시행령 제1조의4 제1항 단서
③ (○) 고보법 시행령 제1조의5 제2항
④ (○) 고보법 시행령 제1조의6 제2항
⑤ (○) 고보법 시행령 제1조의7 제1항

정답 ①

15 기출 23

☑ 확인Check! ○ △ ×

고용보험법상 고용보험심사관(이하 '심사관'이라 한다)에 관한 설명으로 옳지 않은 것은?

① 실업급여에 관한 처분에 이의가 있는 자는 심사관에게 심사를 청구할 수 있다.
② 심사관은 심사청구를 받으면 30일 이내에 그 심사청구에 대한 결정을 하여야 한다. 다만, 부득이한 사정으로 그 기간에 결정할 수 없을 때에는 한 차례만 10일을 넘지 아니하는 범위에서 그 기간을 연장할 수 있다.
③ 심사관은 심사의 청구에 대한 심리를 위하여 필요하다고 인정하면 심사청구인의 신청 또는 직권으로 심사청구인 또는 관계인을 지정 장소에 출석하게 하여 질문하거나 의견을 진술하게 할 수 있다.
④ 당사자는 심사관에게 심리・결정의 공정을 기대하기 어려운 사정이 있으면 그 심사관에 대한 기피신청을 고용노동부장관에게 할 수 있다.
⑤ 직업안정기관 또는 근로복지공단은 심사청구서를 받은 날부터 14일 이내에 의견서를 첨부하여 심사청구서를 심사관에게 보내야 한다.

15

① (○) 피보험자격의 취득・상실에 대한 확인, 실업급여 및 육아휴직 급여와 출산전후휴가 급여등에 관한 처분에 이의가 있는 자는 심사관에게 심사를 청구할 수 있고, 그 결정에 이의가 있는 자는 심사위원회에 재심사를 청구할 수 있다(고보법 제87조 제1항).
② (○) 고보법 제89조 제2항
③ (○) 고보법 제94조 제1항 제1호
④ (○) 고보법 제89조 제4항
⑤ (×) 직업안정기관 또는 근로복지공단은 심사청구서를 받은 날부터 5일 이내에 의견서를 첨부하여 심사청구서를 심사관에게 보내야 한다(고보법 제90조 제2항).

정답 ⑤

16 기출 23

확인Check! ○ △ ×

고용보험법령상 폐업한 자영업자인 피보험자에 관한 설명으로 옳지 않은 것은?

① 법령을 위반하여 영업 정지를 받아 폐업한 경우라도 직업안정기관의 장이 인정하는 경우에는 수급자격이 있는 것으로 본다.

② 자영업자인 피보험자 본인의 중대한 귀책사유로서 본인의 사업과 관련하여 특정경제범죄 가중처벌 등에 관한 법률 제3조에 따라 징역형을 선고받고 폐업한 경우에 해당한다고 직업안정기관의 장이 인정하는 경우에는 수급자격이 없는 것으로 본다.

③ 자영업자인 피보험자로서 폐업한 수급자격자에 대한 소정급여일수는 대기기간이 끝난 다음 날부터 계산하기 시작하여 피보험기간이 5년 이상 10년 미만이면 180일까지로 한다.

④ 자영업자인 피보험자의 피보험기간은 그 수급자격과 관련된 폐업 당시의 적용 사업에의 보험가입기간 중에서 실제로 납부한 고용보험료에 해당하는 기간으로 한다.

⑤ 자영업자인 피보험자로서 폐업한 수급자격자에 대한 구직급여일액은 그 수급자격자의 기초일액에 100분의 60을 곱한 금액으로 한다.

16

① (×) 폐업한 자영업자인 피보험자가 법령을 위반하여 허가 취소를 받거나 영업 정지를 받음에 따라 폐업한 경우에 해당한다고 직업안정기관의 장이 인정하는 경우에는 수급자격이 없는 것으로 본다(고보법 제69조의7 제1호).

② (○) 고보법 제69조의7 제2호, 고보법 시행규칙 제115조의2 제2호

③ (○) 고보법 제69조의6, 고보법 [별표 2]

④ (○) 고보법 제50조 제3항 단서

⑤ (○) 고보법 제69조의5

정답 ①

PLUS

폐업사유에 따른 수급자격의 제한(고보법 제69조의7)

제69조의3에도 불구하고 폐업한 자영업자인 피보험자가 다음 각 호의 어느 하나에 해당한다고 직업안정기관의 장이 인정하는 경우에는 수급자격이 없는 것으로 본다.

1. 법령을 위반하여 허가 취소를 받거나 영업 정지를 받음에 따라 폐업한 경우
2. 방화(放火) 등 피보험자 본인의 중대한 귀책사유로서 고용노동부령으로 정하는 사유로 폐업한 경우
3. 매출액 등이 급격하게 감소하는 등 고용노동부령으로 정하는 사유가 아닌 경우로서 전직 또는 자영업을 다시 하기 위하여 폐업한 경우
4. 그 밖에 고용노동부령으로 정하는 정당한 사유에 해당하지 아니하는 사유로 폐업한 경우

폐업사유에 따른 수급자격의 제한(고보법 시행규칙 제115조의2)

법 제69조의7 제2호의 "고용노동부령으로 정하는 사유로 폐업한 경우"란 다음 각 호의 어느 하나에 해당하는 경우를 말한다.

1. 법 제2조 제1호 나목에 따른 자영업자인 피보험자(이하 "자영업자인 피보험자")가 본인의 사업장 또는 사업장 내의 주요 생산·판매시설 등에 대하여 형법 제13장의 죄를 범하여 금고 이상의 형을 선고받고 폐업한 경우
2. 자영업자인 피보험자가 본인의 사업과 관련하여 형법 제347조, 제350조, 제351조(제347조 및 제350조의 상습범으로 한정), 제355조, 제356조 또는 특정경제범죄 가중처벌 등에 관한 법률 제3조에 따라 징역형을 선고받고 폐업한 경우

자영업자의 구직급여의 소정급여일수(고보법 [별표 2])

구 분	피보험기간			
	1년 이상 3년 미만	3년 이상 5년 미만	5년 이상 10년 미만	10년 이상
소정급여일수	120일	150일	180일	210일

17 기출 23

☑ 확인Check! ○ △ ×

고용보험법령상 고용노동부장관이 고용환경 개선, 근무형태 변경 등으로 고용의 기회를 확대한 사업주에게 임금의 일부를 지원할 수 있는 경우가 아닌 것은?

① 직무의 분할 등을 통하여 실업자를 근로계약기간을 정하지 않고 시간제로 근무하는 형태로 하여 새로 고용하는 경우

② 고용보험위원회에서 심의·의결한 국내복귀기업 또는 지역특화산업 등 고용지원이 필요한 업종에 해당하는 기업이 실업자를 고용하는 경우

③ 고용보험위원회에서 심의·의결한 업종에 해당하는 우선지원대상기업이 고용노동부장관이 정하는 전문적인 자격을 갖춘 자를 고용하는 경우

④ 임금을 감액하는 제도 또는 그 밖의 임금체계 개편 등을 통하여 18세 이상 35세 이하의 청년 실업자를 고용하는 경우

⑤ 고용노동부장관이 고용상 연령차별 금지 및 고령자고용촉진에 관한 법률에 따른 고령자가 근무하기에 적합한 것으로 인정하는 직무에 고령자를 새로 고용하는 경우

17

① (O) 고보법 시행령 제17조 제1항 제3호

② (O) 고보법 시행령 제17조 제1항 제4호

③ (O) 고보법 시행령 제17조 제1항 제5호

④ (×) 고용노동부장관은 임금피크제, 임금을 감액하는 제도 또는 그 밖의 임금체계 개편 등을 통하여 15세 이상 34세 이하의 청년 실업자를 고용하는 경우 사업주에게 임금의 일부를 지원할 수 있다(고보법 시행령 제17조 제1항 제6호).

⑤ (O) 고보법 시행령 제17조 제1항 제7호

정답 ④

PLUS

고용창출의 지원(고보법 제20조)

고용노동부장관은 고용환경 개선, 근무형태 변경 등으로 고용의 기회를 확대한 사업주에게 대통령령으로 정하는 바에 따라 필요한 지원을 할 수 있다.

고용창출에 대한 지원(고보법 시행령 제17조)

① 고용노동부장관은 법 제20조에 따라 다음 각 호의 어느 하나에 해당하는 사업주에게 임금의 일부를 지원할 수 있다. 다만, 제1호의 경우에는 근로시간이 감소된 근로자에 대한 임금의 일부와 필요한 시설의 설치비의 일부도 지원할 수 있으며, 제2호의 경우에는 시설의 설치비의 일부도 지원할 수 있다.

1. 근로시간 단축, 교대근로 개편, 정기적인 교육훈련 또는 안식휴가 부여 등을 통하여 실업자를 고용함으로써 근로자 수가 증가한 경우
2. 고용노동부장관이 정하는 시설을 설치·운영하여 고용환경을 개선하고 실업자를 고용하여 근로자 수가 증가한 경우
3. 직무의 분할, 근무체계 개편 또는 시간제직무 개발 등을 통하여 실업자를 근로계약기간을 정하지 않고 시간제로 근무하는 형태로 하여 새로 고용하는 경우
4. 위원회에서 심의·의결한 성장유망업종, 인력수급 불일치 업종, 국내복귀기업 또는 지역특화산업 등 고용지원이 필요한 업종에 해당하는 기업이 실업자를 고용하는 경우
5. 위원회에서 심의·의결한 업종에 해당하는 우선지원대상기업이 고용노동부장관이 정하는 전문적인 자격을 갖춘 자를 고용하는 경우
6. 제28조에 따른 임금피크제, 제28조의2에 따른 임금을 감액하는 제도 또는 그 밖의 임금체계 개편 등을 통하여 15세 이상 34세 이하의 청년 실업자를 고용하는 경우
7. 고용노동부장관이 고용상 연령차별 금지 및 고령자고용촉진에 관한 법률 제2조 제1호 또는 제2호에 따른 고령자 또는 준고령자가 근무하기에 적합한 것으로 인정하는 직무에 고령자 또는 준고령자를 새로 고용하는 경우

18 기출 22

☑ 확인 Check! ○ △ ×

고용보험법상 피보험자격의 취득 또는 상실 등에 관한 설명으로 옳지 않은 것은?

① 고용보험 및 산업재해보상보험의 보험료징수 등에 관한 법률(이하 "고용산재보험료징수법"이라 한다)에 따른 보험관계 성립일 전에 고용된 근로자의 경우에는 그 보험관계가 성립한 날의 다음 날에 피보험자격을 취득한 것으로 본다.

② 근로자인 피보험자가 이직한 경우에는 이직한 날의 다음 날에 피보험자격을 상실한다.

③ 근로자인 피보험자가 사망한 경우에는 사망한 날의 다음 날에 피보험자격을 상실한다.

④ 고용산재보험료징수법에 따라 보험관계가 소멸한 경우에는 그 보험관계가 소멸한 날에 그 피보험자격을 상실한다.

⑤ 피보험자 또는 피보험자였던 사람은 언제든지 고용노동부장관에게 피보험자격의 취득 또는 상실에 관한 확인을 청구할 수 있다.

18

① (×) 고용산재보험료징수법 제7조에 따른 보험관계 성립일 전에 고용된 근로자의 경우에는 그 보험관계가 성립한 날에 피보험자격을 취득한 것으로 본다(고보법 제13조 제1항 제2호).

② (○) 고보법 제14조 제1항 제3호

③ (○) 고보법 제14조 제1항 제4호

④ (○) 고보법 제14조 제1항 제2호

⑤ (○) 고보법 제17조 제1항

정답 ①

PLUS

피보험자격의 상실일(고보법 제14조)

① 근로자인 피보험자는 다음 각 호의 어느 하나에 해당하는 날에 각각 그 피보험자격을 상실한다.

1. 근로자인 피보험자가 제10조 및 제10조의2에 따른 적용 제외 근로자에 해당하게 된 경우에는 그 적용 제외 대상자가 된 날
2. 고용산재보험료징수법 제10조에 따라 보험관계가 소멸한 경우에는 그 보험관계가 소멸한 날
3. 근로자인 피보험자가 이직한 경우에는 이직한 날의 다음 날
4. 근로자인 피보험자가 사망한 경우에는 사망한 날의 다음 날

② 자영업자인 피보험자는 고용산재보험료징수법 제49조의2 제10항 및 같은 조 제12항에서 준용하는 같은 법 제10조 제1호부터 제3호까지의 규정에 따라 보험관계가 소멸한 날에 피보험자격을 상실한다.

19 기출 22

☑ 확인 Check! ○ △ ×

고용보험법령상 고용보험법 적용이 제외되는 것을 모두 고른 것은?

> ㄱ. 별정우체국법에 따른 별정우체국 직원
> ㄴ. 사립학교교직원 연금법의 적용을 받는 사람
> ㄷ. 어업 중 법인이 아닌 자가 상시 4명 이하의 근로자를 사용하는 사업에 종사하는 근로자

① ㄱ ② ㄱ, ㄴ
③ ㄱ, ㄷ ④ ㄴ, ㄷ
⑤ ㄱ, ㄴ, ㄷ

19

제시된 보기 ㄱ., ㄴ., ㄷ. 모두 고보법이 적용되지 아니한다.

정답 ⑤

PLUS

적용범위(고보법 제8조)

① 이 법은 근로자를 사용하는 모든 사업 또는 사업장(이하 "사업")에 적용한다. 다만, 산업별 특성 및 규모 등을 고려하여 대통령령으로 정하는 사업에 대해서는 적용하지 아니한다.

적용범위(고보법 시행령 제2조)

① 법 제8조 제1항 단서에서 "대통령령으로 정하는 사업"이란 다음 각 호의 어느 하나에 해당하는 사업을 말한다.
1. 삭제 〈2024.6.25.〉
2. 다음 각 목의 어느 하나에 해당하는 공사. 다만, 법 제15조 제2항 각 호에 해당하는 자가 시공하는 공사는 제외한다.
   가. 고용보험 및 산업재해보상보험의 보험료징수 등에 관한 법률 시행령(이하 "고용산재보험료징수법 시행령") 제2조 제1항 제2호에 따른 총공사금액(이하 이 조에서 "총공사금액")이 2천만원 미만인 공사
   나. 연면적이 100제곱미터 이하인 건축물의 건축 또는 연면적이 200제곱미터 이하인 건축물의 대수선에 관한 공사
3. 가구 내 고용활동 및 달리 분류되지 아니한 자가소비 생산활동

적용제외(고보법 제10조)

① 다음 각 호의 어느 하나에 해당하는 사람에게는 이 법을 적용하지 아니한다.
1. 삭제 〈2019.1.15.〉
2. 해당 사업에서 소정(所定)근로시간이 대통령령으로 정하는 시간 미만인 근로자
3. 국가공무원법과 지방공무원법에 따른 공무원. 다만, 대통령령으로 정하는 바에 따라 별정직공무원, 국가공무원법 제26조의5 및 지방공무원법 제25조의5에 따른 임기제공무원의 경우는 본인의 의사에 따라 고용보험(제4장에 한정)에 가입할 수 있다.
4. 사립학교교직원 연금법의 적용을 받는 사람
5. 그 밖에 대통령령으로 정하는 사람

적용제외근로자(고보법 시행령 제3조)

법 제10조 제1항 제5호에서 "대통령령으로 정하는 사람"이란 다음 각 호의 어느 하나에 해당하는 사람을 말한다.
1. 「별정우체국법」에 따른 별정우체국 직원
2. 농업·임업 및 어업 중 법인이 아닌 자가 상시 4명 이하의 근로자를 사용하는 사업에 종사하는 근로자. 다만, 본인의 의사로 고용노동부령으로 정하는 바에 따라 고용보험에 가입을 신청하는 사람은 고용보험에 가입할 수 있다.

20 기출 22

확인 Check! ○ △ ×

고용보험법상 자영업자의 구직급여에 관한 사항으로 피보험기간과 소정급여일수가 옳게 연결된 것은?

① 피보험기간 6개월 - 소정급여일수 120일
② 피보험기간 1년 - 소정급여일수 150일
③ 피보험기간 3년 - 소정급여일수 180일
④ 피보험기간 10년 - 소정급여일수 210일
⑤ 피보험기간 15년 - 소정급여일수 240일

20

피보험기간 6개월인 경우에는 소정급여일수가 없으나, 피보험기간 1년은 120일, 피보험기간 3년은 150일, 피보험기간 10년은 210일, 피보험기간 15년은 210일의 소정급여일수가 각각 인정된다.

정답 ④

PLUS

자영업자의 구직급여의 소정급여일수(고보법 [별표 2])

구 분	피보험기간			
	1년 이상 3년 미만	3년 이상 5년 미만	5년 이상 10년 미만	10년 이상
소정급여일수	120일	150일	180일	210일

21 기출 22

확인 Check! ○ △ ×

고용보험법상 재심사에 관한 설명으로 옳지 않은 것은?

① 재심사의 청구는 심사청구에 대한 결정이 있음을 안 날부터 90일 이내에 제기하여야 한다.
② 재심사의 청구는 시효중단에 관하여 재판상의 청구로 본다.
③ 고용보험심사위원회의 재심사청구에 대한 심리는 공개하지 않음이 원칙이지만, 당사자의 양쪽 또는 어느 한 쪽이 신청한 경우에는 공개할 수 있다.
④ 고용보험심사위원회는 재심사의 청구를 받으면 그 청구에 대한 심리 기일 및 장소를 정하여 심리 기일 3일 전까지 당사자 및 그 사건을 심사한 고용보험심사관에게 알려야 한다.
⑤ 당사자는 고용보험심사위원회에 문서나 구두로 그 의견을 진술할 수 있다.

21

① (○) 심사의 청구는 확인 또는 처분이 있음을 안 날부터 90일 이내에, 재심사의 청구는 심사청구에 대한 결정이 있음을 안 날부터 90일 이내에 각각 제기하여야 한다(고보법 제87조 제2항).
② (○) 심사 및 재심사의 청구는 시효중단에 관하여 재판상의 청구로 본다(고보법 제87조 제3항).
③ (×) 심사위원회의 재심사청구에 대한 심리는 공개한다. 다만, 당사자의 양쪽 또는 어느 한 쪽이 신청한 경우에는 공개하지 아니할 수 있다(고보법 제101조 제3항).
④ (○) 고보법 제101조 제1항
⑤ (○) 고보법 제101조 제2항

정답 ③

22 기출 22

☑ 확인Check! ○ △ ×

고용보험법령상 노무제공자인 피보험자에 해당하지 않는 것은?

① 한국표준직업분류표의 세세분류에 따른 대여 제품 방문점검원
② 가전제품의 판매를 위한 배송 업무를 주로 수행하고 가전제품의 설치, 시운전 등을 통해 작동상태를 확인하는 사람
③ 초・중등교육법에 따른 학교에서 운영하는 방과후학교의 과정을 담당하는 강사
④ 방문판매 등에 관한 법률에 따른 후원방문판매원으로서 자가소비를 위한 후원방문판매원
⑤ 우체국 예금・보험에 관한 법률에 따른 우체국보험의 모집을 전업으로 하는 사람

22

① (○) 고보법 시행령 제104조의11 제1항 제7호
② (○) 고보법 시행령 제104조의11 제1항 제8호
③ (○) 고보법 시행령 제104조의11 제1항 제9호
④ (×) 방문판매 등에 관한 법률 제2조 제2호에 따른 방문판매원 또는 같은 조 제8호에 따른 후원방문판매원으로서 상시적으로 방문판매업무를 하는 사람 중 자가 소비를 위한 방문판매원・후원방문판매원 및 제2호 또는 제7호에 동시에 해당하는 사람은 제외한다(고보법 시행령 제104조의11 제1항 제6호).
⑤ (○) 고보법 시행령 제104조의11 제1항 제1호 나목

정답 ④

PLUS

노무제공자인 피보험자의 범위(고보법 시행령 제104조의11)

① 법 제77조의6 제1항에서 "대통령령으로 정하는 직종에 종사하는 사람"이란 다음 각 호의 어느 하나에 해당하는 사람을 말한다.

1. 보험을 모집하는 사람으로서 다음 각 목의 어느 하나에 해당하는 사람
   가. 보험업법 제84조 제1항에 따라 등록한 보험설계사
   나. 우체국 예금・보험에 관한 법률에 따른 우체국보험의 모집을 전업으로 하는 사람
2. 통계법 제22조에 따라 통계청장이 고시하는 직업에 관한 표준분류(이하 "한국표준직업분류표")의 세세분류에 따른 학습지 방문강사, 교육교구 방문강사 등 회원의 가정 등을 직접 방문하여 아동이나 학생 등을 가르치는 사람
3. 한국표준직업분류표의 세분류에 따른 택배원인 사람으로서 택배사업[소화물을 집화(集貨)・수송 과정을 거쳐 배송하는 사업]에서 집화 또는 배송 업무를 하는 사람
4. 대부업 등의 등록 및 금융이용자 보호에 관한 법률 제3조 제1항 단서에 따른 대출모집인
5. 여신전문금융업법 제14조의2 제1항 제2호에 따른 신용카드회원모집인(전업으로 하는 사람만 해당)
6. 방문판매 등에 관한 법률 제2조 제2호에 따른 방문판매원 또는 같은 조 제8호에 따른 후원방문판매원으로서 상시적으로 방문판매업무를 하는 사람. 다만, 자가 소비를 위한 방문판매원・후원방문판매원 및 제2호 또는 제7호에 동시에 해당하는 사람은 제외한다.
7. 한국표준직업분류표의 세세분류에 따른 대여 제품 방문점검원
8. 가전제품의 판매를 위한 배송 업무를 주로 수행하고 가전제품의 설치, 시운전 등을 통해 작동상태를 확인하는 사람
9. 초・중등교육법 제2조에 따른 학교에서 운영하는 방과후학교의 과정을 담당하는 강사
10. 건설기계관리법 제3조 제1항에 따라 등록된 건설기계를 직접 운전하는 사람

23 기출 22

☑ 확인Check! ○ △ ×

고용보험법령상 고용보험기금에 관한 설명으로 옳지 않은 것은?

① 고용노동부장관은 한국은행에 고용보험기금계정을 설치하여야 한다.
② 고용보험기금의 결산상 손실금이 생기는 경우 이를 적립금으로 보전(補塡)할 수 없다.
③ 기금수입징수관은 기금징수액보고서를 매월 말일을 기준으로 작성하여 다음 달 20일까지 고용노동부장관에게 제출하여야 한다.
④ 고용보험기금을 지출할 때 자금 부족이 발생할 것으로 예상되는 경우에는 고용보험기금의 부담으로 금융기관·다른 기금과 그 밖의 재원 등으로부터 차입을 할 수 있다.
⑤ 고용노동부장관의 고용보험기금 관리·운용 방법에는 금융기관에 예탁하는 방법이 있다.

23

① (○) 고보법 제82조 제1항
② (×) 기금의 결산상 손실금이 생기면 적립금을 사용하여 이를 보전(補塡)할 수 있다(고보법 제85조 제2항).
③ (○) 기금수입징수관은 기금징수액보고서를, 기금재무관은 기금지출원인행위액 보고서를, 기금지출관은 기금지출액보고서를 매월 말일을 기준으로 작성하여 다음 달 20일까지 고용노동부장관에게 제출하여야 한다(고보법 시행령 제117조 제1항).
④ (○) 고보법 제86조
⑤ (○) 고보법 제79조 제3항 제1호

정답 ②

PLUS

기금의 관리·운용(고보법 제79조)

③ 고용노동부장관은 다음 각 호의 방법에 따라 기금을 관리·운용한다.
1. 금융기관에의 예탁
2. 재정자금에의 예탁
3. 국가·지방자치단체 또는 금융기관에서 직접 발행하거나 채무이행을 보증하는 유가증권의 매입
4. 보험사업의 수행 또는 기금 증식을 위한 부동산의 취득 및 처분
5. 그 밖에 대통령령으로 정하는 기금 증식 방법

24 기출 20

☑ 확인Check! ○ △ ×

고용보험법상 고용보험위원회에 관한 설명으로 옳은 것은?

① 근로복지공단에 고용보험위원회를 둔다.
② 심의사항을 사전에 검토·조정하기 위하여 실무위원회를 둔다.
③ 위원장 1명을 포함한 15명 이내의 위원으로 구성한다.
④ 위원장은 고용노동부장관이 된다.
⑤ 심의사항에는 보험제도 및 보험사업의 개선에 관한 사항이 포함된다.

24

① (×) 이 법 및 징수법(보험에 관한 사항만 해당한다)의 시행에 관한 주요사항을 심의하기 위하여 고용노동부에 고용보험위원회(이하 "위원회")를 둔다(고보법 제7조 제1항).
② (×) 위원회는 심의사항을 사전에 검토·조정하기 위하여 위원회에 전문위원회를 둘 수 있다(고보법 제7조 제5항).
③ (×) 위원회는 위원장 1명을 포함한 20명 이내의 위원으로 구성한다(고보법 제7조 제3항).
④ (×) 위원회의 위원장은 고용노동부차관이 되고, 위원은 ㉠ 근로자를 대표하는 사람, ㉡ 사용자를 대표하는 사람, ㉢ 공익을 대표하는 사람, ㉣ 정부를 대표하는 사람 중에서 각각 같은 수로 고용노동부장관이 임명하거나 위촉하는 사람이 된다(고보법 제7조 제4항).
⑤ (○) 고보법 제7조 제2항 제1호

정답 ⑤

25 기출 21

☑ 확인Check! ○ △ ×

고용보험법령상 육아휴직 급여에 관한 내용이다. (　　)에 들어갈 내용으로 옳은 것은?

> 육아휴직 급여는 육아휴직 시작일을 기준으로 한 (ㄱ)을 월별 지급액으로 한다. 다만, 해당 금액이 (ㄴ)을 넘는 경우에는 (ㄴ)으로 하고, 해당 금액이 70만원보다 적은 경우에는 70만원으로 한다. 육아휴직 급여의 지급대상 기간이 (ㄷ)을 채우지 못하는 경우에는 월별 지급액을 해당 월에 휴직한 일수에 비례하여 계산한 금액을 지급액으로 한다.

① ㄱ : 월 통상임금의 100분의 50에 해당하는 금액
　ㄴ : 120만원
　ㄷ : 1개월

② ㄱ : 월 통상임금의 100분의 80에 해당하는 금액
　ㄴ : 120만원
　ㄷ : 3개월

③ ㄱ : 월 통상임금의 100분의 80에 해당하는 금액
　ㄴ : 150만원
　ㄷ : 3개월

④ ㄱ : 월 통상임금에 해당하는 금액
　ㄴ : 150만원
　ㄷ : 3개월

⑤ ㄱ : 월 통상임금의 100분의 80에 해당하는 금액
　ㄴ : 150만원
　ㄷ : 1개월

25

개정 고보법 시행령 제95조 제1항, 제3항에 의하면, 순서대로 ㄱ. 월 통상임금의 100분의 80에 해당하는 금액, ㄴ. 150만원, ㄷ. 1개월이다.

정답 ⑤

PLUS

육아휴직 급여(고보법 시행령 제95조)

① 법 제70조 제1항에 따른 육아휴직 급여는 육아휴직 시작일을 기준으로 한 월 통상임금의 100분의 80에 해당하는 금액을 월별 지급액으로 한다. 다만, 해당 금액이 150만원을 넘는 경우에는 150만원으로 하고, 해당 금액이 70만원보다 적은 경우에는 70만원으로 한다.

② 남녀고용평등과 일·가정 양립 지원에 관한 법률 제19조의4 제1항에 따라 육아휴직을 분할하여 사용하는 경우에는 각각의 육아휴직 사용기간을 합산한 기간을 제1항에 따른 육아휴직 급여의 지급대상 기간으로 본다.

③ 육아휴직 급여의 지급대상 기간이 1개월을 채우지 못하는 경우에는 제1항에 따른 월별 지급액을 해당 월에 휴직한 일수에 비례하여 계산한 금액을 지급액으로 한다.

26 기출 21

☑ 확인Check! ○ △ ×

고용보험법령상 장애인고용촉진 및 직업재활법에 따른 장애인인 甲(45세)은 근무하던 A회사를 퇴사하여 직업안정기관으로부터 구직급여수급자격을 인정받았다. 피보험기간이 15년인 甲이 받을 수 있는 구직급여의 소정급여일수는?

① 120일
② 180일
③ 210일
④ 240일
⑤ 270일

PLUS

구직급여의 소정급여일수(고보법 [별표 1])

구 분		피보험기간				
		1년 미만	1년 이상 3년 미만	3년 이상 5년 미만	5년 이상 10년 미만	10년 이상
이직일 현재 연령	50세 미만	120일	150일	180일	210일	240일
	50세 이상	120일	180일	210일	240일	270일

비고 : 장애인고용촉진 및 직업재활법 제2조 제1호에 따른 장애인은 50세 이상인 것으로 보아 위 표를 적용한다.

26

장애인고용촉진 및 직업재활법에 따른 장애인은 고보법 [별표 1]에 의하여 50세 이상인 것으로 보아 소정급여일수를 적용하므로, 피보험기간이 15년인 45세 장애인 甲에게는 270일의 소정급여일수가 인정된다.

정답 ⑤

27 기출 18

☑ 확인Check! ○ △ ×

고용보험법령상 고용조정의 지원에 관한 내용으로 옳지 않은 것은?

① 고용노동부장관은 산업구조의 변화에 따른 사업의 전환으로 고용조정이 불가피하게 된 사업주가 근로자에 대한 휴직, 인력의 재배치 등을 실시하면 그 사업주에게 필요한 지원을 할 수 있다.
② 경영상 이유에 따른 사업주의 권고에 따라 퇴직이 예정된 사람을 1개월 동안 이직시키지 아니한 경우에는 고용유지지원금을 지급한다.
③ 사업주가 고용유지조치기간 동안 근로자를 새로 고용하는 경우에는 관할 직업안정기관의 장이 불가피하다고 인정하는 경우를 제외하고는 해당 달에 대한 고용유지지원금을 지급하지 아니한다.
④ 고용노동부장관은 신고한 고용유지조치계획과 다르게 고용유지조치를 이행한 사업주에게는 해당 사실이 발생한 날이 속한 달에 대한 고용유지지원금의 전부 또는 일부를 지급하지 아니할 수 있다.
⑤ 고용유지지원금을 받으려는 사업주는 그 사업의 근로자대표와 협의를 거쳐 고용유지조치계획을 수립해야 한다.

27

① (○) 고용노동부장관은 경기의 변동, 산업구조의 변화 등에 따른 사업규모의 축소, 사업의 폐업 또는 전환으로 고용조정이 불가피하게 된 사업주가 근로자에 대한 휴업, 휴직, 직업전환에 필요한 직업능력개발 훈련, 인력의 재배치 등을 실시하거나 그 밖에 근로자의 고용안정을 위한 조치를 하면 그 사업주에게 필요한 지원을 할 수 있다(고보법 제21조 제1항 전문).
② (×) 고용노동부장관은 고용조정이 불가피하게 된 사업주가 그 사업에서 고용하여 피보험자격 취득 후 90일이 지난 피보험자[일용근로자, 「근로기준법」 제26조에 따라 해고가 예고된 사람, 경영상 이유에 따른 사업주의 권고에 따라 퇴직이 예정된 사람 및 사업주(사업주가 법인인 경우에는 그 대표자를 말한다)의 배우자 및 직계존속·비속은 제외한다.]에게 다음 각 호의 어느 하나에 해당하는 조치(이하 "고용유지조치"라 한다)를 취하여 그 고용유지조치 기간과 이후 1개월 동안 고용조정으로 피보험자를 이직시키지 않은 경우에 지원금(이하 "고용유지지원금"이라 한다)을 지급한다(고보법 시행령 제19조 제1항).
③ (○) 고보법 시행령 제19조 제2항 제1호
④ (○) 고보법 시행령 제20조의2
⑤ (○) 고보법 시행령 제20조 제1항 제1호 본문

정답 ②

28 기출 21

☑ 확인Check! ○ △ ×

고용보험법령상 예술인인 피보험자의 구직급여에 관한 내용으로 옳지 않은 것은?

① 이직일 이전 24개월 동안의 피보험 단위기간이 통산하여 9개월 이상일 것을 지급요건으로 한다.

② 이직일 이전 24개월 중 3개월 이상을 예술인인 피보험자로 피보험자격을 유지하였을 것을 지급요건으로 한다.

③ 실업의 신고일부터 계산하기 시작하여 30일간은 대기기간으로 보아 구직급여를 지급하지 아니한다.

④ 예술인의 구직급여일액은 기초일액에 100분의 60을 곱한 금액으로 한다.

⑤ 예술인의 구직급여일액의 상한액은 6만 6천원이다.

28

① (○) 고보법 제77조의3 제1항 제1호

② (○) 고보법 제77조의3 제1항 제4호

③ (×) 예술인은 실업의 신고일부터 계산하기 시작하여 7일간은 대기기간으로 보아 구직급여를 지급하지 아니한다. 다만, ㉠ 예술인이 이직할 당시 대통령령으로 정하는 바에 따른 소득감소로 인하여 이직하였다고 직업안정기관의 장이 인정하는 경우나, ㉡ 수급자격의 인정신청을 한 경우로서 가장 나중에 상실한 피보험자격과 관련된 이직사유를 대통령령으로 정하는 바에 따른 소득감소로 인한 이직으로 직업안정기관의 장이 인정하는 경우에는 각 사유별로 ㉠은 4주, ㉡은 2주를 대기기간으로 보아 구직급여를 지급하지 아니하며, 위의 각 사유 중 둘 이상에 해당하는 경우에는 그 대기기간이 가장 긴 기간을 대기기간으로 본다(고보법 제77조의3 제6항, 동법 시행령 제104조의8 제5항).

④ (○) 고보법 제77조의3 제4항

⑤ (○) 구직급여일액의 상한액은 근로자인 피보험자의 구직급여상한액 등을 고려하여 6만 6천원으로 한다(고보법 제77조의3 제5항, 동법 시행령 제104조의8 제4항).

정답 ③

PLUS

예술인인 피보험자에 대한 구직급여(고보법 제77조의3)

① 예술인의 구직급여는 다음 각 호의 요건을 모두 갖춘 경우에 지급한다. 다만, 제6호는 최종 이직 당시 단기예술인이었던 사람만 해당한다. 〈개정 2021.1.5.〉

1. 이직일 이전 24개월 동안의 피보험 단위기간이 통산하여 9개월 이상일 것
2. 근로 또는 노무제공의 의사와 능력이 있음에도 불구하고 취업(영리를 목적으로 사업을 영위하는 경우를 포함)하지 못한 상태에 있을 것
3. 이직사유가 제77조의5 제2항에서 준용하는 제58조에 따른 수급자격의 제한사유에 해당하지 아니할 것. 다만, 제77조의5 제2항에서 준용하는 제58조 제2호 가목에도 불구하고 예술인이 이직할 당시 대통령령으로 정하는 바에 따른 소득감소로 인하여 이직하였다고 직업안정기관의 장이 인정하는 경우에는 제58조에 따른 수급자격의 제한사유에 해당하지 아니하는 것으로 본다.
4. 이직일 이전 24개월 중 3개월 이상을 예술인인 피보험자로 피보험자격을 유지하였을 것
5. 재취업을 위한 노력을 적극적으로 할 것
6. 다음 각 목의 요건을 모두 갖출 것
   가. 수급자격의 인정신청일 이전 1개월 동안의 노무제공일수가 10일 미만이거나 수급자격 인정신청일 이전 14일간 연속하여 노무제공내역이 없을 것
   나. 최종 이직일 이전 24개월 동안의 피보험 단위기간 중 다른 사업에서 제77조의5 제2항에서 준용하는 제58조에 따른 수급자격의 제한사유에 해당하는 사유로 이직한 사실이 있는 경우에는 그 피보험 단위기간 중 90일 이상을 단기예술인으로 종사하였을 것

이직사유에 따른 수급자격의 제한(고보법 제58조)

제40조에도 불구하고 피보험자가 다음 각 호의 어느 하나에 해당한다고 직업안정기관의 장이 인정하는 경우에는 수급자격이 없는 것으로 본다.

1. 중대한 귀책사유(歸責事由)로 해고된 피보험자로서 다음 각 목의 어느 하나에 해당하는 경우
   가. 형법 또는 직무와 관련된 법률을 위반하여 금고 이상의 형을 선고받은 경우
   나. 사업에 막대한 지장을 초래하거나 재산상 손해를 끼친 경우로서 고용노동부령으로 정하는 기준에 해당하는 경우
   다. 정당한 사유 없이 근로계약 또는 취업규칙 등을 위반하여 장기간 무단결근한 경우

2. 자기 사정으로 이직한 피보험자로서 다음 각 목의 어느 하나에 해당하는 경우
가. 전직 또는 자영업을 하기 위하여 이직한 경우
나. 제1호의 중대한 귀책사유가 있는 사람이 해고되지 아니하고 사업주의 권고로 이직한 경우
다. 그 밖에 고용노동부령으로 정하는 정당한 사유에 해당하지 아니하는 사유로 이직한 경우

29 기출 21

☑ 확인 Check! ○ △ ×

고용보험법령상 자영업자인 피보험자에 대한 실업급여 적용의 특례에 관한 내용으로 옳은 것은?

① 자영업자인 피보험자의 실업급여의 종류에는 광역구직활동비가 포함되지 않는다.
② 폐업일 이전 12개월간 자영업자인 피보험자로서 갖춘 피보험 단위기간이 합산하여 6개월이면 구직급여를 지급한다.
③ 자영업자인 피보험자로서 폐업한 수급자격자에 대한 구직급여일액은 그 수급자격자의 기초일액에 100분의 60을 곱한 금액으로 한다.
④ 고용노동부장관은 자영업자의 피보험기간이 3년이면서 보험료체납횟수가 1회인 경우 실업급여를 지급하지 아니한다.
⑤ 자영업자의 실업급여를 받을 권리는 양도하거나 담보로 제공할 수 있다.

29

① (×) 자영업자인 피보험자의 실업급여의 종류는 제37조에 따른다. 다만, 제51조부터 제55조까지의 규정에 따른 연장급여와 제64조에 따른 조기재취업수당은 제외한다(고보법 제69조의2). 따라서 자영업자인 피보험자의 실업급여의 종류에는 구직급여와 취업촉진수당인 직업능력개발수당, 광역구직활동비 및 이주비 등이 포함된다.
② (×) 구직급여는 폐업일 이전 24개월간 자영업자인 피보험자로서 갖춘 피보험 단위기간이 합산하여 1년 이상일 경우에 지급한다(고보법 제69조의3 제1호).
③ (○) 고보법 제69조의5
④ (×) 고보법 시행규칙 [별표 2의4]에 따라 피보험기간이 3년인 자영업자의 실업급여 지급이 제한되는 보험료체납횟수는 3회이다.
⑤ (×) 자영업자의 실업급여를 받을 권리는 양도 또는 압류하거나 담보로 제공할 수 없다(고보법 제69조의9, 제38조 제1항).

정답 ③

PLUS

자영업자실업급여 지급이 제한되는 보험료체납횟수(고보법 시행규칙 [별표 2의4])

구 분	피보험기간		
	1년 이상~2년 미만	2년 이상~3년 미만	3년 이상
체납횟수	1회	2회	3회

30 기출 21

☑ 확인Check! ○ △ ×

고용보험법령상 사업주에게 지급하는 출산육아기 고용안정장려금의 지급요건 중 하나이다. (　　)에 들어갈 내용으로 옳은 것은?

> 출산전후휴가, 유산・사산 휴가 또는 육아기 근로시간 단축의 시작일 전 (ㄱ)이 되는 날[출산전후휴가에 연이어 유산・사산 휴가 또는 육아기 근로시간 단축을 시작하는 경우에는 출산전후휴가 시작일 전 (ㄴ)이 되는 날] 이후 새로 대체인력을 고용하여 (ㄷ) 이상 계속 고용한 경우

① ㄱ : 30일, ㄴ : 30일, ㄷ : 30일
② ㄱ : 30일, ㄴ : 30일, ㄷ : 2개월
③ ㄱ : 30일, ㄴ : 2개월, ㄷ : 2개월
④ ㄱ : 2개월, ㄴ : 2개월, ㄷ : 30일
⑤ ㄱ : 2개월, ㄴ : 2개월, ㄷ : 2개월

30

출산전후휴가, 유산・사산 휴가 또는 육아기 근로시간 단축의 시작일 전 2개월이 되는 날(출산전후휴가에 연이어 유산・사산 휴가 또는 육아기 근로시간 단축을 시작하는 경우에는 출산전후휴가 시작일 전 2개월이 되는 날) 이후 새로 대체인력을 고용하여 30일 이상 계속 고용한 경우[고보법 시행령 제29조 제1항 제3호 가목 1)]

정답 ④

PLUS

출산육아기 고용안정장려금(고보법 시행령 제29조)

① 고용노동부장관은 법 제23조에 따라 다음 각 호에 해당하는 사업주에게 출산육아기 고용안정장려금을 지급한다.

1. 삭제 〈2018.12.31.〉
2. 피보험자인 근로자에게 고평법 제19조에 따른 육아휴직 또는 같은 법 제19조의2에 따른 육아기 근로시간 단축(이하 "육아휴직등")을 30일[근로기준법 제74조 제1항에 따른 출산전후휴가의 기간과 중복되는 기간은 제외] 이상 허용한 우선지원대상기업의 사업주
3. 피보험자인 근로자에게 출산전후휴가, 근로기준법 제74조 제3항에 따른 유산・사산 휴가 또는 육아기 근로시간 단축을 30일 이상 부여하거나 허용하고 대체인력을 고용한 경우로서 다음 각 목의 요건을 모두 갖춘 우선지원대상기업의 사업주

가. 다음의 어느 하나에 해당할 것

1) 출산전후휴가, 유산・사산 휴가 또는 육아기 근로시간 단축의 시작일 전 2개월이 되는 날(출산전후휴가에 연이어 유산・사산 휴가 또는 육아기 근로시간 단축을 시작하는 경우에는 출산전후휴가 시작일 전 2개월이 되는 날) 이후 새로 대체인력을 고용하여 30일 이상 계속 고용한 경우
2) 피보험자인 근로자에게 임신 중에 60일을 초과하여 근로시간 단축을 허용하고 대체인력을 고용한 경우로서 그 근로자가 근로시간 단축 종료에 연이어 출산전후휴가, 유산・사산 휴가 또는 육아기 근로시간 단축을 시작한 이후에도 같은 대체인력을 계속 고용한 경우. 이 경우 대체인력을 고용한 기간은 30일 이상이어야 한다.

나. 삭제 〈2020.3.31.〉

다. 새로 대체인력을 고용하기 전 3개월부터 고용 후 1년까지(해당 대체인력의 고용기간이 1년 미만인 경우에는 그 고용관계 종료 시까지) 고용조정으로 다른 근로자(새로 고용한 대체인력보다 나중에 고용된 근로자는 제외)를 이직시키지 아니할 것

31 기출 21

☑ 확인 Check! ○ △ ×

고용보험법령상 피보험자격에 관한 내용으로 옳지 않은 것은?

① 사업주는 그 사업에 고용된 근로자의 피보험자격 취득에 관한 사항을 신고하려는 경우 그 사유가 발생한 날이 속하는 달의 다음 달 말일까지 고용노동부장관에게 신고해야 한다.

② 사업주가 그 사업에 고용된 근로자의 피보험자격의 취득에 관한 사항을 신고하지 아니하면 근로자가 근로계약서 등 고용관계를 증명할 수 있는 서류를 제출하여 신고할 수 있다.

③ 자영업자인 피보험자는 피보험자격의 취득 및 상실에 관한 신고를 하지 아니한다.

④ 고용보험에 가입되거나 가입된 것으로 보는 근로자가 보험관계가 성립되어 있는 둘 이상의 사업에 동시에 고용되어 있는 경우에는 대통령령으로 정하는 바에 따라 그중 한 사업의 피보험자격을 취득한다.

⑤ 피보험자는 언제든지 고용노동부장관에게 피보험자격의 취득 또는 상실에 관한 확인을 청구할 수 있다.

31

① (×) 사업주나 하수급인(下受給人)은 고용노동부장관에게 그 사업에 고용된 근로자의 피보험자격 취득 및 상실에 관한 사항을 신고하려는 경우에는 그 사유가 발생한 날이 속하는 달의 다음 달 15일까지(근로자가 그 기일 이전에 신고할 것을 요구하는 경우에는 지체 없이) 신고해야 한다(고보법 시행령 제7조 제1항 전문).

② (○) 고보법 제15조 제3항, 동법 시행령 제8조

③ (○) 고보법 제15조 제7항

④ (○) 고보법 제18조 제1항

⑤ (○) 피보험자 또는 피보험자였던 사람은 언제든지 고용노동부장관에게 피보험자격의 취득 또는 상실에 관한 확인을 청구할 수 있다(고보법 제17조 제1항).

정답 ①

PLUS

피보험자격의 취득기준(고보법 제18조)

① 제2조 제1호 가목에 따른 근로자가 보험관계가 성립되어 있는 둘 이상의 사업에 동시에 고용되어 있는 경우에는 대통령령으로 정하는 바에 따라 그중 한 사업의 피보험자격을 취득한다.

② 제2조 제1호 가목 및 나목에 동시에 해당하는 사람은 같은 호 가목에 따른 근로자, 예술인 또는 노무제공자로서의 피보험자격을 취득한다. 다만, 제2조 제1호 가목에 따른 피보험자가 다음 각 호의 어느 하나에 해당하는 사람인 경우에는 같은 호 가목 및 나목의 피보험자격 중 하나를 선택하여 피보험자격을 취득하거나 유지한다.

1. 일용근로자
2. 제77조의2 제2항 제2호 단서에 따른 단기예술인
3. 제77조의6 제2항 제2호 단서에 따른 단기노무제공자

③ 제2항에도 불구하고 제2조 제1호 가목 및 나목에 동시에 해당하는 사람은 본인 의사에 따라 같은 호 가목 및 나목에 따른 피보험자격 모두를 취득하거나 유지할 수 있다.

④ 제2조 제1호 가목에 따른 예술인 또는 노무제공자가 보험관계가 성립되어 있는 둘 이상의 사업에서 동시에 노무를 제공하거나 근로를 제공하는 경우에는 대통령령으로 정하는 바에 따라 피보험자격을 취득한다.

정의(고보법 제2조)

이 법에서 사용하는 용어의 뜻은 다음과 같다.

1. "피보험자"란 다음 각 목에 해당하는 사람을 말한다.
   가. 고용보험 및 산업재해보상보험의 보험료징수 등에 관한 법률(이하 "고용산재보험료징수법") 제5조 제1항 · 제2항, 제6조 제1항, 제8조 제1항 · 제2항, 제48조의2 제1항 및 제48조의3 제1항에 따라 보험에 가입되거나 가입된 것으로 보는 근로자, 예술인 또는 노무제공자
   나. 고용산재보험료징수법 제49조의2 제1항 · 제2항에 따라 고용보험에 가입하거나 가입된 것으로 보는 자영업자(이하 "자영업자인 피보험자")

제1장 제2장 제3장 제4장 제5장 제6장

32 기출 20

☑ 확인 Check! ○ △ ×

고용보험법상 구직급여에 관한 설명으로 옳지 않은 것은?

① 피보험 단위기간을 계산할 때, 최후로 피보험자격을 취득한 날 이전에 구직급여를 받은 사실이 있는 경우에는 그 구직급여와 관련된 피보험자격 상실일 이전의 피보험 단위기간은 산입한다.

② 최종 이직 당시 건설일용근로자였던 피보험자가 구직급여를 받으려는 경우에는 건설일용근로자로서 수급자격 인정신청일 이전 14일간 연속하여 근로내역이 없어야 한다.

③ 구직급여를 지급받으려는 사람은 이직 후 지체 없이 직업안정기관에 출석하여 실업을 신고하여야 한다.

④ 직업안정기관의 장은 필요하다고 인정하면 수급자격자의 실업인정대상기간 중의 취업사실에 대하여 조사할 수 있다.

⑤ 수급자격자가 질병이나 부상으로 직업안정기관에 출석할 수 없었던 경우로서 그 기간이 계속하여 7일 미만인 경우에는 직업안정기관에 출석할 수 없었던 사유를 적은 증명서를 제출하여 실업의 인정을 받을 수 있다.

32

① (×) 피보험 단위기간을 계산할 때에는 최후로 피보험자격을 취득한 날 이전에 구직급여를 받은 사실이 있는 경우에는 그 구직급여와 관련된 피보험자격 상실일 이전의 피보험 단위기간은 넣지 아니한다(고보법 제41조 제2항).

② (○) 고보법 제40조 제1항 제5호 나목

③ (○) 고보법 제42조 제1항 본문

④ (○) 고보법 제47조 제2항

⑤ (○) 고보법 제44조 제3항 제1호

정답 ①

33 기출 20

☑ 확인 Check! ○ △ ×

고용보험법령상 고용조정의 지원에 관한 내용이다. ( )에 들어갈 내용으로 옳은 것은?

> 고용노동부장관은 사업의 폐업 또는 전환으로 고용조정이 불가피하게 된 사업주가 근로자에 대한 휴업, 휴직 등 근로자의 고용안정을 위한 조치를 하면 대통령령으로 정하는 바에 따라 그 사업주에게 필요한 지원을 할 수 있다. 이 경우 휴업이나 휴직 등 고용안정을 위한 조치로 근로자의 임금이 평균임금의 100분의 ( ) 미만(지급되는 임금이 없는 경우를 포함한다)으로 감소할 때에는 대통령령으로 정하는 바에 따라 그 근로자에게도 필요한 지원을 할 수 있다.

① 30　② 40

③ 50　④ 60

⑤ 70

33

고보법 제21조 제1항, 동법 시행령 제21조의2

정답 ③

CHAPTER

03 산업재해보상보험법

제1절 서 설

I 의 의

1. 목적(법 제1조)

산업재해보상보험 사업을 시행하여 근로자의 업무상의 재해를 신속하고 공정하게 보상하며, 재해근로자의 재활 및 사회 복귀를 촉진하기 위하여 이에 필요한 보험시설을 설치・운영하고, 재해 예방과 그 밖에 근로자의 복지 증진을 위한 사업을 시행하여 근로자 보호에 이바지하는 것을 목적으로 한다.

2. 보험의 관장과 보험연도(법 제2조)

이 법에 따른 산업재해보상보험 사업(보험사업)은 고용노동부장관이 관장하고, 이 법에 따른 보험사업의 보험연도는 정부의 회계연도에 따른다. 기출 12

3. 국가의 부담 및 지원(법 제3조)

국가는 회계연도마다 예산의 범위에서 보험사업의 사무 집행에 드는 비용을 일반회계에서 부담하여야 하고, 국가는 회계연도마다 예산의 범위에서 보험사업에 드는 비용의 일부를 지원할 수 있다. 기출 14・15

4. 용어의 정의(법 제5조) 기출 17

(1) 업무상의 재해

업무상의 사유에 따른 근로자의 부상・질병・장해 또는 사망을 말한다.

(2) 근로자・임금・평균임금・통상임금

각각 근로기준법에 따른 근로자・임금・평균임금・통상임금을 말한다. 다만, 근로기준법에 따라 임금 또는 평균임금을 결정하기 어렵다고 인정되면 고용노동부장관이 정하여 고시하는 금액을 해당 임금 또는 평균임금으로 한다.

(3) 유 족

사망한 사람의 배우자(사실상 혼인 관계에 있는 사람을 포함)・자녀・부모・손자녀・조부모 또는 형제자매를 말한다. 기출 24

(4) 치 유

부상 또는 질병이 완치되거나 치료의 효과를 더 이상 기대할 수 없고 그 증상이 고정된 상태에 이르게 된 것을 말한다.

(5) 장 해

부상 또는 질병이 치유되었으나 정신적 또는 육체적 훼손으로 인하여 노동능력이 상실되거나 감소된 상태를 말한다. 기출 12 · 24

(6) 중증요양상태

업무상의 부상 또는 질병에 따른 정신적 또는 육체적 훼손으로 노동능력이 상실되거나 감소된 상태로서 그 부상 또는 질병이 치유되지 아니한 상태를 말한다. 기출 13 · 24

(7) 진 폐

분진을 흡입하여 폐에 생기는 섬유증식성 변화를 주된 증상으로 하는 질병을 말한다. 기출 24

(8) 출퇴근

취업과 관련하여 주거와 취업장소 사이의 이동 또는 한 취업장소에서 다른 취업장소로의 이동을 말한다. 기출 24

Ⅱ 적용범위

1. 원칙(법 제6조)

근로자를 사용하는 모든 사업 또는 사업장(이하 "사업")에 적용한다. 다만, 위험률 · 규모 및 장소 등을 고려하여 대통령령으로 정하는 사업에 대하여는 이 법을 적용하지 아니한다.

2. 대통령령으로 정하는 적용제외사업(영 제2조)

① 공무원 재해보상법 또는 군인 재해보상법에 따라 재해보상이 되는 사업. 다만, 공무원 재해보상법에 따라 순직유족급여 또는 위험직무순직유족급여에 관한 규정을 적용받는 경우는 제외한다. 기출 22

② 선원법 · 어선원 및 어선 재해보상보험법 또는 사립학교교직원 연금법에 따라 재해보상이 되는 사업 기출 22

③ 가구 내 고용활동 기출 22

④ 농업, 임업(벌목업은 제외), 어업 및 수렵업 중 법인이 아닌 자의 사업으로서 상시근로자 수가 5명 미만인 사업 기출 22

3. 상시근로자수의 산정(영 제2조의2)

① 상시근로자 수는 사업을 시작한 후 최초로 근로자를 사용한 날부터 그 사업의 가동일수 14일 동안 사용한 근로자 연인원을 14로 나누어 산정한다. 이 경우 상시근로자 수가 5명 미만이면 최초로 근로자를 사용한 날부터 하루씩 순차적으로 미루어 가동기간 14일 동안 사용한 근로자 연인원을 14로 나누어 산정한다.

② 최초로 근로자를 사용한 날부터 14일 이내에 사업이 종료되거나 업무상 재해가 발생한 경우에는 그때까지 사용한 연인원을 그 가동일수로 나누어 산정한다.

③ 상시근로자 수가 5명 이상이 되는 사업은 상시근로자 수가 최초로 5명 이상이 되는 해당 기간의 첫날에 상시근로자 수가 5명 이상이 되는 사업이 성립한 것으로 본다.

Ⅲ 산업재해보상보험 및 예방심의위원회

1. 구성(법 제8조)

① 산업재해보상보험 및 예방에 관한 중요 사항을 심의하게 하기 위하여 고용노동부에 산업재해보상보험 및 예방심의위원회(위원회)를 둔다. 기출 12·14 위원회는 근로자를 대표하는 사람, 사용자를 대표하는 사람 및 공익을 대표하는 사람으로 구성하되, 그 수는 각각 같은 수로 한다. 기출 14·24

② 위원회는 그 심의 사항을 검토하고, 위원회의 심의를 보조하게 하기 위하여 위원회에 전문위원회를 둘 수 있다.

위원회의 구성(영 제4조)

위원회의 위원은 다음 각 호의 구분에 따라 각각 고용노동부장관이 임명하거나 위촉한다.

1. 근로자를 대표하는 위원은 총연합단체인 노동조합이 추천하는 사람 5명
2. 사용자를 대표하는 위원은 전국을 대표하는 사용자 단체가 추천하는 사람 5명 기출 24
3. 공익을 대표하는 위원은 다음 각 목의 사람 5명
   가. 고용노동부차관
   나. 고용노동부에서 산업재해보상보험 업무를 담당하는 고위공무원 또는 산업재해 예방 업무를 담당하는 고위공무원 중 1명
   다. 시민단체(「비영리민간단체 지원법」 제2조에 따른 비영리민간단체를 말한다)에서 추천한 사람과 사회보험 또는 산업재해 예방에 관한 학식과 경험이 풍부한 사람 중 3명

위원의 임기 등(영 제5조)

① 위원의 임기는 3년으로 하되, 연임할 수 있다. 다만, 제4조 제3호 가목 또는 나목에 해당하는 위원의 임기는 그 재직기간으로 한다. 기출 17·24

② 보궐위원의 임기는 전임자의 남은 임기로 한다. 기출 17·24

③ 고용노동부장관은 제4조에 따른 위원회의 위촉위원이 다음 각 호의 어느 하나에 해당하는 경우에는 해당 위원을 해촉(解囑)할 수 있다. 기출 17

1. 심신장애로 인하여 직무를 수행할 수 없게 된 경우
2. 직무와 관련된 비위사실이 있는 경우
3. 직무태만, 품위손상이나 그 밖의 사유로 인하여 위원으로 적합하지 아니하다고 인정되는 경우
4. 위원 스스로 직무를 수행하는 것이 곤란하다고 의사를 밝히는 경우

위원장과 부위원장(영 제6조)

① 위원회에 위원장과 부위원장을 각 1명씩 둔다.

② 위원장은 고용노동부차관이 되고, 부위원장은 공익을 대표하는 위원 중에서 위원회가 선임한다.

③ 위원장은 위원회를 대표하며, 위원회의 사무를 총괄한다.

④ 부위원장은 위원장을 보좌하며 위원장이 부득이한 사유로 직무를 수행할 수 없을 때에는 그 직무를 대행한다.

위원회의 회의(영 제7조)

① 위원장은 위원회의 회의를 소집하고 그 의장이 된다.

② 위원회의 회의는 고용노동부장관의 요구가 있거나 재적위원 과반수의 요구가 있을 때 소집한다.

③ 위원회의 회의는 재적위원 과반수의 출석으로 개의하고, 출석위원 과반수의 찬성으로 의결한다. 기출 24

전문위원회(영 제8조)

① 법 제8조 제3항에 따라 위원회에 산업재해보상보험정책전문위원회, 산업재해보상보험요양전문위원회 및 산업안전보건전문위원회를 둔다.

② 제1항에 따른 전문위원회는 위원회 위원장의 명을 받아 다음 각 호의 구분에 따른 사항을 검토하여 위원회에 보고한다.

1. 산업재해보상보험정책전문위원회 : 산업재해보상보험의 재정·적용·징수·급여·재활 및 복지에 관한 사항
2. 산업재해보상보험요양전문위원회 : 요양급여의 범위나 비용 등 요양급여의 기준 및 요양관리에 관한 사항
3. 산업안전보건전문위원회 : 산업안전보건에 관한 중요정책 및 제도개선에 관한 사항

③ 각 전문위원회는 25명 이내의 위원으로 구성하되, 비상임으로 한다.

조사·연구위원(영 제8조의2)

① 산업재해보상보험과 산업재해 예방에 관한 사항을 조사·연구하게 하기 위하여 위원회에 산업재해보상보험·산업안전공학·기계안전·전기안전·화공안전·건축안전·토목안전·산업의학·산업간호·산업위생·인간공학·유해물질관리·안전보건 관련 법령 및 산업재해통계, 그 밖에 필요한 각 분야별로 2명 이내의 조사·연구위원을 둘 수 있다.

② 조사·연구위원은 해당 분야에 관한 학식과 경험이 풍부한 사람 중에서 고용노동부장관이 임명한다.

관계 행정기관 등의 협조(영 제8조의3)

위원회 및 제8조에 따른 전문위원회는 안건의 심의를 위하여 필요하다고 인정하는 경우에는 관계 행정기관 또는 단체에 자료 제출을 요청하거나 관계 공무원이나 관계 전문가 등을 출석시켜 의견을 들을 수 있다.

위원회의 간사(영 제9조)

① 위원회에 그 사무를 처리할 간사 1명을 둔다.

② 간사는 고용노동부장관이 그 소속 공무원 중에서 임명한다.

위원의 수당(영 제10조)

위원회 및 전문위원회의 회의에 출석한 위원과 전문위원회의 위원에게는 예산의 범위에서 수당을 지급할 수 있다. 다만, 공무원인 위원이 그 소관업무와 직접적으로 관련되어 위원회에 출석하는 경우에는 그러하지 아니하다.

✔ 핵심문제

01 산업재해보상보험법령상 산업재해보상보험 및 예방심의위원회의 위원의 임기 등과 관련한 내용으로 옳지 않은 것은? 기출 17

① 위원의 임기는 3년으로 하며, 연임할 수 없다.

② 보궐위원의 임기는 전임자의 남은 임기로 한다.

③ 고용노동부장관은 심신장애로 인하여 직무를 수행할 수 없게 된 경우 해당 위원을 해촉(解囑)할 수 있다.

④ 고용노동부장관은 직무와 관련된 비위사실이 있는 경우 해당 위원을 해촉(解囑)할 수 있다.

⑤ 고용노동부장관은 위원 스스로 직무를 수행하는 것이 곤란하다고 의사를 밝히는 경우 해당 위원을 해촉(解囑)할 수 있다.

[해설]

① (×) 위원의 임기는 3년으로 하되, 연임할 수 있다. 다만, 고용노동부차관, 고용노동부에서 산업재해보상보험 업무를 담당하는 고위공무원 또는 산업재해 예방 업무를 담당하는 고위공무원의 임기는 그 재직기간으로 한다(산재법 시행령 제5조 제1항).

② (O) 산재법 시행령 제5조 제2항

③ (O) 산재법 시행령 제5조 제3항 제1호

④ (O) 산재법 시행령 제5조 제3항 제2호

⑤ (O) 산재법 시행령 제5조 제3항 제4호

정답 ①

2. 심 의

(1) 심의사항(영 제3조)

① 요양급여의 범위나 비용 등 요양급여의 산정 기준에 관한 사항 기출 22
② 징수법에 따른 산재보험료율의 결정에 관한 사항 기출 22
③ 산업재해보상보험 및 예방기금의 운용계획 수립에 관한 사항 기출 22
④ 산업안전보건법에 따른 산업안전·보건 업무와 관련되는 주요 정책 및 산업재해 예방에 관한 기본계획
⑤ 그 밖에 고용노동부장관이 산업재해보상보험 사업 및 산업안전·보건 업무에 관하여 심의에 부치는 사항 기출 22

(2) 의결(영 제7조)

재적위원 과반수 출석으로 개의하고, 출석위원 과반수의 찬성으로 의결한다.

제2절 근로복지공단

I 근로복지공단의 설립(법 제10조)

고용노동부장관의 위탁을 받아 목적을 달성하기 위한 사업을 효율적으로 수행하기 위하여 근로복지공단(이하 "공단)을 설립한다.

II 공단의 법인격 및 사업

1. 법인격(법 제12조)

공단은 법인으로 한다.

2. 공단의 사업(법 제11조)

① 공단은 다음의 사업을 수행한다.
㉠ 보험가입자와 수급권자에 관한 기록의 관리·유지
㉡ 징수법에 따른 보험료와 그 밖의 징수금의 징수
㉢ 보험급여의 결정과 지급 기출 19
㉣ 보험급여 결정 등에 관한 심사청구의 심리·결정
㉤ 산업재해보상보험 시설의 설치·운영
㉥ 업무상 재해를 입은 근로자 등의 진료·요양 및 재활
㉦ 재활보조기구의 연구개발·검정 및 보급
㉧ 보험급여 결정 및 지급을 위한 업무상 질병 관련 연구
㉨ 근로자 등의 건강을 유지·증진하기 위하여 필요한 건강진단 등 예방 사업

㉫ 근로자의 복지 증진을 위한 사업
㉬ 그 밖에 정부로부터 위탁받은 사업
㉭ 산업재해보상보험 시설의 설치・운영, 업무상 재해를 입은 근로자 등의 진료・요양 및 재활, 재활보조기구의 연구개발・검정 및 보급, 보험급여 결정 및 지급을 위한 업무상 질병 관련 연구, 근로자 등의 건강을 유지・증진하기 위하여 필요한 건강진단 등 예방 사업, 근로자의 복지 증진을 위한 사업과 그 밖에 정부로부터 위탁받은 사업 등에 딸린 사업

② 공단은 업무상 재해를 입은 근로자 등의 진료・요양 및 재활, 재활보조기구의 연구개발・검정 및 보급, 보험급여 결정 및 지급을 위한 업무상 질병 관련 연구, 근로자 등의 건강을 유지・증진하기 위하여 필요한 건강진단 등 예방 사업을 위하여 의료기관, 연구기관 등을 설치・운영할 수 있다.

③ 보험급여의 결정과 지급에 따른 사업의 수행에 필요한 자문을 하기 위하여 공단에 관계 전문가 등으로 구성되는 보험급여자문위원회를 둘 수 있다.

3. 사무소(법 제13조)

공단의 주된 사무소 소재지는 정관으로 정한다. 공단은 필요하면 정관으로 정하는 바에 따라 분사무소를 둘 수 있다.

Ⅲ 공단의 임원등

1. 임원과 이사장(법 제16조, 제17조)

① 공단의 임원은 이사장 1명과 상임이사 4명을 포함한 15명 이내의 이사와 감사 1명으로 한다. 이사장은 임원추천위원회가 복수로 추천한 사람 중에서 고용노동부장관의 제청으로 대통령이 임명한다. 상임이사는 근로복지공단의 장이 임명한다(법 제16조, 공공기관의 운영에 관한 법률 제26조).

② 이사장의 임기는 3년으로 하고, 이사와 감사의 임기는 2년으로 하되, 각각 1년 단위로 연임할 수 있다.

2. 업무의 지도・감독(법 제25조)

① 공단은 대통령령으로 정하는 바에 따라 회계연도마다 사업 운영계획과 예산에 관하여 고용노동부장관의 승인을 받아야 한다. 기출 15

② 공단은 회계연도마다 회계연도가 끝난 후 2개월 이내에 사업 실적과 결산을 고용노동부장관에게 보고하여야 한다.

③ 고용노동부장관은 공단에 대하여 그 사업에 관한 보고를 명하거나 사업 또는 재산 상황을 검사할 수 있고, 필요하다고 인정하면 정관을 변경하도록 명하는 등 감독을 위하여 필요한 조치를 할 수 있다.

3. 공단의 회계(법 제26조)

① 공단의 회계연도는 정부의 회계연도에 따른다.
② 공단은 보험사업에 관한 회계를 공단의 다른 회계와 구분하여 회계처리하여야 한다.
③ 공단은 고용노동부장관의 승인을 받아 회계규정을 정하여야 한다.

4. 권한 또는 업무의 위임 · 위탁(법 제29조)

① 이 법에 따른 공단 이사장의 대표 권한 중 일부를 대통령령으로 정하는 바에 따라 공단의 분사무소(이하 "소속 기관")의 장에게 위임할 수 있다.

② 이 법에 따른 공단의 업무 중 일부를 대통령령으로 정하는 바에 따라 체신관서나 금융기관에 위탁할 수 있다.

5. 자료 제공의 요청(법 제31조)

① 공단은 보험급여의 결정과 지급 등 보험사업을 효율적으로 수행하기 위하여 필요하면 질병관리청 · 국세청 · 경찰청 및 지방자치단체 등 관계 행정기관이나 그 밖에 대통령령으로 정하는 보험사업과 관련되는 기관 · 단체에 주민등록 · 외국인등록 등 대통령령으로 정하는 자료의 제공을 요청할 수 있다.

② 자료의 제공을 요청받은 관계 행정기관이나 관련 기관 · 단체 등은 정당한 사유 없이 그 요청을 거부할 수 없다. 공단에 제공되는 자료에 대하여는 수수료나 사용료 등을 면제한다.

6. 유사명칭의 사용 금지(법 제34조)

공단이 아닌 자는 근로복지공단 또는 이와 비슷한 명칭을 사용하지 못한다.

7. 민법의 준용(법 제35조)

공단에 관하여는 이 법과 공공기관의 운영에 관한 법률에 규정된 것 외에는 민법 중 재단법인에 관한 규정을 준용한다.

제3절 업무상 재해

I 업무상 재해

1. 의 의

업무상의 재해란 업무상의 사유에 따른 근로자의 부상 · 질병 · 장해 또는 사망을 말한다.

2. 업무수행성과 업무기인성

(1) 의 의

업무수행성은 근로자가 근로계약에 따라 사업주의 지배 · 관리하에 있는 상태를 말하고, 업무기인성은 업무와 재해 간에 상당인과관계가 존재하는 것을 의미한다.

(2) 업무기인성의 판단기준

업무상 재해의 요건인 업무수행성은 반드시 근로자가 현실적으로 업무수행에 종사하는 동안만 인정할 수 있는 것이 아니라 사업장에서 업무시간 중 또는 그 전후에 휴식하는 동안에도 인정할 수 있는 것이고 또 업무기인성을 판단함에 있어서 업무와 사망 사이의 상당인과관계 유무는 보통평균인이 아니라 당해 근로자의 건강과 신체조건을 기준으로 하여 판단하여야 할 것이다(대판 1991.9.10. 91누5433).

(3) 양자의 관계

판례는 사인이 분명하지 않은 사건에서 근로자의 사망이 업무 수행 중 일어났다 하여도 이를 업무로 기인한 사망으로 추정된다고 볼 수 없다고 하여 업무상 재해를 업무기인성을 중심으로 파악하고 있다(대판 1991.8.27. 91누5013).

(4) 업무상의 재해의 인정기준(법 제37조)

1) 업무상 사고나 질병 또는 출퇴근 재해로 인한 재해

근로자가 다음의 어느 하나에 해당하는 사유로 부상·질병 또는 장해가 발생하거나 사망하면 업무상의 재해로 본다. 다만, 업무와 재해 사이에 상당인과관계가 없는 경우에는 그러하지 아니하다.

① 업무상 사고 기출 14

㉠ 근로자가 근로계약에 따른 업무나 그에 따르는 행위를 하던 중 발생한 사고 기출 16·22

㉡ 사업주가 제공한 시설물 등을 이용하던 중 그 시설물 등의 결함이나 관리소홀로 발생한 사고 기출 22

㉢ 사업주가 주관하거나 사업주의 지시에 따라 참여한 행사나 행사준비 중에 발생한 사고 기출 18·22

㉣ 휴게시간 중 사업주의 지배관리 하에 있다고 볼 수 있는 행위로 발생한 사고 기출 18·22

㉤ 그 밖에 업무와 관련하여 발생한 사고

② 업무상 질병

㉠ 업무수행 과정에서 물리적 인자(因子), 화학물질, 분진, 병원체, 신체에 부담을 주는 업무 등 근로자의 건강에 장해를 일으킬 수 있는 요인을 취급하거나 그에 노출되어 발생한 질병

㉡ 업무상 부상이 원인이 되어 발생한 질병

㉢ 근로기준법에 따른 직장 내 괴롭힘, 고객의 폭언 등으로 인한 업무상 정신적 스트레스가 원인이 되어 발생한 질병 기출 20

㉣ 그 밖에 업무와 관련하여 발생한 질병

③ 출퇴근 재해

㉠ 사업주가 제공한 교통수단이나 그에 준하는 교통수단을 이용하는 등 사업주의 지배관리하에서 출퇴근하는 중 발생한 사고 기출 18

㉡ 그 밖에 통상적인 경로와 방법으로 출퇴근하는 중 발생한 사고

2) 고의·자해행위나 범죄행위로 인한 재해

근로자의 고의·자해행위나 범죄행위 또는 그것이 원인이 되어 발생한 부상·질병·장해 또는 사망은 업무상의 재해로 보지 아니한다. 다만, 그 부상·질병·장해 또는 사망이 정상적인 인식능력 등이 뚜렷하게 낮아진 상태에서 한 행위로 발생한 경우로서 대통령령으로 정하는 사유가 있으면 업무상의 재해로 본다.

Ⅱ 업무상 사고

1. 업무수행 중의 사고(영 제27조)

(1) 근로계약에 따른 업무 중에 발생한 사고

1) 유 형

① 근로계약에 따른 업무수행 행위 기출 23

② 업무수행 과정에서 하는 용변 등 생리적 필요 행위 기출 20

③ 업무를 준비하거나 마무리하는 행위, 그 밖에 업무에 따르는 필요적 부수행위 기출 23

2) 관련 판례

① 회사 직원들이 사장이 일으킨 회사 소속 차량의 사고 뒤처리를 위하여 회사 소유의 차량에 타고 사고관할 경찰서로 가는 행위는 업무의 수행 내지는 그 연장이고, 이와 같이 가다가 교통사고를 당한 것은 업무수행 중의 사고로서 근로기준법 소정의 업무상 재해라고 보아야 한다(대판 1993.11.9. 93다25851).

② 은행 외환계 대리가 상급자의 요청으로 고객 접대 자리에 참석하고 식사 후 고객의 제의로 당구장에 가던 중 교통사고를 당한 경우, 업무상 재해에 해당한다(대판 1998.1.20. 97다39087).

(2) 긴급상황에서의 사고

천재지변 · 화재 등 사업장 내에 발생한 돌발적인 사고에 따른 긴급피난 · 구조행위 등 사회통념상 예견되는 행위 기출 23

(3) 출장업무 중의 사고

① 근로자가 사업주의 지시를 받아 사업장 밖에서 업무를 수행하던 중에 발생한 사고는 업무상 사고로 본다. 다만, 사업주의 구체적인 지시를 위반한 행위, 근로자의 사적(私的) 행위 또는 정상적인 출장 경로를 벗어났을 때 발생한 사고는 업무상 사고로 보지 않는다. 기출 23

② 출장중에 입은 재해이지만 업무와 관계없이 여자들을 태우고 놀러 다니기 위하여 승용차를 운전하다가 입은 것으로서 업무수행을 벗어난 사적인 행위라고 보아 업무상 재해에 해당하지 아니한다(대판 1992.11.24. 92누11046).

(4) 업무수행장소 비지정 근로자

업무의 성질상 업무수행 장소가 정해져 있지 않은 근로자가 최초로 업무수행 장소에 도착하여 업무를 시작한 때부터 최후로 업무를 완수한 후 퇴근하기 전까지 업무와 관련하여 발생한 사고는 업무상 사고로 본다.

2. 시설물 등의 결함 등에 따른 사고(영 제28조)

① 사업주가 제공한 시설물, 장비 또는 차량 등의 결함이나 사업주의 관리 소홀로 발생한 사고는 업무상 사고로 본다.

② 사업주가 제공한 시설물등을 사업주의 구체적인 지시를 위반하여 이용한 행위로 발생한 사고와 그 시설물 등의 관리 또는 이용권이 근로자의 전속적 권한에 속하는 경우에 그 관리 또는 이용 중에 발생한 사고는 업무상 사고로 보지 않는다. 기출 20

3. 행사 중의 사고(영 제30조)

(1) 유 형

운동경기 · 야유회 · 등산대회 등 각종 행사에 근로자가 참가하는 것이 사회통념상 노무관리 또는 사업운영상 필요하다고 인정되는 경우로서 다음의 어느 하나에 해당하는 경우에 근로자가 그 행사에 참가(행사 참가를 위한 준비 · 연습을 포함)하여 발생한 사고는 업무상 사고로 본다.

① 사업주가 행사에 참가한 근로자에 대하여 행사에 참가한 시간을 근무한 시간으로 인정하는 경우

② 사업주가 그 근로자에게 행사에 참가하도록 지시한 경우

③ 사전에 사업주의 승인을 받아 행사에 참가한 경우

④ 그 밖에 위의 규정에 준하는 경우로서 사업주가 그 근로자의 행사 참가를 통상적 · 관례적으로 인정한 경우

(2) 관련 판례

① 회사의 적극적인 지원하에 매년 정기적으로 실시되는 동호인 모임인 낚시회 행사는 비록 참가인은 많지 않았지만 회사의 업무수행의 연장행위로서 사회통념상 그 전반적인 과정이 사용자의 회사의 관리를 받는 상태하에 있었으므로 그 행사에 참가하여 귀가 도중 교통사고로 사망한 것이 업무상 재해에 해당한다(대판 1997.8.29. 97누7271).

② 사용자가 주재하던 정례회식을 마친 다음 근로자들이 다른 곳에 가서 술을 더 마시기 위하여 사용자 소유의 차량을 함께 타고 가다가 발생한 교통사고로 사망하거나 다친 경우, 업무상 재해에 해당하지 아니한다(대판 1995.5.26. 94다60509).

4. 휴게시간 중의 사고(법 제37조 제1항 제1호 마목)

휴게시간 중 사업주의 지배·관리하에 있다고 볼 수 있는 행위로 발생한 사고는 업무상 사고로 본다.

기출 23

5. 출퇴근 재해(법 제37조 제1항 제3호, 영 제35조, 영 제35조의2)

(1) 사업주가 제공한 교통수단이나 그에 준하는 교통수단을 이용하는 등 사업주의 지배·관리하에서 출퇴근하는 중 발생한 사고

사업주가 출퇴근용으로 제공한 교통수단이나 사업주가 제공한 것으로 볼 수 있는 교통수단으로, 출퇴근용으로 이용한 교통수단의 관리 또는 이용권이 근로자 측의 전속적 권한에 속하지 아니한 교통수단을 이용하던 중에 사고가 발생한 경우 출퇴근 재해로 본다.

(2) 그 밖에 통상적인 경로와 방법으로 출퇴근하는 중 발생한 사고

출퇴근 사고 중에서 출퇴근 경로 일탈 또는 중단이 있는 경우에는 해당 일탈 또는 중단 중의 사고 및 그 후의 이동 중의 사고에 대하여는 출퇴근 재해로 보지 아니한다. 다만, 일탈 또는 중단이 일상생활에 필요한 행위로서 대통령령으로 정하는 사유가 있는 경우에는 출퇴근 재해로 본다(법 제37조 제3항).

1) 출퇴근 재해에 해당하는 경우 기출 19·20

출퇴근 경로의 일탈 또는 중단이 일상생활에 필요한 행위로서 다음의 사유가 있는 경우에는 출퇴근 재해로 본다.

① 일상생활에 필요한 용품을 구입하는 행위
② 고등교육법에 따른 학교 또는 직업교육훈련 촉진법에 따른 직업교육훈련기관에서 직업능력 개발향상에 기여할 수 있는 교육이나 훈련 등을 받는 행위
③ 선거권이나 국민투표권의 행사
④ 근로자가 사실상 보호하고 있는 아동 또는 장애인을 보육기관 또는 교육기관에 데려주거나 해당 기관으로부터 데려오는 행위
⑤ 의료기관 또는 보건소에서 질병의 치료나 예방을 목적으로 진료를 받는 행위
⑥ 근로자의 돌봄이 필요한 가족 중 의료기관 등에서 요양 중인 가족을 돌보는 행위
⑦ 기타 이에 준하는 행위로서 고용노동부장관이 일상생활에 필요한 행위라고 인정하는 행위

2) 출퇴근 재해가 아닌 경우

출퇴근 경로 일탈 또는 중단이 있는 경우에는 해당 일탈 또는 중단 중의 사고 및 그 후의 이동 중의 사고에 대하여는 출퇴근 재해로 보지 아니한다.

3) 출퇴근재해 적용제외 직종(법 제37조 제4항, 영 제35조의2)

출퇴근 경로와 방법이 일정하지 아니한 직종으로 대통령령으로 정하는 경우에는 출퇴근 재해를 적용하지 아니한다. 대통령령으로 정하는 경우란 다음의 어느 하나에 해당하는 직종에 종사하는 사람(중·소기업 사업주등에 대한 특례에 따라 자기 또는 유족을 보험급여를 받을 수 있는 자로 하여 보험에 가입한 사람으로서 근로자를 사용하지 않는 사람)이 본인의 주거지에 업무에 사용하는 자동차 등의 차고지를 보유하고 있는 경우를 말한다.

① 여객자동차 운수사업법에 따른 수요응답형 여객자동차운송사업
② 여객자동차 운수사업법 시행령에 따른 개인택시운송사업
③ 퀵서비스업[소화물의 집화(集貨)·수송 과정 없이 그 배송만을 업무로 하는 사업]

6. 그 밖에 업무와 관련하여 발생한 사고(영 제31조 내지 영 제33조)

(1) 특수한 장소에서의 사고

사회통념상 근로자가 사업장 내에서 할 수 있다고 인정되는 행위를 하던 중 태풍·홍수·지진·눈사태 등의 천재지변이나 돌발적인 사태로 발생한 사고는 근로자의 사적 행위, 업무 이탈 등 업무와 관계없는 행위를 하던 중에 사고가 발생한 것이 명백한 경우를 제외하고는 업무상 사고로 본다.

(2) 요양 중의 사고

업무상 부상 또는 질병으로 요양을 하고 있는 근로자에게 다음의 어느 하나에 해당하는 사고가 발생하면 업무상 사고로 본다.

① 요양급여와 관련하여 발생한 의료사고
② 요양 중인 산재보험의료기관(산재보험의료기관이 아닌 의료기관에서 응급진료 등을 받는 경우에는 그 의료기관) 내에서 업무상 부상 또는 질병의 요양과 관련하여 발생한 사고
③ 업무상 부상 또는 질병의 치료를 위하여 거주지 또는 근무지에서 요양 중인 산재보험의료기관으로 통원하는 과정에서 발생한 사고

(3) 제3자의 행위에 따른 사고

제3자의 행위로 근로자에게 사고가 발생한 경우에 그 근로자가 담당한 업무가 사회통념상 제3자의 가해행위를 유발할 수 있는 성질의 업무라고 인정되면 그 사고는 업무상 사고로 본다.

7. 노조활동과 쟁의행위 중의 사고

노동조합업무 전임자가 근로계약상 본래 담당할 업무를 면하고 노동조합의 업무를 전임하게 된 것이 사용자인 회사의 승낙에 의한 것이며 재해 발생 당시 근로자의 지위를 보유하고 있었고 그 질병이 노동조합업무 수행 중 육체적·정신적 과로로 인하여 발병된 경우, 특별한 사정이 없는 한 이는 근로기준법상 재해보상이 되는 업무상 재해로 보아야 하고, 다만, 그 업무의 성질상 사용자의 사업과는 무관한 상부 또는 연합관계에 있는 노동단체와 관련된 활동이거나 불법적인 노동조합 활동 또는 사용자와 대립관계로 되는 쟁의단계에 들어간 이후의 노동조합 활동 중에 생긴 재해 등은 이를 업무상 재해로 볼 수 없다(대판 1996.6.28, 96다12733).

✔ 핵심문제

01 산업재해보상보험법령상 업무상 사고가 아닌 것은? 기출 16

① 근로계약에 따른 업무수행 행위를 하던 중 발생한 사고
② 업무수행 과정에서 하는 용변 등 생리적 필요 행위를 하던 중 발생한 사고
③ 업무를 준비하거나 마무리하는 행위를 하던 중 발생한 사고
④ 업무에 따르는 필요적 부수행위를 하던 중 발생한 사고
⑤ 출장 중에 사적 행위 또는 정상적인 출장 경로를 벗어났을 때 발생한 사고

[해설]
⑤ (×) 산재법 시행령 제27조 제2항 단서에 해당하는 경우로 업무상 사고로 보지 않는다.

업무수행 중의 사고(산재법 시행령 제27조)
① 근로자가 다음 각 호의 어느 하나에 해당하는 행위를 하던 중에 발생한 사고는 법 제37조 제1항 제1호 가목에 따른 업무상 사고로 본다.
1. 근로계약에 따른 업무수행 행위
2. 업무수행 과정에서 하는 용변 등 생리적 필요 행위
3. 업무를 준비하거나 마무리하는 행위, 그 밖에 업무에 따르는 필요적 부수행위
4. 천재지변・화재 등 사업장 내에 발생한 돌발적인 사고에 따른 긴급피난・구조행위 등 사회통념상 예견되는 행위
② 근로자가 사업주의 지시를 받아 사업장 밖에서 업무를 수행하던 중에 발생한 사고는 법 제37조 제1항 제1호 가목에 따른 업무상 사고로 본다. 다만, 사업주의 구체적인 지시를 위반한 행위, 근로자의 사적(私的) 행위 또는 정상적인 출장 경로를 벗어났을 때 발생한 사고는 업무상 사고로 보지 않는다.
③ 업무의 성질상 업무수행 장소가 정해져 있지 않은 근로자가 최초로 업무수행 장소에 도착하여 업무를 시작한 때부터 최후로 업무를 완수한 후 퇴근하기 전까지 업무와 관련하여 발생한 사고는 법 제37조 제1항 제1호 가목에 따른 업무상 사고로 본다.

정답 ⑤

02 산업재해보상보험법령상 통상적인 출퇴근 경로의 일탈 또는 중단이 일상생활에 필요한 행위로서 사유가 있는 경우에는 출퇴근 재해로 보는데, 다음 중 그 사유에 해당하는 것은 모두 몇 개인가? 기출 19

• 일상생활에 필요한 용품을 구입하는 행위
• 방송통신대학에서 직업능력 개발향상에 기여할 수 있는 교육을 받는 행위
• 선거권이나 국민투표권의 행사
• 근로자가 사실상 보호하고 있는 아동을 보육기관으로부터 데려오는 행위
• 의료기관에서 질병의 예방을 목적으로 진료를 받는 행위

① 1개
② 2개
③ 3개
④ 4개
⑤ 5개

[해설]
제시된 내용은 모두 일상생활에 필요한 행위로서 출퇴근 재해로 간주된다(산재법 제37조 제3항, 동법 시행령 제35조 제2항 참조).

정답 ⑤

Ⅲ 업무상 질병

1. 의 의

근로자가 업무수행중에 그 업무에 기인하는 사유로 질병에 걸리는 경우를 의미한다. 공단은 근로자의 업무상 질병 또는 업무상 질병에 따른 사망의 인정 여부를 판정할 때에는 그 근로자의 성별, 연령, 건강 정도 및 체질 등을 고려하여야 한다.

2. 업무상 질병의 유형

(1) 직업성 질병(법 제37조 제1항 제2호 가목)

1) 의 의

업무수행 과정에서 물리적 인자(因子), 화학물질, 분진, 병원체, 신체에 부담을 주는 업무 등 근로자의 건강에 장해를 일으킬 수 있는 요인을 취급하거나 그에 노출되어 발생한 질병을 말한다.

2) 인정요건(전부 충족 필요)(영 제34조 제1항)

① 근로자가 업무수행 과정에서 유해·위험요인을 취급하거나 유해·위험요인에 노출된 경력이 있을 것

② 유해·위험요인을 취급하거나 유해·위험요인에 노출되는 업무시간, 그 업무에 종사한 기간 및 업무 환경 등에 비추어 볼 때 근로자의 질병을 유발할 수 있다고 인정될 것

③ 근로자가 유해·위험요인에 노출되거나 유해·위험요인을 취급한 것이 원인이 되어 그 질병이 발생하였다고 의학적으로 인정될 것

(2) 재해성 질병(법 제37조 제1항 제2호 나목)

1) 의 의

업무상 부상이 원인이 되어 발생한 질병을 말한다.

2) 인정요건(전부 충족 필요)(영 제34조 제2항)

① 업무상 부상과 질병 사이의 인과관계가 의학적으로 인정될 것

② 기초질환 또는 기존 질병이 자연발생적으로 나타난 증상이 아닐 것

(3) 스트레스로 인한 질병(법 제37조 제1항 제2호 다목)

근로기준법에 따른 직장 내 괴롭힘, 고객의 폭언 등으로 인한 업무상 정신적 스트레스가 원인이 되어 발생한 질병을 말한다.

(4) 과로사

과로로 인하여 신체기능이 저하되고 질병에 대한 저항능력이 떨어져 사망에 이르는 것을 말한다. 질병의 주된 발생원인이 업무와 직접적인 관계가 없더라도 업무상의 과로나 스트레스가 질병의 주된 발생원인에 겹쳐서 질병을 유발 또는 악화시킨 경우, 구 산업재해보상보험법의 '업무상 재해'에 해당한다(대판 2007.4.12. 2006두4912).

(5) 고의에 의한 사고

① 근로자의 고의·자해행위·범죄행위 또는 그것이 원인이 되어 발생한 부상·질병·장해 또는 사망은 재해와 업무와 인과관계를 인정할 수 없으므로 업무상 재해라고 할 수 없다.

② 다만, 업무상 사유로 치료를 받았거나 요양중인 사람이 정신적 이상상태에서 자해행위를 한 경우에는 업무상 재해라고 해야 한다.

(6) 관련 판례

① 구 산업재해보상보험법 제4조 제1호 소정의 업무상 재해라고 함은 근로자의 업무수행중 그 업무에 기인하여 발생한 질병을 의미하는 것이므로 업무와 질병 사이에 인과관계가 있어야 하지만, 질병의 주된 발생원인이 업무수행과 직접적인 관계가 없더라도 적어도 업무상의 과로나 스트레스가 질병의 주된 발생원인에 겹쳐서 질병을 유발 또는 악화시켰다면 그 사이에 인과관계가 있다고 보아야 할 것이고, 그 인과관계는 반드시 의학적·자연과학적으로 명백히 입증하여야 하는 것은 아니고 제반 사정을 고려할 때 업무와 질병 사이에 상당인과관계가 있다고 추단되는 경우에도 그 입증이 있다고 보아야 하고, 또한 평소에 정상적인 근무가 가능한 기초질병이나 기존질병이 직무의 과중 등이 원인이 되어 자연적인 진행속도 이상으로 급격하게 악화된 때에도 그 입증이 있는 경우에 포함되는 것이며, 업무와 질병과의 인과관계의 유무는 보통평균인이 아니라 당해 근로자의 건강과 신체조건을 기준으로 판단하여야 하고, 업무상 과로 등이 업무상 재해인 질병의 원인이 된 이상 그 발병장소가 사업장 밖이었고 업무수행중 발병한 것이 아니라고 할지라도 업무상의 재해로 보아야 한다(대판 2002.11.26. 2002두6811).

② 구 산업재해보상보험법 제4조 제1호에서 말하는 '업무상의 재해'라 함은 근로자가 업무수행 중 그 업무에 기인하여 발생한 근로자의 부상·질병·신체장애 또는 사망을 뜻하는 것이므로 업무와 재해발생 사이에 인과관계가 있어야 하고 이를 주장하는 측에서 입증하여야 하는바, 그 입증의 방법 및 정도는 반드시 직접증거에 의하여 의학적·자연과학적으로 명백히 증명되어야 하는 것은 아니고 당해 근로자의 건강과 신체조건을 기준으로 하여 취업 당시의 건강상태, 기존 질병의 유무, 종사한 업무의 성질 및 근무환경, 같은 작업장에서 근무한 다른 근로자의 동종 질병에의 이환 여부 등의 간접사실에 의하여 업무와 재해 사이의 상당인과관계가 추단될 정도로 입증되면 족하지만, 이 정도에 이르지 못한 채 막연히 과로나 스트레스가 일반적으로 질병의 발생·악화에 한 원인이 될 수 있고 업무수행과정에서 과로를 하고 스트레스를 받았다고 하여 현대의학상 그 발병 및 악화의 원인 등이 밝혀지지 아니한 질병에까지 곧바로 그 인과관계가 있다고 추단하기는 어렵다고 할 것이다(대판 2008.1.31. 2006두8204).

3. 업무상질병판정위원회(법 제38조, 규칙 제6조 내지 제9조)

(1) 구 성

업무상 질병의 인정 여부를 심의하기 위하여 공단 소속 기관에 업무상질병 판정위원회(이하 "판정위원회")를 둔다. 기출 13·14

① 판정위원회의 심의에서 제외되는 질병과 판정위원회의 심의 절차는 고용노동부령으로 정한다. 기출 14

② 판정위원회의 구성과 운영에 필요한 사항은 고용노동부령으로 정한다.

③ 판정위원회는 위원장 1명을 포함하여 180명 이내의 위원으로 구성한다. 이 경우 판정위원회의 위원장은 상임으로 하고, 위원장을 제외한 위원은 비상임으로 한다. 기출 13·14

④ 판정위원회의 위원장 및 위원은 ㉠ 변호사 또는 공인노무사, ㉡ 고등교육법에 따른 학교에서 조교수 이상으로 재직하고 있거나 재직하였던 사람, ㉢ 의사, 치과의사 또는 한의사, ㉣ 산업재해보상보험 관련 업무에 5년 이상 종사한 사람, ㉤ 국가기술자격법에 따른 산업위생관리 또는 인간공학 분야 기사 이상의 자격을 취득하고 관련 업무에 5년 이상 종사한 사람 등의 어느 하나에 해당하는 사람 중에서 공단 이사장이 위촉하거나 임명한다. 기출 21·24

⑤ 판정위원회의 위원장과 위원의 임기는 2년으로 하되, 연임할 수 있다. 기출 13·21·24

(2) 심 의

① 공단의 분사무소(소속 기관)의 장은 판정위원회의 심의가 필요한 질병에 대하여 보험급여의 신청 또는 청구를 받으면 판정위원회에 업무상 질병으로 인정할지에 대한 심의를 의뢰하여야 한다.

② 판정위원회는 심의를 의뢰받은 날부터 20일 이내에 업무상 질병으로 인정되는지를 심의하여 그 결과를 심의를 의뢰한 소속 기관의 장에게 알려야 한다. 다만, 부득이한 사유로 그 기간 내에 심의를 마칠 수 없으면 10일을 넘지 않는 범위에서 한 차례만 그 기간을 연장할 수 있다. 기출 21

(3) 운 영

① 판정위원회의 위원장은 회의를 소집하고, 그 의장이 된다. 다만, 판정위원회의 원활한 운영을 위하여 필요하면 위원장이 지명하는 위원이 회의를 주재할 수 있다. 기출 21

② 판정위원회의 회의는 위원장(위원장이 지명하는 위원이 회의를 주재하는 경우에는 그 위원) 및 회의를 개최할 때마다 위원장이 지정하는 위원 6명으로 구성한다. 이 경우 위원장은 의사, 치과의사 또는 한의사에 해당하는 위원 2명 이상을 지정하여야 한다.

③ 판정위원회의 위원장이 회의를 소집하려면 회의 개최 5일 전까지 일시・장소 및 안건을 위원장이 지정하는 위원에게 서면으로 알려야 한다. 다만, 긴급한 경우에는 회의 개최 전날까지 구두(口頭), 전화, 그 밖의 방법으로 알릴 수 있다.

④ 판정위원회의 회의는 구성원 과반수의 출석과 출석위원 과반수의 찬성으로 의결한다.

(4) 심사제외 대상 질병 기출 21・23

① 진폐

② 이황화탄소 중독증

③ 유해・위험요인에 일시적으로 다량 노출되어 나타나는 급성 중독 증상 또는 소견 등의 질병

④ 업무상의 재해인지 판단하기 위한 진찰을 한 결과 업무와의 관련성이 매우 높다는 소견이 있는 질병

⑤ 한국산업안전공단 등에 자문한 결과 업무와의 관련성이 높다고 인정된 질병

⑥ 그 밖에 업무와 그 질병 사이에 상당인과관계가 있는지를 명백히 알 수 있는 경우로서 공단이 정하는 질병

✔ 핵심문제

01 산업재해보상보험법령상 업무상질병판정위원회에 관한 설명으로 옳은 것은? 기출 13

① 업무상질병판정위원회는 업무상 질병의 인정 여부를 심의하기 위하여 보건복지부 소속 기관에 둔다.
② 위원장 1명을 포함하여 50명 이내의 위원으로 구성한다.
③ 위원장과 위원은 비상임으로 한다.
④ 위원장의 임기는 3년으로 하고, 위원의 임기는 2년으로 한다.
⑤ 진폐는 업무상질병판정위원회의 심의에서 제외되는 질병이다.

[해설]

① (×) 업무상 질병의 인정 여부를 심의하기 위하여 공단 소속 기관에 업무상질병판정위원회를 둔다(산재법 제38조 제1항).
②・③ (×) 업무상질병판정위원회는 위원장 1명을 포함하여 180명 이내의 위원으로 구성한다. 이 경우 판정위원회의 위원장은 상임으로 하고, 위원장을 제외한 위원은 비상임으로 한다(산재법 시행규칙 제6조 제1항).
④ (×) 판정위원회의 위원장과 위원의 임기는 2년으로 하되, 연임할 수 있다(산재법 시행규칙 제6조 제5항).
⑤ (○) 산재법 시행규칙 제7조 제1호

정답 ⑤

제1장 제2장 제3장 제4장 제5장 제6장

제4절 보험급여

I 보험급여의 종류와 산정기준

1. 보험급여의 종류(법 제36조 제1항 본문)

① 요양급여
② 휴업급여
③ 장해급여
④ 간병급여
⑤ 유족급여
⑥ 상병보상연금
⑦ 장례비
⑧ 직업재활급여

2. 진폐에 따른 보험급여의 종류(법 제36조 제1항 단서)

요양급여, 간병급여, 장례비, 직업재활급여, 진폐보상연금, 진폐유족연금 기출 12·21·23

3. 건강손상자녀에 대한 보험급여의 종류(법 제36조 제1항 단서)

요양급여, 장해급여, 간병급여, 장례비, 직업재활급여

4. 수급권자

보험급여의 종류	수급권자
요양급여, 휴업급여, 장해급여, 간병급여, 상병보상연금, 진폐보상연금	근로자
유족급여, 진폐유족연금	근로자의 유족
장례비	장례 주관자
직업훈련수당	근로자
직업훈련비용	직업업훈련기관
직장복귀지원금, 직장적응훈련비, 재활운동비	사업주

5. 보험급여의 산정기준

(1) 평균임금의 산정(법 제5조 제2호)

원칙적으로 근로기준법에 의하여 평균임금을 산정한다. 그러나 근로기준법에 따라 평균임금을 결정하기 어렵다고 인정되면 고용노동부장관이 정하여 고시하는 금액을 평균임금으로 한다.

(2) 평균임금의 증감(법 제36조 제3항·제4항)

① 보험급여를 산정하는 경우 해당 근로자의 평균임금을 산정하여야 할 사유가 발생한 날부터 1년이 지난 이후에는 매년 전체 근로자의 임금 평균액의 증감률에 따라 평균임금을 증감하되, 그 근로자의 연령이 60세에 도달한 이후에는 소비자물가변동률에 따라 평균임금을 증감한다. 다만, 해당 직업병이 확인된 날을 기준으로 전체 근로자의 임금 평균액을 고려하여 고용노동부장관이 매년 고시하는 금액을 그 근로자의 평균임금으로 보는 진폐에 걸린 근로자에 대한 보험급여는 제외한다.

② 전체 근로자의 임금 평균액의 증감률 및 소비자물가변동률의 산정 기준과 방법은 대통령령으로 정한다. 이 경우 산정된 증감률 및 변동률은 매년 고용노동부장관이 고시한다.

산재법 시행령 [별표 2] 기출 14

전체 근로자의 임금 평균액의 증감률 및 소비자물가변동률의 산정 기준과 방법(영 제22조 제1항 관련)

1. 법 제36조 제3항에 따른 전체 근로자의 임금 평균액의 증감률은 사업체노동력조사의 내용 중 전체 근로자를 기준으로 다음 산식에 따라 산정한다.

전체 근로자의 임금 평균액의 증감률

$$= \frac{\text{평균임금 증감사유 발생일이 속하는 연도의 전전 보험연도의 7월부터 직전 보험연도의 6월까지의 근로자 1명당 월별 월평균 임금총액의 합계}}{\text{평균임금 증감사유 발생일이 속하는 연도의 3년 전 보험연도의 7월부터 전전 보험연도의 6월까지의 근로자 1명당 월별 월평균 임금총액의 합계}}$$

비고 : "평균임금 증감사유 발생일"이란 법 제36조 제3항에 따라 평균임금을 증감할 사유가 발생한 날을 말한다.

2. 소비자물가변동률은 통계법에 따른 지정통계로서 통계청장이 작성하는 소비자물가조사의 내용 중 전도시의 소비자물가지수를 기준으로 다음 계산식에 따라 산정한다.

소비자물가변동률

$$= \frac{\text{평균임금 증감사유 발생일이 속하는 연도의 전전 보험연도의 7월부터 직전 보험연도의 6월까지의 월별 소비자물가지수 변동률의 합계}}{12}$$

비고 : "소비자물가지수 변동률"은 해당 월의 전도시 소비자물가지수를 전년도 전도시 소비자물가지수로 나눈 비율을 말한다.

(3) 일용근로자의 평균임금의 산정(법 제36조 제5항)

보험급여(진폐보상연금 및 진폐유족연금은 제외한다)를 산정할 때 해당 근로자의 근로 형태가 특이하여 평균임금을 적용하는 것이 적당하지 아니하다고 인정되는 경우로서 대통령령으로 정하는 경우에는 대통령령으로 정하는 산정 방법에 따라 산정한 금액을 평균임금으로 한다.

근로 형태가 특이한 근로자의 범위(영 제23조, 제24조)

1. 적용대상
   ① 1일 단위로 고용되거나,
   ② 근로일에 따라 일당 형식의 임금을 지급받는 근로자(일용근로자)
   ③ 둘 이상의 사업에서 근로하는 단시간 근로자
2. 적용예외
   ① 근로관계가 3개월 이상 계속되는 경우
   ② 근로형태가 상용근로자와 비슷하다고 인정되는 경우에는 일용근로자로 보지 않음.
3. 평균임금 산정방법
   ① 일용근로자
   일용근로자 평균임금 = 일당 × 통상근로계수(73/100)
   평균임금 산정사유 발생당시 해당 사업에서 1개월 이상 근로한 일용근로자는 통상근로계수로 산정한 평균임금이 실제 임금 또는 근로일수에 비추어 적절하지 않은 경우에는, 실제 임금 또는 근로일수를 증명하는 서류를 첨부하여 공단에 적용제외를 신청할 수 있다.
   ② 단시간근로자
   단시간 근로자 평균임금 = 평균임금 산정기간 동안 해당 단시간근로자가 재해가 발생한 사업에서 지급받은 임금과 같은 기간 동안 해당 사업 외의 사업에서 지급받은 임금을 모두 합산한 금액을 해당 기간의 총일수로 나눈 금액

(4) 직업병에 걸린 사람에 대한 평균임금의 산정(영 제25조)

1) 의 의

보험급여를 산정할 때 진폐 등 대통령령으로 정하는 직업병으로 보험급여를 받게 되는 근로자에게 그 평균임금을 적용하는 것이 근로자의 보호에 적당하지 아니하다고 인정되면 대통령령으로 정하는 산정 방법에 따라 산정한 금액을 그 근로자의 평균임금으로 한다.

2) 산정방법

① **진폐에 해당하는 직업병** : 해당 직업병이 확인된 날을 기준으로 전체 근로자의 임금 평균액을 고려하여 고용노동부장관이 매년 고시하는 금액을 그 근로자의 평균임금으로 본다.

② 그 밖의 직업병

㉠ 사업장이 가동중인 경우 : 성별・직종 및 소속한 사업의 업종・규모가 비슷한 근로자의 1년간 월평균 임금총액을 해당 근로자의 직업병이 확인된 날이 속하는 분기의 전전분기 말일 이전 1년 동안 합하여 산출한 금액을 그 기간의 총 일수로 나눈 금액

㉡ 사업이 휴업 또는 폐업한 후 직업병이 확인된 경우(휴업 또는 폐업 전에 그 근로자가 퇴직한 경우 포함) : 그 사업이 휴업 또는 폐업한 날을 기준으로 산정한 금액을 직업병이 확인된 날까지 증감하여 산정한 금액을 그 근로자의 평균임금으로 본다.

3) 특례적용

평균임금 산정 방법의 특례는 보험급여 수급권자의 신청이 있는 경우 또는 공단의 직권으로 적용할 수 있다.

(5) 최고・최저보상기준(법 제36조 제7항)

보험급여(장례비는 제외한다)를 산정할 때 그 근로자의 평균임금 또는 보험급여의 산정 기준이 되는 평균임금이 고용정책 기본법의 고용구조 및 인력수요 등에 관한 통계에 따른 상용근로자 5명 이상 사업체의 전체 근로자의 임금평균액의 1.8배(이하 "최고보상기준금액")를 초과하거나, 2분의 1(이하 "최저보상기준금액")보다 적으면 그 최고보상기준금액이나 최저보상기준금액을 각각 그 근로자의 평균임금으로 하되, 최저보상기준금액이 최저임금법에 따른 시간급 최저임금액에 8을 곱한 금액(이하 "최저임금액")보다 적으면 그 최저임금액을 최저보상기준금액으로 한다. 다만, 휴업급여 및 상병보상연금을 산정할 때에는 최저보상기준금액을 적용하지 아니한다.

Ⅱ 사망의 추정(법 제39조)

사고가 발생한 선박 또는 항공기에 있던 근로자의 생사가 밝혀지지 아니하거나 항행 중인 선박 또는 항공기에 있던 근로자가 행방불명 또는 그 밖의 사유로 그 생사가 밝혀지지 아니하면 대통령령으로 정하는 바에 따라 사망한 것으로 추정하고, 유족급여와 장례비에 관한 규정을 적용한다.

1. 사망추정의 사유(영 제37조 제1항)

① 선박이 침몰・전복・멸실 또는 행방불명되거나 항공기가 추락・멸실 또는 행방불명되는 사고가 발생한 경우에 그 선박 또는 항공기에 타고 있던 근로자의 생사가 그 사고 발생일부터 3개월간 밝혀지지 아니한 경우

② 항행 중인 선박 또는 항공기에 타고 있던 근로자가 행방불명되어 그 생사가 행방불명된 날부터 3개월간 밝혀지지 아니한 경우

③ 천재지변, 화재, 구조물 등의 붕괴, 그 밖의 각종 사고의 현장에 있던 근로자의 생사가 사고 발생일부터 3개월간 밝혀지지 아니한 경우

2. 사망의 추정(영 제37조 제2항 · 제3항)

① 사망으로 추정되는 사람은 그 사고가 발생한 날 또는 행방불명된 날에 사망한 것으로 추정한다.

② 생사가 밝혀지지 아니하였던 사람이 사고가 발생한 날 또는 행방불명된 날부터 3개월 이내에 사망한 것이 확인되었으나, 그 사망 시기가 밝혀지지 아니한 경우에도 그 사고가 발생한 날 또는 행방불명된 날에 사망한 것으로 추정한다.

③ 따라서 사고가 발생한 날 또는 행방불명된 날에 사망한 것으로 추정하여 사망에 따른 보험급여(유족급여와 장례비)를 지급한다. 기출 10

3. 실종 또는 사망확인의 신고(영 제37조 제4항)

보험가입자는 사망추정 사유가 발생한 때 또는 사망이 확인된 때에는 지체 없이 공단에 근로자 실종 또는 사망확인의 신고를 하여야 한다.

4. 생존확인의 신고 및 보험금의 징수(법 제39조, 영 제37조 제5항)

① 보험급여를 지급한 후에 그 근로자의 생존이 확인되면 보험급여를 받은 사람과 보험가입자는 그 근로자의 생존이 확인된 날부터 15일 이내에 공단에 근로자 생존확인 신고를 하여야 한다.

② 공단은 사망의 추정으로 보험급여를 지급한 후에 그 근로자의 생존이 확인되면 그 급여를 받은 사람이 선의인 경우에는 받은 금액을, 악의인 경우에는 받은 금액의 2배에 해당하는 금액을 징수하여야 한다.

기출 10 · 13

Ⅲ 요양급여 등

1. 요양급여(법 제40조, 규칙 제11조, 제12조, 제17조)

(1) 지급사유

① 요양급여는 근로자가 업무상의 사유로 부상을 당하거나 질병에 걸린 경우에 그 근로자에게 지급한다.

기출 15

② 부상 또는 질병이 3일 이내의 요양으로 치유될 수 있으면 요양급여를 지급하지 아니한다.

(2) 요양급여의 범위

1) 개 관 기출 24

① 진찰 및 검사

② 약제 또는 진료재료와 의지(義肢) 그 밖의 보조기의 지급

③ 처치, 수술, 그 밖의 치료

④ 재활치료
⑤ 입 원
⑥ 간호 및 간병
⑦ 이 송
⑧ 그 밖에 고용노동부령으로 정하는 사항

2) 간 병

① 간병의 범위

㉠ 간병은 요양 중인 근로자의 부상·질병 상태 및 간병이 필요한 정도에 따라 구분하여 제공한다. 다만, 요양 중인 근로자가 중환자실이나 회복실에서 요양 중인 경우 그 기간에는 별도의 간병을 제공하지 않는다. 기출 21

㉡ 간병은 요양 중인 근로자의 부상·질병 상태가 의학적으로 다른 사람의 간병이 필요하다고 인정되는 경우로서 다음의 어느 하나에 해당하는 사람에게 제공한다.

㉮ 두 손의 손가락을 모두 잃거나 사용하지 못하게 되어 혼자 힘으로 식사를 할 수 없는 사람
㉯ 두 눈의 실명 등으로 일상생활에 필요한 동작을 혼자 힘으로 할 수 없는 사람
㉰ 뇌의 손상으로 정신이 혼미하거나 착란을 일으켜 일상생활에 필요한 동작을 혼자 힘으로 할 수 없는 사람
㉱ 신경계통 또는 정신의 장해로 의사소통을 할 수 없는 등 치료에 뚜렷한 지장이 있는 사람
㉲ 신체 표면면적의 35퍼센트 이상에 걸친 화상을 입어 수시로 적절한 조치를 할 필요가 있는 사람 기출 21

② 간병을 할 수 있는 사람의 범위

㉠ 간병을 할 수 있는 사람은 다음의 어느 하나에 해당하는 사람으로 한다.

㉮ 간호사 또는 간호조무사
㉯ 요양보호사 등 공단이 인정하는 간병 교육을 받은 사람
㉰ 해당 근로자의 배우자(사실상 혼인관계에 있는 사람을 포함), 부모, 13세 이상의 자녀 또는 형제자매 기출 21
㉱ 그 밖에 간병에 필요한 지식이나 자격을 갖춘 사람 중에서 간병을 받을 근로자가 지정하는 사람

㉡ 간병의 대상이 되는 근로자의 부상·질병상태 등이 전문적인 간병을 필요로 하는 경우에는 간호사·간호조무사 또는 요양보호사 등 공단이 인정하는 간병교육을 받은 사람만 간병을 하도록 할 수 있다. 기출 21

③ **동행간호인** : 해당 근로자의 부상·질병 상태로 보아 이송 시 간호인의 동행이 필요하다고 인정되는 경우에는 간호인 1명이 동행할 수 있다. 다만, 의학적으로 특별히 필요하다고 인정되는 경우에는 2명까지 동행할 수 있다. 기출 21

(3) 의학적 소견의 요구

업무상의 재해를 입은 근로자가 요양할 산재보험의료기관이 상급종합병원인 경우에는 응급환자이거나 그 밖에 부득이한 사유가 있는 경우를 제외하고는 그 근로자가 상급종합병원에서 요양할 필요가 있다는 의학적 소견이 있어야 한다.

2. 요양급여의 신청(법 제41조, 규칙 제21조)

① 요양급여(진폐에 따른 요양급여를 제외)는 받으려는 사람은 소속 사업장, 재해발생 경위, 그 재해에 대한 의학적 소견, 그 밖에 고용노동부령으로 정하는 사항을 적은 서류를 첨부하여 공단에 요양급여의 신청을 하여야 한다. 공단은 요양급여의 신청을 받으면 그 신청을 받은 날부터 7일 이내에 요양급여를 지급할지를 결정하여 신청인(요양급여의 신청을 대행한 경우에는 산재보험 의료기관 포함) 및 보험가입자에게 알려야 한다. 처리기간 7일에는 판정위원회의 심의에 걸리는 기간, 조사기간, 진찰기간, 요양급여 신청과 관련된 서류의 보완에 걸리는 기간, 보험가입자에 대한 통지 및 의견 청취에 걸리는 기간, 업무상 재해의 인정 여부를 판단하기 위한 역학조사나 그 밖에 필요한 조사에 걸리는 기간 등은 산입하지 않는다. 공단은 요양급여에 관한 결정을 할 때 필요하면 자문의사에게 자문하거나 자문의사회의의 심의를 거칠 수 있다.

② 근로자를 진료한 산재보험의료기관은 그 근로자의 재해가 업무상의 재해로 판단되면 그 근로자의 동의를 받아 요양급여의 신청을 대행할 수 있다. 기출 13·18

3. 지급방법(법 제40조 제2항, 영 제38조) 기출 18

(1) 원칙(현물급여)

요양급여는 산재보험의료기관에서 요양을 하게 한다.

(2) 예외(현금급여)

부득이한 경우에는 요양을 갈음하여 산재보험의료기관이 아닌 의료기관에서 응급진료 등 긴급하게 요양을 한 경우의 요양비, 의지(義肢)나 그 밖의 보조기의 지급, 간병, 이송에 드는 비용, 그 밖에 공단이 정당한 사유가 있다고 인정하는 요양비 등을 지급할 수 있다.

4. 건강보험의 우선 적용(법 제42조)

① 요양급여의 신청을 한 사람은 공단이 요양급여에 관한 결정을 하기 전에는 국민건강보험법에 따른 요양급여 또는 의료급여법에 따른 의료급여(건강보험요양급여 등)를 받을 수 있다.

② 건강보험요양급여 등을 받은 사람이 국민건강보험법 또는 의료급여법에 따른 본인 일부 부담금을 산재보험의료기관에 납부한 후에 요양급여 수급권자로 결정된 경우에는 그 납부한 본인 일부 부담금 중 요양급여에 해당하는 금액을 공단에 청구할 수 있다.

5. 요양급여 범위 여부의 확인(법 제41조의2)

① 요양급여를 받은 사람은 자신이 부담한 비용이 요양급여의 범위에서 제외되는 비용인지 여부에 대하여 공단에 확인을 요청할 수 있다.

② 확인 요청을 받은 공단은 그 결과를 요청한 사람에게 알려야 한다. 이 경우 확인을 요청한 비용이 요양급여 범위에 해당되는 비용으로 확인되면 그 내용을 산재보험의료기관에 알려야 한다.

③ 통보받은 산재보험의료기관은 받아야 할 금액보다 더 많이 징수한 금액(이하 "과다본인부담금")을 지체 없이 확인을 요청한 사람에게 지급하여야 한다. 다만, 공단은 해당 산재보험의료기관이 과다본인부담금을 지급하지 아니하면 해당 산재보험의료기관에 지급할 진료비에서 과다본인부담금을 공제하여 확인을 요청한 사람에게 지급할 수 있다.

6. 진료비 및 약제비의 청구

(1) 진료비의 청구 등(법 제45조)

① 산재보험의료기관이 요양을 실시하고 그에 드는 비용(이하 "진료비")을 받으려면 공단에 청구하여야 한다.

② 청구된 진료비에 관한 심사 및 결정, 지급 방법 및 지급 절차는 고용노동부령으로 정한다.

(2) 약제비의 청구 등(법 제46조)

① 공단은 약제의 지급을 약사법에 따라 등록한 약국을 통하여 할 수 있다.

② 약국이 약제비를 받으려면 공단에 청구하여야 한다.

③ 청구된 약제비에 관한 심사 및 결정, 지급 방법 및 지급 절차는 고용노동부령으로 정한다.

7. 진료계획의 제출(법 제47조)

① 산재보험의료기관은 요양급여를 받고 있는 근로자의 요양기간을 연장할 필요가 있는 때에는 그 근로자의 부상·질병 경과, 치료예정기간 및 치료방법 등을 적은 진료계획을 대통령령으로 정하는 바에 따라 공단에 제출하여야 한다.

② 공단은 진료계획이 적절한지를 심사하여 산재보험의료기관에 대하여 치료기간의 변경을 명하는 등 대통령령으로 정하는 필요한 조치(이하 "진료계획 변경 조치 등")를 할 수 있다.

8. 추가상병 요양급여의 신청(법 제49조)

업무상의 재해로 요양 중인 근로자는 다음의 어느 하나에 해당하는 경우에는 그 부상 또는 질병(이하 "추가상병")에 대한 요양급여를 신청할 수 있다.

① 그 업무상의 재해로 이미 발생한 부상이나 질병이 추가로 발견되어 요양이 필요한 경우

② 그 업무상의 재해로 발생한 부상이나 질병이 원인이 되어 새로운 질병이 발생하여 요양이 필요한 경우

9. 재요양(법 제51조, 영 제48조)

(1) 의 의

요양급여를 받은 사람이 치유 후 요양의 대상이 되었던 업무상의 부상 또는 질병이 재발하거나 치유 당시보다 상태가 악화되어 이를 치유하기 위한 적극적인 치료가 필요하다는 의학적 소견이 있으면 다시 요양급여(재요양)를 받을 수 있다. 기출 14

(2) 요 건 기출 15

① 치유된 업무상 부상 또는 질병과 재요양의 대상이 되는 부상 또는 질병 사이에 상당인과관계가 있을 것

② 재요양의 대상이 되는 부상 또는 질병의 상태가 치유 당시보다 악화된 경우로서 나이나 그 밖에 업무 외의 사유로 악화된 경우가 아닐 것

③ 재요양의 대상이 되는 부상 또는 질병의 상태가 재요양을 통해 호전되는 등 치료효과를 기대할 수 있을 것

(3) 신 청

재요양을 받으려는 사람은 고용노동부령으로 정하는 바에 따라 공단에 재요양을 신청하여야 한다.

10. 요양급여 비용의 정산(법 제90조)

① 공단은 국민건강보험법에 따른 국민건강보험공단 또는 의료급여법에 따른 시장, 군수 또는 구청장(이하 "국민건강보험공단 등")이 요양급여의 수급권자에게 건강보험 요양급여 등을 우선 지급하고 그 비용을 청구하는 경우에는 그 건강보험 요양급여 등이 이 법에 따라 지급할 수 있는 요양급여에 상당한 것으로 인정되면 그 요양급여에 해당하는 금액을 지급할 수 있다.

② 공단이 수급권자에게 요양급여를 지급한 후 그 지급결정이 취소된 경우로서 그 지급한 요양급여가 국민건강보험법 또는 의료급여법에 따라 지급할 수 있는 건강보험 요양급여 등에 상당한 것으로 인정되면 공단은 그 건강보험 요양급여 등에 해당하는 금액을 국민건강보험공단 등에 청구할 수 있다.

11. 의료기관 변경 요양(법 제48조, 영 제44조)

① 공단은 다음의 어느 하나에 해당하는 사유가 있으면 요양 중인 근로자를 다른 산재보험의료기관으로 옮겨 요양하게 할 수 있다.

㉠ 요양 중인 산재보험의료기관의 인력·시설 등이 그 근로자의 전문적인 치료 또는 재활치료에 맞지 아니하여 다른 산재보험의료기관으로 옮길 필요가 있는 경우

㉡ 생활근거지에서 요양하기 위하여 다른 산재보험의료기관으로 옮길 필요가 있는 경우

㉢ 상급종합병원에서 전문적인 치료 후 다른 산재보험의료기관으로 옮길 필요가 있는 경우

㉣ 자문의사회의의 심의 절차를 거쳐 부득이한 사유가 있다고 인정되는 경우

② 요양 중인 근로자는 위 ㉠부터 ㉢까지의 어느 하나에 해당하는 사유가 있으면 공단에 의료기관 변경 요양을 신청할 수 있다.

제1장 제2장 제3장 제4장 제5장 제6장

✔ 핵심문제

01 **산업재해보상보험법령상 재요양의 요건 및 절차에 관한 설명으로 옳지 않은 것은?** 기출 15

① 재요양을 받으려면 치유된 업무상 부상 또는 질병과 재요양의 대상이 되는 부상 또는 질병 사이에 상당인과관계가 있어야 한다.

② 재요양을 받으려면 재요양의 대상이 되는 부상 또는 질병의 상태가 치유 당시보다 악화된 경우로서 나이나 그 밖에 업무 외의 사유로 악화된 경우가 아니어야 한다.

③ 재요양을 받으려면 재요양의 대상이 되는 부상 또는 질병의 상태가 재요양을 통해 호전되는 등 치료효과를 기대할 수 있어야 한다.

④ 재요양을 받으려면 업무상의 사유로 발생한 부상 또는 질병으로 인하여 요양 중으로서 그 부상 또는 질병의 상태가 치유 후에도 장해등급에 해당할 것이라는 내용의 의학적 소견이 있어야 한다.

⑤ 재요양을 받으려는 사람은 고용노동부령으로 정하는 바에 따라 공단에 재요양을 신청하여야 한다.

[해설]

① (○) 산재법 시행령 제48조 제1항 제1호
② (○) 산재법 시행령 제48조 제1항 제2호
③ (○) 산재법 시행령 제48조 제1항 제3호
④ (×) 재요양의 요건이 아닌, 장해급여자로서 직업훈련대상자에 대한 직업재활급여의 지급요건이다(산재법 시행령 제68조 제1항 제1호 나목).
⑤ (○) 산재법 시행령 제48조 제2항

정답 ④

Ⅳ 휴업급여 등

1. 휴업급여(법 제52조)

(1) 원 칙

휴업급여는 업무상 사유로 부상을 당하거나 질병에 걸린 근로자에게 요양으로 취업하지 못한 기간에 대하여 지급하되, 1일당 지급액은 평균임금의 100분의 70에 상당하는 금액으로 한다. 다만, 취업하지 못한 기간이 3일 이내이면 지급하지 아니한다. 기출 10·12·15·20

(2) 저소득 근로자의 휴업급여(법 제54조)

① 1일당 휴업급여 지급액이 최저 보상기준 금액의 100분의 80보다 적거나 같으면 그 근로자에 대하여는 평균임금의 100분의 90에 상당하는 금액을 1일당 휴업급여 지급액으로 한다. 다만, 그 근로자의 평균임금의 100분의 90에 상당하는 금액이 최저 보상기준 금액의 100분의 80보다 많은 경우에는 최저 보상기준 금액의 100분의 80에 상당하는 금액을 1일당 휴업급여 지급액으로 한다. 기출 17·22

② 산정한 휴업급여 지급액이 최저임금액보다 적으면 그 최저임금액을 그 근로자의 1일당 휴업급여 지급액으로 한다.

(3) 고령자의 휴업급여(법 제55조) 기출 20

휴업급여를 받는 근로자가 61세가 되면 그 이후의 휴업급여는 연령에 따라 일정한 비율로 감액된 금액을 지급한다. 다만, 61세 이후에 취업 중인 사람이 업무상의 재해로 요양하거나 61세 전에 업무상 질병으로 장해급여를 받은 사람이 61세 이후에 그 업무상 질병으로 최초로 요양하는 경우에는 업무상의 재해로 요양을 시작한 날부터 2년간 휴업급여를 감액하지 아니한다.

(4) 재요양 기간 중의 휴업급여(법 제56조)

① 재요양을 받는 사람에 대하여는 재요양 당시의 임금을 기준으로 산정한 평균임금의 100분의 70에 상당하는 금액을 1일당 휴업급여 지급액으로 한다. 이 경우 평균임금 산정사유 발생일은 대통령령으로 정한다. 기출 20

② 1일당 휴업급여 지급액이 최저임금액보다 적거나 재요양 당시 평균임금산정의 대상이 되는 임금이 없으면 최저임금액을 1일당 휴업급여 지급액으로 한다. 기출 16·20

③ 장해보상연금을 지급받는 사람이 재요양하는 경우에는 1일당 장해보상연금액(장해보상연금액을 365로 나눈 금액)과 1일당 휴업급여 지급액을 합한 금액이 장해보상연금의 산정에 적용되는 평균임금의 100분의 70을 초과하면 그 초과하는 금액 중 휴업급여에 해당하는 금액은 지급하지 아니한다.

④ 재요양 기간 중의 휴업급여를 산정할 때에는 제54조(저소득 근로자의 휴업급여)를 적용하지 아니한다.

2. 부분휴업급여(법 제53조, 영 제49조, 제50조)

① 요양 또는 재요양을 받고 있는 근로자가 그 요양기간 중 일정기간 또는 단시간 취업을 하는 경우에는 그 취업한 날에 해당하는 그 근로자의 평균임금에서 그 취업한 날에 대한 임금을 뺀 금액의 100분의 80에 상당하는 금액을 지급할 수 있다. 다만, 최저임금액을 1일당 휴업급여 지급액으로 하는 경우에는 최저임금액([별표 1] 제2호에 따라 감액하는 경우에는 그 감액한 금액)에서 취업한 날에 대한 임금을 뺀 금액을 지급할 수 있다.

② 부분휴업급여를 받으려는 사람은 ㉠ 요양 중 취업 사업과 종사 업무가 정해져 있을 것, ㉡ 그 근로자의 부상·질병 상태가 취업을 하더라도 치유 시기가 지연되거나 악화되지 아니할 것이라는 의사의 소견이 있을 것 등의 요건을 모두 구비하여 고용노동부령으로 정하는 서류를 첨부하여 공단에 청구하여야 하며,

공단은 청구가 있으면 그 근로자의 부상·질병 상태 및 종사 업무 등을 고려하여 지급 여부를 결정하고 그 내용을 그 근로자에게 알려야 한다.

V 장해급여 등

1. 지급요건(법 제57조)

① 장해급여는 근로자가 업무상의 사유로 부상을 당하거나 질병에 걸려 치유된 후 신체 등에 장해가 있는 경우에 그 근로자에게 지급한다.

② 남아 있는 장해가 신체장해등급 1급에서 14급 중에 해당해야 한다.

2. 장해등급의 기준(법 제57조 제2항, 영 제53조 제2항·제3항)

(1) 신체장해등급표에 의한 인정

장해등급의 기준은 우선 신체장해등급표에 의한다.

(2) 미규정장해의 등급결정

신체장해등급표에 규정되지 아니한 장해가 있을 때에는 같은 표 중 그 장해와 비슷한 장해에 해당하는 장해등급으로 결정한다.

(3) 장해등급의 조정

① 장해등급의 기준에 해당하는 장해가 둘 이상 있는 경우에는 그중 심한 장해에 해당하는 장해등급을 그 근로자의 장해등급으로 하되, 제13급 이상의 장해가 둘 이상 있는 경우에는 다음의 구분에 따라 조정된 장해등급을 그 근로자의 장해등급으로 한다.

✔ 핵심문제

01 **산업재해보상보험법령상 장해등급의 재판정에 관한 내용이다. (　　) 안에 들어갈 내용으로 옳은 것은?** 기출 16

> 장해등급의 재판정은 장해보상연금의 지급 결정을 한 날을 기준으로 (ㄱ)년이 지난 날부터 (ㄴ)년 이내에 하여야 한다.

① ㄱ : 1, ㄴ : 1
② ㄱ : 1, ㄴ : 2
③ ㄱ : 2, ㄴ : 1
④ ㄱ : 2, ㄴ : 2
⑤ ㄱ : 3, ㄴ : 2

[해설]

(　　) 안에 들어갈 내용은 순서대로 ㄱ : 2, ㄴ : 1이다.

> **장해등급 등의 재판정 시기 등(산재법 시행령 제56조)**
> ① 장해등급 등의 재판정은 장해보상연금 또는 진폐보상연금의 지급 결정을 한 날을 기준으로 2년이 지난 날부터 1년 이내에 하여야 한다.

정답 ③

㉠ 제5급 이상에 해당하는 장해가 둘 이상 있는 경우에는 3개 등급 상향 조정
㉡ 제8급 이상에 해당하는 장해가 둘 이상 있는 경우에는 2개 등급 상향 조정
㉢ 제13급 이상에 해당하는 장해가 둘 이상 있는 경우에는 1개 등급 상향 조정

② 다만, 조정의 결과 산술적으로 제1급을 초과하게 되는 경우에는 제1급을 그 근로자의 장해등급으로 하고, 그 장해의 정도가 조정된 등급에 규정된 다른 장해의 정도에 비하여 명백히 낮다고 인정되는 경우에는 조정된 등급보다 1개 등급 낮은 등급을 그 근로자의 장해등급으로 한다.

(4) 장해등급의 재판정(법 제59조)

① 공단은 장해보상연금 또는 진폐보상연금 수급권자 중 그 장해상태가 호전되거나 악화되어 치유 당시 결정된 장해등급 또는 진폐장해등급이 변경될 가능성이 있는 사람에 대하여는 그 수급권자의 신청 또는 직권으로 장해등급을 재판정할 수 있다.

② 장해등급 등의 재판정 결과 장해등급 등이 변경되면 그 변경된 장해등급 등에 따라 장해급여 또는 진폐보상연금을 지급한다.

③ 장해등급 등 재판정은 1회 실시하되, 장해보상연금 또는 진폐보상연금의 지급 결정을 한 날을 기준으로 2년이 지난 날부터 1년 이내에 하여야 한다. 기출 16

3. 장해급여의 지급

(1) 유 형

장해급여는 장해등급에 따라 장해보상연금 또는 장해보상일시금으로 하되, 그 장해등급의 기준은 대통령령으로 정한다.

(2) 지급방법(법 제57조)

① 장해보상연금 또는 장해보상일시금은 수급권자의 선택에 따라 지급한다. 다만, 대통령령으로 정하는 노동력을 완전히 상실한 장해등급의 근로자에게는 장해보상연금을 지급하고, 장해급여 청구사유 발생 당시 대한민국 국민이 아닌 사람으로서 외국에서 거주하고 있는 근로자에게는 장해보상일시금을 지급한다.

기출 17 · 18

② 따라서 노동력을 완전히 상실한 장해등급에서는(제1급~제3급)은 장해보상연금을 지급하고, 제4급부터 제7급까지는 수급권자의 선택에 따라 연금 또는 일시금을 지급하며, 제8급 이하에서는 일시금을 지급한다.

장해급여표(산재법 [별표 2])

(평균임금기준)

장해등급	장해보상연금	장해보상일시금	장해등급	장해보상연금	장해보상일시금
제1급	329일분	1,474일분	제8급	–	495일분
제2급	291일분	1,309일분	제9급	–	385일분
제3급	257일분	1,155일분	제10급	–	297일분
제4급	224일분	1,012일분	제11급	–	220일분
제5급	193일분	869일분	제12급	–	154일분
제6급	164일분	737일분	제13급	–	99일분
제7급	138일분	616일분	제14급	–	55일분

(3) 지급액(법 제57조, 제70조)

1) 장해보상일시금

장해등급에 따라 장해급여표에 정해진 일수에 따라 평균임금을 곱한 금액을 전부 지급한다.

2) 장해보상연금

① 장해보상연금은 매년 이를 12등분하여 매달 25일에 그 달 치의 금액을 지급하되, 지급일이 토요일이거나 공휴일이면 그 전날에 지급한다.

② 장해보상연금은 수급권자가 신청하면 그 연금의 최초 1년분 또는 2년분의 2분의 1에 상당하는 금액을 미리 지급할 수 있다. 이 경우 미리 지급하는 금액에 대하여는 100분의 5의 비율 범위에서 대통령령으로 정하는 바에 따라 이자를 공제할 수 있다. 기출 24

③ 장해보상연금 수급권자의 수급권이 소멸한 경우에 이미 지급한 연금액을 지급 당시의 각각의 평균임금으로 나눈 일수(日數)의 합계가 장해보상일시금의 일수에 못 미치면 그 못 미치는 일수에 수급권 소멸 당시의 평균임금을 곱하여 산정한 금액을 유족 또는 그 근로자에게 일시금으로 지급한다.

(4) 장해보상연금 등의 수급권의 소멸(법 제58조) 기출 15·19

장해보상연금 또는 진폐보상연금의 수급권자가 다음의 어느 하나에 해당하면 그 수급권이 소멸한다.

① 사망한 경우

② 대한민국 국민이었던 수급권자가 국적을 상실하고 외국에서 거주하고 있거나 외국에서 거주하기 위하여 출국하는 경우

③ 대한민국 국민이 아닌 수급권자가 외국에서 거주하기 위하여 출국하는 경우

④ 장해등급 또는 진폐장해등급이 변경되어 장해보상연금 또는 진폐보상연금의 지급 대상에서 제외되는 경우

✔ 핵심문제

01 산업재해보상보험법령상 장해보상연금의 수급권 소멸사유를 모두 고른 것은? 기출 19

ㄱ. 수급권자가 사망한 경우
ㄴ. 대한민국 국민이었던 수급권자가 국적을 상실하고 외국에서 거주하고 있는 경우
ㄷ. 대한민국 국민이 아닌 수급권자가 외국에서 거주하기 위해 출국하는 경우
ㄹ. 수급권자의 장해등급이 변경되어 장해보상연금의 지급 대상에서 제외되는 경우

① ㄱ, ㄴ
② ㄱ, ㄹ
③ ㄴ, ㄷ
④ ㄱ, ㄷ, ㄹ
⑤ ㄱ, ㄴ, ㄷ, ㄹ

[해설]
ㄱ. (O) 산재법 제58조 제1호
ㄴ. (O) 산재법 제58조 제2호
ㄷ. (O) 산재법 제58조 제3호
ㄹ. (O) 산재법 제58조 제4호

정답 ⑤

4. 가중장해시의 급여(영 제53조 제4항)

이미 장해가 있던 사람이 업무상 부상 또는 질병으로 같은 부위에 장해의 정도가 심해진 경우에 그 사람의 심해진 장해에 대한 장해급여의 금액은 장해등급별 장해보상일시금 또는 장해보상연금의 지급일수를 기준으로 하여 다음의 구분에 따라 산정한 금액으로 한다.

(1) 장해보상일시금으로 지급하는 경우

심해진 장해에 해당하는 장해보상일시금의 지급일수에서 기존의 장해에 해당하는 장해보상일시금의 지급일수를 뺀 일수에 급여 청구사유 발생 당시의 평균임금을 곱하여 산정한 금액을 지급한다.

(2) 장해보상연금으로 지급하는 경우

① 심해진 장해에 해당하는 장해보상연금의 지급일수에서 기존의 장해에 해당하는 장해보상연금의 지급일수를 뺀 일수에 연금 지급 당시의 평균임금을 곱하여 산정한 금액을 지급한다.

② 기존의 장해가 제8급부터 제14급까지의 장해 중 어느 하나에 해당하면 장해보상연금의 지급일수에서 그 장해에 해당하는 장해보상일시금의 지급일수에 100분의 22.2를 곱한 일수를 뺀 일수에 연금 지급 당시의 평균임금을 곱하여 산정한 금액을 지급한다.

5. 재요양에 따른 장해급여(법 제60조)

① 장해보상연금의 수급권자가 재요양을 받는 경우에도 그 연금의 지급을 정지하지 아니한다. 기출 13·21

② 재요양을 받고 치유된 후 장해상태가 종전에 비하여 호전되거나 악화된 경우에는 그 호전 또는 악화된 장해상태에 해당하는 장해등급에 따라 장해급여를 지급한다. 이 경우 재요양 후의 장해급여의 산정 및 지급 방법은 대통령령으로 정한다.

6. 장해특별급여(법 제78조)

(1) 지급요건

보험가입자의 고의 또는 과실로 발생한 업무상의 재해로 근로자가 대통령령으로 정하는 장해등급 또는 진폐등급에 해당하는 장해를 입은 경우에 수급권자가 민법에 따른 손해배상청구를 갈음하여 장해특별급여를 청구하면 진폐보상연금 외에 대통령령으로 정하는 장해특별급여를 지급할 수 있다. 다만, 근로자와 보험가입자 사이에 장해특별급여에 관하여 합의가 이루어진 경우에 한정한다.

(2) 지급의 효과

① 수급권자가 장해특별급여를 받으면 동일한 사유에 대하여 보험가입자에게 민법이나 그 밖의 법령에 따른 손해배상을 청구할 수 없다.

② 공단은 장해특별급여를 지급하면 대통령령으로 정하는 바에 따라 그 급여액 모두를 보험가입자로부터 징수한다.

Ⅵ 유족급여 등

1. 유족급여(법 제62조)

(1) 지급사유

유족급여는 근로자가 업무상의 사유로 사망한 경우에 유족에게 지급한다. 기출 17

(2) 급여의 종류

유족급여는 유족보상연금이나 유족보상일시금으로 한다.

2. 유족보상연금

(1) 수급자격자의 범위(법 제63조)

① 유족보상연금을 받을 수 있는 자격이 있는 사람(유족보상연금 수급자격자)은 근로자가 사망할 당시 그 근로자와 생계를 같이 하고 있던 유족(그 근로자가 사망할 당시 대한민국 국민이 아닌 사람으로서 외국에서 거주하고 있던 유족은 제외) 중 배우자와 다음의 어느 하나에 해당하는 사람으로 한다. 이 경우 근로자와 생계를 같이 하고 있던 유족의 판단 기준은 대통령령으로 정한다(제1항).

㉠ 부모 또는 조부모로서 각각 60세 이상인 사람

㉡ 자녀로서 25세 미만인 사람, 손자녀로서 25세 미만인 사람

㉢ 형제자매로서 19세 미만이거나 60세 이상인 사람

㉣ 위의 규정 중 어느 하나에 해당하지 아니하는 자녀・부모・손자녀・조부모 또는 형제자매로서 장애인 중 고용노동부령으로 정한 장애 정도에 해당하는 사람

② 근로자가 사망할 당시 태아였던 자녀가 출생한 경우에는 출생한 때부터 장래에 향하여 근로자가 사망할 당시 그 근로자와 생계를 같이 하고 있던 유족으로 본다(제2항). 기출 10

③ 유족보상연금 수급자격자 중 유족보상연금을 받을 권리의 순위는 배우자・자녀・부모・손자녀・조부모 및 형제자매의 순서로 한다(제3항).

(2) 생계를 같이하는 유족의 범위(영 제61조)

근로자와 생계를 같이 하고 있던 유족이란 ① 근로자와 주민등록법에 따른 주민등록표상의 세대를 같이 하고 동거하던 유족으로서 근로자의 소득으로 생계의 전부 또는 상당 부분을 유지하고 있던 사람, ② 근로자의 소득으로 생계의 전부 또는 상당 부분을 유지하고 있던 유족으로서 학업・취업・요양, 그 밖에 주거상의 형편 등으로 주민등록을 달리하였거나 동거하지 않았던 사람, ③ ①, ②의 유족 외의 유족으로서 근로자가 정기적으로 지급하는 금품이나 경제적 지원으로 생계의 전부 또는 대부분을 유지하고 있던 사람을 말한다.

(3) 수급자격자의 자격상실과 순위이전 등(법 제64조)

① 유족보상연금 수급자격자인 유족이 다음의 어느 하나에 해당하면 그 자격을 잃는다.

㉠ 사망한 경우

㉡ 재혼한 때(사망한 근로자의 배우자만 해당하며, 재혼에는 사실상 혼인 관계에 있는 경우를 포함) 기출 15

㉢ 사망한 근로자와의 친족 관계가 끝난 경우 기출 24

㉣ 자녀가 25세가 된 때, 손자녀가 25세가 된 때 또는 형제자매가 19세가 된 때 기출 21

ⓓ 장애인이었던 사람으로서 그 장애 상태가 해소된 경우

ⓑ 근로자가 사망할 당시 대한민국 국민이었던 유족보상연금 수급자격자가 국적을 상실하고 외국에서 거주하고 있거나 외국에서 거주하기 위하여 출국하는 경우 기출 24

ⓢ 대한민국 국민이 아닌 유족보상연금 수급자격자가 외국에서 거주하기 위하여 출국하는 경우 기출 24

② 유족보상연금을 받을 권리가 있는 유족보상연금 수급자격자(이하 "유족보상연금 수급권자")가 그 자격을 잃은 경우에 유족보상연금을 받을 권리는 같은 순위자가 있으면 같은 순위자에게, 같은 순위자가 없으면 다음 순위자에게 이전된다. 기출 24

③ 유족보상연금 수급권자가 3개월 이상 행방불명이면 대통령령으로 정하는 바에 따라 연금 지급을 정지하고, 같은 순위자가 있으면 같은 순위자에게, 같은 순위자가 없으면 다음 순위자에게 유족보상연금을 지급한다.

유족보상연금의 지급정지 등(영 제62조)

① 법 제64조 제2항에 따라 유족보상연금을 받을 권리가 이전된 경우에 유족보상연금을 새로 지급받으려는 사람은 공단에 유족보상연금 수급권자 변경신청을 하여야 한다.

② 법 제64조 제3항에 따라 유족보상연금 수급권자가 3개월 이상 행방불명이면 같은 순위자(같은 순위자가 없는 경우에는 다음 순위자)의 신청에 따라 행방불명된 달의 다음 달 분부터 그 행방불명 기간 동안 그 행방불명된 사람에 대한 유족보상연금의 지급을 정지하고, 법 제62조 제2항 및 법 [별표 3]에 따라 산정한 금액을 유족보상연금으로 지급한다. 이 경우 행방불명된 종전의 유족보상연금 수급권자는 법 제62조 제2항 및 법 [별표 3]에 따른 가산금액이 적용되는 유족보상연금 수급자격자로 보지 않는다.

③ 제2항 전단에 따라 유족보상연금의 지급이 정지된 사람은 언제든지 그 지급정지의 해제를 신청할 수 있다.

유족보상연금액의 조정(영 제63조)

공단은 다음 각 호의 사유가 발생하면 유족보상연금 수급권자의 청구에 의하거나 직권으로 그 사유가 발생한 달의 다음 달 분부터 유족보상연금의 금액을 조정한다.

1. 근로자의 사망 당시 태아였던 자녀가 출생한 경우 기출 24
2. 제62조 제3항에 따라 지급정지가 해제된 경우
3. 유족보상연금 수급자격자가 법 제64조 제1항에 따라 자격을 잃은 경우
4. 유족보상연금 수급자격자가 행방불명이 된 경우

(4) 연금의 산정과 지급

① 기본금액과 가산금액은 [별표 3]과 같다.

유족급여(산재법 [별표 3]) 기출 13 · 23

유족급여의 종류	유족급여의 금액
유족보상연금	유족보상연금액은 다음의 기본금액과 가산금액을 합한 금액으로 한다. 1. 기본금액 급여기초연액(평균임금에 365를 곱하여 얻은 금액)의 100분의 47에 상당하는 금액 2. 가산금액 유족보상연금수급권자 및 근로자가 사망할 당시 그 근로자와 생계를 같이 하고 있던 유족보상연금 수급자격자 1인당 급여기초연액의 100분의 5에 상당하는 금액의 합산액. 다만, 그 합산금액이 급여기초연액의 100분의 20을 넘을 때에는 급여기초연액의 100분의 20에 상당하는 금액으로 한다.
유족보상일시금	평균임금의 1,300일분

② 유족보상연금을 받을 수 있는 자격이 있는 사람이 원하면 [별표 3]의 유족보상일시금의 100분의 50에 상당하는 금액을 일시금으로 지급하고 유족보상연금은 100분의 50을 감액하여 지급한다(법 제62조 제3항).

③ 유족보상연금을 받던 사람이 그 수급자격을 잃은 경우 다른 수급자격자가 없고 이미 지급한 연금액을 지급 당시의 각각의 평균임금으로 나누어 산정한 일수의 합계가 1,300일에 못 미치면 그 못 미치는 일수에 수급자격 상실 당시의 평균임금을 곱하여 산정한 금액을 수급자격 상실 당시의 유족에게 일시금으로 지급한다(법 제62조 제4항).

(5) 연금의 지급기간 및 지급시기(법 제70조)

① 유족보상연금의 지급은 그 지급사유가 발생한 달의 다음 달 첫날부터 시작되며, 그 지급받을 권리가 소멸한 달의 말일에 끝난다. 기출 13·15

② 유족보상연금은 그 지급을 정지할 사유가 발생한 때에는 그 사유가 발생한 달의 다음 달 첫날부터 그 사유가 소멸한 달의 말일까지 지급하지 아니한다. 기출 15

③ 유족보상연금은 매년 이를 12등분하여 매달 25일에 그 달 치의 금액을 지급하되, 지급일이 토요일이거나 공휴일이면 그 전날에 지급한다. 기출 15

④ 유족보상연금을 받을 권리가 소멸한 경우에는 지급일 전이라도 지급할 수 있다.

⑤ ①에서 ④의 유족보상연금에 대한 설명은 장해보상연금, 진폐보상연금 또는 진폐유족연금에 대하여도 그대로 타당하다. 기출 21

3. 유족보상일시금

(1) 지급사유

유족보상일시금은 근로자가 사망할 당시 유족보상연금을 받을 수 있는 자격이 있는 사람이 없는 경우에 지급한다(법 제62조 제2항). 기출 17

(2) 지급액

평균임금의 1,300일분을 지급한다.

(3) 수급권자의 순위(법 제65조)

① 유족 간의 수급권의 순위는 다음의 순서로 하되, ㉠~㉢의 사람 사이에서는 각각 그 적힌 순서에 따른다. 이 경우 같은 순위의 수급권자가 2명 이상이면 그 유족에게 똑같이 나누어 지급한다.

㉠ 근로자가 사망할 당시 그 근로자와 생계를 같이 하고 있던 배우자·자녀·부모·손자녀 및 조부모

㉡ 근로자가 사망할 당시 그 근로자와 생계를 같이 하고 있지 아니하던 배우자·자녀·부모·손자녀 및 조부모 또는 근로자가 사망할 당시 근로자와 생계를 같이 하고 있던 형제자매

㉢ 형제자매

② ①의 경우 부모는 양부모(養父母)를 선순위로, 실부모(實父母)를 후순위로 하고, 조부모는 양부모의 부모를 선순위로, 실부모의 부모를 후순위로, 부모의 양부모를 선순위로, 부모의 실부모를 후순위로 한다.

③ 수급권자인 유족이 사망한 경우 그 보험급여는 같은 순위자가 있으면 같은 순위자에게, 같은 순위자가 없으면 다음 순위자에게 지급한다.

④ 수급권자의 순위는 장해보상연금 차액일시금(법 제57조 제5항), 유족보상연금 차액일시금(법 제62조 제4항)의 경우에도 적용된다.

(4) 유언에 의한 수급권자의 지정(법 제65조 제4항)

근로자가 유언으로 보험급여를 받을 유족을 지정하면 유족보상일시금의 수급권자의 순위와 관계없이 그 순위에 따른다.

4. 유족특별급여(법 제79조)

(1) 지급요건

보험가입자의 고의 또는 과실로 발생한 업무상의 재해로 근로자가 사망한 경우에 수급권자가 민법에 따른 손해배상청구를 갈음하여 유족특별급여를 청구하면 유족급여 또는 진폐유족연금 외에 대통령령으로 정하는 유족특별급여를 지급할 수 있다.

(2) 지급의 효과

① 수급권자가 유족특별급여를 받으면 동일한 사유에 대하여 보험가입자에게 민법이나 그 밖의 법령에 따른 손해배상을 청구할 수 없다.

② 공단은 유족특별급여를 지급하면 대통령령으로 정하는 바에 따라 그 급여액 모두를 보험가입자로부터 징수한다.

Ⅶ 상병보상연금 등

1. 상병보상연금

(1) 지급사유(법 제66조 제1항 제1호 내지 제3호)

요양급여를 받는 근로자가 요양을 시작한 지 2년이 지난 날 이후에 다음의 요건 모두에 해당하는 상태가 계속되면 휴업급여 대신 상병보상연금을 그 근로자에게 지급한다. 기출 21·24

① 그 부상이나 질병이 치유되지 아니한 상태일 것 기출 22

② 그 부상이나 질병에 따른 중증요양상태의 정도가 대통령령으로 정하는 중증요양상태등급 기준에 해당할 것 기출 22

③ 요양으로 인하여 취업하지 못하였을 것 기출 22

(2) 상병보상연금의 지급

상병보상연금은 [별표 4]에 따른 중증요양상태등급에 따라 지급한다. 기출 24

상병보상연금표(산재법 [별표 4])

중증요양상태등급	상병보상연금
제1급	평균임금의 329일분
제2급	평균임금의 291일분
제3급	평균임금의 257일분

2. 저소득 근로자의 상병보상연금(법 제67조)

① 상병보상연금을 산정할 때 그 근로자의 평균임금이 최저임금액에 70분의 100을 곱한 금액보다 적을 때에는 최저임금액의 70분의 100에 해당하는 금액을 그 근로자의 평균임금으로 보아 산정한다. 기출 18·24

② 산정한 상병보상연금액을 365로 나눈 1일당 상병보상연금 지급액이 1일당 휴업급여 지급액보다 적으면 저소득근로자의 휴업급여 지급액을 1일당 상병보상연금 지급액으로 한다.

3. 고령자의 상병보상연금(법 제68조)

상병보상연금을 받는 근로자가 61세가 되면 그 이후의 상병보상연금은 산재법 [별표 5]에 따른 1일당 상병보상연금 지급기준에 따라 산정한 금액을 지급한다. 기출 24

4. 재요양 기간 중의 상병보상연금(법 제69조)

(1) 지급요건

재요양을 시작한 지 2년이 지난 후에 부상・질병 상태가 상병보상연금 지급요건 모두에 해당하는 사람에게는 휴업급여 대신 중증요양상태등급에 따라 상병보상연금을 지급한다. 기출 24 이 경우 상병보상연금을 산정할 때에는 재요양 기간 중의 휴업급여 산정에 적용되는 평균임금을 적용하되, 그 평균임금이 최저임금액에 70분의 100을 곱한 금액보다 적거나 재요양 당시 평균임금 산정의 대상이 되는 임금이 없을 때에는 최저임금액의 70분의 100에 해당하는 금액을 그 근로자의 평균임금으로 보아 산정한다.

(2) 지급액

1) 상병보상연금 수급자의 61세 도과

상병보상연금을 받는 근로자가 61세가 된 이후에는 1일당 상병보상연금 지급액에서 평균임금을 기준으로 산정한 1일당 장해보상연금 지급액을 뺀 금액을 1일당 상병보상연금 지급액으로 한다.

2) 장해보상연금 수급자의 연금산정

상병보상연금을 받는 근로자가 장해보상연금을 받고 있으면 중증요양상태등급별 상병보상연금의 지급일수에서 장해등급별 장해보상연금의 지급일수를 뺀 일수에 평균임금을 곱하여 산정한 금액을 그 근로자의 상병보상연금으로 한다.

3) 장해보상연금 수급자의 재요양

장해보상연금을 받는 근로자가 재요양하는 경우에는 상병보상연금을 지급하지 아니한다. 다만, 재요양 중에 중증요양상태등급이 높아지면 재요양을 시작한 때부터 2년이 지난 것으로 보아 상병보상연금을 지급한다. 재요양 기간 중 상병보상연금을 산정할 때에는 저소득 근로자의 상병보상연금 규정을 적용하지 아니한다.

상병보상연금의 지급 등(영 제64조)

① 법 제66조부터 제69조까지의 규정에 따른 상병보상연금을 받으려는 사람은 중증요양상태를 증명할 수 있는 의사의 진단서를 첨부하여 공단에 청구하여야 한다.
② 공단은 상병보상연금을 받고 있는 근로자의 중증요양상태등급이 변동되면 수급권자의 청구에 의하여 또는 직권으로 그 변동된 날부터 새로운 중증요양상태등급에 따른 상병보상연금을 지급한다.
③ 상병보상연금을 받고 있는 근로자가 제2항에 따라 중증요양상태등급의 변동에 따른 상병보상연금을 청구할 때에는 변동된 중증요양상태를 증명할 수 있는 의사의 진단서를 첨부하여야 한다.

중증요양상태등급 기준 등(영 제65조)

① 법 제66조부터 제69조까지의 규정에 따른 상병보상연금을 지급하기 위한 중증요양상태등급 기준은 [별표 8]과 같다.
② 중증요양상태가 둘 이상 있는 경우의 중증요양상태등급의 조정에 관하여는 제53조 제2항을 준용한다. 이 경우 "장해등급"은 "중증요양상태등급"으로 보고, "장해"는 "중증요양상태"로 보며, [별표 6]의 제4급부터 제14급까지의 장해등급의 기준은 각각 해당하는 등급의 중증요양상태등급으로 본다.
③ 기존의 중증요양상태가 새로운 업무상 부상 또는 질병으로 정도가 심해진 경우에 심해진 중증요양상태등급에 대한 상병보상연금의 산정은 심해진 중증요양상태등급에 해당하는 상병보상연금의 지급일수에서 기존의 중증요양상태등급에 해당하는 상병보상연금의 지급일수를 뺀 일수에 연금 지급 당시의 평균임금을 곱하여 산정한 금액으로 한다.

Ⅷ 간병급여와 장례비 등

1. 간병급여(법 제61조)

① 간병급여는 요양급여를 받은 사람 중 치유 후 의학적으로 상시 또는 수시로 간병이 필요하여 실제로 간병을 받는 사람에게 지급한다.

② 간병급여의 지급 기준과 지급 방법 등에 관하여 필요한 사항은 대통령령으로 정한다.

2. 간병급여의 지급방법, 기준 및 급여액(영 제59조)

(1) 지급방법

간병급여는 간병급여의 지급 대상에 해당되는 사람이 실제로 간병을 받은 날에 대하여 지급한다.

(2) 지급기준

① 간병급여의 지급 기준은 고용노동부장관이 작성하는 고용형태별근로실태조사의 직종별 월급여 총액 등을 기초로 하여 고용노동부장관이 고시하는 금액으로 한다. 이 경우 수시 간병급여의 대상자에게 지급할 간병급여의 금액은 상시 간병급여의 지급 대상자에게 지급할 금액의 3분의 2에 해당하는 금액으로 한다.

② 간병급여 수급권자가 재요양을 받는 경우 그 재요양 기간 중에는 간병급여를 지급하지 않는다. 기출 17

(3) 급여액

구 분	상시간병급여	수시간병급여
전문간병인	44,760원	29,840원
가족 · 기타 간병인	41,170원	27,450원

비고 : 전문간병인은 산업재해보상보험법 시행규칙 제12조 제1항 제1호 및 제2호에 따른 사람을 말한다.

3. 장례비(법 제71조)

(1) 지급사유

근로자가 업무상 재해로 사망한 경우에 인정된다.

(2) 지급액

장례비는 근로자가 업무상의 사유로 사망한 경우에 지급하되, 평균임금의 120일분에 상당하는 금액을 그 장례를 지낸 유족에게 지급한다. 다만, 장례를 지낼 유족이 없거나 그 밖에 부득이한 사유로 유족이 아닌 사람이 장례를 지낸 경우에는 평균임금의 120일분에 상당하는 금액의 범위에서 실제 드는 비용을 그 장례를 지낸 사람에게 지급한다. 기출 16 · 17 · 18

(3) 최고금액과 최저금액

장례비가 대통령령으로 정하는 바에 따라 고용노동부장관이 고시하는 최고 금액을 초과하거나 최저 금액에 미달하면 그 최고 금액 또는 최저 금액을 각각 장례비로 한다.

장례비 최고·최저 금액의 산정(영 제66조) 기출 24

① 법 제71조 제2항에 따른 장례비의 최고금액 및 최저금액은 다음 각 호의 구분에 따라 산정한다.

1. 장례비 최고금액 : 전년도 장례비 수급권자에게 지급된 1명당 평균 장례비 90일분 + 최고 보상기준 금액의 30일분
2. 장례비 최저금액 : 전년도 장례비 수급권자에게 지급된 1명당 평균 장례비 90일분 + 최저 보상기준 금액의 30일분

② 장례비 최고금액 및 최저금액을 산정할 때 10원 미만은 버린다.

③ 장례비 최고금액 및 최저금액의 적용기간은 다음 연도 1월 1일부터 12월 31일까지로 한다.

(4) 최저금액의 선지급

근로자가 업무상 사고, 출퇴근 재해로 사망하였다고 추정되는 경우에는 장례를 지내기 전이라도 유족의 청구에 따라 최저 금액을 장례비로 미리 지급할 수 있다. 이 경우 장례비를 청구할 수 있는 유족의 순위에 관하여는 장해급여 또는 유족급여에 관한 규정을 준용한다. 장례비를 선지급한 경우 업무상의 사유로 사망한 경우에 지급되는 장례비는 선지급한 금액을 공제한 나머지 금액으로 한다(법 제71조 제3항, 제4항, 영 제66조의2).

IX 직업재활급여 등

1. 직업재활급여(법 제72조)

(1) 직업재활급여의 종류

① 장해급여 또는 진폐보상연금을 받은 사람이나 장해급여를 받을 것이 명백한 사람으로서 대통령령으로 정하는 사람(장해 급여자) 중 취업을 위하여 직업훈련이 필요한 자(훈련대상자)에 대하여 실시하는 직업훈련에 드는 비용 및 직업훈련수당

② 업무상의 재해가 발생할 당시의 사업에 복귀한 장해급여자에 대하여 사업주가 고용을 유지하거나 직장적응훈련 또는 재활운동을 실시하는 경우(직장적응훈련의 경우에는 직장 복귀 전에 실시한 경우도 포함)에 각각 지급하는 직장복귀지원금, 직장적응훈련비 및 재활운동비

(2) 직업훈련대상자범위 등의 위임

직업훈련대상자 및 장해급여자는 장해정도 및 연령 등을 고려하여 대통령령으로 정한다.

2. 직업훈련비용(법 제73조)

(1) 직업훈련기관

훈련대상자에 대한 직업훈련은 공단과 계약을 체결한 직업훈련기관(이하 "직업훈련기관")에서 실시하게 한다(법 제73조 제1항). 기출 16

(2) 직업훈련대상자(요건 전부 충족 필요)(영 제68조)

① 장해등급등 제1급부터 제12급까지의 어느 하나에 해당하거나, 업무상의 사유로 발생한 부상 또는 질병으로 인하여 요양 중으로서 그 부상 또는 질병의 상태가 치유 후에도 장해등급 제1급부터 제12급까지의 어느 하나에 해당할 것이라는 내용의 의학적 소견이 있을 것

② 취업하고 있지 아니한 사람일 것

③ 다른 직업훈련을 받고 있지 아니할 것

④ 직업복귀계획을 수립하였을 것

(3) 직업훈련비용의 지급

직업훈련에 드는 비용(직업훈련비용)은 직업훈련을 실시한 직업훈련기관에 지급한다. 다만, 직업훈련기관이 장애인고용촉진 및 직업재활법, 고용보험법 또는 국민 평생 직업능력 개발법이나 그 밖에 다른 법령에 따라 직업훈련비용에 상당한 비용을 받은 경우 등 대통령령으로 정하는 경우에는 지급하지 아니한다(법 제73조 제2항). 기출 20

(4) 지급액과 지급기간

직업훈련비용의 금액은 고용노동부장관이 훈련비용, 훈련기간 및 노동시장의 여건 등을 고려하여 고시하는 금액의 범위에서 실제 드는 비용으로 하되, 직업훈련비용을 지급하는 훈련기간은 12개월 이내로 한다(법 제73조 제3항). 기출 20

(5) 지급제한(영 제69조)

직업훈련비용 지급제한 사유로는 ① 장애인고용촉진 및 직업재활법에 따른 직업적응훈련 및 직업능력개발훈련의 지원을 받은 경우, ② 고용보험법에 따른 직업능력개발훈련의 지원을 받은 경우, ③ 국민 평생 직업능력 개발법에 따른 직업능력개발훈련의 지원을 받은 경우, ④ 훈련대상자를 고용하려는 사업주가 직업훈련비용을 부담한 경우, ⑤ 그 밖에 법 또는 다른 법령에 따라 직업훈련비용에 상당하는 지원을 받은 경우 등을 들 수 있다.

3. 직업훈련수당(법 제74조, 영 제68조)

(1) 지급요건

직업훈련수당은 직업훈련을 받는 훈련대상자에게 그 직업훈련으로 인하여 취업하지 못하는 기간에 대하여 지급한다.

(2) 지급액

1일당 지급액은 최저임금액에 상당하는 금액으로 한다. 기출 16・20

(3) 지급제한

① 휴업급여나 상병보상연금을 받는 훈련대상자에게는 직업훈련수당을 지급하지 아니한다.

② 직업훈련수당을 받는 사람이 장해보상연금 또는 진폐보상연금을 받는 경우에는 1일당 장해보상연금액 또는 1일당 진폐보상연금액과 1일당 직업훈련수당을 합한 금액이 그 근로자의 장해보상연금 또는 진폐보상연금 산정에 적용되는 평균임금의 100분의 70을 초과하면 그 초과하는 금액 중 직업훈련수당에 해당하는 금액은 지급하지 아니한다.

③ 직업훈련을 받고 있는 훈련대상자가 직업훈련 기간 중에 취업을 한 경우에는 그 직업훈련 과정이 끝날 때까지 직업훈련을 받게 할 수 있되, 취업한 기간에 대하여는 직업훈련수당을 지급하지 않는다.

④ 훈련대상자가 직업훈련 기간에 대하여 고용보험법에 따른 구직급여를 받은 경우에는 직업훈련을 받게 할 수 있되, 직업훈련수당은 지급하지 않는다.

4. 직장복귀지원금 등(법 제75조, 영 제70조)

(1) 지급요건 기출 16

직장복귀지원금, 직장적응훈련비 및 재활운동비는 장해급여자에 대하여 고용을 유지하거나 직장적응훈련 또는 재활운동을 실시하는 사업주에게 각각 지급한다. 아래의 각 지급요건에서 요양종결일 또는 직장복귀일을 적용할 때 장해급여자 중 장해급여를 받은 자는 요양종결일을 적용하고, 장해급여를 받을 것이 명백한 자는 직장복귀일을 적용한다.

1) 직장복귀지원금

직장복귀지원금은 사업주가 장해급여자에 대하여 요양종결일 또는 직장복귀일부터 6개월 이상 고용을 유지하고 그에 따른 임금을 지급한 경우에 지급한다. 다만, 장해급여자가 요양종결일 또는 직장복귀일부터 6개월이 되기 전에 자발적으로 퇴직한 경우에는 그 퇴직한 날까지의 직장복귀지원금을 지급한다.

2) 직장적응훈련비

직장적응훈련비는 사업주가 장해급여자에 대하여 그 직무수행이나 다른 직무로 전환하는 데에 필요한 직장적응훈련을 실시한 경우로서 다음의 요건 모두에 해당하는 경우에 지급한다.

① 요양종결일 또는 직장복귀일 직전 3개월부터 요양종결일 또는 직장복귀일 이후 6개월 이내에 직장적응훈련을 시작하였을 것

② 직장적응훈련이 끝난 날의 다음 날부터 6개월 이상 해당 장해급여자에 대한 고용을 유지하였을 것. 다만, 장해급여자가 직장적응훈련이 끝난 날의 다음 날부터 6개월이 되기 전에 자발적으로 퇴직한 경우에는 그러하지 아니하다.

3) 재활운동비

재활운동비는 사업주가 장해급여자에 대하여 그 직무수행이나 다른 직무로 전환하는 데 필요한 재활운동을 실시한 경우로서 다음의 요건 모두에 해당하는 경우에 지급한다.

① 요양종결일 또는 직장복귀일부터 6개월 이내에 재활운동을 시작하였을 것

② 재활운동이 끝난 날의 다음 날부터 6개월 이상 해당 장해급여자에 대한 고용을 유지하였을 것. 다만, 장해급여자가 재활운동이 끝난 날의 다음 날부터 6개월이 되기 전에 자발적으로 퇴직한 경우에는 그렇지 않다.

(2) 지급액과 지급기간

① 직장복귀지원금은 고용노동부장관이 임금수준 및 노동시장의 여건 등을 고려하여 고시하는 금액의 범위에서 사업주가 장해급여자에게 지급한 임금액으로 하되, 그 지급기간은 12개월 이내로 한다. 기출 16·24

② 직장적응훈련비 및 재활운동비는 고용노동부장관이 직장적응훈련 또는 재활운동에 드는 비용을 고려하여 고시하는 금액의 범위에서 실제 드는 비용으로 하되, 그 지급기간은 3개월 이내로 한다.

기출 16·20·24

③ 장해급여자를 고용하고 있는 사업주가 고용보험법에 따른 지원금, 장애인고용촉진 및 직업재활법에 따른 장애인 고용장려금이나 그 밖에 다른 법령에 따라 직장복귀지원금, 직장적응훈련비 또는 재활운동비(이하 "직장복귀지원금 등")에 해당하는 금액을 받은 경우 등 대통령령으로 정하는 경우에는 그 받은 금액을 빼고 직장복귀지원금 등을 지급한다.

(3) 지급제한

사업주가 장애인고용촉진 및 직업재활법에 따른 의무로써 장애인을 고용한 경우 등 대통령령으로 정하는 경우에는 직장복귀지원금 등을 지급하지 아니한다.

> **직장복귀지원금 등의 지급 제한(영 제71조)**
>
> ① 법 제75조 제4항에서 "대통령령으로 정하는 경우"란 장해급여자를 고용한 사업주가 다음 각 호의 어느 하나에 해당하는 경우를 말한다.
>
> 1. 「고용보험법」 제23조 · 제27조 · 제32조에 따른 지원을 받은 경우
> 2. 「장애인고용촉진 및 직업재활법」 제30조에 따른 고용장려금을 받은 경우
> 3. 「국민 평생 직업능력 개발법」 제20조 제1항에 따른 지원을 받은 경우
> 4. 그 밖에 법이나 다른 법령에 따라 직장복귀지원금 · 직장적응훈련비 또는 재활운동비에 해당하는 금액을 받은 경우
> 5. 삭제 〈2010.3.26.〉
>
> ② 법 제75조 제5항에서 "「장애인고용촉진 및 직업재활법」 제28조에 따른 의무로써 장애인을 고용한 경우 등 대통령령으로 정하는 경우"란 장해급여자를 고용한 사업주가 다음 각 호의 어느 하나에 해당하는 경우를 말한다.
>
> 1. 「장애인고용촉진 및 직업재활법」 제28조에 따른 고용의무가 있는 장애인을 고용한 경우(직장복귀지원금만을 지급하지 아니한다)
> 2. 직장복귀지원금을 받을 목적으로 장해급여자가 사업에 복귀하기 3개월 전부터 복귀 후 6개월 이내에 다른 장해급여자 또는 「장애인고용촉진 및 직업재활법」에 따른 장애인을 그 사업에서 퇴직하게 한 경우

5. 직장복귀 지원(법 제75조의2, 영 제71조의2)

① 공단은 업무상 재해를 입은 근로자에게 장기간 요양이 필요하거나 요양종결 후 장해가 발생할 것이 예상되는 등 ㉠ 업무상 재해로 인한 부상 또는 질병으로 6개월 이상 요양이 필요한 경우, ㉡ 업무상 재해로 인한 부상 또는 질병에 대한 요양 종결 후 산재법 시행령 [별표 6]에 따른 제1급부터 제14급까지의 장해등급에 해당하는 장해가 발생할 것이 예상되는 경우, ㉢ 그 밖에 근로자의 원활한 직장복귀를 위하여 지원이 필요한 경우로서 공단이 정하는 경우에는 업무상 재해가 발생한 당시의 사업주에게 근로자의 직장복귀에 관한 계획서를 작성하여 제출하도록 요구할 수 있다. 이 경우 공단은 직장복귀계획서의 내용이 적절하지 아니하다고 판단되는 때에는 사업주에게 이를 변경하여 제출하도록 요구할 수 있다.

② 공단은 사업주가 직장복귀계획서를 작성하거나 그 내용을 이행할 수 있도록 필요한 지원을 할 수 있다.

③ 공단은 업무상 재해를 입은 근로자의 직장복귀 지원을 위하여 필요하다고 인정하는 경우에는 그 근로자의 요양기간 중에 산재보험의료기관에 의뢰하여 해당 근로자의 직업능력 평가 등 대통령령으로 정하는 조치를 할 수 있다.

④ 공단은 업무상 재해를 입은 근로자의 직장복귀 지원을 위하여 산재보험의료기관 중 고용노동부령으로 정하는 인력 및 시설 등을 갖춘 의료기관을 직장복귀지원의료기관으로 지정하여 운영할 수 있다.

⑤ 직장복귀지원의료기관에 대하여는 요양급여의 산정 기준 및 산재보험의료기관의 평가 등에서 우대할 수 있다.

X 기타 보험급여의 일시지급 등

1. 보험급여의 일시지급(법 제76조)

(1) 지급요건

대한민국 국민이 아닌 근로자가 업무상의 재해에 따른 부상 또는 질병으로 요양 중 치유되기 전에 출국하기 위하여 보험급여의 일시지급을 신청하는 경우에는 출국하기 위하여 요양을 중단하는 날 이후에 청구 사유가 발생할 것으로 예상되는 보험급여를 한꺼번에 지급할 수 있다.

(2) 지급액

한꺼번에 지급할 수 있는 금액은 다음의 보험급여를 미리 지급하는 기간에 따른 이자 등을 고려하여 대통령령으로 정하는 방법에 따라 각각 환산한 금액을 합한 금액으로 한다. 이 경우 해당 근로자가 ③ 및 ④에 따른 보험급여의 지급사유 모두에 해당될 것으로 의학적으로 판단되는 경우에는 ④에 해당하는 보험급여의 금액은 합산하지 아니한다.

① 출국하기 위하여 요양을 중단하는 날부터 업무상의 재해에 따른 부상 또는 질병이 치유될 것으로 예상되는 날까지의 요양급여(제1호)

② 출국하기 위하여 요양을 중단하는 날부터 업무상 부상 또는 질병이 치유되거나 그 부상·질병상태가 취업할 수 있게 될 것으로 예상되는 날(그 예상되는 날이 요양 개시일부터 2년이 넘는 경우에는 요양 개시일부터 2년이 되는 날)까지의 기간에 대한 휴업급여(제2호)

③ 출국하기 위하여 요양을 중단할 당시 업무상의 재해에 따른 부상 또는 질병이 치유된 후에 남을 것으로 예상되는 장해의 장해등급에 해당하는 장해보상일시금(제3호)

④ 출국하기 위하여 요양을 중단할 당시 요양 개시일부터 2년이 지난 후에 상병보상연금의 지급대상이 되는 중증요양상태가 지속될 것으로 예상되는 경우에는 그 예상되는 중증요양상태등급(요양개시일부터 2년이 지난 후 출국하기 위하여 요양을 중단하는 경우에는 그 당시의 부상·질병상태에 따른 중증요양상태등급)과 같은 장해등급에 해당하는 장해보상일시금에 해당하는 금액(제4호)

⑤ 요양 당시 받고 있는 진폐장해등급에 따른 진폐보상연금(제5호)

2. 다른 보상이나 배상과의 관계(법 제80조, 영 제76조)

(1) 근로기준법과의 관계

① 수급권자가 이 법에 따라 보험급여를 받았거나 받을 수 있으면 보험가입자는 동일한 사유에 대하여 근로기준법에 따른 재해보상 책임이 면제된다. 기출 13

② 요양급여를 받는 근로자가 요양을 시작한 후 3년이 지난 날 이후에 상병보상연금을 지급받고 있으면 사용자가 일시보상을 하였을 경우 또는 사업을 계속할 수 없게 된 경우에는 해고가 제한되지 아니한다는 근로기준법 제23조 제2항 단서를 적용할 때 그 사용자는 그 3년이 지난 날 이후에는 같은 법에 따른 일시보상을 지급한 것으로 본다.

(2) 민법과의 관계

① 수급권자가 동일한 사유에 대하여 이 법에 따른 보험급여를 받으면 보험가입자는 그 금액의 한도 안에서 민법이나 그 밖의 법령에 따른 손해배상의 책임이 면제된다. 이 경우 장해보상연금 또는 유족보상연금을 받고 있는 사람은 장해보상일시금 또는 유족보상일시금을 받은 것으로 본다. 기출 13

② 수급권자가 동일한 사유로 민법이나 그 밖의 법령에 따라 이 법의 보험급여에 상당한 금품을 받으면 공단은 수급권자가 지급받은 금품의 가액 또는 요양서비스를 제공받은 경우 그 요양에 드는 비용으로 환산한 금액의 한도 안에서 이 법에 따른 보험급여를 지급하지 아니한다. 다만, ①의 후단에 따라 수급권자가 지급받은 것으로 보게 되는 장해보상일시금 또는 유족보상일시금에 해당하는 연금액에 대하여는 그러하지 아니하다.

3. 미지급의 보험급여(법 제81조)

① 보험급여의 수급권자가 사망한 경우에 그 수급권자에게 지급하여야 할 보험급여로서 아직 지급되지 아니한 보험급여가 있으면 그 수급권자의 유족(유족급여의 경우에는 그 유족급여를 받을 수 있는 다른 유족)의 청구에 따라 그 보험급여를 지급한다. 기출 13

② 그 수급권자가 사망 전에 보험급여를 청구하지 아니하면 유족의 청구에 따라 그 보험급여를 지급한다.

4. 보험급여의 지급(법 제82조, 영 제77조의2)

(1) 지급기한

보험급여는 지급 결정일부터 14일 이내에 지급하여야 한다. 기출 13·17·18

(2) 지급방법

1) 보험급여수급계좌

① 공단은 수급권자의 신청이 있는 경우에는 보험급여를 수급권자 명의의 지정된 계좌(이하 "보험급여수급계좌")로 입금하여야 한다.

② 보험급여수급계좌의 해당 금융기관은 이 법에 따른 보험급여만이 보험급여수급계좌에 입금되도록 관리하여야 한다.

2) 현금지급

① 정보통신장애나 그 밖에 대통령령으로 정하는 불가피한 사유로 보험급여를 보험급여수급계좌로 이체할 수 없을 때에는 대통령령으로 정하는 바에 따라 보험급여를 지급할 수 있다. "정보통신장애나 그 밖에 대통령령으로 정하는 불가피한 사유"란 다음의 어느 하나에 해당하는 경우를 말한다.

㉠ 보험급여수급계좌가 개설된 금융기관이 폐업, 업무정지, 정보통신장애 등으로 정상영업이 불가능하여 보험급여를 보험급여수급계좌로 이체할 수 없는 경우

㉡ 그 밖에 고용노동부장관이 보험급여를 보험급여 지급 결정일부터 14일 이내에 보험급여수급계좌로 이체하는 것이 불가능하다고 인정하는 경우

② 공단은 보험급여를 보험급여수급계좌로 이체할 수 없을 때에는 수급권자에게 해당 보험급여를 직접 현금으로 지급할 수 있다.

③ 공단은 수급권자가 보험급여 수급신청을 하면 보험급여를 보험급여수급계좌로 받을 수 있다는 사실을 수급권자에게 안내해야 한다.

5. 보험급여 지급의 제한

(1) 지급제한사유(법 제83조, 영 제78조)

1) 요양 중인 근로자가 정당한 사유 없이 요양에 관한 지시를 위반하여 부상·질병 또는 장해 상태를 악화시키거나 치유를 방해한 경우

공단은 보험급여 수급권자가 보험급여의 지급을 제한하기로 결정한 날 이후에 지급사유가 발생하는 휴업급여 또는 상병보상연금의 20일분(지급사유가 발생한 기간이 20일 미만이면 그 기간 해당분)에 상당하는 금액을 지급하지 않는다.

2) 장해보상연금 또는 진폐보상연금 수급권자가 장해등급 또는 진폐장해등급 재판정 전에 자해 등 고의로 장해 상태를 악화시킨 경우

① 장해상태가 종전의 장해등급등보다 심해진 경우에도 종전의 장해등급등에 해당하는 장해보상연금 또는 진폐보상연금을 지급한다.

② 장해상태가 종전의 장해등급등보다 호전되었음이 의학적 소견 등으로 확인되는 경우로서 재판정 전에 장해상태를 악화시킨 경우에는 그 호전된 장해등급등에 해당하는 장해급여 또는 진폐보상연금을 지급한다.

(2) 중소기업사업주에 대한 보험급여의 지급제한(영 제124조)

중·소기업 사업주등이 보험료를 체납한 기간 중 발생한 업무상의 재해에 대해서는 보험급여를 지급하지 않는다. 다만, 체납한 보험료를 보험료 납부기일이 속하는 달의 다음다음 달 10일까지 납부한 경우에는 해당 보험급여를 지급한다.

6. 부당이득의 징수(법 제84조)

(1) 부당이득의 징수

1) 수급권자의 부정행위에 따른 징수

① 공단은 보험급여를 받은 사람이 다음의 어느 하나에 해당하면 그 급여액에 해당하는 금액(거짓이나 그 밖의 부정한 방법으로 보험급여를 받은 경우에는 그 급여액의 2배에 해당하는 금액)을 징수하여야 한다. 이 경우 공단이 국민건강보험공단 등에 청구하여 받은 금액은 징수할 금액에서 제외한다.

㉠ 거짓이나 그 밖의 부정한 방법으로 보험급여를 받은 경우

㉡ 수급권자 또는 수급권이 있었던 사람이 신고의무를 이행하지 아니하여 부당하게 보험급여를 지급받은 경우

㉢ 그 밖에 잘못 지급된 보험급여가 있는 경우

② 거짓이나 그 밖의 부정한 방법으로 보험급여를 받은 경우 보험급여의 지급이 보험가입자·산재보험의료기관 또는 직업훈련기관의 거짓된 신고, 진단 또는 증명으로 인한 것이면 그 보험가입자·산재보험의료기관 또는 직업훈련기관도 연대하여 책임을 진다.

2) 산재보험의료기관이나 약국의 부정행위에 따른 징수

공단은 산재보험의료기관이나 약국이 다음의 어느 하나에 해당하면 그 진료비나 약제비에 해당하는 금액을 징수하여야 한다. 다만, 거짓이나 그 밖의 부정한 방법으로 진료비나 약제비를 지급받은 경우에는 그 진료비나 약제비의 2배에 해당하는 금액(과징금을 부과하는 경우에는 그 진료비에 해당하는 금액)을 징수한다.

기출 17

① 거짓이나 그 밖의 부정한 방법으로 진료비나 약제비를 지급받은 경우
② 요양급여의 산정 기준 및 합병증등 조치비용 산정 기준을 위반하여 부당하게 진료비나 약제비를 지급받은 경우
③ 그 밖에 진료비나 약제비를 잘못 지급받은 경우

(2) 자진신고자에 대한 특례

공단은 거짓이나 그 밖의 부정한 방법으로 보험급여, 진료비 또는 약제비를 받은 자(연대책임을 지는 자를 포함)가 부정수급에 대한 조사가 시작되기 전에 부정수급 사실을 자진 신고한 경우에는 그 보험급여액, 진료비 또는 약제비에 해당하는 금액을 초과하는 부분은 징수를 면제할 수 있다.

(3) 부정수급자명단 공개(법 제84조의2, 영 제79조의2)

1) 대상 부정수급자

공단은 매년 직전 연도부터 과거 3년간 다음의 어느 하나에 해당하는 자의 명단을 공개할 수 있다. 이 경우 연대책임자의 명단을 함께 공개할 수 있다.

① 부정수급 횟수가 2회 이상이고 부정수급액의 합계가 1억원 이상인 자
② 1회의 부정수급액이 2억원 이상인 자

2) 공개절차

① 부정수급자 또는 연대책임자의 사망으로 명단 공개의 실효성이 없는 경우 등 대통령령으로 정하는 경우에는 명단을 공개하지 아니할 수 있다.
② 공단은 이의신청이나 그 밖의 불복절차가 진행 중인 부당이득징수결정처분에 대해서는 해당 이의신청이나 불복절차가 끝난 후 명단을 공개할 수 있다.
③ 공단은 공개대상자에게 고용노동부령으로 정하는 바에 따라 미리 그 사실을 통보하고 소명의 기회를 주어야 한다.

3) 공개 제외 사유

① 부정수급자 또는 연대책임자가 사망한 경우
② 부정수급자 또는 연대책임자가 공단이 징수해야 하는 금액의 100분의 30 이상을 납부한 경우
③ 채무자 회생 및 파산에 관한 법률에 따른 회생계획인가의 결정에 따라 공단이 징수해야 하는 금액에 대한 징수를 유예받고 그 유예기간 중에 있거나 해당 금액을 회생계획의 납부일정에 따라 납부하고 있는 경우
④ 부정수급자의 재산상황, 미성년자 해당 여부 및 그 밖의 사정 등을 고려하여 명단 공개의 실익이 없거나 공개하는 것이 부적절하다고 인정하는 경우

7. 공단의 손해배상청구권 대위(법 제87조)

(1) 대위요건

근로복지공단은 제3자의 행위에 따른 재해로 보험급여를 지급한 경우에는 그 급여액의 한도 안에서 급여를 받은 사람의 제3자에 대한 손해배상청구권을 대위(代位)한다. 다만, 보험가입자인 둘 이상의 사업주가 같은 장소에서 하나의 사업을 분할하여 각각 행하다가 그중 사업주를 달리하는 근로자의 행위로 재해가 발생하면 그러하지 아니하다. 기출 18

(2) 수급권자가 손해배상을 받은 경우

수급권자가 제3자로부터 동일한 사유로 이 법의 보험급여에 상당하는 손해배상을 받으면 공단은 그 배상액을 대통령령으로 정하는 방법에 따라 환산한 금액의 한도 안에서 이 법에 따른 보험급여를 지급하지 아니한다.

(3) 재해의 신고

수급권자 및 보험가입자는 제3자의 행위로 재해가 발생하면 지체 없이 공단에 신고하여야 한다. 기출 17

(4) 관련 판례

① 구 산업재해보상보험법 제54조 제1항은 '공단은 제3자의 행위로 인한 재해로 인하여 보험급여를 지급한 경우에는 그 급여액의 한도 안에서 급여를 받은 자의 제3자에 대한 손해배상청구권을 대위한다. 다만, 보험가입자인 2 이상의 사업주가 같은 장소에서 하나의 사업을 분할하여 각각 행하다가 그중 사업주를 달리하는 근로자의 행위로 재해가 발생한 경우에는 그러하지 아니하다'라고 규정하고 있는 바, 여기서 제3자라 함은 보험자, 보험가입자(사업주) 및 해당 수급권자를 제외한 자로서 보험가입자인 사업주와 함께 직·간접적으로 재해 근로자와 산업재해보상보험관계가 없는 자로 피해 근로자에 대하여 불법행위 책임 내지 자동차손해배상 보장법이나 민법 또는 국가배상법의 규정에 의하여 손해배상책임을 지는 자를 말한다(대판 2010.4.29. 2009다98928).

② 구 산업재해보상보험법 제54조 제1항에 따라 근로복지공단이 대위할 수 있는 '수급권자의 제3자에 대한 손해배상청구권'은 근로복지공단이 지급한 보험급여와 동일한 성질의 것에 한하므로, 유족보상일시금에 기하여 일실수입에 대한 손해배상청구권을 대위할 수 있으나, 장례비에 기하여 일실수입에 대한 손해배상청구권을 대위할 수는 없다(대판 2002.4.12. 2000다45419).

③ 산업재해가 보험가입자와 제3자의 공동불법행위로 인하여 발생한 경우 순환적인 구상소송의 방지라는 소송경제의 이념과 신의칙에 비추어 근로복지공단은 제3자에 대하여 보험가입자의 과실비율 상당액은 구상할 수 없다고 보아야 하므로, 근로복지공단은 구체적으로 피해자가 배상받을 손해액 중 보험가입자의 과실비율 상당액을 보험급여액에서 공제하고 차액이 있는 경우에 한하여 그 차액에 대해서만 제3자로부터 구상할 수 있다 할 것이다(대판 2010.4.29. 2009다98928).

8. 보험가입자의 수급권 대위(법 제89조)

보험가입자(징수법에 따른 하수급인을 포함한다)가 소속 근로자의 업무상의 재해에 관하여 이 법에 따른 보험급여의 지급 사유와 동일한 사유로 민법이나 그 밖의 법령에 따라 보험급여에 상당하는 금품을 수급권자에게 미리 지급한 경우로서 그 금품이 보험급여에 대체하여 지급한 것으로 인정되는 경우에 보험가입자는 대통령령으로 정하는 바에 따라 그 수급권자의 보험급여를 받을 권리를 대위한다.

9. 수급권의 보호(법 제88조)

① 근로자의 보험급여를 받을 권리는 퇴직하여도 소멸되지 아니한다. 기출 13·18

② 보험급여를 받을 권리는 양도 또는 압류하거나 담보로 제공할 수 없다.

③ 지정된 보험급여수급계좌의 예금 중 보험급여수급계좌에 입금된 금액 전액 이하의 금액에 관한 채권은 압류할 수 없다.

10. 국민건강보험 요양급여 비용의 정산(법 제90조의2)

요양급여나 재요양을 받은 사람이 요양이 종결된 후 2년 이내에 국민건강보험법에 따른 요양급여를 받은 경우(종결된 요양의 대상이 되었던 업무상의 부상 또는 질병의 증상으로 요양급여를 받은 경우로 한정)에는 공단은 그 요양급여 비용 중 국민건강보험공단이 부담한 금액을 지급할 수 있다.

11. 공과금의 면제(법 제91조)

보험급여로서 지급된 금품에 대하여는 국가나 지방자치단체의 공과금을 부과하지 아니한다. 기출 18

제5절 진폐에 따른 보험급여의 특례

I 진폐에 대한 업무상 재해 인정기준(법 제91조의2)

근로자가 진폐에 걸릴 우려가 있는 작업으로서 암석, 금속이나 유리섬유 등을 취급하는 작업 등 고용노동부령으로 정하는 분진작업(이하 "분진작업")에 종사하여 진폐에 걸리면 업무상 질병으로 본다.

II 진폐보상연금 등

1. 진폐보상연금(법 제91조의3)

① 진폐보상연금은 업무상 질병인 진폐에 걸린 근로자(이하 "진폐근로자")에게 지급한다.

② 진폐보상연금은 평균임금을 기준으로 하여 진폐장해등급별 진폐장해연금과 기초연금을 합산한 금액으로 한다. 이 경우 기초연금은 최저임금액의 100분의 60에 365를 곱하여 산정한 금액으로 한다. 기출 20

③ 진폐보상연금을 받던 사람이 그 진폐장해등급이 변경된 경우에는 변경된 날이 속한 달의 다음 달부터 기초연금과 변경된 진폐장해등급에 해당하는 진폐장해연금을 합산한 금액을 지급한다.

진폐장해연금표(산재법 [별표 6])

(평균임금 기준)

장해등급	진폐장해연금	장해등급	진폐장해연금
제1급	132일분	제9급	24일분
제3급	132일분	제11급	24일분
제5급	72일분	제13급	24일분
제7급	72일분		

2. 진폐유족연금(법 제91조의4)

① 진폐유족연금은 진폐근로자가 진폐로 사망한 경우에 유족에게 지급한다.

② 진폐유족연금은 사망 당시 진폐근로자에게 지급하고 있거나 지급하기로 결정된 진폐보상연금과 같은 금액으로 한다. 이 경우 진폐유족연금은 유족보상연금을 초과할 수 없다. 기출 20

③ 진폐에 대한 진단을 받지 아니한 근로자가 업무상 질병인 진폐로 사망한 경우에 그 근로자에 대한 진폐유족연금은 기초연금과 진폐장해등급별로 산정한 진폐장해연금을 합산한 금액으로 한다.

④ 진폐유족연금을 받을 수 있는 유족의 범위 및 순위, 자격상실과 지급정지, 연금의 지급기간 및 지급시기 등은 유족보상연금의 그것과 같다. 기출 21

3. 진폐에 대한 요양급여 등의 청구(법 제91조의5)

① 분진작업에 종사하고 있거나 종사하였던 근로자가 업무상 질병인 진폐로 요양급여 또는 진폐보상연금을 받으려면 고용노동부령으로 정하는 서류를 첨부하여 공단에 청구하여야 한다.

② 요양급여 등을 청구한 사람이 요양급여 등의 지급 또는 부지급 결정을 받은 경우에는 진단이 종료된 날부터 1년이 지나거나 요양이 종결되는 때에 다시 요양급여 등을 청구할 수 있다. 다만, 건강진단기관으로부터 합병증이나 심폐기능의 고도장해 등으로 응급진단이 필요하다는 의학적 소견이 있으면 1년이 지나지 아니한 경우에도 요양급여 등을 청구할 수 있다.

Ⅲ 진폐의 진단

1. 진폐의 진단(법 제91조의6)

① 공단은 요양급여 등을 청구하면 건강진단기관에 진폐판정에 필요한 진단을 의뢰하여야 한다. 기출 20

② 건강진단기관은 진폐에 대한 진단을 의뢰받으면 고용노동부령으로 정하는 바에 따라 진폐에 대한 진단을 실시하고 그 진단결과를 공단에 제출하여야 한다.

③ 진단을 받는 근로자에게는 고용노동부장관이 정하여 고시하는 금액을 진단수당으로 지급할 수 있다. 다만, 장해보상연금 또는 진폐보상연금을 받고 있는 사람에게는 진단수당을 지급하지 아니한다. 기출 20

2. 진폐심사회의(법 제91조의7, 규칙 제38조)

(1) 설 치

진단결과에 대하여 진폐병형 및 합병증 등을 심사하기 위하여 공단에 관계 전문가 등으로 구성된 진폐심사회의(이하 "진폐심사회의")를 둔다. 기출 20

(2) 구 성

진폐심사회의는 위원장 1명을 포함하여 45명 이내의 위원으로 구성한다. 진폐심사회의의 위원장 및 위원은 직업환경의학과 전문의로서 3년 이상 근무한 경력이 있는 사람, 영상의학과 전문의로서 3년 이상 근무한 경력이 있는 사람, 내과 전문의로서 호흡기 분야에 3년 이상 근무한 경력이 있는 사람 중에서 공단 이사장이 위촉한다. 진폐심사회의 위원의 임기는 3년으로 한다.

(3) 심 사

① 근로자의 상태가 진폐에 해당하는지 여부에 관한 사항

② 진폐가 요양대상에 해당하는지 여부에 관한 사항

③ 진폐의 장해정도에 관한 사항

④ 그 밖에 진폐의 요양 및 장해 심사 등에 관한 사항

3. 진폐판정 및 보험급여의 결정 등(법 제91조의8)

① 공단은 진단결과를 받으면 진폐심사회의의 심사를 거쳐 해당 근로자의 진폐병형, 합병증의 유무 및 종류, 심폐기능의 정도 등을 판정(이하 "진폐판정")하여야 한다.

② 공단은 보험급여의 지급 여부 등을 결정하면 그 내용을 해당 근로자에게 알려야 한다.

4. 진폐에 따른 요양급여의 지급절차와 기준 등(법 제91조의9)

① 공단은 요양급여를 지급하기로 결정된 진폐근로자에 대하여는 산재보험의료기관 중 진폐근로자의 요양을 담당하는 의료기관(이하 "진폐요양 의료기관")에서 요양을 하게 한다.

② 고용노동부장관은 진폐요양 의료기관이 적정한 요양을 제공하는 데 활용할 수 있도록 전문가의 자문 등을 거쳐 입원과 통원의 처리기준, 표준적인 진료기준 등을 정하여 고시할 수 있다.

5. 진폐에 따른 사망의 인정 등(법 제91조의10, 영 제83조의3)

분진작업에 종사하고 있거나 종사하였던 근로자가 진폐, 합병증이나 그 밖에 진폐와 관련된 사유로 사망하였다고 인정되면 업무상의 재해로 본다. 이 경우 진폐에 따른 사망 여부를 판단하는 때에 고려하여야 하는 사항은 진폐병형, 심폐기능, 합병증, 성별, 연령 등이다.

6. 진폐에 따른 사망원인의 확인 등(법 제91조의11)

① 분진작업에 종사하고 있거나 종사하였던 근로자의 사망원인을 알 수 없는 경우에 그 유족은 해당 근로자가 진폐 등으로 사망하였는지 여부에 대하여 확인하기 위하여 병리학 전문의가 있는 산재보험의료기관 중에서 공단이 지정하는 의료기관에 전신해부에 대한 동의서를 첨부하여 해당 근로자의 시신에 대한 전신해부를 의뢰할 수 있다. 이 경우 그 의료기관은 시체 해부 및 보존 등에 관한 법률에도 불구하고 전신해부를 할 수 있다.

② 공단은 전신해부를 실시한 의료기관 또는 유족에게 그 비용의 전부 또는 일부를 지원할 수 있다. 이 경우 비용의 지급기준 및 첨부서류 제출, 그 밖에 비용지원 절차에 관한 사항은 고용노동부령으로 정한다.

제6절 건강손상자녀에 대한 보험급여의 특례

I 건강손상자녀에 대한 업무상의 재해의 인정기준

임신 중인 근로자가 업무수행 과정에서 업무상 사고, 출퇴근 재해 또는 대통령령으로 정하는 유해인자의 취급이나 노출로 인하여, 출산한 자녀에게 부상, 질병 또는 장해가 발생하거나 그 자녀가 사망한 경우 업무상의 재해로 본다. 이 경우 그 출산한 자녀(이하 "건강손상자녀")는 해당 업무상 재해의 사유가 발생한 당시 임신한 근로자가 속한 사업의 근로자로 본다(법 제91조의12). 대통령령으로 정하는 유해인자란 화학적 유해인자, 약물적 유해인자, 물리적 유해인자(고열, 방사선 등), 생물학적 유해인자 등을 말하며 이외에 임신 중인 근로자의 업무수행 과정에서 그 유해인자의 취급이나 유해인자에의 노출이 건강손상자녀와 인과관계가 있음이 한국산업안전보건공단 또는 고용노동부령으로 정하는 기관의 자문을 통해 시간적・의학적으로 증명되는 경우에도 유해인자로 본다(영 제83조의4 [별표 11의4]).

Ⅱ 장해등급의 판정시기

건강손상자녀에 대한 장해등급 판정은 18세 이후에 한다(법 제91조의13).

Ⅲ 건강손상자녀의 장해급여 · 장례비 산정기준

건강손상자녀에게 지급하는 보험급여 중 장해급여의 산정기준이 되는 금액은 보험급여의 최저 보상기준 금액으로 하고, 장례비는 장례비의 최저 금액으로 한다(법 제91조의14).

제7절 노무제공자에 대한 특례[1)]

Ⅰ 노무제공자 등의 정의(법 제91조의15)

1. 노무제공자[2)]

"노무제공자"란 자신이 아닌 다른 사람의 사업을 위하여 다음의 어느 하나에 해당하는 방법에 따라 자신이 직접 노무를 제공하고 그 대가를 지급받는 사람으로서 업무상 재해로부터의 보호 필요성, 노무제공 형태 등을 고려하여 대통령령으로 정하는 직종에 종사하는 사람을 말한다.

① 노무제공자가 사업주로부터 직접 노무제공을 요청받은 경우

② 노무제공자가 사업주로부터 일하는 사람의 노무제공을 중개 · 알선하기 위한 전자적 정보처리시스템(이하 "온라인 플랫폼")을 통해 노무제공을 요청받는 경우

> **노무제공자의 범위(영 제83조의5)**
>
> 법 제91조의15 제1호 각 목 외의 부분에서 "대통령령으로 정하는 직종에 종사하는 사람"이란 다음 각 호의 사람을 말한다.
>
> 1. 보험을 모집하는 사람으로서 다음 각 목의 어느 하나에 해당하는 사람
>   가. 보험업법 제83조 제1항 제1호에 따른 보험설계사
>   나. 새마을금고법 및 신용협동조합법에 따른 공제의 모집을 전업으로 하는 사람 기출 24
>   다. 우체국예금 · 보험에 관한 법률에 따른 우체국보험의 모집을 전업으로 하는 사람 기출 24

1) 산재법 제125조에 따르면 특수형태근로종사자가 산재보험을 적용받기 위해서는 '특정 사업에의 전속성' 요건을 충족하여야 하는데, 온라인 플랫폼 등을 통해 복수의 사업에 노무를 제공하는 경우에는 이러한 요건을 충족하지 못하여 산업재해보호의 사각지대가 발생하고 있고, 특수형태근로종사자가 '특정 사업에의 전속성' 요건을 충족하더라도, 주된 사업장 외의 보조사업장에서 업무상 재해를 입은 경우에는 산재보험이 적용되지 않는 상황이므로 산재보험의 전속성 요건을 폐지하고, 기존 특수형태근로종사자 및 온라인 플랫폼 종사자 등을 포괄하는 개념으로 "노무제공자"의 정의를 신설하여 산재보험의 적용을 받을 수 있도록 하며, 이로 인하여 새롭게 보험의 적용을 받는 사람들의 노무제공 특성에 맞는 보험 적용 · 징수 체계와 급여 · 보상 제도를 마련함으로써 산재보험을 통한 보호 범위를 보다 확대하려는 취지에서 산재법 제125조를 삭제하고 산재법 제3장의4(산재법 제91조의15 이하)에서 노무제공자에 대한 특례를 신설하였다.

2) 2022.6.10. 신설한 노무제공자에 대한 특례에 의하면 산재법의 근로자는 직업의 종류와 관계없이 임금을 목적으로 사업이나 사업장에 근로를 제공하는 사람을 말함에도 불구하고(산재법 제5조 제2호), 노무제공자를 산재법의 적용을 받는 근로자로 보고, 노무제공자의 노무를 제공받는 사업을 산재법의 적용을 받는 사업으로 보고 있다(산재법 제91조의16).

2. 건설기계관리법 제3조 제1항에 따라 등록된 건설기계를 직접 운전하는 사람
3. 통계법 제22조에 따라 통계청장이 고시하는 직업에 관한 표준분류(이하 "한국표준직업분류표")의 세세분류에 따른 학습지 방문강사, 교육교구 방문강사 등 회원의 가정 등을 직접 방문하여 아동이나 학생 등을 가르치는 사람
4. 체육시설의 설치·이용에 관한 법률 제7조에 따라 직장체육시설로 설치된 골프장 또는 같은 법 제19조에 따라 체육시설업의 등록을 한 골프장에서 골프경기를 보조하는 골프장 캐디
5. 한국표준직업분류표의 세분류에 따른 택배원으로서 다음 각 목의 어느 하나에 해당하는 사람
   가. 생활물류서비스산업발전법 제2조 제6호 가목에 따른 택배서비스종사자로서 집화 또는 배송(설치를 수반하는 배송을 포함) 업무를 하는 사람
   나. 가목 외의 택배사업(소화물을 집화·수송 과정을 거쳐 배송하는 사업)에서 집화 또는 배송 업무를 하는 사람
6. 한국표준직업분류표의 세분류에 따른 택배원으로서 퀵서비스업의 사업주로부터 업무를 의뢰받아 배송 업무를 하는 사람. 다만, 제5호 또는 제14호에 해당하는 사람은 제외한다.
7. 대부업 등의 등록 및 금융이용자 보호에 관한 법률 제3조 제1항 단서에 따른 대출모집인
8. 여신전문금융업법 제14조의2 제1항 제2호에 따른 신용카드회원 모집인
9. 다음 각 목의 어느 하나에 해당하는 사업자로부터 업무를 의뢰받아 자동차를 운전하는 사람
   가. 대리운전업자(자동차 이용자의 요청에 따라 그 이용자와 동승하여 해당 자동차를 목적지까지 운전하는 사업의 사업주)
   나. 탁송업자(자동차 이용자의 요청에 따라 그 이용자와 동승하지 않고 해당 자동차를 목적지까지 운전하는 사업의 사업주)
   다. 대리주차업자(자동차 이용자의 요청에 따라 그 이용자를 대신하여 해당 자동차를 주차하는 사업의 사업주)
10. 방문판매 등에 관한 법률 제2조 제2호에 따른 방문판매원 또는 같은 조 제8호에 따른 후원방문판매원으로서 방문판매 업무를 하는 사람. 다만, 다음 각 목의 어느 하나에 해당하는 경우는 제외한다.
    가. 방문판매는 하지 않고 자가 소비만 하는 경우
    나. 제3호 또는 제11호에 해당하는 경우
11. 한국표준직업분류표의 세세분류에 따른 대여 제품 방문점검원
12. 한국표준직업분류표의 세분류에 따른 가전제품 설치 및 수리원으로서 가전제품의 판매를 위한 배송 업무를 주로 수행하고 가전제품의 설치·시운전 등을 통해 작동상태를 확인하는 사람
13. 화물자동차 운수사업법 제2조 제1호에 따른 화물자동차 중 고용노동부령으로 정하는 자동차를 운전하는 사람
14. 화물자동차 운수사업법 제2조 제11호에 따른 화물차주로서 다음 각 목의 어느 하나에 해당하는 자동차를 운전하는 사람. 다만, 제5호, 제12호 또는 제13호에 해당하는 사람은 제외한다.
    가. 자동차관리법 제3조 제1항 제3호에 따른 화물자동차
    나. 자동차관리법 제3조 제1항 제4호에 따른 특수자동차 중 견인형 자동차 또는 특수작업형 사다리차(이사 등을 위하여 높은 건물에 필요한 물건을 올리기 위한 자동차)
15. 소프트웨어 진흥법 제2조 제3호에 따른 소프트웨어사업에서 노무를 제공하는 같은 조 제10호에 따른 소프트웨어 기술자
16. 다음 각 목의 어느 하나에 해당하는 강사
    가. 초·중등교육법 제2조에 따른 학교에서 운영하는 방과후학교의 과정을 담당하는 강사
    나. 유아교육법 제2조 제2호에 따른 유치원에서 운영하는 같은 조 제6호에 따른 방과후 과정을 담당하는 강사
    다. 영유아보육법 제2조 제3호에 따른 어린이집에서 운영하는 같은 법 제29조 제4항에 따른 특별활동프로그램을 담당하는 강사
17. 관광진흥법 제38조 제1항 단서에 따른 관광통역안내의 자격을 가진 사람으로서 외국인 관광객을 대상으로 관광안내를 하는 사람
18. 도로교통법 제2조 제23호에 따른 어린이통학버스를 운전하는 사람

2. 플랫폼 종사자

"플랫폼 종사자"란 온라인 플랫폼을 통해 노무를 제공하는 노무제공자를 말한다. 기출 24

3. 플랫폼 운영자

"플랫폼 운영자"란 온라인 플랫폼을 이용하여 플랫폼 종사자의 노무제공을 중개 또는 알선하는 것을 업으로 하는 자를 말한다. 기출 24

4. 플랫폼 이용 사업자

"플랫폼 이용 사업자"란 플랫폼 종사자로부터 노무를 제공받아 사업을 영위하는 자를 말한다. 다만, 플랫폼 운영자가 플랫폼 종사자의 노무를 직접 제공받아 사업을 영위하는 경우 플랫폼 운영자를 플랫폼 이용 사업자로 본다.

5. 보 수

"보수"란 노무제공자가 이 법의 적용을 받는 사업에서 노무제공의 대가로 지급받은 사업소득 및 기타소득에서 대통령령으로 정하는 금품을 뺀 금액을 말한다. 다만, 노무제공의 특성에 따라 소득확인이 어렵다고 대통령령으로 정하는 직종의 보수는 고용노동부장관이 고시하는 금액으로 한다.

노무제공자의 보수(영 제83조의6)

법 제91조의15 제5호 본문에서 "대통령령으로 정하는 금품"이란 다음 각 호의 금품을 말한다.

1. 소득세법 제12조 제2호 또는 제5호에 해당하는 비과세소득
2. 고용노동부장관이 정하여 고시하는 방법에 따라 산정한 필요경비

제소득확인이 어려운 직종(영 제83조의7)

법 제91조의15 제5호 단서에서 "대통령령으로 정하는 직종"이란 제83조의5 제2호 및 제13호에 해당하는 노무제공자가 종사하는 직종을 말한다.

6. 평균보수

"평균보수"란 이를 산정하여야 할 사유가 발생한 날이 속하는 달의 전전달 말일부터 이전 3개월 동안 노무제공자가 재해가 발생한 사업에서 지급받은 보수와 같은 기간 동안 해당 사업 외의 사업에서 지급받은 보수를 모두 합산한 금액을 해당 기간의 총 일수로 나눈 금액을 말한다. 기출 24 다만, 노무제공의 특성에 따라 소득확인이 어렵거나 소득의 종류나 내용에 따라 평균보수를 산정하기 곤란하다고 인정되는 경우에는 고용노동부장관이 고시하는 금액으로 한다.

Ⅱ 노무제공자에 대한 보험급여의 산정

1. 노무제공자에 대한 보험급여의 산정기준(법 제91조의17)

① 노무제공자의 평균보수 산정사유 발생일은 대통령령으로 정한다.

② 노무제공자에 대해 보험급여에 관한 규정을 적용할 때에는 "임금"은 "보수"로, "평균임금"은 "평균보수"로 보며, 업무상 재해를 입은 노무제공자가 평균보수 산정기간 동안 근로자(대통령령으로 정하는 일용근로자는 제외)로서 지급받은 임금이 있는 경우에는 그 기간의 보수와 임금을 합산한 금액을 해당 기간의 총일수로 나누어 평균보수를 산정한다.

③ 노무제공자에 대한 보험급여를 산정하는 경우 해당 노무제공자의 평균보수를 산정하여야 할 사유가 발생한 날부터 1년이 지난 이후에는 매년 소비자물가변동률에 따라 평균보수를 증감한다.

④ 노무제공자에 대한 보험급여의 산정에 관하여 보험급여를 산정할 때 해당 근로자의 근로 형태가 특이하거나 진폐 등 대통령령으로 정하는 직업병으로 보험급여를 받게 되어 근로자의 보호에 적당하지 아니한 경우 대통령령으로 정하는 산정 방법에 따라 산정한 금액을 평균임금으로 하는 규정은 적용되지 아니한다.

2. 노무제공자에 대한 업무상의 재해의 인정기준(법 제91조의18, 제37조)

노무제공자에 대하여는 일반적인 업무상의 재해의 인정기준 규정을 적용하되 구체적인 인정기준은 노무제공 형태 등을 고려하여 대통령령으로 정한다.

3. 노무제공자에 대한 보험급여 산정 특례(법 제91조의19)

① 노무제공자에 대해서는 1일당 휴업급여 지급액이 대통령령으로 정하는 최저 휴업급여 보장액(이하 "최저 휴업급여 보장액")보다 적으면 최저 휴업급여 보장액을 1일당 휴업급여 지급액으로 한다.

② 재요양을 받는 노무제공자에 대해서는 1일당 휴업급여 지급액이 최저 휴업급여 보장액보다 적거나 재요양 당시 평균보수 산정의 대상이 되는 보수가 없으면 최저 휴업급여 보장액을 1일당 휴업급여 지급액으로 한다.

③ 장해보상연금을 지급받는 노무제공자가 재요양하는 경우에는 1일당 장해보상연금액과 1일당 휴업급여 지급액을 합한 금액이 장해보상연금의 산정에 적용되는 평균보수의 100분의 70을 초과하면 그 초과하는 금액 중 휴업급여에 해당하는 금액은 지급하지 아니한다.

④ 최저 휴업급여 보장액을 1일당 휴업급여 지급액으로 하는 노무제공자가 그 요양기간 중 일정기간 또는 단시간 취업을 하는 경우에는 최저 휴업급여 보장액([별표 1] 제2호에 따라 감액하는 경우에는 그 감액한 금액)에서 취업한 날에 대한 보수를 뺀 금액을 부분휴업급여로 지급할 수 있다.

4. 노무제공자에 대한 보험급여의 지급(법 제91조의20)

① 노무제공자의 보험급여는 보험료징수법에 따라 공단에 신고된 해당 노무제공자의 보수를 기준으로 평균보수를 산정한 후 그에 따라 지급한다.

② 수급권자는 신고 누락 등으로 인하여 산정된 평균보수가 실제 평균보수와 다르게 산정된 경우에는 보험료징수법으로 정하는 바에 따라 보수에 대한 정정신고를 거쳐 이 법에 따른 평균보수 및 보험급여의 정정청구를 할 수 있다.

평균보수 산정사유 발생일(영 제83조의8)

법 제91조의17 제1항에 따른 평균보수 산정사유 발생일은 다음 각 호의 어느 하나에 해당하는 날로 한다.

1. 사망 또는 부상의 원인이 되는 사고가 발생한 날
2. 질병이 확인된 날. 이 경우 질병이 확인된 날은 그 질병이 보험급여의 지급 대상이 된다고 확인될 당시에 발급된 진단서나 소견서의 발급일로 하되, 그 질병의 검사·치료의 경과 등이 진단서나 소견서의 발급과 시간적·의학적 연속성이 있는 경우에는 그 요양을 시작한 날로 한다.

평균보수 산정 대상에서 제외되는 일용근로자(영 제83조의9)
법 제91조의17 제3항에서 "대통령령으로 정하는 일용근로자"란 일용근로자로서 제23조 제1호 각 목[3]에 해당하지 않는 사람을 말한다.

노무제공자에 대한 업무상 재해의 인정기준(영 제83조의10)
법 제91조의18에 따른 노무제공자에 대한 업무상의 재해의 인정기준에 관하여는 제27조, 제28조, 제30조부터 제35조까지, 제35조의2 및 제36조를 적용한다. 이 경우 "근로자"는 "노무제공자"로, "근로계약"은 "노무제공계약"으로 본다.

노무제공자의 최저 휴업급여 보장액(영 제83조의11)
법 제91조의19 제1항에서 "대통령령으로 정하는 최저 휴업급여 보장액"이란 보험료징수법 제48조의6 제8항에 따라 공단에 신고된 노무제공자의 월 보수액을 고려하여 매년 위원회의 심의를 거쳐 고용노동부장관이 정하여 고시하는 금액을 말한다.

Ⅲ 플랫폼 운영자에 대한 자료제공 등의 요청(법 제91조의21)

공단은 플랫폼 종사자에 관한 보험사무의 효율적 처리를 위하여 플랫폼 운영자에게 해당 온라인 플랫폼의 이용 및 보험관계의 확인에 필요한 다음의 자료 또는 정보의 제공을 요청할 수 있다. 이 경우 요청을 받은 플랫폼 운영자는 정당한 사유가 없으면 그 요청에 따라야 한다.

① 플랫폼 이용 사업자 및 플랫폼 종사자의 온라인 플랫폼 이용 개시일 또는 종료일
② 플랫폼 이용 사업자의 보험관계와 관련된 사항으로서 사업장의 명칭·주소 등 대통령령으로 정하는 정보
③ 플랫폼 종사자의 보험관계 및 보험급여의 결정과 지급 등과 관련된 사항으로서 플랫폼 종사자의 이름·직종·보수·노무제공 내용 등 대통령령으로 정하는 자료 또는 정보

플랫폼 운영자에 대한 자료제공 등의 요청(영 제83조의12)
① 법 제91조의21 제2호에서 "사업장의 명칭·주소 등 대통령령으로 정하는 정보"란 다음 각 호의 정보를 말한다.
1. 사업장의 명칭·주소 및 연락처
2. 사업주(법인인 경우에는 대표자)의 이름 및 주민등록번호
3. 사업주의 사업자등록번호(법인인 경우에는 법인등록번호를 포함)

② 법 제91조의21 제3호에서 "플랫폼 종사자의 이름·직종·보수·노무제공 내용 등 대통령령으로 정하는 자료 또는 정보"란 다음 각 호의 자료 또는 정보를 말한다.
1. 플랫폼 종사자의 이름·직종 및 보수
2. 플랫폼 종사자의 주민등록번호(외국인인 경우에는 외국인등록번호), 주소 및 연락처
3. 플랫폼 종사자의 노무제공 내용, 노무제공일 및 노무제공시간

---

3) 근로 형태가 특이한 근로자의 범위(영 제23조)
법 제36조 제5항에서 "근로 형태가 특이하여 평균임금을 적용하는 것이 적당하지 아니하다고 인정되는 경우로서 대통령령으로 정하는 경우"란 다음 각 호의 어느 하나에 해당하는 경우를 말한다.
1. 1일 단위로 고용되거나 근로일에 따라 일당(미리 정하여진 1일 동안의 근로시간에 대하여 근로하는 대가로 지급되는 임금) 형식의 임금을 지급받는 근로자(이하 "일용근로자")에게 평균임금을 적용하는 경우. 다만, 일용근로자가 다음 각 목의 어느 하나에 해당하는 경우에는 일용근로자로 보지 아니한다.
가. 근로관계가 3개월 이상 계속되는 경우
나. 그 근로자 및 같은 사업에서 같은 직종에 종사하는 다른 일용근로자의 근로조건, 근로계약의 형식, 구체적인 고용 실태 등을 종합적으로 고려할 때 근로 형태가 상용근로자와 비슷하다고 인정되는 경우

제8절 근로복지사업

I 근로복지사업(법 제92조)

1. 근로복지사업의 종류

① 업무상의 재해를 입은 근로자의 원활한 사회 복귀를 촉진하기 위한 ㉠ 요양이나 외과 후 처치에 관한 시설, ㉡ 의료재활이나 직업재활에 관한 시설등의 보험시설의 설치·운영, ② 장학사업 등 재해근로자와 그 유족의 복지 증진을 위한 사업, ③ 그 밖에 근로자의 복지 증진을 위한 시설의 설치·운영 사업

2. 보험시설의 운영위탁

고용노동부장관은 공단 또는 재해근로자의 복지 증진을 위하여 설립된 법인 중 고용노동부장관의 지정을 받은 법인(지정법인)에 사업을 하게 하거나 보험시설의 운영을 위탁할 수 있다.

II 국민건강보험 요양급여비용의 본인일부부담금의 대부(법 제93조)

1. 공단의 대부사업

① 공단은 업무상 질병에 대하여 요양 신청을 한 경우로서 요양급여의 결정에 걸리는 기간 등을 고려하여 대통령령으로 정하는 사람에 대하여 요양급여 비용의 본인 일부 부담금에 대한 대부사업을 할 수 있다.

② 공단은 대부를 받은 사람에게 지급할 이 법에 따른 요양급여가 있으면 그 요양급여를 대부금의 상환에 충당할 수 있다.

2. 본인일부부담금의 대부대상(요건 전부 충족 필요)

① 근로자가 요양급여를 신청한 날부터 30일이 지날 때까지 공단이 요양급여에 관한 결정을 하지 아니하였을 것

② 그 근로자의 업무와 요양급여의 신청을 한 질병 간에 상당인과관계가 있을 것으로 추정된다는 의학적 소견이 있을 것

III 장해급여자의 고용 촉진(법 제94조)

고용노동부장관은 보험가입자에 대하여 장해급여를 받은 사람을 그 적성에 맞는 업무에 고용하도록 권고할 수 있다. 기출 12

제9절 산업재해보상보험 및 예방기금

I 산업재해보상보험 및 예방기금의 설치 및 조성(법 제95조)

고용노동부장관은 보험사업, 산업재해 예방 사업에 필요한 재원을 확보하고, 보험급여에 충당하기 위하여 산업재해보상보험 및 예방기금(이하 "기금")을 설치한다. 기출 17

① 기금은 보험료, 기금운용 수익금, 적립금, 기금의 결산상 잉여금, 정부 또는 정부 아닌 자의 출연금 및 기부금, 차입금, 그 밖의 수입금을 재원으로 하여 조성한다.

② 정부는 산업재해 예방 사업을 수행하기 위하여 회계연도마다 기금지출예산 총액의 100분의 3의 범위에서 정부의 출연금으로 세출예산에 계상(計上)하여야 한다.

II 기금의 관리 및 운용

1. 기금의 용도(법 제96조)

(1) 구체적 범위

① 보험급여의 지급 및 반환금의 반환
② 차입금 및 이자의 상환
③ 공단에의 출연
④ 산업재해 예방에 필요한 비용
⑤ 재해근로자의 복지 증진
⑥ 한국산업안전보건공단에의 출연
⑦ 근로복지공단과 국민건강보험공단에의 출연
⑧ 그 밖에 보험사업 및 기금의 관리와 운용

(2) 기금의 계상 등

고용노동부장관은 회계연도마다 위의 용도에 해당하는 기금지출예산 총액의 100분의 8 이상을 산업재해 예방에 필요한 비용과 한국산업안전보건공단에의 출연용도로 계상하여야 한다. 국민건강보험에 따른 국민건강보험공단에 출연하는 금액은 징수업무(고지・수납・체납 업무)가 차지하는 비율 등을 기준으로 산정한다.

2. 기금의 관리・운용사업(법 제97조)

① 기금은 고용노동부장관이 관리・운용한다. 기출 12・15
② 고용노동부장관은 다음의 방법에 따라 기금을 관리・운용하여야 한다.
㉠ 금융기관 또는 체신관서에의 예입(預入) 및 금전신탁
㉡ 재정자금에의 예탁
㉢ 투자신탁 등의 수익증권 매입
㉣ 국가・지방자치단체 또는 금융기관이 직접 발행하거나 채무이행을 보증하는 유가증권의 매입
㉤ 그 밖에 기금 증식을 위하여 대통령령으로 정하는 사업

③ 고용노동부장관은 기금을 관리・운용할 때에는 그 수익이 대통령령으로 정하는 수준 이상이 되도록 하여야 한다.

④ 기금은 국가회계법에 따라 회계처리를 한다.

⑤ 고용노동부장관은 기금의 관리・운용에 관한 업무의 일부를 공단 또는 한국산업안전보건공단에 위탁할 수 있다.

3. 기금의 운용계획(법 제98조)

고용노동부장관은 회계연도마다 위원회의 심의를 거쳐 기금운용계획을 세워야 한다.

4. 책임준비금의 적립(법 제99조)

① 고용노동부장관은 보험급여에 충당하기 위하여 책임준비금을 적립하여야 한다.

② 고용노동부장관은 회계연도마다 책임준비금을 산정하여 적립금 보유액이 책임준비금의 금액을 초과하면 그 초과액을 장래의 보험급여 지급 재원으로 사용하고, 부족하면 그 부족액을 보험료 수입에서 적립하여야 한다.

③ 책임준비금의 산정 기준 및 적립에 필요한 사항은 대통령령으로 정한다.

5. 잉여금과 손실금의 처리(법 제100조)

① 기금의 결산상 잉여금이 생기면 이를 적립금으로 적립하여야 한다.

② 기금의 결산상 손실금이 생기면 적립금을 사용할 수 있다.

6. 차입금(법 제101조)

① 기금에 속하는 경비를 지급하기 위하여 필요하면 기금의 부담으로 차입할 수 있다.

② 기금에서 지급할 현금이 부족하면 기금의 부담으로 일시차입을 할 수 있다.

③ 일시차입금은 그 회계연도 안에 상환하여야 한다.

7. 기금의 출납 등(법 제102조)

기금을 관리・운용을 할 때의 출납 절차 등에 관한 사항은 대통령령으로 정한다.

제10절 심사청구 및 재심사청구

I 심사청구

1. 심사대상(법 제103조 제1항)

다음에 해당하는 공단의 결정 등(보험급여 결정 등)에 불복하는 자는 공단에 심사청구를 할 수 있다.

① 보험급여에 관한 결정 기출 12 · 19

② 진료비에 관한 결정

③ 약제비에 관한 결정 기출 17 · 19

④ 진료계획 변경 조치 등

⑤ 보험급여의 일시지급에 관한 결정, 합병증 등 예방관리에 관한 조치

⑥ 부당이득의 징수에 관한 결정 기출 19

⑦ 수급권의 대위에 관한 결정 기출 19

2. 청구기간(법 제103조 제3항)

심사청구는 보험급여 결정 등이 있음을 안 날부터 90일 이내에 하여야 한다. 기출 12 · 14 · 15 · 17 · 18

3. 산업재해보상보험심사위원회의 심사

(1) 산업재해보상보험심사위원회의 설치, 구성 및 운영(법 제104조, 영 제99조, 제100조)

1) 설 치

심사청구를 심의하기 위하여 근로복지공단에 관계 전문가 등으로 구성되는 산업재해보상보험심사위원회(이하 심사위원회)를 둔다. 기출 15 · 17

2) 구 성

① 산업재해보상보험심사위원회는 위원장 1명을 포함하여 150명 이내의 위원으로 구성하되, 위원 중 2명은 상임으로 한다.

② 심사위원회의 위원은 다음의 어느 하나에 해당하는 사람 중에서 공단 이사장이 위촉하거나 임명한다.

㉠ 판사 · 검사 · 변호사 또는 경력 5년 이상의 공인노무사

㉡ 고등교육법에 따른 학교에서 조교수 이상으로 재직하고 있거나 재직하였던 사람

㉢ 노동 관계 업무 또는 산업재해보상보험 관련 업무에 10년 이상 종사한 사람

㉣ 사회보험이나 산업의학에 관한 학식과 경험이 풍부한 사람

③ 심사위원회의 위원장은 상임위원 중에서 공단 이사장이 임명한다.

④ 심사위원회의 위원 중 5분의 2에 해당하는 위원은 근로자 단체 및 사용자 단체가 각각 추천하는 사람 중에서 위촉한다. 이 경우 근로자 단체 및 사용자 단체가 추천한 위원은 같은 수로 한다.

⑤ 심사위원회 위원의 임기는 3년으로 하되, 연임할 수 있다. 다만, 임기가 끝난 위원은 그 후임자가 위촉되거나 임명될 때까지 그 직무를 수행할 수 있다.

3) 운 영

① 심사위원회의 위원장은 심사위원회의 회의를 소집하고, 그 의장이 된다. 다만, 위원장은 심사위원회의 원활한 운영을 위하여 필요하면 상임위원 또는 그 밖에 위원장이 지명하는 위원이 심사위원회의 회의를 주재하도록 할 수 있다. 심사위원회의 회의는 위원장(상임위원 또는 위원장이 지명하는 위원이 회의를 주재하는 경우에는 그 위원)과 회의를 개최할 때마다 위원장이 지정하는 위원 6명으로 구성한다. 심사위원회의 회의는 구성원 과반수의 출석으로 개의하고, 출석위원 과반수의 찬성으로 의결한다.

② 공단은 심사 청구에 대하여 심사위원회의 심의를 거쳐 결정하는 경우에는 그 심리 경과에 관하여 심리조서를 작성하여야 한다. 심리조서에는 작성 연월일을 적고, 위원장이 서명하거나 날인하여야 하며, 당사자 또는 관계인은 문서로 심리조서의 열람을 신청할 수 있다.

③ 심사위원회의 회의에 출석한 상임위원 및 공단의 임직원인 위원 외의 위원에게는 예산의 범위에서 수당과 여비를 지급할 수 있다.

(2) 심사청구의 방식(법 제103조)

① 심사청구는 그 보험급여 결정 등을 한 공단의 소속 기관을 거쳐 공단에 제기하여야 한다. 기출 17

② 심사청구서를 받은 공단의 소속 기관은 5일 이내에 의견서를 첨부하여 공단에 보내야 한다. 기출 14・17

③ 보험급여 결정 등에 대하여는 행정심판법에 따른 행정심판을 제기할 수 없다. 기출 12・17・20・23

(3) 보정 및 각하결정(영 제97조)

① 공단은 심사청구가 심사청구 기간이 지나 제기되었거나 법령의 방식을 위반하여 보정(補正)할 수 없는 경우 또는 보정 기간에 보정하지 아니한 경우에는 각하결정을 하여야 한다.

② 심사청구가 법령의 방식을 위반한 것이라도 보정할 수 있는 경우에는 공단은 상당한 기간을 정하여 심사청구인에게 보정할 것을 요구할 수 있다. 다만, 보정할 사항이 경미한 경우에는 공단이 직권으로 보정할 수 있다.

③ 공단은 직권으로 심사청구를 보정한 경우에는 그 사실을 심사청구인에게 알려야 한다.

(4) 보험급여 결정등의 집행정지(영 제98조)

① 심사청구는 해당 보험급여 결정등의 집행을 정지시키지 않는다. 다만, 공단은 그 집행으로 발생할 중대한 손실을 피하기 위하여 긴급한 필요가 있다고 인정하면 그 집행을 정지시킬 수 있다.

② 공단은 집행을 정지시킨 경우에는 지체 없이 심사청구인 및 해당 보험급여 결정등을 한 공단의 소속 기관에 문서로 알려야 한다.

(5) 심사청구에 대한 심리・결정(법 제105조)

1) 심사기간

공단은 재해근로자나 유족으로부터 심사청구를 받으면 심사청구서를 받은 날부터 60일 이내에 심사위원회의 심의를 거쳐 심사청구에 대한 결정을 하여야 한다. 다만, 부득이한 사유로 그 기간 이내에 결정을 할 수 없으면 한 차례만 20일을 넘지 아니하는 범위에서 그 기간을 연장할 수 있다. 심사청구 기간이 지난 후에 제기된 심사청구 등 대통령령으로 정하는 사유에 해당하는 경우에는 심사위원회의 심의를 거치지 아니할 수 있다. 기출 14・15・17

2) 심의제외 대상(영 제102조)

① 업무상질병판정위원회의 심의를 거쳐 업무상 질병의 인정 여부가 결정된 경우

② 진폐인 경우 기출 13

③ 이황화탄소 중독인 경우
④ 각하 결정 사유에 해당하는 경우
⑤ 그 밖에 심사청구의 대상이 되는 보험급여 결정 등이 적법한지를 명백히 알 수 있는 경우

3) 결정기간의 연장

결정기간을 연장할 때에는 최초의 결정기간이 끝나기 7일 전까지 심사청구인 및 보험급여 결정 등을 한 공단의 소속 기관에 알려야 한다.

4) 공단의 심리권한

공단은 심사청구의 심리를 위하여 필요하면 청구인의 신청 또는 직권으로 다음의 행위를 할 수 있다.

① 청구인 또는 관계인을 지정 장소에 출석하게 하여 질문하거나 의견을 진술하게 하는 것
② 청구인 또는 관계인에게 증거가 될 수 있는 문서나 그 밖의 물건을 제출하게 하는 것
③ 전문적인 지식이나 경험을 가진 제3자에게 감정하게 하는 것
④ 소속 직원에게 사건에 관계가 있는 사업장이나 그 밖의 장소에 출입하여 사업주·근로자, 그 밖의 관계인에게 질문하게 하거나, 문서나 그 밖의 물건을 검사하게 하는 것(공단의 소속 직원은 그 권한을 표시하는 증표를 지니고 이를 관계인에게 내보여야 한다.)
⑤ 심사청구와 관계가 있는 근로자에게 공단이 지정하는 의사·치과의사 또는 한의사(의사 등)의 진단을 받게 하는 것

5) 심사청구에 대한 결정(영 제101조)

심사청구에 대한 결정은 문서로 하여야 한다. 또한 심사청구에 대한 결정을 하면 심사청구인에게 심사 결정서 정본을 보내야 한다. 공단이 심사청구에 대한 결정을 할 때에는 그 상대방 또는 심사청구인에게 심사청구에 대한 결정에 관하여 심사청구 또는 재심사청구를 제기할 수 있는지 여부, 제기하는 경우의 절차 및 청구기간을 알려야 한다.

제1장 제2장 제3장 제4장 제5장 제6장

✔ 핵심문제

01 산업재해보상보험법상 심사청구에 관한 설명이다. (　　) 안에 들어갈 내용으로 옳은 것은? 기출 14

> 보험급여에 관한 결정에 불복하는 자는 보험급여 결정이 있음을 안 날부터 (ㄱ) 이내에 근로복지공단에 심사청구를 하여야 하고, 심사청구서를 받은 근로복지공단의 소속기관은 (ㄴ) 이내에 의견서를 첨부하여 근로복지공단에 보내야 한다. 근로복지공단은 심사청구서를 받은 날부터 (ㄷ) 이내에 심사청구에 대한 결정을 하여야 한다.

① ㄱ : 60일, ㄴ : 5일, ㄷ : 60일
② ㄱ : 60일, ㄴ : 7일, ㄷ : 90일
③ ㄱ : 90일, ㄴ : 5일, ㄷ : 60일
④ ㄱ : 90일, ㄴ : 5일, ㄷ : 90일
⑤ ㄱ : 90일, ㄴ : 7일, ㄷ : 90일

[해설]

(　　) 안에 들어갈 내용은 순서대로 ㄱ : 90일, ㄴ : 5일, ㄷ : 60일이다.
보험급여에 관한 결정에 불복하는 자는 보험급여 결정이 있음을 안 날부터 90일 이내에 근로복지공단에 심사청구를 하여야 하고, 심사청구서를 받은 근로복지공단의 소속기관은 5일 이내에 의견서를 첨부하여 근로복지공단에 보내야 한다. 근로복지공단은 심사청구서를 받은 날부터 60일 이내에 심사청구에 대한 결정을 하여야 한다(산재법 제103조 제3항·제4항, 제105조 제1항 본문).

정답 ③

Ⅱ 재심사청구

1. 심사대상(법 제106조)

심사청구에 대한 결정에 불복하는 자는 산업재해보상보험 재심사위원회에 재심사청구를 할 수 있다. 다만, 판정위원회의 심의를 거친 보험급여에 관한 결정에 불복하는 자는 심사청구를 하지 아니하고 재심사청구를 할 수 있다(제1항). 기출 15

2. 청구기간(법 제106조)

재심사청구는 심사청구에 대한 결정이 있음을 안 날부터 90일 이내에 제기하여야 한다. 다만, 심사청구를 거치지 아니하고 재심사청구를 하는 경우에는 보험급여에 관한 결정이 있음을 안 날부터 90일 이내에 제기하여야 한다(제3항).

3. 산업재해보상보험재심사위원회의 재심사(법 제106조, 제107조)

(1) 산업재해보상보험재심사위원회의 설치, 구성 및 운영(법 제107조, 영 제106조, 제107조, 제111조)

1) 설 치

재심사청구를 심리·재결하기 위하여 고용노동부에 산업재해보상보험재심사위원회(이하 "재심사위원회")를 둔다. 기출 17

2) 구 성

① 재심사위원회는 위원장 1명을 포함한 90명 이내의 위원으로 구성하되, 위원 중 2명은 상임위원으로, 1명은 당연직위원으로 한다. 재심사위원회에 위원장과 3명 이내의 부위원장을 두며, 위원장은 재심사위원회를 대표하며, 위원회의 사무를 총괄한다. 부위원장은 재심사위원회가 위원 중에서 선출한다. 부위원장은 위원장을 보좌하며, 위원장이 부득이한 사유로 직무를 수행할 수 없을 때에는 그 직무를 대행한다.

② 재심사위원회의 위원 중 5분의 2에 해당하는 위원은 ④의 ㉡부터 ㉤까지에 해당하는 사람 중에서 근로자 단체 및 사용자 단체가 각각 추천하는 사람으로 구성한다. 이 경우 근로자 단체 및 사용자 단체가 추천한 사람은 같은 수로 하여야 한다.

③ 근로자단체나 사용자단체가 각각 추천하는 사람이 위촉하려는 전체 위원 수의 5분의 1보다 적은 경우에는 ②의 후단을 적용하지 아니하고 근로자단체와 사용자단체가 추천하는 위원 수를 전체 위원 수의 5분의 2 미만으로 할 수 있다.

④ 재심사위원회의 위원장 및 위원은 다음의 어느 하나에 해당하는 사람 중에서 고용노동부장관의 제청으로 대통령이 임명한다. 다만, 당연직위원은 고용노동부장관이 소속 3급의 일반직 공무원 또는 고위공무원단에 속하는 일반직 공무원 중에서 지명하는 사람으로 한다. 기출 15·20·23

㉠ 3급 이상의 공무원 또는 고위공무원단에 속하는 일반직 공무원으로 재직하고 있거나 재직하였던 사람

㉡ 판사·검사·변호사 또는 경력 10년 이상의 공인노무사

㉢ 고등교육법에 따른 학교에서 부교수 이상으로 재직하고 있거나 재직하였던 사람

㉣ 노동관계 업무 또는 산업재해보상보험 관련 업무에 15년 이상 종사한 사람

㉤ 사회보험이나 산업의학에 관한 학식과 경험이 풍부한 사람

⑤ 다음의 어느 하나에 해당하는 사람은 위원에 임명될 수 없다.

㉠ 피성년후견인 · 피한정후견인 또는 파산선고를 받고 복권되지 아니한 사람

㉡ 금고 이상의 실형을 선고받고 그 집행이 끝나거나(집행이 끝난 것으로 보는 경우를 포함) 집행이 면제된 날부터 3년이 지나지 아니한 사람

㉢ 금고 이상의 형의 집행유예를 선고받고 그 유예기간 중에 있는 사람

㉣ 심신 상실자 · 심신 박약자

⑥ 재심사위원회 위원(당연직위원은 제외)의 임기는 3년으로 하되 연임할 수 있고, 위원장이나 위원의 임기가 끝난 경우 그 후임자가 임명될 때까지 그 직무를 수행한다. 기출 20 · 23

⑦ 재심사위원회의 위원은 ㉠ 금고 이상의 형을 선고받은 경우, ㉡ 오랜 심신 쇠약으로 직무를 수행할 수 없게 된 경우, ㉢ 직무와 관련된 비위사실이 있거나 재심사위원회 위원직을 유지하기에 적합하지 아니하다고 인정되는 비위사실이 있는 경우 등 외에는 그 의사에 반하여 면직되지 아니한다.

⑧ 재심사위원회에 사무국을 둔다.

3) 운 영

① 위원장은 재심사위원회의 회의를 소집하고, 그 의장이 된다. 다만, 재심사위원회의 원활한 운영을 위하여 필요하면 위원장의 명을 받아 부위원장이 재심사위원회의 회의를 주재할 수 있다. 위원장은 재심사위원회의 회의를 소집하려면 회의 개최 5일 전까지 회의의 일시 · 장소 및 안건을 위원들에게 서면으로 알려야 한다. 다만, 긴급하게 회의를 소집하여야 할 때에는 회의 개최 전날까지 구두(口頭), 전화, 그 밖의 방법으로 알릴 수 있다.

② 재심사위원회의 회의는 위원장 또는 부위원장, 상임위원 및 위원장이 회의를 할 때마다 지정하는 위원을 포함하여 9명으로 구성한다. 이 경우 위원장이 지정하는 위원 중에는 판사 · 검사 · 변호사 또는 경력 10년 이상의 공인노무사의 자격이 있는 위원과 사회보험이나 산업의학에 관한 학식과 경험이 풍부한 위원이 각각 1명 이상 포함되어야 한다.

③ 재심사위원회의 회의는 구성원 과반수의 출석과 출석위원 과반수의 찬성으로 의결한다. 이 경우 판사 · 검사 · 변호사 또는 경력 10년 이상의 공인노무사의 자격이 있는 위원과 사회보험이나 산업의학에 관한 학식과 경험이 풍부한 위원이 각각 1명 이상 출석하여야 한다. 재심사위원회의 회의에 출석한 상임위원 및 당연직위원 외의 위원에게는 예산의 범위에서 수당과 여비를 지급할 수 있다. 재심사위원회의 운영에 필요한 기타 사항은 재심사위원회의 의결을 거쳐 위원장이 정한다.

④ 재심사위원회는 재심사 청구의 효율적인 심리를 위하여 필요하다고 인정하는 경우에는 전문 분야별 소위원회(이하 "소위원회")를 구성 · 운영할 수 있다. 소위원회는 재심사위원회 위원장이 재심사위원회 위원 중에서 지정한 5명 이내의 위원으로 구성한다. 소위원회 위원장은 소위원회 위원 중에서 재심사위원회 위원장이 지정한다. 소위원회는 위원장이 지정하는 재심사 청구 사건을 검토하여 재심사위원회에 보고하여야 한다.

(2) 심사청구의 방식(법 제106조)

① 재심사청구는 그 보험급여 결정 등을 한 공단의 소속 기관을 거쳐 산업재해보상보험 재심사위원회에 제기하여야 한다(제2항).

② 재심사 청구서를 받은 산업재해보상보험재심사위원회의 소속 기관은 5일 이내에 의견서를 첨부하여 산업재해보상보험재심사위원회에 보내야 한다(제4항).

(3) 위원의 제척 · 기피 · 회피

1) 제 척

재심사위원회의 위원은 다음의 어느 하나에 해당하는 경우에는 그 사건의 심리 · 재결에서 제척된다.

기출 12

① 위원 또는 그 배우자나 배우자였던 사람이 그 사건의 당사자가 되거나 그 사건에 관하여 공동권리자 또는 의무자의 관계에 있는 경우
② 위원이 그 사건의 당사자와 민법에 따른 친족이거나 친족이었던 경우
③ 위원이 그 사건에 관하여 증언이나 감정을 한 경우
④ 위원이 그 사건에 관하여 당사자의 대리인으로서 관여하거나 관여하였던 경우
⑤ 위원이 그 사건의 대상이 된 보험급여 결정 등에 관여한 경우

2) 기 피

당사자는 위원에게 심리 · 재결의 공정을 기대하기 어려운 사정이 있는 경우에는 기피신청을 할 수 있다.

기출 12

3) 회 피

위원은 제척이나 기피의 사유에 해당하면 스스로 그 사건의 심리 · 재결을 회피할 수 있다.

4) 준 용

사건의 심리 · 재결에 관한 사무에 관여하는 위원 아닌 직원에게도 제척 · 기피 · 회피규정을 준용한다.

(4) 재심사청구에 대한 심리와 재결(법 제109조)

1) 재심사기간

재심사위원회는 재심사청구를 받은 날로부터 60일 이내에 재심사청구에 대한 결정을 하여야 한다. 부득이한 사유로 60일 이내에 결정을 할 수 없으면 1차에 한하여 20일을 넘지 아니하는 범위 내에서 심사기간을 연장할 수 있다.

2) 재심사청구에 대한 결정

재심사청구에 대한 결정은 문서로 하여야 한다. 또한 재심사청구에 대한 재결을 하면 공단 및 재심사청구인에게 재결서 정본을 보내야 한다. 재심사청구에 대한 재결을 할 때에는 재심사청구인에게 재결에 관하여 행정소송을 제기할 수 있는지 여부, 제기하는 경우에는 절차 및 청구기간을 알려야 한다.

3) 재심사청구에 대한 재결의 효력

재심사위원회의 재결은 공단을 기속(羈束)한다(제2항). 기출 20 · 23

(5) 재결에 대한 불복(행정소송법 제20조)

심사위원회의 재결에 대한 불복이 있는 자는 재심사청구에 대한 재결이 있음을 안 날로부터 90일 이내에 행정소송을 제기하여야 하며, 재결이 있은 후 1년이 경과하면 이를 제기하지 못한다.

Ⅲ 기 타

1. 심사청구인 및 재심사청구인의 지위승계(법 제110조)

심사청구인 또는 재심사청구인이 사망한 경우 그 청구인이 보험급여의 수급권자이면 유족이, 그 밖의 자이면 상속인 또는 심사청구나 재심사청구의 대상인 보험급여에 관련된 권리·이익을 승계한 자가 각각 청구인의 지위를 승계한다.

2. 다른 법률과의 관계(법 제111조)

① 심사청구 및 재심사청구의 제기는 시효의 중단에 관하여 민법에 따른 재판상의 청구로 본다(제1항).

기출 20·23

② 재심사청구에 대한 재결은 행정소송법 제18조를 적용할 때 행정심판에 대한 재결로 본다(제2항).

③ 심사청구 및 재심사청구에 관하여 이 법에서 정하고 있지 아니한 사항에 대하여는 행정심판법에 따른다(제3항). 기출 12

제11절 보 칙

Ⅰ 시효 등

1. 시효(법 제112조) 기출 19

① 다음의 권리는 3년간 행사하지 아니하면 시효로 말미암아 소멸한다. 다만, 보험급여 중 장해급여, 유족급여, 장례비, 진폐보상연금 및 진폐유족연금을 받을 권리는 5년간 행사하지 아니하면 시효의 완성으로 소멸한다.

㉠ 보험급여를 받을 권리
㉡ 산재보험의료기관의 권리
㉢ 약국의 권리
㉣ 보험가입자의 권리
㉤ 국민건강보험공단 등의 권리

② 소멸시효에 관하여는 이 법에 규정된 것 외에는 민법에 따른다.

2. 시효의 중단(법 제113조)

소멸시효는 수급권자의 청구로 중단된다. 이 경우 청구가 업무상의 재해 여부의 판단이 필요한 최초의 청구인 경우에는 그 청구로 인한 시효중단의 효력은 다른 보험급여(요양급여, 휴업급여, 장해급여, 간병급여, 유족급여, 상병보상연금, 장례비, 직업재활급여)에도 미친다.

Ⅱ 사업주 등의 조력(법 제116조)

보험급여를 받을 사람이 사고로 보험급여의 청구 등의 절차를 행하기 곤란하면 사업주는 이를 도와야 한다(제1항). 사업주는 보험급여를 받을 사람이 보험급여를 받는 데에 필요한 증명을 요구하면 그 증명을 하여야 한다(제2항). 사업주의 행방불명, 그 밖의 부득이한 사유로 증명이 불가능하면 그 증명을 생략할 수 있다(제3항). 플랫폼 종사자는 보험급여를 받기 위하여 필요한 경우 노무제공 내용, 노무대가 및 시간에 관한 자료 또는 이와 관련된 정보의 제공을 플랫폼 운영자에게 요청할 수 있다. 이 경우 요청을 받은 플랫폼 운영자는 특별한 사유가 없으면 해당 자료 또는 정보를 제공하여야 한다(제4항).

Ⅲ 조 사

1. 사업장 등에 대한 조사(법 제117조)

① 공단은 보험급여에 관한 결정, 심사청구의 심리·결정 등을 위하여 확인이 필요하다고 인정하면 소속 직원에게 이 법의 적용을 받는 사업의 사무소 또는 사업장과 보험사무대행기관 또는 플랫폼 운영자의 사무소에 출입하여 관계인에게 질문을 하게 하거나 관계 서류를 조사하게 할 수 있다.

② 공단 직원은 그 권한을 표시하는 증표를 지니고 이를 관계인에게 내보여야 한다.

2. 산재보험의료기관에 대한 조사 등(법 제118조)

공단은 보험급여에 관하여 필요하다고 인정하면 대통령령으로 정하는 바에 따라 보험급여를 받는 근로자를 진료한 산재보험의료기관(의사를 포함)에 대하여 그 근로자의 진료에 관한 보고 또는 그 진료에 관한 서류나 물건의 제출을 요구하거나 소속 직원으로 하여금 그 관계인에게 질문을 하게 하거나 관계서류나 물건을 조사하게 할 수 있다.

✓ 핵심문제

01 산업재해보상보험법령상 보험급여 중 시효의 완성 기간이 다른 것은? 기출 19

① 요양급여를 받을 권리
② 간병급여를 받을 권리
③ 상병보상연금을 받을 권리
④ 장례비를 받을 권리
⑤ 직업재활급여를 받을 권리

[해설]

④ (O) 장례비를 받을 권리는 시효기간이 5년이나, 나머지는 모두 3년이다(산재법 제112조 제1항).

정답 ④

Ⅳ 보고 등(법 제114조)

① 공단은 필요하다고 인정하면 대통령령으로 정하는 바에 따라 이 법의 적용을 받는 사업의 사업주 또는 그 사업에 종사하는 근로자 및 징수법에 따른 보험사무대행기관(이하 "보험사무대행기관")에게 보험사업에 관하여 필요한 보고 또는 관계서류의 제출을 요구할 수 있다.

② 장해보상연금, 유족보상연금, 진폐보상연금 또는 진폐유족연금을 받을 권리가 있는 사람은 보험급여 지급에 필요한 사항으로서 대통령령으로 정하는 사항을 공단에 신고하여야 한다.

③ 수급권자 및 수급권이 있었던 사람은 수급권의 변동과 관련된 사항으로서 대통령령으로 정하는 사항을 공단에 신고하여야 한다.

④ 수급권자가 사망하면 가족관계의 등록 등에 관한 법률에 따른 신고 의무자는 1개월 이내에 그 사망 사실을 공단에 신고하여야 한다.

Ⅴ 연금 수급권자등의 출국신고 등(법 제115조)

① 대한민국 국민인 장해보상연금 수급권자, 유족보상연금 수급권자, 진폐보상연금 수급권자, 진폐유족연금 수급권자(이하 "장해보상연금 수급권자등") 또는 유족보상연금・진폐유족연금 수급자격자가 외국에서 거주하기 위하여 출국하는 경우에는 장해보상연금 수급권자등은 이를 공단에 신고하여야 한다(제1항).

② 장해보상연금 수급권자등과 유족보상연금・진폐유족연금 수급자격자가 외국에서 거주하는 기간에 장해보상연금, 유족보상연금, 진폐보상연금 또는 진폐유족연금을 받는 경우 장해보상연금 수급권자등은 그 수급권 또는 수급자격과 관련된 사항으로서 대통령령으로 정하는 사항을 매년 1회 이상 고용노동부령으로 정하는 바에 따라 공단에 신고하여야 한다(제2항).

Ⅵ 진찰 요구(법 제119조)

공단은 보험급여에 관하여 필요하다고 인정하면 대통령령으로 정하는 바에 따라 보험급여를 받은 사람 또는 이를 받으려는 사람에게 산재보험의료기관에서 진찰을 받을 것을 요구할 수 있다.

Ⅶ 보험급여의 일시 중지(법 제120조, 영 제119조) 기출 15・20

1. 일시중지 사유

공단은 보험급여를 받고자 하는 사람이 다음의 어느 하나에 해당되면 보험급여의 지급을 일시 중지할 수 있다.

① 요양 중인 근로자가 공단의 의료기관 변경 요양 지시를 정당한 사유 없이 따르지 아니하는 경우

② 공단이 직권으로 실시하는 장해등급 또는 진폐장해등급 재판정 요구에 따르지 아니하는 경우

③ 보고·서류제출 또는 신고를 하지 아니하는 경우
④ 질문이나 조사에 따르지 아니하는 경우
⑤ 진찰 요구에 따르지 아니하는 경우

2. 일시중지 절차

① 공단은 보험급여의 지급을 일시 중지하기 전에 그 보험급여를 받으려는 사람에게 상당한 기간을 정하여 문서로 의무이행을 촉구하여야 한다.
② 일시 중지할 수 있는 보험급여는 보험급여를 받으려는 사람이 의무를 이행하지 아니하여 그 보험급여를 받으려는 사람에게 지급될 보험급여의 지급결정이 곤란하거나 이에 지장을 주게 되는 모든 보험급여로 하되, 요양 중인 근로자가 공단의 전원 요양 지시를 정당한 사유 없이 따르지 아니하는 경우에는 휴업급여 또는 상병보상연금 또는 진폐보상연금으로 한다.
③ 보험급여를 일시 중지할 수 있는 기간은 공단이 의무를 이행하도록 지정한 날의 다음 날부터 그 의무를 이행한 날의 전날까지로 한다.

✔ 핵심문제

01 산업재해보상보험법상 보험급여의 일시 중지에 해당되는 사유를 모두 고른 것은? 기출 15

ㄱ. 진찰 요구에 따르지 아니하는 경우
ㄴ. 요양 중인 근로자가 근로복지공단의 의료기관 변경 요양 지시를 정당한 사유 없이 따르지 아니하는 경우
ㄷ. 근로복지공단이 직권으로 실시하는 장해등급 또는 진폐장해등급 재판정 요구에 따르지 아니하는 경우
ㄹ. 거짓이나 그 밖의 부정한 방법으로 진료비나 약제비를 지급받은 경우

① ㄱ, ㄷ
② ㄴ, ㄹ
③ ㄱ, ㄴ, ㄷ
④ ㄱ, ㄴ, ㄹ
⑤ ㄴ, ㄷ, ㄹ

[해설]
ㄱ. (O) 산재법 제120조 제1항 제5호
ㄴ. (O) 산재법 제120조 제1항 제1호
ㄷ. (O) 산재법 제120조 제1항 제2호
ㄹ. (×) 산재보험의료기관이나 약국의 종사자로서 거짓이나 그 밖의 부정한 방법으로 진료비나 약제비를 지급받은 자는 3년 이하의 징역 또는 3천만원 이하의 벌금에 처한다(산재법 제127조 제2항).

정답 ③

제12절 특 례

Ⅰ 국외의 사업에 대한 특례(법 제121조)

국외 근무 기간에 발생한 근로자의 재해를 보상하기 위하여 우리나라가 당사국이 된 사회 보장에 관한 조약이나 협정(사회보장관련조약)으로 정하는 국가나 지역에서의 사업에 대하여는 고용노동부장관이 금융위원회와 협의하여 지정하는 자(보험회사)에게 이 법에 따른 보험사업을 자기의 계산으로 영위하게 할 수 있다.

① 보험회사는 보험업법에 따른 사업 방법에 따라 보험사업을 영위한다. 이 경우 보험회사가 지급하는 보험급여는 이 법에 따른 보험급여보다 근로자에게 불이익하여서는 아니 된다.

② 보험사업을 영위하는 보험회사는 이 법과 근로자를 위한 사회보장관련조약에서 정부가 부담하는 모든 책임을 성실히 이행하여야 한다.

③ 국외의 사업과 이를 대상으로 하는 보험사업에 대하여는 보험관장, 보험연도, 적용범위, 보험급여지급, 보험료율 결정, 산재보험기금, 심사청구 및 재심사청구의 규정을 적용하지 아니한다.

④ 보험회사는 보험사업을 영위할 때 이 법에 따른 공단의 권한을 행사할 수 있다.

Ⅱ 해외파견자에 대한 특례(법 제122조)

징수법에 따른 보험가입자가 대한민국 밖의 지역에서 하는 사업에 근로시키기 위하여 파견하는 사람(해외파견자)에 대하여 공단에 보험 가입 신청을 하여 승인을 받으면 해외파견자를 그 가입자의 대한민국 영역 안의 사업(2개 이상의 사업이 있는 경우에는 주된 사업)에 사용하는 근로자로 보아 이 법을 적용할 수 있다.

① 해외파견자의 보험급여의 기초가 되는 임금액은 그 사업에 사용되는 같은 직종 근로자의 임금액 및 그 밖의 사정을 고려하여 고용노동부장관이 정하여 고시하는 금액으로 한다.

② 해외파견자에 대한 보험급여의 지급 등에 필요한 사항은 고용노동부령으로 정한다.

Ⅲ 현장실습생에 대한 특례(법 제123조)

이 법이 적용되는 사업에서 현장 실습을 하고 있는 학생 및 직업 훈련생(현장실습생) 중 고용노동부장관이 정하는 현장실습생은 이 법을 적용할 때는 그 사업에 사용되는 근로자로 본다.

① 현장실습생이 실습과 관련하여 입은 재해는 업무상의 재해로 보아 보험급여를 지급한다.

② 현장실습생에 대한 보험급여의 기초가 되는 임금액은 현장실습생이 지급받는 훈련수당 등 모든 금품으로 하되, 이를 적용하는 것이 현장실습생의 재해보상에 적절하지 아니하다고 인정되면 고용노동부장관이 정하여 고시하는 금액으로 할 수 있다.

Ⅳ 중 · 소기업 사업주에 대한 특례(법 제124조, 영 제122조)

1. 보험가입

① 대통령령으로 정하는 중・소기업 사업주(근로자를 사용하지 아니하는 자를 포함)는 공단의 승인을 받아 자기 또는 유족을 보험급여를 받을 수 있는 사람으로 하여 보험에 가입할 수 있다.

② 중・소기업 사업주의 배우자(사실상 혼인관계에 있는 사람을 포함) 또는 4촌 이내의 친족으로서 중・소기업 사업주로부터 노무제공에 대한 보수를 받지 않고 해당 사업에 노무를 제공하는 사람은 공단의 승인을 받아 보험에 가입할 수 있다.

③ 중・소기업 사업주 및 중・소기업 사업주의 배우자 또는 4촌 이내의 친족(이하 "중・소기업 사업주등")은 이 법을 적용할 때에는 근로자로 본다.

④ 중・소기업 사업주에 대한 보험급여의 지급 사유인 업무상의 재해의 인정 범위는 대통령령으로 정하고 중・소기업 사업주에 대한 보험급여의 산정 기준이 되는 평균임금은 고용노동부장관이 정하여 고시하는 금액으로 한다.

⑤ 업무상의 재해가 보험료의 체납 기간에 발생하면 대통령령으로 정하는 바에 따라 그 재해에 대한 보험급여의 전부 또는 일부를 지급하지 아니할 수 있다.

2. 중 · 소기업 사업주의 범위

① 보험가입자로서 300명 미만의 근로자를 사용하는 사업주

② 근로자를 사용하지 않는 사람. 다만, 노무제공자는 제외한다.

3. 보험가입 사업주로 의제

① 보험가입자로서 300명 미만의 근로자를 사용하는 중・소기업 사업주가 300명 이상의 근로자를 사용하게 된 경우에도 중・소기업 사업주 본인이 보험관계를 유지하려고 하는 경우에는 계속하여 300명 미만의 근로자를 사용하는 사업주로 본다.

② 보험가입자로서 근로자를 사용하지 않는 중・소기업 사업주가 300명 미만의 근로자를 사용하게 된 경우에는 보험가입자로서 300명 미만의 근로자를 사용하는 중・소기업 사업주로서 보험에 가입한 것으로 본다.

Ⅴ 국민기초생활 보장법상의 수급자에 대한 특례(법 제126조)

① 근로자가 아닌 사람으로서 국민기초생활 보장법에 따른 자활급여 수급자 중 고용노동부장관이 정하여 고시하는 사업에 종사하는 사람은 이 법의 적용을 받는 근로자로 본다(제1항).

② 자활급여 수급자의 보험료 산정 및 보험급여의 기초가 되는 임금액은 자활급여 수급자가 고용노동부장관이 정하여 고시하는 사업에 참여하여 받는 자활급여로 한다(제2항).

제13절 벌 칙

I 형 벌

1. 징역 또는 벌금(법 제127조)

① 공동이용하는 전산정보자료를 목적 외의 용도로 이용하거나 활용한 자는 3년 이하의 징역 또는 3천만원 이하의 벌금에 처한다. 기출 21

② 산재보험 의료기관이나 약국의 종사자로서 거짓이나 그 밖의 부정한 방법으로 진료비나 약제비를 지급받은 자는 3년 이하의 징역 또는 3천만원 이하의 벌금에 처한다. 기출 13

③ 다음의 어느 하나에 해당하는 자는 2년 이하의 징역 또는 2천만원 이하의 벌금에 처한다.

㉠ 거짓이나 그 밖의 부정한 방법으로 보험급여를 받은 자 기출 13·22

㉡ 거짓이나 그 밖의 부정한 방법으로 보험급여를 받도록 시키거나 도와준 자 기출 22

㉢ 불이익 처우 금지규정(법 제111조의2)을 위반하여 근로자를 해고하거나 그 밖에 근로자에게 불이익한 처우를 한 사업주 기출 21·23

④ 공단의 임직원이나 그 직에 있었던 자가 그 직무상 지득한 비밀을 누설한 자는 2년 이하의 징역 또는 1천만원 이하의 벌금에 처한다. 기출 13·21

2. 양벌규정(법 제128조)

법인의 대표자나 법인 또는 개인의 대리인, 사용인, 그 밖의 종업원이 그 법인 또는 개인의 업무에 관하여 제127조 제2항의 위반행위(산재보험의료기관이나 약국의 종사자로서 거짓이나 그 밖의 부정한 방법으로 진료비나 약제비를 지급받는 행위)를 하면 그 행위자를 벌하는 외에 그 법인 또는 개인에게도 해당 조문의 벌금형을 과(科)한다. 다만, 법인 또는 개인이 그 위반행위를 방지하기 위하여 해당 업무에 관하여 상당한 주의와 감독을 게을리하지 아니한 경우에는 그러하지 아니하다.

II 과태료(법 제129조) 기출 18

1. 300만원 이하의 과태료 부과처분

플랫폼 종사자에 관한 보험사무의 효율적 처리를 위하여 근로복지공단이 플랫폼 운영자에게 청구한 해당 온라인 플랫폼의 이용 및 보험관계의 확인에 필요한 자료 또는 정보의 제공 요청에 따르지 아니한 자

2. 200만원 이하의 과태료 부과처분

① 근로복지공단 또는 이와 비슷한 명칭을 사용한 자 기출 13·21·22·23

② 공단이 아닌 자에게 진료비를 청구한 자 기출 13

3. 100만원 이하의 과태료 부과처분

① 진료계획을 정당한 사유 없이 제출하지 아니하는 자
② 심사청구인이 공단의 질문에 답변하지 아니하거나 거짓된 답변을 하거나 검사를 거부·방해 또는 기피한 자
③ 사업주, 당해 사업에 종사하는 근로자, 보험사무조합 또는 진료를 담당한 의사가 보험사업에 관하여 필요한 보고를 하지 아니하거나 거짓된 보고를 한 자 또는 서류나 물건의 제출명령에 따르지 아니한 자
④ 공단의 소속 직원의 질문에 답변을 거부하거나 조사를 거부·방해 또는 기피한 자

✓ 핵심문제

01 산업재해보상보험법상 3년 이하의 징역 또는 3천만원 이하의 벌금에 처하는 경우에 해당하는 것은? 기출 13

① 산재보험의료기관이 요양을 실시하고 그 진료비를 근로복지공단이 아닌 자에게 청구한 경우
② 근로복지공단이 아닌 자가 근로복지공단 또는 이와 비슷한 명칭을 사용한 경우
③ 산재보험의료기관의 종사자로서 거짓이나 그 밖의 부정한 방법으로 진료비를 지급받은 경우
④ 근로복지공단의 임직원이 그 직무상 알게 된 비밀을 누설한 경우
⑤ 거짓이나 그 밖의 부정한 방법으로 보험급여를 받은 경우

[해설]

①·② (×) 근로복지공단 또는 이와 비슷한 명칭을 사용한 자, 공단이 아닌 자에게 진료비를 청구한 자에게는 200만원 이하의 과태료를 부과한다(산재법 제129조 제2항 제1호·제2호).
③ (○) 산재법 제127조 제2항
④ (×) 근로복지공단의 임직원이 그 직무상 알게 된 비밀을 누설한 경우 2년 이하의 징역 또는 1천만원 이하의 벌금에 처한다(산재법 제127조 제4항).
⑤ (×) 거짓이나 그 밖의 부정한 방법으로 보험급여를 받은 자는 2년 이하의 징역 또는 2천만원 이하의 벌금에 처한다(산재법 제127조 제3항 제1호).

정답 ③

CHAPTER

03 산업재해보상보험법

01 기출 24

☑ 확인 Check! ○ △ ×

산업재해보상보험법령상 장례비에 관한 설명으로 옳지 않은 것은?

① 장례비 최고금액 및 최저금액의 적용기간은 당해 연도 1월 1일부터 12월 31일까지로 한다.

② 장례비 최고금액은 전년도 장례비 수급권자에게 지급된 1명당 평균 장례비 90일분 + 최고 보상기준 금액의 30일분으로 산정한다.

③ 장례비 최저금액은 전년도 장례비 수급권자에게 지급된 1명당 평균 장례비 90일분 + 최저 보상기준 금액의 30일분으로 산정한다.

④ 장례비 최고금액 및 최저금액을 산정할 때 10원 미만은 버린다.

⑤ 장례비는 장례를 지낼 유족이 없거나 그 밖에 부득이한 사유로 유족이 아닌 사람이 장례를 지낸 경우에는 평균임금의 120일분에 상당하는 금액의 범위에서 실제 드는 비용을 그 장례를 지낸 사람에게 지급한다.

정답 및 해설

01

① (×) 장례비 최고금액 및 최저금액의 적용기간은 다음 연도 1월 1일부터 12월 31일까지로 한다(산재법 시행령 제66조 제3항).

② (○) 산재법 시행령 제66조 제1항 제1호

③ (○) 산재법 시행령 제66조 제1항 제2호

④ (○) 산재법 시행령 제66조 제2항

⑤ (○) 산재법 제71조 제1항 단서

정답 ①

02 기출 24

☑ 확인Check! ○ △ ×

산업재해보상보험법령상 산업재해보상보험 및 예방심의위원회(이하 '위원회'라 한다)에 관한 내용으로 옳지 않은 것은?

① 위원회는 근로자를 대표하는 사람, 사용자를 대표하는 사람 및 공익을 대표하는 사람으로 구성하되, 그 수는 각각 같은 수로 한다.

② 사용자를 대표하는 위원은 전국을 대표하는 사용자 단체가 추천하는 사람 5명으로 한다.

③ 근로자를 대표하는 위원의 임기는 3년으로 하되, 연임할 수 있다.

④ 위원회의 회의는 재적위원 과반수의 출석으로 개의하고, 출석위원 3분의 2 이상의 찬성으로 의결한다.

⑤ 보궐위원의 임기는 전임자의 남은 임기로 한다.

02

① (○) 산재법 제8조 제2항

② (○) 산재법 시행령 제4조 제2호

③ (○) 산재법 시행령 제5조 제1항 본문

④ (×) 위원회의 회의는 재적위원 과반수의 출석으로 개의하고, 출석위원 과반수의 찬성으로 의결한다(산재법 시행령 제7조 제3항).

⑤ (○) 산재법 시행령 제5조 제2항

정답 ④

PLUS

산업재해보상보험 및 예방심의위원회의 구성(산재법 시행령 제4조)

위원회의 위원은 다음 각 호의 구분에 따라 각각 고용노동부장관이 임명하거나 위촉한다.

1. 근로자를 대표하는 위원은 총연합단체인 노동조합이 추천하는 사람 5명
2. 사용자를 대표하는 위원은 전국을 대표하는 사용자 단체가 추천하는 사람 5명
3. 공익을 대표하는 위원은 다음 각 목의 사람 5명
   가. 고용노동부차관
   나. 고용노동부에서 산업재해보상보험 업무를 담당하는 고위공무원 또는 산업재해 예방 업무를 담당하는 고위공무원 중 1명
   다. 시민단체(「비영리민간단체 지원법」 제2조에 따른 비영리민간단체를 말한다)에서 추천한 사람과 사회보험 또는 산업재해 예방에 관한 학식과 경험이 풍부한 사람 중 3명

산업재해보상보험 및 예방심의위원회 위원의 임기 등(산재법 시행령 제5조)

① 위원의 임기는 3년으로 하되, 연임할 수 있다. 다만, 제4조 제3호 가목 또는 나목에 해당하는 위원의 임기는 그 재직기간으로 한다.

② 보궐위원의 임기는 전임자의 남은 임기로 한다.

③ 고용노동부장관은 제4조에 따른 위원회의 위촉위원이 다음 각 호의 어느 하나에 해당하는 경우에는 해당위원을 해촉(解囑)할 수 있다.
1. 심신장애로 인하여 직무를 수행할 수 없게 된 경우
2. 직무와 관련된 비위사실이 있는 경우
3. 직무태만, 품위손상이나 그 밖의 사유로 인하여 위원으로 적합하지 아니하다고 인정되는 경우
4. 위원 스스로 직무를 수행하는 것이 곤란하다고 의사를 밝히는 경우

산업재해보상보험 및 예방심의위원회의 회의(산재법 시행령 제7조)

① 위원장은 위원회의 회의를 소집하고 그 의장이 된다.

② 위원회의 회의는 고용노동부장관의 요구가 있거나 재적위원 과반수의 요구가 있을 때 소집한다.

③ 위원회의 회의는 재적위원 과반수의 출석으로 개의하고, 출석위원 과반수의 찬성으로 의결한다.

03 기출 24

☑ 확인Check! ○ △ ×

산업재해보상보험법령상 유족보상연금에 관한 내용으로 옳지 않은 것은?

① 유족보상연금 수급자격자인 유족이 사망한 근로자와의 친족 관계가 끝난 경우 그 자격을 잃는다.
② 대한민국 국민이 아닌 유족보상연금 수급자격자인 유족이 외국에서 거주하기 위하여 출국하는 경우 그 자격을 잃는다.
③ 근로복지공단은 근로자의 사망 당시 태아였던 자녀가 출생한 경우 유족보상연금 수급권자의 청구에 의하거나 직권으로 그 사유가 발생한 달 분부터 유족보상연금의 금액을 조정한다.
④ 근로자가 사망할 당시 대한민국 국민이었던 유족보상연금 수급자격자인 유족이 국적을 상실하고 외국에서 거주하고 있거나 외국에서 거주하기 위하여 출국하는 경우 그 자격을 잃는다.
⑤ 유족보상연금을 받을 권리가 있는 유족보상연금 수급자격자가 그 자격을 잃은 경우에 유족보상연금을 받을 권리는 같은 순위자가 있으면 같은 순위자에게, 같은 순위자가 없으면 다음 순위자에게 이전된다.

03

① (○) 산재법 제64조 제1항 제3호
② (○) 산재법 제64조 제1항 제7호
③ (×) 근로복지공단은 근로자의 사망 당시 태아였던 자녀가 출생한 경우 유족보상연금 수급권자의 청구에 의하거나 직권으로 그 사유가 발생한 달의 다음 달 분부터 유족보상연금의 금액을 조정한다(산재법 시행령 제63조 제1호).
④ (○) 산재법 제64조 제1항 제6호
⑤ (○) 산재법 제64조 제2항

정답 ③

PLUS

유족보상연금 수급자격자의 자격 상실과 지급 정지 등(산재법 제64조)

① 유족보상연금 수급자격자인 유족이 다음 각 호의 어느 하나에 해당하면 그 자격을 잃는다.
1. 사망한 경우
2. 재혼한 때(사망한 근로자의 배우자만 해당하며, 재혼에는 사실상 혼인 관계에 있는 경우를 포함한다)
3. 사망한 근로자와의 친족 관계가 끝난 경우
4. 자녀가 25세가 된 때
4의2. 손자녀가 25세가 된 때
4의3. 형제자매가 19세가 된 때
5. 제63조 제1항 제4호에 따른 장애인이었던 사람으로서 그 장애 상태가 해소된 경우
6. 근로자가 사망할 당시 대한민국 국민이었던 유족보상연금 수급자격자가 국적을 상실하고 외국에서 거주하고 있거나 외국에서 거주하기 위하여 출국하는 경우
7. 대한민국 국민이 아닌 유족보상연금 수급자격자가 외국에서 거주하기 위하여 출국하는 경우

② 유족보상연금을 받을 권리가 있는 유족보상연금 수급자격자(이하 "유족보상연금 수급권자"라)가 그 자격을 잃은 경우에 유족보상연금을 받을 권리는 같은 순위자가 있으면 같은 순위자에게, 같은 순위자가 없으면 다음 순위자에게 이전된다.
③ 유족보상연금 수급권자가 3개월 이상 행방불명이면 대통령령으로 정하는 바에 따라 연금 지급을 정지하고, 같은 순위자가 있으면 같은 순위자에게, 같은 순위자가 없으면 다음 순위자에게 유족보상연금을 지급한다.

유족보상연금액의 조정(산재법 시행령 제63조)

공단은 다음 각 호의 사유가 발생하면 유족보상연금 수급권자의 청구에 의하거나 직권으로 그 사유가 발생한 달의 다음 달 분부터 유족보상연금의 금액을 조정한다.
1. 근로자의 사망 당시 태아였던 자녀가 출생한 경우
2. 제62조 제3항에 따라 지급정지가 해제된 경우
3. 유족보상연금 수급자격자가 법 제64조 제1항에 따라 자격을 잃은 경우
4. 유족보상연금 수급자격자가 행방불명이 된 경우

04 기출 24

☑ 확인 Check! ○ △ ×

산업재해보상보험법령상 노무제공자에 대한 특례의 내용으로 옳지 않은 것은?

① "플랫폼 종사자"란 온라인 플랫폼을 통해 노무를 제공하는 노무제공자를 말한다.

② "평균보수"란 이를 산정하여야 할 사유가 발생한 날이 속하는 달의 전달 말일부터 이전 3개월 동안 노무제공자가 재해가 발생한 사업에서 지급받은 보수와 같은 기간 동안 해당 사업 외의 사업에서 지급받은 보수를 모두 합산한 금액을 해당 기간의 총 일수로 나눈 금액을 말한다.

③ 보험을 모집하는 사람으로서 「새마을금고법」 및 「신용협동조합법」에 따른 공제의 모집을 전업으로 하는 사람은 노무제공자의 범위에 포함된다.

④ 보험을 모집하는 사람으로서 「우체국예금·보험에 관한 법률」에 따른 우체국보험의 모집을 전업으로 하는 사람은 노무제공자의 범위에 포함된다.

⑤ "플랫폼 운영자"란 온라인 플랫폼을 이용하여 플랫폼 종사자의 노무제공을 중개 또는 알선하는 것을 업으로 하는 자를 말한다.

04

① (O) 산재법 제91조의15 제2호

② (×) "평균보수"란 이를 산정하여야 할 사유가 발생한 날이 속하는 달의 전전달 말일부터 이전 3개월 동안 노무제공자가 재해가 발생한 사업에서 지급받은 보수와 같은 기간 동안 해당 사업 외의 사업에서 지급받은 보수를 모두 합산한 금액을 해당 기간의 총 일수로 나눈 금액을 말한다(산재법 제91조의15 제6호 본문).

③ (O) 산재법 제91조의15 제1호, 동법 시행령 제83조의5 제1호 나목

④ (O) 산재법 제91조의15 제1호, 동법 시행령 제83조의5 제1호 다목

⑤ (O) 산재법 제91조의15 제3호

정답 ②

PLUS

노무제공자 등의 정의(산재법 제91조의15)

이 장에서 사용하는 용어의 뜻은 다음과 같다.

1. "노무제공자"란 자신이 아닌 다른 사람의 사업을 위하여 다음 각 목의 어느 하나에 해당하는 방법에 따라 자신이 직접 노무를 제공하고 그 대가를 지급받는 사람으로서 업무상 재해로부터의 보호 필요성, 노무제공 형태 등을 고려하여 대통령령으로 정하는 직종에 종사하는 사람을 말한다.
   가. 노무제공자가 사업주로부터 직접 노무제공을 요청받은 경우
   나. 노무제공자가 사업주로부터 일하는 사람의 노무제공을 중개·알선하기 위한 전자적 정보처리시스템(이하 "온라인 플랫폼")을 통해 노무제공을 요청받는 경우
2. "플랫폼 종사자"란 온라인 플랫폼을 통해 노무를 제공하는 노무제공자를 말한다.
3. "플랫폼 운영자"란 온라인 플랫폼을 이용하여 플랫폼 종사자의 노무제공을 중개 또는 알선하는 것을 업으로 하는 자를 말한다.
4. "플랫폼 이용 사업자"란 플랫폼 종사자로부터 노무를 제공받아 사업을 영위하는 자를 말한다. 다만, 플랫폼 운영자가 플랫폼 종사자의 노무를 직접 제공받아 사업을 영위하는 경우 플랫폼 운영자를 플랫폼이용 사업자로 본다.
5. "보수"란 노무제공자가 이 법의 적용을 받는 사업에서 노무제공의 대가로 지급받은 소득세법 제19조에 따른 사업소득 및 같은 법 제21조에 따른 기타소득에서 대통령령으로 정하는 금품을 뺀 금액을 말한다. 다만, 노무제공의 특성에 따라 소득확인이 어렵다고 대통령령으로 정하는 직종의 보수는 고용노동부장관이 고시하는 금액으로 한다.
6. "평균보수"란 이를 산정하여야 할 사유가 발생한 날이 속하는 달의 전전달 말일부터 이전 3개월 동안 노무제공자가 재해가 발생한 사업에서 지급받은 보수와 같은 기간 동안 해당 사업 외의 사업에서 지급받은 보수를 모두 합산한 금액을 해당 기간의 총 일수로 나눈 금액을 말한다. 다만, 노무제공의 특성에 따라 소득확인이 어렵거나 소득의 종류나 내용에 따라 평균보수를 산정하기 곤란하다고 인정되는 경우에는 고용노동부장관이 고시하는 금액으로 한다.

노무제공자의 범위(산재법 시행령 제83조의5)

법 제91조의15 제1호 각 목 외의 부분에서 "대통령령으로 정하는 직종에 종사하는 사람"이란 다음 각 호의 사람을 말한다.

1. 보험을 모집하는 사람으로서 다음 각 목의 어느 하나에 해당하는 사람
   가. 보험업법 제83조 제1항 제1호에 따른 보험설계사
   나. 새마을금고법 및 신용협동조합법에 따른 공제의 모집을 전업으로 하는 사람
   다. 우체국예금·보험에 관한 법률에 따른 우체국보험의 모집을 전업으로 하는 사람
2. 건설기계관리법 제3조 제1항에 따라 등록된 건설기계를 직접 운전하는 사람
3. 통계법 제22조에 따라 통계청장이 고시하는 직업에 관한 표준분류(이하 "한국표준직업분류표")의 세세분류에 따른 학습지 방문강사, 교육교구 방문강사 등 회원의 가정 등을 직접 방문하여 아동이나 학생 등을 가르치는 사람
4. 체육시설의 설치·이용에 관한 법률 제7조에 따라 직장체육시설로 설치된 골프장 또는 같은 법 제19조에 따라 체육시설업의 등록을 한 골프장에서 골프경기를 보조하는 골프장 캐디
5. 한국표준직업분류표의 세분류에 따른 택배원으로서 다음 각 목의 어느 하나에 해당하는 사람
   가. 생활물류서비스산업발전법 제2조 제6호 가목에 따른 택배서비스종사자로서 집화 또는 배송(설치를 수반하는 배송을 포함) 업무를 하는 사람
   나. 가목 외의 택배사업(소화물을 집화·수송 과정을 거쳐 배송하는 사업)에서 집화 또는 배송 업무를 하는 사람
6. 한국표준직업분류표의 세분류에 따른 택배원으로서 퀵서비스업의 사업주로부터 업무를 의뢰받아 배송업무를 하는 사람. 다만, 제5호 또는 제14호에 해당하는 사람은 제외한다.
7. 대부업 등의 등록 및 금융이용자 보호에 관한 법률 제3조 제1항 단서에 따른 대출모집인
8. 여신전문금융업법 제14조의2 제1항 제2호에 따른 신용카드회원 모집인
9. 다음 각 목의 어느 하나에 해당하는 사업자로부터 업무를 의뢰받아 자동차를 운전하는 사람
   가. 대리운전업자(자동차 이용자의 요청에 따라 그 이용자와 동승하여 해당 자동차를 목적지까지 운전하는 사업의 사업주)
   나. 탁송업자(자동차 이용자의 요청에 따라 그 이용자와 동승하지 않고 해당 자동차를 목적지까지 운전하는 사업의 사업주)
   다. 대리주차업자(자동차 이용자의 요청에 따라 그 이용자를 대신하여 해당 자동차를 주차하는 사업의 사업주)
10. 방문판매 등에 관한 법률 제2조 제2호에 따른 방문판매원 또는 같은 조 제8호에 따른 후원방문판매원으로서 방문판매업무를 하는 사람. 다만, 다음 각 목의 어느 하나에 해당하는 경우는 제외한다.
    가. 방문판매는 하지 않고 자가 소비만 하는 경우
    나. 제3호 또는 제11호에 해당하는 경우
11. 한국표준직업분류표의 세세분류에 따른 대여 제품 방문점검원
12. 한국표준직업분류표의 세분류에 따른 가전제품 설치 및 수리원으로서 가전제품의 판매를 위한 배송업무를 주로 수행하고 가전제품의 설치·시운전 등을 통해 작동상태를 확인하는 사람
13. 화물자동차 운수사업법 제2조 제1호에 따른 화물자동차 중 고용노동부령으로 정하는 자동차를 운전하는 사람
14. 화물자동차 운수사업법 제2조 제11호에 따른 화물차주로서 다음 각 목의 어느 하나에 해당하는 자동차를 운전하는 사람. 다만, 제5호, 제12호 또는 제13호에 해당하는 사람은 제외한다.
    가. 자동차관리법 제3조 제1항 제3호에 따른 화물자동차
    나. 자동차관리법 제3조 제1항 제4호에 따른 특수자동차 중 견인형 자동차 또는 특수작업형 사다리차(이사 등을 위하여 높은 건물에 필요한 물건을 올리기 위한 자동차)
15. 소프트웨어 진흥법 제2조 제3호에 따른 소프트웨어사업에서 노무를 제공하는 같은 조 제10호에 따른 소프트웨어기술자
16. 다음 각 목의 어느 하나에 해당하는 강사
    가. 초·중등교육법 제2조에 따른 학교에서 운영하는 방과후학교의 과정을 담당하는 강사
    나. 유아교육법 제2조 제2호에 따른 유치원에서 운영하는 같은 조 제6호에 따른 방과후 과정을 담당하는 강사
    다. 영유아보육법 제2조 제3호에 따른 어린이집에서 운영하는 같은 법 제29조 제4항에 따른 특별활동프로그램을 담당하는 강사
17. 관광진흥법 제38조 제1항 단서에 따른 관광통역안내의 자격을 가진 사람으로서 외국인 관광객을 대상으로 관광안내를 하는 사람
18. 도로교통법 제2조 제23호에 따른 어린이통학버스를 운전하는 사람

05 기출 24

☑ 확인Check! ○ △ ✕

산업재해보상보험법상 요양급여의 범위에 해당하는 것은 모두 몇 개인가?

> ○ 재활치료
> ○ 간 호
> ○ 이 송
> ○ 간 병
> ○ 약제 또는 진료재료와 의지(義肢)나 그 밖의 보조기의 지급

① 1개
② 2개
③ 3개
④ 4개
⑤ 5개

05

5개의 지문 모두 산재법 제40조 제4항에서 정한 요양급여의 범위에 해당한다.

정답 ⑤

PLUS

요양급여(산재법 제40조)

① 요양급여는 근로자가 업무상의 사유로 부상을 당하거나 질병에 걸린 경우에 그 근로자에게 지급한다.
② 제1항에 따른 요양급여는 제43조 제1항에 따른 산재보험 의료기관에서 요양을 하게 한다. 다만, 부득이한 경우에는 요양을 갈음하여 요양비를 지급할 수 있다.
③ 제1항의 경우에 부상 또는 질병이 3일 이내의 요양으로 치유될 수 있으면 요양급여를 지급하지 아니한다.
④ 제1항의 요양급여의 범위는 다음 각 호와 같다.
1. 진찰 및 검사
2. 약제 또는 진료재료와 의지(義肢)나 그 밖의 보조기의 지급
3. 처치, 수술, 그 밖의 치료
4. 재활치료
5. 입 원
6. 간호 및 간병
7. 이 송
8. 그 밖에 고용노동부령으로 정하는 사항

⑤ 제2항 및 제4항에 따른 요양급여의 범위나 비용 등 요양급여의 산정 기준은 고용노동부령으로 정한다.
⑥ 업무상의 재해를 입은 근로자가 요양할 산재보험 의료기관이 제43조 제1항 제2호에 따른 상급종합병원인 경우에는 「응급의료에 관한 법률」 제2조 제1호에 따른 응급환자이거나 그 밖에 부득이한 사유가 있는 경우를 제외하고는 그 근로자가 상급종합병원에서 요양할 필요가 있다는 의학적 소견이 있어야 한다.

06 기출 24

☑ 확인 Check! ○ △ ×

산업재해보상보험법령상 업무상질병판정위원회의 구성에 관한 내용으로 옳은 것은?

① 「고등교육법」 제2조에 따른 학교에서 조교수 이상으로 재직하고 있는 사람은 위원이 될 수 없다.

② 「국가기술자격법」에 따른 산업위생관리 기사 이상의 자격을 취득하고 관련 업무에 3년 이상 종사한 치과의사는 위원이 될 수 없다.

③ 산업재해보상보험 관련 업무에 5년 이상 종사한 사람은 위원이 될 수 있다.

④ 「국가기술자격법」에 따른 인간공학 분야 기사 이상의 자격을 취득하고 관련 업무에 3년 이상 종사한 한의사는 위원이 될 수 없다.

⑤ 위원장과 위원의 임기는 3년으로 하되, 연임할 수 있다.

06

① (×) 「고등교육법」 제2조에 따른 학교에서 조교수 이상으로 재직하고 있거나 재직하였던 사람은 위원이 될 수 있다(산재법 시행규칙 제6조 제2항 제2호).

② (×) 국가기술자격법에 따른 산업위생관리 또는 인간공학 분야 기사 이상의 자격을 취득하고 관련 업무에 5년 이상 종사한 사람(산재법 시행규칙 제6조 제2항 제5호)이 업무상질병판정위원회의 위원이 될 수 있으나, 치과의사는 이러한 요건을 구비함이 없이 당연히 위원이 될 수 있다(산재법 시행규칙 제6조 제2항 제3호).

③ (○) 산재법 시행규칙 제6조 제2항 제4호

④ (×) 국가기술자격법에 따른 산업위생관리 또는 인간공학 분야 기사 이상의 자격을 취득하고 관련 업무에 5년 이상 종사한 사람(산재법 시행규칙 제6조 제2항 제5호)이 업무상질병판정위원회의 위원이 될 수 있으나, 한의사는 이러한 요건을 구비함이 없이 당연히 위원이 될 수 있다(산재법 시행규칙 제6조 제2항 제3호).

⑤ (×) 판정위원회의 위원장과 위원의 임기는 2년으로 하되, 연임할 수 있다(산재법 시행규칙 제6조 제5항).

정답 ③

PLUS

업무상질병판정위원회의 구성(산재법 시행규칙 제6조)

① 법 제38조 제1항에 따른 업무상질병판정위원회(이하 "판정위원회"라 한다)는 위원장 1명을 포함하여 180명 이내의 위원으로 구성한다. 이 경우 판정위원회의 위원장은 상임으로 하고, 위원장을 제외한 위원은 비상임으로 한다.

② 판정위원회의 위원장 및 위원은 다음 각 호의 어느 하나에 해당하는 사람 중에서 공단 이사장이 위촉하거나 임명한다.

1. 변호사 또는 공인노무사
2. 「고등교육법」 제2조에 따른 학교에서 조교수 이상으로 재직하고 있거나 재직하였던 사람
3. 의사, 치과의사 또는 한의사
4. 산업재해보상보험 관련 업무에 5년 이상 종사한 사람
5. 「국가기술자격법」에 따른 산업위생관리 또는 인간공학 분야 기사 이상의 자격을 취득하고 관련 업무에 5년 이상 종사한 사람

③ 판정위원회의 위원 중 3분의 2에 해당하는 위원은 제2항 각 호의 어느 하나에 해당하는 사람으로서 근로자단체와 사용자단체가 각각 추천하는 사람 중에서 위촉한다. 이 경우 근로자 단체와 사용자 단체가 추천하는 위원은 같은 수로 한다.

④ 제3항에도 불구하고 근로자 단체나 사용자 단체가 각각 추천하는 사람이 위촉하려는 전체 위원 수의 3분의 1보다 적은 경우에는 제3항 후단을 적용하지 않고 근로자 단체와 사용자 단체가 추천하는 위원 수를 전체위원 수의 3분의 2 미만으로 할 수 있다.

⑤ 판정위원회의 위원장과 위원의 임기는 2년으로 하되, 연임할 수 있다.

07 기출 24

☑ 확인 Check! ○ △ ×

산업재해보상보험법에서 사용하는 용어의 정의로 옳지 않은 것은?

① "유족"이란 사망한 사람의 배우자(사실상 혼인 관계에 있는 사람을 포함한다)·자녀·부모·손자녀·조부모 또는 형제자매를 말한다.
② "장해"란 업무상의 부상 또는 질병에 따른 정신적 또는 육체적 훼손으로 노동능력이 상실되거나 감소된 상태로서 그 부상 또는 질병이 치유되지 아니한 상태를 말한다.
③ "치유"란 부상 또는 질병이 완치되거나 치료의 효과를 더 이상 기대할 수 없고 그 증상이 고정된 상태에 이르게 된 것을 말한다.
④ "출퇴근"이란 취업과 관련하여 주거와 취업장소 사이의 이동 또는 한 취업장소에서 다른 취업장소로의 이동을 말한다.
⑤ "진폐"란 분진을 흡입하여 폐에 생기는 섬유증식성(纖維增殖性) 변화를 주된 증상으로 하는 질병을 말한다.

07

① (○) 산재법 제5조 제3호
② (×) "장해"란 부상 또는 질병이 치유되었으나 정신적 또는 육체적 훼손으로 인하여 노동능력이 상실되거나 감소된 상태를 말한다(산재법 제5조 제5호). "중증요양상태"란 업무상의 부상 또는 질병에 따른 정신적 또는 육체적 훼손으로 노동능력이 상실되거나 감소된 상태로서 그 부상 또는 질병이 치유되지 아니한 상태를 말한다(산재법 제5조 제6호).
③ (○) 산재법 제5조 제4호
④ (○) 산재법 제5조 제8호
⑤ (○) 산재법 제5조 제7호

정답 ②

08 기출 24

☑ 확인 Check! ○ △ ×

산업재해보상보험법령상 상병보상연금에 관한 설명으로 옳은 것은?

① 중증요양상태등급이 제3급인 경우 평균임금의 257일분을 지급한다.
② 상병보상연금을 받는 근로자가 60세가 되면 그 이후의 상병보상연금은 고령자의 1일당 상병보상연금 지급기준에 따라 감액된 금액을 지급한다.
③ 상병보상연금을 지급받는 경우 요양급여와 휴업급여는 지급되지 아니한다.
④ 재요양을 시작한 지 1년이 지난 후에 부상·질병 상태가 상병보상연금의 지급요건 모두에 해당하는 사람에게는 상병보상연금을 지급한다.
⑤ 상병보상연금을 산정할 때 근로자의 평균임금이 최저임금액에 90분의 100을 곱한 금액보다 적을 때에는 최저임금액의 90분의 100에 해당하는 금액을 그 근로자의 평균임금으로 보아 산정한다.

08

① (○) 산재법 [별표 4]
② (×) 상병보상연금을 받는 근로자가 61세가 되면 그 이후의 상병보상연금은 [별표 5]에 따른 1일당 상병보상연금 지급기준에 따라 산정한 금액을 지급한다(산재법 제68조).
③ (×) 요양급여를 받는 근로자가 요양을 시작한 지 2년이 지난 날 이후에 그 부상이나 질병이 치유되지 아니한 상태이고, 그 부상이나 질병에 따른 중증요양상태의 정도가 대통령령으로 정하는 중증요양상태등급 기준에 해당하며, 요양으로 인하여 취업하지 못한 상태가 계속되는 경우 휴업급여 대신 상병보상연금을 그 근로자에게 지급한다(산재법 제66조 제1항). 따라서 근로자가 상병보상연금을 지급받는 경우 요양급여는 계속 지급되나 휴업급여는 지급되지 아니함을 유의하여야 한다.
④ (×) 재요양을 시작한 지 2년이 지난 후에 부상·질병 상태가 상병보상연금의 지급요건 모두에 해당하는 사람에게는 휴업급여 대신 중증요양상태등급에 따라 상병보상연금을 지급한다(산재법 제69조 제1항 전문).
⑤ (×) 제66조에 따라 상병보상연금을 산정할 때 그 근로자의 평균임금이 최저임금액에 70분의 100을 곱한 금액보다 적을 때에는 최저임금액의 70분의 100에 해당하는 금액을 그 근로자의 평균임금으로 보아 산정한다(산재법 제67조 제1항).

정답 ①

PLUS

상병보상연금표(산재법 [별표 4])

중증요양상태등급	상병보상연금
제1급	평균임금의 329일분
제2급	평균임금의 291일분
제3급	평균임금의 257일분

09 기출 24

☑ 확인Check! ○ △ ×

산업재해보상보험법상 장해보상연금에 관한 내용이다. (　　)에 들어갈 숫자의 합은?

> 장해보상연금은 수급권자가 신청하면 그 연금의 최초 1년분 또는 (　　)년분(대통령령으로 정하는 노동력을 완전히 상실한 장해등급의 근로자에게는 그 연금의 최초 1년분부터 (　　)년분까지)의 (　　)분의 1에 상당하는 금액을 미리 지급할 수 있다. 이 경우 미리 지급하는 금액에 대하여는 100분의 (　　)의 비율 범위에서 대통령령으로 정하는 바에 따라 이자를 공제할 수 있다.

① 11　　② 12
③ 13　　④ 15
⑤ 18

09

(　　)에 들어갈 숫자의 합은 2 + 4 + 2 + 5 = 13이 된다.

정답 ③

PLUS

장해급여(산재법 제57조)

① 장해급여는 근로자가 업무상의 사유로 부상을 당하거나 질병에 걸려 치유된 후 신체 등에 장해가 있는 경우에 그 근로자에게 지급한다.
② 장해급여는 장해등급에 따라 [별표 2]에 따른 장해보상연금 또는 장해보상일시금으로 하되, 그 장해등급의 기준은 대통령령으로 정한다.
③ 제2항에 따른 장해보상연금 또는 장해보상일시금은 수급권자의 선택에 따라 지급한다. 다만, 대통령령으로 정하는 노동력을 완전히 상실한 장해등급의 근로자에게는 장해보상연금을 지급하고, 장해급여 청구사유 발생 당시 대한민국 국민이 아닌 사람으로서 외국에서 거주하고 있는 근로자에게는 장해보상일시금을 지급한다.
④ 장해보상연금은 수급권자가 신청하면 그 연금의 최초 1년분 또는 2년분(제3항 단서에 따른 근로자에게는 그 연금의 최초 1년분부터 4년분까지)의 2분의 1에 상당하는 금액을 미리 지급할 수 있다. 이 경우 미리 지급하는 금액에 대하여는 100분의 5의 비율 범위에서 대통령령으로 정하는 바에 따라 이자를 공제할 수 있다.
⑤ 장해보상연금 수급권자의 수급권이 제58조에 따라 소멸한 경우에 이미 지급한 연금액을 지급 당시의 각각의 평균임금으로 나눈 일수(日數)의 합계가 [별표 2]에 따른 장해보상일시금의 일수에 못 미치면 그 못 미치는 일수에 수급권 소멸 당시의 평균임금을 곱하여 산정한 금액을 유족 또는 그 근로자에게 일시금으로 지급한다.

10 기출 24

☑ 확인Check! ○ △ ×

산업재해보상보험법상 직장복귀지원금 등에 관한 것이다. ( ) 에 들어갈 숫자로 옳은 것은?

> 제75조(직장복귀지원금 등)
> ① 〈중략〉
> ② 제1항에 따른 직장복귀지원금은 고용노동부장관이 임금수준 및 노동시장의 여건 등을 고려하여 고시하는 금액의 범위에서 사업주가 장해급여자에게 지급한 임금액으로 하되, 그 지급기간은 (ㄱ)개월 이내로 한다.
> ③ 제1항에 따른 직장적응훈련비 및 재활운동비는 고용노동부장관이 직장적응훈련 또는 재활운동에 드는 비용을 고려하여 고시하는 금액의 범위에서 실제 드는 비용으로 하되, 그 지급기간은 (ㄴ)개월 이내로 한다.

① ㄱ : 3, ㄴ : 3
② ㄱ : 3, ㄴ : 6
③ ㄱ : 6, ㄴ : 6
④ ㄱ : 6, ㄴ : 12
⑤ ㄱ : 12, ㄴ : 3

10

( )의 ㄱ과 ㄴ에 들어갈 숫자는 12와 3이다.

정답 ⑤

PLUS

직장복귀지원금 등(산재법 제75조)

① 제72조 제1항 제2호에 따른 직장복귀지원금, 직장적응훈련비 및 재활운동비는 장해급여자에 대하여 고용을 유지하거나 직장적응훈련 또는 재활운동을 실시하는 사업주에게 각각 지급한다. 이 경우 직장복귀지원금, 직장적응훈련비 및 재활운동비의 지급요건은 각각 대통령령으로 정한다.
② 제1항에 따른 직장복귀지원금은 고용노동부장관이 임금수준 및 노동시장의 여건 등을 고려하여 고시하는 금액의 범위에서 사업주가 장해급여자에게 지급한 임금액으로 하되, 그 지급기간은 12개월 이내로 한다.
③ 제1항에 따른 직장적응훈련비 및 재활운동비는 고용노동부장관이 직장적응훈련 또는 재활운동에 드는 비용을 고려하여 고시하는 금액의 범위에서 실제 드는 비용으로 하되, 그 지급기간은 3개월 이내로 한다.
④ 장해급여자를 고용하고 있는 사업주가 「고용보험법」 제23조에 따른 지원금, 「장애인고용촉진 및 직업재활법」 제30조에 따른 장애인 고용장려금이나 그 밖에 다른 법령에 따라 직장복귀지원금, 직장적응훈련비 또는 재활운동비(이하 "직장복귀지원금등"이라 한다)에 해당하는 금액을 받은 경우 등 대통령령으로 정하는 경우에는 그 받은 금액을 빼고 직장복귀지원금등을 지급한다.
⑤ 사업주가 「장애인고용촉진 및 직업재활법」 제28조에 따른 의무로써 장애인을 고용한 경우 등 대통령령으로 정하는 경우에는 직장복귀지원금등을 지급하지 아니한다.

11 기출 23

☑ 확인 Check! ○ △ ×

산업재해보상보험법상 진폐에 따른 보험급여 종류를 모두 고른 것은?

ㄱ. 장례비
ㄴ. 휴업급여
ㄷ. 직업재활급여
ㄹ. 간병급여
ㅁ. 유족급여

① ㄱ, ㄹ
② ㄱ, ㄴ, ㅁ
③ ㄱ, ㄷ, ㄹ
④ ㄴ, ㄷ, ㄹ, ㅁ
⑤ ㄱ, ㄴ, ㄷ, ㄹ, ㅁ

11

진폐에 따른 보험급여의 종류는 요양급여, 간병급여, 장례비, 직업재활급여, 진폐보상연금 및 진폐유족연금으로 한다(산재법 제36조 제1항 단서). 휴업급여, 유족급여는 진폐에 따른 보험급여의 종류에 포함되지 않는다.

정답 ③

12 기출 23

☑ 확인 Check! ○ △ ×

산업재해보상보험법상 심사청구 및 재심사청구에 관한 설명으로 옳지 않은 것은?

① 재심사위원회의 재결은 근로복지공단을 기속(羈束)한다.
② 재심사위원회 위원(당연직위원은 제외한다)의 임기는 3년으로 하되 연임할 수 있고, 위원장이나 위원의 임기가 끝난 경우 그 후임자가 임명될 때까지 그 직무를 수행한다.
③ 보험급여 결정등에 대하여는 행정심판법에 따른 행정심판을 제기할 수 없다.
④ 재심사위원회의 위원장 및 위원은 고용노동부장관이 임명한다.
⑤ 재심사청구의 제기는 시효의 중단에 관하여 민법 제168조에 따른 재판상의 청구로 본다.

12

① (○) 산재법 제109조 제2항
② (○) 산재법 제107조 제7항
③ (○) 산재법 제103조 제5항
④ (×) 재심사위원회의 위원장 및 위원은 고용노동부장관의 제청으로 대통령이 임명한다(산재법 제107조 제5항 본문).
⑤ (○) 심사청구 및 재심사청구의 제기는 시효의 중단에 관하여 민법 제168조에 따른 재판상의 청구로 본다(산재법 제111조 제1항).

정답 ④

13 기출 23

☑ 확인 Check! ○ △ ×

산업재해보상보험법상 과태료 부과 대상이 되는 자를 모두 고른 것은?

ㄱ. 근로복지공단이 아닌 자가 근로복지공단과 비슷한 명칭을 사용한 자
ㄴ. 근로자가 보험급여를 신청한 것을 이유로 근로자를 해고한 사업주
ㄷ. 특수형태근로종사자로부터 노무를 제공받지 아니하게 된 경우에 이를 대통령령으로 정하는 바에 따라 근로복지공단에 신고를 하지 아니한 사업주

① ㄱ
② ㄴ
③ ㄱ, ㄷ
④ ㄴ, ㄷ
⑤ ㄱ, ㄴ, ㄷ

13

ㄱ. (○) 근로복지공단이 아니면서 근로복지공단과 비슷한 명칭을 사용한 자에게는 200만원 이하의 과태료를 부과한다(산재법 제129조 제2항 제1호).

ㄴ. (×) 근로자가 보험급여를 신청한 것을 이유로 근로자를 해고한 사업주에게는 산재법상 과태료가 아니라 2년 이하의 징역 또는 2천만원 이하의 벌금에 처한다(산재법 제127조 제3항 제3호).

ㄷ. (×) 2023.5.27. 시험 실시 당시에는 "특수형태근로종사자로부터 노무를 제공받지 아니하게 된 경우에 이를 대통령령으로 정하는 바에 따라 근로복지공단에 신고를 하지 아니한 사업주"도 산재법상 100만원 이하의 과태료 부과 대상이었으나(구 산재법 제129조 제2항 제5호, 제125조 제3항), 2022.6.10. 개정된 산재법(2023.7.1. 시행)에서는 과태료 부과 대상에서 삭제되었으므로 개정법에 하에서는 틀린 지문이 된다.

정답 ①

PLUS

과태료(산재법 제129조)

① 제91조의21을 위반하여 자료 또는 정보의 제공 요청에 따르지 아니한 자에게는 300만원 이하의 과태료를 부과한다.
② 다음 각 호의 어느 하나에 해당하는 자에게는 200만원 이하의 과태료를 부과한다.
  1. 제34조를 위반하여 근로복지공단 또는 이와 비슷한 명칭을 사용한 자
  2. 제45조 제1항을 위반하여 공단이 아닌 자에게 진료비를 청구한 자
③ 다음 각 호의 어느 하나에 해당하는 자에게는 100만원 이하의 과태료를 부과한다.
  1. 제47조 제1항에 따른 진료계획을 정당한 사유 없이 제출하지 아니하는 자
  2. 제105조 제4항(제109조 제1항에서 준용하는 경우를 포함)에 따른 질문에 답변하지 아니하거나 거짓된 답변을 하거나 검사를 거부·방해 또는 기피한 자
  3. 제114조 제1항 또는 제118조에 따른 보고를 하지 아니하거나 거짓된 보고를 한 자 또는 서류나 물건의 제출 명령에 따르지 아니한 자
  4. 제117조 또는 제118조에 따른 공단의 소속 직원의 질문에 답변을 거부하거나 조사를 거부·방해 또는 기피한 자
  5. 삭제 〈2022.6.10.〉

벌칙(산재법 제127조)

③ 다음 각 호의 어느 하나에 해당하는 자는 2년 이하의 징역 또는 2천만원 이하의 벌금에 처한다.
  1. 거짓이나 그 밖의 부정한 방법으로 보험급여를 받은 자
  2. 거짓이나 그 밖의 부정한 방법으로 보험급여를 받도록 시키거나 도와준 자
  3. 제111조의2를 위반하여 근로자를 해고하거나 그 밖에 근로자에게 불이익한 처우를 한 사업주

불이익 처우의 금지(산재법 제111조의2)

사업주는 근로자가 보험급여를 신청한 것을 이유로 근로자를 해고하거나 그 밖에 근로자에게 불이익한 처우를 하여서는 아니 된다.

14 기출 23

☑ 확인Check! ○ △ ×

산업재해보상보험법상 유족급여에 관한 설명으로 옳지 않은 것을 모두 고른 것은?

> ㄱ. 유족보상연금액은 기본금액과 가산금액을 곱한 금액으로 한다.
> ㄴ. 유족보상연금액상 급여기초연액은 평균임금에 365를 곱하여 얻은 금액이다.
> ㄷ. 유족보상연금액상 기본금액은 급여기초연액의 100분의 45에 상당하는 금액이다.
> ㄹ. 유족보상연금액상 가산금액의 합산금액이 급여기초연액의 100분의 20을 넘을 때에는 급여기초연액의 100분의 20에 상당하는 금액으로 한다.

① ㄱ, ㄴ　② ㄱ, ㄷ
③ ㄴ, ㄷ　④ ㄴ, ㄹ
⑤ ㄷ, ㄹ

14

ㄱ. (×) 유족보상연금액은 기본금액과 가산금액을 합한 금액으로 한다(산재법 [별표 3]).
ㄴ. (○) 급여기초연액 = 평균임금에 365를 곱하여 얻은 금액(산재법 [별표 3]).
ㄷ. (×) 유족보상연금액상 기본금액은 급여기초연액의 100분의 47에 상당하는 금액이다(산재법 [별표 3]).
ㄹ. (○) 가산금액은 유족보상연금수급권자 및 근로자가 사망할 당시 그 근로자와 생계를 같이하고 있던 유족보상연금수급자격자 1인당 급여기초연액의 100분의 5에 상당하는 금액의 합산액이다. 다만, 그 합산금액이 급여기초연액의 100분의 20을 넘을 때에는 급여기초연액의 100분의 20에 상당하는 금액으로 한다(산재법 [별표 3]).

정답 ②

PLUS

유족급여(산재법 [별표 3])

유족급여의 종류	유족급여의 금액
유족보상연금	유족보상연금액은 다음의 기본금액과 가산금액을 합한 금액으로 한다. 1. 기본금액 급여기초연액(평균임금에 365를 곱하여 얻은 금액)의 100분의 47에 상당하는 금액 2. 가산금액 유족보상연금수급권자 및 근로자가 사망할 당시 그 근로자와 생계를 같이 하고 있던 유족보상연금수급자격자 1인당 급여기초연액의 100분의 5에 상당하는 금액의 합산액. 다만, 그 합산금액이 급여기초연액의 100분의 20을 넘을 때에는 급여기초연액의 100분의 20에 상당하는 금액으로 한다.
유족보상일시금	평균임금의 1,300일분

15 기출 23

☑ 확인Check! ○ △ ×

산업재해보상보험법령상 업무상 사고에 해당하지 않는 것은?

① 근로자가 근로계약에 따른 업무수행 행위를 하던 중 발생한 사고

② 업무를 준비하는 행위를 하던 중 발생한 사고

③ 천재지변·화재 등 사업장 내에 발생한 돌발적인 사고에 따른 긴급피난·구조행위 등 사회통념상 예견되는 행위를 하던 중에 발생한 사고

④ 사업장 밖에서 업무를 수행하던 중 사업주의 구체적인 지시를 위반한 행위로 인한 사고

⑤ 휴게시간 중 사업주의 지배관리하에 있다고 볼 수 있는 행위로 발생한 사고

15

① (○) 산재법 시행령 제27조 제1항 제1호

② (○) 산재법 시행령 제27조 제1항 제3호

③ (○) 산재법 시행령 제27조 제1항 제4호

④ (×) 근로자가 사업주의 지시를 받아 사업장 밖에서 업무를 수행하던 중에 발생한 사고는 근로자가 근로계약에 따른 업무나 그에 따르는 행위를 하던 중 발생한 업무상 사고로 본다. 다만, 사업주의 구체적인 지시를 위반한 행위, 근로자의 사적(私的) 행위 또는 정상적인 출장 경로를 벗어났을 때 발생한 사고는 업무상 사고로 보지 않는다(산재법 시행령 제27조 제2항).

⑤ (○) 산재법 제37조 제1항 제1호 마목

정답 ④

PLUS

업무상의 재해의 인정 기준(산재법 제37조)

① 근로자가 다음 각 호의 어느 하나에 해당하는 사유로 부상·질병 또는 장해가 발생하거나 사망하면 업무상의 재해로 본다. 다만, 업무와 재해 사이에 상당인과관계(相當因果關係)가 없는 경우에는 그러하지 아니하다.

1. 업무상 사고
   가. 근로자가 근로계약에 따른 업무나 그에 따르는 행위를 하던 중 발생한 사고
   나. 사업주가 제공한 시설물 등을 이용하던 중 그 시설물 등의 결함이나 관리소홀로 발생한 사고
   다. 삭제 〈2017.10.24.〉
   라. 사업주가 주관하거나 사업주의 지시에 따라 참여한 행사나 행사준비 중에 발생한 사고
   마. 휴게시간 중 사업주의 지배관리하에 있다고 볼 수 있는 행위로 발생한 사고
   바. 그 밖에 업무와 관련하여 발생한 사고

업무수행 중의 사고(산재법 시행령 제27조)

① 근로자가 다음 각 호의 어느 하나에 해당하는 행위를 하던 중에 발생한 사고는 법 제37조 제1항 제1호 가목에 따른 업무상 사고로 본다.

1. 근로계약에 따른 업무수행 행위
2. 업무수행 과정에서 하는 용변 등 생리적 필요 행위
3. 업무를 준비하거나 마무리하는 행위, 그 밖에 업무에 따르는 필요적 부수행위
4. 천재지변·화재 등 사업장 내에 발생한 돌발적인 사고에 따른 긴급피난·구조행위 등 사회통념상 예견되는 행위

② 근로자가 사업주의 지시를 받아 사업장 밖에서 업무를 수행하던 중에 발생한 사고는 법 제37조 제1항 제1호 가목에 따른 업무상 사고로 본다. 다만, 사업주의 구체적인 지시를 위반한 행위, 근로자의 사적(私的) 행위 또는 정상적인 출장 경로를 벗어났을 때 발생한 사고는 업무상 사고로 보지 않는다.

③ 업무의 성질상 업무수행 장소가 정해져 있지 않은 근로자가 최초로 업무수행 장소에 도착하여 업무를 시작한 때부터 최후로 업무를 완수한 후 퇴근하기 전까지 업무와 관련하여 발생한 사고는 법 제37조 제1항 제1호 가목에 따른 업무상 사고로 본다.

16 기출 23

확인Check! ○ △ ✕

산업재해보상보험법령상 업무상질병판정위원회의 심의에서 제외되는 질병이 아닌 것은?

① 진폐
② 이황화탄소 중독증
③ 유해 · 위험요인에 지속적으로 소량 노출되어 나타나는 만성 중독 증상 또는 소견 등의 질병
④ 한국산업안전보건공단법에 따른 한국산업안전보건공단에 자문한 결과 업무와의 관련성이 높다고 인정된 질병
⑤ 업무와 그 질병 사이에 상당인과관계가 있는지를 명백히 알 수 있는 경우로서 근로복지공단이 정하는 질병

16

"유해 · 위험요인에 일시적으로 다량 노출되어 나타나는 급성 중독 증상 또는 소견 등의 질병"이 업무상질병판정위원회의 심의에서 제외되는 질병에 해당한다(산재법 시행규칙 제7조 제3호).

정답 ③

PLUS

판정위원회의 심의에서 제외되는 질병(산재법 시행규칙 제7조)

법 제38조 제2항에 따른 판정위원회의 심의에서 제외되는 질병은 다음 각 호의 어느 하나에 해당하는 질병으로 한다.

1. 진 폐
2. 이황화탄소 중독증
3. 유해 · 위험요인에 일시적으로 다량 노출되어 나타나는 급성 중독 증상 또는 소견 등의 질병
4. 영 제117조 제1항 제3호에 따른 진찰을 한 결과 업무와의 관련성이 매우 높다는 소견이 있는 질병
5. 제22조 각 호의 기관[한국산업안전공단법에 따른 한국산업안전공단, 그 밖에 업무상 질병 여부를 판단할 수 있는 기관(註)]에 자문한 결과 업무와의 관련성이 높다고 인정된 질병
6. 그 밖에 업무와 그 질병 사이에 상당인과관계가 있는지를 명백히 알 수 있는 경우로서 공단이 정하는 질병

17 기출 22

확인Check! ○ △ ✕

산업재해보상보험법령상 산업재해보상보험 및 예방심의위원회의 심의사항이 아닌 것은?

① 요양급여의 범위나 비용 등 요양급여의 산정 기준에 관한 사항
② 고용보험 및 산업재해보상보험의 보험료징수 등에 관한 법률에 따른 산재보험료율의 결정에 관한 사항
③ 산업안전보건법에 따른 산업재해 보상의 세부계획에 관한 사항
④ 산업재해보상보험 및 예방기금의 운용계획 수립에 관한 사항
⑤ 고용노동부장관이 산업재해보상보험 사업 및 산업안전 · 보건 업무에 관하여 심의에 부치는 사항

17

산업안전보건법에 따른 산업재해 보상의 세부계획에 관한 사항은 산재법 시행령 제3조에서 정한 산업재해보상보험 및 예방심의위원회의 심의사항에는 해당하지 아니한다.

정답 ③

PLUS

산업재해보상보험 및 예방심의위원회의 기능(산재법 시행령 제3조)

법 제8조 제1항에 따른 산업재해보상보험 및 예방심의위원회(이하 "위원회")는 다음 각 호의 사항을 심의한다.

1. 법 제40조 제5항에 따른 요양급여의 범위나 비용 등 요양급여의 산정 기준에 관한 사항
2. 고용보험 및 산업재해보상보험의 보험료징수 등에 관한 법률(이하 "보험료징수법") 제14조 제3항 및 같은 조 제4항에 따른 산재보험료율의 결정에 관한 사항
3. 법 제98조에 따른 산업재해보상보험 및 예방기금의 운용계획 수립에 관한 사항
4. 산업안전보건법 제4조 제1항 각 호에 따른 산업안전·보건 업무와 관련되는 주요 정책 및 같은 법 제7조에 따른 산업재해 예방에 관한 기본계획
5. 그 밖에 고용노동부장관이 산업재해보상보험 사업(이하 "보험사업") 및 산업안전·보건 업무에 관하여 심의에 부치는 사항

18 기출 22

☑ 확인Check! ○ △ ×

산업재해보상보험법령상 산업재해보상보험법의 적용 제외 사업에 해당하지 않는 것은?

① 군인 재해보상법에 따라 재해보상이 되는 사업
② 선원법에 따라 재해보상이 되는 사업
③ 벌목업 중 법인이 아닌 자의 사업으로서 상시근로자 수가 5명 미만인 사업
④ 수렵업 중 법인이 아닌 자의 사업으로서 상시근로자 수가 5명 미만인 사업
⑤ 가구내 고용활동

18

벌목업 중 법인이 아닌 자의 사업으로서 상시근로자 수가 5명 미만인 사업은 산재법의 적용 제외 사업에 해당하지 아니한다(산재법 제6조, 동법 시행령 제2조 제1항 제6호).

정답 ③

PLUS

적용 범위(산재법 제6조)

이 법은 근로자를 사용하는 모든 사업 또는 사업장(이하 "사업")에 적용한다. 다만, 위험률·규모 및 장소 등을 고려하여 대통령령으로 정하는 사업에 대하여는 이 법을 적용하지 아니한다.

법의 적용 제외 사업(산재법 시행령 제2조)

① 산업재해보상보험법 제6조 단서에서 "대통령령으로 정하는 사업"이란 다음 각 호의 어느 하나에 해당하는 사업 또는 사업장(이하 "사업")을 말한다.

1. 공무원 재해보상법 또는 군인 재해보상법에 따라 재해보상이 되는 사업. 다만, 공무원 재해보상법 제60조에 따라 순직유족급여 또는 위험직무순직유족급여에 관한 규정을 적용받는 경우는 제외한다.
2. 선원법, 어선원 및 어선 재해보상보험법 또는 사립학교교직원 연금법에 따라 재해보상이 되는 사업
3. 삭제 〈2017.12.26.〉
4. 가구내 고용활동
5. 삭제 〈2017.12.26.〉
6. 농업, 임업(벌목업은 제외), 어업 및 수렵업 중 법인이 아닌 자의 사업으로서 상시근로자 수가 5명 미만인 사업

19 기출 22

☑ 확인Check! ○ △ ×

산업재해보상보험법상 과태료 부과 대상이 되는 자를 모두 고른 것은?

ㄱ. 근로복지공단이 아닌 자가 근로복지공단과 비슷한 명칭을 사용한 자
ㄴ. 거짓으로 보험급여를 받도록 시키거나 도와준 자
ㄷ. 거짓으로 보험급여를 받은 자

① ㄱ
② ㄷ
③ ㄱ, ㄴ
④ ㄴ, ㄷ
⑤ ㄱ, ㄴ, ㄷ

19

ㄱ.은 과태료 부과 대상에 해당(산재법 제129조 제2항 제1호)하나, ㄴ., ㄷ.은 벌금 부과 대상에 해당(산재법 제127조 제3항 제1호, 제2호)한다.

정답 ①

PLUS

과태료(산재법 제129조)

① 제91조의21을 위반하여 자료 또는 정보의 제공 요청에 따르지 아니한 자에게는 300만원 이하의 과태료를 부과한다.
② 다음 각 호의 어느 하나에 해당하는 자에게는 200만원 이하의 과태료를 부과한다.
1. 제34조를 위반하여 근로복지공단 또는 이와 비슷한 명칭을 사용한 자
2. 제45조 제1항을 위반하여 공단이 아닌 자에게 진료비를 청구한 자

벌칙(산재법 제127조)

③ 다음 각 호의 어느 하나에 해당하는 자는 2년 이하의 징역 또는 2천만원 이하의 벌금에 처한다.
1. 거짓이나 그 밖의 부정한 방법으로 보험급여를 받은 자
2. 거짓이나 그 밖의 부정한 방법으로 보험급여를 받도록 시키거나 도와준 자

20 기출 22

☑ 확인 Check! ○ △ ×

산업재해보상보험법상 상병보상연금의 지급요건을 모두 고른 것은?

> ㄱ. 그 부상이나 질병이 치유되지 아니한 상태일 것
> ㄴ. 요양으로 인하여 취업하지 못하였을 것
> ㄷ. 그 부상이나 질병에 따른 중증요양상태의 정도가 대통령령으로 정하는 중증요양상태등급 기준에 해당할 것

① ㄱ
② ㄴ
③ ㄱ, ㄴ
④ ㄴ, ㄷ
⑤ ㄱ, ㄴ, ㄷ

20

ㄱ., ㄴ., ㄷ. 모두 산재법상 상병보상연금의 지급요건에 해당한다(산재법 제66조 제1항).

정답 ⑤

PLUS

상병보상연금(산재법 제66조)

① 요양급여를 받는 근로자가 요양을 시작한 지 2년이 지난 날 이후에 다음 각 호의 요건 모두에 해당하는 상태가 계속되면 휴업급여 대신 상병보상연금을 그 근로자에게 지급한다.
1. 그 부상이나 질병이 치유되지 아니한 상태일 것
2. 그 부상이나 질병에 따른 중증요양상태의 정도가 대통령령으로 정하는 중증요양상태등급 기준에 해당할 것
3. 요양으로 인하여 취업하지 못하였을 것

21 기출 21

☑ 확인 Check! ○ △ ×

산업재해보상보험법령상 업무상질병판정위원회에 관한 내용으로 옳지 않은 것은?

① 한의사는 업무상질병판정위원회의 위원이 될 수 있다.
② 업무상질병판정위원회의 위원장과 위원의 임기는 2년으로 하되, 연임할 수 있다.
③ 이황화탄소중독증은 업무상질병판정위원회의 심의에서 제외되는 질병에 해당한다.
④ 업무상질병판정위원회는 부득이한 사유로 심의를 의뢰받은 날부터 60일 이내에 심의를 마칠 수 없으면 20일 단위로 두 차례 연장할 수 있다.
⑤ 업무상질병판정위원회의 원활한 운영을 위하여 필요하면 위원장이 지명하는 위원이 회의를 주재할 수 있다.

21

① (○) 산재법 시행규칙 제6조 제2항 제3호
② (○) 산재법 시행규칙 제6조 제5항
③ (○) 산재법 시행규칙 제7조 제2호
④ (×) 질병판정위원회는 심의를 의뢰받은 날부터 20일 이내에 업무상 질병으로 인정되는지를 심의하여 그 결과를 심의를 의뢰한 소속 기관의 장에게 알려야 한다. 다만, 부득이한 사유로 그 기간 내에 심의를 마칠 수 없으면 10일을 넘지 않는 범위에서 한 차례만 그 기간을 연장할 수 있다(산재법 시행규칙 제8조 제2항).
⑤ (○) 질병판정위원회의 위원장은 회의를 소집하고, 그 의장이 된다. 다만, 질병판정위원회의 원활한 운영을 위하여 필요하면 위원장이 지명하는 위원이 회의를 주재할 수 있다(산재법 시행규칙 제9조 제1항).

정답 ④

22 기출 22

☑ 확인Check! ○ △ ×

산업재해보상보험법령상 업무상의 재해의 인정 기준에 해당하는 사유가 아닌 것은?

① 근로자가 근로계약에 따른 업무나 그에 따르는 행위를 하던 중 발생한 사고
② 사업주의 구체적인 지시를 위반한 행위로 인한 사고
③ 사업주가 제공한 시설물 등을 이용하던 중 그 시설물 등의 결함이나 관리소홀로 발생한 사고
④ 사업주가 주관하거나 사업주의 지시에 따라 참여한 행사나 행사준비 중에 발생한 사고
⑤ 휴게시간 중 사업주의 지배관리하에 있다고 볼 수 있는 행위로 발생한 사고

22

사업주의 구체적인 지시를 위반한 행위로 인한 사고는 산재법 제37조 제1항에서 정한 업무상의 재해의 인정 기준에는 해당하지 아니한다.

정답 ②

PLUS

업무상의 재해의 인정 기준(산재법 제37조)

① 근로자가 다음 각 호의 어느 하나에 해당하는 사유로 부상·질병 또는 장해가 발생하거나 사망하면 업무상의 재해로 본다. 다만, 업무와 재해 사이에 상당인과관계(相當因果關係)가 없는 경우에는 그러하지 아니하다.
1. 업무상 사고
가. 근로자가 근로계약에 따른 업무나 그에 따르는 행위를 하던 중 발생한 사고
나. 사업주가 제공한 시설물 등을 이용하던 중 그 시설물 등의 결함이나 관리소홀로 발생한 사고
다. 삭제 〈2017.10.24〉
라. 사업주가 주관하거나 사업주의 지시에 따라 참여한 행사나 행사준비 중에 발생한 사고
마. 휴게시간 중 사업주의 지배관리하에 있다고 볼 수 있는 행위로 발생한 사고
바. 그 밖에 업무와 관련하여 발생한 사고

23 기출 20

☑ 확인Check! ○ △ ×

산업재해보상보험법상 심사청구 및 재심사청구에 관한 설명으로 옳은 것은?

① 재심사위원회의 재결은 근로복지공단을 기속하지 아니한다.
② 재심사위원회 위원(당연직위원은 제외)의 임기는 2년으로 하되 연임할 수 없다.
③ 보험급여에 관한 결정에 대해서는 행정심판법에 따른 행정심판을 제기할 수 있다.
④ 재심사위원회의 위원장 및 위원은 고용노동부장관이 임명한다.
⑤ 재심사청구의 제기는 시효의 중단에 관하여 민법 제168조에 따른 재판상의 청구로 본다.

23

① (×) 재심사위원회의 재결은 근로복지공단을 기속한다(산재법 제109조 제2항).
② (×) 재심사위원회 위원(당연직위원은 제외)의 임기는 3년으로 하되 연임할 수 있고, 위원장이나 위원의 임기가 끝난 경우 그 후임자가 임명될 때까지 그 직무를 수행한다(산재법 제107조 제7항).
③ (×) 보험급여결정등에 대하여는 행정심판법에 따른 행정심판을 제기할 수 없다(산재법 제103조 제5항).
④ (×) 재심사위원회의 위원장 및 위원은 고용노동부장관의 제청으로 대통령이 임명한다(산재법 제107조 제5항 본문).
⑤ (○) 산재법 제111조 제1항

정답 ⑤

24 기출 22

☑ 확인Check! ○ △ ×

산업재해보상보험법에 따라 산정된 저소득 근로자의 휴업급여에 관한 내용이다. (   )에 들어갈 숫자로 옳은 것은?

> 1일당 휴업급여 지급액이 최저 보상기준 금액의 100분의 (ㄱ)보다 적거나 같으면 그 근로자에 대하여는 평균임금의 100분의 (ㄴ)에 상당하는 금액을 1일당 휴업급여 지급액으로 한다. 다만, 그 근로자의 평균임금의 100분의 (ㄴ)에 상당하는 금액이 최저 보상기준 금액의 100분의 (ㄱ)보다 많은 경우에는 최저 보상기준 금액의 100분의 (ㄱ)에 상당하는 금액을 1일당 휴업급여 지급액으로 한다.

① ㄱ : 70, ㄴ : 70
② ㄱ : 70, ㄴ : 80
③ ㄱ : 80, ㄴ : 80
④ ㄱ : 80, ㄴ : 90
⑤ ㄱ : 90, ㄴ : 90

24

1일당 휴업급여 지급액이 최저 보상기준 금액의 100분의 80보다 적거나 같으면 그 근로자에 대하여는 평균임금의 100분의 90에 상당하는 금액을 1일당 휴업급여 지급액으로 한다. 다만, 그 근로자의 평균임금의 100분의 90에 상당하는 금액이 최저 보상기준 금액의 100분의 80보다 많은 경우에는 최저 보상기준 금액의 100분의 80에 상당하는 금액을 1일당 휴업급여 지급액으로 한다(산재법 제54조 제1항).

정답 ④

25 기출 21

☑ 확인Check! ○ △ ×

산업재해보상보험법령상 보험급여에 관한 내용으로 옳지 않은 것은?

① 장해보상연금의 수급권자가 재요양을 받는 경우에도 그 연금의 지급을 정지하지 아니한다.
② 진폐유족연금의 지급은 그 지급사유가 발생한 달의 다음 달 첫날부터 시작한다.
③ 유족보상연금 수급자격자인 손자녀가 25세가 된 때 또는 형제자매가 19세가 된 때에는 그 자격을 잃는다.
④ 요양급여를 받는 근로자가 요양을 시작한 지 1년이 지난 이후에 취업하지 못하면 휴업급여 대신 상병보상연금을 그 근로자에게 지급한다.
⑤ 장해보상연금은 그 지급을 정지할 사유가 발생한 때에는 그 사유가 발생한 달의 다음 달 첫날부터 그 사유가 소멸한 달의 말일까지 지급하지 아니한다.

25

① (○) 산재법 제60조 제1항
② (○) 장해보상연금, 유족보상연금, 진폐보상연금 또는 진폐유족연금의 지급은 그 지급사유가 발생한 달의 다음 달 첫날부터 시작되며, 그 지급받을 권리가 소멸한 달의 말일에 끝난다(산재법 제70조 제1항).
③ (○) 산재법 제64조 제1항 제4호의2, 제4호의3
④ (×) 요양급여를 받는 근로자가 요양을 시작한 지 2년이 지난 날 이후에 상병보상연금수급요건 모두에 해당하는 상태가 계속되면 휴업급여 대신 상병보상연금을 그 근로자에게 지급한다(산재법 제66조 제1항).
⑤ (○) 장해보상연금, 유족보상연금, 진폐보상연금 또는 진폐유족연금은 그 지급을 정지할 사유가 발생한 때에는 그 사유가 발생한 달의 다음 달 첫날부터 그 사유가 소멸한 달의 말일까지 지급하지 아니한다(산재법 제70조 제2항).

정답 ④

PLUS

상병보상연금(산재법 제66조)

① 요양급여를 받는 근로자가 요양을 시작한 지 2년이 지난 날 이후에 다음 각 호의 요건 모두에 해당하는 상태가 계속되면 휴업급여 대신 상병보상연금을 그 근로자에게 지급한다.
1. 그 부상이나 질병이 치유되지 아니한 상태일 것
2. 그 부상이나 질병에 따른 중증요양상태의 정도가 대통령령으로 정하는 중증요양상태등급기준에 해당할 것
3. 요양으로 인하여 취업하지 못하였을 것

26 기출 21

☑ 확인 Check! ○ △ ×

산업재해보상보험법령상 진폐에 따른 보험급여의 종류에 해당하는 것을 모두 고른 것은?

ㄱ. 요양급여
ㄴ. 휴업급여
ㄷ. 장해급여
ㄹ. 간병급여
ㅁ. 유족급여

① ㄱ, ㄹ
② ㄱ, ㄴ, ㅁ
③ ㄴ, ㄹ, ㅁ
④ ㄴ, ㄷ, ㄹ, ㅁ
⑤ ㄱ, ㄴ, ㄷ, ㄹ, ㅁ

26

산재법상 진폐에 따른 보험급여의 종류에 해당하는 것은 요양급여와 간병급여이다.

정답 ①

PLUS

보험급여의 종류와 산정 기준 등(산재법 제36조)

① 보험급여의 종류는 다음 각 호와 같다. 다만, 진폐에 따른 보험급여의 종류는 제1호의 요양급여, 제4호의 간병급여, 제7호의 장례비, 제8호의 직업재활급여, 제91조의3에 따른 진폐보상연금 및 제91조의4에 따른 진폐유족연금으로 하고, 제91조의12에 따른 건강손상자녀에 대한 보험급여의 종류는 제1호의 요양급여, 제3호의 장해급여, 제4호의 간병급여, 제7호의 장례비, 제8호의 직업재활급여로 한다.

1. 요양급여
2. 휴업급여
3. 장해급여
4. 간병급여
5. 유족급여
6. 상병(傷病)보상연금
7. 장례비
8. 직업재활급여

27 기출 21

☑ 확인Check! ○ △ ×

산업재해보상보험법령상 과태료 부과대상이 되는 자는?

① 근로복지공단의 임직원이나 그 직에 있었던 사람이 그 직무상 알게 된 비밀을 누설한 자
② 산재보험의료기관의 종사자로서 거짓이나 그 밖의 부정한 방법으로 진료비를 지급받은 자
③ 거짓이나 그 밖의 부정한 방법으로 보험급여를 받도록 시키거나 도와준 자
④ 근로복지공단이 아닌 자가 근로복지공단과 비슷한 명칭을 사용한 자
⑤ 근로자가 보험급여를 신청한 것을 이유로 근로자를 해고한 사업주

27

① (×) 2년 이하의 징역 또는 1천만원 이하의 벌금에 처한다(산재법 제127조 제4항).
② (×) 3년 이하의 징역 또는 3천만원 이하의 벌금에 처한다(산재법 제127조 제2항).
③ (×) 2년 이하의 징역 또는 2천만원 이하의 벌금에 처한다(산재법 제127조 제3항 제2호).
④ (○) 200만원 이하의 과태료를 부과한다(산재법 제129조 제2항 제1호).
⑤ (×) 2년 이하의 징역 또는 2천만원 이하의 벌금에 처한다(산재법 제127조 제3항 제3호).

정답 ④

PLUS

벌칙(산재법 제127조)

① 제31조의2 제3항을 위반하여 공동이용하는 전산정보자료를 같은 조 제1항에 따른 목적 외의 용도로 이용하거나 활용한 자는 3년 이하의 징역 또는 3천만원 이하의 벌금에 처한다. 〈신설 2021.1.26.〉
② 산재보험의료기관이나 제46조 제1항에 따른 약국의 종사자로서 거짓이나 그 밖의 부정한 방법으로 진료비나 약제비를 지급받은 자는 3년 이하의 징역 또는 3천만원 이하의 벌금에 처한다. 〈개정 2021.1.26.〉
③ 다음 각 호의 어느 하나에 해당하는 자는 2년 이하의 징역 또는 2천만원 이하의 벌금에 처한다. 〈개정 2021.1.26.〉
  1. 거짓이나 그 밖의 부정한 방법으로 보험급여를 받은 자
  2. 거짓이나 그 밖의 부정한 방법으로 보험급여를 받도록 시키거나 도와준 자
  3. 제111조의2를 위반하여 근로자를 해고하거나 그 밖에 근로자에게 불이익한 처우를 한 사업주
④ 제21조 제3항을 위반하여 비밀을 누설한 자는 2년 이하의 징역 또는 1천만원 이하의 벌금에 처한다.

과태료(산재법 제129조)

① 제91조의21을 위반하여 자료 또는 정보의 제공 요청에 따르지 아니한 자에게는 300만원 이하의 과태료를 부과한다.
② 다음 각 호의 어느 하나에 해당하는 자에게는 200만원 이하의 과태료를 부과한다.
  1. 제34조를 위반하여 근로복지공단 또는 이와 비슷한 명칭을 사용한 자
  2. 제45조 제1항을 위반하여 공단이 아닌 자에게 진료비를 청구한 자
③ 다음 각 호의 어느 하나에 해당하는 자에게는 100만원 이하의 과태료를 부과한다.
  1. 제47조 제1항에 따른 진료계획을 정당한 사유 없이 제출하지 아니하는 자
  2. 제105조 제4항(제109조 제1항에서 준용하는 경우를 포함)에 따른 질문에 답변하지 아니하거나 거짓된 답변을 하거나 검사를 거부·방해 또는 기피한 자
  3. 제114조 제1항 또는 제118조에 따른 보고를 하지 아니하거나 거짓된 보고를 한 자 또는 서류나 물건의 제출 명령에 따르지 아니한 자
  4. 제117조 또는 제118조에 따른 공단의 소속 직원의 질문에 답변을 거부하거나 조사를 거부·방해 또는 기피한 자
  5. 삭제 〈2022.6.10.〉

28 기출 21

확인Check! ○ △ ×

산업재해보상보험법령상 간병 및 이송에 관한 내용으로 옳지 않은 것은?

① 요양 중인 근로자가 회복실에서 요양 중인 경우 그 기간에는 별도의 간병을 제공하지 않는다.

② 간병은 요양 중인 근로자의 부상·질병상태가 의학적으로 다른 사람의 간병이 필요하다고 인정되는 경우로서 신체 표면면적의 35퍼센트 이상에 걸친 화상을 입어 수시로 적절한 조치를 할 필요가 있는 사람에게 제공한다.

③ 해당 근로자의 13세 이상의 자녀 또는 형제자매도 간병을 할 수 있는 사람이다.

④ 간병의 대상이 되는 근로자의 부상·질병상태 등이 전문적인 간병을 필요로 하는 경우에는 의료법에 따른 간호사만 간병을 하도록 할 수 있다.

⑤ 해당 근로자의 부상·질병상태로 보아 이송 시 간호인의 동행이 필요하다고 인정되는 경우에는 간호인 1명이 동행할 수 있으나, 의학적으로 특별히 필요하다고 인정되는 경우에는 2명까지 동행할 수 있다.

28

① (○) 간병은 요양 중인 근로자의 부상·질병상태 및 간병이 필요한 정도에 따라 구분하여 제공한다. 다만, 요양 중인 근로자가 중환자실이나 회복실에서 요양 중인 경우 그 기간에는 별도의 간병을 제공하지 않는다(산재법 시행규칙 제11조 제1항).

② (○) 산재법 시행규칙 제11조 제2항 제5호

③ (○) 해당 근로자의 배우자(사실상 혼인관계에 있는 사람을 포함), 부모, 13세 이상의 자녀 또는 형제자매는 간병을 할 수 있는 사람에 해당한다(산재법 시행규칙 제12조 제1항 제3호).

④ (×) 간병의 대상이 되는 근로자의 부상·질병상태 등이 전문적인 간병을 필요로 하는 경우에는 의료법에 따른 간호사·간호조무사 또는 노인복지법에 따른 요양보호사 등 공단이 인정하는 간병교육을 받은 사람만 간병을 하도록 할 수 있다(산재법 시행규칙 제12조 제2항).

⑤ (○) 산재법 시행규칙 제17조 제1항

정답 ④

29 기출 20

확인Check! ○ △ ×

산업재해보상보험법상 진폐에 따른 보험급여의 특례에 관한 설명으로 옳지 않은 것은?

① 고용노동부에 진폐심사회의를 둔다.

② 진폐보상연금은 진폐장해등급별 진폐장해연금과 기초연금을 합산한 금액으로 한다.

③ 진폐유족연금은 사망 당시 진폐근로자에게 지급하고 있거나 지급하기로 결정된 진폐보상연금과 같은 금액으로 하되 유족보상연금을 초과할 수 없다.

④ 근로복지공단은 근로자가 진폐에 대한 요양급여를 청구하면 진폐의 예방과 진폐근로자의 보호 등에 관한 법률에 따른 건강진단기관에 진폐판정에 필요한 진단을 의뢰하여야 한다.

⑤ 장해보상연금을 받고 있는 사람에게는 진폐에 대한 진단을 받는 경우 진단수당을 지급하지 아니한다.

29

① (×) 진폐의 진단결과에 대하여 진폐병형 및 합병증 등을 심사하기 위하여 근로복지공단에 관계 전문가 등으로 구성된 진폐심사회의를 둔다(산재법 제91조의7 제1항).

② (○) 산재법 제91조의3 제2항 전문

③ (○) 산재법 제91조의4 제2항

④ (○) 산재법 제91조의6 제1항

⑤ (○) 산재법 제91조의6 제5항 단서

정답 ①

30 기출 20

☑ 확인 Check! ○ △ ×

산업재해보상보험법령상 휴업급여에 관한 설명으로 옳은 것은?

① 1일당 지급액은 평균임금의 100분의 70에 상당하는 금액으로 하며 취업하지 못한 기간이 5일 이내이면 지급하지 아니한다.

② 요양을 받고 있는 근로자가 그 요양기간 중 단시간 취업을 하는 경우에는 취업한 날에 해당하는 그 근로자의 평균임금에서 취업한 날에 대한 임금을 뺀 금액의 100분의 70에 상당하는 금액을 지급할 수 있다.

③ 휴업급여를 받는 근로자가 60세가 되면 그 이후의 휴업급여는 감액하여 지급한다.

④ 재요양을 받는 사람에 대하여는 재요양 당시의 임금을 기준으로 산정한 평균임금의 100분의 90에 상당하는 금액을 1일당 휴업급여 지급액으로 한다.

⑤ 재요양을 받는 사람에 대하여 산정한 1일당 휴업급여 지급액이 최저임금액보다 적으면 최저임금액을 1일당 휴업급여 지급액으로 한다.

30

① (×) 휴업급여는 업무상 사유로 부상을 당하거나 질병에 걸린 근로자에게 요양으로 취업하지 못한 기간에 대하여 지급하되, 1일당 지급액은 평균임금의 100분의 70에 상당하는 금액으로 한다. 다만, 취업하지 못한 기간이 3일 이내이면 지급하지 아니한다(산재법 제52조).

② (×) 요양 또는 재요양을 받고 있는 근로자가 그 요양기간 중 일정기간 또는 단시간 취업을 하는 경우에는 그 취업한 날에 해당하는 그 근로자의 평균임금에서 그 취업한 날에 대한 임금을 뺀 금액의 100분의 80에 상당하는 금액을 지급할 수 있다(산재법 제53조 제1항 본문).

③ (×) 휴업급여를 받는 근로자가 61세가 되면 그 이후의 휴업급여는 [별표 1]에 따라 산정한 금액을 지급한다(산재법 제55조 본문).

④ (×) 재요양을 받는 사람에 대하여는 재요양 당시의 임금을 기준으로 산정한 평균임금의 100분의 70에 상당하는 금액을 1일당 휴업급여 지급액으로 한다(산재법 제56조 제1항 전문).

⑤ (○) 산재법 제56조 제2항

정답 ⑤

31 기출 20

☑ 확인 Check! ○ △ ×

산업재해보상보험법령에 따른 업무상 재해에 해당하는 것을 모두 고른 것은?

> ㄱ. 업무수행과정에서 하는 용변 등 생리적 필요행위를 하던 중에 발생한 사고
> ㄴ. 통상적인 경로와 방법으로 출퇴근하는 중 일상생활에 필요한 용품을 구입하기 위한 출퇴근경로 일탈 중의 사고
> ㄷ. 사업주가 제공한 시설물등을 사업주의 구체적인 지시를 위반하여 이용한 행위로 발생한 사고
> ㄹ. 직장 내 괴롭힘 등으로 인한 업무상 정신적 스트레스가 원인이 되어 발생한 질병

① ㄱ, ㄴ　② ㄴ, ㄷ
③ ㄱ, ㄴ, ㄹ　④ ㄱ, ㄷ, ㄹ
⑤ ㄴ, ㄷ, ㄹ

31

ㄱ. (○), ㄴ. (○), ㄹ. (○) ㄱ.은 산재법 시행령 제27조 제1항 제2호에 의하여, ㄴ.은 산재법 제37조 제3항, 동법 시행령 제35조 제2항 제1호에 의하여, ㄹ.은 산재법 제37조 제1항 제2호 다목에 의하여 각각 업무상 재해로 간주된다.

ㄷ. (×) 사업주가 제공한 시설물등을 사업주의 구체적인 지시를 위반하여 이용한 행위로 발생한 사고와 그 시설물등의 관리 또는 이용권이 근로자의 전속적 권한에 속하는 경우에 그 관리 또는 이용 중에 발생한 사고는 업무상 사고로 보지 않는다(산재법 시행령 제28조 제2항).

정답 ③

32 기출 20

☑ 확인Check! O △ X

산업재해보상보험법상 직업재활급여에 관한 설명으로 옳은 것은?

① 직업훈련비용은 직업훈련을 받은 자에게 지급한다.
② 직업훈련비용의 금액은 고용노동부장관이 훈련비용, 훈련기간 및 노동시장의 여건 등을 고려하여 고시하는 금액의 범위에서 실제 드는 비용으로 한다.
③ 직업훈련비용을 지급하는 훈련기간은 24개월 이내로 한다.
④ 직장적응훈련비 및 재활운동비의 지급기간은 6개월 이내로 한다.
⑤ 직업훈련수당의 1일당 지급액은 평균임금의 100분의 70에 상당하는 금액으로 한다.

32

① (×) 직업훈련에 드는 비용(이하 "직업훈련비용")은 직업훈련을 실시한 직업훈련기관에 지급한다(산재법 제73조 제2항 본문).
② (O) 산재법 제73조 제3항
③ (×) 직업훈련비용을 지급하는 훈련기간은 12개월 이내로 한다(산재법 제73조 제3항).
④ (×) 직장적응훈련비 및 재활운동비는 고용노동부장관이 직장적응훈련 또는 재활운동에 드는 비용을 고려하여 고시하는 금액의 범위에서 실제 드는 비용으로 하되, 그 지급기간은 3개월 이내로 한다(산재법 제75조 제3항).
⑤ (×) 직업훈련수당은 직업훈련을 받는 훈련대상자에게 그 직업훈련으로 인하여 취업하지 못하는 기간에 대하여 지급하되, 1일당 지급액은 최저임금액에 상당하는 금액으로 한다(산재법 제74조 제1항 본문).

정답 ②

33 기출 20

☑ 확인Check! O △ X

산업재해보상보험법상 보험급여의 일시중지를 할 수 있는 사유가 아닌 것은?

① 질문이나 조사에 응하지 아니하는 경우
② 보고·서류 제출 또는 신고를 하지 아니하는 경우
③ 거짓이나 그 밖의 부정한 방법으로 진료비나 약제비를 지급받은 경우
④ 진찰 요구에 따르지 아니하는 경우
⑤ 근로복지공단이 직권으로 실시하는 장해등급 또는 진폐장해등급 재판정요구에 응하지 아니하는 경우

33

산재보험의료기관이나 제46조 제1항에 따른 약국의 종사자로서 거짓이나 그 밖의 부정한 방법으로 진료비나 약제비를 지급받은 자는 3년 이하의 징역 또는 3천만원 이하의 벌금에 처한다(산재법 제127조 제2항).

정답 ③

PLUS

보험급여의 일시중지(산재법 제120조)

① 공단은 보험급여를 받고자 하는 사람이 다음 각 호의 어느 하나에 해당되면 보험급여의 지급을 일시중지할 수 있다.

1. 요양 중인 근로자가 제48조 제1항에 따른 공단의 의료기관 변경 요양 지시를 정당한 사유 없이 따르지 아니하는 경우
2. 제59조에 따라 공단이 직권으로 실시하는 장해등급 또는 진폐장해등급 재판정요구에 따르지 아니하는 경우
3. 제114조나 제115조에 따른 보고·서류 제출 또는 신고를 하지 아니하는 경우
4. 제117조에 따른 질문이나 조사에 따르지 아니하는 경우
5. 제119조에 따른 진찰 요구에 따르지 아니하는 경우

34 기출 19

☑ 확인Check! ○ △ ×

산업재해보상보험법령상 통상적인 출퇴근경로의 일탈 또는 중단이 일상생활에 필요한 행위로서 사유가 있는 경우에는 출퇴근재해로 보는데, 다음 중 그 사유에 해당하는 것은 모두 몇 개인가?

- 일상생활에 필요한 용품을 구입하는 행위
- 방송통신대학에서 직업능력 개발향상에 기여할 수 있는 교육을 받는 행위
- 선거권이나 국민투표권의 행사
- 근로자가 사실상 보호하고 있는 아동을 보육기관으로부터 데려오는 행위
- 의료기관에서 질병의 예방을 목적으로 진료를 받는 행위

① 1개
② 2개
③ 3개
④ 4개
⑤ 5개

34

제시된 사유는 모두 일상생활에 필요한 행위로서 출퇴근재해로 간주된다(산재법 제37조 제3항 단서, 동법 시행령 제35조 제2항).

정답 ⑤

35 기출 19

☑ 확인Check! ○ △ ×

산업재해보상보험법령상 보험급여에 관한 설명으로 옳은 것은?

① 부상 또는 질병이 7일 이내의 요양으로 치유될 수 있으면 요양급여를 지급하지 아니한다.
② 요양급여의 신청을 한 사람은 근로복지공단이 요양급여에 관한 결정을 하기 전에는 국민건강보험법상 요양급여를 받을 수 있다.
③ 장해급여는 근로자가 업무상의 사유로 질병에 걸려 치유된 후 신체 등에 장해가 있는 경우에 한국장애인고용공단에서 지급한다.
④ 장해보상연금의 수급권자가 재요양을 받는 경우에는 그 연금의 지급을 정지한다.
⑤ 간병급여는 실제로 간병을 실시한 사람에게 직접 지급한다.

35

① (×) 부상 또는 질병이 3일 이내의 요양으로 치유될 수 있으면 요양급여를 지급하지 아니한다(산재법 제40조 제3항).
② (○) 산재법 제42조 제1항
③ (×) 장해급여는 근로자가 업무상의 사유로 부상을 당하거나 질병에 걸려 치유된 후 신체 등에 장해가 있는 경우에 근로복지공단에서 그 근로자에게 지급한다(산재법 제57조 제1항, 제11조 제1항 제3호).
④ (×) 장해보상연금의 수급권자가 재요양을 받는 경우에도 그 연금의 지급을 정지하지 아니한다(산재법 제60조 제1항).
⑤ (×) 간병급여는 제40조에 따른 요양급여를 받은 사람 중 치유 후 의학적으로 상시 또는 수시로 간병이 필요하여 실제로 간병을 받는 사람에게 지급한다(산재법 제61조 제1항).

정답 ②

36 기출 19

☑ 확인 Check! ○ △ ×

산업재해보상보험법령상 장해보상연금의 수급권 소멸사유를 모두 고른 것은?

ㄱ. 수급권자가 사망한 경우
ㄴ. 대한민국 국민이었던 수급권자가 국적을 상실하고 외국에서 거주하고 있는 경우
ㄷ. 대한민국 국민이 아닌 수급권자가 외국에서 거주하기 위해 출국하는 경우
ㄹ. 수급권자의 장해등급이 변경되어 장해보상연금의 지급대상에서 제외되는 경우

① ㄱ, ㄴ
② ㄱ, ㄹ
③ ㄴ, ㄷ
④ ㄱ, ㄷ, ㄹ
⑤ ㄱ, ㄴ, ㄷ, ㄹ

36

ㄱ. (O) 산재법 제58조 제1호
ㄴ. (O) 산재법 제58조 제2호
ㄷ. (O) 산재법 제58조 제3호
ㄹ. (O) 산재법 제58조 제4호

정답 ⑤

CHAPTER

04 국민연금법

제1절 국민연금법의 주요 내용

I 서 설

1. 목적(법 제1조)

국민연금법은 국민의 노령, 장애 또는 사망에 대하여 연금급여를 실시함으로써 국민의 생활 안정과 복지 증진에 이바지하는 것을 목적으로 한다.

2. 관장(법 제2조)

① 국민연금사업은 보건복지부장관이 이를 관장한다.

② 보건복지부장관은 국민연금제도의 설계에서부터 제도운영에 관한 모든 정책결정과 업무관장에 대한 책임을 지고 있다. 업무수행의 전문성과 효율성을 높이기 위해서 공법인인 국민연금관리공단을 설립하여 위탁 운영하고 있다.

3. 국가의 책무(법 제3조의2)

국가는 이 법에 따른 연금급여가 안정적·지속적으로 지급되도록 필요한 시책을 수립·시행하여야 한다.

4. 용어의 정의(법 제3조)

① 이 법에서 사용하는 용어의 뜻은 다음과 같다.

㉠ "근로자"란 직업의 종류가 무엇이든 사업장에서 노무를 제공하고 그 대가로 임금을 받아 생활하는 자(법인의 이사와 그 밖의 임원을 포함)를 말한다. 다만, 대통령령으로 정하는 자는 제외한다(제1항 제1호).

근로자에서 제외되는 사람(영 제2조)

국민연금법(이하 "법") 제3조 제1항 제1호 단서에 따라 근로자에서 제외되는 사람은 다음 각 호와 같다. 기출 14

1. 일용근로자나 1개월 미만의 기한을 정하여 근로를 제공하는 사람. 다만, 1개월 이상 계속하여 근로를 제공하는 사람으로서 다음 각 목의 어느 하나에 해당하는 사람은 근로자에 포함된다.
   가. 건설산업기본법 제2조 제4호 각 목 외의 부분 본문에 따른 건설공사의 사업장 등 보건복지부장관이 정하여 고시하는 사업장에서 근로를 제공하는 경우 : 1개월 동안의 근로일수가 8일 이상이거나 1개월 동안의 소득(제3조 제1항 제2호에 따른 소득만 해당)이 보건복지부장관이 정하여 고시하는 금액 이상인 사람
   나. 가목 외의 사업장에서 근로를 제공하는 경우 : 1개월 동안의 근로일수가 8일 이상 또는 1개월 동안의 근로시간이 60시간 이상이거나 1개월 동안의 소득이 보건복지부장관이 정하여 고시하는 금액 이상인 사람

2. 소재지가 일정하지 아니한 사업장에 종사하는 근로자
3. 법인의 이사 중 소득이 없는 사람
4. 1개월 동안의 소정근로시간이 60시간 미만인 단시간근로자. 다만, 해당 단시간근로자 중 다음 각 목의 어느 하나에 해당하는 사람은 근로자에 포함된다.
   가. 3개월 이상 계속하여 근로를 제공하는 사람으로서 고등교육법 제14조 제2항에 따른 강사
   나. 3개월 이상 계속하여 근로를 제공하는 사람으로서 사용자의 동의를 받아 근로자로 적용되기를 희망하는 사람
   다. 둘 이상 사업장에 근로를 제공하면서 각 사업장의 1개월 소정근로시간의 합이 60시간 이상인 사람으로서 1개월 소정근로시간이 60시간 미만인 사업장에서 근로자로 적용되기를 희망하는 사람
   라. 1개월 이상 계속하여 근로를 제공하는 사람으로서 1개월 동안의 소득이 보건복지부장관이 정하여 고시하는 금액 이상인 사람

ⓛ "사용자(使用者)"란 해당 근로자가 소속되어 있는 사업장의 사업주를 말한다(제1항 제2호).

ⓒ "소득"이란 일정한 기간 근로를 제공하여 얻은 수입에서 대통령령으로 정하는 비과세소득을 제외한 금액 또는 사업 및 자산을 운영하여 얻는 수입에서 필요경비를 제외한 금액을 말한다(제1항 제3호).

소득의 범위(영 제3조)

① 사업장가입자나 국민연금에 가입된 사업장에 종사하는 임의계속가입자(법 제8조 제1항에 따른 퇴직연금등 수급권자 및 국민기초생활 보장법 제7조 제1항 제1호에 따른 생계급여 수급자 및 같은 항 제3호에 따른 의료급여 수급자가 임의계속가입자가 되는 경우는 제외하고, 국민연금과 직역연금의 연계에 관한 법률 제8조에 따라 연계신청을 한 법 제8조 제1항에 따른 퇴직연금등 수급권자를 포함. 이하 "사업장임의계속가입자")의 법 제3조 제1항 제3호에 따른 소득의 범위는 다음 각 호와 같다.
1. 사용자(법인이 아닌 사업장의 사용자만 해당)의 경우 : 제2항 제1호부터 제3호까지 및 제5호에 따른 소득
2. 근로자의 경우 : 소득세법 제20조 제1항에 따른 근로소득에서 같은 법 제12조 제3호에 따른 비과세근로소득(같은 호 거목 및 같은 법 시행령 제16조 제1항 제1호에 따라 원양어업 선박이나 국외등을 항행하는 선박에서 근로를 제공하고 받는 월 300만원 이내의 금액은 제외하고, 조세특례제한법 제18조의2에 따라 과세하지 않는 금액은 포함)을 뺀 소득

② 지역가입자와 지역가입자의 요건을 갖춘 임의계속가입자(이하 "지역임의계속가입자")의 법 제3조 제1항 제3호에 따른 소득의 범위는 다음 각 호의 것으로 하되, 해당 가입자의 소득이 둘 이상이면 합하여 계산한 것으로 한다.
1. 농업소득 : 경종업, 과수·원예업, 양잠업, 종묘업, 특수작물 생산업, 가축의 사육업, 종축업 또는 부화업과 이에 따른 업무에서 얻는 소득
2. 임업소득 : 영림업, 임산물 생산업 또는 야생조수 사육업과 이에 따른 업무에서 얻는 소득
3. 어업소득 : 어업(양식업 포함)과 이에 따른 업무에서 얻는 소득
4. 근로소득 : 제1항 제2호에 따른 소득
5. 사업소득 : 소득세법 제19조 제2항에 따른 사업소득 금액

ⓔ "평균소득월액"이란 매년 사업장가입자 및 지역가입자 전원(全員)의 기준소득월액을 평균한 금액을 말한다(제1항 제4호).

평균소득월액의 산정방법(영 제4조)

법 제3조 제1항 제4호에 따른 평균소득월액은 매년 12월 31일 현재 가입 중인 사업장가입자와 지역가입자 전원(법 제91조 제1항 각 호에 따른 납부예외사유로 연금보험료를 내지 아니하는 사업장가입자 및 지역가입자는 제외)의 기준소득월액 총액을 사업장가입자와 지역가입자 전원의 수로 나누어 산정한다. 이 경우 제8조에 따른 둘 이상 적용 사업장가입자의 경우에는 각 사업장별 기준소득월액을 합산하여 이를 하나의 사업장가입자의 기준소득월액으로 보아 평균소득월액을 산정한다.

ⓜ "기준소득월액"이란 연금보험료와 급여를 산정하기 위하여 국민연금 가입자(이하 "가입자")의 소득월액을 기준으로 하여 정하는 금액을 말한다(제1항 제5호).

> **기준소득월액 및 적용기간(영 제5조)**
>
> ① 법 제3조 제1항 제5호에 따른 기준소득월액은 다음 각 호의 하한액과 상한액의 범위에서 사업장가입자는 사용자가, 지역가입자는 가입자가 신고한 소득월액에서 천원 미만을 버린 금액으로 한다.
>
> 1. 하한액 : 가목을 나목으로 나눈 값(소수점 이하 넷째자리에서 반올림)에 직전 적용기간의 기준 소득월액 하한액을 곱한 금액. 이 경우 만원 미만은 반올림한다.
>   가. 법 제51조 제1항 제1호에 따라 산정하여 제37조에 따라 해당 연도 1월부터 12월까지 적용하는 금액
>   나. 법 제51조 제1항 제1호에 따라 산정하여 제37조에 따라 전년도 1월부터 12월까지 적용하는 금액
> 2. 상한액 : 제1호 가목을 같은 호 나목으로 나눈 값(소수점 이하 넷째자리에서 반올림)에 직전 적용기간의 기준소득월액 상한액을 곱한 금액. 이 경우 만원 미만은 반올림한다.
>
> ② 보건복지부장관은 제1항에도 불구하고, 국민의 생활수준, 임금, 물가, 그 밖에 경제사정에 뚜렷한 변동이 생긴 경우에는 법 제5조에 따른 국민연금심의위원회(이하 "국민연금심의위원회")의 심의를 거쳐 제1항 각 호에 따른 하한액과 상한액을 조정할 수 있다.
>
> ③ 보건복지부장관은 제1항 또는 제2항에 따른 하한액과 상한액을 국민연금심의위원회의 심의를 거쳐 매년 3월 31일까지 고시하여야 한다.
>
> ④ 제3항에 따라 고시된 하한액과 상한액의 적용기간은 해당 연도 7월부터 다음 연도 6월까지로 한다.
>
> ⑤ 사용자나 가입자가 신고한 소득월액이 제3항에 따라 고시된 하한액보다 적으면 그 하한액을, 같은 항에 따라 고시된 상한액보다 많으면 그 상한액을 기준소득월액으로 한다.

ⓑ "사업장가입자"란 사업장에 고용된 근로자 및 사용자로서 국민연금에 가입된 자를 말한다.

ⓢ "지역가입자"란 사업장가입자가 아닌 자로서 국민연금에 가입된 자를 말한다.

ⓞ "임의가입자"란 사업장가입자 및 지역가입자 외의 자로서 국민연금에 가입된 자를 말한다.

ⓙ "임의계속가입자"란 국민연금 가입자 또는 가입자였던 자가 국민연금공단에 가입을 신청하여 가입자로 된 자를 말한다.

ⓒ "연금보험료"란 국민연금사업에 필요한 비용으로서 사업장가입자의 경우에는 부담금 및 기여금의 합계액을, 지역가입자 · 임의가입자 및 임의계속가입자의 경우에는 본인이 내는 금액을 말한다.

ⓚ "부담금"이란 사업장가입자의 사용자가 부담하는 금액을 말한다.

ⓣ "기여금"이란 사업장가입자가 부담하는 금액을 말한다.

ⓟ "사업장"이란 근로자를 사용하는 사업소 및 사무소를 말한다.

ⓗ "수급권"이란 이 법에 따른 급여를 받을 권리를 말한다.

㉮ "수급권자"란 수급권을 가진 자를 말한다.

㉯ "수급자"란 이 법에 따른 급여를 받고 있는 자를 말한다.

㉰ "초진일"이란 장애의 주된 원인이 되는 질병이나 부상에 대하여 처음으로 의사의 진찰을 받은 날을 말한다. 이 경우 질병이나 부상의 초진일에 대한 구체적인 판단기준은 보건복지부장관이 정하여 고시한다.

㉱ "완치일"이란 장애의 주된 원인이 되는 질병이나 부상이 의학적으로 치유된 날, 더 이상 치료효과를 기대할 수 없는 경우로서 그 증상이 고정되었다고 인정되는 날, 증상의 고정은 인정되지 아니하나 증상의 정도를 고려할 때 완치된 것으로 볼 수 있는 날 중 하나에 해당하는 날을 말한다.

㉲ "가입대상기간"이란 18세부터 초진일 혹은 사망일까지의 기간으로서, 가입 대상에서 제외되는 기간, 18세 이상 27세 미만인 기간 중 지역가입자에서 제외되는 기간, 18세 이상 27세 미만인 기간 중 연금보험료를 내지 아니한 기간(병역의무를 수행하는 경우에는 27세 이상인 기간도 포함)을 제외한 기간을 말한다. 다만, 18세 미만에 가입자가 된 경우에는 18세 미만인 기간 중 보험료 납부기간(초진일이나 사망일 이전에 18세 미만 근로자가 연금보험료를 최초로 납부한 이후에 연금보험료를 내지 아니한 기간에 대하여 보험료를 추후 납부하였을 경우에는 그 추후 납부한 기간을 포함)을 가입대상기간에 포함하고, 초진일이나 사망일 이전에 보험료납부예외기간에 대하여 보험료를 추후 납부하였을 경우에는 그 추후 납부한 기간을 가입대상기간에 포함한다.

② 이 법을 적용할 때 배우자, 남편 또는 아내에는 사실상의 혼인관계에 있는 자를 포함한다.

③ 수급권을 취득할 당시 가입자 또는 가입자였던 자의 태아가 출생하면 그 자녀는 가입자 또는 가입자였던 자에 의하여 생계를 유지하고 있던 자녀로 본다.

④ 가입자의 종류에 따른 소득 범위, 평균소득월액의 산정 방법, 기준소득월액의 결정 방법 및 적용 기간 등은 대통령령으로 정한다.

5. 국민연금의 재정계산 및 장기재정 균형유지(법 제4조)

① 이 법에 따른 급여 수준과 연금보험료는 국민연금 재정이 장기적으로 균형을 유지할 수 있도록 조정(調整)되어야 한다(제1항).

② 보건복지부장관은 대통령령으로 정하는 바에 따라 5년마다 국민연금 재정수지를 계산하고, 국민연금의 재정전망과 연금보험료의 조정 및 국민연금기금의 운용계획 등이 포함된 국민연금 운영 전반에 관한 계획을 수립하여 국무회의의 심의를 거쳐 대통령의 승인을 받아야 하며, 승인받은 계획을 해당 연도 10월 말까지 국회에 제출하여 소관 상임위원회에 보고하고, 대통령령으로 정하는 바에 따라 공시하여야 한다. 다만, 급격한 경기변동 등으로 인하여 필요한 경우에는 5년이 지나지 아니하더라도 새로 국민연금 재정수지를 계산하고 국민연금 운영 전반에 관한 계획을 수립할 수 있다(제2항).

국민연금의 재정계산 등(영 제11조)

① 보건복지부장관은 법 제4조 제2항 본문에 따라 매 5년이 되는 해의 3월 31일까지 법 제101조에 따른 국민연금기금(이하 "기금")의 재정계산을 하고, 국민연금 재정 전망 및 연금보험료 조정 등을 포함한 국민연금 운영 전반에 관한 계획을 수립하여 국민연금심의위원회의 심의를 거쳐 해당 연도 9월 30일까지 대통령의 승인을 받아 해당 연도 10월 31일까지 국회에 제출해야 한다.

② 보건복지부장관은 국민연금 재정 전망 등을 포함한 국민연금 운영 전반에 관한 계획을 신문 등의 진흥에 관한 법률 제9조 제1항에 따라 전국을 보급지역으로 등록한 일반일간신문 1개 이상 및 경제 분야 특수일간신문 1개 이상에 각각 공시하거나 관보, 인터넷 홈페이지 또는 방송 등을 통하여 공시해야 한다.

③ 이 법에 따른 연금보험료, 급여액, 급여의 수급 요건 등은 국민연금의 장기재정 균형 유지, 인구구조의 변화, 국민의 생활수준, 임금, 물가, 그 밖에 경제사정에 뚜렷한 변동이 생기면 그 사정에 맞게 조정되어야 한다.

Ⅱ 국민연금심의위원회(법 제5조)

1. 구 성

① 위원장・부위원장 및 위원으로 구성된다. 위원은 사용자 단체가 추천하는 4명, 근로자단체가 추천하는 4명, 지역가입자를 대표하는 위원 6명, 수급자를 대표하는 위원 4명, 공익을 대표하는 위원으로서 국민연금에 관한 전문가 5명으로 구성한다.

② 위원장은 보건복지부차관, 부위원장은 공익을 대표하는 위원 중에서 호선한다. 위원장 외의 위원의 임기는 2년이나 연임할 수 있고, 의사는 재적위원 과반수 출석, 출석위원 과반수 찬성으로 의결한다.

2. 심의사항

① 국민연금제도 및 재정계산에 관한 사항

② 급여에 관한 사항

③ 연금보험료에 관한 사항

④ 국민연금기금에 관한 사항

⑤ 그 밖에 국민연금제도의 운영과 관련하여 보건복지부장관이 회의에 부치는 사항

3. 국민연금심의위원회와 국민연금심사위원회의 구분

국민연금가입자 중 자신의 자격, 기준소득월액, 연금보험료 기타 징수금과 급여에 관한 공단의 처분에 이의가 있는 자는 90일 이내에 공단에 심사청구를 할 수 있는데, 이 심사청구사항을 심사하기 위하여 공단에 국민연금심사위원회를 둔다(법 제109조).

제2절 국민연금가입자

Ⅰ 가입대상자 및 가입대상 제외자(법 제6조, 영 제18조)

1. 가입대상자

국적요건으로 원칙적으로 '국민'이 가입대상자, 거주요건으로 '국내'에 거주하는 연령요건으로 '18세 이상 60세 미만'이어야 한다.

2. 가입대상 제외자 기출 21

공무원연금법, 군인연금법, 사립학교교직원 연금법 및 별정우체국법을 적용을 받는 공무원・군인, 교직원 및 별정우체국 직원, 그 밖에 대통령령이 정하는 자는 제외한다. 즉, 노령연금의 수급권을 취득한 자 중 60세 미만의 특수 직종 근로자, 조기노령연금의 수급권을 취득한 자. 단, 조기노령연금의 지급이 정지 중인 자는 제외한다.

Ⅱ 가입자의 종류[4)]

1. 사업장가입자(법 제8조)

(1) 종류와 가입조건

종 별	종 류	가입요건
사업장 가입자	당연적용 사업장가입자	근로자 1인 이상 사업장에 종사하는 18세 이상 60세 미만의 자
	외국인 사업장가입자	18세 이상 60세 미만으로 당연적용사업장에 사용되고 있거나 국내에 거주하는 외국인인 자(법 제126조)
	당연적용제외자 (임의가입자로 가입 가능)	• 사업장가입자의 당연적용대상에서 제외되는 자 • 공무원연금법, 공무원 재해보상법, 사립학교교직원연금법, 별정우체국법에 따른 퇴직연금, 장해연금, 퇴직연금일시금이나 군인연금법에 따른 퇴역연금, 퇴역연금일시금, 군인 재해보상법에 따른 상이연금을 받을 권리를 얻은 자(퇴직연금 등 수급권자) • 국민기초생활보장법에 의한 수급자

(2) 당연적용사업장(영 제19조)

① 사업의 종류, 근로자의 수 등을 고려하여 대통령령으로 정하는 사업장(당연적용사업장)의 18세 이상 60세 미만인 근로자와 사용자는 당연히 사업장가입자가 된다.

② 당연적용사업장은 다음 중 어느 하나에 해당하는 사업장으로 한다.

㉠ 1명 이상의 근로자를 사용하는 사업장

㉡ 주한 외국 기관으로서 1명 이상의 대한민국 국민인 근로자를 사용하는 사업장

③ 사업장 상호 간에 본점과 지점·대리점·출장소 등의 관계에 있고 그 사업 경영이 일체로 되어 있는 경우에는 이를 하나의 사업장으로 보아 당연적용사업장으로 본다.

(3) 사업장가입자 제외대상(법 제8조)

① 공무원연금법, 공무원 재해보상법, 사립학교교직원 연금법 또는 별정우체국법에 따른 퇴직연금, 장해연금 또는 퇴직연금일시금이나 군인연금법에 따른 퇴역연금, 퇴역연금일시금, 군인 재해보상법에 따른 상이연금을 받을 권리를 얻은 자(퇴직연금 등 수급권자). 다만, 퇴직연금 등 수급권자가 국민연금과 직역연금의 연계에 관한 법률에 따라 연계 신청을 한 경우에는 그러하지 아니하다.

② 국민연금에 가입된 사업장에 종사하는 18세 미만 근로자는 사업장가입자가 되는 것으로 본다. 다만 본인이 원하지 아니하면 사업장가입자가 되지 아니할 수 있다.

③ 국민기초생활 보장법에 따른 생계급여 수급자 또는 의료급여 수급자는 본인 희망에 따라 사업장가입자가 되지 아니할 수 있다.

(4) 사업장가입자 자격의 취득시기(법 제11조 제1항)

① 사업장에 고용된 때 또는 그 사업장의 사용자가 된 때

② 당연적용사업장으로 된 때

(5) 사업장가입자 자격의 상실시기(법 제12조 제1항) 기출 18·20

다음의 어느 하나에 해당하게 된 날의 다음 날에 자격을 상실한다.

① 사망한 때

② 국적을 상실하거나 국외로 이주한 때

---

4) 가입자는 사업장가입자, 지역가입자, 임의가입자 및 임의계속가입자로 구분한다(연금법 제7조). 기출 22

③ 사용관계가 끝난 때
④ 60세가 된 때
⑤ 국민연금 가입 대상 제외자에 해당하게 된 때(해당하게 된 날에 상실)

2. 지역가입자(법 제9조)

(1) 종류와 가입조건

종 별	종 류	가입요건
지역가입자	당연적용 지역가입자	18세 이상 60세 미만으로서 사업장가입자가 아닌 자
	특례적용 지역가입자	지역가입자의 요건을 갖춘 자로서 60세 이상 65세 미만인 자(법률 제8541호 부칙 제10조)
	외국인 지역가입자	18세 이상 60세 미만으로 당연적용사업장에 사용되고 있거나 국내에 거주하는 외국인인 자(법 제126조)
	당연적용제외자(임의가입자로 가입 가능)	1. 다음에 해당하는 배우자로서 별도의 소득이 없는 자 - 국민연금 가입대상에서 제외되는 자 - 사업장가입자 · 지역가입자 및 임의계속가입자 - 노령연금 수급권자 · 퇴직연금 등 수급권자 2. 18세 이상 27세 미만인 자로서 학생이거나 군복무 등의 이유로 소득이 없는 자(연금보험료 납부사실이 있는 자는 제외) 3. 퇴직연금 등 수급권자 4. 국민기초생활보장법에 따른 수급권자 5. 1년 이상 행방불명된 자

(2) 지역가입자 제외대상

① 다음의 어느 하나에 해당하는 자의 배우자로서 별도의 소득이 없는 자
㉠ 국민연금 가입 대상에서 제외되는 자
㉡ 사업장가입자, 지역가입자 및 임의계속가입자
㉢ 노령연금 수급권자 및 퇴직연금 등 수급권자
② 퇴직연금 등 수급권자. 다만, 퇴직연금 등 수급권자가 국민연금과 직역연금의 연계에 관한 법률에 따라 연계 신청을 한 경우에는 그러하지 아니하다.
③ 18세 이상 27세 미만인 자로서 학생이거나 군 복무 등의 이유로 소득이 없는 자(연금보험료를 납부한 사실이 있는 자는 제외)
④ 국민기초생활 보장법에 따른 생계급여 수급자 또는 의료급여 수급자 기출 21
⑤ 1년 이상 행방불명된 자

(3) 행방불명된 자에 대한 인정기준 및 방법(영 제20조)

① 행방불명된 자의 증명은 특별자치도지사 · 시장 · 군수 · 구청장(자치구의 구청장)이 확인하는 바에 따른다.
② 행방불명기간의 기산일은 특별자치도지사 · 시장 · 군수 · 구청장이 확인한 날로 한다.
③ 행방불명된 자의 연금보험료가 납부된 사실이 있는 경우에는 연금보험료가 납부된 기간은 행방불명된 기간에 산입하지 아니한다.
④ 연금보험료가 납부된 자가 다시 행방불명된 것으로 확인되는 경우 행방불명된 기간은 연금보험료 납부 후 다시 행방불명된 것으로 확인된 날부터 기산한다.

(4) 지역가입자 자격의 취득시기(법 제11조 제2항)

1) 사유발생시

① 사업장가입자의 자격을 상실한 때

② 국민연금 가입 대상 제외자에 해당하지 아니하게 된 때

③ 배우자가 별도의 소득이 있게 된 때

④ 18세 이상 27세 미만인 자가 소득이 있게 된 때

2) 신고시

배우자가 별도의 소득이 있게 된 때, 18세 이상 27세 미만인 자가 소득이 있게 된 때로서 소득이 있게 된 때를 알 수 없는 경우에는 신고를 한 날에 그 자격을 취득한다.

(5) 지역가입자 자격의 상실시기(법 제12조 제2항) 기출 20·21

다음의 어느 하나에 해당하게 된 날의 다음 날에 자격을 상실한다. 다만, 국민연금 가입 대상 제외자에 해당하게 된 때와 사업장가입자의 자격을 취득한 때의 경우에는 그에 해당하게 된 날에 그 자격을 상실한다.

① 사망한 때

② 국적을 상실하거나 국외로 이주한 때

③ 국민연금 가입 대상 제외자에 해당하게 된 때

④ 사업장가입자의 자격을 취득한 때

⑤ 배우자로서 별도의 소득이 없게 된 때

⑥ 60세가 된 때

3. 임의가입자

(1) 임의가입대상(법 제10조)

① 사업장가입자도 아니고 지역가입자도 아닌 자로서 18세 이상 60세 미만인 자는 국민연금공단에 가입신청을 하는 경우 임의가입자가 될 수 있다.

② 임의가입자는 국민연금공단에 신청하여 탈퇴할 수 있다. 기출 22

(2) 임의가입자 자격의 취득시기(법 제11조 제3항)

임의가입자는 가입 신청이 수리된 날에 자격을 취득한다. 기출 21·22

(3) 임의가입자 자격의 상실시기(법 제12조 제3항) 기출 20

다음의 어느 하나에 해당하게 된 날의 다음 날에 자격을 상실한다. 다만, ⑥과 ⑦의 경우에는 그에 해당하게 된 날에 그 자격을 상실한다.

① 사망한 때

② 국적을 상실하거나 국외로 이주한 때

③ 탈퇴 신청이 수리된 때

④ 60세가 된 때

⑤ 대통령령으로 정하는 기간 이상 계속하여 연금보험료를 체납한 때(3개월 이상)(제3항 제5호)

⑥ 사업장가입자 또는 지역가입자의 자격을 취득한 때

⑦ 국민연금 가입 대상 제외자에 해당하게 된 때

4. 임의계속가입자(법 제13조)

(1) 임의계속가입대상

다음의 어느 하나에 해당하는 자는 65세가 될 때까지 보건복지부령으로 정하는 바에 따라 국민연금공단에 가입을 신청하면 임의계속가입자가 될 수 있다.

① 국민연금 가입자 또는 가입자였던 자로서 60세가 된 자. 다만, 다음의 어느 하나에 해당하는 자는 제외한다.

㉠ 연금보험료를 납부한 사실이 없는 자

㉡ 노령연금 수급권자로서 급여를 지급받고 있는 자

㉢ 반환일시금을 지급받은 자

② 전체 국민연금 가입기간의 5분의 3 이상을 대통령령으로 정하는 직종의 근로자로 국민연금에 가입하거나 가입하였던 사람(이하 "특수 직종 근로자")으로서 다음의 어느 하나에 해당하는 사람 중 노령연금 급여를 지급받지 않는 사람(제1항 제2호)

㉠ 노령연금 수급권을 취득한 사람

㉡ 국민복지연금법개정법률 부칙에 따라 특례노령연금 수급권을 취득한 사람

> **특수 직종 근로자(영 제22조)**
>
> ① 법 제13조 제1항 제2호 각 목 외의 부분에서 "대통령령으로 정하는 직종"이란 다음 각 호의 직종을 말한다.
>
> 1. 광업법 제3조 제2호에 따른 광업(갱내 작업에 한정)
> 2. 어선에서의 수산업법 제2조 제2호에 따른 어업(양식산업발전법 제2조 제2호에 따른 양식업을 포함하며, 선원법 제2조 제6호에 따른 부원으로서 직접 어로작업에 종사한 경우만 해당)
>
> ② 제1항의 경우에 특수 직종 근로자로서의 연금 가입 기간이 그의 전(全)연금가입기간의 5분의 3에 미달하면 특수 직종 근로자로 보지 아니한다.

③ 임의계속가입자 탈퇴신청서를 작성하여 국민연금공단에 제출하면 탈퇴를 할 수 있다.

(2) 임의계속가입자 자격의 취득시기(법 제13조 제1항)

이 경우 가입 신청이 수리된 날에 그 자격을 취득한다.

(3) 임의계속가입자 자격의 상실시기(법 제13조 제3항)

임의계속가입자는 다음의 어느 하나에 해당하게 된 날의 다음 날에 그 자격을 상실한다. 다만, ③의 경우 임의계속가입자가 납부한 마지막 연금보험료에 해당하는 달의 말일이 탈퇴 신청이 수리된 날보다 같거나 빠르고 임의계속가입자가 희망하는 경우에는 임의계속가입자가 납부한 마지막 연금보험료에 해당하는 달의 말일에 그 자격을 상실한다.

① 사망한 때

② 국적을 상실하거나 국외로 이주한 때

③ 보건복지부령으로 정하는 바에 따른 국민연금공단에 대한 탈퇴 신청이 수리된 때

④ 대통령령으로 정하는 기간 이상 계속하여 연금보험료를 체납한 때(제3항 제4호)

> **연금보험료 체납에 따른 자격상실(영 제21조)**
>
> 법 제12조 제3항 제5호, 법 제13조 제3항 제4호에 따라 임의가입자와 임의계속가입자가 그 자격을 상실하게 되는 연금보험료의 체납기간은 6개월로 한다. 다만, 천재지변이나 그 밖에 부득이한 사유로 기간 내에 연금보험료를 낼 수 없었음을 증명하면 그렇지 않다.

5. 외국인가입자(법 제126조, 영 제111조)

(1) 당연가입대상

이 법의 적용을 받는 사업장에 사용되고 있거나 국내에 거주하는 외국인은 당연히 사업장가입자 또는 지역가입자가 된다. 다만, 이 법에 따른 국민연금에 상응하는 연금에 관하여 그 외국인의 본국 법이 대한민국 국민에게 적용되지 아니하면 그러하지 아니하다.

(2) 외국인가입자 제외대상

① 체류기간연장허가를 받지 아니하고 체류하는 자
② 외국인등록을 하지 아니하거나 강제퇴거명령서가 발급된 자
③ 외국인의 체류자격이 있는 자로서 보건복지부령으로 정하는 자

Ⅲ 가입자자격의 확인

1. 자격 등의 확인(법 제14조)

① 국민연금공단은 가입자의 자격 취득·상실 및 기준소득월액에 관한 확인을 하여야 한다.
② 가입자 자격의 취득 및 상실은 제11조부터 제13조까지의 규정에 따른 자격의 취득 및 상실 시기에 그 효력이 생긴다.
③ 확인은 가입자의 청구, 신고 또는 직권으로 한다.
④ 가입자 또는 가입자였던 자는 언제든지 보건복지부령으로 정하는 바에 따라 자격의 취득·상실, 가입자 종류의 변동 및 기준소득월액의 변동에 관한 확인을 청구할 수 있다.

2. 가입자 증명서(법 제16조)

① 국민연금공단은 가입자가 희망하는 경우 가입자에게 국민연금가입자 증명서를 내주어야 한다.
② 증명서에 기재하여야 할 내용은 대통령령으로 정한다.
③ 증명서의 교부에 필요한 사항은 보건복지부령으로 정한다.

Ⅳ 국민연금가입기간의 계산

1. 국민연금 가입기간의 계산(법 제17조)

(1) 가입기간

국민연금 가입기간(이하 "가입기간")은 월 단위로 계산하되, 가입자의 자격을 취득한 날이 속하는 달의 다음 달부터 자격을 상실한 날의 전날이 속하는 달까지로 한다. 다만, 다음의 어느 하나에 해당하는 경우 자격을 취득한 날이 속하는 달은 가입기간에 산입하되, 가입자가 그 자격을 상실한 날의 전날이 속하는 달에 자격을 다시 취득하면 다시 취득한 달을 중복하여 가입기간에 산입하지 아니한다(법 제17조 제1항).

① 가입자가 자격을 취득한 날이 그 속하는 달의 초일인 경우(자격 취득일이 속하는 달에 다시 그 자격을 상실하는 경우는 제외)
② 임의계속가입자의 자격을 취득한 경우 기출 12
③ 가입자가 희망하는 경우

제1장 제2장 제3장 제4장 제5장 제6장

(2) 산입기간의 제외

① 가입기간을 계산할 때 연금보험료를 내지 아니한 기간은 가입기간에 산입하지 아니한다. 다만, 사용자가 근로자의 임금에서 기여금을 공제하고 연금보험료를 내지 아니한 경우에는 그 내지 아니한 기간의 2분의 1에 해당하는 기간을 근로자의 가입기간으로 산입한다. 이 경우 1개월 미만의 기간은 1개월로 한다(법 제17조 제2항). 기출 12 · 23

② 지급받은 반환일시금이 환수할 급여에 해당하는 경우 이를 반납하지 아니하는 때에는 그에 상응하는 기간을 가입기간에 산입하지 아니한다(법 제17조 제6항). 기출 12

(3) 기여금의 개별납부

① 국민건강보험공단이 근로자에게 그 사업장의 체납 사실을 통지한 경우에는 통지된 체납월(滯納月)의 다음 달부터 체납 기간은 가입기간에 산입하지 아니한다. 이 경우 그 근로자는 가입기간에 산입되지 아니한 체납기간에 해당하는 기여금 및 부담금을 건강보험공단에 낼 수 있으며, 다음에 따른 기간을 가입기간에 산입한다(제3항).

㉠ 기여금 납부 : 체납기간의 2분의 1에 해당하는 기간. 이 경우 1개월 미만의 기간은 1개월로 한다. 기출 12

㉡ 기여금과 부담금 납부 : 체납기간에 해당하는 기간

② 기여금 및 부담금을 납부할 때 월별 납부 기한으로부터 10년이 지난 경우에는 대통령령으로 정하는 이자를 더하여 납부하여야 한다(제4항).

③ 건강보험공단이 사용자가 체납한 연금보험료를 사용자로부터 납부받거나 징수한 경우에는 근로자가 중복하여 낸 기여금 및 부담금을 해당 근로자에게 대통령령으로 정하는 이자를 더하여 돌려주어야 한다(제5항).

2. 연금보험료 일부납부 월의 가입기간 계산(법 제17조의2)

① 가입기간을 계산할 때 연금보험료의 일부가 납부된 경우에는 그 일부 납부된 보험료를 다른 일부 납부된 월의 미납 연금보험료와 연체금 등에 충당하고, 충당 후 완납된 월은 가입기간에 산입한다. 이 경우 충당의 대상 및 방법, 가입기간의 계산 및 급여의 지급 등에 필요한 사항은 대통령령으로 정한다.

② 충당한 후에도 일부 납부된 연금보험료가 있는 경우에는 이를 최초 연금 지급월에 반환한다. 다만, 가입자 또는 가입자였던 자의 청구가 있는 경우에는 일부 납부된 월의 미납된 연금보험료와 연체금 등을 납부받아 해당 월을 가입기간에 산입할 수 있다.

③ 연금보험료 또는 연체금 등을 반환하거나 납부받는 때에는 대통령령으로 정하는 이자를 더하여야 한다.

3. 군복무기간에 대한 가입기간 추가산입(법 제18조)

① 다음의 어느 하나에 해당하는 자가 노령연금 수급권을 취득한 때(가입기간이 추가 산입되면 노령연금 수급권을 취득할 수 있는 경우를 포함)에는 6개월을 가입기간에 추가로 산입한다. 다만, 병역법에 따른 병역의무를 수행한 기간이 6개월 미만인 경우에는 그러하지 아니한다.

㉠ 병역법에 따른 현역병

㉡ 병역법에 따른 전환복무를 한 사람

㉢ 병역법에 따른 상근예비역

㉣ 병역법에 따른 사회복무요원

② 병역법에 따른 병역의무를 수행한 기간의 전부 또는 일부가 다음의 어느 하나에 해당하는 기간에 산입된 경우에는 군복무기간에 대한 가입기간을 추가산입하지 아니한다.

㉠ 공무원연금법, 사립학교 교직원 연금법 또는 별정우체국법에 따른 재직기간

㉡ 군인연금법에 따른 복무기간

③ 가입기간을 추가로 산입하는 데 필요한 재원은 국가가 전부를 부담한다.

4. 출산에 대한 가입기간 추가산입(법 제19조) 기출 19

① 2 이상의 자녀가 있는 가입자 또는 가입자였던 자가 노령연금수급권을 취득한 때(가입기간이 추가 산입되면 노령연금수급권을 취득할 수 있는 경우를 포함)에는 다음에 따른 기간을 가입기간에 추가로 산입한다. 다만, 추가로 산입하는 기간은 50개월을 초과할 수 없으며, 자녀 수의 인정방법 등에 관하여 필요한 사항은 대통령령으로 정한다.

㉠ **자녀가 2명인 경우** : 12개월

㉡ **자녀가 3명 이상인 경우** : 둘째 자녀에 대하여 인정되는 12개월에 2자녀를 초과하는 자녀 1명마다 18개월을 더한 개월 수

② 추가 가입기간은 부모가 모두 가입자 또는 가입자였던 자인 경우에는 부와 모의 합의에 따라 2명 중 1명의 가입기간에만 산입하되, 합의하지 아니한 경우에는 균등 배분하여 각각의 가입기간에 산입한다. 이 경우 합의의 절차 등에 관하여 필요한 사항은 보건복지부령으로 정한다.

③ 가입기간을 추가로 산입하는 데 필요한 재원은 국가가 전부 또는 일부를 부담한다.

5. 실업에 대한 가입기간의 추가산입(법 제19조의2)

(1) 요 건

다음의 요건을 모두 갖춘 사람이 고용보험법에 따른 구직급여를 받는 경우로서 구직급여를 받는 기간을 가입기간으로 산입하기 위하여 국민연금공단에 신청하는 때에는 그 기간을 가입기간에 추가로 산입한다. 다만, 추가로 산입하는 기간은 1년을 초과할 수 없다.

① 18세 이상 60세 미만인 사람 중 가입자 또는 가입자였을 것

② 대통령령으로 정하는 재산 또는 소득이 보건복지부장관이 정하여 고시하는 기준 이하일 것

(2) 가입의제

산입되는 가입기간에 대하여는 고용보험법에 따른 구직급여의 산정 기초가 되는 임금일액을 월액으로 환산한 금액의 절반에 해당하는 소득(이하 "인정소득")으로 가입한 것으로 본다. 다만, 인정소득의 상한선 및 하한선은 보건복지부장관이 정하여 고시하는 금액으로 한다.

(3) 보험료의 납부

가입자 또는 가입자였던 사람은 구직급여를 받는 기간을 가입기간으로 추가 산입하려는 경우 인정소득을 기준으로 연금보험료를 납부하여야 한다. 이 경우 국가는 연금보험료의 전부 또는 일부를 일반회계, 국민연금기금 및 고용보험법에 따른 고용보험기금에서 지원할 수 있다.

(4) 추가산입기간의 반영

① 노령연금 : 추가산입기간을 기본연금액에 반영한다.

② 장애연금 : 추가산입기간을 기본연금액에 반영하지 아니한다.

③ 유족연금 : 추가산입기간을 기본연금액에 반영하지 아니하되, 가족연금액 지급결정을 위한 가입기간에는 반영한다.

6. 가입기간의 합산(법 제20조) 기출 13·22

① 가입자의 자격을 상실한 후 다시 그 자격을 취득한 자에 대하여는 전후(前後)의 가입기간을 합산한다.

② 가입자의 가입 종류가 변동되면 그 가입자의 가입기간은 각 종류별 가입기간을 합산한 기간으로 한다.

V 가입자 자격 및 소득 등에 관한 신고(법 제21조)

사업장가입자의 사용자는 보건복지부령으로 정하는 바에 따라 당연적용사업장에 해당된 사실, 사업장의 내용 변경 및 휴업·폐업 등에 관한 사항과 가입자 자격의 취득·상실, 가입자의 소득월액 등에 관한 사항을 국민연금공단에 신고하여야 한다.

① 지역가입자, 임의가입자 및 임의계속가입자는 보건복지부령으로 정하는 바에 따라 자격의 취득·상실, 이름 또는 주소의 변경 및 소득에 관한 사항 등을 국민연금공단에 신고하여야 한다.

② 지역가입자, 임의가입자 또는 임의계속가입자가 부득이한 사유로 제2항에 따른 신고를 할 수 없는 경우에는 배우자나 그 밖의 가족이 신고를 대리할 수 있다.

VI 통 지

1. 신고인에 대한 통지 등(법 제22조)

국민연금공단은 신고를 받으면 그 내용을 확인하고, 신고 내용이 사실과 다르다고 인정되면 그 뜻을 신고인에게 통지하여야 한다.

2. 가입자 등에 대한 통지 등(법 제23조)

① 국민연금공단은 사업장가입자의 자격 취득·상실에 관한 확인을 한 때와 기준소득월액이 결정되거나 변경된 때에는 이를 그 사업장의 사용자에게 통지하여야 하며, 지역가입자, 임의가입자 또는 임의계속가입자의 자격 취득·상실에 관한 확인을 한 때와 기준소득월액이 결정되거나 변경된 때에는 이를 그 지역가입자, 임의가입자 또는 임의계속가입자에게 통지하여야 한다.

② 통지를 받은 사용자는 이를 해당 사업장가입자 또는 그 자격을 상실한 자에게 통지하되, 그 통지를 받을 자의 소재를 알 수 없어 통지할 수 없는 경우에는 그 뜻을 국민연금공단에 통지하여야 한다.

③ 사용자는 사업장가입자 또는 그 자격을 상실한 사람에게 통지를 한 경우에는 그 사실을 확인할 수 있는 서류를 작성하고, 보건복지부령으로 정하는 기간 동안 이를 보관하여야 한다.

④ 국민연금공단은 다음의 어느 하나에 해당하면 보건복지부령으로 정하는 바에 따라 공고하는 것으로 통지를 갈음할 수 있다.
㉠ 사업장이 폐지된 경우
㉡ 통지를 받을 지역가입자, 임의가입자 또는 임의계속가입자의 소재를 알 수 없는 경우
㉢ 사용자로부터 통지를 받은 경우
㉣ 그 밖에 통지할 수 없는 불가피한 사정이 있는 경우로서 대통령령으로 정하는 경우

연금의 운영방식
운영방식은 국영방식(정부가 직접관리), 민영방식(민간보험기관이 연금제도관리운영), 특수공법인운영방식(특수공법인을 설립하고 이 공법인이 연금제도 관리운영), 혼합방식(일부는 정부가 관리, 일부는 공법인이나 민간보험기관이 관리운영)으로 나눌 수 있다.

Ⅶ 사망의 추정(법 제15조, 영 제23조)

1. 의 의

사고가 발생한 선박 또는 항공기에 탔던 자로서 생사를 알 수 없거나 그 밖의 사유로 생사를 알 수 없게 된 사람은 가입자의 자격 확인 및 연금의 지급과 관련하여 대통령령으로 정하는 바에 따라 사망한 것으로 추정한다.

2. 추정의 사유

① 선박이 침몰, 전복, 멸실 또는 행방불명되거나 항공기가 추락, 멸실 또는 행방불명된 경우에 그 선박이나 항공기에 탔던 자가 그 사고의 발생일부터 3개월 동안 생사를 알 수 없을 때
② 항행 중의 선박이나 항공기에 탔던 자가 행방불명되어 3개월 동안 생사를 알 수 없을 때
③ 천재지변이나 그 밖에 이에 준하는 사유로 3개월 동안 생사를 알 수 없을 때

3. 추정의 시기

① 사망으로 추정되는 자는 그 사고가 발생한 날이나 행방불명된 날에 사망한 것으로 추정한다.
② 생사를 알 수 없었던 자가 사망한 것이 사고가 발생한 날이나 행방불명된 날부터 3개월 이내에 확인되었으나 그 사망의 시기가 분명하지 아니하면 그 사고가 발생한 날이나 행방불명된 날에 사망한 것으로 추정한다.

제3절 국민연금공단

Ⅰ 국민연금공단의 설립

1. 설립 및 법인격

① 보건복지부장관의 위탁을 받아 국민의 생활 안정과 복지 증진을 달성하기 위한 사업을 효율적으로 수행하기 위하여 국민연금공단(이하 "공단")을 설립한다(법 제24조).

② 국민연금공단은 법인으로 한다(법 제26조).

2. 사무소(법 제27조)

① 공단의 주된 사무소 및 기금이사가 관장하는 부서의 소재지는 전북특별자치도로 한다.

② 공단은 필요하면 정관으로 정하는 바에 따라 분사무소를 둘 수 있다.

3. 설립등기(법 제29조)

공단은 그 주된 사무소의 소재지에서 설립 등기를 하면 성립한다.

4. 업무(법 제25조)

① 가입자에 대한 기록의 관리 및 유지

② 연금보험료의 부과

③ 급여의 결정 및 지급

④ 가입자, 가입자였던 자, 수급권자 및 수급자를 위한 자금의 대여와 복지시설의 설치・운영 등 복지사업

⑤ 가입자 및 가입자였던 자에 대한 기금증식을 위한 자금 대여사업

⑥ 가입 대상과 수급권자 등을 위한 노후준비서비스 사업

⑦ 국민연금제도・재정계산・기금운용에 관한 조사연구

⑧ 국민연금기금 운용 전문인력 양성

⑨ 국민연금에 관한 국제협력

⑩ 그 밖에 이 법 또는 다른 법령에 따라 위탁받은 사항

⑪ 그 밖에 국민연금사업에 관하여 보건복지부장관이 위탁하는 사항

Ⅱ 임원(법 제30조)

1. 임원의 구성

① 공단에 임원으로 이사장 1명, 상임이사 4명 이내, 이사 9명, 감사 1명을 두되, 이사에는 사용자 대표, 근로자 대표, 지역가입자 대표, 수급자 대표 각 1명 이상과 당연직 이사로서 보건복지부에서 국민연금 업무를 담당하는 3급 국가공무원 또는 고위공무원단에 속하는 일반직 공무원 1명이 포함되어야 한다.

② 이사장은 보건복지부장관의 제청으로 대통령이 임면하고, 상임이사・이사(당연직 이사는 제외) 및 감사는 이사장의 제청으로 보건복지부장관이 임면한다.

③ 이사에게는 보수를 지급하지 아니한다. 다만, 실비(實費)는 지급할 수 있다.

2. 임원의 임기(법 제32조)

임원의 임기는 3년으로 한다. 다만, 당연직 이사의 임기는 그 재임기간으로 하고, 기금이사의 임기는 계약기간으로 한다.

3. 임원의 직무(법 제33조)

① 이사장은 공단을 대표하고, 공단의 업무를 통할한다.
② 상임이사는 정관으로 정하는 바에 따라 공단의 업무를 분장하고, 이사장에게 사고가 있을 때에는 정관으로 정하는 순위에 따라 그 직무를 대행한다.
③ 감사는 공단의 회계, 업무 집행 상황 및 재산 상황을 감사한다.

4. 이사회(법 제38조)

① 공단의 중요 사항을 심의·의결하기 위하여 공단에 이사회를 둔다.
② 이사회는 이사장·상임이사 및 이사로 구성한다.
③ 이사장은 이사회를 소집하고 그 의장이 된다.
④ 이사회는 재적 구성원 과반수의 출석과 출석 구성원 과반수의 찬성으로 의결한다.
⑤ 감사는 이사회에 출석하여 발언할 수 있다.
⑥ 이사회의 운영에 관하여 필요한 사항은 대통령령으로 정한다.

5. 기금이사(법 제31조)

① 상임이사 중 국민연금기금의 관리·운용에 관한 업무를 담당하는 이사(기금이사)는 경영·경제 및 기금운용에 관한 지식과 경험이 풍부한 자 중에서 선임하여야 한다.
② 기금이사 후보를 추천하기 위하여 공단에 이사장을 위원장으로 하고 이사를 위원으로 하는 기금이사추천위원회(이하 추천위원회)를 둔다.
③ 추천위원회는 주요 일간신문에 기금이사 후보의 모집 공고를 하여야 하며, 이와 별도로 적임자로 판단되는 기금이사 후보를 조사하거나 전문단체에 조사를 의뢰할 수 있다.

Ⅲ 공단에 대한 감독(법 제41조)

공단은 대통령령으로 정하는 바에 따라 회계연도마다 사업 운영 계획과 예산에 관하여 보건복지부장관의 승인을 받아야 한다.
① 공단은 회계연도가 끝나고 2개월 내에 사업 실적과 결산을 보건복지부장관에게 보고하여야 한다.
② 보건복지부장관은 공단에 대하여 사업에 관한 보고를 명하거나, 사업이나 재산 상황을 검사할 수 있으며, 필요하다고 인정하면 정관의 변경을 명하는 등 감독에 필요한 조치를 할 수 있다.

Ⅳ 공단의 회계(법 제42조)

공단의 회계연도는 정부의 회계연도에 따른다. 공단은 보건복지부장관의 승인을 받아 회계규정을 정하여야 한다.

제4절 급 여

I 급여의 종류(법 제49조)

급여의 종류는 노령연금, 장애연금, 유족연금, 반환일시금이 있다. 기출 14 · 20 · 22

II 급여의 지급(법 제50조) 기출 20

급여는 수급권자의 청구에 의하여, 공단이 지급한다(제1항). 연금액은 그 지급사유에 따라 기본연금액과 부양가족연금액을 기초로 하여 산정한다(제2항). 실제로는 연금의 종류에 따라 기본연금액에 연금종류별 지급률과 제한율을 곱한 후 부양가족연금액을 합하여 산정한다.

III 내 용

1. 기본연금액(법 제51조)

(1) 연금액의 산정

수급권자의 기본연금액은 다음의 금액을 합한 금액에 1천분의 1천200을 곱한 금액으로 한다. 다만, 가입기간이 20년을 초과하면 그 초과하는 1년(1년 미만이면 매 1개월을 12분의 1년으로 계산)마다 본문에 따라 계산한 금액에 1천분의 50을 곱한 금액을 더한다(제1항).

① 다음에 따라 산정한 금액을 합산하여 3으로 나눈 금액(제1호)

㉠ 연금 수급 3년 전 연도의 평균소득월액을 연금 수급 3년 전 연도와 대비한 연금 수급 전년도의 전국소비자물가변동률 (통계청장이 매년 고시하는 전국소비자물가변동률)에 따라 환산한 금액

㉡ 연금 수급 2년 전 연도의 평균소득월액을 연금 수급 2년 전 연도와 대비한 연금 수급 전년도의 전국소비자물가변동률에 따라 환산한 금액

㉢ 연금 수급 전년도의 평균소득월액

② 가입자 개인의 가입기간 중 매년 기준소득월액을 대통령령으로 정하는 바에 따라 보건복지부장관이 고시하는 연도별 재평가율에 의하여 연금 수급 전년도의 현재가치로 환산한 후 이를 합산한 금액을 총 가입기간으로 나눈 금액. 다만, 다음에 따라 산정하여야 하는 금액은 그 금액으로 한다(제2호).

㉠ 사용자가 근로자의 임금에서 기여금을 공제하고 연금보험료를 내지 아니한 경우에 그 내지 아니한 기간의 2분의 1에 해당하는 기간 및 사업장의 체납 사실을 통지받은 근로자가 기여금을 납부한 경우에 체납기간의 2분의 1에 해당하는 기간의 기준소득월액은 ②의 ㉠ · ㉡ · ㉢ 외의 부분 본문에 따라 산정한 금액의 2분의 1에 해당하는 금액

㉡ 군복무기간에 의해 추가로 산입되는 가입기간의 기준소득월액은 ①에 따라 산정한 금액의 2분의 1에 해당하는 금액

㉢ 출산에 의해 추가로 산입되는 가입기간의 기준소득월액은 ①에 따라 산정한 금액

(2) 산정된 금액의 조정

① 산정된 금액을 수급권자에게 적용할 때에는 연금 수급 2년 전 연도와 대비한 전년도의 전국소비자물가변동률을 기준으로 그 변동률에 해당하는 금액을 더하거나 빼되, 미리 국민연금심의위원회의 심의를 거쳐야 한다(제2항).

② 조정된 금액을 수급권자에게 적용할 때 그 적용 기간은 해당 조정연도 1월부터 12월까지로 한다(제3항).

2. 부양가족연금액(법 제52조)

(1) 부양가족연금액

① 부양가족연금액은 수급권자(유족연금의 경우에는 사망한 가입자 또는 가입자였던 자)를 기준으로 하는 다음의 자로서 수급권자에 의하여 생계를 유지하고 있는 자에 대하여 다음에 규정된 각각의 금액으로 한다. 이 경우 생계유지에 관한 대상자별 인정기준은 대통령령으로 정한다.

㉠ 배우자 : 연 15만원 기출 14

㉡ 19세 미만이거나 장애상태에 있는 자녀(배우자가 혼인 전에 얻은 자녀를 포함) : 연 10만원

㉢ 60세 이상이거나 장애상태에 있는 부모(부 또는 모의 배우자, 배우자의 부모를 포함) : 연 10만원

② 부양가족연금액을 수급권자에게 적용하는 경우에는 금액의 조정을 위하여 미리 국민연금심의위원회의 심의를 거쳐야 하고, 조정된 부양가족연금액의 적용 기간은 해당 조정연도 1월부터 12월까지로 한다(제2항).

(2) 부양가족연금액 계산에서의 제외

① 부양가족이 다음의 어느 하나에 해당하면 부양가족연금액 계산에서 제외한다.

㉠ 연금 수급권자(국민연금과 직역연금의 연계에 관한 법률에 따른 연계급여 수급권자를 포함)

㉡ 퇴직연금 등 수급권자

㉢ 공무원연금법, 공무원 재해보상법, 사립학교교직원 연금법, 별정우체국법, 군인연금법 또는 군인 재해보상법에 따른 퇴직유족연금, 퇴역유족연금, 장해유족연금, 상이유족연금, 순직유족연금, 직무상유족연금, 위험직무순직유족연금 또는 유족연금 수급권자

② 부양가족에 해당하는 자는 부양가족연금액을 계산할 때 2명 이상의 연금 수급권자의 부양가족연금 계산대상이 될 수 없다.

③ 부양가족이 다음의 어느 하나에 해당하게 되면 부양가족연금액의 계산에서 제외한다.

㉠ 사망한 때

㉡ 수급권자에 의한 생계유지의 상태가 끝난 때

㉢ 배우자가 이혼한 때

㉣ 자녀가 다른 사람의 양자가 되거나 파양(罷養)된 때

㉤ 자녀가 19세가 된 때. 다만, 장애상태에 있는 자녀는 제외한다.

㉥ 장애상태에 있던 자녀 또는 부모가 그 장애상태에 해당하지 아니하게 된 때

㉦ 배우자가 혼인 전에 얻은 자녀와의 관계가 이혼으로 인하여 종료된 때

㉧ 재혼한 부 또는 모의 배우자와 수급자의 관계가 부모와 그 배우자의 이혼으로 인하여 종료된 경우

> 연금액 = 기본연금액 × 연금종별 지급률 및 제한율 + 부양가족연금액

(3) 부양가족연금액 및 유족연금 지급 대상의 장애 인정기준(법 제52조의2)

장애상태란 장애등급 1급 또는 2급에 해당하는 상태 또는 장애의 정도가 심한 장애인으로서 대통령령으로 정하는 장애 정도에 해당하는 상태를 말한다.

3. 연금액의 최고한도(법 제53조)

① 연금의 월별 지급액은 다음의 금액 중에서 많은 금액을 넘지 못한다.

㉠ 가입자였던 최종 5년 동안의 기준소득월액을 평균한 금액을 전국소비자물가변동률에 따라 조정한 금액

㉡ 가입기간 동안의 기준소득월액을 평균한 금액을 전국소비자물가변동률에 따라 조정한 금액

② 수급권자에게 두 가지 이상의 급여수급권이 발생한 때에는 그 자의 선택에 의하여 그중의 하나만을 지급하고 다른 급여의 지급은 정지된다(법 제56조).

4. 연금 지급기간 및 지급시기(법 제54조)

(1) 지급기간

연금은 지급하여야 할 사유가 생긴 날(반납금, 추납보험료 또는 체납된 연금보험료를 냄에 따라 연금을 지급하여야 할 사유가 생긴 경우에는 해당 금액을 낸 날)이 속하는 달의 다음 달부터 수급권이 소멸한 날이 속하는 달까지 지급한다.

(2) 지급시기 기출 20

연금은 매월 25일에 그 달의 금액을 지급하되, 지급일이 토요일이나 공휴일이면 그 전날에 지급한다. 다만, 수급권이 소멸하거나 연금지급이 정지된 경우에는 그 지급일 전에 지급할 수 있다.

(3) 지급정지

연금은 지급을 정지하여야 할 사유가 생기면 그 사유가 생긴 날이 속하는 달의 다음 달부터 그 사유가 소멸한 날이 속하는 달까지는 지급하지 아니한다.

5. 미지급 급여(법 제55조)

(1) 미지급 급여의 청구

① 수급권자가 사망한 경우 그 수급권자에게 지급하여야 할 급여 중 아직 지급되지 아니한 것이 있으면 그 배우자·자녀·부모·손자녀·조부모 또는 형제자매의 청구에 따라 그 미지급 급여를 지급한다. 다만, 가출·실종 등 대통령령으로 정하는 경우에 해당하는 사람에게는 지급하지 아니하며, 형제자매의 경우에는 수급권자의 사망 당시(민법상 보통실종에 따른 실종선고를 받은 경우에는 실종기간의 개시 당시를, 특별실종에 따른 실종선고를 받은 경우에는 사망의 원인이 된 위난 발생 당시) 수급권자에 의하여 생계를 유지하고 있던 사람에게만 지급한다.

② 미지급 급여는 수급권자가 사망한 날부터 5년 이내에 청구하여야 한다.

(2) 수급순위

미지급 급여를 받을 순위는 배우자, 자녀, 부모, 손자녀, 조부모, 형제자매의 순으로 한다. 이 경우 순위가 같은 사람이 2명 이상이면 똑같이 나누어 지급한다.

6. 중복급여의 조정(법 제56조)

(1) 국민연금 중복급여의 조정

① 수급권자에게 이 법에 따른 2 이상의 급여 수급권이 생기면 수급권자의 선택에 따라 그중 하나만 지급하고 다른 급여의 지급은 정지된다.

② 선택하지 아니한 급여가 다음의 어느 하나에 해당하는 경우에는, 해당 호에 규정된 금액을 선택한 급여에 추가하여 지급한다.

㉠ 선택하지 아니한 급여가 유족연금일 때(선택한 급여가 반환일시금일 때를 제외) : 유족연금액의 100분의 30에 해당하는 금액

㉡ 선택하지 아니한 급여가 반환일시금일 때(선택한 급여가 장애연금이고, 선택하지 아니한 급여가 본인의 연금보험료 납부로 인한 반환일시금일 때를 제외) : 사망일시금에 상당하는 금액

(2) 다른 법률의 중복급여의 조정(법 제113조)

장애연금 또는 유족연금의 수급권자가 이 법에 따른 장애연금 또는 유족연금의 지급 사유와 같은 사유로 다음의 어느 하나에 해당하는 급여를 받을 수 있는 경우에는 장애연금액이나 유족연금액은 그 2분의 1에 해당하는 금액을 지급한다.

① 근로기준법에 따른 장해보상, 유족보상 또는 일시보상

② 산업재해보상보험법에 따른 장해급여, 유족급여, 진폐보상연금 또는 진폐유족연금

③ 선원법에 따른 장해보상, 일시보상 또는 유족보상

④ 어선원 및 어선 재해보상보험법에 따른 장해급여, 일시보상급여 또는 유족급여

7. 급여의 환수(법 제57조, 영 제41조 등)

(1) 급여의 환수사유

① 공단은 급여를 받은 사람이 다음의 어느 하나에 해당하는 경우에는 그 금액을 환수하여야 한다. 다만, 공단은 환수금이 대통령령으로 정하는 금액 미만인 경우(3천만원)에는 환수하지 아니한다.

㉠ 거짓이나 그 밖의 부정한 방법으로 급여를 받은 경우

㉡ 수급권소멸에 대한 신고사항을 공단에 신고하지 아니하거나 늦게 신고하여 급여를 잘못 지급받은 경우

㉢ 가입자 또는 가입자였던 자가 사망한 것으로 추정되어 유족연금 등의 급여가 지급된 후 해당 가입자 또는 가입자였던 자의 생존이 확인된 경우

㉣ 그 밖의 사유로 급여가 잘못 지급된 경우

② 공단은 ㉠ 거짓이나 그 밖의 부정한 방법으로 급여를 받은 경우, ㉡ 수급권소멸에 대한 신고사항을 공단에 신고하지 아니하거나 늦게 신고하여 급여를 잘못 지급받은 경우에는 대통령령으로 정하는 이자를 가산하여 환수한다. 다만, 납부의무자의 귀책사유가 없는 경우에는 이자를 가산하지 아니한다.

③ 공단은 환수금의 납부의무자가 납부 기한까지 환수금을 내지 아니하면 연체금을 징수한다. 다만, 천재지변이나 그 밖에 대통령령으로 정하는 부득이한 사유가 있는 경우에는 연체금을 징수하지 아니할 수 있다.

(2) 환수금의 고지

① 공단은 급여의 환수 사유가 발생하면 20일 이상의 기한을 정하여 환수할 금액(이하 "환수금")을 결정하여 고지하여야 한다.

② 위의 기한까지 환수금을 내지 아니하면 20일 이상의 기한을 정하여 독촉하여야 한다.

(3) 분할 납부

환수금은 다음에 정하는 바에 따라 매월 분할하여 납부하게 할 수 있다.

① 환수금(분할 납부 신청일을 기준)이 20만원 이상 40만원 미만인 경우 : 2회 이내
② 환수금이 40만원 이상 120만원 미만인 경우 : 4회 이내
③ 환수금이 120만원 이상 360만원 미만인 경우 : 12회 이내
④ 환수금이 360만원 이상인 경우 : 36회 이내

(4) 급여의 환수 시 연체금의 징수 예외

① 전쟁이나 사변으로 인하여 체납한 경우
② 화재 등 재해 발생으로 인하여 체납한 경우

8. 환수금의 고지, 독촉 및 체납처분 등(법 제57조의2)

① 공단은 환수금 등을 징수하려면 기한을 정하여 환수금 등의 금액 및 납부 기한 등을 적은 문서로써 납입의 고지를 하여야 한다. 이 경우 납입의 고지는 보건복지부령으로 정하는 바에 따라 전자문서로 할 수 있으며, 그 도달에 관하여는 이때에는 보건복지부령으로 정하는 정보통신망에 저장하거나 납부의무자가 지정한 전자우편주소에 입력된 때에 그 납부의무자에게 도달된 것으로 본다.
② 공단은 고지를 받은 자가 그 기한까지 환수금 등을 내지 아니하면 기한을 정하여 독촉하여야 한다.
③ 공단은 독촉을 받은 자가 그 기한까지 환수금 등을 내지 아니하면 보건복지부장관의 승인을 받아 국세체납처분의 예에 따라 이를 징수할 수 있다.

9. 수급권 보호 및 조세 기타 공과금의 면제(법 제58조, 제60조) 기출 20·22

수급권은 이를 양도·압류하거나 담보에 제공할 수 없다. 수급권자에게 지급된 급여로서 대통령령으로 정하는 금액 이하의 급여는 압류할 수 없고, 급여수급전용계좌에 입금된 급여와 이에 관한 채권은 압류할 수 없다. 기출 24 국민연금법에 의한 급여로서 지급된 금액에 대하여는 조세특례제한법이나 그 밖의 법률 또는 지방자치단체가 조례가 정하는 바에 의하여 조세, 그 밖에 국가 또는 지방자치단체의 공과금을 감면한다.

기출 22

10. 미납금의 공제지급(법 제59조)

① 가입자 또는 가입자였던 자가 수급권을 취득하거나 사망한 경우 대여한 자금의 상환금에 관한 채무가 있으면 이를 이 법에 따른 급여(사망일시금을 포함하고 지급이 정지된 급여는 제외)에서 공제할 수 있다. 다만, 이 법에 따른 급여 중 연금급여(일시보상금으로 지급되는 장애연금은 제외)의 수급권자에 대하여는 해당 연금월액의 2분의 1을 초과하여 공제할 수 없다.
② 해당 상환금에 관한 채무를 공제하려면 20일 이상의 기한을 정하여 문서로 그 채무의 변제를 최고하여야 하며, 그 기한까지 채무를 변제하지 아니하면 해당 급여에서 공제할 것임을 미리 수급권자에게 통지하여야 한다.
③ 공제한 금액은 그 액수만큼 수급권자에게 지급된 것으로 본다.

Ⅳ 노령연금

1. 노령연금의 유형

유 형	지급사유
완전노령연금	가입기간이 10년 이상으로 가입자 또는 가입자였던 자가 60세에 도달하면 지급
조기노령연금	가입기간이 10년 이상으로 55세 이상인 가입자가 소득이 있는 업무에 종사하지 아니하는 경우에 지급
소득활동에 따른 노령연금	가입기간이 10년 이상으로 60세 이상 65세 미만인 가입자가 소득이 있는 업무에 종사하고 있는 경우에 지급
분할연금	혼인기간이 5년 이상인 자가 이혼한 후 배우자였던 자의 노령연금을 분할하여 지급
특례노령연금	1988년 기준으로 45세 이상 60세 미만인 가입자에게만 적용하여, 가입기간이 5년 이상으로 60세에 도달하면 지급

2. 완전노령연금

(1) 수급요건(법 제61조 제1항)

가입기간이 10년 이상인 가입자 또는 가입자였던 자에 대하여는 60세(특수 직종 근로자는 55세)가 된 때부터 그가 생존하는 동안 노령연금을 지급한다. 기출 13·17·21

(2) 급여수준(법 제63조 제1항)

노령연금액은 다음의 구분에 따른 금액에 부양가족연금액을 더한 금액으로 한다.

① 가입기간이 20년 이상인 경우 : 기본연금액

② 가입기간이 10년 이상 20년 미만인 경우 : 기본연금액의 1천분의 500에 해당하는 금액에 가입기간 10년을 초과하는 1년(1년 미만이면 매 1개월을 12분의 1년으로 계산)마다 기본연금액의 1천분의 50에 해당하는 금액을 더한 금액

(3) 지급의 연기에 따른 가산(법 제62조)

① 노령연금의 수급권자로서 60세 이상 65세 미만인 사람(특수 직종 근로자는 55세 이상 60세 미만인 사람)이 연금지급의 연기를 희망하는 경우에는 65세(특수 직종 근로자는 60세) 전까지의 기간에 대하여 그 연금의 전부 또는 일부의 지급을 연기할 수 있다.

② 연금 전부의 지급 연기를 신청한 수급권자가 연금의 지급을 희망하거나 65세(특수 직종 근로자는 60세)가 된 경우의 연금액은 지급의 연기를 신청한 때의 노령연금액(부양가족연금액 제외)을 국민연금심의위원회의 심의를 거쳐 조정된 금액에 연기되는 매 1개월마다 그 금액의 1천분의 6을 더한 액으로 한다. 이 경우 1천분의 6에 해당하는 금액도 마찬가지로 국민연금심의위원회의 심의를 거쳐 조정한다.

③ 연금 일부의 지급 연기를 신청하려는 수급권자는 노령연금액 중 다음의 어느 하나에 해당하는 금액의 지급 연기를 신청할 수 있다.

㉠ 노령연금액의 1천분의 500
㉡ 노령연금액의 1천분의 600
㉢ 노령연금액의 1천분의 700
㉣ 노령연금액의 1천분의 800
㉤ 노령연금액의 1천분의 900

④ 연금 일부의 지급 연기를 신청한 수급권자가 연금 전부의 지급을 희망하거나 65세가 된 경우의 노령연금액은 다음의 금액을 합산한 금액으로 한다.

㉠ 노령연금액 중 지급 연기를 신청하지 아니한 금액을 국민연금심의위원회의 심의를 거쳐 조정한 금액

㉡ 노령연금액 중 지급 연기를 신청한 금액을 국민연금심의위원회의 심의를 거쳐 조정한 금액에 연기되는 매 1개월마다 그 금액의 1천분의 6을 더한 금액. 이 경우 1천분의 6에 해당하는 금액도 국민연금심의위원회의 심의를 거쳐 조정한다.

3. 조기노령연금

(1) 수급요건(법 제61조 제2항)

가입기간이 10년 이상인 가입자 또는 가입자였던 자로서 55세 이상인 자가 대통령령으로 정하는 소득이 있는 업무에 종사하지 아니하는 경우 본인이 희망하면 60세가 되기 전이라도 본인이 청구한 때부터 그가 생존하는 동안 일정한 금액의 연금(조기노령연금)을 받을 수 있다.

(2) 급여수준(법 제63조 제2항)

조기노령연금액은 가입기간에 따라 제1항에 따른 노령연금액 중 부양가족연금액을 제외한 금액에 수급연령별로 다음의 구분에 따른 비율(청구일이 연령도달일이 속한 달의 다음 달 이후인 경우에는 1개월마다 1천분의 5를 더한다)을 곱한 금액에 부양가족연금액을 더한 금액으로 한다.

① 55세부터 지급받는 경우에는 1천분의 700

② 56세부터 지급받는 경우에는 1천분의 760

③ 57세부터 지급받는 경우에는 1천분의 820

④ 58세부터 지급받는 경우에는 1천분의 880

⑤ 59세부터 지급받는 경우에는 1천분의 940

(3) 조기노령연금의 지급정지(법 제66조)

① 조기노령연금을 받고 있는 60세 미만인 자가 다음의 어느 하나에 해당되는 경우에는 그 기간에 해당하는 조기노령연금은 지급을 정지한다.

㉠ 소득이 있는 업무에 종사하는 경우

㉡ 소득이 있는 업무에 종사하지 아니하나, 조기노령연금을 받고 있는 본인이 조기노령연금 지급정지를 신청하는 경우

② 조기노령연금의 지급이 정지된 자가 다음의 어느 하나에 해당되는 경우에는 조기노령연금을 다시 지급한다.

㉠ 60세에 도달하는 경우

㉡ ①의 ㉠에 해당하는 자가 60세에 도달하기 전에 소득이 있는 업무에 종사하지 아니하는 경우

㉢ ①의 ㉡에 해당하는 자가 60세에 도달하기 전에 소득이 있는 업무에 종사하지 아니한 상태에서 본인이 조기노령연금의 재지급을 신청하는 경우

4. 소득활동에 따른 노령연금액(법 제63조의2)

(1) 수급요건

노령연금 수급권자가 대통령령으로 정하는 소득(3년간 평균소득월액을 초과하는 소득)이 있는 업무에 60세 이상 65세 미만(특수 직종 근로자는 55세 이상 60세 미만)인 기간에 종사해야 한다.

(2) 급여수준

노령연금액(부양가족연금액은 제외)에서 다음의 구분에 따른 금액을 뺀 금액을 지급한다. 이 경우 빼는 금액은 노령연금액의 2분의 1을 초과할 수 없다.

① **초과소득월액이 100만원 미만인 사람** : 초과소득월액의 1천분의 50

② **초과소득월액이 100만원 이상 200만원 미만인 사람** : 5만원 + (초과소득월액 − 100만원) × 1천분의 100

③ **초과소득월액이 200만원 이상 300만원 미만인 사람** : 15만원 + (초과소득월액 − 200만원) × 1천분의 150

④ **초과소득월액이 300만원 이상 400만원 미만인 사람** : 30만원 + (초과소득월액 − 300만원) × 1천분의 200

⑤ **초과소득월액이 400만원 이상인 사람** : 50만원 + (초과소득월액 − 400만원) × 1천분의 250

5. 분할연금

(1) 수급요건(법 제64조 제1항)

① 혼인기간(배우자의 가입기간 중의 혼인기간으로 별거, 가출 등의 사유로 인하여 실질적인 혼인관계가 존재하지 아니하였던 기간을 제외한 기간)이 5년 이상인 자가 다음의 요건을 모두 갖추면 그때부터 그가 생존하는 동안 배우자였던 자의 노령연금을 분할한 일정한 금액의 연금(분할연금)을 받을 수 있다.

기출 18 · 23

㉠ 배우자와 이혼하였을 것

㉡ 배우자였던 사람이 노령연금수급권자일 것

㉢ 60세가 되었을 것

② 분할연금은 위의 요건을 모두 갖추게 된 때부터 5년 이내에 청구하여야 한다. 기출 23

(2) 분할연금청구의 특례(법 제64조의3)

① 60세에 도달하기 이전에 이혼하는 경우에는 이혼의 효력이 발생하는 때부터 분할연금을 미리 청구(이하 "분할연금 선청구")할 수 있다.

② 분할연금 선청구는 이혼의 효력이 발생하는 때부터 3년 이내에 하여야 하며, 60세에 도달하기 이전에 분할연금 선청구를 취소할 수 있다. 이 경우 분할연금 선청구 및 선청구의 취소는 1회에 한한다.

③ 분할연금을 선청구한 경우라고 하더라도 수급요건을 모두 갖추게 된 때에 분할연금을 지급한다.

(3) 급여수준(법 제64조, 제64조의2)

① 분할연금액은 배우자였던 자의 노령연금액(부양가족연금액 제외) 중 혼인기간에 해당하는 연금액을 균등하게 나눈 금액으로 한다.

② 민법에 따라 연금의 분할에 관하여 별도로 결정된 경우에는 그에 따른다.

(4) 분할연금과 노령연금의 관계 등(법 제65조)

① 분할연금수급권은 그 수급권을 취득한 후에 배우자였던 자에게 생긴 사유로 노령연금수급권이 소멸·정지되어도 영향을 받지 아니한다.

② 수급권자에게 2 이상의 분할연금수급권이 생기면 2 이상의 분할연금액을 합산하여 지급한다. 다만, 2 이상의 분할연금수급권과 다른 급여(노령연금 제외)의 수급권이 생기면 그 2 이상의 분할연금수급권을 하나의 분할연금수급권으로 보고 본인의 선택에 따라 분할연금과 다른 급여 중 하나만 지급하고 선택하지 아니한 분할연금 또는 다른 급여의 지급은 정지된다.

③ 분할연금수급권자는 유족연금을 지급할 때 노령연금수급권자로 보지 아니한다.

④ 분할연금수급권자에게 노령연금수급권이 발생한 경우에는 분할연금액과 노령연금액을 합산하여 지급한다.

(5) 분할연금 수급권의 포기(법 제64조의4)

① 분할연금 수급권자는 같은 항의 배우자였던 사람과 재혼한 경우 보건복지부령으로 정하는 바에 따라 분할연금 수급권의 포기를 신청할 수 있다.

② 분할연금 수급권자가 분할연금 수급권의 포기를 신청한 경우에는 그 분할연금 수급권은 신청한 날부터 소멸된다.

③ 분할연금 수급권이 소멸된 경우에는 분할연금 수급권을 포기한 사람의 배우자에게 분할연금이 발생하기 전의 노령연금을 지급한다.

6. 특례노령연금(법률 제8541호 부칙 제2조)

(1) 수급요건

1988년 1월 1일 현재 45세 이상 60세 미만인 자(특수 직종 근로자의 경우에는 40세 이상 55세 미만인 자)가 가입기간이 5년 이상이 되는 때에는 일정한 금액의 연금을 지급한다.

(2) 급여수준

연금의 금액은 기본연금액의 1천분의 250에 해당하는 액에 부양가족연금액을 더한 액으로 한다. 다만, 5년을 초과하는 경우에는 그 초과하는 1년(1년 미만의 매 1개월은 12분의 1년으로 계산)마다 기본연금액의 1천분의 50에 해당하는 액을 더한다.

V 장애연금

1. 장애연금의 수급권자(법 제67조)

(1) 수급요건(제1항)

가입자 또는 가입자였던 자가 질병이나 부상으로 신체상 또는 정신상의 장애가 있고 다음의 요건을 모두 충족하는 경우에는 장애 정도를 결정하는 기준이 되는 날부터 그 장애가 계속되는 기간 동안 장애 정도에 따라 장애연금을 지급한다.

① 해당 질병 또는 부상의 초진일 당시 연령이 18세(다만, 18세 전에 가입한 경우에는 가입자가 된 날) 이상이고 노령연금의 지급 연령 미만일 것

② 다음의 어느 하나에 해당할 것
   ㉠ 해당 질병 또는 부상의 초진일 당시 연금보험료를 낸 기간이 가입대상기간의 3분의 1 이상일 것
   ㉡ 해당 질병 또는 부상의 초진일 5년 전부터 초진일까지의 기간 중 연금보험료를 낸 기간이 3년 이상일 것. 다만, 가입대상기간 중 체납기간이 3년 이상인 경우는 제외한다.
   ㉢ 해당 질병 또는 부상의 초진일 당시 가입기간이 10년 이상일 것

(2) 장애결정 기준일(제2항)

① 초진일부터 1년 6개월이 지나기 전에 완치일이 있는 경우 : 완치일
② 초진일부터 1년 6개월이 지날 때까지 완치일이 없는 경우 : 초진일부터 1년 6개월이 되는 날의 다음 날
③ 초진일부터 1년 6개월이 되는 날의 다음 날에 장애연금의 지급 대상이 되지 아니하였으나, 그 후 그 질병이나 부상이 악화된 경우 : 장애연금의 지급을 청구한 날(노령연금 지급연령 전에 청구한 경우만 해당)과 완치일 중 빠른 날
④ 장애연금의 수급권이 소멸된 사람이 장애연금 수급권을 취득할 당시의 질병이나 부상이 악화된 경우 : 청구일과 완치일 중 빠른 날

(3) 예외(제3항)

① 초진일이 가입 대상에서 제외된 기간 중에 있는 경우
② 초진일이 국외이주·국적상실 기간 중에 있는 경우
③ 반환일시금을 지급받은 경우

(4) 장애등급(제4항)

장애 정도에 관한 장애등급은 1급, 2급, 3급 및 4급으로 구분하되, 등급 구분의 기준과 장애 정도의 심사에 관한 사항은 대통령령으로 정한다.

2. 장애연금액(법 제68조)

장애연금액은 장애등급에 따라 다음의 금액으로 한다.

① 장애등급 1급에 해당하는 자 : 기본연금액에 부양가족연금액을 더한 금액
② 장애등급 2급에 해당하는 자 : 기본연금액의 1천분의 800에 해당하는 금액에 부양가족연금액을 더한 금액 기출 24
③ 장애등급 3급에 해당하는 자 : 기본연금액의 1천분의 600에 해당하는 금액에 부양가족연금액을 더한 금액 기출 15
④ 장애등급 4급에 해당하는 자 : 기본연금액의 1천분의 2천250에 해당하는 금액을 일시보상금으로 지급한다.

3. 장애의 중복조정(법 제69조)

장애연금 수급권자에게 다시 장애연금을 지급하여야 할 장애가 발생한 때에는 전후의 장애를 병합한 장애 정도에 따라 장애연금을 지급한다. 다만, 전후의 장애를 병합한 장애 정도에 따른 장애연금이 전의 장애연금보다 적으면 전의 장애연금을 지급한다.

4. 장애연금액의 변경 등(법 제70조)

① 공단은 장애연금 수급권자의 장애 정도를 심사하여 장애등급이 다르게 되면 그 등급에 따라 장애연금액을 변경하고, 장애등급에 해당되지 아니하면 장애연금 수급권을 소멸시킨다(제1항). 기출 22

② 장애연금의 수급권자는 그 장애가 악화되면 공단에 장애연금액의 변경을 청구할 수 있다(제2항).

③ 장애 정도를 결정할 때에는 완치일을 기준으로 하며, 다음의 구분에 따른 날까지 완치되지 않은 경우에는 그 해당하는 날을 기준으로 장애 정도를 결정한다(제3항).

㉠ ①의 경우 : 장애 정도의 변화개연성에 따라 공단이 지정한 주기가 도래한 날이 속하는 달의 말일 등 대통령령으로 정하는 날

㉡ ②의 경우 : 수급권자가 장애연금액의 변경을 청구한 날

④ 60세 이상인 장애연금 수급권자에 대하여는 장애연금액의 변경규정을 적용하지 아니한다(제4항).

5. 일시보상금에 대한 평가(법 제71조)

일시보상금 수급권자에게 중복급여의 조정, 장애의 중복 조정, 장애연금액의 변경 및 소멸시효를 적용할 때에는 일시보상금 지급 사유 발생일이 속하는 달의 다음 달부터 기본연금액의 1천분의 400을 12로 나눈 금액이 67개월 동안 지급된 것으로 본다.

Ⅵ 유족연금

1. 유족연금의 수급권자(법 제72조)

(1) 수급요건

① 다음의 어느 하나에 해당하는 사람이 사망하면 그 유족에게 유족연금을 지급한다. 기출 15 · 16

㉠ 노령연금 수급권자

㉡ 가입기간이 10년 이상인 가입자 또는 가입자였던 자

㉢ 연금보험료를 낸 기간이 가입대상기간의 3분의 1 이상인 가입자 또는 가입자였던 자

✔ 핵심문제

01 국민연금법상 장애등급 3급에 해당하는 자에 대하여 지급하는 장애연금액은? 기출 15

① 기본연금액의 100%
② 기본연금액의 90%에 부양가족연금액을 더한 금액
③ 기본연금액의 80%에 부양가족연금액을 더한 금액
④ 기본연금액의 70%에 부양가족연금액을 더한 금액
⑤ 기본연금액의 60%에 부양가족연금액을 더한 금액

[해설]

⑤ (O) 연금법상 장애등급 3급에 해당하는 자의 장애연금액은 기본연금액의 1천분의 600에 해당하는 금액에 부양가족연금액을 더한 금액이다(연금법 제68조 제1항 제3호).

정답 ⑤

㉣ 사망일 5년 전부터 사망일까지의 기간 중 연금보험료를 낸 기간이 3년 이상인 가입자 또는 가입자였던 자(다만, 가입대상기간 중 체납기간이 3년 이상인 사람은 제외)

㉤ 장애등급이 2급 이상인 장애연금 수급권자 기출 24

② 연금보험료를 낸 기간이 가입대상기간의 3분의 1 이상인 가입자 또는 가입자였던 자, 사망일 5년 전부터 사망일까지의 기간 중 연금보험료를 낸 기간이 3년 이상인 가입자 또는 가입자였던 자(다만, 가입대상기간 중 체납기간이 3년 이상인 사람은 제외)가 다음의 기간 중 사망하는 경우에는 유족연금을 지급하지 아니한다.

㉠ 가입 대상에서 제외되는 기간

㉡ 국외이주・국적상실 기간

(2) 유족의 범위 등(법 제73조)

① 유족연금을 지급받을 수 있는 유족은 (1) ①에 해당하는 사람이 사망할 당시(민법상 보통실종에 따른 실종선고를 받은 경우에는 실종기간의 개시 당시를, 특별실종에 따른 실종선고를 받은 경우에는 사망의 원인이 된 위난 발생 당시) 그에 의하여 생계를 유지하고 있던 다음의 자로 한다. 이 경우 가입자 또는 가입자였던 자에 의하여 생계를 유지하고 있던 자에 관한 인정 기준은 대통령령으로 정한다. 기출 12

㉠ 배우자

㉡ 자녀. 다만, 25세 미만이거나 장애상태에 있는 사람만 해당한다.

㉢ 부모(배우자의 부모를 포함). 다만, 60세 이상이거나 장애상태에 있는 사람만 해당한다.

㉣ 손자녀. 다만, 19세 미만이거나 장애상태에 있는 사람만 해당한다.

㉤ 조부모(배우자의 조부모를 포함). 다만, 60세 이상이거나 장애상태에 있는 사람만 해당한다.

- 배우자, 남편 또는 아내에는 사실상의 혼인관계에 있는 자를 포함한다(법 제3조 제2항). 기출 19
- 수급권을 취득할 당시 가입자 또는 가입자였던 자의 태아가 출생하면 그 자녀는 가입자 또는 가입자였던 자에 의하여 생계를 유지하고 있던 자녀로 본다(법 제3조 제3항).

② 유족연금은 ①에서 정한 ㉠~㉤의 순위에 따라 최우선 순위자에게만 지급한다. 다만, 배우자인 유족의 수급권이 소멸되거나 정지되면 자녀(25세 미만이거나 장애상태에 있는 사람)인 유족에게 지급한다. 기출 19

③ 같은 순위의 유족이 2명 이상이면 그 유족연금액을 똑같이 나누어 지급하되, 지급 방법은 대통령령으로 정한다.

(3) 유족연금 수급권의 소멸(법 제75조) 기출 13・16

① 유족연금 수급권자가 다음의 어느 하나에 해당하게 되면 그 수급권은 소멸한다.

㉠ 수급권자가 사망한 때

㉡ 배우자인 수급권자가 재혼한 때

㉢ 자녀나 손자녀인 수급권자가 파양된 때 기출 13・16

㉣ 장애상태에 해당하지 아니한 자녀인 수급권자가 25세가 된 때 또는 장애상태에 해당하지 아니한 손자녀인 수급권자가 19세가 된 때 기출 13

② 부모, 손자녀 또는 조부모인 유족의 유족연금 수급권은 가입자 또는 가입자였던 사람이 사망할 당시에 그 가입자 또는 가입자였던 사람의 태아가 출생하여 수급권을 갖게 되면 소멸한다. 기출 19

2. 유족연금액(법 제74조)

유족연금액은 가입기간에 따라 다음의 금액에 부양가족연금액을 더한 금액으로 한다. 다만, 노령연금 수급권자가 사망한 경우의 유족연금액은 사망한 자가 지급받던 노령연금액을 초과할 수 없다.

① 가입기간이 10년 미만 : 기본연금액의 1천분의 400에 해당하는 금액

② 가입기간이 10년 이상 20년 미만 : 기본연금액의 1천분의 500에 해당하는 금액

③ 가입기간이 20년 이상 : 기본연금액의 1천분의 600에 해당하는 금액

3. 유족연금의 지급정지(법 제76조, 영 제49조의2)

(1) 필요적 지급정지

1) 배우자에 대한 지급정지

유족연금의 수급권자인 배우자에 대하여는 수급권이 발생한 때부터 3년 동안 유족연금을 지급한 후 55세가 될 때까지 지급을 정지한다. 다만, 그 수급권자가 다음의 어느 하나에 해당하면 지급을 정지하지 아니한다.

① 장애상태인 경우

② 가입자 또는 가입자였던 자의 25세 미만인 자녀 또는 장애상태인 자녀의 생계를 유지한 경우

③ 대통령령으로 정하는 소득이 있는 업무에 종사하지 아니하는 경우

2) 배우자등의 소재불명으로 인한 지급정지

① 유족연금의 수급권자인 배우자의 소재를 1년 이상 알 수 없는 때에는 유족인 자녀의 신청에 의하여 그 소재 불명(不明)의 기간동안 그에게 지급하여야 할 유족연금은 지급을 정지한다.

② 배우자 외의 자에 대한 유족연금의 수급권자가 2명 이상인 경우 그 수급권자 중에서 1년 이상 소재를 알 수 없는 자가 있으면 다른 수급권자의 신청에 따라 그 소재 불명의 기간에 해당하는 그에 대한 유족연금의 지급을 정지한다.

3) 입양으로 인한 지급정지

자녀나 손자녀인 수급권자가 다른 사람에게 입양된 때에는 그에 해당하게 된 때부터 유족연금의 지급을 정지한다. 기출 22

4) 장애로 인한 지급정지

장애로 수급권을 취득한 자가 장애상태에 해당하지 아니하게 된 때에는 그에 해당하게 된 때부터 유족연금의 지급을 정지한다.

(2) 임의적 지급정지

유족연금의 수급권자인 배우자의 소재를 1년 이상 알 수 없는 경우로서 지급정지 신청을 할 수 있는 유족인 자녀가 없거나 자녀가 지급정지 신청을 하지 않는 경우, 유족연금의 수급권자인 배우자 외의 사람이 2명 이상이고 그 일부 또는 모두의 소재를 1년 이상 알 수 없는 경우로서 지급정지 신청을 할 수 있는 사람이 없거나 다른 수급권자가 지급정지 신청을 하지 않는 경우, 유족연금의 수급권자인 배우자 외의 사람이 1명이고 그 사람의 소재를 1년 이상 알 수 없는 경우 등에는 유족연금의 지급을 정지할 수 있다.

(3) 지급정지의 해제

1) 지급이 정지된 자의 소재가 확인된 경우

배우자등의 소재불명으로 지급정지되었으나, 유족연금의 지급이 정지된 자의 소재가 확인된 경우에는 본인의 신청에 의하여 지급정지를 해제한다.

2) 파양된 경우

유족연금의 지급이 정지된 자가 파양된 경우에는 본인의 신청에 의하여 파양된 때부터 지급정지를 해제한다.

3) 장애상태에 해당하게 된 경우

유족연금의 지급이 정지된 자가 그 질병이나 부상이 악화되어 장애상태에 해당하게 된 경우에는 본인의 신청에 의하여 장애상태에 해당하게 된 때부터 지급정지를 해제한다.

✔ 핵심문제

01 국민연금법상 유족연금 수급권자의 유족연금 수급권이 소멸되는 사유를 모두 고른 것은? 기출 16

ㄱ. 장애상태에 있는 자녀가 19세가 된 때
ㄴ. 손자녀인 수급권자가 파양된 때
ㄷ. 배우자인 수급권자가 재혼한 때

① ㄱ
② ㄱ, ㄴ
③ ㄱ, ㄷ
④ ㄴ, ㄷ
⑤ ㄱ, ㄴ, ㄷ

[해설]

ㄱ. (×) 장애상태에 해당하지 아니한 자녀인 수급권자가 25세가 된 때 또는 장애상태에 해당하지 아니한 손자녀인 수급권자가 19세가 된 때, 유족연금 수급권이 소멸한다(연금법 제75조 제1항 제4호). 따라서 보기에서 연금법상 유족연금 수급권자의 수급권이 소멸되는 사유는 ㄴ, ㄷ이다.

 정답 ④

02 국민연금법상 유족연금 수급권의 소멸사유에 해당하지 않는 것은? 기출 13 변형

① 유족연금 수급권자가 사망한 때
② 배우자인 유족연금 수급권자가 재혼한 때
③ 손자녀인 유족연금 수급권자가 파양된 때
④ 장애상태에 해당하지 아니한 자녀인 유족연금 수급권자가 18세가 된 때
⑤ 장애상태에 해당하지 아니한 손자녀인 수급권자가 19세가 된 때

[해설]

④ (×) 장애상태에 해당하지 아니한 자녀인 수급권자가 25세가 된 때가 연금법상 유족연금 수급권의 소멸사유에 해당한다(연금법 제75조 제1항 제4호).

정답 ④

Ⅶ 반환일시금 등

1. 반환일시금과 사망일시금

(1) 반환일시금(법 제77조)

1) 수급요건

① 가입자 또는 가입자였던 자가 다음의 어느 하나에 해당하게 되면 본인이나 그 유족의 청구에 의하여 반환일시금을 지급받을 수 있다.

㉠ 가입기간이 10년 미만인 자가 60세가 된 때 기출 24

㉡ 가입자 또는 가입자였던 자가 사망한 때. 다만, 유족연금이 지급되는 경우에는 그러하지 아니하다.

㉢ 국적을 상실하거나 국외로 이주한 때

② 반환일시금의 액수는 가입자 또는 가입자였던 자가 납부한 연금보험료(사업장가입자 또는 사업장가입자였던 자의 경우에는 사용자의 부담금을 포함)에 대통령령으로 정하는 이자를 더한 금액으로 한다.

③ 반환일시금의 지급을 청구할 경우 유족의 범위와 청구의 우선순위 등에 관하여는 유족연금의 경우와 동일하다.

2) 반납금 납부와 가입기간(법 제78조)

① 반환일시금을 받은 자로서 다시 가입자의 자격을 취득한 자는 지급받은 반환일시금에 대통령령으로 정하는 이자를 더한 금액(반납금)을 공단에 낼 수 있다.

② 반납금은 대통령령으로 정하는 바에 따라 분할하여 납부하게 할 수 있다. 이 경우 대통령령으로 정하는 이자를 더하여야 한다.

③ 위의 반납금을 낸 경우에는 그에 상응하는 기간은 가입기간에 넣어 계산한다.

3) 반환일시금 수급권의 소멸(법 제79조)

반환일시금의 수급권은 다음의 어느 하나에 해당하면 소멸한다.

① 수급권자가 다시 가입자로 된 때

② 수급권자가 노령연금의 수급권을 취득한 때

③ 수급권자가 장애연금의 수급권을 취득한 때

④ 수급권자의 유족이 유족연금의 수급권을 취득한 때

(2) 사망일시금(법 제80조)

1) 수급요건

다음의 어느 하나에 해당하는 사람이 사망한 때에 유족이 없으면 그 배우자・자녀・부모・손자녀・조부모・형제자매 또는 4촌 이내 방계혈족에게 사망일시금을 지급한다. 다만, 가출・실종 등 대통령령으로 정하는 경우에 해당하는 사람에게는 지급하지 아니하며, 4촌 이내 방계혈족의 경우에는 대통령령으로 정하는 바에 따라 다음의 어느 하나에 해당하는 사람의 사망 당시(민법 제27조 제1항에 따른 실종선고를 받은 경우에는 실종기간의 개시 당시를, 같은 조 제2항에 따른 실종선고를 받은 경우에는 사망의 원인이 된 위난발생 당시) 그 사람에 의하여 생계를 유지하고 있던 사람에게만 지급한다.

① 가입자 또는 가입자였던 사람

② 노령연금 수급권자

③ 장애등급이 3급 이상인 장애연금 수급권자

2) 사망일시금

① **가입자 또는 가입자였던 사람의 경우** : 가입자 또는 가입자였던 사람의 반환일시금에 상당하는 금액. 다만, 사망한 가입자 또는 가입자였던 사람의 최종 기준소득월액을 연도별 재평가율에 따라 사망일이 속하는 해의 전년도의 현재가치로 환산한 금액과 같은 호에 준하여 산정한 가입기간 중 기준소득월액의 평균액 중에서 많은 금액의 4배를 초과하지 못한다.

② **노령연금 수급권자 또는 장애등급이 3급 이상인 장애연금 수급권자의 경우** : 수급권자가 사망할 때까지 지급받은 연금액이 ①을 준용하여 산정한 금액(이 경우 "가입자 또는 가입자였던 사람"은 "노령연금 수급권자 또는 장애등급이 3급 이상인 장애연금 수급권자"로 본다)보다 적은 경우에 그 차액에 해당하는 금액

③ ① 및 ②에 모두 해당하는 경우에는 ②를 적용한다.

3) 사망일시금을 받을 자의 순위

사망일시금을 받을 자의 순위는 배우자・자녀・부모・손자녀・조부모・형제자매 및 4촌 이내의 방계혈족 순으로 한다. 이 경우 순위가 같은 사람이 2명 이상이면 똑같이 나누어 지급하되, 그 지급 방법은 대통령령으로 정한다.

2. 유족연금과 사망일시금의 관계(법 제81조)

유족연금 수급권자에 대하여는 유족연금수급권이 소멸할 때까지 지급받은 유족연금액이 사망일시금액보다 적을 때에는 그 차액을 일시금으로 지급한다.

제1장 제2장 제3장 제4장 제5장 제6장

제5절 급여의 제한 및 정지

I 급여의 제한(법 제82조, 영 제55조)

1. 장애연금

(1) 제한사유

① 가입자 또는 가입자였던 자가 고의로 질병・부상 또는 그 원인이 되는 사고를 일으켜 그로 인하여 장애를 입은 경우에는 그 장애를 지급 사유로 하는 장애연금을 지급하지 아니할 수 있다.

② 가입자 또는 가입자였던 자가 고의나 중대한 과실로 요양 지시에 따르지 아니하거나 정당한 사유 없이 요양 지시에 따르지 아니하여 다음의 어느 하나에 해당하게 되면 대통령령으로 정하는 바에 따라 이를 원인으로 하는 급여의 전부 또는 일부를 지급하지 아니할 수 있다.

㉠ 장애를 입거나 사망한 경우

㉡ 장애나 사망의 원인이 되는 사고를 일으킨 경우

㉢ 장애를 악화시키거나 회복을 방해한 경우

(2) 제한되는 급여의 범위

① 고의 또는 중대한 과실로 요양 지시에 따르지 아니하면 급여의 1천분의 800에서 1천분의 1,000까지

② 정당한 사유 없이 요양 지시에 따르지 아니하면 급여의 1천분의 500에서 1천분의 800까지

2. 유족연금 등

다음의 어느 하나에 해당하는 사람에게는 사망에 따라 발생되는 유족연금, 미지급급여, 반환일시금 및 사망일시금(이하 "유족연금 등")을 지급하지 아니한다.

① 가입자 또는 가입자였던 자를 고의로 사망하게 한 유족

② 유족연금 등의 수급권자가 될 수 있는 자를 고의로 사망하게 한 유족

③ 다른 유족연금 등의 수급권자를 고의로 사망하게 한 유족연금 등의 수급권자

Ⅱ 지급의 정지 등(법 제86조, 법 제86조의2, 영 제56조의2)

1. 급여의 지급정지사유

수급권자가 다음의 어느 하나에 해당하면 급여의 전부 또는 일부의 지급을 정지할 수 있다.

① 수급권자가 정당한 사유 없이 공단의 서류, 그 밖의 자료 제출 요구에 응하지 아니한 때

② 장애연금 또는 유족연금의 수급권자가 정당한 사유 없이 공단의 진단 요구 또는 확인에 응하지 아니한 때

③ 장애연금 수급권자가 고의나 중대한 과실로 요양 지시에 따르지 아니하거나 정당한 사유 없이 요양 지시에 따르지 아니하여 회복을 방해한 때 기출 24

④ 수급권자가 정당한 사유 없이 수급권의 발생·변경·소멸·정지 및 급여액의 산정·지급 등에 관련된 사항을 신고를 하지 아니한 때

2. 급여의 일시중지

급여의 지급을 정지하려는 경우에는 지급을 정지하기 전에 대통령령으로 정하는 바에 따라 급여의 지급을 일시 중지할 수 있다.

3. 소재불명자에 대한 지급정지

(1) 지급정지 사유

수급권자(유족연금 수급권자는 제외)가 1년 이상 소재불명인 경우에는 이 법에 따른 급여의 지급을 정지할 수 있다.

(2) 지급정지 절차

공단은 급여의 지급을 정지하려는 경우에는 수급권자의 소재불명 여부를 확인해야 한다. 다만, 조사·질문 또는 확인조사 결과 수급권자의 소재불명이 확인된 경우에는 그렇지 않다. 공단은 수급권자의 소재불명이 확인된 경우에는 10일 이상의 기한을 정하여 소재불명 사실을 해소할 것과 해소되지 않을 경우 급여 지급이 정지된다는 내용이 기재된 통지서를 그 수급권자의 주민등록표에 기재된 마지막 주소 등으로 발송해야 하고, 발송이 불가능한 경우에는 공단의 게시판이나 인터넷 홈페이지에 그 내용을 공고해야 한다.

(3) 지급정지 취소

급여의 지급을 정지한 후 소재불명이었던 수급권자의 소재가 확인되거나 사망한 사실이 확인된 경우에는 지급정지를 취소하여야 한다. 지급정지를 취소한 경우 지급정지 기간 동안 지급되지 아니한 급여를 수급권자(수급권자가 사망한 때에는 미지급 급여를 받을 수 있는 자)에게 지급하여야 한다.

제6절 비용부담 및 연금보험료 징수

Ⅰ 국고부담(법 제87조)

국가는 매년 공단 및 건강보험공단이 국민연금사업을 관리·운영하는 데에 필요한 비용의 전부 또는 일부를 부담한다.

Ⅱ 연금보험료의 부과·징수 등(법 제88조)

1. 부과·징수

① 보건복지부장관은 국민연금사업 중 연금보험료의 징수에 관하여 이 법에서 정하는 사항을 건강보험공단에 위탁한다.

② 공단(국민연금공단)은 국민연금사업에 드는 비용에 충당하기 위하여 가입자와 사용자에게 가입기간 동안 매월 연금보험료를 부과하고, 건강보험공단이 이를 징수한다.

2. 보험료

① 사업장가입자의 연금보험료 중 기여금은 사업장가입자 본인이, 부담금은 사용자가 각각 부담하되, 그 금액은 각각 기준소득월액의 1천분의 45에 해당하는 금액으로 한다.

② 지역가입자, 임의가입자 및 임의계속가입자의 연금보험료는 지역가입자, 임의가입자 또는 임의계속가입자 본인이 부담하되, 그 금액은 기준소득월액의 1천분의 90으로 한다.

③ 공단은 기준소득월액 정정 등의 사유로 당초 징수 결정한 금액을 다시 산정함으로써 연금보험료를 추가로 징수하여야 하는 경우 가입자 또는 사용자에게 그 추가되는 연금보험료를 나누어 내도록 할 수 있다. 이 경우 분할 납부 신청 대상, 분할 납부 방법 및 납부 기한 등 연금보험료의 분할 납부에 필요한 사항은 대통령령으로 정한다.

Ⅲ 납입의 고지 등(법 제88조의2)

1. 납부의무자에 대한 납입고지

① 건강보험공단은 공단이 연금보험료를 부과한 때에는 그 납부의무자에게 연금보험료의 금액, 납부 기한, 납부 장소 등을 적은 문서로써 납입의 고지를 하여야 한다. 다만, 연금보험료를 자동이체의 방법으로 내는 기간 동안에는 이를 생략할 수 있다(제1항).

② 건강보험공단은 납부의무자의 신청이 있는 경우에는 납입의 고지를 전자문서교환방식 등에 의하여 전자문서로 할 수 있다. 이 경우 전자문서 고지에 대한 신청 방법·절차, 그 밖에 필요한 사항은 보건복지부령으로 정한다(제2항).

③ 건강보험공단은 전자문서로 고지한 경우 보건복지부령으로 정하는 정보통신망에 저장하거나 납부의무자가 지정한 전자우편주소에 입력된 때에 그 납부의무자에게 도달된 것으로 본다(제3항).

2. 연대납부의무자에 대한 납입고지

연금보험료를 연대하여 납부하여야 하는 자 중 1명에게 한 고지는 다른 연대 납부의무자에게도 효력이 있다(제4항).

3. 제2차 납부의무자에 대한 납입고지

건강보험공단은 제2차 납부의무자에게 납부의무가 발생한 경우 해당 납부의무자에게 납입의 고지를 하여야 하며, 납입의 고지를 한 경우에는 해당 법인인 사용자 및 사업양도인에게 그 사실을 통지하여야 한다. 이때 납입의 고지 방법, 고지의 도달 등에 관한 사항은 납부의무자에 대한 납입고지규정을 준용한다(제5항).

Ⅳ 연금보험료의 납부기한 등(법 제89조)

1. 납부기한

연금보험료는 납부의무자가 다음 달 10일까지 내야 한다. 다만, 대통령령으로 정하는 농업・임업・축산업 또는 수산업을 경영하거나 이에 종사하는 자(이하 "농어업인")는 본인의 신청에 의하여 분기별 연금보험료를 해당 분기의 다음 달 10일까지 낼 수 있다.

2. 기한전 납부등

① 연금보험료를 납부 기한의 1개월 이전에 미리 낸 경우에는 그 전달의 연금보험료 납부 기한이 속하는 날의 다음 날에 낸 것으로 본다.

② 납부의무자가 연금보험료를 미리 낼 경우 그 기간과 감액할 금액 등은 대통령령으로 정한다.

③ 납부의무자가 연금보험료를 계좌 또는 신용카드 자동이체의 방법으로 낼 경우에는 대통령령으로 정하는 바에 따라 연금보험료를 감액하거나 재산상의 이익을 제공할 수 있다.

3. 납부기한의 연장

① 건강보험공단은 고지서의 송달 지연 등 보건복지부령으로 정하는 사유에 해당하는 경우에는 납부 기한으로부터 1개월 범위에서 납부 기한을 연장할 수 있다.

② 납부 기한을 연장받으려면 보건복지부령으로 정하는 바에 따라 건강보험공단에 납부 기한의 연장을 신청하여야 한다.

Ⅴ 연금보험료의 원천공제 납부 등(법 제90조)

사용자는 사업장가입자가 부담할 기여금을 그에게 지급할 매달의 임금에서 공제하여 내야 한다. 사업장가입자의 연금보험료 중 일부를 지원받는 때에는 사업장가입자가 부담할 기여금에서 지원받는 연금보험료 중 기여금에 지원되는 금액을 뺀 금액을 공제하여야 한다(제1항).

① 사용자는 임금에서 기여금을 공제하면 보건복지부령으로 정하는 바에 따라 공제계산서를 작성하여 사업장가입자에게 내주어야 한다. 이 경우 기여금 공제 내용을 알 수 있는 급여명세서 등은 공제계산서로 본다(제2항).

② 해당 사업장의 사용자는 법인이 아닌 사업장의 사용자가 2명 이상인 때에는 그 사업장가입자의 연금보험료와 그에 따른 징수금을 연대하여 납부할 의무를 진다(제3항).

③ 사용자가 연금보험료를 내지 아니한 경우에는 건강보험공단이 보건복지부령으로 정하는 바에 따라 근로자에게 그 사업장의 체납 사실을 통지하여야 한다(제4항).

④ 건강보험공단은 통지하는 체납 사실을 문자메시지, 전자우편 등 보건복지부령으로 정하는 방법을 통하여 추가로 안내하여야 한다(제5항).

Ⅵ 연금보험료 납부예외와 추후 납부(법 제91조, 제92조)

1. 연금보험료 납부예외

① 납부의무자는 사업장가입자 또는 지역가입자가 다음의 어느 하나에 해당하는 사유로 연금보험료를 낼 수 없으면 대통령령으로 정하는 바에 따라 그 사유가 계속되는 기간에는 연금보험료를 내지 아니할 수 있다.

㉠ 사업 중단, 실직 또는 휴직 중인 경우

㉡ 병역의무를 수행하는 경우

㉢ 초・중등교육법 또는 고등교육법에 의한 학교에 재학 중인 경우

㉣ 교정시설에 수용 중인 경우

㉤ 종전의 사회보호법에 따른 보호감호시설이나 치료감호법에 따른 치료감호시설에 수용 중인 경우

㉥ 1년 미만 행방불명된 경우, 이 경우 행방불명의 인정 기준 및 방법은 대통령령으로 정한다.

㉦ 재해・사고 등으로 소득이 감소되거나 그 밖에 소득이 있는 업무에 종사하지 아니하는 경우로서 대통령령으로 정하는 경우

② 연금보험료를 내지 아니한 기간은 가입기간에 산입하지 아니한다.

2. 연금보험료의 추후 납부

① 가입자는 10년 미만의 범위에서 다음의 어느 하나에 해당하는 기간의 전부 또는 일부에 상응하는 연금보험료(이하 "추납보험료")의 추후 납부를 신청할 수 있다.

㉠ 연금보험료를 최초로 납부한 이후에 연금보험료를 내지 아니한 기간

㉡ 사업장가입자가 되는 것으로 보는, 국민연금에 가입된 사업장에 종사하는 18세 미만 근로자가 연금보험료를 최초로 납부한 이후에 본인이 원하지 아니하여 사업장가입자가 되지 아니하므로 연금보험료를 내지 아니한 기간

㉢ 연금보험료 납부의 예외에 해당하여 연금보험료를 내지 아니한 기간

㉣ 병역법에 따른 병역의무를 마친 후 가입자의 자격을 취득한 경우로서 해당 병역의무를 수행한 기간. 다만, 다음의 어느 하나에 해당하는 기간은 제외한다.

㉮ 공무원연금법, 사립학교교직원 연금법 또는 별정우체국법에 따른 재직기간에 포함된 기간

㉯ 군인연금법에 따른 복무기간에 포함된 기간

㉰ 1988년 1월 1일 전에 병역의무를 수행한 기간

② 납부한 연금보험료를 반환일시금으로 지급받은 경우에는 그에 상응하는 기간은 연금보험료를 납부한 것으로 보지 아니한다. 다만, 지급받은 반환일시금을 반납금으로 납부한 경우에는 그러하지 아니하다.

③ 추납보험료는 추후 납부를 신청한 날이 속하는 달의 연금보험료에 추후 납부하려는 기간의 개월 수를 곱한 금액으로 한다. 다만, 임의가입자가 추후 납부를 신청한 경우 그 추납보험료 산정을 위한 연금보험료의 상한은 대통령령으로 정한다.

④ 추납보험료는 대통령령으로 정하는 바에 따라 분할하여 납부할 수 있다. 이 경우 대통령령으로 정하는 이자를 더하여야 한다.

⑤ 추납보험료를 낸 경우 그에 상응하는 기간은 추납보험료를 납부한 날을 기준으로 가입기간에 산입한다. 이 경우 추후 납부에 따라 산입되는 가입기간의 기본연금액은 추납보험료를 납부한 날이 속하는 달을 기준으로 산정한다.

Ⅶ 사업장가입자 및 지역가입자의 연금보험료의 납기 전 징수(법 제94조)

사업장가입자의 연금보험료 납부의무자 및 지역가입자에게 다음의 어느 하나에 해당하는 사유가 있으면 납기(납부 기한을 연장한 경우에는 그 기한) 전이라도 연금보험료를 징수할 수 있다.

① 국세, 지방세, 그 밖의 공과금이 체납되어 체납처분을 받은 때

② 강제집행을 받은 때

③ 파산 선고를 받은 때

④ 경매가 개시된 때

⑤ 법인이 해산한 때

Ⅷ 연금보험료 등의 독촉 및 체납처분(법 제95조)

1. 연금보험료 등의 독촉

① 건강보험공단은 사업장가입자와 지역가입자가 연금보험료와 그에 따른 징수금을 기한(납부 기한을 연장한 경우에는 그 기한)까지 내지 아니하거나 제2차 납부의무자가 연금보험료, 연체금, 체납처분비를 기한까지 내지 아니하면 대통령령으로 정하는 바에 따라 기한을 정하여 독촉하여야 한다.

② 건강보험공단은 독촉할 경우에는 10일 이상의 납부 기한을 정하여 독촉장을 발부하여야 한다.

③ 연금보험료를 연대하여 내야 하는 자 중 1명에게 한 독촉은 다른 연대 납부의무자에게도 효력이 있다.

> **연금보험료 등의 독촉(영 제64조)** 기출 24
>
> ① 건강보험공단은 법 제95조 제1항에 따라 사업장가입자의 연금보험료와 그에 따른 징수금의 납부를 독촉할 때에는 납부 기한이 지난 후 20일 이내에 해당 사업장가입자의 사용자에게 독촉장을 발부하여야 한다.
>
> ② 건강보험공단은 법 제95조 제1항에 따라 지역가입자의 연금보험료와 그에 따른 징수금의 납부를 독촉할 때에는 납부 기한이 지난 후 3개월 이내에 해당 가입자에게 독촉장을 발부하여야 한다.
>
> ③ 건강보험공단은 법 제95조 제1항에 따라 제2차 납부의무자의 연금보험료, 연체금, 체납처분비의 납부를 독촉할 때에는 납부 기한이 지난 후 20일 이내에 제2차 납부의무자에게 독촉장을 발부하여야 한다.

2. 체납처분

① 건강보험공단은 독촉을 받은 자가 그 기한까지 연금보험료와 그에 따른 징수금을 내지 아니하면 보건복지부장관의 승인을 받아 국세 체납처분의 예에 따라 징수할 수 있다. 이 경우 징수한 금액이 체납된 연금보험료와 그에 따른 징수금에 미치지 못하는 경우에는 그 징수한 금액을 대통령령으로 정하는 바에 따라 체납된 연금보험료와 그에 따른 징수금에 충당하여야 한다.

② 건강보험공단은 체납처분을 하기 전에 연금보험료 등의 체납내역, 압류 가능한 재산의 종류, 압류 예정 사실 및 국세징수법에 따른 소액금융재산에 대한 압류 금지 사실 등이 포함된 통보서를 발송하여야 한다. 다만, 법인 해산 등 긴급히 체납처분을 할 필요가 있는 경우로서 대통령령으로 정하는 경우에는 그러하지 아니하다.

③ 건강보험공단은 국세 체납처분의 예에 따라 압류한 재산을 매각할 때 전문지식이 필요하거나 그 밖에 특수한 사정이 있어 직접 매각하는 것이 적당하지 아니하다고 인정되면 대통령령으로 정하는 바에 따라 한국자산관리공사에 매각을 대행시킬 수 있다. 이 경우 한국자산관리공사가 한 매각은 건강보험공단이 한 것으로 본다.

④ 건강보험공단은 한국자산관리공사가 매각을 대행하는 경우에는 보건복지부령으로 정하는 바에 따라 수수료를 지급할 수 있다.

Ⅸ 체납보험료의 분할납부(법 제95조의3)

① 건강보험공단은 연금보험료를 2회 이상 체납한 지역가입자에 대하여 보건복지부령으로 정하는 바에 따라 분할납부 승인을 할 수 있다.

② 건강보험공단은 연금보험료를 2회 이상 체납한 지역가입자에 대하여 체납처분을 하기 전에 분할납부를 신청할 수 있음을 알리고, 보건복지부령으로 정하는 바에 따라 분할납부 신청의 절차·방법 등에 관한 사항을 안내하여야 한다.

③ 건강보험공단은 분할납부 승인을 받은 사람이 정당한 사유 없이 2회 이상 그 승인된 보험료를 납부하지 아니하면 분할납부의 승인을 취소한다.

Ⅹ 연체금(법 제97조)

1. 연체금 및 연체가산금

① 건강보험공단은 연금보험료의 납부의무자가 납부 기한(납부 기한을 연장한 경우에는 그 기한)까지 연금보험료를 내지 아니하면 그 납부 기한이 경과한 날부터 매 1일이 경과할 때마다 체납된 연금보험료의 1천500분의 1에 해당하는 금액을 가산한 연체금을 징수한다. 이 경우 연체금은 체납된 연금보험료의 1천분의 20을 초과하지 못한다(제1항).

② 건강보험공단은 연금보험료의 납부의무자가 체납된 연금보험료를 내지 아니하면 납부 기한 후 30일이 경과한 날부터 매 1일이 경과할 때마다 체납된 연금보험료의 6천분의 1에 해당하는 연체금을 가산하여 징수한다. 이 경우 연체금은 체납된 연금보험료의 1천분의 50을 초과하지 못한다(제2항).

2. 연체금징수예외

연체금의 징수요건에 해당되어도 천재지변, 전쟁, 사변, 사업장폐쇄, 화재 등 재해발생, 사업장 납부의무자가 체납한 경우 등의 사유가 있는 경우에는 연체금 및 연체금 가산료를 징수하지 아니할 수 있다(제3항).

XI 고액 · 상습 체납자의 인적사항의 공개(법 제97조의2)

1. 공개요건

건강보험공단은 이 법에 따른 납부기한의 다음 날부터 1년이 지난 연금보험료, 연체금 및 체납처분비(이하 "연금보험료등")의 총액이 2천만원 이상인 체납자(사업장가입자에 한정)가 납부능력이 있음에도 불구하고 체납한 경우 체납자의 인적사항(사용자의 인적사항) 및 체납액 등(이하 "인적사항등")을 공개할 수 있다. 다만, 체납된 연금보험료등과 관련하여 행정심판 또는 행정소송이 계류 중인 경우나 그 밖에 체납된 금액의 일부 납부 등 대통령령으로 정하는 사유가 있는 경우에는 그러하지 아니하다.

2. 공개절차

① 인적사항 등에 대한 공개 여부를 심의하기 위하여 건강보험공단에 보험료정보공개심의위원회를 둔다.
② 건강보험공단은 보험료정보공개심의위원회의 심의를 거친 인적사항 등의 공개대상자에게 공개대상자임을 서면으로 통지하여 소명의 기회를 부여하여야 하며, 통지일부터 6개월이 경과한 후 체납액의 납부이행 등을 고려하여 공개대상자를 선정한다.

3. 공개방법

인적사항 등의 공개는 관보에 게재하거나 건강보험공단 인터넷 홈페이지에 게시하는 방법으로 한다.

XII 연금보험료의 징수의 우선순위(법 제98조)

연금보험료나 그 밖의 이 법에 따른 징수금을 징수하는 순위는 국민건강보험법에 따른 보험료와 같은 순위로 한다.

국세 및 지방세 > 연금보험료 > 채권(민사채권 · 상사채권 · 공과금채권)

XIII 연금보험료 등의 징수권 소멸(법 제99조)

지역가입자, 임의가입자 및 임의계속가입자의 연금보험료 및 연체금을 징수할 권리는 다음의 어느 하나에 해당하는 때에 소멸한다.

① 가입자 또는 가입자였던 자가 사망한 때
② 본인이 노령연금을 받거나 반환일시금을 받은 때
③ 소멸시효가 완성된 때

XIV 과오납금의 충당과 반환(법 제100조)

1. 충 당

공단은 연금보험료, 연체금, 체납처분비에서 발생한 과오납금이 있으면 대통령령으로 정하는 바에 따라 그 과오납금을 연금보험료나 그 밖의 이 법에 따른 징수금에 충당하여야 한다(제1항).

2. 반 환

충당하고 남은 금액이 있는 경우 공단은 이를 반환결정하여야 하고, 건강보험공단은 대통령령으로 정하는 바에 따라 지급하여야 한다(제2항).

과오납금의 충당 및 반환(영 제73조)

① 공단은 법 제100조에 따른 과오납금이 발생한 경우에는 다음 각 호의 순서대로 우선 충당한다. 이 경우 제3호에 따른 징수금의 충당 방법에 관하여는 제65조를 준용한다.

1. 체납처분비
2. 환수금과 법 제57조 제3항에 따른 연체금
3. 미납된 연금보험료와 법 제97조에 따른 연체금
4. 앞으로 내야 할 1개월분의 연금보험료. 다만, 제2항에 따라 과오납금의 나머지 금액을 반환받을 수 있는 자의 의사에 반하여는 충당할 수 없다.

② 제1항에 따라 충당하고 남은 과오납금의 나머지 금액이 있는 경우 건강보험공단은 다음 각 호의 순서대로 반환하여야 한다. 이 경우 같은 순위자가 2명 이상인 경우 그 반환방법은 제40조를 준용한다.

1. 연금보험료를 납부한 사람(사업장의 폐업이나 사용자의 사망・행방불명 등으로 사용자에게 반환할 금액을 반환할 수 없는 경우로서 그 반환할 금액 중 해당 사업장의 근로자가 법 제88조 제3항에 따라 부담하는 기여금에 대해서는 근로자를 연금보험료를 납부한 사람으로 본다)
2. 법 제73조에 따른 유족연금 수급권자
3. 제1호에 해당하는 사람의 상속인

XV 지역가입자 보험료 납부 의제 적용(법 제100조의2)

당연적용사업장이 그 기준에 미달하게 된 경우 사용자가 사업장가입자 자격 및 소득 등에 관하여 신고할 때까지 납부한 보험료는 지역가입자로서 납부한 보험료로 본다.

제7절 국민연금기금

I 연금기금의 설치・운용

1. 기금의 설치 및 조성(법 제101조)

① 보건복지부장관은 국민연금사업에 필요한 재원을 원활하게 확보하고, 이 법에 따른 급여에 충당하기 위한 책임준비금으로서 국민연금기금(이하 "기금")을 설치한다.

② 기금은 연금보험료, 기금 운용 수익금, 적립금, 공단의 수입지출 결산상의 잉여금으로 조성한다.

기출 24

2. 기금의 관리 및 운용(법 제102조)

① 기금은 보건복지부장관이 관리・운용한다.

② 보건복지부장관은 국민연금 재정의 장기적인 안정을 유지하기 위하여 그 수익을 최대로 증대시킬 수 있도록 국민연금기금운용위원회에서 의결한 바에 따라 다음의 방법으로 기금을 관리・운용하되, 가입자, 가입자였던 자 및 수급권자의 복지증진을 위한 사업에 대한 투자는 국민연금 재정의 안정을 해치지 아니하는 범위에서 하여야 한다. 다만, 공공사업을 위한 공공부문에 대한 투자의 경우에는 기획재정부장관과 협의하여 국채를 매입한다.

㉠ 대통령령으로 정하는 금융기관에 대한 예입 또는 신탁

㉡ 공공사업을 위한 공공부문에 대한 투자

㉢ 자본시장과 금융투자업에 관한 법률에 따른 증권의 매매 및 대여

㉣ 자본시장과 금융투자업에 관한 법률에 따른 지수 중 금융투자상품지수에 관한 파생상품시장에서의 거래

㉤ 국민연금공단의 복지사업 및 대여사업

㉥ 기금의 본래 사업 목적을 수행하기 위한 재산의 취득 및 처분

㉦ 그 밖에 기금의 증식을 위하여 대통령령으로 정하는 사업

③ 국민연금공단의 복지사업 및 대여사업과 기금의 본래 사업 목적을 수행하기 위한 재산의 취득 및 처분에 따른 사업 외의 사업으로 기금을 관리・운용하는 경우에는 자산 종류별 시장수익률을 넘는 수익을 낼 수 있도록 신의를 지켜 성실하게 하여야 한다. 다만, 공공사업을 위한 공공부문에 대한 투자에 따라 기금을 공공자금관리기금법에 따른 공공자금관리기금(이하 "관리기금")에 예탁할 경우 그 수익률은 공공자금관리기금운용위원회가 5년 만기 국채 수익률 이상의 수준에서 대통령령으로 정하는 바에 따라 국민연금기금운용위원회와 협의하여 정한다.

④ 자본시장과 금융투자업에 관한 법률에 따른 증권의 매매 및 대여 등에 의하여 기금을 관리・운용하는 경우에는 장기적이고 안정적인 수익 증대를 위하여 투자대상과 관련한 환경・사회・지배구조 등의 요소를 고려할 수 있다.

⑤ 보건복지부장관은 기금의 운용 성과 및 재정 상태를 명확히 하기 위하여 대통령령으로 정하는 바에 따라 기금을 회계처리하여야 한다.

⑥ 보건복지부장관은 기금의 관리・운용에 관한 업무의 일부를 대통령령으로 정하는 바에 따라 공단에 위탁할 수 있다.

연금기금의 운용원칙

연금기금은 향후 안정적 연금지급을 위한 책임준비금이므로 장기적인 재정안정이 필요하고, 기금의 설치목적인 국민의 노후소득보장과 복지증진에 부합되도록 운용되어야 한다. 따라서 연금기금의 운용에 고려되어야 할 기본원칙으로 수익성, 안정성, 공공성을 들고 있다.

① **수익성** : 국민경제의 안정과 국민경제의 성장에 기여하면서 수익성을 최대로 추구해야 하므로 수익성이 높은 금융부문에서의 효율적 운용이 필요하다.

② **안정성** : 장래의 급여에 대한 책임준비금으로 안정성을 보장하여 책임준비금이 잠식되지 않도록 해야 한다.

③ **공공성** : 국민경제에 긍정적인 영향을 미칠 수 있도록 기금운용의 공공성을 유지하면서 국민의 편익과 복지증진에 기여할 수 있어야 한다.

3. 건강보험공단에 출연(법 제102조의2)

① 보건복지부장관은 연금보험료 등의 징수에 소요되는 비용을 국민연금기금운용위원회의 의결을 거쳐 기금에서 건강보험공단에 출연할 수 있다. 이 경우 출연금의 규모, 기준 등에 관하여 필요한 사항은 대통령령으로 정한다(제1항).

② 건강보험공단은 출연금에 대하여 결산상 잉여금이 있을 경우 제45조(잉여금 처리)를 준용한다(제2항).

4. 국민연금기금운용위원회(법 제103조)

① 기금의 운용에 관한 다음의 사항을 심의·의결하기 위하여 보건복지부에 국민연금기금운용위원회(운용위원회)를 둔다.

㉠ 기금운용지침에 관한 사항

㉡ 기금을 관리기금에 위탁할 경우 예탁이자율의 협의에 관한 사항 기출 24

㉢ 기금 운용 계획에 관한 사항

㉣ 기금의 운용 내용과 사용 내용에 관한 사항

㉤ 그 밖에 기금운용에 관한 중요사항으로서 운용위원회 위원장이 회의에 부치는 사항

② 운용위원회는 위원장인 보건복지부장관, 당연직 위원인 기획재정부차관·농림축산식품부차관·산업통상자원부차관·고용노동부차관과 공단 이사장 및 위원장이 위촉하는 다음의 위원으로 구성한다.

㉠ 사용자를 대표하는 위원으로서 사용자 단체가 추천하는 자 3명

㉡ 근로자를 대표하는 위원으로서 노동조합을 대표하는 연합단체가 추천하는 자 3명

㉢ 지역가입자를 대표하는 위원으로서 다음의 자

㉮ 농어업인 단체가 추천하는 자 2명

㉯ 농어업인 단체 외의 자영자 관련 단체가 추천하는 자 2명

㉰ 소비자단체 및 시민단체가 추천하는 자 2명

㉣ 관계 전문가로서 국민연금에 관한 학식과 경험이 풍부한 자 2명

③ 위원의 임기는 2년으로 하고, 1차만 연임할 수 있다. 다만, 위원장과 당연직 위원의 임기는 그 재임 기간으로 한다.

④ 위원장은 운용위원회의 회의를 소집하고 그 의장이 된다.

⑤ 운용위원회의 회의는 연 4회 이상 개최하여야 하며, 재적 위원 과반수의 출석으로 개회하고, 출석 위원 과반수의 찬성으로 의결한다. 이 경우 출석하지 아니한 위원은 의결권을 행사하지 아니한 것으로 본다.

⑥ 보건복지부장관은 운용위원회의 요구에 따라 회의에 필요한 자료를 사전에 제출하여야 한다.

5. 국민연금기금운용전문위원회(법 제103조의3)

(1) 전문위원회의 설치

국민연금기금운용위원회의 심의·의결사항을 사전에 전문적으로 검토·심의하기 위하여 운용위원회에 다음의 분야별 국민연금기금운용전문위원회(이하 "전문위원회")를 둔다.

① 국민연금기금투자정책전문위원회(이하 "투자정책전문위원회")

② 국민연금기금수탁자책임전문위원회(이하 "수탁자책임전문위원회")

③ 국민연금기금위험관리·성과보상전문위원회(이하 "위험관리·성과보상전문위원회")

(2) 전문위원회의 검토 · 심의사항

1) 투자정책전문위원회

① 기금운용계획에 관한 사항

② 기금투자기준 및 기금관리에 관한 사항

③ 기금투자정책의 개발 또는 변경에 관한 사항

④ 그 밖에 기금의 투자정책에 관하여 운용위원회의 위원장, 투자정책전문위원회의 위원장 또는 투자정책전문위원회의 재적위원 3분의 1 이상이 검토 · 심의를 요구하는 사항

2) 수탁자책임전문위원회

① 주주권 행사의 원칙 · 기준 · 방법 · 절차에 관한 사항

② 국내외 자산운용사에 위탁하여 운용하는 주식의 의결권 위임에 관한 사항

③ 증권의 매매 및 대여 대상과 관련한 환경 · 사회 · 지배구조 등의 고려에 관한 사항

④ 그 밖에 기금의 수탁자책임에 관하여 운용위원회의 위원장, 수탁자책임전문위원회의 위원장 또는 수탁자책임전문위원회의 재적위원 3분의 1 이상이 검토 · 심의를 요구하는 사항

3) 위험관리 · 성과보상전문위원회

① 기금운용위험관리에 관한 사항

② 기금운용성과에 따른 보상에 관한 사항

③ 기금운용현황의 점검 및 그 결과에 따른 정책제언에 관한 사항

④ 그 밖에 기금의 위험관리 · 성과보상에 관하여 운용위원회의 위원장, 위험관리 · 성과보상전문위원회의 위원장 또는 위험관리 · 성과보상전문위원회의 재적위원 3분의 1 이상이 검토 · 심의를 요구하는 사항

(3) 자료의 사전제출

기금 관련 담당부서는 전문위원회의 요구에 따라 회의에 필요한 자료를 사전에 제출하여야 한다.

6. 국민연금기금운용 실무평가위원회(법 제104조)

(1) 심의평가사항

① 기금 운용 자산의 구성 및 기금의 회계 처리에 관한 사항

② 기금 운용성과의 측정에 관한 사항

③ 기금의 관리 · 운영에 있어서 개선하여야 할 사항

④ 운용위원회에 상정할 안건 중 실무평가위원회의 위원장이 필요하다고 인정한 사항

⑤ 그 밖의 운용위원회에서 심의를 요청한 사항

(2) 구 성

실무평가위원회는 위원장인 보건복지부차관, 위원 중에서 호선하는 부위원장 및 위원장이 위촉하는 다음 각 호의 위원으로 구성한다.

① 운용위원회의 위원 중 위원장과 당연직 위원(공단이사장은 제외)이 각각 지명하는 소속 부처의 3급 국가공무원 또는 고위공무원단에 속하는 일반직 공무원

② 사용자를 대표하는 위원으로서 사용자 단체가 추천하는 자 3명

③ 근로자를 대표하는 위원으로서 노동조합을 대표하는 연합단체가 추천하는 자 3명
④ 지역가입자를 대표하는 위원으로서 다음의 자
㉠ 농어업인 단체가 추천하는 자 2명
㉡ 농어업인 외의 자영자 관련 단체가 추천하는 자 2명
㉢ 소비자단체와 시민단체가 추천하는 자 2명
⑤ 국민연금제도와 국민연금기금 운용에 관한 학식과 경험이 풍부한 자 2명

(3) 임 기

위원의 임기는 2년으로 하고, 중임할 수 있다. 다만, 위원장 및 공무원인 위원의 임기는 그 재임 기간으로 한다.

Ⅱ 국민연금 기금운용지침, 운용계획

1. 기금운용지침(법 제105조, 영 제81조)

① 운용위원회는 가입자의 권익이 극대화되도록 매년 다음 사항에 관한 국민연금기금운용지침(이하 “기금운용지침”)을 마련하여야 한다.
㉠ 공공사업에 사용할 기금 자산의 비율
㉡ 공공사업에 대한 기금 배분의 우선순위
㉢ 가입자·가입자였던 자 및 수급권자의 복지증진을 위한 사업비
㉣ 기금증식을 위한 가입자 및 가입자였던 자에 대한 대여사업비
㉤ 기금의 관리·운용 현황에 관한 공시 대상 및 방법
② 보건복지부장관은 다음 연도의 국민연금기금운용지침안(이하 “기금운용지침안”)을 작성하여 4월 말일까지 운용위원회에 제출하여야 한다. 운용위원회는 기금운용지침안을 5월 말일까지 심의·의결하여야 한다. 기출 24

2. 기금 운용계획 등(법 제107조)

① 보건복지부장관은 매년 기금 운용 계획을 수립하여 운용위원회 및 국무회의의 심의를 거쳐 대통령의 승인을 얻어야 하며, 정부는 이를 전년도 10월 말까지 국회에 보고하여야 한다. 기출 24
② 보건복지부장관은 기금의 운용 내용을, 기획재정부장관은 관리기금에 예탁된 기금의 사용 내용을 각각 다음 연도 6월 말까지 운용위원회에 제출하여야 한다. 기출 24
③ 운용위원회의 위원장은 정부가 작성한 기금의 운용 내용과 사용 내용을 운용위원회의 심의를 거쳐 국회에 제출하고 공시하여야 한다.

제8절 심사청구 및 재심사청구

I 심사청구

1. 심사대상(법 제108조)

가입자의 자격, 기준소득월액, 연금보험료, 그 밖의 이 법에 따른 징수금과 급여에 관한 공단 또는 건강보험공단의 처분에 이의가 있는 자는 그 처분을 한 공단 또는 건강보험공단에 심사청구를 할 수 있다(제1항).

기출 24

2. 청구기간(법 제108조)

심사청구는 그 처분이 있음을 안 날부터 90일 이내에 문서(전자문서를 포함)로 하여야 하며, 처분이 있은 날부터 180일을 경과하면 이를 제기하지 못한다. 다만, 정당한 사유로 그 기간에 심사청구를 할 수 없었음을 증명하면 그 기간이 지난 후에도 심사청구를 할 수 있다(제2항).

3. 국민연금심사위원회 및 징수심사위원회의 심사(법 제109조, 영 제89조, 제90조 등)

(1) 심사위원회의의 설치, 구성 및 의결

1) 설 치

심사청구 사항을 심사하기 위하여 국민연금공단에 국민연금심사위원회(이하 심사위원회)를 두고, 건강보험공단에 징수심사위원회를 둔다.

2) 구 성

심사위원회의 위원장은 공단의 상임이사 중 공단이사장이 임명하는 자로 하며, 위원장 1명을 포함한 26명 이내의 위원으로 국민연금심사위원회가 구성된다. 위원은 공단의 실장급 이상의 임직원, 사용자단체가 추천하는 자, 근로자단체가 추천하는 자, 지역가입자를 대표하는 단체가 추천하는 자, 법률이나 의료 또는 사회보험분야에 관한 학식과 경험이 있는 사람으로서 변호사 자격 또는 의사 자격을 취득한 후 5년 이상 실무에 종사한 사람・고등교육법에 따른 학교에서 사회보험관련학과의 조교수 이상으로 재직한 사람・박사학위를 취득한 후 사회보험관련분야에서 5년 이상 근무한 사람・사회보험관련분야에서 10년 이상 근무한 사람에 해당하는 자 중에서 공단이사장이 임명하거나 위촉한다(영 제89조, 제90조).

3) 임 기

심사위원회 위원의 임기는 2년으로 하며, 2차례만 연임할 수 있다. 다만, 공단의 임직원인 위원의 임기는 그 직위의 재임기간으로 한다(영 제91조). 기출 24

4) 의 결

심사위원회의 회의는 위원장과 위원장이 회의마다 지정하는 7명의 위원으로 구성하되, 구성원 과반수의 출석으로 시작하고 출석 위원 과반수의 찬성으로 의결한다(영 제92조).

(2) 심사청구에 대한 결정(영 제98조, 제99조, 제100조)

1) 결정기관

심사위원회 및 징수심사위원회의 심사의결을 거쳐 공단이 결정한다.

2) 결정유형

공단은 심사청구가 적법하지 아니한 경우에는 그 심사청구를 각하하는 결정을 한다. 공단은 심사청구가 이유 없다고 인정한 경우에는 그 심사청구를 기각하는 결정을 한다. 공단은 심사청구가 이유 있다고 인정한 경우에는 처분을 취소하거나 변경하는 결정을 한다. 공단은 결정을 하면 지체 없이 청구인에게 결정서의 정본을 보내야 한다. 한편 청구인은 결정이 있기 전까지는 언제든지 심사청구를 문서로 취하할 수 있다. 기출 24

3) 결정기간

공단은 심사청구를 받은 날부터 60일 이내에 결정을 하여야 한다. 다만, 부득이한 사정이 있는 경우에는 위원장이 직권으로 30일을 연장할 수 있다. 결정기간을 연장하면 결정기간이 끝나기 7일 전까지 청구인에게 이를 알려야 한다. 보정기간은 결정기간에 산입하지 아니한다.

Ⅱ 재심사청구

1. 심사대상(법 제110조)

심사청구에 대한 국민연금공단 및 건강보험공단의 결정에 불복하는 자는 재심사청구서에 따라 국민연금재심사위원회에 재심사를 청구할 수 있다.

2. 청구기간(법 제110조)

심사청구에 대한 결정에 불복하는 자는 그 결정통지를 받은 날부터 90일 이내에 재심사청구서에 따라 국민연금재심사위원회에 재심사를 청구할 수 있다. 기출 24

3. 국민연금재심사위원회의 재심사(법 제111조, 영 제105조)

(1) 재심사위원회의 설치, 구성 및 의결

1) 설 치

재심사청구 사항을 심사하기 위하여 보건복지부에 국민연금재심사위원회(이하 "재심사위원회")를 둔다.

2) 구 성

① 재심사위원회는 위원장 1명을 포함한 20명 이내의 위원으로 구성한다. 이 경우 공무원이 아닌 위원이 전체 위원의 과반수가 되도록 하여야 한다.

② 재심사위원회의 위원장은 보건복지부 연금정책국장으로 한다.

3) 의 결

재심사위원회의 회의는 위원장과 위원장이 회의마다 지정하는 6명의 위원으로 구성한다. 재심사위원회의 회의는 재적 위원 과반수의 출석으로 시작하고 출석 위원 과반수의 찬성으로 의결한다(영 제106조).

(2) 재심사청구에 대한 재결(법 제112조)

재심사위원회의 재심사와 재결에 관한 절차에 관하여는 행정심판법을 준용한다(제1항). 기출 24

(3) 재결에 대한 불복(법 제112조, 행정소송법 제18조, 제20조)

① 재심사청구사항에 대한 재심사위원회의 재심사는 행정심판법에 따른 행정심판으로 본다(제2항). 따라서 재심사위원회의 재결에 불복이 있으면 행정소송을 제기할 수 있다.

② 그러나 심사청구 및 재심사청구의 절차를 거치지 아니하고 행정소송을 제기할 수도 있다.

③ 행정소송은 재심사위원회의 재결 또는 공단의 처분이 있음을 안 날로부터 90일 이내에 제기하여야 하며, 재결 또는 처분이 있은 날로부터 1년을 경과하면 이를 제기하지 못한다.

제9절 중복급여조정, 대위권, 시효 등

I 내 용

1. 연금의 중복급여의 조정(법 제113조)

장애연금 또는 유족연금의 수급권자가 이 법에 따른 장애연금 또는 유족연금의 지급 사유와 같은 사유로 다음의 어느 하나에 해당하는 급여를 받을 수 있는 경우에는 장애연금액이나 유족연금액은 그 2분의 1에 해당하는 금액을 지급한다.

① 근로기준법에 따른 장해보상, 유족보상 또는 일시보상

② 산업재해보상보험법에 따른 장해급여, 유족급여, 진폐보상연금 또는 진폐유족연금

③ 선원법에 따른 장해보상, 일시보상 또는 유족보상

④ 어선원 및 어선 재해보상보험법에 따른 장해급여, 일시보상급여 또는 유족급여

2. 대위권(법 제114조)

① 공단은 제3자의 행위로 장애연금이나 유족연금의 지급 사유가 발생하여 장애연금이나 유족연금을 지급한 때에는 그 급여액의 범위에서 제3자에 대한 수급권자의 손해배상청구권에 관하여 수급권자를 대위한다.

② 제3자의 행위로 장애연금이나 유족연금의 지급 사유가 발생한 경우 그와 같은 사유로 제3자로부터 손해배상을 받았으면 공단은 그 배상액의 범위에서 제1항에 따른 장애연금이나 유족연금을 지급하지 아니한다.

3. 시효(법 제115조)

① 연금보험료, 환수금, 그 밖의 이 법에 따른 징수금을 징수하거나 환수할 권리는 3년간, 급여를 받거나 과오납금을 반환받을 수급권자 또는 가입자 등의 권리는 5년간, 반환일시금을 지급받을 권리는 10년간 행사하지 아니하면 각각 소멸시효가 완성된다. 기출 17 · 24

② 급여를 지급받을 권리는 그 급여 전액에 대하여 지급이 정지되어 있는 동안은 시효가 진행되지 아니한다.

기출 17

③ 연금보험료나 그 밖의 이 법에 따른 징수금 등의 납입 고지, 독촉과 급여의 지급 또는 과오납금 등의 반환청구는 소멸시효 중단의 효력을 가진다.
④ 중단된 소멸시효는 납입 고지나 독촉에 따른 납입 기간이 지난 때부터 새로 진행된다.
⑤ 급여의 지급이나 과오납금 등의 반환청구에 관한 기간을 계산할 때 그 서류의 송달에 들어간 일수는 그 기간에 산입하지 아니한다. 기출 17

Ⅱ 기 타

1. 근로자의 권익 보호(법 제119조)

사용자는 근로자가 가입자로 되는 것을 방해하거나 부담금의 증가를 기피할 목적으로 정당한 사유 없이 근로자의 승급 또는 임금 인상을 하지 아니하거나 해고나 그 밖의 불리한 대우를 하여서는 아니 된다.

2. 수급권 변경 등에 관한 신고(법 제121조)

① 수급권자 및 수급자는 수급의 발생·변경·소멸·정지 및 급여액의 산정·지급 등에 관련된 사항을 보건복지부령으로 정하는 바에 따라 공단에 신고하여야 한다.
② 수급권자 또는 수급자가 사망하면 가족관계의 등록 등에 관한 법률에 따른 신고의무자는 사망사실을 안 날부터 1개월 이내에 그 사실을 공단에 신고하여야 한다. 다만, 사망사실을 안 날부터 1개월 이내에 가족관계의 등록 등에 관한 법률에 따라 사망신고를 한 경우에는 그러하지 아니하다.

3. 조사·질문 등(법 제122조)

① 공단은 가입자의 자격, 기준소득월액, 연금보험료 또는 급여에 관한 결정 등이나 수급권 또는 급여의 발생·변경·소멸·정지 등에 관한 확인을 위하여 필요하다고 인정하면 사용자, 가입자, 가입자였던 자 또는 수급권자에게 필요한 서류나 그 밖의 소득·재산 등에 관한 자료를 제출하도록 요구하거나 소속 직원으로 하여금 사업장이나 그 밖의 필요한 장소에 방문하여 서류 등을 조사하거나 관계인에게 필요한 질문을 하게 할 수 있다.
② 방문·조사·질문하는 공단 직원은 그 권한을 표시하는 증표 및 조사기간, 조사범위, 조사담당자, 관계 법령 등 보건복지부령으로 정하는 사항이 기재된 서류를 지니고 이를 관계인에게 내보여야 한다.

4. 비밀 유지(법 제124조)

공단에 종사하였던 자 또는 종사하는 자는 그 업무상 알게 된 비밀을 누설하여서는 아니 된다.

제10절 벌 칙

Ⅰ 형 벌

1. 징역이나 벌금(법 제128조)

① 3년 이하의 징역이나 3천만원 이하의 벌금(제1항) : 거짓이나 그 밖의 부정한 방법으로 급여를 받은 자

② 3년 이하의 징역 또는 1천만원 이하의 벌금(제2항) : 전산정보자료를 국민연금사업을 수행하기 위한 목적 외의 용도로 이용하거나 활용한 자

③ 다음의 어느 하나에 해당하는 자는 1년 이하의 징역이나 1천만원 이하의 벌금에 처한다(제3항).

㉠ 부담금의 전부 또는 일부를 사업장가입자에게 부담하게 하거나 임금에서 기여금을 공제할 때 기여금을 초과하는 금액을 사업장가입자의 임금에서 공제한 사용자

㉡ 납부 기한까지 정당한 사유 없이 연금보험료를 내지 아니한 사용자

㉢ 근로자가 가입자로 되는 것을 방해하거나 부담금의 증가를 기피할 목적으로 정당한 사유 없이 근로자의 승급 또는 임금 인상을 하지 아니하거나 해고나 그 밖의 불리한 대우를 한 사용자

㉣ 업무를 수행하면서 알게 된 비밀을 누설한 자

2. 양벌규정(법 제130조)

법인의 대표자나 법인 또는 개인의 대리인, 사용인, 그 밖의 종업원이 그 법인 또는 개인의 업무에 관하여 제128조 위반행위를 하면 그 행위자를 벌하는 외에 그 법인 또는 개인에게도 해당 조문의 벌금형을 과(科)한다. 다만, 법인 또는 개인이 그 위반행위를 방지하기 위하여 해당 업무에 관하여 상당한 주의와 감독을 게을리하지 아니한 경우에는 그러하지 아니하다.

Ⅱ 과태료(법 제131조)

1. 50만원 이하의 과태료(제1항)

① 당연적용사업장에 해당된 사실등을 공단에 신고를 하지 아니하거나 거짓으로 신고한 사용자

② 공단 또는 공단의 직원이 서류나 그 밖의 자료 제출을 요구하거나 조사・질문을 할 때 이를 거부・기피・방해하거나 거짓으로 답변한 사용자

2. 10만원 이하의 과태료(제2항)

① 지역가입자, 임의가입자 및 임의계속가입자의 자격 및 소득에 관한 사항 등을 신고하지 아니하거나 수급권 변경 등을 신고를 하지 아니한 자, 수급권자 또는 수급자가 사망한 경우 사망사실을 안 날부터 1개월 이내에 공단에 신고하지 아니한 자

② 공단으로부터 사업장가입자의 자격 취득・상실에 관한 확인사항등을 통지받은 후 그 사항을 사업장가입자 또는 그 자격을 상실한 자에게 통지하지 아니한 자

③ 공단 또는 공단의 직원이 서류나 그 밖의 소득・재산 등에 관한 자료의 제출을 요구하거나 조사・질문할 때 이를 거부・기피・방해하거나 거짓으로 답변한 가입자, 가입자였던 자 또는 수급권자

CHAPTER

04 국민연금법

01 기출 24

☑ 확인Check! ○ △ ×

국민연금법상 소멸시효에 관한 내용이다. (   )에 들어갈 숫자의 합은?

> 연금보험료, 환수금, 그 밖의 이 법에 따른 징수금을 징수하거나 환수할 권리는 (   )년간, 급여(제77조 제1항 제1호에 따른 반환일시금은 제외한다)를 받거나 과오납금을 반환받을 수급권자 또는 가입자 등의 권리는 (   )년간 행사하지 아니하면 각각 소멸시효가 완성된다.

① 4
② 6
③ 8
④ 13
⑤ 15

정답 및 해설

01

(   )에 들어갈 숫자의 합은 3 + 5 = 8이 된다.

정답 ③

PLUS

시효(연금법 제115조)

① 연금보험료, 환수금, 그 밖의 이 법에 따른 징수금을 징수하거나 환수할 권리는 3년간, 급여(제77조 제1항 제1호에 따른 반환일시금은 제외한다)를 받거나 과오납금을 반환받을 수급권자 또는 가입자 등의 권리는 5년간, 제77조 제1항 제1호에 따른 반환일시금을 지급받을 권리는 10년간 행사하지 아니하면 각각 소멸시효가 완성된다.
② 급여를 지급받을 권리는 그 급여 전액에 대하여 지급이 정지되어 있는 동안은 시효가 진행되지 아니한다.
③ 연금보험료나 그 밖의 이 법에 따른 징수금 등의 납입 고지, 제57조의2 제2항 및 제95조 제1항에 따른 독촉과 급여의 지급 또는 과오납금 등의 반환청구는 소멸시효 중단의 효력을 가진다.
④ 제3항에 따라 중단된 소멸시효는 납입 고지나 독촉에 따른 납입 기간이 지난 때부터 새로 진행된다.
⑤ 제1항에 따른 급여의 지급이나 과오납금 등의 반환청구에 관한 기간을 계산할 때 그 서류의 송달에 들어간 일수는 그 기간에 산입하지 아니한다.

02 기출 24

☑ 확인 Check! ○ △ ×

국민연금법에 관한 내용으로 옳지 않은 것은?

① 급여수급전용계좌에 입금된 급여와 이에 관한 채권은 압류할 수 없다.

② 장애연금액은 장애등급 2급에 해당하는 자에 대하여는 기본연금액의 1천분의 600에 해당하는 금액에 부양가족연금액을 더한 금액으로 한다.

③ 장애등급이 2급 이상인 장애연금 수급권자가 사망하면 그 유족에게 유족연금을 지급한다.

④ 가입자 또는 가입자였던 자가 가입기간이 10년 미만이고 60세가 된 때에는 본인이나 그 유족의 청구에 의하여 반환일시금을 지급받을 수 있다.

⑤ 장애연금 수급권자가 고의나 중대한 과실로 요양 지시에 따르지 아니하거나 정당한 사유 없이 요양지시에 따르지 아니하여 회복을 방해한 때에는 급여의 전부 또는 일부의 지급을 정지할 수 있다.

02

① (○) 연금법 제58조 제3항

② (×) 장애연금액은 장애등급 2급에 해당하는 자에 대하여는 기본연금액의 1천분의 800에 해당하는 금액에 부양가족연금액을 더한 금액으로 한다(연금법 제68조 제1항 제2호).

③ (○) 연금법 제72조 제1항 제5호

④ (○) 연금법 제77조 제1항 제1호

⑤ (○) 연금법 제86조 제1항 제3호

정답 ②

PLUS

유족연금의 수급권자(연금법 제72조)

① 다음 각 호의 어느 하나에 해당하는 사람이 사망하면 그 유족에게 유족연금을 지급한다.
1. 노령연금 수급권자
2. 가입기간이 10년 이상인 가입자 또는 가입자였던 자
3. 연금보험료를 낸 기간이 가입대상기간의 3분의 1 이상인 가입자 또는 가입자였던 자
4. 사망일 5년 전부터 사망일까지의 기간 중 연금보험료를 낸 기간이 3년 이상인 가입자 또는 가입자였던 자. 다만, 가입대상기간 중 체납기간이 3년 이상인 사람은 제외한다.
5. 장애등급이 2급 이상인 장애연금 수급권자

② 제1항에도 불구하고 같은 항 제3호 또는 제4호에 해당하는 사람이 다음 각 호의 기간 중 사망하는 경우에는 유족연금을 지급하지 아니한다.
1. 제6조 단서에 따라 가입 대상에서 제외되는 기간
2. 국외이주·국적상실 기간

지급의 정지 등(연금법 제86조)

① 수급권자가 다음 각 호의 어느 하나에 해당하면 급여의 전부 또는 일부의 지급을 정지할 수 있다.
1. 수급권자가 정당한 사유 없이 제122조 제1항에 따른 공단의 서류, 그 밖의 자료 제출 요구에 응하지 아니한 때
2. 장애연금 또는 유족연금의 수급권자가 정당한 사유 없이 제120조에 따른 공단의 진단 요구 또는 확인에 응하지 아니한 때
3. 장애연금 수급권자가 고의나 중대한 과실로 요양 지시에 따르지 아니하거나 정당한 사유 없이 요양지시에 따르지 아니하여 회복을 방해한 때
4. 수급권자가 정당한 사유 없이 제121조 제1항에 따른 신고를 하지 아니한 때

② 제1항에 따라 급여의 지급을 정지하려는 경우에는 지급을 정지하기 전에 대통령령으로 정하는 바에 따라 급여의 지급을 일시 중지할 수 있다.

03 기출 24

☑ 확인Check! ○ △ ×

국민연금법령상 연금보험료 등의 독촉에 관한 내용이다. (   ) 에 들어갈 내용은?

> 제64조(연금보험료 등의 독촉)
> ① 국민건강보험공단은 법 제95조 제1항에 따라 사업장가입자의 연금보험료와 그에 따른 징수금의 납부를 독촉할 때에는 납부기한이 지난 후 (ㄱ) 이내에 해당 사업장가입자의 사용자에게 독촉장을 발부하여야 한다.
> ② 국민건강보험공단은 법 제95조 제1항에 따라 지역가입자의 연금보험료와 그에 따른 징수금의 납부를 독촉할 때에는 납부 기한이 지난 후 (ㄴ) 이내에 해당 가입자에게 독촉장을 발부하여야 한다.
> ③ 국민건강보험공단은 법 제95조 제1항에 따라 제2차 납부의무자의 연금보험료, 연체금, 체납처분비의 납부를 독촉할 때에는 납부 기한이 지난 후 (ㄷ) 이내에 제2차 납부의무자에게 독촉장을 발부하여야 한다.

① ㄱ : 10일, ㄴ : 1개월, ㄷ : 10일
② ㄱ : 20일, ㄴ : 1개월, ㄷ : 20일
③ ㄱ : 20일, ㄴ : 3개월, ㄷ : 20일
④ ㄱ : 30일, ㄴ : 3개월, ㄷ : 20일
⑤ ㄱ : 30일, ㄴ : 3개월, ㄷ : 30일

03

(   )의 ㄱ, ㄴ, ㄷ에 들어갈 내용은 순서대로 20일, 3개월, 20일이다.

정답 ③

PLUS

연금보험료 등의 독촉(연금법 시행령 제64조)

① 건강보험공단은 법 제95조 제1항에 따라 사업장가입자의 연금보험료와 그에 따른 징수금의 납부를 독촉할 때에는 납부 기한이 지난 후 20일 이내에 해당 사업장가입자의 사용자에게 독촉장을 발부하여야 한다.
② 건강보험공단은 법 제95조 제1항에 따라 지역가입자의 연금보험료와 그에 따른 징수금의 납부를 독촉할 때에는 납부 기한이 지난 후 3개월 이내에 해당 가입자에게 독촉장을 발부하여야 한다.
③ 건강보험공단은 법 제95조 제1항에 따라 제2차 납부의무자의 연금보험료, 연체금, 체납처분비의 납부를 독촉할 때에는 납부 기한이 지난 후 20일 이내에 제2차 납부의무자에게 독촉장을 발부하여야 한다.

04 기출 24

☑ 확인Check! ○ △ ×

국민연금법령상 심사청구 및 재심사청구에 관한 내용으로 옳지 않은 것은?

① 가입자의 자격, 기준소득월액, 연금보험료, 그 밖의 이 법에 따른 징수금과 급여에 관한 국민연금공단 또는 국민건강보험공단의 처분에 이의가 있는 자는 그 처분을 한 국민연금공단 또는 국민건강보험공단에 심사청구를 할 수 있다.

② 국민연금심사위원회 위원의 임기는 2년으로 하며, 1차례만 연임할 수 있으며, 국민연금공단의 임직원인 위원의 임기는 그 직위의 재임기간으로 한다.

③ 청구인은 결정이 있기 전까지는 언제든지 심사청구를 문서로 취하할 수 있다.

④ 심사청구에 대한 결정에 불복하는 자는 그 결정통지를 받은 날부터 90일 이내에 국민연금재심사위원회에 재심사를 청구할 수 있다.

⑤ 국민연금재심사위원회의 재심사와 재결에 관한 절차에 관하여는 「행정심판법」을 준용한다.

04

① (○) 연금법 제108조 제1항

② (×) 심사위원회 위원의 임기는 2년으로 하며, 2차례만 연임할 수 있다. 다만, 공단의 임직원인 위원의 임기는 그 직위의 재임기간으로 한다(연금법 시행령 제91조).

③ (○) 연금법 시행령 제98조

④ (○) 심사청구에 대한 결정에 불복하는 자는 그 결정통지를 받은 날부터 90일 이내에 대통령령으로 정하는 사항을 적은 재심사청구서에 따라 국민연금재심사위원회에 재심사를 청구할 수 있다(연금법 제110조 제1항).

⑤ (○) 연금법 제112조 제1항

정답 ②

05 기출 24

☑ 확인Check! ○ △ ×

국민연금법령상 국민연금기금에 관한 설명으로 옳지 않은 것은?

① 국민연금기금은 연금보험료, 국민연금기금 운용 수익금, 적립금, 국민연금공단의 수입지출 결산상의 잉여금을 재원으로 조성한다.

② 국민연금기금운용위원회는 국민연금기금을 관리기금에 위탁할 경우 예탁 이자율의 협의에 관한 사항을 심의·의결할 수 있다.

③ 보건복지부장관은 다음 연도의 국민연금기금운용지침안을 작성하여 4월 말일까지 국민연금기금운용위원회에 제출하여야 하고, 국민연금기금운용위원회는 국민연금기금운용지침안을 5월 말일까지 심의·의결하여야 한다.

④ 보건복지부장관은 매년 국민연금기금 운용계획을 세워서 국민연금기금운용위원회 및 국무회의의 심의를 거쳐 대통령의 승인을 받아야 한다.

⑤ 보건복지부장관은 국민연금기금의 운용 내용과 관리기금에 예탁된 국민연금기금의 사용 내용을 다음 연도 6월 말까지 국민연금기금운용위원회에 제출하여야 한다.

05

① (○) 연금법 제101조 제2항

② (○) 연금법 제103조 제1항 제2호

③ (○) 연금법 시행령 제81조 제1항, 제2항

④ (○) 연금법 제107조 제1항

⑤ (×) 보건복지부장관은 기금의 운용 내용을, 기획재정부장관은 관리기금에 예탁된 기금의 사용 내용을 각각 다음 연도 6월 말까지 운용위원회에 제출하여야 한다(연금법 제107조 제3항).

정답 ⑤

06 기출 23

☑ 확인 Check! ○ △ ×

국민연금법상 다음 (　　)에 들어갈 숫자의 합은?

> 제64조(분할연금 수급권자등)
> ① 혼인 기간이 (　　)년 이상인 자가 다음 각 호의 요건을 모두 갖추면 그때부터 그가 생존하는 동안 배우자였던 자의 노령연금을 분할한 일정한 금액의 연금(이하 "분할연금"이라 한다)을 받을 수 있다.
> 1. 배우자와 이혼하였을 것
> 2. 배우자였던 사람이 노령연금 수급권자일 것
> 3. 60세가 되었을 것
>
> 〈중략〉
>
> ③ 제1항에 따른 분할연금은 제1항 각 호의 요건을 모두 갖추게 된 때부터 (　　)년 이내에 청구하여야 한다.

① 6　② 8
③ 10　④ 13
⑤ 15

PLUS

분할연금 수급권자등(연금법 제64조)

① 혼인 기간(배우자의 가입기간 중의 혼인 기간으로서 별거, 가출 등의 사유로 인하여 실질적인 혼인관계가 존재하지 아니하였던 기간을 제외한 기간)이 5년 이상인 자가 다음 각 호의 요건을 모두 갖추면 그때부터 그가 생존하는 동안 배우자였던 자의 노령연금을 분할한 일정한 금액의 연금(이하 "분할연금")을 받을 수 있다.
1. 배우자와 이혼하였을 것
2. 배우자였던 사람이 노령연금 수급권자일 것
3. 60세가 되었을 것

③ 제1항에 따른 분할연금은 제1항 각 호의 요건을 모두 갖추게 된 때부터 5년 이내에 청구하여야 한다.

06

(　　)안에 들어갈 숫자의 합은 (5) + (5) = 10이 된다.

정답 ③

07 기출 23

☑ 확인 Check! ○ △ ×

국민연금법령상 다음 A근로자의 경우 산입될 국민연금 가입기간은?

사용자가 A근로자의 임금에서 7개월간 기여금을 공제하였음에도 연금보험료를 내지 않았다.

① 3개월　② 4개월
③ 5개월　④ 6개월
⑤ 7개월

07

가입기간을 계산할 때 연금보험료를 내지 아니한 기간은 가입기간에 산입하지 아니한다. 다만, 사용자가 근로자의 임금에서 기여금을 공제하고 연금보험료를 내지 아니한 경우에는 그 내지 아니한 기간의 2분의 1에 해당하는 기간을 근로자의 가입기간으로 산입한다. 이 경우 1개월 미만의 기간은 1개월로 한다(연금법 제17조 제2항). 사용자가 A근로자의 임금에서 7개월간 기여금을 공제하였음에도 연금보험료를 내지 않은 경우, 7개월의 2분의 1에 해당하는 기간은 3.5개월이지만, 1개월 미만의 기간은 1개월로 하므로 결국 산입될 국민연금 가입기간은 4개월이 된다.

정답 ②

08 기출 22

☑ 확인 Check! ○ △ ×

국민연금법상 급여에 관한 설명으로 옳은 것은?

① 급여는 노령연금과 장애연금 두 종류로 나뉜다.
② 급여수급전용계좌에 입금된 급여와 이에 관한 채권은 압류할 수 있다.
③ 급여로 지급된 금액에 대하여는 조세특례제한법이나 그 밖의 법률 또는 지방자치단체가 조례로 정하는 바에 따라 조세, 그 밖에 국가 또는 지방자치단체의 공과금을 감면할 수 없다.
④ 국민연금공단은 장애연금 수급권자의 장애 정도를 심사하여 장애등급에 해당되지 아니하면 장애연금액을 변경한다.
⑤ 자녀인 수급권자가 다른 사람에게 입양된 때에는 그에 해당하게 된 때부터 유족연금의 지급을 정지한다.

08

① (×) 급여는 노령연금, 장애연금, 유족연금, 반환일시금으로 나뉜다(연금법 제49조).
② (×) 급여수급전용계좌에 입금된 급여와 이에 관한 채권은 압류할 수 없다(연금법 제58조 제3항).
③ (×) 급여로 지급된 금액에 대하여는 조세특례제한법이나 그 밖의 법률 또는 지방자치단체가 조례로 정하는 바에 따라 조세, 그 밖에 국가 또는 지방자치단체의 공과금을 감면한다(연금법 제60조).
④ (×) 공단은 장애연금 수급권자의 장애 정도를 심사하여 장애등급이 다르게 되면 그 등급에 따라 장애연금액을 변경하고, 장애등급에 해당되지 아니하면 장애연금 수급권을 소멸시킨다(연금법 제70조 제1항).
⑤ (○) 자녀나 손자녀인 수급권자가 다른 사람에게 입양된 때에는 그에 해당하게 된 때부터 유족연금의 지급을 정지한다(연금법 제76조 제5항).

정답 ⑤

09 기출 22

확인Check! ○ △ ×

국민연금법상 국민연금가입자에 관한 설명으로 옳지 않은 것은?

① 가입자는 사업장가입자, 지역가입자, 임의가입자 및 임의계속가입자로 구분한다.
② 임의가입자는 보건복지부령으로 정하는 바에 따라 국민연금공단에 신청하여 탈퇴할 수 있다.
③ 가입자의 가입 종류가 변동되면 그 가입자의 가입기간은 각 종류별 가입기간을 합산한 기간으로 한다.
④ 가입자의 자격을 상실한 후 다시 그 자격을 취득한 자에 대하여는 전후(前後)의 가입기간을 합산한다.
⑤ 임의가입자는 가입 신청을 한 날에 자격을 취득한다.

09

① (○) 연금법 제7조
② (○) 연금법 제10조 제2항
③ (○) 연금법 제20조 제2항
④ (○) 연금법 제20조 제1항
⑤ (×) 임의가입자는 가입 신청이 수리된 날에 자격을 취득한다(연금법 제11조 제3항).

정답 ⑤

10 기출 21

확인Check! ○ △ ×

국민연금법령상 노령연금수급권자에 관한 내용이다. ( )에 들어갈 숫자의 합은?

> 국민연금가입기간이 ( )년 이상인 가입자 또는 가입자였던 자 중 특수 직종 근로자는 ( )세가 된 때부터 그가 생존하는 동안 노령연금을 지급한다.

① 55　② 60
③ 65　④ 70
⑤ 75

10

국민연금가입기간이 10년 이상인 가입자 또는 가입자였던 자에 대하여는 60세(특수 직종 근로자는 55세)가 된 때부터 그가 생존하는 동안 노령연금을 지급한다(연금법 제61조 제1항). 즉, 10 + 55 = 65가 정답이다.

정답 ③

11 기출 20

확인Check! ○ △ ×

국민연금법상 급여에 관한 설명으로 옳지 않은 것은?

① 급여의 종류는 노령연금, 장애연금, 유족연금, 반환일시금이 있다.
② 급여는 수급권자의 청구에 따라 국민연금공단이 지급한다.
③ 연금액은 지급사유에 따라 기본연금액과 부양가족연금액을 기초로 산정한다.
④ 연금은 매월 25일에 그 달의 금액을 지급하되, 지급일이 공휴일이면 그 다음 날에 지급한다.
⑤ 급여수급전용계좌에 입금된 급여와 이에 관한 채권은 압류할 수 없다.

11

① (○) 연금법 제49조
② (○) 연금법 제50조 제1항
③ (○) 연금법 제50조 제2항
④ (×) 연금은 매월 25일에 그 달의 금액을 지급하되, 지급일이 토요일이나 공휴일이면 그 전날에 지급한다(연금법 제54조 제2항 본문).
⑤ (○) 연금법 제58조 제3항

정답 ④

12 기출 21

확인 Check! ○ △ ×

국민연금법령에 관한 내용으로 옳지 않은 것은?

① 국민기초생활 보장법에 따른 생계급여수급자는 지역가입자에서 제외된다.

② 지역가입자가 국적을 상실한 때에는 그에 해당하게 된 날에 그 자격을 상실한다.

③ 지역가입자가 사업장가입자의 자격을 취득한 때에는 그에 해당하게 된 날에 그 자격을 상실한다.

④ 임의가입자는 가입신청이 수리된 날에 자격을 취득한다.

⑤ 사립학교교직원 연금법을 적용받는 사립학교교직원은 국민연금 가입대상에서 제외된다.

12

① (○) 국민기초생활 보장법에 따른 생계급여수급자 또는 의료급여수급자는 지역가입자에서 제외한다(연금법 제9조 제4호).

② (×) 지역가입자가 국적을 상실하거나 국외로 이주한 때에는 그에 해당하게 된 날의 다음 날에 자격을 상실한다(연금법 제12조 제2항 제2호).

③ (○) 연금법 제12조 제2항 제4호

④ (○) 연금법 제11조 제3항

⑤ (○) 국내에 거주하는 국민으로서 18세 이상 60세 미만인 자는 국민연금 가입대상이 된다. 다만, 공무원연금법, 군인연금법, 사립학교교직원 연금법 및 별정우체국법을 적용받는 공무원, 군인, 교직원 및 별정우체국 직원, 그 밖에 대통령령으로 정하는 자는 제외한다(연금법 제6조).

정답 ②

PLUS

가입자자격의 상실시기(연금법 제12조)

① 사업장가입자는 다음 각 호의 어느 하나에 해당하게 된 날의 다음 날에 자격을 상실한다. 다만, 제5호의 경우에는 그에 해당하게 된 날에 자격을 상실한다.
  1. 사망한 때
  2. 국적을 상실하거나 국외로 이주한 때
  3. 사용관계가 끝난 때
  4. 60세가 된 때
  5. 제6조 단서에 따른 국민연금 가입대상 제외자에 해당하게 된 때

② 지역가입자는 다음 각 호의 어느 하나에 해당하게 된 날의 다음 날에 자격을 상실한다. 다만, 제3호와 제4호의 경우에는 그에 해당하게 된 날에 그 자격을 상실한다.
  1. 사망한 때
  2. 국적을 상실하거나 국외로 이주한 때
  3. 제6조 단서에 따른 국민연금 가입대상 제외자에 해당하게 된 때
  4. 사업장가입자의 자격을 취득한 때
  5. 제9조 제1호에 따른 배우자로서 별도의 소득이 없게 된 때
  6. 60세가 된 때

③ 임의가입자는 다음 각 호의 어느 하나에 해당하게 된 날의 다음 날에 자격을 상실한다. 다만, 제6호와 제7호의 경우에는 그에 해당하게 된 날에 그 자격을 상실한다.
  1. 사망한 때
  2. 국적을 상실하거나 국외로 이주한 때
  3. 제10조 제2항에 따른 탈퇴신청이 수리된 때
  4. 60세가 된 때
  5. 대통령령으로 정하는 기간 이상 계속하여 연금보험료를 체납한 때
  6. 사업장가입자 또는 지역가입자의 자격을 취득한 때
  7. 제6조 단서에 따른 국민연금 가입대상 제외자에 해당하게 된 때

CHAPTER

05 국민건강보험법

제1절 서 설

I 목적(법 제1조)

이 법은 국민의 질병·부상에 대한 예방·진단·치료·재활과 출산·사망 및 건강증진에 대하여 보험급여를 실시함으로써 국민보건 향상과 사회보장 증진에 이바지함을 목적으로 한다.

II 용어의 정의(법 제3조)

1. 근로자

직업의 종류와 관계없이 근로의 대가로 보수를 받아 생활하는 사람(법인의 이사와 그 밖의 임원 포함)으로서 공무원 및 교직원을 제외한 자를 말한다.

2. 사용자

다음의 어느 하나에 해당하는 자를 말한다.

① 근로자가 소속되어 있는 사업장의 사업주

② 공무원이 소속되어 있는 기관의 장으로서 대통령령으로 정하는 사람

③ 교직원이 소속되어 있는 사립학교(사립학교교직원연금법에 규정된 사립학교)를 설립·운영하는 자

3. 사업장

사업소나 사무소를 말한다.

4. 공무원

국가나 지방자치단체에서 상시 공무에 종사하는 사람을 말한다.

5. 교직원

사립학교나 사립학교의 경영기관에서 근무하는 교원과 직원을 말한다.

Ⅲ 국민건강보험종합계획의 수립 등(법 제3조의2)

1. 종합계획수립

보건복지부장관은 건강보험의 건전한 운영을 위하여 건강보험정책심의위원회의 심의를 거쳐 5년마다 국민건강보험종합계획(이하 "종합계획")을 수립하여야 한다.

2. 시행계획 수립 · 시행

보건복지부장관은 종합계획에 따라 매년 연도별 시행계획을 건강보험정책심의위원회의 심의를 거쳐 수립 · 시행하여야 한다.

3. 평 가

보건복지부장관은 매년 시행계획에 따른 추진실적을 평가해야 한다.

4. 보 고

보건복지부장관은 종합계획의 수립 · 변경, 시행계획 수립, 추진실적의 평가가 있는 경우 관련 사항에 대한 보고서를 작성하여 지체 없이 국회 소관 상임위원회에 보고하여야 한다.

5. 자료제출요구

보건복지부장관은 필요하다고 인정하는 경우 관계기관의 장에게 자료제출을 요구할 수 있다. 자료제출을 요구받은 자는 특별한 사유가 없으면 이에 따라야 한다.

Ⅳ 건강보험정책심의위원회(법 제4조)

① 건강보험정책에 관한 다음의 사항을 심의 · 의결하기 위하여 보건복지부장관 소속으로 건강보험정책심의위원회(이하 "심의위원회")를 둔다.
  - ㉠ 종합계획 및 시행계획에 관한 사항(심의에 한정)
  - ㉡ 요양급여의 기준
  - ㉢ 요양급여비용에 관한 사항
  - ㉣ 직장가입자의 보험료율 기출 15
  - ㉤ 지역가입자의 보험료율과 재산보험료부과점수당 금액
  - ㉥ 그 밖에 건강보험에 관한 주요 사항으로서 대통령령으로 정하는 사항

② 심의위원회는 위원장 1명과 부위원장 1명을 포함하여 25명의 위원으로 구성한다.

③ 심의위원회의 위원장은 보건복지부차관이 되고, 부위원장은 다음 ④에 규정된 ㉣의 위원 중에서 위원장이 지명하는 사람이 된다.

④ 심의위원회의 위원은 다음에 해당하는 사람을 보건복지부장관이 임명 또는 위촉한다.

㉠ 근로자단체 및 사용자단체가 추천하는 각 2명

㉡ 시민단체 (비영리민간단체지원법에 따른 비영리민간단체), 소비자단체, 농어업인단체 및 자영업자단체가 추천하는 각 1명

㉢ 의료계를 대표하는 단체 및 약업계를 대표하는 단체가 추천하는 8명

㉣ 다음에 해당하는 8명

㉮ 대통령령으로 정하는 중앙행정기관 소속 공무원 2명

㉯ 국민건강보험공단의 이사장 및 건강보험심사평가원의 원장이 추천하는 각 1명

㉰ 건강보험에 관한 학식과 경험이 풍부한 4명

⑤ 심의위원회 위원(대통령령으로 정하는 중앙행정기관 소속 공무원인 위원 제외)의 임기는 3년으로 한다. 다만, 위원의 사임 등으로 새로 위촉된 위원의 임기는 전임위원 임기의 남은 기간으로 한다.

⑥ 보건복지부장관은 심의위원회가 보험료 부과 관련 제도 개선에 관한 건강보험 가입자의 소득 파악 실태에 관한 조사 및 연구에 관한 사항, 가입자의 소득 파악 및 소득에 대한 보험료 부과 강화를 위한 개선 방안에 관한 사항, 그 밖에 보험료 부과와 관련된 제도 개선 사항으로서 심의위원회 위원장이 회의에 부치는 사항 등을 심의한 경우(의결은 제외), 국회에 보고하여야 한다.

제2절 가입자

I 서 설

1. 자격요건(법 제5조)

국민건강보험법의 가입자가 될 수 있는 사람은 국내에 거주하는 국민으로서, 적용제외대상자가 아닌 모든 사람이 일단 자격요건을 갖는다. 자격요건은 가입자와 피부양자 모두에게 요구된다.

2. 적용제외 대상

① 의료급여법에 따라 의료급여를 받는 사람(수급권자) 기출 11

② 독립유공자예우에 관한 법률 및 국가유공자 등 예우 및 지원에 관한 법률에 따라 의료보호를 받는 사람(유공자 등 의료보호대상자). 다만, 다음의 어느 하나에 해당하는 사람은 가입자 또는 피부양자가 된다.

㉠ 유공자 등 의료보호대상자 중 건강보험의 적용을 보험자에게 신청한 사람

㉡ 건강보험을 적용받고 있던 사람이 유공자등 의료보호대상자로 되었으나 건강보험의 적용 배제신청을 보험자에게 하지 아니한 사람

③ **외국 정부 근로자에 대한 특례** : 정부는 외국 정부가 사용자인 사업장의 근로자의 건강보험에 관하여는 외국 정부와 한 합의에 따라 이를 따로 정할 수 있다. 따라서 원칙적으로 적용제외 대상자이지만, 외국정부와의 합의에 따라 국민건강보험제도의 대상이 될 수 있다(법 제109조 제1항).

④ **재외국민 또는 외국인에 대한 특례** : 국내에 체류하는 재외국민 또는 외국인으로서 대통령령으로 정하는 사람은 국민건강보험법의 적용을 받는 가입자 또는 피부양자가 된다(법 제109조 제2항등).

제1장 제2장 제3장 제4장 제5장 제6장

Ⅱ 가입

가입자는 직장가입자와 지역가입자로 구분한다.

1. 가입자의 종류(법 제6조)

(1) 직장가입자

다음의 어느 하나에 해당하는 사람을 제외한 모든 사업장의 근로자 및 사용자와 공무원 및 교직원

① 고용기간이 1개월 미만인 일용근로자 기출 11 · 14 · 22

② 병역법에 따른 현역병(지원에 의하지 아니하고 임용된 하사 포함), 전환복무된 사람 및 군간부후보생 기출 22

③ 선거에 당선되어 취임하는 공무원으로서 매월 보수 또는 보수에 준하는 급료를 받지 아니하는 사람 기출 22

④ 그 밖에 사업장의 특성, 고용 형태 및 사업의 종류 등을 고려하여 대통령령으로 정하는 사업장의 근로자 및 사용자와 공무원 및 교직원

> **직장가입자에서 제외되는 사람(영 제9조)**
>
> 1. 비상근 근로자 또는 1개월 동안의 소정 근로시간이 60시간 미만인 단시간근로자 기출 22
> 2. 비상근 교직원 또는 1개월 동안의 소정 근로시간이 60시간 미만인 시간제공무원 및 교직원
> 3. 소재지가 일정하지 아니한 사업장의 근로자 및 사용자
> 4. 근로자가 없거나 제1호에 해당하는 근로자만을 고용하고 있는 사업장의 사업주

(2) 지역가입자

직장가입자와 그 피부양자를 제외한 가입자

2. 피부양자(법 제5조 제2항) 기출 23

다음의 어느 하나에 해당하는 사람 중 직장가입자에게 주로 생계를 의존하는 사람으로서 소득 및 재산이 보건복지부령으로 정하는 기준 이하에 해당하는 사람을 말한다.

① 직장가입자의 배우자

② 직장가입자의 직계존속(배우자의 직계존속 포함)

③ 직장가입자의 직계비속(배우자의 직계비속 포함) 및 배우자

④ 직장가입자의 형제, 자매

> **피부양자 자격의 인정기준 등(규칙 제2조)**
>
> ① 「국민건강보험법」(이하 "법"이라 한다) 제5조 제2항에 따른 피부양자 자격의 인정기준은 다음 각 호의 요건을 모두 충족하는 것으로 한다.
>
> 1. [별표 1]에 따른 부양요건에 해당할 것
> 2. [별표 1의2]에 따른 소득 및 재산요건에 해당할 것
>
> ② 피부양자는 다음 각 호의 어느 하나에 해당하는 날에 그 자격을 취득한다.
>
> 1. 신생아의 경우 : 출생한 날
> 2. 직장가입자의 자격 취득일 또는 가입자의 자격 변동일부터 90일 이내에 피부양자의 자격취득 신고를 한 경우 : 직장가입자의 자격 취득일 또는 해당 가입자의 자격 변동일

3. 직장가입자의 자격 취득일 또는 가입자의 자격 변동일부터 90일을 넘겨 피부양자 자격취득 신고를 한 경우 : 법 제13조에 따른 국민건강보험공단(이하 "공단"이라 한다)에 별지 제1호서식의 피부양자 자격(취득 · 상실) 신고서를 제출한 날. 다만, 천재지변, 질병 · 사고 등 공단이 정하는 본인의 책임이 없는 부득이한 사유로 90일을 넘겨 피부양자 자격취득 신고를 한 경우에는 직장가입자의 자격 취득일 또는 가입자의 자격 변동일로 한다.

③ 피부양자는 다음 각 호의 어느 하나에 해당하게 된 날에 그 자격을 상실한다.

1. 사망한 날의 다음 날 기출 24
2. 대한민국의 국적을 잃은 날의 다음 날 기출 24
3. 국내에 거주하지 아니하게 된 날의 다음 날
4. 직장가입자가 자격을 상실한 날 기출 24
5. 법 제5조 제1항 제1호에 따른 수급권자가 된 날
6. 법 제5조 제1항 제2호에 따른 유공자등 의료보호대상자인 피부양자가 공단에 건강보험의 적용배제 신청을 한 날의 다음 날
7. 직장가입자 또는 다른 직장가입자의 피부양자 자격을 취득한 경우에는 그 자격을 취득한 날
8. 피부양자 자격을 취득한 사람이 본인의 신고에 따라 피부양자 자격 상실 신고를 한 경우에는 신고한 날의 다음 날 기출 24
9. 제1항에 따른 요건을 충족하지 아니하는 경우에는 공단이 그 요건을 충족하지 아니한다고 확인한 날의 다음 날
10. 제9호에도 불구하고 「국민건강보험법 시행령」(이하 "영"이라 한다) 제41조의2 제3항에 따라 영 제41조 제1항 제3호 및 제4호의 소득(이하 "사업소득등"이라 한다)의 발생 사실과 그 금액을 신고하여 공단이 제1항 제2호에 따른 소득요건을 충족하지 않는다고 확인한 경우에는 그 사업소득등이 발생한 날이 속하는 달의 다음 달 말일
11. 제9호에도 불구하고 영 제41조의2 제3항에 따라 사업소득등의 발생 사실과 그 금액을 신고하지 않았으나 공단이 제1항 제2호에 따른 소득요건을 충족하지 않음을 확인한 경우에는 그 사업소득등이 발생한 날이 속하는 달의 말일
12. 제9호부터 제11호까지의 규정에도 불구하고 거짓이나 그 밖의 부정한 방법으로 영 제41조의2 제1항에 따른 소득월액의 조정 신청 또는 이 규칙에 따른 피부양자 자격 취득 신고를 하여 피부양자 자격을 취득한 것을 공단이 확인한 경우에는 그 자격을 취득한 날

3. 사업장의 신고(법 제7조)

사업장의 사용자는 다음의 어느 하나에 해당하게 되면 그때부터 14일 이내에 보건복지부령으로 정하는 바에 따라 보험자에게 신고하여야 한다. 보험자에게 신고한 내용이 변경된 경우에도 또한 같다.

① 직장가입자가 되는 근로자 · 공무원 및 교직원을 사용하는 사업장(이하 "적용대상사업장")이 된 경우

② 휴업 · 폐업 등 보건복지부령으로 정하는 사유가 발생한 경우

Ⅲ 가입자 자격의 취득과 상실

1. 자격취득(법 제8조)

(1) 자격취득의 시기

가입자는 원칙적으로 국내에 거주하게 된 날에 직장가입자 또는 지역가입자의 자격을 얻는다. 다만, 다음의 어느 하나에 해당하는 사람은 그 해당되는 날에 각각 자격을 얻는다.

① 수급권자이었던 사람은 그 대상자에서 제외된 날

② 직장가입자의 피부양자이었던 사람은 그 자격을 잃은 날

③ 유공자등 의료보호대상자이었던 사람은 그 대상자에서 제외된 날

④ 보험자에게 건강보험의 적용을 신청한 유공자등 의료보호대상자는 그 신청한 날

(2) 자격취득의 신고

자격을 얻은 경우 그 직장가입자의 사용자 및 지역가입자의 세대주는 그 명세를 보건복지부령으로 정하는 바에 따라 자격을 취득한 날부터 14일 이내에 보험자에게 신고하여야 한다.

2. 자격변동(법 제9조)

(1) 자격변동의 시기

가입자는 다음의 어느 하나에 해당하게 된 날에 그 자격이 변동된다.

① 지역가입자가 적용대상사업장의 사용자로 되거나, 근로자·공무원 또는 교직원(이하 "근로자등")으로 사용된 날 기출 24

② 직장가입자가 다른 적용대상사업장의 사용자로 되거나 근로자등으로 사용된 날 기출 24

③ 직장가입자인 근로자등이 그 사용관계가 끝난 날의 다음 날 기출 24

④ 적용대상사업장에 휴업·폐업 등 보건복지부령으로 정하는 사유가 발생한 날의 다음 날

⑤ 지역가입자가 다른 세대로 전입한 날 기출 24

(2) 자격변동의 신고

① 지역가입자가 직장가입자로 자격이 변동된 경우에는 당해 직장가입자의 사용자가, 직장가입자 또는 피부양자가 지역가입자로 자격이 변동된 경우에는 당해 지역가입자의 세대주가 각각 그 내역을 자격변동일부터 14일 이내에 보험자에게 신고하여야 한다.

② 법무부장관 및 국방부장관은 직장가입자나 지역가입자가 병역법에 따른 현역병(지원에 의하지 아니하고 임용된 하사를 포함), 전환복무된 사람 및 군간부후보생에 해당하게 되거나, 교도소, 그 밖에 이에 준하는 시설에 수용되어 있는 경우, 보건복지부령으로 정하는 바에 따라 그 사유에 해당된 날부터 1개월 이내에 보험자에게 알려야 한다.

3. 자격 취득·변동 사항의 고지(법 제9조의2)

공단은 가입자 및 피부양자의 자격 관리 등의 업무를 수행하기 위하여 국가 등에게서 제공받은 자료를 통하여 가입자 자격의 취득 또는 변동 여부를 확인하는 경우에는 자격 취득 또는 변동 후 최초로 납부의무자에게 보험료 납입 고지를 할 때 보건복지부령으로 정하는 바에 따라 자격 취득 또는 변동에 관한 사항을 알려야 한다.

4. 자격상실의 시기(법 제10조 제1항) 기출 13·21

국민건강보험제도의 가입자는 다음의 경우에 그 해당하게 된 날에 그 자격을 잃는다.

① 사망한 날의 다음 날

② 국적을 잃은 날의 다음 날

③ 국내에 거주하지 아니하게 된 날의 다음 날

④ 직장가입자의 피부양자가 된 날

⑤ 수급권자가 된 날

⑥ 건강보험을 적용받고 있던 사람이 유공자 등 의료보호대상자가 되어 건강보험의 적용배제신청을 한 날

5. 건강보험증(법 제12조)

① 국민건강보험공단은 가입자 또는 피부양자가 신청하는 경우 건강보험증을 발급하여야 한다. 가입자 또는 피부양자가 요양급여를 받을 때에는 건강보험증을 요양기관에 제출하여야 한다. 다만, 천재지변이나 그 밖의 부득이한 사유가 있으면 그러하지 아니하다.

② 가입자 또는 피부양자는 주민등록증(모바일 주민등록증을 포함), 운전면허증, 여권, 그 밖에 보건복지부령으로 정하는 본인 여부를 확인할 수 있는 신분증명서(이하 "신분증명서")로 요양기관이 그 자격을 확인할 수 있으면 건강보험증을 제출하지 아니할 수 있다.

③ 요양기관은 가입자 또는 피부양자에게 요양급여를 실시하는 경우 보건복지부령으로 정하는 바에 따라 건강보험증이나 신분증명서로 본인 여부 및 그 자격을 확인하여야 한다. 다만, 요양기관이 가입자 또는 피부양자의 본인 여부 및 그 자격을 확인하기 곤란한 경우로서 보건복지부령으로 정하는 정당한 사유가 있을 때에는 그러하지 아니하다.

④ 가입자·피부양자는 자격을 잃은 후 자격을 증명하던 서류를 사용하여 보험급여를 받아서는 아니 된다.

⑤ 누구든지 건강보험증이나 신분증명서를 다른 사람에게 양도(讓渡)하거나 대여하여 보험급여를 받게 하여서는 아니 된다.

⑥ 누구든지 건강보험증이나 신분증명서를 양도 또는 대여를 받거나 그 밖에 이를 부정하게 사용하여 보험급여를 받아서는 아니 된다.

✔ 핵심문제

01 **국민건강보험법상 보험가입자의 자격상실시기에 해당하지 않는 것은?** 기출 13

① 사망한 날의 다음 날
② 국적을 잃은 날의 다음 날
③ 직장가입자의 피부양자가 된 날
④ 국내에 거주하지 아니하게 된 날
⑤ 수급권자가 된 날

[해설]

④ (×) 국내에 거주하지 아니하게 된 날의 다음 날에 가입자는 보험가입자의 자격을 잃는다.

> **자격의 상실 시기 등(건강법 제10조)**
> ① 가입자는 다음 각 호의 어느 하나에 해당하게 된 날에 그 자격을 잃는다.
> 1. 사망한 날의 다음 날
> 2. 국적을 잃은 날의 다음 날
> 3. 국내에 거주하지 아니하게 된 날의 다음 날
> 4. 직장가입자의 피부양자가 된 날
> 5. 수급권자가 된 날
> 6. 건강보험을 적용받고 있던 사람이 유공자등 의료보호대상자가 되어 건강보험의 적용배제신청을 한 날
>
> ② 제1항에 따라 자격을 잃은 경우 직장가입자의 사용자와 지역가입자의 세대주는 그 명세를 보건복지부령으로 정하는 바에 따라 자격을 잃은 날부터 14일 이내에 보험자에게 신고하여야 한다.

정답 ④

제3절 국민건강보험공단

I 보험자(법 제2조, 제13조)

국민건강보험제도는 사회보험제도의 하나로서 감독 및 최종 책임은 보건복지부장관이 지게 되지만, 운영주체로서 보험자는 법인 형태의 국민건강보험공단(이하 "공단")이다.

II 국민건강보험공단

1. 법인격(법 제15조, 제16조, 제18조)

공단은 일종의 공법인으로서 주된 사무소의 소재지에 설립등기를 함으로써 성립한다. 설립등기는 목적, 명칭, 주된 사무소 및 분사무소의 소재지, 이사장의 성명・주소 및 주민등록번호 등을 포함하여야 한다. 기출 24 공단의 주된 사무소의 소재지는 정관으로 정하며, 필요하면 정관으로 정하는 바에 따라 분사무소를 둘 수 있다. 기출 24

2. 업무(법 제14조 제1항)

① 가입자 및 피부양자의 자격관리
② 보험료와 그 밖에 이 법에 따른 징수금의 부과・징수
③ 보험급여의 관리
④ 가입자 및 피부양자의 질병의 조기발견・예방 및 건강관리를 위하여 요양급여 실시 현황과 건강검진 결과 등을 활용하여 실시하는 예방사업으로서 대통령령으로 정하는 사업
⑤ 보험급여 비용의 지급
⑥ 자산의 관리・운영 및 증식사업
⑦ 의료시설의 운영
⑧ 건강보험에 관한 교육훈련 및 홍보
⑨ 건강보험에 관한 조사연구 및 국제협력
⑩ 이 법에서 공단의 업무로 정하고 있는 사항
⑪ 국민연금법, 징수법, 임금채권보장법 및 석면피해구제법(이하 "징수위탁근거법")에 따라 위탁받은 업무
⑫ 그 밖에 이 법 또는 다른 법령에 따라 위탁받은 업무
⑬ 그 밖에 건강보험과 관련하여 보건복지부장관이 필요하다고 인정한 업무

3. 정관의 기재사항(법 제17조)

(1) 필요적 기재사항(제1항)

① 목적, 명칭, 사무소의 소재지
② 임직원에 관한 사항
③ 이사회의 운영

④ 재정운영위원회에 관한 사항
⑤ 보험료 및 보험급여에 관한 사항
⑥ 예산 및 결산에 관한 사항
⑦ 자산 및 회계에 관한 사항
⑧ 업무와 그 집행
⑨ 정관의 변경에 관한 사항
⑩ 공고에 관한 사항

(2) 정관의 변경(제2항)

공단은 정관을 변경하려면 보건복지부장관의 인가를 받아야 한다.

4. 임원의 구성 · 임기(법 제20조)

① 공단은 임원으로서 이사장 1명, 이사 14명 및 감사 1명을 둔다. 이 경우 이사장, 이사 중 5명 및 감사는 상임으로 한다.
② 이사장은 임원추천위원회가 복수로 추천한 사람 중에서 보건복지부장관의 제청으로 대통령이 임명한다.
③ 상임이사는 보건복지부령으로 정하는 추천 절차를 거쳐 이사장이 임명한다.
④ 비상임이사는 노동조합 · 사용자단체 · 시민단체 · 소비자단체 · 농어업인단체 및 노인단체가 추천하는 각 1명, 대통령령으로 정하는 바에 따라 추천하는 관계 공무원 3명을 보건복지부장관이 임명한다.
⑤ 감사는 임원추천위원회가 복수로 추천한 사람 중에서 기획재정부장관의 제청으로 대통령이 임명한다.
⑥ 비상임이사는 정관으로 정하는 바에 따라 실비변상을 받을 수 있다.
⑦ 이사장의 임기는 3년, 이사(공무원인 이사 제외)와 감사의 임기는 각각 2년으로 한다.

5. 임원의 결격사유(법 제23조)

(1) 대한민국 국민이 아닌 사람

(2) 공공기관의 운영에 관한 법률상의 임원결격사유가 있는 사람

① 국가공무원법상의 결격사유에 해당하는 사람
② 공공기관의 운영에 관한 법률에 따라 해임된 날부터 3년이 지나지 아니한 사람

6. 이사회(법 제26조, 영 제11조)

(1) 구 성

① 공단의 주요 사항을 심의 · 의결하기 위하여 공단에 이사회를 둔다.
② 이사회는 이사장과 이사로 구성한다.
③ 감사는 이사회에 출석하여 발언할 수 있다.
④ 이사장은 정관으로 정하는 바에 따라 직원을 임면한다(법 제27조).
⑤ 공단의 임직원은 형법상 수뢰, 사전수뢰, 제3자 뇌물제공, 수뢰후부정처사, 사후수뢰, 알선수뢰의 죄의 규정을 적용할 때에는 공무원으로 본다(법 제28조).

(2) 심의 · 의결사항(영 제11조)

① 사업운영계획 등 공단 운영의 기본방침에 관한 사항
② 예산 및 결산에 관한 사항
③ 정관 변경에 관한 사항
④ 규정의 제정 · 개정 및 폐지에 관한 사항
⑤ 보험료와 그 밖의 법에 따른 징수금(보험료 등) 및 보험급여에 관한 사항
⑥ 차입금에 관한 사항
⑦ 준비금, 그 밖에 중요재산의 취득 · 관리 및 처분에 관한 사항
⑧ 그 밖에 공단 운영에 관한 중요 사항

7. 재정운영위원회(법 제33조, 제34조)

① 요양급여비용의 계약 및 결손처분 등 보험재정에 관련된 사항을 심의 · 의결하기 위하여 공단에 재정운영위원회를 둔다.
② 재정운영위원회의 위원장은 위원 중에서 호선한다.
③ 재정운영위원회는 직장가입자를 대표하는 위원 10명(노동조합과 사용자단체에서 추천하는 각 5명), 지역가입자를 대표하는 위원 10명(농어업인단체 · 도시자영업자단체 및 시민단체에서 추천하는 사람), 공익을 대표하는 위원 10명(대통령령으로 정하는 관계공무원 및 건강보험에 관한 학식과 경험이 풍부한 사람)으로 구성한다(법 제34조 제1항 · 제2항).
④ 위원(공무원인 위원 제외)의 임기는 2년으로 한다. 다만, 위원의 사임 등으로 새로 위촉된 위원의 임기는 전임위원 임기의 남은 기간으로 한다(법 제34조 제3항).

8. 회계(법 제35조)

① 공단의 회계연도는 정부의 회계연도에 따른다.
② 공단은 직장가입자와 지역가입자의 재정을 통합하여 운영한다.
③ 공단은 건강보험사업 및 징수위탁근거법의 위탁에 따른 국민연금사업 · 고용보험사업 · 산업재해보상보험사업 · 임금채권보장사업에 관한 회계를 공단의 다른 회계와 구분하여 각각 회계처리를 하여야 한다.

9. 예산(법 제36조)

공단은 매 회계연도마다 예산안을 편성하여 이사회의 의결을 거친 후 보건복지부장관의 승인을 받아야 한다. 예산을 변경할 때에도 또한 같다.

10. 차입금(법 제37조)

공단은 지출할 현금이 부족한 경우에는 차입할 수 있다. 다만, 1년 이상 장기로 차입하려면 보건복지부장관의 승인을 받아야 한다.

11. 준비금(법 제38조)

① 공단은 매 회계연도의 결산상 잉여금중에서 그 연도의 보험급여에 소요된 비용의 100분의 5 이상에 상당하는 금액을 그 연도에 소요된 비용의 100분의 50에 이를 때까지 준비금으로 적립하여야 한다.

② 준비금은 부족한 보험급여 비용에 충당하거나 지출할 현금이 부족할 때 외에는 사용할 수 없으며, 현금지출에 준비금을 사용한 경우에는 해당 회계연도 중에 이를 보전하여야 한다.

③ 준비금의 관리・운영방법 등에 관하여 필요한 사항은 보건복지부장관이 정한다.

12. 결산(법 제39조)

공단은 회계연도마다 결산보고서 및 사업보고서를 작성하여 다음해 2월 말일까지 보건복지부장관에게 보고하여야 한다. 공단은 그 내용을 공고하여야 한다.

13. 해산(법 제19조)

공단의 해산에 관하여는 법률로 정한다. 기출 24

제4절 보험급여

I 의 의

1. 개 념

"보험급여"란 국민건강보험의 적용을 받는 가입자 및 피부양자의 질병・부상에 대한 예방・진단・치료・재활과 출산・사망 및 건강증진에 대하여 국민건강보험법에 따라 국민건강보험공단이 현물 또는 현금 형태로 제공하는 서비스이다.

2. 보험급여의 형태

(1) 현물급여

요양기관(병・의원 등) 등으로부터 가입자 또는 피부양자가 직접 제공받는 의료 서비스 일체를 현물급여라 하며, 요양급여, 건강검진이 대표적이다.

(2) 현금급여

가입자 및 피부양자의 신청에 따라 공단에서 현금으로 지급하는 것을 현금급여라 하며, 임신・출산 진료비, 요양비(출산비 포함), 본인부담액 상한제, 장애인 보조기기에 대한 보험급여 등이 대표적이다. 기출 10

Ⅱ 요양급여

1. 요양급여 제공(법 제41조)

요양급여는 가입자 및 피부양자의 질병 · 부상 · 출산 등에 대하여 진찰 · 검사, 약제 · 치료 재료의 지급, 처치 · 수술 기타의 치료, 예방 · 재활, 입원, 간호, 이송의 급여를 제공한다. 기출 10 · 20

2. 요양급여의 범위(법 제41조 제2항)

(1) 약 제

보건복지부장관이 요양급여의 대상으로 결정하여 고시한 것

(2) 약제를 제외한 요양급여

보건복지부장관이 비급여의 대상으로 정한 것을 제외한 일체의 것

3. 비급여대상(법 제41조 제4항)

보건복지부장관은 요양급여의 기준을 정할 때 업무나 일상생활에 지장이 없는 질환에 대한 치료 등 보건복지부령으로 정하는 사항은 요양급여대상에서 제외되는 사항(이하 "비급여대상")으로 정할 수 있다.

4. 약제에 대한 요양급여비용 상한금액의 감액 등(법 제41조의2)

① 보건복지부장관은 약사법 위반과 관련된 약제에 대하여는 요양급여비용 상한금액(약제별 요양급여비용의 상한으로 정한 금액)의 100분의 20을 넘지 아니하는 범위에서 그 금액의 일부를 감액할 수 있다(제1항).

② 보건복지부장관은 요양급여비용의 상한금액이 감액된 약제가 감액된 날부터 5년의 범위에서 대통령령으로 정하는 기간 내에 다시 감액의 대상이 된 경우에는 요양급여비용 상한금액의 100분의 40을 넘지 아니하는 범위에서 요양급여비용 상한금액의 일부를 감액할 수 있다(제2항).

③ 보건복지부장관은 요양급여비용의 상한금액이 감액된 약제가 감액된 날부터 5년의 범위에서 대통령령으로 정하는 기간 내에 다시 약사법 위반과 관련된 경우에는 해당 약제에 대하여 1년의 범위에서 기간을 정하여 요양급여의 적용을 정지할 수 있다(제3항).

5. 요양급여대상 여부의 결정 및 조정(법 제41조의3)

① 요양기관, 치료재료의 제조업자 · 수입업자 등 보건복지부령으로 정하는 자는 요양급여대상 또는 비급여대상으로 결정되지 아니한 요양급여에 관한 행위 및 치료재료(이하 "행위 · 치료재료")에 대하여 요양급여대상 여부의 결정을 보건복지부장관에게 신청하여야 한다.

② 약사법에 따른 약제의 제조업자 · 수입업자 등 보건복지부령으로 정하는 자(이하 "약제의 제조업자등")는 요양급여대상에 포함되지 아니한 약제에 대하여 보건복지부장관에게 요양급여대상 여부의 결정을 신청할 수 있다.

③ 신청을 받은 보건복지부장관은 정당한 사유가 없으면 보건복지부령으로 정하는 기간 이내에 요양급여대상 또는 비급여대상의 여부를 결정하여 신청인에게 통보하여야 한다.

④ 보건복지부장관은 신청이 없는 경우에도 환자의 진료상 반드시 필요하다고 보건복지부령으로 정하는 경우에는 직권으로 행위 · 치료재료 및 약제의 요양급여대상의 여부를 결정할 수 있다.

⑤ 보건복지부장관은 요양급여대상으로 결정하여 고시한 약제에 대하여 보건복지부령으로 정하는 바에 따라 요양급여대상 여부, 범위, 요양급여비용 상한금액 등을 직권으로 조정할 수 있다.

6. 선별급여(법 제41조의4)

요양급여를 결정함에 있어 경제성 또는 치료효과성 등이 불확실하여 그 검증을 위하여 추가적인 근거가 필요하거나, 경제성이 낮아도 가입자와 피부양자의 건강회복에 잠재적 이득이 있는 등 대통령령으로 정하는 경우에는 예비적인 요양급여인 선별급여로 지정하여 실시할 수 있다.

7. 방문요양급여(법 제41조의5)

가입자 또는 피부양자가 질병이나 부상으로 거동이 불편한 경우 등 보건복지부령으로 정하는 사유에 해당하는 경우에는 가입자 또는 피부양자를 직접 방문하여 요양급여를 실시할 수 있다.

Ⅲ 요양급여비용

1. 본인일부부담(법 제44조)

① 요양급여를 받는 자는 대통령령으로 정하는 바에 따라 비용의 일부(이하 "본인일부부담금")를 본인이 부담한다. 이 경우 선별급여에 대해서는 다른 요양급여에 비하여 본인일부부담금을 상향 조정할 수 있다.

② 본인이 연간 부담하는 본인일부부담금의 총액 및 요양이나 출산의 비용으로 부담한 금액(요양이나 출산의 비용으로 부담한 금액이 보건복지부장관이 정하여 고시한 금액보다 큰 경우에는 그 고시한 금액)에서 요양비로 지급받은 금액을 제외한 금액의 합계액이 대통령령으로 정하는 금액("본인부담상한액")을 초과한 경우에는 공단이 그 초과 금액을 부담하여야 한다. 이 경우 공단은 당사자에게 그 초과 금액을 통보하고, 이를 지급하여야 한다.

③ 본인부담상한액은 가입자의 소득수준 등에 따라 정한다.

비용의 본인부담(영 제19조)

① 법 제44조 제1항에 따른 본인일부부담금(이하 "본인일부부담금"이라 한다)의 부담률 및 부담액은 [별표 2]와 같다.

② 본인일부부담금은 요양기관의 청구에 따라 요양급여를 받는 사람이 요양기관에 납부한다. 이 경우 요양기관은 법 제41조 제3항 및 제4항에 따라 보건복지부령으로 정하는 요양급여사항 또는 비급여사항 외에 입원보증금 등 다른 명목으로 비용을 청구해서는 아니 된다.

③ 법 제44조 제2항 제1호에 따른 본인일부부담금의 총액은 요양급여를 받는 사람이 연간 부담하는 본인일부부담금을 모두 더한 금액으로 한다. 다만, 다음 각 호의 어느 하나에 해당하는 본인일부부담금은 더하지 않는다.

1. [별표 2] 제1호 가목 1)에 따라 상급종합병원・종합병원・병원・한방병원・요양병원(「장애인복지법」 제58조 제1항 제4호에 따른 장애인 의료재활시설로서 「의료법」 제3조의2의 요건을 갖춘 의료기관인 요양병원으로 한정한다)・정신병원 일반입원실의 2인실・3인실 및 정신과 입원실의 2인실・3인실을 이용한 경우 그 입원료로 부담한 금액

1의2. [별표 2] 제1호 다목 3)에 따라 보건복지부장관이 정하여 고시하는 질병을 주 질병・부상으로 상급종합병원에서 받은 외래진료에 대해 같은 표 제1호 나목 또는 제3호 너목에 따라 부담한 금액. 다만, 다음 각 목의 어느 하나에 해당하는 사람이 부담한 금액은 제외한다.

가. 임신부
나. 6세 미만의 사람
다. [별표 2] 제1호 나목에 따른 의약분업 예외환자
라. [별표 2] 제3호 카목에 따라 보건복지부장관이 정하여 고시하는 난임진료를 받은 사람
마. 다음 법률 규정에 따라 의료지원을 받는 의료지원 대상자
1) 「5・18민주유공자예우 및 단체설립에 관한 법률」 제33조
2) 「고엽제후유의증 등 환자지원 및 단체설립에 관한 법률」 제6조 제2항
3) 「국가유공자 등 예우 및 지원에 관한 법률」 제41조

4) 「독립유공자예우에 관한 법률」 제17조
5) 「보훈보상대상자 지원에 관한 법률」 제50조
6) 「제대군인지원에 관한 법률」 제20조
7) 「참전유공자 예우 및 단체설립에 관한 법률」 제7조
8) 「특수임무유공자 예우 및 단체설립에 관한 법률」 제32조
2. [별표 2] 제3호 라목 5)·6)·9) 및 10)에 따라 부담한 금액
3. [별표 2] 제3호 사목 및 거목에 따라 부담한 금액
4. [별표 2] 제4호에 따라 부담한 금액
4의2. [별표 2] 제5호의2에 따라 부담한 금액
5. [별표 2] 제6호에 따라 부담한 금액

④ 법 제44조 제2항 각 호 외의 부분 전단에 따른 본인부담상한액(이하 "본인부담상한액"이라 한다)은 [별표 3]의 산정방법에 따라 산정된 금액을 말한다.

⑤ 법 제44조 제2항 각 호 외의 부분 후단에 따라 공단이 본인부담상한액을 넘는 금액을 지급하는 경우에는 당사자가 지정하는 예금계좌(「우체국예금·보험에 관한 법률」에 따른 체신관서 및 「은행법」에 따른 은행에서 개설된 예금계좌 등 보건복지부장관이 정하는 예금계좌를 말한다)로 지급해야 한다. 다만, 해당 예금계좌로 입금할 수 없는 불가피한 사유가 있는 경우에는 보건복지부장관이 정하는 방법으로 지급할 수 있다.

2. 요양급여비용의 산정(법 제45조, 제46조)

(1) 요양급여비용계약의 체결

① 요양급여비용은 공단의 이사장과 대통령령으로 정하는 의약계를 대표하는 사람들의 계약으로 정한다. 이 경우 계약기간은 1년으로 한다. 기출 12

② 계약은 그 직전 계약기간 만료일이 속하는 연도의 5월 31일까지 체결하여야 하며, 그 기한까지 계약이 체결되지 아니하는 경우 보건복지부장관이 그 직전 계약기간 만료일이 속하는 연도의 6월 30일까지 심의위원회의 의결을 거쳐 요양급여비용을 정한다. 이 경우 보건복지부장관이 정하는 요양급여비용은 계약으로 정한 요양급여비용으로 본다. 기출 12

③ 공단의 이사장은 재정운영위원회의 심의·의결을 거쳐 계약을 체결하여야 한다.

④ 심사평가원은 공단의 이사장이 계약을 체결하기 위하여 필요한 자료를 요청하면 그 요청에 성실히 따라야 한다. 기출 12

(2) 요양급여비용계약의 효력

① 계약이 체결되면 그 계약은 공단과 각 요양기관 사이에 체결된 것으로 본다. 기출 12

② 요양급여비용이 정해지면 보건복지부장관은 그 요양급여비용의 명세를 지체 없이 고시하여야 한다. 기출 12

(3) 약제·치료재료에 대한 요양급여비용의 산정

약제·치료재료(이하 "약제·치료재료")에 대한 요양급여비용은 요양기관의 약제·치료재료 구입금액 등을 고려하여 대통령령으로 정하는 바에 따라 달리 산정할 수 있다.

3. 요양급여비용의 청구와 지급(법 제47조)

(1) 요양급여비용의 청구

① 요양기관은 공단에 요양급여비용의 지급을 청구할 수 있다. 이 경우 요양급여비용에 대한 심사청구는 공단에 대한 요양급여비용의 청구로 본다.

② 요양급여비용을 청구하려는 요양기관은 심사평가원에 요양급여비용의 심사청구를 하여야 하며, 심사청구를 받은 심사평가원은 이를 심사한 후 지체 없이 그 내용을 공단과 요양기관에 알려야 한다.

(2) 요양급여비용의 지급 및 환급

① 심사 내용을 통보받은 공단은 지체 없이 그 내용에 따라 요양급여비용을 요양기관에 지급한다. 이 경우 이미 낸 본인일부부담금이 통보된 금액보다 더 많으면 요양기관에 지급할 금액에서 더 많이 낸 금액을 공제하여 해당 가입자에게 지급하여야 한다.

② 요양급여비용을 요양기관에 지급하는 경우 해당 요양기관이 공단에 납부하여야 하는 보험료 또는 그 밖에 이 법에 따른 징수금을 체납한 때에는 요양급여비용에서 이를 공제하고 지급할 수 있다.

③ 공단은 가입자에게 지급하여야 하는 금액을 그 가입자가 내야 하는 보험료와 그 밖에 이 법에 따른 징수금(이하 "보험료등")과 상계할 수 있다.

4. 요양급여비용의 지급보류(법 제47조의2)

① 공단은 요양급여비용의 지급을 청구한 요양기관이 의료법 또는 약사법을 위반하였다는 사실을 수사기관의 수사결과로 확인한 경우에는 해당 요양기관이 청구한 요양급여비용의 지급을 보류할 수 있다. 이 경우 요양급여비용 지급보류처분의 효력은 해당 요양기관이 그 처분 이후 청구하는 요양급여비용에 대해서도 미친다.

② 공단은 요양급여비용의 지급을 보류하기 전에 해당 요양기관에 의견 제출의 기회를 주어야 한다.

③ 공단은 요양기관이 의료법 또는 약사법을 위반한 혐의나 의료법 또는 약사법을 위반하여 개설·운영된 혐의에 대하여 법원에서 무죄 판결이 선고된 경우 그 선고 이후 실시한 요양급여에 한정하여 해당 요양기관이 청구하는 요양급여비용을 지급할 수 있다.

④ 법원의 무죄 판결이 확정되는 등 대통령령으로 정하는 사유로 요양기관이 의료법 또는 약사법을 위반한 혐의나 의료법 또는 약사법을 위반하여 개설·운영된 혐의가 입증되지 아니한 경우에는 공단은 지급보류 처분을 취소하고, 지급 보류된 요양급여비용에 지급 보류된 기간 동안의 이자를 가산하여 해당 요양기관에 지급하여야 한다. 이 경우 이자는 민법에 따른 법정이율을 적용하여 계산한다.

5. 요양급여비용의 차등지급(법 제47조의3)

지역별 의료자원의 불균형 및 의료서비스 격차의 해소 등을 위하여 지역별로 요양급여비용을 달리 정하여 지급할 수 있다.

6. 요양급여의 적정성 평가(법 제47조의4, 규칙 제22조의2)

① 심사평가원은 요양급여에 대한 의료의 질을 향상시키기 위하여 요양급여의 적정성 평가를 실시할 수 있고, 요양기관의 인력·시설·장비, 환자안전 등 요양급여와 관련된 사항을 포함하여 평가할 수 있다. 심사평가원은 평가 결과를 평가대상 요양기관에 통보하여야 하며, 평가 결과에 따라 요양급여비용을 가산 또는 감산할 경우에는 그 결정사항이 포함된 평가 결과를 가감대상 요양기관 및 공단에 통보하여야 한다.

② 심사평가원의 원장은 적정성평가를 위하여 제공받은 자료의 사실 여부를 확인할 필요가 있으면 소속 직원으로 하여금 해당 사항을 확인하게 할 수 있다. 심사평가원은 매년 진료심사평가위원회의 심의를 거쳐 다음 해의 적정성평가 계획을 수립해야 한다. 기출 23

7. 요양급여대상 여부의 확인(법 제48조)

① 가입자나 피부양자는 본인일부부담금 외에 자신이 부담한 비용이 요양급여 대상에서 제외되는 비용인지 여부에 대하여 심사평가원에 확인을 요청할 수 있다.

② 확인 요청을 받은 심사평가원은 그 결과를 요청한 사람에게 알려야 한다. 이 경우 확인을 요청한 비용이 요양급여 대상에 해당되는 비용으로 확인되면 그 내용을 공단 및 관련 요양기관에 알려야 한다.

③ 통보받은 요양기관은 받아야 할 금액보다 더 많이 징수한 금액(이하 "과다본인부담금")을 지체 없이 확인을 요청한 사람에게 지급하여야 한다. 다만, 공단은 해당 요양기관이 과다본인부담금을 지급하지 아니하면 해당 요양기관에 지급할 요양급여비용에서 과다본인부담금을 공제하여 확인을 요청한 사람에게 지급할 수 있다.

Ⅳ 기타 급여

1. 요양비(법 제49조, 규칙 제23조)

① 공단은 가입자나 피부양자가 보건복지부령으로 정하는 긴급하거나 그 밖의 부득이한 사유로 요양기관과 비슷한 기능을 하는 기관으로서 보건복지부령으로 정하는 기관(업무정지기간 중인 요양기관을 포함. 이하 "준요양기관")에서 질병·부상·출산 등에 대하여 요양을 받거나 요양기관이 아닌 장소에서 출산한 경우에는 그 요양급여에 상당하는 금액을 보건복지부령으로 정하는 바에 따라 가입자나 피부양자에게 요양비로 지급한다. 공단은 요양비의 지급청구를 받은 경우에는 청구를 받은 날부터 40일(요양비 관련 정보통신망을 통하여 제출받은 경우에는 15일) 이내에 그 내용의 적정성을 확인한 후 요양비를 지급해야 한다. 다만, 부득이한 사유가 있는 경우에는 30일의 범위에서 그 기한을 연장할 수 있다. 공단은 준요양기관 등 또는 업무정지 중인 요양기관에서 요양을 받은 경우의 요양비 지급청구에 대해서는 심사평가원의 심사를 거쳐 요양비를 지급해야 한다.

② 준요양기관은 보건복지부장관이 정하는 요양비 명세서나 요양 명세를 적은 영수증을 요양을 받은 사람에게 내주어야 하며, 요양을 받은 사람은 그 명세서나 영수증을 공단에 제출하여야 한다.

③ 준요양기관은 요양을 받은 가입자나 피부양자의 위임이 있는 경우 공단에 요양비의 지급을 직접 청구할 수 있다. 이 경우 공단은 지급이 청구된 내용의 적정성을 심사하여 준요양기관에 요양비를 지급할 수 있다.

2. 부가급여(법 제50조)

공단은 이 법에서 정한 요양급여 외에 대통령령으로 정하는 바에 따라 임신·출산 진료비, 장제비, 상병수당, 그 밖의 급여를 실시할 수 있다.

> **부가급여(영 제23조)**
> ① 법 제50조에 따른 부가급여는 임신·출산(유산 및 사산을 포함) 진료비로 한다.
> ② 제1항에 따른 임신·출산 진료비 지원 대상은 다음 각 호와 같다.
> 1. 임신·출산한 가입자 또는 피부양자
> 2. 2세 미만인 가입자 또는 피부양자(이하 "2세 미만 영유아")의 법정대리인(출산한 가입자 또는 피부양자가 사망한 경우에 한정)
>
> ③ 공단은 제2항 각 호의 어느 하나에 해당하는 사람에게 다음 각 호의 구분에 따른 비용을 결제할 수 있는 임신·출산 진료비 이용권(이하 "이용권")을 발급할 수 있다.
> 1. 임신·출산한 가입자 또는 피부양자의 진료에 드는 비용
> 2. 임신·출산한 가입자 또는 피부양자의 약제·치료재료의 구입에 드는 비용
> 3. 2세 미만 영유아의 진료에 드는 비용
> 4. 2세 미만 영유아에게 처방된 약제·치료재료의 구입에 드는 비용
>
> ④ 이용권을 발급받으려는 사람(이하 이 조에서 "신청인")은 보건복지부령으로 정하는 발급 신청서에 제2항 각 호의 어느 하나에 해당한다는 사실을 확인할 수 있는 증명서를 첨부해 공단에 제출해야 한다.
> ⑤ 제4항에 따라 이용권 발급 신청을 받은 공단은 신청인이 제2항 각 호의 어느 하나에 해당하는지를 확인한 후 신청인에게 이용권을 발급해야 한다.
> ⑥ 이용권을 사용할 수 있는 기간은 제5항에 따라 이용권을 발급받은 날부터 다음 각 호의 구분에 따른 날까지로 한다.
> 1. 임신·출산한 가입자 또는 피부양자 : 출산일(유산 및 사산의 경우 그 해당일)부터 2년이 되는 날
> 2. 2세 미만 영유아의 법정대리인 : 2세 미만 영유아의 출생일부터 2년이 되는 날
>
> ⑦ 이용권으로 결제할 수 있는 금액의 상한은 다음 각 호의 구분에 따른다. 다만, 보건복지부장관이 필요하다고 인정하여 고시하는 경우에는 다음 각 호의 상한을 초과하여 결제할 수 있다.
> 1. 하나의 태아를 임신·출산한 경우 : 100만원
> 2. 둘 이상의 태아를 임신·출산한 경우 : 140만원

3. 장애인에 대한 특례(법 제51조)

① 공단은 장애인복지법에 따라 등록한 장애인인 가입자 및 피부양자에게는 장애인·노인 등을 위한 보조기기 지원 및 활용촉진에 관한 법률에 따른 보조기기에 대하여 보험급여를 할 수 있다.

② 장애인인 가입자 또는 피부양자에게 보조기기를 판매한 자는 가입자나 피부양자의 위임이 있는 경우 공단에 보험급여를 직접 청구할 수 있다. 이 경우 공단은 지급이 청구된 내용의 적정성을 심사하여 보조기기를 판매한 자에게 보조기기에 대한 보험급여를 지급할 수 있다.

4. 건강검진(법 제52조)

(1) 건강검진의 실시

공단은 가입자 및 피부양자에 대하여 질병의 조기발견과 그에 따른 요양급여를 하기 위하여 건강검진을 실시한다.

(2) 건강검진의 종류 및 대상 기출 21·23

① 일반건강검진 : 직장가입자, 세대주인 지역가입자, 20세 이상인 지역가입자 및 20세 이상인 피부양자

② 암검진 : 암관리법에 따른 암의 종류별 검진주기와 연령 기준 등에 해당하는 사람

③ 영유아건강검진 : 6세 미만의 가입자 및 피부양자

(3) 검진항목의 설계

건강검진의 검진항목은 성별, 연령 등의 특성 및 생애 주기에 맞게 설계되어야 한다.

> **건강검진(영 제25조)**
>
> ① 법 제52조에 따른 건강검진(이하 "건강검진")은 2년마다 1회 이상 실시하되, 사무직에 종사하지 않는 직장가입자에 대해서는 1년에 1회 실시한다. 다만, 암검진은 암관리법 시행령에서 정한 바에 따르며, 영유아건강검진은 영유아의 나이 등을 고려하여 보건복지부장관이 정하여 고시하는 바에 따라 검진주기와 검진횟수를 다르게 할 수 있다. 기출 23
>
> ② 건강검진은 건강검진기본법 제14조에 따라 지정된 건강검진기관(이하 "검진기관")에서 실시해야 한다.
>
> ③ 공단은 건강검진을 실시하려면 건강검진의 실시에 관한 사항을 다음 각 호의 구분에 따라 통보해야 한다.
>
> 1. 일반건강검진 및 암검진 : 직장가입자에게 실시하는 건강검진의 경우에는 해당 사용자에게, 직장가입자의 피부양자 및 지역가입자에게 실시하는 건강검진의 경우에는 검진을 받는 사람에게 통보 기출 23
> 2. 영유아건강검진 : 직장가입자의 피부양자인 영유아에게 실시하는 건강검진의 경우에는 그 직장가입자에게, 지역가입자인 영유아에게 실시하는 건강검진의 경우에는 해당 세대주에게 통보
>
> ④ 건강검진을 실시한 검진기관은 공단에 건강검진의 결과를 통보해야 하며, 공단은 이를 건강검진을 받은 사람에게 통보해야 한다. 다만, 검진기관이 건강검진을 받은 사람에게 직접 통보한 경우에는 공단은 그 통보를 생략할 수 있다. 기출 23
>
> ⑤ 건강검진의 검사항목, 방법, 그에 드는 비용, 건강검진 결과 등의 통보 절차, 그 밖에 건강검진을 실시하는 데 필요한 사항은 보건복지부장관이 정하여 고시한다.

5. 요양비등의 지급

(1) 요양비등수급계좌(법 제56조의2)

공단은 이 법에 따른 보험급여로 지급되는 현금(이하 "요양비등")을 받는 수급자의 신청이 있는 경우에는 요양비등을 수급자 명의의 지정된 계좌(이하 "요양비등수급계좌")로 입금하여야 한다. 다만, 정보통신장애나 그 밖에 대통령령으로 정하는 불가피한 사유로 요양비등수급계좌로 이체할 수 없을 때에는 직접 현금으로 지급하는 등 대통령령으로 정하는 바에 따라 요양비등을 지급할 수 있다.

(2) 현금지급(영 제26조의2 제2항)

공단은 수급자가 요양비등수급계좌를 개설한 금융기관이 폐업 또는 업무정지나 정보통신장애 등으로 정상영업이 불가능하거나 이에 준하는 불가피한 사유로 이체할 수 없을 때에는 직접 현금으로 지급한다.

V 요양기관

1. 요양기관(법 제42조, 영 제18조)

(1) 요양기관의 종류

요양급여(간호와 이송은 제외한다)를 행하는 기관을 말하는데, 이는 다음과 같은 곳이 요양기관으로 인정된다. 다만, 보건복지부장관은 공익 또는 국가 정책에 비추어 요양기관으로 적합하지 아니한 대통령령으로 정하는 의료기관 등은 요양기관에서 제외할 수 있다(제1항).

① 의료법에 의하여 개설된 의료기관
② 약사법에 의하여 등록된 약국, 약사법에 의하여 설립된 한국희귀·필수의약품센터
③ 지역보건법에 의한 보건소·보건의료원 및 보건지소
④ 농어촌 등 보건의료를 위한 특별조치법에 의하여 설치된 보건진료소

(2) 전문요양기관

보건복지부장관은 요양급여를 효율적으로 하기 위하여 필요한 경우에는 보건복지부령이 정하는 바에 의하여 시설・장비・인력 및 진료과목 등 보건복지부령이 정하는 기준에 해당하는 요양기관을 전문요양기관으로 인정할 수 있다. 이 경우 전문요양기관으로 인정된 요양기관 또는 상급종합병원에 대하여는 요양급여의 절차 및 요양급여비용을 다른 요양기관과 달리 할 수 있다(제2항).

(3) 요양기관 제외(영 제18조)

1) 제외기관의 종류

① 의료법에 따라 개설된 부속 의료기관

② 사회복지사업법에 따른 사회복지시설에 수용된 사람의 진료를 주된 목적으로 개설된 의료기관

③ 본인일부부담금을 받지 아니하거나 경감하여 받는 등의 방법으로 가입자나 피부양자를 유인(誘引)하는 행위 또는 이와 관련하여 과잉진료행위를 하거나 부당하게 많은 진료비를 요구하는 행위를 하여 다음의 어느 하나에 해당하는 업무정지처분 등을 받은 의료기관

㉠ 업무정지 또는 과징금 처분을 5년 동안 2회 이상 받은 의료기관

㉡ 의료법에 따른 면허자격정지 처분을 5년 동안 2회 이상 받은 의료인이 개설・운영하는 의료기관

④ 업무정지 처분 절차가 진행 중이거나 업무정지 처분을 받은 요양기관의 개설자가 개설한 의료기관 또는 약국

2) 제외신청

① 의료기관은 요양기관에서 제외되려면 보건복지부장관이 정하는 바에 따라 요양기관 제외신청을 하여야 한다.

② 의료기관 등이 요양기관에서 제외되는 기간은 가입자나 피부양자를 유인(誘引)하는 행위 등의 경우에는 1년 이하로 하고, 업무정지 처분 절차와 관련된 경우에는 해당 업무정지기간이 끝나는 날까지로 한다.

2. 요양급여거부 금지(법 제42조)

요양기관은 정당한 이유 없이 요양급여를 거부하지 못한다(제5항).

제1장 제2장 제3장 제4장 제5장 제6장

제5절 건강보험심사평가원

I 서 설

1. 설립(법 제62조)

요양급여비용을 심사하고 요양급여의 적정성을 평가하기 위하여 건강보험심사평가원을 설립한다.

2. 업무(법 제63조)

① 요양급여비용의 심사 기출 15

② 요양급여의 적정성 평가 기출 14・15

③ 심사기준 및 평가기준의 개발 기출 15

④ ①부터 ③까지의 규정에 따른 업무와 관련된 조사연구 및 국제협력

⑤ 다른 법률에 따라 지급되는 급여비용의 심사 또는 의료의 적정성 평가에 관하여 위탁받은 업무

⑥ 그 밖에 이 법 또는 다른 법령에 따라 위탁받은 업무

⑦ 건강보험과 관련하여 보건복지부장관이 필요하다고 인정한 업무 기출 15

⑧ 그 밖에 보험급여 비용의 심사와 보험급여의 적정성 평가와 관련하여 대통령령으로 정하는 업무

업무(영 제28조)

① 법 제63조 제1항 제8호에서 "대통령령으로 정하는 업무"란 다음 각 호의 업무를 말한다.

1. 법 제47조에 따른 요양급여비용의 심사청구와 관련된 소프트웨어의 개발・공급・검사 등 전산 관리
2. 법 제47조의4에 따른 요양급여의 적정성 평가 결과의 공개
3. 법 제49조 제1항에 따라 지급되는 요양비 중 보건복지부령으로 정하는 기관에서 받은 요양비에 대한 심사
4. 법 제63조 제1항 제1호부터 제7호까지 및 이 항 제1호부터 제3호까지의 업무를 수행하기 위한 환자 분류체계 및 요양급여 관련 질병・부상 분류체계의 개발・관리
5. 법 제63조 제1항 제1호부터 제7호까지 및 이 항 제1호부터 제4호까지의 업무와 관련된 교육・홍보

② 제1항 제1호・제2호・제4호에 따른 전산 관리, 적정성 평가 결과의 공개, 환자 분류체계 및 요양급여 관련 질병・부상 분류체계의 개발・관리의 절차・기준・방법과 그 밖에 필요한 사항은 보건복지부장관이 정하여 고시한다.

3. 법인격 등(법 제64조)

심사평가원은 법인으로 하고, 심사평가원은 주된 사무소의 소재지에서 설립등기를 함으로써 성립한다.

4. 임원(법 제65조)

① 심사평가원에 임원으로서 원장, 이사 15명 및 감사 1명을 둔다. 이 경우 원장, 이사 중 4명 및 감사는 상임으로 한다.

② 원장은 임원추천위원회가 복수로 추천한 사람 중에서 보건복지부장관의 제청으로 대통령이 임명한다.

③ 상임이사는 보건복지부령으로 정하는 추천 절차를 거쳐 원장이 임명한다.

④ 비상임이사는 공단이 추천하는 1명, 의약관계단체가 추천하는 5명, 노동조합・사용자단체・소비자단체 및 농어업인단체가 추천하는 각 1명 중에서 10명과 대통령령으로 정하는 바에 따라 추천한 관계 공무원 1명을 보건복지부장관이 임명한다.

⑤ 감사는 임원추천위원회가 복수로 추천한 사람 중에서 기획재정부장관의 제청으로 대통령이 임명한다.

⑥ 비상임이사는 정관으로 정하는 바에 따라 실비변상을 받을 수 있다.

⑦ 원장의 임기는 3년, 이사(공무원인 이사 제외)와 감사의 임기는 각각 2년으로 한다.

5. 진료심사평가위원회(법 제66조, 제66조의2, 영 제29조의2)

(1) 설 치

① 심사평가원의 업무를 효율적으로 수행하기 위하여 심사평가원에 진료심사평가위원회(이하 심사위원회)를 둔다.

② 심사위원회는 위원장을 포함하여 90명 이내의 상근심사위원과 1천명 이내의 비상근심사위원으로 구성하며, 진료과목별 분과위원회를 둘 수 있다.

(2) 겸 직

고등교육법에 따른 교원 중 교수·부교수 및 조교수는 소속대학 총장의 허가를 받아 진료심사평가위원회 위원의 직무를 겸할 수 있다. 진료심사평가위원회(이하 "심사위원회") 위원의 직무를 겸하려는 교수·부교수 및 조교수(이하 "교수등")는 소속대학 총장에게 겸직 허가를 신청해야 한다. 이 경우 신청을 받은 소속대학 총장은 지체 없이 허가 여부를 해당 교수등에게 통보해야 한다. 근무조건, 보수 등 교수등이 심사위원회의 위원을 겸하기 위하여 필요한 세부 사항은 심사평가원의 정관으로 정한다.

6. 자금의 조달 등(법 제67조)

① 심사평가원은 업무를 수행하기 위하여 공단으로부터 부담금을 징수할 수 있다.

② 심사평가원은 급여비용의 심사 또는 의료의 적정성 평가에 관한 업무를 위탁받은 때에는 위탁자로부터 수수료를 받을 수 있다.

✔ 핵심문제

01 국민건강보험법상 건강보험심사평가원의 관장 업무가 아닌 것은? 기출 15

① 요양급여비용의 심사
② 요양급여의 적정성 평가
③ 심사기준 및 평가기준의 개발
④ 직장가입자의 보험료율에 대한 심사
⑤ 건강보험과 관련하여 보건복지부장관이 필요하다고 인정한 업무

[해설]

④ (×) 직장가입자의 보험료율에 대한 심사는 건강법상 건강보험심사평가원의 관장 업무가 아니다.

> **업무 등(건강법 제63조)**
> ① 심사평가원은 다음 각 호의 업무를 관장한다.
> 1. 요양급여비용의 심사
> 2. 요양급여의 적정성 평가
> 3. 심사기준 및 평가기준의 개발
> 4. 제1호부터 제3호까지의 규정에 따른 업무와 관련된 조사연구 및 국제협력
> 5. 다른 법률에 따라 지급되는 급여비용의 심사 또는 의료의 적정성 평가에 관하여 위탁받은 업무
> 6. 그 밖에 이 법 또는 다른 법령에 따라 위탁받은 업무
> 7. 건강보험과 관련하여 보건복지부장관이 필요하다고 인정한 업무
> 8. 그 밖에 보험급여 비용의 심사와 보험급여의 적정성 평가와 관련하여 대통령령으로 정하는 업무
>
> ② 제1항 제8호에 따른 보험급여의 적정성 평가의 기준·절차·방법 등에 필요한 사항은 보건복지부장관이 정하여 고시한다.

정답 ④

제6절 보험료

I 의 의

국민건강보험 급여와 관련 사업에 사용되는 재원의 조달방법은 정기적인 기여금인 보험료와 운영 등에 필요한 비용을 국가에서 부담하는 국가부담, 그리고 본인 일부부담액 등을 재원으로 한다. 보험료를 통한 재원조달방식은 일종의 정률방식을 채택하고 있으며 가입자의 종류에 따라 약간씩 상이하다.

II 보험료 징수기준

1. 징수기준(법 제69조 제2항 · 제3항)

(1) 자격의 취득과 징수

보험료는 가입자의 자격을 취득한 날이 속하는 달의 다음 달부터 가입자의 자격을 잃은 날의 전날이 속하는 달까지 징수한다. 다만, 가입자의 자격을 매월 1일에 취득한 경우 또는 유공자등 의료보호대상자 중 건강보험 적용 신청으로 가입자의 자격을 취득하는 경우에는 그 달부터 징수한다. 기출 18 · 23

(2) 자격의 변동과 징수

가입자의 자격이 변동된 경우에는 변동된 날이 속하는 달의 보험료는 변동되기 전의 자격을 기준으로 징수한다. 다만, 가입자의 자격이 매월 1일에 변동된 경우에는 변동된 자격을 기준으로 징수한다.

2. 월별 보험료액의 산정(법 제69조, 영 제32조)

(1) 직장가입자(법 제69조 제4항) 기출 15 · 17

① **보수월액보험료** : 보수월액에 보험료율을 곱하여 얻은 금액

② 보수 외 **소득월액보험료** : 보수 외 소득월액에 보험료율을 곱하여 얻은 금액

(2) 지역가입자(법 제69조 제5항)

지역가입자의 월별 보험료액은 소득(지역가입자의 소득월액에 보험료율을 곱하여 얻은 금액)과 재산(재산보험료부과점수에 재산보험료부과점수당 금액을 곱하여 얻은 금액)을 합산한 금액으로 하되, 보험료액은 세대 단위로 산정한다.

(3) 월별보험료액의 상하한액(영 제32조) 기출 17

1) 월별 보험료액의 상한

① **직장가입자의 보수월액보험료** : 전전년도 평균 보수월액보험료의 30배에 해당하는 금액을 고려하여 보건복지부장관이 정하여 고시하는 금액 기출 23

② **직장가입자의 보수 외 소득월액보험료 및 지역가입자의 월별 보험료액** : 전전년도 평균 보수월액보험료의 15배에 해당하는 금액을 고려하여 보건복지부장관이 정하여 고시하는 금액

2) 월별 보험료액의 하한

① **직장가입자의 보수월액보험료** : 전전년도 평균 보수월액보험료의 1천분의 50 이상 1천분의 85 미만의 범위에서 보건복지부장관이 정하여 고시하는 금액

② **지역가입자의 월별 보험료액** : 직장가입자의 보수월액보험료의 100분의 90 이상 100분의 100 이하의 범위에서 보건복지부장관이 정하여 고시하는 금액

3. 직장가입자의 보수월액(법 제70조)

(1) 보수의 범위(영 제33조)

1) 보수에 포함되는 금품

보수는 근로자등이 근로를 제공하고 사용자・국가 또는 지방자치단체로부터 지급받는 금품(실비변상적인 성격을 갖는 금품은 제외)으로서 근로의 대가로 받은 봉급, 급료, 보수, 세비(歲費), 임금, 상여, 수당, 그 밖에 이와 유사한 성질의 금품을 말한다.

2) 제외되는 금품

① 퇴직금 기출 22

② 현상금・번역료 및 원고료

③ 소득세법에 따른 비과세근로소득

④ 실비변상적인 성격의 것

3) 현물로 지급되는 경우

보수의 전부 또는 일부가 현물로 지급되는 경우에는 그 지역의 시가를 기준으로 공단이 정하는 가액을 그에 해당하는 보수로 본다. 기출 22・24

(2) 보수월액 산정을 위한 보수등의 통보(영 제35조 제1항)

사용자는 매년 3월 10일까지 전년도 직장가입자에게 지급한 보수의 총액과 직장가입자가 해당 사업자 등에 종사한 기간 등 보수월액의 산정에 필요한 사항을 공단에 통보하여야 한다.

(3) 보수월액의 결정 등(영 제36조, 제37조)

1) 산정방식

직장가입자의 보수월액은 직장가입자가 지급받는 보수를 기준으로 하여 산정한다(법 제70조 제1항). 기출 24
즉, 공단은 통보받은 전년도 보수의 총액을 전년도 중 직장가입자가 당해 사업장 등에 종사한 기간의 월수로 나누어서 받은 금액을 매년 보수월액으로 결정한다(영 제36조 제1항 본문). 기출 22

2) 둘 이상의 건강보험적용사업장에서 보수를 받고 있는 경우

각 사업장에서 받고 있는 보수를 기준으로 각각 보수월액을 결정한다(제4항).

3) 자격 취득・변동 시 보수월액의 결정

공단은 직장가입자의 자격을 취득하거나, 다른 직장가입자로 자격이 변동되거나, 지역가입자에서 직장가입자로 자격이 변동된 사람이 있을 때에는 다음의 구분에 따른 금액을 해당 직장가입자의 보수월액으로 결정한다.

① **연・분기・월・주 또는 그 밖의 일정기간으로 보수가 정해지는 경우** : 그 보수액을 그 기간의 총 일수로 나눈 금액의 30배에 상당하는 금액

② **일(日)・시간・생산량 또는 도급(都給)으로 보수가 정해지는 경우** : 직장가입자의 자격을 취득하거나 자격이 변동된 달의 전 1개월 동안에 그 사업장에서 해당 직장가입자와 같은 업무에 종사하고 같은 보수를 받는 사람의 보수액을 평균한 금액 기출 24

③ **보수월액을 산정하기 곤란한 경우** : 직장가입자의 자격을 취득하거나 자격이 변동된 달의 전 1개월 동안 같은 업무에 종사하고 있는 사람이 받는 보수액을 평균한 금액

(4) 휴직자등의 보수월액(법 제70조 제2항)

휴직이나 그 밖의 사유로 보수의 전부 또는 일부가 지급되지 아니하는 가입자의 보수월액보험료는 해당 사유가 생기기 전 달의 보수월액을 기준으로 산정한다. 기출 10 · 18 · 22 · 24

(5) 보수관련 자료가 없거나 불명확한 경우의 보수월액(법 제70조 제3항 후문)

보건복지부장관이 정하여 고시하는 금액을 보수로 본다. 기출 22 · 24

(6) 보수가 지급되지 아니하는 사용자의 보수월액(영 제38조)

1) 확인금액(제1항 제1호)

해당 연도 중 해당 사업장에서 발생한 보건복지부령으로 정하는 수입으로서 객관적인 자료를 통하여 확인된 금액으로 한다.

2) 신고금액(제1항 제2호)

수입을 확인할 수 있는 객관적인 자료가 없는 경우에는 사용자의 신고금액으로 한다. 기출 15

3) 가장 높은 근로자의 보수월액(제3항 제1호)

확인금액 또는 신고금액이 해당 사업장에서 가장 높은 보수월액을 적용받는 근로자의 보수월액보다 낮은 경우(확인금액이 0원 이하인 경우는 제외)에는 그 근로자의 보수월액을 해당 사용자의 보수월액으로 한다.

4) 근로자의 보수월액을 평균한 금액(제3항 제2호)

① 사용자가 수입을 증명할 수 있는 자료제출과 수입금액 통보를 하지 않고, 수입을 확인할 수 있는 객관적인 자료도 없는 경우
② 해당 연도 중 해당 사업장에서 발생한 보건복지부령으로 정하는 수입으로서 객관적인 자료를 통한 확인금액이 0원 이하인 경우

4. 직장가입자의 소득월액(법 제71조)

직장가입자의 보수 외 소득월액은 보수월액의 산정에 포함된 보수를 제외한 직장가입자의 소득('보수 외 소득')이 대통령령으로 정하는 금액(연 2,000만원)을 초과하는 경우, 다음의 계산식에 따른 값을 보건복지부령으로 정하는 바에 따라 평가하여 산정한다. 지역가입자의 소득월액은 지역가입자의 연간 소득을 12개월로 나눈 값을 보건복지부령으로 정하는 바에 따라 평가하여 산정한다.

(연간 보수 외 소득 − 연 2,000만원) × 1/12

소득월액의 조정 등(영 제41조의2)

① 가입자는 폐업, 경영 실적의 변동 등 공단의 정관으로 정하는 사유로 제41조 제1항 각 호의 어느 하나에 해당하는 소득(이하 이 조에서 "사업소득등")이 감소하거나 증가한 경우 그 사유에 해당함을 증명하는 서류를 첨부하여 소득월액보험료가 부과되는 시점의 사업소득등 자료를 소득월액 산정에 반영하여 조정해 줄 것을 공단에 신청할 수 있다.
② 제1항의 조정 신청을 받은 공단은 제41조 제3항에도 불구하고 소득월액보험료 부과 시점의 사업소득등 자료를 소득월액 산정에 반영하여 소득월액을 조정할 수 있으며, 이후 부과하는 해당 연도의 소득월액보험료는 조정된 소득월액을 기준으로 산정한다.
③ 제1항의 조정 신청을 한 가입자는 제2항에 따라 소득월액을 조정한 이후에 해당 연도의 사업소득등이 발생한 경우에는 그 사업소득등이 발생한 날이 속하는 달의 다음 달 1일부터 1개월 이내에 사업소득등의 발생 사실과 그 금액을 공단에 신고해야 하며, 그 이후 공단이 부과하는 해당 연도의 소득월액보험료는 신고한 사업소득등을 반영하여 조정된 소득월액을 기준으로 산정한다.

④ 공단은 제2항 또는 제3항에 따라 소득월액을 조정한 이후에 해당 연도의 사업소득등이 확인된 경우에는 그 확인된 사업소득등을 기준으로 해당 연도의 소득월액을 다시 산정하여 소득월액보험료를 정산할 수 있다.
⑤ 공단은 제2항 또는 제3항에 따라 소득월액을 조정하여 산정한 소득월액보험료의 금액이 제4항에 따라 다시 정산한 소득월액보험료의 금액보다 적은 경우에는 그 부족액을 가입자로부터 추가로 징수해야 한다.
⑥ 공단은 제5항에 따라 추가로 징수하는 소득월액보험료를 12회 이내의 범위에서 분할하여 납부하게 할 수 있다.
⑦ 공단은 제2항 또는 제3항에 따라 소득월액을 조정하여 산정한 소득월액보험료의 금액이 제4항에 따라 다시 정산한 소득월액보험료의 금액보다 많은 경우에는 그 초과액을 가입자에게 지급해야 한다. 이 경우 공단은 가입자에게 지급해야 하는 금액을 그 가입자가 내야 하는 보험료등과 상계할 수 있다.
⑧ 제1항부터 제7항까지에서 규정한 사항 외에 소득월액의 조정 신청 절차, 소득월액의 조정 이후 사업소득등의 발생 신고 절차, 소득월액보험료의 산정·정산 및 분할 납부 등에 필요한 세부 사항은 공단의 정관으로 정한다.

5. 직장가입자의 보험료율 등(법 제73조)

① 직장가입자의 보험료율은 1천분의 80의 범위에서 심의위원회의 의결을 거쳐 대통령령으로 정한다. 국외에서 업무에 종사하고 있는 직장가입자에 대한 보험료율은 직장가입자 보험료율의 100분의 50으로 한다.
② 지역가입자의 보험료율과 재산보험료부과점수당 금액은 심의위원회의 의결을 거쳐 대통령령으로 정한다.

보험료율 및 재산보험료부과점수당 금액(영 제44조)
① 법 제73조 제1항에 따른 직장가입자의 보험료율 및 같은 조 제3항에 따른 지역가입자의 보험료율은 각각 1만분의 709로 한다. 기출 23
② 법 제73조 제3항에 따른 지역가입자의 재산보험료부과점수당 금액은 208.4원으로 한다.

6. 보험료부과점수(법 제72조)

① 재산보험료부과점수는 지역가입자의 재산을 기준으로 산정한다. 다만, 대통령령으로 정하는 지역가입자가 실제 거주를 목적으로 대통령령으로 정하는 기준 이하의 주택을 구입 또는 임차하기 위하여 다음의 어느 하나에 해당하는 대출을 받고 그 사실을 공단에 통보하는 경우에는 해당 대출금액을 대통령령으로 정하는 바에 따라 평가하여 재산보험료부과점수 산정 시 제외한다.
   ㉠ 금융실명거래 및 비밀보장에 관한 법률에 따른 금융회사등(이하 "금융회사등")으로부터 받은 대출
   ㉡ 주택도시기금법에 따른 주택도시기금을 재원으로 하는 대출 등 보건복지부장관이 정하여 고시하는 대출
② 재산보험료부과점수의 산정방법과 산정기준을 정할 때 법령에 따라 재산권의 행사가 제한되는 재산에 대하여는 다른 재산과 달리 정할 수 있다. 기출 18
③ 지역가입자는 금융회사등이나 주택도시기금으로부터 대출을 받은 사실을 공단에 통보할 때 신용정보, 금융자산, 금융거래의 내용에 대한 자료·정보 중 대출금액 등 대통령령으로 정하는 자료·정보(이하 "금융정보등")를 공단에 제출하여야 하며, 재산보험료부과점수 산정을 위하여 필요한 금융정보등을 공단에 제공하는 것에 대하여 동의한다는 서면을 함께 제출하여야 한다.

7. 보험료 부과제도에 대한 적정성 평가(법 제72조의3)

보건복지부장관은 피부양자 인정기준(이하 "인정기준")과 보험료, 보수월액, 소득월액 및 재산보험료부과점수의 산정 기준 및 방법 등(이하 "산정기준")에 대하여 적정성을 평가하고, 이 법 시행일로부터 4년이 경과한 때 이를 조정하여야 한다.

Ⅲ 보험료의 면제 및 경감

1. 보험료의 면제(법 제74조) 기출 10

① 공단은 직장가입자가 국외에 체류하거나, 병역법에 따른 현역병(지원에 의하지 아니하고 임용된 하사를 포함)·전환복무된 사람·군간부후보생이거나, 교도소·그 밖에 이에 준하는 시설에 수용되어 있는 경우에는(국외에 체류하는 경우는 3개월 이상 국외에 체류하는 경우에 한정) 그 가입자의 보험료를 면제한다. 다만, 국외에 체류하는 직장가입자의 경우에는 국내에 거주하는 피부양자가 없을 때에만 보험료를 면제한다.

② 지역가입자가 국외에 체류하거나 병역법에 따른 현역병(지원에 의하지 아니하고 임용된 하사를 포함), 전환복무된 사람 및 군간부후보생이거나 교도소, 그 밖에 이에 준하는 시설에 수용되어 있는 경우에는 그 가입자가 속한 세대의 보험료를 산정할 때 그 가입자의 소득월액 및 재산보험료부과점수를 제외한다.

③ 보험료의 면제나 보험료의 산정에서 제외되는 소득월액 및 재산보험료부과점수에 대하여는 급여정지 사유가 생긴 날이 속하는 달의 다음 달부터 사유가 없어진 날이 속하는 달까지 적용한다. 다만, 다음의 어느 하나에 해당하는 경우에는 그 달의 보험료를 면제하지 아니하거나 보험료의 산정에서 소득월액 및 재산보험료부과점수를 제외하지 아니한다.

㉠ 급여정지 사유가 매월 1일에 없어진 경우

㉡ 국외에 체류하는 가입자 또는 그 피부양자가 국내에 입국하여 입국일이 속하는 달에 보험급여를 받고 그 달에 출국하는 경우

2. 보험료의 경감(법 제75조)

① 다음의 어느 하나에 해당하는 가입자 중 보건복지부령으로 정하는 가입자에 대하여는 그 가입자 또는 그 가입자가 속한 세대의 보험료의 일부를 경감할 수 있다(제1항).

㉠ 섬·벽지(僻地)·농어촌 등 대통령령으로 정하는 지역에 거주하는 사람

㉡ 65세 이상인 사람 기출 23

㉢ 장애인복지법에 따라 등록한 장애인

㉣ 국가유공자 등 예우 및 지원에 관한 법률에 따른 국가유공자

㉤ 휴직자

✔ 핵심문제

01 **국민건강보험법령상 보험료의 경감 대상이 될 수 있는 가입자는?** 기출 19

① 직장가입자로서 65세 이상인 사람
② 직장가입자로서 출산 휴가 중인 사람
③ 직장가입자 중 휴직기간이 1개월 이상인 사람
④ 직장가입자 중 장애인복지법에 따라 등록한 장애인
⑤ 직장가입자 중 국가유공자 등 예우 및 지원에 관한 법률에 따른 국가유공자

[해설]
③ (O) 건강법령상 보험료의 경감 대상에 해당한다(건강법 시행규칙 제46조 제5호).

정답 ③

ⓑ 그 밖에 생활이 어렵거나 천재지변 등의 사유로 보험료를 경감할 필요가 있다고 보건복지부장관이 정하여 고시하는 사람

보험료 경감대상자(규칙 제46조) 기출 19

법 제75조 제1항 각 호 외의 부분에서 "보건복지부령으로 정하는 가입자"란 다음 각 호의 어느 하나에 해당하는 사람을 말한다.

1. 영 제45조 제1호에 해당하는 지역에 거주하는 가입자
2. 영 제45조 제2호에 해당하는 지역에 거주하는 지역가입자로서 다음 각 목의 어느 하나에 해당하는 사람. 다만, 영 제45조 제2호 나목 및 다목에 해당하는 지역의 경우 라목에 해당하는 사람은 제외한다.
   가. 농어업·농어촌 및 식품산업 기본법 제3조 제2호에 따른 농어업인
   나. 수산업법 제2조 제12호에 따른 어업인
   다. 광업법 제3조 제2호에 따른 광업에 종사하는 사람
   라. 소득세법 제19조에 따른 사업소득이 연간 500만원 이하인 사람
3. 영 제45조 제3호에 해당하는 지역에 거주하는 직장가입자로서 보건복지부장관이 정하여 고시하는 사람
4. 법 제75조 제1항 제2호부터 제4호까지에 해당하는 지역가입자
5. 법 제75조 제1항 제5호에 해당하는 직장가입자 중 휴직기간이 1개월 이상인 사람
6. 법 제75조 제1항 제6호에 해당하는 가입자

② 보험료 납부의무자가 다음의 어느 하나에 해당하는 경우에는 대통령령으로 정하는 바에 따라 보험료를 감액하는 등 재산상의 이익을 제공할 수 있다(법 제75조 제2항). 공단은 전자문서로 납입 고지를 받거나 계좌 또는 신용카드 자동이체의 방법으로 보험료를 내는 납부의무자에 대해서는 그에 따라 절감되는 우편요금 등 행정비용의 범위에서 공단의 정관으로 정하는 바에 따라 보험료를 감액하거나 감액하는 금액에 상당하는 금품을 제공할 수 있다(영 제45조의2).

㉠ 보험료의 납입 고지 또는 독촉을 전자문서로 받는 경우

㉡ 보험료를 계좌 또는 신용카드 자동이체의 방법으로 내는 경우

✔ **핵심문제**

01 국민건강보험법령상 보험료에 관한 설명으로 옳지 않은 것은? 기출 19

① 지역가입자의 월별 보험료액은 세대 단위로 산정한다.
② 직장가입자의 보수 외 소득월액보험료는 직장가입자가 부담한다.
③ 지역가입자의 보험료는 그 가입자가 속한 세대의 지역가입자 전원이 연대하여 부담한다.
④ 직장가입자가 교직원으로서 사립학교에 근무하는 교원인 경우 보수월액보험료는 그 직장가입자와 사립학교를 설립·운영하는 자가 각각 보험료액의 100분의 50씩 부담한다.
⑤ 직장가입자가 공무원인 경우 보수월액보험료는 그 직장가입자와 그 공무원이 소속되어 있는 국가 또는 지방자치단체가 각각 보험료액의 100분의 50씩 부담한다.

[해설]

① (O) 건강법 제69조 제5항
② (O) 건강법 제76조 제2항
③ (O) 건강법 제76조 제3항
④ (×) 직장가입자가 교직원으로서 사립학교에 근무하는 교원이면 보험료액은 그 직장가입자가 100분의 50을, 제3조 제2호 다목에 해당하는 사용자가 100분의 30을, 국가가 100분의 20을 각각 부담한다(건강법 제76조 제1항 단서).
⑤ (O) 건강법 제76조 제1항 제2호

정답 ④

Ⅳ 보험료의 부담 및 납부

1. 보험료의 부담

(1) 직장가입자(법 제76조 제1항·제2항·제4항) 기출 15·16·17·19

1) 보수월액보험료

① 직장가입자와 다음의 구분에 따른 자가 각각 보험료액의 100분의 50씩 부담한다.

㉠ 직장가입자가 근로자인 경우에는 사업장의 사업주

㉡ 직장가입자가 공무원인 경우에는 그 공무원이 소속되어 있는 국가 또는 지방자치단체

㉢ 직장가입자가 교직원(사립학교에 근무하는 교원은 제외)인 경우에는 교직원이 소속되어 있는 사립학교를 설립·운영하는 사용자

② 직장가입자가 교직원으로서 사립학교에 근무하는 교원이면 보험료액은 그 직장가입자가 100분의 50을, 교직원이 소속되어 있는 사립학교를 설립·운영하는 사용자가 100분의 30을, 국가가 100분의 20을 각각 부담한다.

③ 직장가입자가 교직원인 경우 교직원이 소속되어 있는 사립학교를 설립·운영하는 사용자가 부담액 전부를 부담할 수 없으면 그 부족액을 학교에 속하는 회계에서 부담하게 할 수 있다.

2) 보수 외 소득월액보험료

직장가입자가 부담한다.

(2) 지역가입자(법 제76조 제3항)

지역가입자의 보험료는 그 가입자가 속한 세대의 지역가입자 전원이 연대하여 부담한다. 기출 16·19

2. 보험료의 납부

(1) 납부의무자(법 제77조)

1) 직장가입자 기출 15·16·18·23

① 보수월액보험료 : 사용자가 납부하며 사업장의 사용자가 2명 이상인 때에는 그 사업장의 사용자는 해당 직장가입자의 보험료를 연대하여 납부한다.

② 보수 외 소득월액보험료 : 직장가입자

2) 지역가입자

그 가입자가 속한 세대의 지역가입자 전원이 연대하여 납부한다. 다만, 소득 및 재산이 없는 미성년자와 소득 및 재산 등을 고려하여 대통령령으로 정하는 기준에 해당하는 미성년자는 납부의무를 부담하지 아니한다(제2항). 기출 18

3) 원천징수

사용자는 보수월액보험료 중 직장가입자가 부담하여야 하는 그 달의 보험료액을 그 보수에서 공제하여 납부하여야 한다. 이 경우 직장가입자에게 공제액을 알려야 한다(제3항).

> **지역가입자의 보험료 연대납부의무 면제 대상 미성년자(영 제46조)**
> 법 제77조 제2항 단서에서 "대통령령으로 정하는 기준에 해당하는 미성년자"란 다음 각 호의 어느 하나에 해당하는 미성년자를 말한다. 다만, 제41조 제1항 제2호의 배당소득 또는 같은 항 제3호의 사업소득으로서 「소득세법」 제168조 제1항에 따른 사업자등록을 한 사업에서 발생하는 소득이 있는 미성년자는 제외한다.

1. 다음 각 목의 요건을 모두 갖춘 미성년자
   가. 제41조 제1항에 따른 소득의 합이 연간 100만원 이하일 것
   나. 제42조 제1항 제1호에 해당하는 재산이 없을 것
2. 부모가 모두 사망한 미성년자로서 제1호 가목의 요건을 갖춘 미성년자

(2) 제2차 납부의무(법 제77조의2)

① 법인의 재산으로 그 법인이 납부하여야 하는 보험료, 연체금 및 체납처분비를 충당하여도 부족한 경우에는 해당 법인에게 보험료의 납부의무가 부과된 날 현재의 무한책임사원 또는 과점주주가 그 부족한 금액에 대하여 제2차 납부의무를 진다. 다만, 과점주주의 경우에는 그 부족한 금액을 그 법인의 발행주식 총수(의결권이 없는 주식은 제외) 또는 출자총액으로 나눈 금액에 해당 과점주주가 실질적으로 권리를 행사하는 주식 수(의결권이 없는 주식은 제외) 또는 출자액을 곱하여 산출한 금액을 한도로 한다.

② 사업이 양도・양수된 경우에 양도일 이전에 양도인에게 납부의무가 부과된 보험료, 연체금 및 체납처분비를 양도인의 재산으로 충당하여도 부족한 경우에는 사업의 양수인이 그 부족한 금액에 대하여 양수한 재산의 가액을 한도로 제2차 납부의무를 진다. 이 경우 양수인의 범위 및 양수한 재산의 가액은 대통령령으로 정한다.

3. 보험료 납부기한(법 제78조)

① 보험료 납부의무가 있는 자는 가입자에 대한 그 달의 보험료를 그 다음 달 10일까지 납부하여야 한다. 다만, 직장가입자의 보수 외 소득월액보험료 및 지역가입자의 보험료는 보건복지부령으로 정하는 바에 따라 분기별로 납부할 수 있다. **기출** 15・23

② 공단은 납입 고지의 송달 지연 등 보건복지부령으로 정하는 사유가 있는 경우 납부의무자의 신청에 따라 납부기한부터 1개월의 범위에서 납부기한을 연장할 수 있다. 이 경우 납부기한 연장을 신청하는 방법, 절차 등에 필요한 사항은 보건복지부령으로 정한다.

4. 납입고지(법 제79조)

① 공단은 보험료등을 징수하려면 그 금액을 결정하여 납부의무자에게 다음의 사항을 적은 문서로 납입 고지를 하여야 한다.
   ㉠ 징수하려는 보험료등의 종류
   ㉡ 납부해야 하는 금액
   ㉢ 납부기한 및 장소

② 직장가입자의 사용자가 2명 이상인 경우 또는 지역가입자의 세대가 2명 이상으로 구성된 경우 그중 1명에게 한 고지는 해당 사업장의 다른 사용자 또는 세대 구성원인 다른 지역가입자 모두에게 효력이 있는 것으로 본다.

③ 휴직자등의 보험료는 휴직 등의 사유가 끝날 때까지 보건복지부령으로 정하는 바에 따라 납입 고지를 유예할 수 있다.

④ 공단은 제2차 납부의무자에게 납입의 고지를 한 경우에는 해당 법인인 사용자 및 사업 양도인에게 그 사실을 통지하여야 한다.

V 보험료등의 독촉 및 체납처분

1. 독촉 및 체납처분(법 제81조)

(1) 보험료의 독촉

공단은 보험료 등을 내야하는 자가 보험료 등을 내지 아니하면 기한을 정하여 독촉할 수 있다. 이 경우 직장가입자의 사용자가 2명 이상인 경우 또는 지역가입자의 세대가 2명 이상으로 구성된 경우에는 그중 1명에게 한 독촉은 해당 사업장의 다른 사용자 또는 세대 구성원인 다른 지역가입자 모두에게 효력이 있는 것으로 본다.

(2) 독촉장의 발부

독촉할 때에는 10일 이상 15일 이내의 납부기한을 정하여 독촉장을 발부하여야 한다.

(3) 통보서 발송

공단은 체납처분을 하기 전에 보험료 등의 체납 내역, 압류 가능한 재산의 종류, 압류 예정 사실 및 국세징수법에 따른 소액금융재산에 대한 압류금지 사실 등이 포함된 통보서를 발송하여야 한다. 다만, 법인 해산 등 긴급히 체납처분을 할 필요가 있는 경우로서 대통령령으로 정하는 경우에는 그러하지 아니하다.

(4) 체납보험료의 징수

공단은 독촉을 받은 자가 그 납부기한까지 보험료 등을 내지 아니하면 보건복지부장관의 승인을 받아 국세체납 처분의 예에 따라 이를 징수할 수 있다.

(5) 한국자산관리공사의 공매대행

공단은 국세 체납처분의 예에 따라 압류하거나 압류한 재산의 공매에 대하여 전문지식이 필요하거나 그 밖에 특수한 사정으로 직접 공매하는 것이 적당하지 아니하다고 인정하는 경우에는 한국자산관리공사에 공매를 대행하게 할 수 있다. 이 경우 공매는 공단이 한 것으로 본다.

(6) 공단의 수수료 지급

공단은 한국자산관리공사가 공매를 대행하면 보건복지부령으로 정하는 바에 따라 수수료를 지급할 수 있다.

보험료등의 체납처분 전 통보 예외(영 제46조의5)

법 제81조 제4항 단서에서 "대통령령으로 정하는 경우"란 보험료등을 체납한 자가 다음 각 호의 어느 하나에 해당하는 경우를 말한다.

1. 국세의 체납으로 체납처분을 받는 경우
2. 지방세 또는 공과금(국세기본법 제2조 제8호 또는 지방세기본법 제2조 제1항 제26호에 따른 공과금)의 체납으로 체납처분을 받는 경우
3. 강제집행을 받는 경우
4. 어음법 및 수표법에 따른 어음교환소에서 거래정지처분을 받는 경우
5. 경매가 시작된 경우
6. 법인이 해산한 경우
7. 재산의 은닉·탈루, 거짓 계약이나 그 밖의 부정한 방법으로 체납처분의 집행을 면하려는 행위가 있다고 인정되는 경우

2. 부당이득 징수금의 압류(법 제81조의2)

① 공단은 보험급여 비용을 받은 요양기관이 다음의 요건을 모두 갖춘 경우에는 징수금의 한도에서 해당 요양기관 또는 그 요양기관을 개설한 자(해당 요양기관과 연대하여 징수금을 납부하여야 하는 자)의 재산을 보건복지부장관의 승인을 받아 압류할 수 있다.

㉠ 의사, 치과의사, 한의사 또는 조산사, 국가나 지방자치단체, 의료법인, 비영리법인, 준정부기관, 지방의료원, 한국보훈복지의료공단 등이 아닌 자가 의료기관을 개설하였거나, 약사 또는 한약사가 아닌 자가 약국을 개설하였다는 사실로 기소된 경우

㉡ 요양기관 또는 요양기관을 개설한 자에게 강제집행, 국세 강제징수 등 대통령령으로 정하는 사유가 있어 그 재산을 압류할 필요가 있는 경우

② 공단은 재산을 압류하였을 때에는 해당 요양기관 또는 그 요양기관을 개설한 자에게 문서로 그 압류 사실을 통지하여야 한다.

③ 공단은 다음의 어느 하나에 해당할 때에는 압류를 즉시 해제하여야 한다.

㉠ 통지를 받은 자가 징수금에 상당하는 다른 재산을 담보로 제공하고 압류 해제를 요구하는 경우

㉡ 법원의 무죄 판결이 확정되는 등 대통령령으로 정하는 사유로 해당 요양기관에게 의사, 치과의사, 한의사 또는 조산사, 국가나 지방자치단체, 의료법인, 비영리법인, 준정부기관, 지방의료원, 한국보훈복지의료공단 등이 아닌 자가 의료기관을 개설하였거나, 약사 또는 한약사가 아닌 자가 약국을 개설하였다는 혐의가 입증되지 아니한 경우

부당이득 징수금의 압류 등(영 제46조의6)

① 법 제81조의2 제1항 제2호에서 "강제집행, 국세 강제징수 등 대통령령으로 정하는 사유"란 다음 각 호의 어느 하나에 해당하는 경우를 말한다.

1. 국세, 지방세 또는 공과금의 체납으로 강제징수 또는 체납처분이 시작된 경우
2. 강제집행이 시작된 경우
3. 어음법 및 수표법에 따른 어음교환소에서 거래정지처분을 받은 경우
4. 경매가 시작된 경우
5. 법인이 해산한 경우
6. 재산의 은닉·탈루, 거짓 계약이나 그 밖의 부정한 방법으로 징수금을 면탈하려는 행위가 있다고 인정되는 경우
7. 채무자 회생 및 파산에 관한 법률에 따른 회생절차개시, 간이회생절차개시 또는 파산선고의 결정이 있는 경우
8. 국내에 주소 또는 거소를 두지 않게 된 경우
9. 법 제57조 제1항 또는 제2항에 따른 징수금이 5억원 이상인 경우

② 법 제81조의2 제3항 제2호에서 "법원의 무죄 판결이 확정되는 등 대통령령으로 정하는 사유"란 다음 각 호의 어느 하나에 해당하는 경우를 말한다.

1. 법원의 무죄 판결이 확정된 경우
2. 검사가 공소를 취소한 경우

3. 체납 또는 결손처분 자료의 제공(법 제81조의3)

① 공단은 보험료 징수 및 징수금(속임수나 그 밖의 부당한 방법으로 보험급여 비용을 받은 요양기관과 요양기관을 개설한 자가 연대하여 납부하는 징수금에 한정, 이하 "부당이득금")의 징수 또는 공익목적을 위하여 필요한 경우에 종합신용정보집중기관에 다음의 어느 하나에 해당하는 체납자 또는 결손처분자의 인적사항·체납액 또는 결손처분액에 관한 자료(이하 "체납등 자료")를 제공할 수 있다. 다만, 체납된 보험료나 부당이득금과 관련하여 행정심판 또는 행정소송이 계류 중인 경우, 분할납부를 승인받은 경우 중 대통령령으로 정하는 경우, 그 밖에 대통령령으로 정하는 사유가 있을 때에는 그러하지 아니하다.

㉠ 납부기한의 다음 날부터 1년이 지난 보험료 및 연체금과 체납처분비의 총액이 500만원 이상인 자
㉡ 납부기한의 다음 날부터 1년이 지난 부당이득금 및 연체금과 체납처분비의 총액이 1억원 이상인 자
㉢ 결손처분한 금액의 총액이 500만원 이상인 자

② 공단은 종합신용정보집중기관에 체납등 자료를 제공하기 전에 해당 체납자 또는 결손처분자에게 그 사실을 서면으로 통지하여야 한다. 이 경우 통지를 받은 체납자가 체납액을 납부하거나 체납액 납부계획서를 제출하는 경우 공단은 종합신용정보집중기관에 체납등 자료를 제공하지 아니하거나 체납등 자료의 제공을 유예할 수 있다.

③ 체납등 자료의 제공절차에 필요한 사항은 대통령령으로 정하며, 체납등 자료를 제공받은 자는 이를 업무 외의 목적으로 누설하거나 이용하여서는 아니 된다.

4. 연체금(법 제80조)

① 공단은 보험료등의 납부의무자가 납부기한까지 보험료등을 내지 아니하면 그 납부기한이 지난 날부터 매 1일이 경과할 때마다 다음에 해당하는 연체금을 징수한다.
㉠ 보험료 또는 보험급여 제한 기간 중 받은 보험급여에 대한 징수금을 체납한 경우 : 해당 체납금액의 1천500분의 1에 해당하는 금액. 이 경우 연체금은 해당 체납금액의 1천분의 20을 넘지 못한다.
㉡ 기타 이 법에 따른 징수금을 체납한 경우 : 해당 체납금액의 1천분의 1에 해당하는 금액. 이 경우 연체금은 해당 체납금액의 1천분의 30을 넘지 못한다.

② 공단은 보험료등의 납부의무자가 체납된 보험료등을 내지 아니하면 납부기한 후 30일이 지난 날부터 매 1일이 경과할 때마다 다음에 해당하는 연체금을 ①에 따른 연체금에 더하여 징수한다.
㉠ 보험료 또는 보험급여 제한 기간 중 받은 보험급여에 대한 징수금을 체납한 경우 : 해당 체납금액의 6천분의 1에 해당하는 금액. 이 경우 연체금(①㉠의 연체금을 포함한 금액을 의미)은 해당 체납금액의 1천분의 50을 넘지 못한다.
㉡ 기타 이 법에 따른 징수금을 체납한 경우 : 해당 체납금액의 3천분의 1에 해당하는 금액. 이 경우 연체금(①㉡의 연체금을 포함한 금액을 의미)은 해당 체납금액의 1천분의 90을 넘지 못한다.

③ 공단은 천재지변이나 그 밖에 보건복지부령으로 정하는 부득이한 사유가 있으면 연체금을 징수하지 아니할 수 있다.

연체금 징수의 예외(규칙 제51조) 기출 24

법 제80조 제3항에서 "보건복지부령으로 정하는 부득이한 사유"란 다음 각 호의 어느 하나에 해당하는 경우를 말한다.
1. 전쟁 또는 사변으로 인하여 체납한 경우
2. 연체금의 금액이 공단의 정관으로 정하는 금액 이하인 경우
3. 사업장 또는 사립학교의 폐업·폐쇄 또는 폐교로 체납액을 징수할 수 없는 경우
4. 화재로 피해가 발생해 체납한 경우
5. 그 밖에 보건복지부장관이 연체금을 징수하기 곤란한 부득이한 사유가 있다고 인정하는 경우

5. 체납보험료의 분할납부(법 제82조)

① 공단은 보험료를 3회 이상 체납한 자가 신청하는 경우 보건복지부령으로 정하는 바에 따라 분할납부를 승인할 수 있다.

② 공단은 보험료를 3회 이상 체납한 자에 대하여 체납처분을 하기 전에 분할납부를 신청할 수 있음을 알리고, 보건복지부령으로 정하는 바에 따라 분할납부 신청의 절차·방법 등에 관한 사항을 안내하여야 한다.

③ 공단은 분할납부 승인을 받은 자가 정당한 사유 없이 5회(승인받은 분할납부 횟수가 5회 미만인 경우에는 해당 분할납부 횟수) 이상 그 승인된 보험료를 납부하지 아니하면 그 분할납부의 승인을 취소한다.

6. 가산금(법 제78조의2)

① 사업장의 사용자가 대통령령으로 정하는 사유에 해당되어 직장가입자가 될 수 없는 자를 거짓으로 보험자에게 직장가입자로 신고한 경우 공단은 ㉠의 금액에서 ㉡의 금액을 뺀 금액의 100분의 10에 상당하는 가산금을 그 사용자에게 부과하여 징수한다.

㉠ 사용자가 직장가입자로 신고한 사람이 직장가입자로 처리된 기간 동안 그 가입자가 부담하여야 하는 보험료의 총액

㉡ 직장가입자로 처리된 기간 동안 공단이 해당 가입자에 대하여 부과한 보험료의 총액

② 공단은 가산금이 소액이거나 그 밖에 가산금을 징수하는 것이 적절하지 아니하다고 인정되는 등 대통령령으로 정하는 경우에는 징수하지 아니할 수 있다.

Ⅵ 고액·상습체납자의 인적사항의 공개 및 결손처분

1. 고액·상습체납자의 인적사항 공개(법 제83조)

(1) 인적사항 공개대상

공단은 이 법에 따른 납부기한의 다음 날부터 1년이 경과한 보험료, 연체금과 체납처분비(결손처분한 보험료, 연체금과 체납처분비로서 징수권 소멸시효가 완성되지 아니한 것을 포함)의 총액이 1천만원 이상인 체납자가 납부능력이 있음에도 불구하고 체납한 경우 그 인적사항·체납액 등(이하 "인적사항등")을 공개할 수 있다. 다만, 체납된 보험료, 연체금과 체납처분비와 관련하여 이의신청, 심판청구가 제기되거나 행정소송이 계류 중인 경우 또는 그 밖에 체납된 금액의 일부 납부 등 대통령령으로 정하는 사유가 있는 경우에는 그러하지 아니하다.

(2) 공개대상자 선정절차

1) 보험료정보공개심의위원회의 심의

체납자의 인적사항 등에 대한 공개 여부를 심의하기 위하여 공단에 보험료정보공개심의위원회를 둔다.

2) 소명기회 부여

공단은 보험료정보공개심의위원회의 심의를 거친 인적사항 등의 공개대상자에게 공개대상자임을 서면으로 통지하여 소명의 기회를 부여하여야 한다.

3) 공개대상자 선정

통지일부터 6개월이 경과한 후 체납액의 납부이행 등을 감안하여 공개대상자를 선정한다.

4) 인적사항 등의 공개

관보에 게재하거나 공단 인터넷 홈페이지에 게시하는 방법에 따른다.

고액 · 상습체납자의 인적사항 공개 및 공개 제외 사유 등(영 제48조)

① 법 제83조 제1항 단서에서 "체납된 금액의 일부 납부 등 대통령령으로 정하는 사유가 있는 경우"란 다음 각 호의 어느 하나에 해당하는 경우를 말한다.
  1. 법 제83조 제3항에 따른 통지 당시 체납된 보험료, 연체금 및 체납처분비(이하 이 조에서 "체납액")의 100분의 30 이상을 그 통지일부터 6개월 이내에 납부한 경우
  2. 채무자 회생 및 파산에 관한 법률 제243조에 따른 회생계획인가의 결정에 따라 체납액의 징수를 유예받고 그 유예기간 중에 있거나 체납액을 회생계획의 납부일정에 따라 내고 있는 경우
  3. 재해 등으로 재산에 심한 손실을 입었거나 사업이 중대한 위기에 처한 경우 등으로서 법 제83조 제2항에 따른 보험료정보공개심의위원회(이하 "보험료정보공개심의위원회")가 체납자의 인적사항 · 체납액 등(이하 "인적사항등")을 공개할 실익이 없다고 인정하는 경우

② 공단과 보험료정보공개심의위원회는 법 제83조 제3항에 따른 인적사항등의 공개대상자를 선정할 때에는 체납자의 재산상태, 소득수준, 미성년자 여부, 그 밖의 사정을 종합적으로 고려하여 납부능력이 있는지를 판단하여야 한다.

③ 공단은 법 제83조 제3항에 따라 인적사항등 공개대상자임을 통지할 때에는 체납액의 납부를 촉구하고, 같은 조 제1항 단서에 따른 인적사항등의 공개 제외 사유에 해당하면 그에 관한 소명자료를 제출하도록 안내하여야 한다.

④ 공단은 법 제83조 제4항에 따라 인적사항등을 공개할 때에는 체납자의 성명, 상호(법인의 명칭을 포함), 나이, 업종 · 직종, 주소, 체납액의 종류 · 납부기한 · 금액, 체납요지 등을 공개해야 하고, 체납자가 법인인 경우에는 법인의 대표자를 함께 공개해야 한다.

2. 결손처분(법 제84조)

공단은 다음에 해당하는 사유가 있는 때에는 재정운영위원회의 의결을 얻어 보험료 등을 결손처분할 수 있다. 기출 18

① 체납처분이 끝나고 체납액에 충당될 배분금액이 그 체납액에 미치지 못하는 경우

② 해당 권리에 대한 소멸시효가 완성된 경우

③ 그 밖에 징수할 가능성이 없다고 인정되는 경우로서 대통령령으로 정하는 경우(제1항 제3호)

결손처분(영 제50조)

법 제84조 제1항 제3호에서 "대통령령으로 정하는 경우"란 다음 각 호의 경우를 말한다.
  1. 체납자의 재산이 없거나 체납처분의 목적물인 총재산의 견적가격이 체납처분비에 충당하고 나면 남을 여지가 없음이 확인된 경우
  2. 체납처분의 목적물인 총재산이 보험료등보다 우선하는 국세, 지방세, 전세권 · 질권 · 저당권 또는 동산 · 채권 등의 담보에 관한 법률에 따른 담보권에 따라 담보된 채권 등의 변제에 충당하고 나면 남을 여지가 없음이 확인된 경우
  3. 그 밖에 징수할 가능성이 없다고 재정운영위원회에서 의결한 경우

Ⅶ 기 타

1. 보험료 등의 징수순위(법 제85조)

보험료 등은 국세와 지방세를 제외한 다른 채권에 우선하여 징수한다. 다만, 보험료 등의 납부기한 전에 전세권·질권·저당권 또는 동산·채권 등의 담보에 관한 법률에 따른 담보권의 설정을 등기 또는 등록한 사실이 증명되는 재산을 매각할 때에 그 매각대금 중에서 보험료 등을 징수하는 경우 그 전세권·질권·저당권 또는 동산·채권 등의 담보에 관한 법률에 따른 담보권으로 담보된 채권에 대하여는 그러하지 아니하다.

2. 보험료 등의 충당과 환급(법 제86조)

① 공단은 납부의무자가 보험료등·연체금 또는 체납처분비로 낸 금액 중 과오납부(過誤納付)한 금액이 있으면 대통령령으로 정하는 바에 따라 그 과오납금을 보험료등·연체금 또는 체납처분비에 우선 충당하여야 한다.

② 공단은 충당하고 남은 금액이 있는 경우 대통령령으로 정하는 바에 따라 납부의무자에게 환급하여야 하고, 과오납금에 대통령령으로 정하는 이자를 가산하여야 한다.

제7절 보험급여수급권의 제한과 보호

Ⅰ 보험급여수급권의 제한

1. 급여의 제한(법 제53조 제1항)

(1) 급여의 제한사유

공단은 보험급여를 받을 수 있는 사람이 다음의 어느 하나에 해당하면 보험급여를 하지 아니한다.

기출 19·23

① 고의 또는 중대한 과실로 인한 범죄행위에 그 원인이 있거나 고의로 사고를 일으킨 경우

② 고의 또는 중대한 과실로 공단이나 요양기관의 요양에 관한 지시에 따르지 아니한 경우

③ 고의 또는 중대한 과실로 문서와 그 밖의 물건의 제출을 거부하거나 질문 또는 진단을 기피한 경우

④ 업무상 또는 공무상 질병·부상·재해로 인하여 다른 법령에 의한 보험급여나 보상(報償) 또는 보상(補償)을 받게 되는 경우

(2) 중복급여에 따른 지급제한(법 제53조 제2항)

공단은 보험급여를 받을 수 있는 사람이 다른 법령에 따라 국가나 지방자치단체로부터 보험급여에 상당하는 급여를 받거나 보험급여에 상당하는 비용을 지급받게 되는 경우에는 그 한도에서 보험급여를 하지 아니한다.

기출 18·19

(3) 가입자에 대한 지급제한(법 제53조 제3항, 영 제26조) 기출 19

1) 지급의 제한

공단은 가입자가 1개월 이상 다음의 보험료를 체납한 경우 그 체납한 보험료를 완납할 때까지 그 가입자 및 피부양자에 대하여 보험급여를 실시하지 아니할 수 있다. 다만, 월별 보험료의 총체납횟수(이미 납부된 체납보험료는 총체납횟수에서 제외하며, 보험료의 체납기간은 고려하지 아니한다)가 6회 미만이거나 가입자 및 피부양자의 소득·재산 등이 대통령령으로 정하는 기준 미만인 경우에는 그러하지 아니하다.

① 보수 외 소득월액보험료

② 세대단위의 보험료

2) 제한의 완화

① **체납 직장가입자** : 공단은 보험료 납부의무를 부담하는 사용자가 보수월액보험료를 체납한 경우에는 그 체납에 대하여 직장가입자 본인에게 귀책사유가 있는 경우에 한하여 지급이 제한된다. 이 경우 해당 직장가입자의 피부양자에게도 지급이 제한된다.

② **분할납부 승인** : 공단으로부터 분할납부 승인을 받고 그 승인된 보험료를 1회 이상 낸 경우에는 보험급여를 할 수 있다. 다만, 분할납부 승인을 받은 사람이 정당한 사유 없이 5회(승인받은 분할납부 횟수가 5회 미만인 경우에는 해당 분할납부 횟수) 이상 그 승인된 보험료를 내지 아니한 경우에는 그러하지 아니하다.

(4) 급여제한기간 중 실시된 보험급여

보험급여를 하지 아니하는 기간(급여제한기간)에 받은 보험급여는 다음의 어느 하나에 해당하는 경우에만 보험급여로 인정한다.

① 공단이 급여제한기간에 보험급여를 받은 사실이 있음을 가입자에게 통지한 날부터 2개월이 지난 날이 속한 달의 납부기한 이내에 체납된 보험료를 완납한 경우

② 공단이 급여제한기간에 보험급여를 받은 사실이 있음을 가입자에게 통지한 날부터 2개월이 지난 날이 속한 달의 납부기한 이내에 분할납부 승인을 받은 체납보험료를 1회 이상 낸 경우. 다만, 분할납부 승인을 받은 사람이 정당한 사유 없이 5회 이상 그 승인된 보험료를 내지 아니한 경우에는 그러하지 아니하다.

급여의 제한(영 제26조)

① 법 제53조 제3항 각 호 외의 부분 본문에서 "대통령령으로 정하는 기간"이란 1개월을 말한다.

② 법 제53조 제3항 각 호 외의 부분 단서에서 "대통령령으로 정하는 횟수"란 6회를 말한다.

③ 법 제53조 제3항 각 호 외의 부분 단서에서 "대통령령으로 정하는 기준 미만인 경우"란 다음 각 호의 요건을 모두 충족한 경우를 말한다. 이 경우 소득은 제41조 제1항에 따른 소득을 말하고, 재산은 제42조 제1항 제1호에 따른 재산을 말한다.

1. 법 제53조 제3항 제2호의 보험료를 체납한 가입자가 속한 세대의 소득이 336만원 미만이고, 그 세대의 재산에 대한 지방세법 제10조의2부터 제10조의6까지의 규정에 따른 과세표준(이하 "과세표준")이 450만원 미만일 것. 다만, 가입자가 미성년자, 65세 이상인 사람 또는 장애인복지법에 따라 등록한 장애인인 경우에는 그 소득 및 재산에 대한 과세표준이 각각 공단이 정하는 금액 미만일 것
2. 법 제53조 제3항 제2호의 보험료를 체납한 가입자가 소득세법 제168조 제1항에 따른 사업자등록을 한 사업에서 발생하는 소득이 없을 것

급여 제한에 관한 통지(규칙 제27조) 기출 18

① 공단은 법 제53조에 따라 보험급여를 제한하는 경우에는 문서로 그 내용과 사유를 가입자에게 알려야 한다.

② 공단은 법 제79조에 따라 보험료의 납입고지를 할 때에는 법 제53조 제3항에 따른 급여 제한의 내용을 안내하여야 한다.

2. 급여의 정지(법 제54조)

보험급여를 받을 수 있는 사람이 다음의 어느 하나에 해당하면 그 기간에는 보험급여를 하지 아니한다. 다만, ②와 ③의 경우에는 요양급여를 실시한다. 기출 13·16·19

① 국외에 체류하는 경우
② 병역법에 따른 현역병(지원에 의하지 아니하고 임용된 하사를 포함), 전환복무된 사람 및 군간부후보생인 경우
③ 교도소, 그 밖에 이에 준하는 시설에 수용되어 있는 경우

3. 급여의 확인(법 제55조)

공단은 보험급여를 할 때 필요하다고 인정되면 보험급여를 받는 사람에게 문서와 그 밖의 물건을 제출하도록 요구하거나 관계인을 시켜 질문 또는 진단하게 할 수 있다.

✔ 핵심문제

01 국민건강보험법령상 보험급여의 제한에 관한 내용으로 옳지 않은 것은? 기출 18

① 공단은 보험급여를 제한하는 경우에는 지체 없이 구두로 그 내용과 사유를 가입자에게 알려야 한다.
② 공단은 보험급여를 받을 수 있는 사람이 중대한 과실로 요양기관의 요양에 관한 지시에 따르지 아니한 경우에는 보험급여를 하지 아니한다.
③ 공단은 보험급여를 받을 수 있는 사람이 다른 법령에 따라 국가나 지방자치단체로부터 보험급여에 상당하는 급여를 받은 경우에는 그 한도에서 보험급여를 하지 아니한다.
④ 공단은 보험급여를 받을 수 있는 사람이 업무로 생긴 질병으로 다른 법령에 따른 보험급여를 받게 된 경우에는 보험급여를 하지 아니한다.
⑤ 공단은 보험급여를 받을 수 있는 사람이 고의로 사고를 일으킨 경우에는 보험급여를 하지 아니한다.

[해설]
① (×) 보험급여를 제한하는 경우에는 문서로 그 내용과 사유를 가입자에게 알려야 한다(건강법 시행규칙 제27조 제1항).
② (O) 건강법 제53조 제1항 제2호
③ (O) 건강법 제53조 제2항
④ (O) 건강법 제53조 제1항 제4호
⑤ (O) 건강법 제53조 제1항 제1호

정답 ①

02 국민건강보험법상 보험급여의 정지사유에 해당하는 것은? 기출 16

① 고의로 인한 범죄행위에 그 원인이 있는 경우
② 국외에 체류하는 경우
③ 고의로 국민건강보험공단의 지시를 따르지 않은 경우
④ 중대한 과실로 국민건강보험공단에서 요구하는 문서나 물건을 제출하지 않은 경우
⑤ 업무로 생긴 질병으로 인해 다른 법령에 따라 보상을 받게 된 경우

[해설]
② (O) 국외에 체류하는 경우, 그 기간에는 보험급여를 하지 아니한다(건강법 제54조 제2호).

정답 ②

Ⅱ 보험급여수급권의 보호

1. 요양비 등의 지급(법 제56조)

공단은 이 법에 따라 지급의무가 있는 요양비 또는 부가급여의 청구를 받으면 지체 없이 이를 지급하여야 한다.

2. 부당이득의 징수(법 제57조)

(1) 보험급여비용 상당액의 징수

공단은 속임수나 그 밖의 부당한 방법으로 보험급여를 받은 사람·준요양기관 및 보조기기 판매업자나 보험급여 비용을 받은 요양기관에 대하여 그 보험급여나 보험급여 비용에 상당하는 금액을 징수한다.

(2) 연대책임

① 공단은 속임수나 그 밖의 부당한 방법으로 보험급여 비용을 받은 요양기관이 다음의 어느 하나에 해당하는 경우에는 해당 요양기관을 개설한 자에게 그 요양기관과 연대하여 징수금을 납부하게 할 수 있다.

㉠ 의료법을 위반하여 의료기관을 개설할 수 없는 자가 의료인의 면허나 의료법인 등의 명의를 대여받아 개설·운영하는 의료기관

㉡ 약사법을 위반하여 약국을 개설할 수 없는 자가 약사 등의 면허를 대여받아 개설·운영하는 약국

㉢ 의료법에 위반하여 의료인이 다른 의료인 또는 의료법인 등의 명의로 개설·운영하는 의료기관 또는 의사, 치과의사, 한의사 또는 조산사가 개설·운영하는 둘 이상의 의료기관

㉣ 약사법을 위반하여 약사 또는 한약사가 개설·운영하는 둘 이상의 약국

㉤ 약사법을 위반하여 약사 및 한약사로부터 면허를 대여받아 개설·운영하는 약국

② 사용자나 가입자의 거짓 보고나 거짓 증명(건강보험증이나 신분증명서를 양도·대여하여 다른 사람이 보험급여를 받게 하는 것을 포함), 요양기관의 거짓 진단이나 거짓 확인(건강보험증이나 신분증명서로 가입자 또는 피부양자의 본인 여부 및 그 자격을 확인하지 아니한 것을 포함) 또는 준요양기관이나 보조기기를 판매한 자의 속임수 및 그 밖의 부당한 방법으로 보험급여가 실시된 경우 공단은 이들에게 보험급여를 받은 사람과 연대하여 징수금을 내게 할 수 있다.

③ 공단은 속임수나 그 밖의 부당한 방법으로 보험급여를 받은 사람과 같은 세대에 속한 가입자(속임수나 그 밖의 부당한 방법으로 보험급여를 받은 사람이 피부양자인 경우에는 그 직장가입자)에게 속임수나 그 밖의 부당한 방법으로 보험급여를 받은 사람과 연대하여 징수금을 내게 할 수 있다.

(3) 부당급여비용의 환급

요양기관이 가입자나 피부양자로부터 속임수나 그 밖의 부당한 방법으로 요양급여비용을 받은 경우 공단은 해당 요양기관으로부터 이를 징수하여 가입자나 피부양자에게 지체 없이 지급하여야 한다. 이 경우 공단은 가입자나 피부양자에게 지급하여야 하는 금액을 그 가입자 및 피부양자가 내야 하는 보험료등과 상계할 수 있다.

3. 구상권(법 제58조)

(1) 손해배상청구권의 대위

제3자의 행위에 의한 보험급여 사유가 생겨 가입자 또는 피부양자에게 보험급여를 한 경우에는 그 급여에 들어간 비용 한도에서 그 제3자에게 손해배상을 청구할 권리를 얻는다.

(2) 보험급여의 면책

보험급여를 받은 자가 제3자로부터 이미 손해배상을 받은 때에는 공단은 그 배상액의 한도 내에서 보험급여를 하지 아니한다.

4. 수급권의 보호(법 제59조)

보험급여를 받을 권리는 양하거나 또는 압류할 수 없다(제1항). 요양비 등 수급계좌에 입금된 요양비 등은 압류할 수 없다(제2항).

5. 현역병 등에 대한 요양급여비용 등의 지급(법 제60조)

병역법에 따른 현역병(지원에 의하지 아니하고 임용된 하사를 포함), 전환복무된 사람 및 군간부후보생, 교도소, 그 밖에 이에 준하는 시설에 수용되어 있는 사람이 요양기관에서 대통령령으로 정하는 치료 등(이하 "요양급여")을 받은 경우 그에 따라 공단이 부담하는 비용(이하 "요양급여비용")과 요양비를 법무부장관·국방부장관·경찰청장·소방청장 또는 해양경찰청장으로부터 예탁 받아 지급할 수 있다. 이 경우 법무부장관·국방부장관·경찰청장·소방청장 또는 해양경찰청장은 예산상 불가피한 경우 외에는 연간(年間) 들어갈 것으로 예상되는 요양급여비용과 요양비를 대통령령으로 정하는 바에 따라 미리 공단에 예탁하여야 한다.

6. 요양급여비용의 정산(법 제61조)

공단은 산업재해보상보험법에 따른 근로복지공단이 이 법에 따라 요양급여를 받을 수 있는 사람에게 산업재해보상보험법에 따른 요양급여를 지급한 후 그 지급결정이 취소되어 해당 요양급여의 비용을 청구하는 경우에는 그 요양급여가 이 법에 따라 실시할 수 있는 요양급여에 상당한 것으로 인정되면 그 요양급여에 해당하는 금액을 지급할 수 있다.

제8절 이의신청 및 심판청구

I 이의신청

1. 이의신청대상(법 제87조)

(1) 공단에 대한 이의신청

가입자 및 피부양자의 자격, 보험료 등, 보험급여 또는 보험급여 비용에 관한 공단의 처분에 이의가 있는 자는 공단에 이의신청을 할 수 있다. 기출 12·14·20·24

(2) 심사평가원에 대한 이의신청

요양급여비용 및 요양급여의 적정성에 대한 평가 등에 관한 건강보험심사평가원의 처분에 이의가 있는 공단, 요양기관 또는 그 밖의 자는 건강보험심사평가원에 이의신청을 할 수 있다. 기출 12·14·23·24

2. 이의신청기간(법 제87조)

① 정당한 사유로 이의신청을 할 수 없었음을 소명한 경우를 제외하고는 처분이 있음을 안 날부터 90일 이내에 문서(전자문서를 포함)로 하여야 하며 처분이 있은 날부터 180일을 지나면 제기하지 못한다. 기출 12·14·17·20·24

② 요양기관이 심사평가원의 요양급여의 대상 여부의 확인에 대하여 이의신청을 하려면 확인결과를 통보받은 날로부터 30일 이내에 하여야 한다.

3. 이의신청위원회의 설치, 구성 및 운영(영 제53조, 제54조, 제55조)

(1) 설 치

이의신청을 효율적으로 처리하기 위하여 공단 및 심사평가원에 각각 이의신청위원회를 설치한다.

(2) 구 성

① 이의신청위원회는 각각 위원장 1명을 포함한 25명의 위원으로 구성한다.

② 공단에 설치하는 이의신청위원회의 위원장은 공단의 이사장이 지명하는 공단의 상임이사가 되고, 위원은 공단의 이사장이 임명하거나 위촉하는 ㉠ 공단의 임직원 1명, ㉡ 사용자단체 및 근로자단체가 각각 4명씩 추천하는 8명, ㉢ 시민단체, 소비자단체, 농어업인단체 및 자영업자단체가 각각 2명씩 추천하는 8명, ㉣ 변호사, 사회보험 및 의료에 관한 학식과 경험이 풍부한 사람 7명 등으로 한다.

③ 심사평가원에 설치하는 이의신청위원회의 위원장은 심사평가원의 원장이 지명하는 심사평가원의 상임이사가 되고, 위원은 심사평가원의 원장이 임명하거나 위촉하는 ㉠ 심사평가원의 임직원 1명, ㉡ 가입자를 대표하는 단체(시민단체를 포함)가 추천하는 사람 5명, ㉢ 변호사, 사회보험에 관한 학식과 경험이 풍부한 사람 4명, ㉣ 의약 관련 단체가 추천하는 사람 14명 등으로 한다.

④ 공단의 이사장이 위촉하거나 심사평가원의 원장이 위촉하는 위원의 임기는 3년으로 한다.

(3) 운 영

① 이의신청위원회의 위원장은 이의신청위원회 회의를 소집하고, 그 의장이 된다. 이 경우 위원장이 부득이한 사유로 직무를 수행할 수 없을 때에는 위원장이 지명하는 위원이 그 직무를 대행한다. 이의신청위원회의 회의는 위원장과 위원장이 회의마다 지명하는 6명의 위원으로 구성한다. 이의신청위원회의 회의는 구성원 과반수의 출석으로 개의하고, 출석위원 과반수의 찬성으로 의결한다.

② 이의신청위원회의 회의에 출석한 위원장 및 소속 임직원을 제외한 나머지 위원에게는 예산의 범위에서 수당과 여비, 그 밖에 필요한 경비를 지급할 수 있다. 이의신청위원회의 회의에 부치는 안건의 범위, 그 밖에 이의신청위원회의 운영에 필요한 사항은 이의신청위원회의 의결을 거쳐 위원장이 정한다.

4. 이의신청방식(영 제56조)

이의신청 및 그에 대한 결정은 보건복지부령으로 정하는 서식에 따른다.

5. 이의신청에 대한 결정

(1) 결정통지(영 제57조)

공단과 심사평가원은 이의신청에 대한 결정을 하였을 때에는 지체 없이 신청인에게 결정서의 정본을 보내고, 이해관계인에게는 그 사본을 보내야 한다.

(2) 결정기간(영 제58조)

① 공단과 심사평가원은 이의신청을 받은 날부터 60일 이내에 결정을 하여야 한다. 다만, 부득이한 사정이 있는 경우에는 30일의 범위에서 그 기간을 연장할 수 있다.

② 공단과 심사평가원은 결정기간을 연장하려면 결정기간이 끝나기 7일 전까지 이의신청을 한 자에게 그 사실을 알려야 한다.

Ⅱ 심판청구

1. 심판대상(법 제88조 제1항)

이의신청에 대한 결정에 불복이 있는 자는 건강보험분쟁조정위원회에 심판청구를 할 수 있다.

기출 14 · 17 · 20 · 24

2. 청구기간(법 제88조 제1항)

심판청구는 정당한 사유로 이의신청을 할 수 없었음을 소명한 경우를 제외하고는 결정이 있음을 안 날부터 90일 이내에 문서(전자문서를 포함)로 하여야 하며 결정이 있은 날부터 180일을 지나면 제기하지 못한다.

기출 12

3. 심판청구서의 제출(법 제88조 제2항)

심판청구를 하고자 하는 자는 심판청구서를 이의신청에 대한 결정을 행한 공단 또는 심사평가원에 제출하거나 건강보험분쟁조정위원회에 제출하여야 한다.

4. 건강보험분쟁조정위원회의 설치, 구성 및 운영(법 제89조)

① 심판청구를 심리・의결하기 위하여 보건복지부에 건강보험분쟁조정위원회를 둔다.

② 분쟁조정위원회는 위원장을 포함한 60명 이내의 위원으로 구성하고, 위원장을 제외한 위원 중 1명은 당연직위원으로 한다. 이 경우 공무원이 아닌 위원이 전체 위원의 과반수가 되도록 하여야 한다.

③ 분쟁조정위원회의 회의는 위원장, 당연직위원 및 위원장이 매 회의마다 지정하는 7명의 위원을 포함하여 총 9명으로 구성하되, 공무원이 아닌 위원이 과반수가 되도록 하여야 한다.

④ 분쟁조정위원회는 구성원 과반수의 출석과 출석위원 과반수의 찬성으로 의결한다.

5. 심판청구에 대한 결정

(1) 결정통지(영 제60조)

분쟁조정위원회의 위원장은 심판청구에 대하여 결정을 하였을 때에는 다음의 사항을 적은 결정서에 서명 또는 기명날인하여 지체 없이 청구인에게는 결정서의 정본을 보내고, 처분을 한 자 및 이해관계인에게는 그 사본을 보내야 한다.

① 청구인의 성명・주민등록번호 및 주소

② 처분을 한 자

③ 결정의 주문(主文)

④ 심판청구의 취지

⑤ 결정 이유

⑥ 결정 연월일

(2) 결정기간(영 제61조)

① 분쟁조정위원회는 심판청구서가 제출된 날부터 60일 이내에 결정을 하여야 한다. 다만, 부득이한 사정이 있는 경우에는 30일의 범위에서 그 기간을 연장할 수 있다.

② 결정기간을 연장하려면 결정기간이 끝나기 7일 전까지 청구인에게 그 사실을 알려야 한다.

6. 결정에 대한 불복(법 제90조)

공단 또는 심사평가원의 처분에 이의가 있는 자, 이의신청 또는 심판청구에 대한 결정에 불복하는 자는 행정소송법이 정하는 바에 의하여 행정소송을 제기할 수 있다. 기출 14・24

제9절 소멸시효, 근로자의 권익보호 등

Ⅰ 소멸시효(법 제91조)

1. 시효의 완성(제1항)

다음의 권리는 3년 동안 행사하지 아니하면 소멸시효가 완성된다.

① 보험료, 연체금 및 가산금을 징수할 권리
② 보험료, 연체금 및 가산금으로 과오납부한 금액을 환급받을 권리
③ 보험급여를 받을 권리
④ 보험급여 비용을 받을 권리
⑤ 과다납부된 본인일부부담금을 돌려받을 권리
⑥ 근로복지공단의 권리

2. 시효의 중단(제2항)

시효는 다음의 사유로 인하여 중단된다.

① 보험료의 고지 또는 독촉
② 보험급여 또는 보험급여비용의 청구

3. 시효의 정지(제3항)

휴직자 등의 보수월액보험료를 징수할 권리의 소멸시효는 고지가 유예된 경우 휴직 등의 사유가 끝날 때까지 진행하지 아니한다.

4. 그 밖의 사항(제4항)

소멸시효기간, 시효 중단 및 시효 정지에 관하여 이 법에서 정한 사항 외에는 민법에 따른다.

Ⅱ 근로자의 권익보호(법 제93조)

직장가입자에 해당하지 아니하는 근로자를 고용하는 모든 사업장의 사용자는 그가 고용한 근로자가 이 법에 따른 직장가입자가 되는 것을 방해하거나 자신이 부담하는 부담금이 증가되는 것을 피할 목적으로 정당한 사유 없이 근로자의 승급 또는 임금 인상을 하지 아니하거나 해고나 그 밖의 불리한 조치를 할 수 없다.

Ⅲ 서류의 보존(법 제96조의4)

① 요양기관은 요양급여가 끝난 날부터 5년간 보건복지부령으로 정하는 바에 따라 요양급여비용의 청구에 관한 서류를 보존하여야 한다. 다만, 약국 등 보건복지부령으로 정하는 요양기관은 처방전을 요양급여비용을 청구한 날부터 3년간 보존하여야 한다.

② 사용자는 3년간 보건복지부령으로 정하는 바에 따라 자격관리 및 보험료 산정 등 건강보험에 관한 서류를 보존하여야 한다.

③ 요양비를 청구한 준요양기관은 요양비를 지급받은 날부터 3년간 보건복지부령으로 정하는 바에 따라 요양비 청구에 관한 서류를 보존하여야 한다.

④ 보조기기에 대한 보험급여를 청구한 자는 보험급여를 지급받은 날부터 3년간 보건복지부령으로 정하는 바에 따라 보험급여청구에 관한 서류를 보존하여야 한다.

Ⅳ 과징금(법 제99조)

① 보건복지부장관은 요양기관이 업무정지처분을 하여야 하는 경우로서 그 업무정지처분이 해당 요양기관을 이용하는 사람에게 심한 불편을 주거나 보건복지부장관이 정하는 특별한 사유가 있다고 인정되면 업무정지처분을 갈음하여 속임수나 그 밖의 부당한 방법으로 부담하게 한 금액의 5배 이하의 금액을 과징금으로 부과·징수할 수 있다. 이 경우 보건복지부장관은 12개월의 범위에서 분할납부를 하게 할 수 있다.

② 보건복지부장관은 약제를 요양급여에서 적용정지하는 경우 다음의 어느 하나에 해당하는 때에는 요양급여의 적용정지에 갈음하여 대통령령으로 정하는 바에 따라 다음의 구분에 따른 범위에서 과징금을 부과·징수할 수 있다. 이 경우 보건복지부장관은 12개월의 범위에서 분할납부를 하게 할 수 있다.

㉠ **환자진료에 불편을 초래하는 등 공공복리에 지장을 줄 것으로 예상되는 때** : 해당 약제에 대한 요양급여비용 총액의 100분의 200을 넘지 아니하는 범위

㉡ **국민건강에 심각한 위험을 초래할 것이 예상되는 등 특별한 사유가 있다고 인정되는 때** : 해당 약제에 대한 요양급여비용 총액의 100분의 60을 넘지 아니하는 범위

③ 보건복지부장관은 과징금 부과대상이 된 약제가 과징금이 부과된 날부터 5년의 범위에서 대통령령으로 정하는 기간 내에 다시 과징금 부과대상이 되는 경우에는 대통령령으로 정하는 바에 따라 다음의 구분에 따른 범위에서 과징금을 부과·징수할 수 있다.

㉠ **② ㉠에서 정하는 사유로 과징금 부과대상이 되는 경우** : 해당 약제에 대한 요양급여비용 총액의 100분의 350을 넘지 아니하는 범위

㉡ **② ㉡에서 정하는 사유로 과징금 부과대상이 되는 경우** : 해당 약제에 대한 요양급여비용 총액의 100분의 100을 넘지 아니하는 범위

④ 대통령령으로 해당 약제에 대한 요양급여비용 총액을 정할 때에는 그 약제의 과거 요양급여실적 등을 고려하여 1년간의 요양급여 총액을 넘지 않는 범위에서 정하여야 한다.

V 약제에 대한 쟁송 시 손실상당액의 징수 및 지급(법 제101조의2)

1. 손실상당액의 징수

공단은 요양급여비용 상한금액의 감액 및 요양급여의 적용 정지 또는 조정(이하에서 "조정등")에 대하여 약제의 제조업자등이 청구 또는 제기한 행정심판 또는 행정소송에 대하여 행정심판위원회 또는 법원의 결정이나 재결, 판결이 다음의 요건을 모두 충족하는 경우에는 조정등이 집행정지된 기간 동안 공단에 발생한 손실에 상당하는 금액을 약제의 제조업자등에게서 징수할 수 있다.

① 행정심판위원회 또는 법원이 집행정지 결정을 한 경우

② 행정심판이나 행정소송에 대한 각하 또는 기각(일부 기각을 포함) 재결 또는 판결이 확정되거나 청구취하 또는 소취하로 심판 또는 소송이 종결된 경우

2. 손실상당액의 지급

공단은 심판 또는 소송에 대한 결정이나 재결, 판결이 다음의 요건을 모두 충족하는 경우에는 조정등으로 인하여 약제의 제조업자등에게 발생한 손실에 상당하는 금액을 지급하여야 한다.

① 행정심판위원회 또는 법원의 집행정지 결정이 없거나 집행정지 결정이 취소된 경우

② 행정심판이나 행정소송에 대한 인용(일부 인용을 포함) 재결 또는 판결이 확정된 경우

3. 손실상당액의 산정

① 손실에 상당하는 금액은 집행정지 기간 동안 공단이 지급한 요양급여비용과 집행정지가 결정되지 않았다면 공단이 지급하여야 할 요양급여비용의 차액으로 산정한다. 다만, 요양급여대상에서 제외되거나 요양급여의 적용을 정지하는 내용의 조정등의 경우에는 요양급여비용 차액의 100분의 40을 초과할 수 없다.

② 손실에 상당하는 금액은 해당 조정등이 없었다면 공단이 지급하여야 할 요양급여비용과 조정등에 따라 공단이 지급한 요양급여비용의 차액으로 산정한다. 다만, 요양급여대상에서 제외되거나 요양급여의 적용을 정지하는 내용의 조정등의 경우에는 요양급여비용 차액의 100분의 40을 초과할 수 없다.

③ 공단은 손실에 상당하는 금액을 징수 또는 지급하는 경우 대통령령으로 정하는 이자를 가산하여야 한다.

VI 정보의 유지 및 재정지원(법 제102조, 제108조의2)

1. 정보의 유지

공단, 심사평가원 및 대행청구단체에 종사하였던 사람 또는 종사하는 사람은 다음의 행위를 하여서는 아니 된다.

① 가입자 및 피부양자의 개인정보(개인정보 보호법상의 개인정보)를 누설하거나 직무상 목적 외의 용도로 이용 또는 정당한 사유 없이 제3자에게 제공하는 행위

② 업무를 수행하면서 알게 된 정보(①의 개인정보는 제외)를 누설하거나 직무상 목적 외의 용도로 이용 또는 제3자에게 제공하는 행위

2. 재정지원

① 국가는 매년 예산의 범위에서 해당 연도 보험료 예상 수입액의 100분의 14에 상당하는 금액을 국고에서 공단에 지원한다. 공단은 지원된 재원을 ㉠ 가입자 및 피부양자에 대한 보험급여, ㉡ 건강보험사업에 대한 운영비, ㉢ 보험료 경감에 대한 지원 등의 사업에 사용한다.

② 공단은 국민건강증진기금에서 자금을 지원받을 수 있고, 지원된 재원을 ㉠ 건강검진 등 건강증진에 관한 사업, ㉡ 가입자와 피부양자의 흡연으로 인한 질병에 대한 보험급여, ㉢ 가입자와 피부양자 중 65세 이상 노인에 대한 보험급여 등의 사업에 사용한다.

Ⅶ 외국인 등에 대한 특례(법 제109조)

① 정부는 외국 정부가 사용자인 사업장의 근로자의 건강보험에 관하여는 외국 정부와 한 합의에 따라 이를 따로 정할 수 있다.

② 국내에 체류하는 재외국민 또는 외국인(국내체류 외국인등)이 적용대상사업장의 근로자, 공무원 또는 교직원이고 직장가입자의 제외대상자에 해당하지 아니하면서 다음의 어느 하나에 해당하는 경우에는 직장가입자가 된다.

㉠ 주민등록법에 따라 등록한 사람

㉡ 재외동포의 출입국과 법적 지위에 관한 법률에 따라 국내거소신고를 한 사람

㉢ 출입국관리법에 따라 외국인등록을 한 사람

③ 직장가입자에 해당하지 아니하는 국내체류 외국인등이 다음의 요건을 모두 갖춘 경우에는 지역가입자가 된다.

㉠ 보건복지부령으로 정하는 기간 동안 국내에 거주하였거나 해당 기간 동안 국내에 지속적으로 거주할 것으로 예상할 수 있는 사유로서 보건복지부령으로 정하는 사유에 해당될 것

㉡ 다음의 어느 하나에 해당할 것

㉮ 주민등록법에 따라 등록했거나 재외동포의 출입국과 법적 지위에 관한 법률에 따라 국내거소신고를 한 사람

㉯ 출입국관리법에 따라 외국인등록을 한 사람으로서 보건복지부령으로 정하는 체류자격이 있는 사람

④ 주민등록법에 따라 등록한 사람, 재외동포의 출입국과 법적 지위에 관한 법률에 따라 국내거소신고를 한 사람, 출입국관리법에 따라 외국인등록을 한 사람 등의 어느 하나에 해당하는 국내체류 외국인등이 다음의 요건을 모두 갖춘 경우에는 공단에 신청하면 피부양자가 될 수 있다.

㉠ 직장가입자와의 관계가 직장가입자의 배우자, 직장가입자의 직계존속(배우자의 직계존속을 포함), 직장가입자의 직계비속(배우자의 직계비속을 포함)과 그 배우자, 직장가입자의 형제·자매 중의 어느 하나에 해당할 것

㉡ 피부양자 자격의 인정 기준에 해당할 것

㉢ 국내 거주기간 또는 거주사유가 보건복지부령으로 정하는 기간 동안 국내에 거주하였거나 해당 기간 동안 국내에 지속적으로 거주할 것으로 예상할 수 있는 사유로서, 보건복지부령으로 정하는 사유에 해당될 것. 다만, 직장가입자의 배우자 및 19세 미만 자녀(배우자의 자녀를 포함)에 대해서는 그러하지 아니하다.

⑤ 다음에 해당되는 경우에는 가입자 및 피부양자가 될 수 없다.

㉠ 국내체류가 법률에 위반되는 경우로서 대통령령으로 정하는 사유가 있는 경우

㉡ 국내체류 외국인등이 외국의 법령, 외국의 보험 또는 사용자와의 계약 등에 따라 요양급여에 상당하는 의료보장을 받을 수 있어 사용자 또는 가입자가 보건복지부령으로 정하는 바에 따라 가입 제외를 신청한 경우

Ⅷ 실업자에 대한 특례(법 제110조)

① 사용관계가 끝난 사람 중 직장가입자로서의 자격을 유지한 기간이 보건복지부령으로 정하는 기간 동안 통산 1년 이상인 사람은 지역가입자가 된 이후 최초로 지역가입자 보험료를 고지받은 날부터 그 납부기한에서 2개월이 지나기 이전까지 공단에 직장가입자로서의 자격을 유지할 것을 신청할 수 있다.

② 공단에 신청한 가입자(이하 "임의계속가입자")는 대통령령으로 정하는 기간 동안 직장가입자의 자격을 유지한다. 다만, 신청 후 최초로 내야 할 직장가입자 보험료를 그 납부기한부터 2개월이 지난 날까지 내지 아니한 경우에는 그 자격을 유지할 수 없다.

③ 임의계속가입자의 보수월액은 보수월액보험료가 산정된 최근 12개월간의 보수월액을 평균한 금액으로 한다.

④ 임의계속가입자의 보험료는 보건복지부장관이 정하여 고시하는 바에 따라 그 일부를 경감할 수 있다.

⑤ 임의계속가입자의 보수월액보험료는 그 임의계속가입자가 전액을 부담하고 납부한다.

⑥ 임의계속가입자가 보험료를 납부기한까지 내지 아니하는 경우에는 급여제한에 관한 규정(법 제53조 제3항 · 제5항 및 제6항)을 준용한다.

제10절 벌 칙

Ⅰ 형벌(법 제115조 내지 제118조)

1. 5년 이하의 징역 또는 5천만원 이하의 벌금(법 제115조 제1항)

가입자 및 피부양자의 개인정보를 누설하거나 직무상 목적 외의 용도로 이용 또는 정당한 사유 없이 제3자에게 제공한 자

2. 3년 이하의 징역 또는 3천만원 이하의 벌금(법 제115조 제2항)

① 대행청구단체의 종사자로서 거짓이나 그 밖의 부정한 방법으로 요양급여비용을 청구한 자

② 업무를 수행하면서 알게 된 정보를 누설하거나 직무상 목적 외의 용도로 이용 또는 제3자에게 제공한 자

3. 3년 이하의 징역 또는 1천만원 이하의 벌금(법 제115조 제3항)

공동이용하는 전산정보자료를 목적 외의 용도로 이용하거나 활용한 자

4. 2년 이하의 징역 또는 2천만원 이하의 벌금(법 제115조 제4항)

거짓이나 그 밖의 부정한 방법으로 보험급여를 받거나 타인으로 하여금 보험급여를 받게 한 사람

5. 1년 이하의 징역 또는 1천만원 이하의 벌금(법 제115조 제5항)

① 선별급여의 실시조건을 충족하지 못하거나 실시제한 요양기관임에도 불구하고 선별급여를 제공한 요양기관의 개설자
② 대행청구단체가 아닌 자로 하여금 대행하게 한 자
③ 근로자의 권익 보호 규정을 위반한 사용자
④ 업무정지기간 중 요양급여금지 규정을 위반한 요양기관의 개설자

6. 1천만원 이하의 벌금(법 제116조)

① 보고와 검사규정에 위반하여 보고 또는 서류제출을 하지 아니한 자
② 거짓으로 보고하거나 거짓 서류를 제출한 자
③ 검사 또는 질문을 거부·방해 또는 기피한 자

7. 500만원 이하의 벌금(법 제117조)

정당한 이유 없이 요양급여를 거부하거나 요양비명세서 또는 요양 명세를 적은 영수증을 요양을 받은 자에게 교부하지 아니한 자

8. 양벌규정(법 제118조)

법인의 대표자, 법인이나 개인의 대리인·사용인 기타 종사자가 그 법인 또는 개인의 업무에 관하여 형벌 적용의 대상이 되는 위반행위(법 제115조 내지 제117조)를 한 때에는 그 행위자를 벌하는 외에 그 법인 또는 개인에 대하여도 해당 조문의 벌금형을 과한다. 다만, 법인 또는 개인이 그 위반행위를 방지하기 위하여 해당 업무에 관하여 상당한 주의와 감독을 게을리하지 아니한 경우에는 그러하지 아니하다.

Ⅱ 과태료(법 제119조)

1. 500만원 이하의 과태료(제3항)

① 사업장의 신고를 하지 아니하거나 거짓으로 신고한 사용자

② 정당한 사유 없이 신고·서류제출을 하지 아니하거나 거짓으로 신고·서류제출을 한 자

③ 정당한 사유 없이 보고·서류제출을 하지 아니하거나 거짓으로 보고·서류제출을 한 자

④ 행정처분을 받은 사실 또는 행정처분절차가 진행 중인 사실을 지체 없이 알리지 아니한 자

⑤ 정당한 사유 없이 제조업자 등의 금지행위 등을 위반하여 서류를 제출하지 아니하거나 거짓으로 제출한 자

2. 100만원 이하의 과태료(제4항)

① 제12조 제4항(건강보험증)을 위반하여 정당한 사유 없이 건강보험증이나 신분증명서로 가입자 또는 피부양자의 본인 여부 및 그 자격을 확인하지 아니하고 요양급여를 실시한 자

② 제96조의4(서류의 보존)를 위반하여 서류를 보존하지 아니한 자

③ 제103조(공단 등에 대한 감독 등)에 따른 명령을 위반한 자

④ 제105조(유사명칭의 사용금지)를 위반한 자

CHAPTER

05 국민건강보험법

01 기출 24

☑ 확인Check! ○ △ ×

국민건강보험법상 국민건강보험공단은 보험료등의 납부의무자가 납부기한까지 보험료등을 내지 아니하는 경우에 보건복지부령으로 정하는 부득이한 사유로 연체금을 징수하지 아니할 수 있다. 밑줄 친 사유에 해당하는 것을 모두 고른 것은?

ㄱ. 사변으로 인하여 체납하는 경우
ㄴ. 화재로 피해가 발생해 체납한 경우
ㄷ. 사업장 폐업으로 체납액을 징수할 수 없는 경우
ㄹ. 연체금의 금액이 국민건강보험공단의 정관으로 정하는 금액 이하인 경우

① ㄱ, ㄴ
② ㄴ, ㄷ
③ ㄱ, ㄴ, ㄹ
④ ㄱ, ㄷ, ㄹ
⑤ ㄱ, ㄴ, ㄷ, ㄹ

정답 및 해설

01

ㄱ., ㄴ., ㄷ., ㄹ. 모두 밑줄 친 부득이한 사유에 해당한다.

정답 ⑤

PLUS

연체금 징수의 예외(건강법 시행규칙 제51조)

법 제80조 제3항에서 "보건복지부령으로 정하는 부득이한 사유"란 다음 각 호의 어느 하나에 해당하는 경우를 말한다.

1. 전쟁 또는 사변으로 인하여 체납한 경우
2. 연체금의 금액이 공단의 정관으로 정하는 금액 이하인 경우
3. 사업장 또는 사립학교의 폐업·폐쇄 또는 폐교로 체납액을 징수할 수 없는 경우
4. 화재로 피해가 발생해 체납한 경우
5. 그 밖에 보건복지부장관이 연체금을 징수하기 곤란한 부득이한 사유가 있다고 인정하는 경우

02 기출 24

☑ 확인Check! ○ △ ×

국민건강보험법상 국내에 거주하는 국민으로서 건강보험 가입자의 자격의 변동시기에 관한 내용으로 옳은 것을 모두 고른 것은?

> ㄱ. 지역가입자가 적용대상사업장의 사용자로 된 다음 날
> ㄴ. 직장가입자가 다른 적용대상사업장의 근로자로 사용된 날
> ㄷ. 지역가입자가 다른 세대로 전입한 날
> ㄹ. 직장가입자인 근로자가 그 사용관계가 끝난 날의 다음 날

① ㄱ
② ㄱ, ㄴ
③ ㄴ, ㄷ
④ ㄴ, ㄷ, ㄹ
⑤ ㄱ, ㄴ, ㄷ, ㄹ

02

건강보험 가입자의 자격의 변동시기에 관한 내용으로 옳은 것은 보기 중 ㄴ. 직장가입자가 다른 적용대상사업장의 사용자로 되거나 근로자등으로 사용된 날(건강법 제9조 제1항 제2호), ㄷ. 지역가입자가 다른 세대로 전입한 날(동법 제9조 제1항 제5호), ㄹ. 직장가입자인 근로자등이 그 사용관계가 끝난 날의 다음 날(동법 제9조 제1항 제3호) 등이다. ㄱ. "지역가입자가 적용대상사업장의 사용자로 된 다음 날"은 "지역가입자가 적용대상사업장의 사용자로 되거나, 근로자·공무원 또는 교직원으로 사용된 날"(동법 제9조 제1항 제1호)이 건강보험 가입자의 자격의 변동시기이므로 틀린 보기가 된다.

정답 ④

PLUS

자격의 변동 시기 등(건강법 제9조)

① 가입자는 다음 각 호의 어느 하나에 해당하게 된 날에 그 자격이 변동된다.
1. 지역가입자가 적용대상사업장의 사용자로 되거나, 근로자·공무원 또는 교직원(이하 "근로자등"이라 한다)으로 사용된 날
2. 직장가입자가 다른 적용대상사업장의 사용자로 되거나 근로자등으로 사용된 날
3. 직장가입자인 근로자등이 그 사용관계가 끝난 날의 다음 날
4. 적용대상사업장에 제7조 제2호에 따른 사유가 발생한 날의 다음 날
5. 지역가입자가 다른 세대로 전입한 날

② 제1항에 따라 자격이 변동된 경우 직장가입자의 사용자와 지역가입자의 세대주는 다음 각 호의 구분에 따라 그 명세를 보건복지부령으로 정하는 바에 따라 자격이 변동된 날부터 14일 이내에 보험자에게 신고하여야 한다.
1. 제1항 제1호 및 제2호에 따라 자격이 변동된 경우 : 직장가입자의 사용자
2. 제1항 제3호부터 제5호까지의 규정에 따라 자격이 변동된 경우 : 지역가입자의 세대주

③ 법무부장관 및 국방부장관은 직장가입자나 지역가입자가 제54조 제3호 또는 제4호에 해당하면 보건복지부령으로 정하는 바에 따라 그 사유에 해당된 날부터 1개월 이내에 보험자에게 알려야 한다.

03 기출 24

확인 Check! ○ △ ×

국민건강보험법상 국민건강보험공단(이하 '공단'이라 한다)에 관한 설명으로 옳지 않은 것은?

① 공단은 법인으로 한다.
② 공단의 해산에 관하여는 정관으로 정한다.
③ 공단은 주된 사무소의 소재지에서 설립등기를 함으로써 성립한다.
④ 공단의 설립등기에는 목적, 명칭, 주된 사무소 및 분사무소의 소재지, 이사장의 성명·주소 및 주민등록번호를 포함하여야 한다.
⑤ 공단의 주된 사무소의 소재지는 정관으로 정한다.

03

① (○) 건강법 제15조 제1항
② (×) 공단의 해산에 관하여는 법률로 정한다(건강법 제19조).
③ (○) 건강법 제15조 제2항
④ (○) 건강법 제18조
⑤ (○) 건강법 제16조 제1항

정답 ②

04 기출 24

확인 Check! ○ △ ×

국민건강보험법상 이의신청 및 심판청구 등에 관한 설명으로 옳지 않은 것은?

① 보험급여 비용에 관한 국민건강보험공단의 처분에 이의가 있는 자는 국민건강보험공단에 이의신청을 할 수 있다.
② 요양급여의 적정성 평가 등에 관한 건강보험심사평가원의 처분에 이의가 있는 자는 건강보험심사평가원에 이의신청을 할 수 있다.
③ 이의신청에 대한 결정에 불복하는 자는 건강보험분쟁조정위원회에 심판청구를 할 수 있다.
④ 정당한 사유로 이의신청을 할 수 없었음을 소명한 경우가 아니면 이의신청은 처분이 있은 날부터 90일을 지나면 제기하지 못한다.
⑤ 이의신청에 대한 결정에 불복하는 자는 행정소송법이 정하는 바에 따라 행정소송을 제기할 수 있다.

04

① (○) 가입자 및 피부양자의 자격, 보험료등, 보험급여, 보험급여 비용에 관한 공단의 처분에 이의가 있는 자는 공단에 이의신청을 할 수 있다(건강법 제87조 제1항).
② (○) 요양급여비용 및 요양급여의 적정성 평가 등에 관한 심사평가원의 처분에 이의가 있는 공단, 요양기관 또는 그 밖의 자는 심사평가원에 이의신청을 할 수 있다(건강법 제87조 제2항).
③ (○) 건강법 제88조 제1항 전문
④ (×) 이의신청은 처분이 있음을 안 날부터 90일 이내에 문서(전자문서를 포함)로 하여야 하며 처분이 있은 날부터 180일을 지나면 제기하지 못한다. 다만, 정당한 사유로 그 기간에 이의신청을 할 수 없었음을 소명한 경우에는 그러하지 아니하다(건강법 제87조 제3항). 따라서 정당한 이유가 있음을 소명하지 아니한 경우라도 처분이 있은 날로부터 180일이 지나지 아니하였다면 이의신청을 제기할 수 있다.
⑤ (○) 공단 또는 심사평가원의 처분에 이의가 있는 자와 이의신청 또는 심판청구에 대한 결정에 불복하는 자는 행정소송법에서 정하는 바에 따라 행정소송을 제기할 수 있다(건강법 제90조).

정답 ④

05 기출 24

확인Check! ○ △ ×

국민건강보험법령상 국내에 거주하는 국민인 피부양자의 자격 상실 시기로 옳은 것을 모두 고른 것은?

ㄱ. 대한민국의 국적을 잃은 날
ㄴ. 사망한 날의 다음 날
ㄷ. 직장가입자가 자격을 상실한 날
ㄹ. 피부양자 자격을 취득한 사람이 본인의 신고에 따라 피부양자 자격 상실신고를 한 경우에는 신고한 날

① ㄱ
② ㄹ
③ ㄱ, ㄴ
④ ㄴ, ㄷ
⑤ ㄷ, ㄹ

05

ㄱ. (×) 대한민국의 국적을 잃은 날의 다음 날(건강법 시행규칙 제2조 제3항 제2호)

ㄴ. (○) 사망한 날의 다음 날(건강법 시행규칙 제2조 제3항 제1호)

ㄷ. (○) 직장가입자가 자격을 상실한 날(건강법 시행규칙 제2조 제3항 제4호)

ㄹ. (×) 피부양자 자격을 취득한 사람이 본인의 신고에 따라 피부양자 자격 상실 신고를 한 경우에는 신고한 날의 다음 날(건강법 시행규칙 제2조 제3항 제8호)

정답 ④

PLUS

피부양자 자격의 인정기준 등(건강법 시행규칙 제2조)

③ 피부양자는 다음 각 호의 어느 하나에 해당하게 된 날에 그 자격을 상실한다.

1. 사망한 날의 다음 날
2. 대한민국의 국적을 잃은 날의 다음 날
3. 국내에 거주하지 아니하게 된 날의 다음 날
4. 직장가입자가 자격을 상실한 날
5. 법 제5조 제1항 제1호에 따른 수급권자가 된 날
6. 법 제5조 제1항 제2호에 따른 유공자등 의료보호대상자인 피부양자가 공단에 건강보험의 적용배제 신청을 한 날의 다음 날
7. 직장가입자 또는 다른 직장가입자의 피부양자 자격을 취득한 경우에는 그 자격을 취득한 날
8. 피부양자 자격을 취득한 사람이 본인의 신고에 따라 피부양자 자격 상실 신고를 한 경우에는 신고한 날의 다음 날
9. 제1항에 따른 요건을 충족하지 아니하는 경우에는 공단이 그 요건을 충족하지 아니한다고 확인한 날의 다음 날
10. 제9호에도 불구하고 「국민건강보험법 시행령」(이하 "영"이라 한다) 제41조의2 제3항에 따라 영 제41조 제1항 제3호 및 제4호의 소득(이하 "사업소득등"이라 한다)의 발생 사실과 그 금액을 신고하여 공단이 제1항 제2호에 따른 소득요건을 충족하지 않는다고 확인한 경우에는 그 사업소득등이 발생한 날이 속하는 달의 다음 달 말일
11. 제9호에도 불구하고 영 제41조의2 제3항에 따라 사업소득등의 발생 사실과 그 금액을 신고하지 않았으나 공단이 제1항 제2호에 따른 소득요건을 충족하지 않음을 확인한 경우에는 그 사업소득등이 발생한 날이 속하는 달의 말일
12. 제9호부터 제11호까지의 규정에도 불구하고 거짓이나 그 밖의 부정한 방법으로 영 제41조의2 제1항에 따른 소득월액의 조정 신청 또는 이 규칙에 따른 피부양자 자격 취득 신고를 하여 피부양자 자격을 취득한 것을 공단이 확인한 경우에는 그 자격을 취득한 날

06 기출 24

☑ 확인Check! ○ △ ×

국민건강보험법령상 보수월액에 관한 설명으로 옳지 않은 것은?

① 보수의 전부 또는 일부가 현물(現物)로 지급되는 경우에는 그 지역의 시가(時價)를 기준으로 국민건강보험공단이 정하는 가액(價額)을 그에 해당하는 보수로 본다.

② 직장가입자의 보수월액은 직장가입자가 지급받는 보수를 기준으로 하여 산정한다.

③ 도급(都給)으로 보수가 정해지는 경우에 직장가입자의 자격을 취득하거나 자격이 변동된 달의 전 1개월 동안에 그 사업장에서 해당 직장가입자와 같은 업무에 종사하고 같은 보수를 받는 사람의 보수액을 평균한 금액을 해당 직장가입자의 보수월액으로 결정한다.

④ 보수는 근로자등이 근로를 제공하고 사용자·국가 또는 지방자치단체로부터 지급받는 금품(실비변상적인 성격을 갖는 금품은 제외한다)으로서 이 경우 보수 관련 자료가 없거나 불명확한 경우 보건복지부장관이 정하여 고시하는 금액을 보수로 본다.

⑤ 휴직이나 그 밖의 사유로 보수의 전부 또는 일부가 지급되지 아니하는 가입자의 보수 월액보험료는 해당 사유가 생긴 달의 보수월액을 기준으로 산정한다.

06

① (○) 건강법 시행령 제33조 제3항
② (○) 건강법 제70조 제1항
③ (○) 건강법 시행령 제37조 제2호
④ (○) 건강법 제70조 제3항
⑤ (×) 휴직이나 그 밖의 사유로 보수의 전부 또는 일부가 지급되지 아니하는 가입자(이하 "휴직자등"이라 한다)의 보수월액보험료는 해당 사유가 생기기 전 달의 보수월액을 기준으로 산정한다(건강법 제70조 제2항).

정답 ⑤

PLUS

보수월액(건강법 제70조)

① 제69조 제4항 제1호에 따른 직장가입자의 보수월액은 직장가입자가 지급받는 보수를 기준으로 하여 산정한다.
② 휴직이나 그 밖의 사유로 보수의 전부 또는 일부가 지급되지 아니하는 가입자(이하 "휴직자등")의 보수월액보험료는 해당 사유가 생기기 전 달의 보수월액을 기준으로 산정한다.
③ 제1항에 따른 보수는 근로자등이 근로를 제공하고 사용자·국가 또는 지방자치단체로부터 지급받는 금품(실비변상적인 성격을 갖는 금품은 제외)으로서 대통령령으로 정하는 것을 말한다. 이 경우 보수 관련 자료가 없거나 불명확한 경우 등 대통령령으로 정하는 사유에 해당하면 보건복지부장관이 정하여 고시하는 금액을 보수로 본다.
④ 제1항에 따른 보수월액의 산정 및 보수가 지급되지 아니하는 사용자의 보수월액의 산정 등에 필요한 사항은 대통령령으로 정한다.

직장가입자의 자격 취득·변동 시 보수월액의 결정(건강법 시행령 제37조)

공단은 직장가입자의 자격을 취득하거나, 다른 직장가입자로 자격이 변동되거나, 지역가입자에서 직장가입자로 자격이 변동된 사람이 있을 때에는 다음 각 호의 구분에 따른 금액을 해당 직장가입자의 보수월액으로 결정한다.

1. 연·분기·월·주 또는 그 밖의 일정기간으로 보수가 정해지는 경우 : 그 보수액을 그 기간의 총 일수로 나눈 금액의 30배에 상당하는 금액
2. 일(日)·시간·생산량 또는 도급(都給)으로 보수가 정해지는 경우 : 직장가입자의 자격을 취득하거나 자격이 변동된 달의 전 1개월 동안에 그 사업장에서 해당 직장가입자와 같은 업무에 종사하고 같은 보수를 받는 사람의 보수액을 평균한 금액
3. 제1호 및 제2호에 따라 보수월액을 산정하기 곤란한 경우 : 직장가입자의 자격을 취득하거나 자격이 변동된 달의 전 1개월 동안 같은 업무에 종사하고 있는 사람이 받는 보수액을 평균한 금액

07 기출 23

☑ 확인 Check! ○ △ ×

국민건강보험법령에 관한 설명으로 옳은 것은?

① 요양급여비용 및 요양급여의 적정성 평가 등에 관한 건강보험심사평가원의 처분에 이의가 있는 국민건강보험공단, 요양기관 또는 그 밖의 자는 건강보험정책심의위원회에 이의신청을 할 수 있다.

② 직장가입자의 보수월액보험료 상한은 보험료가 부과되는 연도의 전전년도 직장가입자 평균 보수월액보험료의 20배에 해당하는 금액을 고려하여 보건복지부장관이 정하여 고시하는 금액으로 한다.

③ 국민건강보험공단은 보험급여를 받을 수 있는 사람이 고의 또는 중대한 과실로 국민건강보험공단이나 요양기관의 요양에 관한 지시에 따르지 아니한 경우 보험급여를 하지 아니한다.

④ 건강보험심사평가원은 요양급여에 대한 의료의 질을 향상시키기 위하여 요양급여의 적정성 평가를 격년으로 실시하여야 한다.

⑤ 국민건강보험공단은 지역가입자가 1개월 이상 세대단위의 보험료를 체납한 경우 그 체납한 보험료를 완납할 때까지 그 가입자를 제외한 피부양자에 대하여 보험급여를 실시하지 아니한다.

07

① (×) 요양급여비용 및 요양급여의 적정성 평가 등에 관한 건강보험심사평가원의 처분에 이의가 있는 국민건강보험공단, 요양기관 또는 그 밖의 자는 건강보험심사평가원에 이의신청을 할 수 있다(건강법 제87조 제2항).

② (×) 직장가입자의 보수월액보험료의 상한은 보험료가 부과되는 연도의 전전년도 직장가입자 평균 보수월액보험료의 30배에 해당하는 금액을 고려하여 보건복지부장관이 정하여 고시하는 금액으로 한다(건강법 시행령 제32조 제1호 가목).

③ (○) 건강법 제53조 제1항 제2호

④ (×) 건강보험심사평가원은 요양급여에 대한 의료의 질을 향상시키기 위하여 요양급여의 적정성 평가를 실시할 수 있다(건강법 제47조의4 제1항). 건강보험심사평가원은 매년 진료심사평가위원회의 심의를 거쳐 다음 해의 적정성평가 계획을 수립해야 한다(건강법 시행규칙 제22조의2 제4항).

⑤ (×) 공단은 가입자가 1개월 이상 보험료를 체납한 경우 그 체납한 보험료를 완납할 때까지 그 가입자 및 피부양자에 대하여 보험급여를 실시하지 아니할 수 있다(건강법 제53조 제3항 본문).

정답 ③

PLUS

건강법 제53조(급여의 제한)

① 공단은 보험급여를 받을 수 있는 사람이 다음 각 호의 어느 하나에 해당하면 보험급여를 하지 아니한다.

1. 고의 또는 중대한 과실로 인한 범죄행위에 그 원인이 있거나 고의로 사고를 일으킨 경우
2. 고의 또는 중대한 과실로 공단이나 요양기관의 요양에 관한 지시에 따르지 아니한 경우
3. 고의 또는 중대한 과실로 제55조에 따른 문서와 그 밖의 물건의 제출을 거부하거나 질문 또는 진단을 기피한 경우
4. 업무 또는 공무로 생긴 질병·부상·재해로 다른 법령에 따른 보험급여나 보상(報償) 또는 보상(補償)을 받게 되는 경우

월별 보험료액의 상한과 하한(건강법 시행령 제32조)

법 제69조 제6항에 따른 월별 보험료액의 상한 및 하한은 다음 각 호의 구분에 따른다.

1. 월별 보험료액의 상한은 다음 각 목과 같다.
   가. 직장가입자의 보수월액보험료 : 보험료가 부과되는 연도의 전전년도 직장가입자 평균 보수월액보험료(이하 이 조에서 "전전년도 평균 보수월액보험료")의 30배에 해당하는 금액을 고려하여 보건복지부장관이 정하여 고시하는 금액
   나. 직장가입자의 보수 외 소득월액보험료 및 지역가입자의 월별 보험료액 : 보험료가 부과되는 연도의 전전년도 평균 보수월액보험료의 15배에 해당하는 금액을 고려하여 보건복지부장관이 정하여 고시하는 금액
2. 월별 보험료액의 하한은 다음 각 목과 같다.
   가. 직장가입자의 보수월액보험료 : 보험료가 부과되는 연도의 전전년도 평균 보수월액보험료의 1천분의 50 이상 1천분의 85 미만의 범위에서 보건복지부장관이 정하여 고시하는 금액
   나. 지역가입자의 월별 보험료액 : 가목에 따른 보수월액보험료의 100분의 90 이상 100분의 100 이하의 범위에서 보건복지부장관이 정하여 고시하는 금액

08 기출 23

확인Check! ○ △ ×

국민건강보험법령상 피부양자에 해당하지 않는 자는?(단, 직장가입자에게 주로 생계를 의존하는 사람으로서 소득 및 재산이 보건복지부령으로 정하는 기준 이하에 해당하는 사람에 한정한다.)

① 직장가입자의 형제의 배우자
② 직장가입자의 직계비속
③ 직장가입자의 배우자의 직계비속
④ 직장가입자의 직계존속
⑤ 직장가입자의 형제·자매

08

직장가입자의 형제의 배우자는 건강법 제5조 제2항에서 정한 국민건강보험법령상 피부양자에 해당하지 않는다.

정답 ①

PLUS

적용 대상 등(건강법 제5조)

② 제1항의 피부양자는 다음 각 호의 어느 하나에 해당하는 사람 중 직장가입자에게 주로 생계를 의존하는 사람으로서 소득 및 재산이 보건복지부령으로 정하는 기준 이하에 해당하는 사람을 말한다.
1. 직장가입자의 배우자
2. 직장가입자의 직계존속(배우자의 직계존속을 포함)
3. 직장가입자의 직계비속(배우자의 직계비속을 포함)과 그 배우자
4. 직장가입자의 형제·자매

09 기출 23

확인Check! ○ △ ×

국민건강보험법령상 건강검진에 관한 설명으로 옳지 않은 것은?

① 사무직에 종사하지 않는 직장가입자에 대해서는 1년에 1회 실시한다.
② 검진기관이 건강검진을 받은 사람에게 직접 통보한 경우에는 국민건강보험공단은 그 통보를 생략할 수 있다.
③ 직장가입자, 세대주인 지역가입자, 18세 이상인 지역가입자는 일반건강검진 대상이다.
④ 영유아건강검진 대상은 6세 미만의 가입자 및 피부양자이다.
⑤ 국민건강보험공단은 직장가입자에게 실시하는 일반건강검진의 실시에 관한 사항을 해당 사용자에게 통보해야 한다.

09

① (○) 건강검진은 2년마다 1회 이상 실시하되, 사무직에 종사하지 않는 직장가입자에 대해서는 1년에 1회 실시한다. 다만, 암검진은 암관리법 시행령에서 정한 바에 따르며, 영유아건강검진은 영유아의 나이 등을 고려하여 보건복지부장관이 정하여 고시하는 바에 따라 검진주기와 검진횟수를 다르게 할 수 있다(건강법 시행령 제25조 제1항).
② (○) 건강검진을 실시한 검진기관은 공단에 건강검진의 결과를 통보해야 하며, 공단은 이를 건강검진을 받은 사람에게 통보해야 한다. 다만, 검진기관이 건강검진을 받은 사람에게 직접 통보한 경우에는 공단은 그 통보를 생략할 수 있다(건강법 시행령 제25조 제4항).
③ (×) 직장가입자, 세대주인 지역가입자, 20세 이상인 지역가입자 및 20세 이상인 피부양자가 일반건강검진 대상이다(건강법 제52조 제2항 제1호).
④ (○) 건강법 제52조 제2항 제3호
⑤ (○) 건강법 시행령 제25조 제3항 제1호

정답 ③

10 기출 23

☑ 확인Check! ○ △ ×

국민건강보험법령상 보험료에 관한 설명으로 옳은 것은?

① 가입자의 자격을 취득한 날이 속하는 달의 다음 달부터 가입자의 자격을 잃은 날이 속하는 달까지 징수한다.
② 직장가입자의 보수 외 소득월액보험료는 사용자가 납부한다.
③ 보험료 납부의무가 있는 자는 가입자에 대한 그 달의 보험료를 그 달 말일까지 납부하여야 한다.
④ 직장가입자의 보험료율은 1만분의 709로 한다.
⑤ 60세 이상인 사람은 보험료 경감대상이 될 수 있다.

10

① (×) 보험료는 가입자의 자격을 취득한 날이 속하는 달의 다음 달부터 가입자의 자격을 잃은 날의 전날이 속하는 달까지 징수한다. 다만, 가입자의 자격을 매월 1일에 취득한 경우 또는 유공자등 의료보호대상자의 건강보험의 적용 신청으로 가입자의 자격을 취득하는 경우에는 그 달부터 징수한다(건강법 제69조 제1항).
② (×) 직장가입자의 보수월액보험료는 사용자(사업장의 사용자가 2명 이상인 때에는 그 사업장의 사용자는 해당 직장가입자의 보험료를 연대하여 납부)가 납부하고, 직장가입자의 보수 외 소득월액보험료는 직장가입자가 납부한다(건강법 제77조 제1항).
③ (×) 보험료 납부의무가 있는 자는 가입자에 대한 그 달의 보험료를 그 다음 달 10일까지 납부하여야 한다. 다만, 직장가입자의 보수 외 소득월액보험료 및 지역가입자의 보험료는 보건복지부령으로 정하는 바에 따라 분기별로 납부할 수 있다(건강법 제78조 제1항).
④ (○) 건강법 시행령 제44조 제1항
⑤ (×) 65세 이상인 사람은 보험료 경감대상이 될 수 있다(건강법 제75조 제1항 제2호).

정답 ④

PLUS

보험료의 경감 등(건강법 제75조)

① 다음 각 호의 어느 하나에 해당하는 가입자 중 보건복지부령으로 정하는 가입자에 대하여는 그 가입자 또는 그 가입자가 속한 세대의 보험료의 일부를 경감할 수 있다.

1. 섬·벽지(僻地)·농어촌 등 대통령령으로 정하는 지역에 거주하는 사람
2. 65세 이상인 사람
3. 장애인복지법에 따라 등록한 장애인
4. 국가유공자 등 예우 및 지원에 관한 법률 제4조 제1항 제4호, 제6호, 제12호, 제15호 및 제17호에 따른 국가유공자
5. 휴직자
6. 그 밖에 생활이 어렵거나 천재지변 등의 사유로 보험료를 경감할 필요가 있다고 보건복지부장관이 정하여 고시하는 사람

11 기출 21

☑ 확인 Check! ○ △ ×

국민건강보험법령상 일반건강검진의 대상이 아닌 자는?

① 직장가입자
② 6세 미만의 피부양자
③ 20세 이상인 지역가입자
④ 20세 이상인 피부양자
⑤ 세대주인 지역가입자

11

일반건강검진의 대상은 직장가입자, 세대주인 지역가입자, 20세 이상인 지역가입자 및 20세 이상인 피부양자 등이다(건강법 제52조 제2항 제1호).

정답 ②

12 기출 22

☑ 확인 Check! ○ △ ×

국민건강보험법령상 보수월액에 관한 설명으로 옳지 않은 것은?

① 직장가입자의 보수월액은 직장가입자가 지급받는 보수를 기준으로 하여 산정한다.
② 휴직으로 보수의 전부 또는 일부가 지급되지 아니하는 가입자의 보수월액보험료는 해당 사유가 생기기 전 달의 보수월액을 기준으로 산정한다.
③ 근로자가 근로를 제공하고 사용자로부터 지급받는 금품 중 퇴직금은 보수에서 제외한다.
④ 보수의 전부 또는 일부가 현물(現物)로 지급되는 경우에는 그 지역의 시가(時價)를 기준으로 국민건강보험공단이 정하는 가액(價額)을 그에 해당하는 보수로 본다.
⑤ 보수 관련 자료가 없거나 불명확한 경우에 해당하면 고용노동부장관이 정하여 고시하는 금액을 보수로 본다.

12

① (○) 건강법 제70조 제1항
② (○) 건강법 제70조 제2항
③ (○) 건강법 제70조 제3항, 동법 시행령 제33조 제1항 제1호
④ (○) 건강법 시행령 제33조 제3항
⑤ (×) 보수 관련 자료가 없거나 불명확한 경우 등 대통령령으로 정하는 사유에 해당하면 보건복지부장관이 정하여 고시하는 금액을 보수로 본다(건강법 제70조 제3항 후문).

정답 ⑤

PLUS

보수에 포함되는 금품 등(건강법 제70조 제3항)

③ 제1항에 따른 보수는 근로자등이 근로를 제공하고 사용자·국가 또는 지방자치단체로부터 지급받는 금품(실비변상적인 성격을 갖는 금품은 제외)으로서 대통령령으로 정하는 것을 말한다. 이 경우 보수 관련 자료가 없거나 불명확한 경우 등 대통령령으로 정하는 사유에 해당하면 보건복지부장관이 정하여 고시하는 금액을 보수로 본다.

보수에 포함되는 금품 등(건강법 시행령 제33조)

① 법 제70조 제3항 전단에서 "대통령령으로 정하는 것"이란 근로의 대가로 받은 봉급, 급료, 보수, 세비(歲費), 임금, 상여, 수당, 그 밖에 이와 유사한 성질의 금품으로서 다음 각 호의 것을 제외한 것을 말한다.
1. 퇴직금
2. 현상금, 번역료 및 원고료
3. 소득세법에 따른 비과세근로소득. 다만, 소득세법 제12조 제3호 차목·파목 및 거목에 따라 비과세되는 소득은 제외한다.

13 기출 22 ☑ 확인Check! ○ △ ×

국민건강보험법령상 직장가입자 제외자에 해당하는 자를 모두 고른 것은?

ㄱ. 고용 기간이 1개월 미만인 일용근로자
ㄴ. 1개월 동안의 소정(所定)근로시간이 60시간 미만인 단시간 근로자
ㄷ. 병역법에 따른 군간부후보생
ㄹ. 선거에 당선되어 취임하는 공무원으로서 매월 보수 또는 보수에 준하는 급료를 받지 아니하는 사람

① ㄱ, ㄴ　② ㄴ, ㄷ
③ ㄱ, ㄴ, ㄹ　④ ㄱ, ㄷ, ㄹ
⑤ ㄱ, ㄴ, ㄷ, ㄹ

13
ㄱ., ㄴ., ㄷ., ㄹ. 모두 건강법상 직장가입자 제외자에 해당한다.

정답 ⑤

PLUS

직장가입자의 종류(건강법 제6조)

② 모든 사업장의 근로자 및 사용자와 공무원 및 교직원은 직장가입자가 된다. 다만, 다음 각 호의 어느 하나에 해당하는 사람은 제외한다.

1. 고용 기간이 1개월 미만인 일용근로자
2. 병역법에 따른 현역병(지원에 의하지 아니하고 임용된 하사를 포함), 전환복무된 사람 및 군간부후보생
3. 선거에 당선되어 취임하는 공무원으로서 매월 보수 또는 보수에 준하는 급료를 받지 아니하는 사람
4. 그 밖에 사업장의 특성, 고용 형태 및 사업의 종류 등을 고려하여 대통령령으로 정하는 사업장의 근로자 및 사용자와 공무원 및 교직원

직장가입자에서 제외되는 사람(건강법 시행령 제9조)

법 제6조 제2항 제4호에서 "대통령령으로 정하는 사업장의 근로자 및 사용자와 공무원 및 교직원"이란 다음 각 호의 어느 하나에 해당하는 사람을 말한다.

1. 비상근 근로자 또는 1개월 동안의 소정(所定)근로시간이 60시간 미만인 단시간근로자
2. 비상근 교직원 또는 1개월 동안의 소정근로시간이 60시간 미만인 시간제공무원 및 교직원
3. 소재지가 일정하지 아니한 사업장의 근로자 및 사용자
4. 근로자가 없거나 제1호에 해당하는 근로자만을 고용하고 있는 사업장의 사업주

CHAPTER 06

고용보험 및 산업재해보상보험의 보험료 징수 등에 관한 법률

제1절 서 설

I 목적(법 제1조)

이 법은 고용보험과 산업재해보상보험의 보험관계의 성립・소멸, 보험료의 납부・징수 등에 필요한 사항을 규정함으로써 보험사무의 효율성을 높이는 것을 목적으로 한다.

II 용어의 정의(법 제2조) 기출 13

1. 보 험

고용보험법에 따른 고용보험 또는 산업재해보상보험법에 따른 산업재해보상보험을 말한다.

2. 근로자

근로기준법에 따른 근로자를 말한다.

3. 보 수

소득세법에 따른 근로소득에서 대통령령으로 정하는 금품을 뺀 금액을 말한다. 다만, 고용보험료를 징수하는 경우에는 근로자가 휴직이나 그 밖에 이와 비슷한 상태에 있는 기간 중에 사업주 외의 자로부터 지급받는 금품 중 고용노동부장관이 정하여 고시하는 금품은 보수로 본다. 기출 17・19

4. 원수급인

사업이 여러 차례의 도급에 의하여 행하여지는 경우에 최초로 사업을 도급받아 행하는 자를 말한다. 다만, 발주자가 사업의 전부 또는 일부를 직접 하는 경우에는 발주자가 직접 하는 부분(발주자가 직접 하다가 사업의 진행경과에 따라 도급하는 경우에는 발주자가 직접 하는 것으로 본다)에 대하여 발주자를 원수급인으로 본다. 기출 14

5. 하수급인

원수급인으로부터 그 사업의 전부 또는 일부를 도급받아 하는 자와 그 자로부터 그 사업의 전부 또는 일부를 도급받아 하는 자를 말한다. 기출 14・17・19

6. 정보통신망

정보통신망 이용촉진 및 정보보호 등에 관한 법률에 따른 정보통신망을 말한다.

7. 보험료 등

보험료, 이 법에 따른 가산금·연체금·체납처분비 및 징수금을 말한다.

Ⅲ 기준보수(법 제3조, 영 제3조)

1. 의 의

보험료를 산정하거나 보험급여액을 산정할 때 기초가 되는 근로자의 보수를 산정·확정하기 곤란한 경우에 고용노동부장관이 정하여 고시하는 금액을 기준으로 하여 보험사무를 처리하게 되는데 이를 기준보수라고 한다.

2. 기준보수의 적용사유

다음의 어느 하나에 해당하는 경우에는 기준보수를 근로자, 예술인이나 노무제공자의 보수 또는 보수액으로 할 수 있다.

① 사업 또는 사업장(이하 "사업")의 폐업·도산 등으로 근로자, 예술인 또는 노무제공자의 보수 또는 보수액을 산정·확인하기 곤란한 경우

② 보수 관련 자료가 없거나 명확하지 않은 경우

③ 사업의 이전 등으로 사업의 소재지를 파악하기 곤란한 경우

④ 예술인(고보법을 적용하기 위한 소득 기준을 충족하는 예술인으로서 대통령령으로 정하는 사람과 단기예술인은 제외) 및 노무제공자(고보법을 적용하기 위한 소득 기준을 충족하는 노무제공자로서 대통령령으로 정하는 사람과 단기노무제공자는 제외)의 보수액이 기준보수보다 적은 경우

3. 기준보수의 결정 기출 12·14·17·19·22

① 기준보수는 사업의 규모, 근로·노무 형태, 보수·보수액 수준 등을 고려하여 고용보험위원회의 심의를 거쳐 시간·일 또는 월 단위로 정하되, 사업의 종류별 또는 지역별로 구분하여 정할 수 있다.

② 통상근로자로서 월정액으로 보수를 지급받는 근로자에게는 월단위 기준보수를 적용한다.

③ 단시간근로자, 근로시간에 따라 보수를 지급받는 근로자(이하 "시간급근로자"), 근로일에 따라 일당 형식의 보수를 지급받는 근로자(이하 "일급근로자")에게는 주당 소정근로시간을 실제 근로한 시간으로 보아 시간단위 기준보수를 적용한다. 다만, 시간급근로자 또는 일급근로자임이 명확하지 아니하거나 주당 소정근로시간을 확정할 수 없는 경우에는 월단위 기준보수를 적용한다.

④ 예술인에게는 월단위 기준보수를 적용한다.

⑤ 노무제공자에게는 월단위 기준보수를 적용한다.

✔ 핵심문제

01 **고용보험 및 산업재해보상보험의 보험료징수 등에 관한 법령상 고용노동부장관이 정하여 고시하는 금액(기준보수)에 관한 설명으로 옳지 않은 것은?** 기출 17

① 사업의 폐업 · 도산 등으로 근로자, 예술인 또는 노무제공자의 보수 또는 보수액을 산정 · 확인하기 곤란한 경우에는 기준보수를 보수로 할 수 있다.

② 사업의 이전 등으로 사업의 소재지를 파악하기 곤란한 경우 기준보수를 보수로 할 수 있다.

③ 근로일에 따라 일당 형식의 보수를 지급받는 근로자에게는 주당 소정근로시간을 실제 근로한 시간으로 보아 일 단위 기준보수를 적용한다.

④ 통상근로자로서 월정액으로 보수를 지급받는 근로자에게는 월단위 기준보수를 적용한다.

⑤ 시간급근로자 또는 일급근로자임이 명확하지 아니한 경우에는 월단위 기준보수를 적용한다.

[해설]

③ (×) 단시간근로자, 근로시간에 따라 보수를 지급받는 근로자, 근로일에 따라 일당 형식의 보수를 지급받는 근로자에게는 주당 소정근로시간을 실제 근로한 시간으로 보아 시간단위 기준보수를 적용한다(징수법 시행령 제3조 제2항 제2호 본문).

기준보수(징수법 제3조)

① 다음 각 호의 어느 하나에 해당하는 경우에는 고용노동부장관이 정하여 고시하는 금액(이하 "기준보수")을 근로자, 고용보험법 제77조의2 제1항에 따른 예술인(이하 "예술인")이나 같은 법 제77조의6 제1항에 따른 노무제공자(이하 "노무제공자")의 보수 또는 보수액으로 할 수 있다.

1. 사업의 폐업 · 도산 등으로 근로자, 예술인 또는 노무제공자의 보수 또는 보수액을 산정 · 확인하기 곤란한 경우 등 대통령령으로 정하는 사유가 있는 경우
2. 예술인(고용보험법 제77조의2 제2항 제2호 본문에 따른 소득 기준을 충족하는 예술인으로서 대통령령으로 정하는 사람과 같은 호 단서에 따른 단기예술인은 제외) 및 노무제공자(같은 법 제77조의6 제2항 제2호 본문에 따른 소득 기준을 충족하는 노무제공자로서 대통령령으로 정하는 사람과 같은 호 단서에 따른 단기노무제공자는 제외)의 보수액이 기준보수보다 적은 경우

기준보수의 적용(징수법 시행령 제3조)

① 법 제3조 제1항 제1호에서 "사업의 폐업 · 도산 등으로 근로자, 예술인 또는 노무제공자의 보수 또는 보수액을 산정 · 확인하기 곤란한 경우 등 대통령령으로 정하는 사유가 있는 경우"란 다음 각 호의 어느 하나에 해당하는 경우를 말한다.

1. 사업 또는 사업장(이하 "사업")의 폐업 · 도산 등으로 근로자, 고용보험법 제77조의2 제1항에 따른 예술인(이하 "예술인") 또는 같은 법 제77조의6 제1항에 따른 노무제공자(이하 "노무제공자")의 보수 또는 보수액을 산정 · 확인하기 곤란한 경우
2. 보수 관련 자료가 없거나 명확하지 않은 경우
3. 사업의 이전 등으로 사업의 소재지를 파악하기 곤란한 경우 기출 22

② 법 제3조에 따른 기준보수는 다음 각 호의 구분에 따라 적용한다.

1. 통상근로자로서 월정액으로 보수를 지급받는 근로자에게는 월단위 기준보수를 적용한다. 기출 22
2. 단시간근로자, 근로시간에 따라 보수를 지급받는 근로자(이하 이 조에서 "시간급근로자"), 근로일에 따라 일당 형식의 보수를 지급받는 근로자(이하 이 조에서 "일급근로자")에게는 주당 소정근로시간을 실제 근로한 시간으로 보아 시간단위 기준보수를 적용한다. 다만, 시간급근로자 또는 일급근로자임이 명확하지 아니하거나 주당 소정근로시간을 확정할 수 없는 경우에는 월단위 기준보수를 적용한다. 기출 22
3. 예술인에게는 월단위 기준보수를 적용한다.
4. 노무제공자에게는 월단위 기준보수를 적용한다.

정답 ③

Ⅳ 보험사업의 수행주체(법 제4조) 기출 14 · 18

고용보험법 및 산업재해보상보험법에 따른 보험사업에 관하여 이 법에서 정한 사항은 고용노동부장관으로부터 위탁을 받아 산업재해보상보험법에 따른 근로복지공단(이하 "공단")이 수행한다. 다만, 다음에 해당하는 징수업무는 국민건강보험법에 따른 국민건강보험공단(이하 "건강보험공단")이 고용노동부장관으로부터 위탁을 받아 수행한다.

① 보험료 등(개산보험료 및 확정보험료, 징수금 제외)의 고지 및 수납

② 보험료 등의 체납관리

제2절 보험관계의 성립 및 소멸

Ⅰ 보험의 가입 및 해지등

1. 보험의 가입

(1) 당연가입(법 제5조 제1항 · 제3항)

1) 고용보험법상의 고용보험가입

고용보험법을 적용받는 사업의 사업주와 근로자(고용보험법에 따른 적용제외근로자는 제외)는 당연히 고용보험법에 따른 고용보험의 보험가입자가 된다. 기출 16

2) 산업재해보상보험법상의 고용보험가입

산업재해보상보험법을 적용받는 사업의 사업주는 당연히 산업재해보상보험법의 보험가입자가 된다.

기출 16 · 19

(2) 임의가입(법 제5조 제2항 · 제4항)

① 고용보험법에 따라 산업별 특성 및 규모 등을 고려하여 같은 법이 적용되지 아니하는 사업의 사업주가 근로자의 과반수의 동의를 받아 공단의 승인을 받으면 그 사업의 사업주와 근로자는 고용보험에 가입할 수 있다. 기출 16 · 22

② 산업재해보상보험법에 따라 위험률 규모 및 장소 등을 고려하여 같은 법이 적용되지 아니하는 사업의 사업주는 공단의 승인을 받아 산재보험에 가입할 수 있다. 기출 22

(3) 의제가입(법 제6조)

1) 고용보험의 의제가입

사업주 및 근로자가 고용보험의 당연가입자가 되는 사업이 사업규모의 변동 등의 사유로 고용보험법에 따른 적용제외사업에 해당하게 되었을 때에는 그 사업주 및 근로자는 그날부터 고용보험에 가입한 것으로 본다.

기출 12

2) 산업재해보상보험의 의제가입

사업주가 산업재해보상보험의 당연가입자가 되는 사업이 사업규모의 변동 등의 사유로 산업재해보상보험법에 따른 적용제외사업에 해당하게 되었을 때에는 그 사업주는 그날부터 산재보험에 가입한 것으로 본다.

3) 근로자를 고용하지 아니하게 되었을 경우

고용보험이나 산업재해보상보험에 가입한 사업주가 그 사업을 운영하다가 근로자를 고용하지 아니하게 되었을 때에는 그날부터 1년의 범위에서 근로자를 사용하지 아니한 기간에도 보험에 가입한 것으로 본다.

기출 12 · 18

2. 보험의 해지 및 직권소멸

(1) 보험의 해지(법 제5조 제5항 · 제6항, 제6조)

1) 당연가입사업

당연가입의 본질상 당연가입사업의 보험계약의 해지는 불가능하다.

2) 임의가입사업

① 고용보험 또는 산업재해보상보험에 가입한 사업주가 보험계약을 해지할 때에는 미리 공단의 승인을 받아야 한다. 이 경우 보험계약의 해지는 그 보험계약이 성립한 보험연도가 끝난 후에 하여야 한다.

기출 15 · 22

② 사업주가 고용보험계약을 해지할 때에는 근로자 과반수의 동의를 받아야 한다.

3) 의제가입사업

의제가입 보험계약의 해지에는 임의가입사업에 적용되는 규정을 준용한다.

(2) 직권소멸(법 제5조 제7항)

공단은 사업 실체가 없는 등의 사유로 계속하여 보험관계를 유지할 수 없다고 인정하는 경우에는 그 보험관계를 소멸시킬 수 있다. 기출 14 · 15 · 16 · 19

3. 사업의 일괄적용(법 제8조)

(1) 당연일괄적용

고용보험 또는 산업재해보상보험에 따른 보험의 당연가입자인 사업주가 하는 각각의 사업이 다음의 요건에 해당하는 경우에는 이 법을 적용할 때 그 사업의 전부를 하나의 사업으로 본다.

① 사업주가 동일인일 것

② 각각의 사업은 기간이 정하여져 있을 것

③ 사업의 종류, 공사실적액 등이 대통령령이 정하는 요건에 해당할 것

(2) 임의일괄적용

① 일괄적용을 받는 사업주 외의 사업주가 자기가 경영하는 사업(산업재해보상보험의 경우에는 고용노동부장관이 정하는 사업종류가 같은 경우로 한정)의 전부를 하나의 사업으로 보아 이 법을 적용받으려는 경우에는 공단의 승인을 받아야 하며, 승인을 받은 경우에는 공단이 그 사업의 사업주로부터 일괄적용관계 승인신청서를 접수한 날의 다음 날부터 일괄적용을 받는다. 이 경우 일괄적용관계가 해지되지 아니하면 그 사업주는 그 보험연도 이후의 보험연도에도 계속 그 사업 전부에 대하여 일괄적용을 받는다.

② 일괄적용을 받고 있는 사업주가 그 일괄적용관계를 해지하려는 경우에는 공단의 승인을 받아야 한다. 이 경우 일괄적용관계 해지의 효력은 다음 보험연도의 보험관계부터 발생한다.

(3) 의제일괄적용

일괄적용을 받는 사업주가 사업의 종류, 공사실적액 등이 대통령령이 정하는 요건에 해당하지 아니하게 된 경우에는 일괄적용승인을 받은 것으로 보아 이 법을 적용하며, 사업주가 그 일괄적용관계를 해지하려는 경우에는 공단의 승인을 받아야 한다.

4. 도급사업의 일괄적용(법 제9조)

① 건설업 등 대통령령으로 정하는 사업이 여러 차례의 도급에 의하여 시행되는 경우에는 그 원수급인을 이 법을 적용받는 사업주로 본다. 다만, 대통령령으로 정하는 바에 따라 공단의 승인을 받은 경우에는 하수급인을 이 법을 적용받는 사업주로 본다(제1항).

② 건설업이 국내에 영업소를 두지 않는 외국의 사업주로부터 하도급을 받아 시행되는 경우에는 국내에 영업소를 둔 최초 하수급인을 이 법의 적용을 받는 사업주로 본다(제2항).

Ⅱ 보험관계의 성립 및 소멸

1. 보험관계의 성립일(법 제6조, 제7조)

(1) 당연가입사업

① 고용보험과 산업재해보상보험의 당연가입자가 되는 사업의 경우에는 그 사업이 시작된 날

② 사업규모의 변동 등으로 당연가입사업에 해당되게 되는 경우에는 그 해당하게 된 날

(2) 임의가입사업

근로복지공단의 승인을 받아 보험에 가입한 경우에는 공단이 그 사업의 사업주로부터 보험가입승인신청서를 접수한 날의 다음 날

(3) 일괄적용사업

일괄적용을 받는 사업의 경우에는 처음 하는 사업이 시작된 날 기출 17 · 21

(4) 도급사업에서 하수급인이 보험료납부를 인수한 경우

보험에 가입한 하수급인의 경우에는 그 하도급공사의 착공일 기출 15 · 17 · 21

2. 보험관계의 소멸일(법 제10조)

① 사업이 폐업 또는 끝난 날의 다음 날 기출 15 · 21

② 보험계약을 해지하는 경우에는 그 해지에 관하여 공단의 승인을 받은 날의 다음 날 기출 17 · 21

③ 공단이 보험관계를 소멸시키는 경우에는 그 소멸을 결정 · 통지한 날의 다음 날 기출 17 · 21

④ 사업을 운영하다가 근로자를 고용하지 아니하게 된 가입사업주의 경우에는 근로자를 사용하지 아니한 첫날부터 1년이 되는 날의 다음 날 기출 17

Ⅲ 보험관계의 신고

1. 보험관계의 신고(법 제11조)

① 사업주는 고용보험, 산업재해보상보험의 당연 보험가입자가 된 경우에는 그 보험관계가 성립한 날부터 14일 이내에, 사업의 폐업·종료 등으로 인하여 보험관계가 소멸한 경우에는 그 보험관계가 소멸한 날부터 14일 이내에 공단에 보험관계의 성립 또는 소멸 신고를 하여야 한다. 다만, 다음에 해당하는 사업의 경우에는 그 구분에 따라 보험관계 성립신고를 하여야 한다.

㉠ 보험관계가 성립한 날부터 14일 이내에 종료되는 사업 : 사업이 종료되는 날의 전날까지

㉡ 산업재해보상보험법 제6조 단서에 따른 대통령령으로 정하는 사업 : 그 일정 기간의 종료일부터 14일 이내

② 사업주는 일괄적용을 받는 사업의 경우에는 처음 하는 사업을 시작하는 날부터 14일 이내에, 일괄적용을 받고 있는 사업이 사업의 폐업·종료 등으로 일괄적용관계가 소멸한 경우에는 소멸한 날부터 14일 이내에 공단에 일괄적용관계의 성립 또는 소멸 신고를 하여야 한다. 기출 17

③ 일괄적용사업의 사업주는 그 각각의 사업의 개시일 및 종료일(사업 종료의 신고는 고용보험의 경우만 한다)부터 각각 14일 이내에 그 개시 및 종료 사실을 공단에 신고하여야 한다. 다만, 사업의 개시일부터 14일 이내에 끝나는 사업의 경우에는 그 끝나는 날의 전날까지 신고하여야 한다. 기출 22

2. 보험관계의 변경신고(법 제12조, 영 제9조)

보험에 가입한 사업주는 ① 사업주(법인인 경우에는 대표자)의 이름 및 주민등록번호, ② 사업의 명칭 및 소재지, ③ 사업의 종류, ④ 사업자등록번호(법인인 경우에는 법인등록번호를 포함), ⑤ 건설공사 또는 벌목업 등 기간의 정함이 있는 사업의 경우 사업의 기간, ⑥ 우선지원 대상기업의 해당 여부에 변경이 있는 경우 상시근로자수 등이 변경된 경우에는 그날부터 14일 이내에 그 변경사항을 공단에 신고해야 한다. 다만, ⑥은 다음 보험연도 첫날부터 14일 이내에 신고해야 한다. 기출 17·19·21·22

✔ 핵심문제

01 고용보험 및 산업재해보상보험의 보험료징수 등에 관한 법률상 보험관계의 변경신고에 대한 내용이다. ( ) 안에 들어갈 내용으로 옳은 것은? 기출 13

> 산업재해보상보험에 가입한 사업주는 그 이름, 사업의 소재지 등이 변경된 경우에는 그날부터 (ㄱ)일 이내에 그 변경사항을 (ㄴ)에 신고하여야 한다.

① ㄱ : 7, ㄴ : 근로복지공단
② ㄱ : 7, ㄴ : 국민건강보험공단
③ ㄱ : 14, ㄴ : 근로복지공단
④ ㄱ : 14, ㄴ : 국민건강보험공단
⑤ ㄱ : 30, ㄴ : 근로복지공단

[해설]
( ) 안에 들어갈 내용은 순서대로 ㄱ : 14, ㄴ : 근로복지공단이다.

> **보험관계의 변경신고(징수법 제12조)**
> 보험에 가입한 사업주는 그 이름, 사업의 소재지 등 대통령령으로 정하는 사항이 변경된 경우에는 그날부터 14일 이내에 그 변경사항을 공단에 신고하여야 한다.

정답 ③

제3절 보험료

I 보험료

1. 종류(법 제13조)

보험사업에 드는 비용에 충당하기 위하여 보험가입자로부터 다음의 보험료를 징수한다. 기출 17·24

① 고용안정·직업능력개발사업 및 실업급여의 보험료(이하 "고용보험료")

② 산재보험의 보험료(이하 "산재보험료")

2. 부담(법 제13조)

(1) 고용보험료

① 고용보험 가입자인 근로자가 부담하여야 하는 고용보험료는 자기의 보수총액에 실업급여의 보험료율의 2분의 1을 곱한 금액으로 한다. 기출 24 다만, 사업주로부터 보수를 지급받지 아니하는 근로자는 보수로 보는 금품의 총액에 실업급여의 보험료율을 곱한 금액을 부담하여야 하고, 휴직이나 그 밖에 이와 비슷한 상태에 있는 기간 중에 사업주로부터 보수를 지급받는 근로자로서 고용노동부장관이 정하여 고시하는 사유에 해당하는 근로자는 그 기간에 지급받는 보수의 총액에 실업급여의 보험료율을 곱한 금액을 부담하여야 한다.

② 고용보험법에 따라 65세 이후에 고용(65세 전부터 피보험자격을 유지하던 사람이 65세 이후에 계속하여 고용된 경우는 제외)되거나 자영업을 개시한 자에 대하여는 고용보험료 중 실업급여의 보험료를 징수하지 아니한다. 기출 16

③ 사업주가 부담하여야 하는 고용보험료는 그 사업에 종사하는 고용보험 가입자인 근로자의 개인별 보수총액(보수로 보는 금품의 총액과 보수의 총액은 제외)에 다음을 각각 곱하여 산출한 각각의 금액을 합한 금액으로 한다.

㉠ 고용안정·직업능력개발사업의 보험료율

㉡ 실업급여의 보험료율의 2분의 1

(2) 산재보험료

사업주가 부담하여야 하는 산재보험료는 그 사업주가 경영하는 사업에 종사하는 근로자의 개인별 보수총액에 다음에 따른 산재보험료율을 곱한 금액을 합한 금액으로 한다. 다만, 출퇴근 경로와 방법이 일정하지 아니한 직종으로 대통령령으로 정하는 경우에는 ①에 따른 산재보험료율만을 곱하여 산정한다.

① 같은 종류의 사업에 적용되는 산재보험료율

② 통상적인 경로와 방법으로 출퇴근하는 중 발생한 사고로 인한 업무상의 재해에 관한 산재보험료율

3. 고용보험료의 원천공제(법 제16조)

① 사업주는 고용보험 가입자인 근로자가 부담하는 고용보험료에 상당하는 금액을 대통령령으로 정하는 바에 따라 그 근로자의 보수에서 원천공제할 수 있다.

② 사업주는 고용보험료에 상당하는 금액을 원천공제하였으면 공제계산서를 그 근로자에게 발급하여야 한다.

③ 사업주가 되는 원수급인 또는 하수급인은 고용노동부령으로 정하는 바에 따라 자기가 고용하는 고용보험 가입자 외의 근로자를 고용하는 하수급인에게 위임하여 그 근로자가 부담하는 보험료에 상당하는 금액을 근로자의 보수에서 원천공제하게 할 수 있다.

④ 근로자가 그 실업급여의 보험료를 부담하는 경우에는 사업주가 해당 보험료를 신고·납부하고, 근로자는 그 보험료 해당액을 사업주에게 지급한다.

Ⅱ 보험료율의 결정

1. 고용보험료율(법 제14조, 법 제49조의2)

(1) 보험료율의 결정

① 고용보험료율은 보험수지의 동향과 경제상황 등을 고려하여 1000분의 30의 범위에서 고용안정·직업능력개발사업의 보험료율 및 실업급여의 보험료율로 구분하여 대통령령으로 정한다(제1항). 기출 18

② 고용보험료율을 결정하거나 변경하려면 고용보험법에 따른 고용보험위원회의 심의를 거쳐야 한다(제2항).

③ 자영업자에게 적용하는 고용보험료율은 보험수지의 동향과 경제상황 등을 고려하여 1000분의 30의 범위에서 고용안정·직업능력개발사업의 보험료율 및 실업급여의 보험료율로 구분하여 대통령령으로 정한다(법 제49조의2 제7항).

(2) 실업급여보험료율

① 실업급여의 보험료율 : 1천분의 18(영 제12조 제1항 제2호)

② 자영업자의 실업급여의 보험료율 : 1천분의 20(영 제56조의19 제1항 제2호)

✔ 핵심문제

01 고용보험 및 산업재해보상보험의 보험료징수 등에 관한 법률상 (　　) 안에 들어갈 숫자는? 기출 15

> 자영업자에게 적용하는 고용보험료율은 보험수지의 동향과 경제상황 등을 고려하여 1,000분의 (　　)의 범위에서 고용안정·직업능력개발사업의 보험료율 및 실업급여의 보험료율로 구분하여 대통령령으로 정한다.

① 10　　② 20
③ 30　　④ 40
⑤ 50

[해설]
(　　) 안에 들어갈 숫자는 30이다.

> **자영업자에 대한 특례(징수법 제49조의2)**
> ⑦ 자영업자에게 적용하는 고용보험료율은 보험수지의 동향과 경제상황 등을 고려하여 1,000분의 30의 범위에서 고용안정·직업능력개발사업의 보험료율 및 실업급여의 보험료율로 구분하여 대통령령으로 정한다.

정답 ③

(3) 안정 · 직업보험료율

고용보험료율(영 제12조)

① 법 제14조 제1항에 따른 고용보험료율은 다음 각 호와 같다.
1. 고용안정 · 직업능력개발사업의 보험료율은 다음 각 목의 구분에 따른 보험료율
   가. 상시근로자수가 150인 미만인 사업주의 사업 : 1만분의 25 기출 22 · 24
   나. 상시근로자수가 150인 이상인 사업주의 사업으로서 우선지원대상기업의 범위에 해당하는 사업 : 1만분의 45
   다. 상시근로자수가 150인 이상 1천인 미만인 사업주의 사업으로서 나목에 해당하지 아니하는 사업 : 1만분의 65
   라. 상시근로자수가 1천인 이상인 사업주의 사업으로서 나목에 해당하지 아니하는 사업 및 국가 · 지방자치단체가 직접 행하는 사업 : 1만분의 85 기출 21 · 24
2. 실업급여의 보험료율 : 1천분의 18

② 제1항 제1호를 적용할 때 상시근로자수는 해당 사업주가 하는 국내의 모든 사업의 상시근로자수를 합산한 수로 한다. 다만, 공동주택관리법 제2조 제1항 제1호 가목에 따른 공동주택을 관리하는 사업의 경우에는 각 사업별로 상시근로자수를 산정한다.

③ 제1항 제1호를 적용할 때 법 제9조 제1항 단서에 따라 법의 적용을 받는 사업주가 되는 하수급인에게는 원수급인에게 적용하는 고용안정 · 직업능력개발사업의 보험료율을 적용한다. 다만, 법 제8조에 따라 일괄적용을 받게 되는 사업주의 개별 사업에 대해 법 제9조 제1항 단서에 따라 하수급인을 법의 적용을 받는 사업주로 보는 경우에는 그 하수급인인 사업주에게 적용하는 고용안정 · 직업능력개발사업의 보험료율을 적용한다.

④ 제1항 제1호를 적용할 때 상시근로자수가 증가하여 고용안정 · 직업능력개발사업의 보험료율이 증가하는 경우에는 그 사유가 발생한 보험연도의 다음 보험연도부터 3년 동안 상시근로자수가 증가하기 전에 적용된 고용안정 · 직업능력개발사업의 보험료율을 적용한다.

⑤ 제4항에도 불구하고 독점규제 및 공정거래에 관한 법률 제31조에 따라 지정된 상호출자제한기업집단에 속하는 회사의 경우에는 그 지정된 날이 속한 보험연도의 다음 보험연도부터 제4항을 적용하지 않는다.

⑥ 제1항 제1호 및 제2항에도 불구하고 보험연도 중에 사업이 양도되거나 사업주가 합병된 경우 그 양도 또는 합병된 사업에 대해서는 해당 보험연도에 한정하여 양도 또는 합병 전에 적용된 고용안정 · 직업능력개발사업의 보험료율을 적용한다.

자영업자 고용보험료율(영 제56조의19)

① 법 제49조의2 제7항에 따른 고용보험료율은 다음 각 호와 같다.
1. 고용안정 · 직업능력개발사업의 보험료율 : 1만분의 25
2. 실업급여의 보험료율 : 1천분의 20

② 공단은 제1항에 따른 자영업자 보험료율이 인상되거나 인하된 경우에는 자영업자에 대한 고용보험료를 증액 또는 감액 조정하여야 한다.

2. 산재보험료율(법 제14조, 영 제14조)

(1) 보험료율의 결정

① 산재보험료율은 매년 6월 30일 현재 과거 3년 동안의 보수총액에 대한 산재보험급여총액의 비율을 기초로 하여, 산업재해보상보험법에 따른 연금 등 산재보험급여에 드는 금액, 재해예방 및 재해근로자의 복지증진에 드는 비용 등을 고려하여 사업의 종류별로 구분하여 고용노동부령으로 정한다. 이 경우 업무상의 재해를 이유로 지급된 보험급여액은 산재보험급여총액에 포함시키지 아니한다. 기출 15 · 20

② 산재보험의 보험관계가 성립한 후 3년이 지나지 아니한 사업에 대한 산재보험료율은 고용노동부령으로 정하는 바에 따라 산업재해보상보험 및 예방심의위원회의 심의를 거쳐 고용노동부장관이 사업의 종류별로 따로 정한다.

③ 고용노동부장관은 산재보험료율을 정하는 경우에는 특정 사업 종류의 산재보험료율이 전체 사업의 평균 산재보험료율의 20배를 초과하지 아니하도록 하여야 한다. 기출 15 · 20

④ 고용노동부장관은 특정 사업 종류의 산재보험료율이 인상되거나 인하되는 경우에는 직전 보험연도 산재보험료율의 100분의 30의 범위에서 조정하여야 한다. 기출 15

⑤ 업무상의 재해에 관한 산재보험료율은 사업의 종류를 구분하지 아니하고 그 재해로 인하여 연금 등 산재보험급여에 드는 금액, 재해예방 및 재해근로자의 복지증진에 드는 비용 등을 고려하여 고용노동부령으로 정한다.

(2) 동일한 사업주가 하나의 장소에서 사업의 종류가 다른 2개 이상의 사업을 운영하는 경우(영 제14조)

① 동일한 사업주가 하나의 장소에서 사업의 종류가 다른 사업을 둘 이상 하는 경우에는 그중 근로자 수 및 보수총액 등의 비중이 큰 주된 사업(이하 이 조에서 "주된 사업")에 적용되는 산재보험료율을 그 장소의 모든 사업에 적용한다.

② 주된 사업의 결정은 다음의 순서에 따른다. 기출 23

㉠ 근로자 수가 많은 사업

㉡ 근로자 수가 같거나 그 수를 파악할 수 없는 경우에는 보수총액이 많은 사업

㉢ 주된 사업을 결정할 수 없는 경우에는 매출액이 많은 제품을 제조하거나 서비스를 제공하는 사업

Ⅲ 보험료율의 특례

1. 특례 보험료율(법 제15조)

(1) 개별실적요율

1) 의 의

① 대통령령으로 정하는 사업으로서 매년 9월 30일 현재 고용보험의 보험관계가 성립한 후 3년이 지난 사업의 경우에 그 해 9월 30일 이전 3년 동안의 그 실업급여 보험료에 대한 실업급여금액의 비율이 대통령령으로 정하는 비율에 해당하는 경우에는 그 사업에 적용되는 실업급여 보험료율의 100분의 40의 범위에서 대통령령으로 정하는 기준에 따라 인상하거나 인하한 비율을 그 사업에 대한 다음 보험연도의 실업급여 보험료율로 할 수 있다(법 제15조 제1항).

② 대통령령으로 정하는 사업으로서 매년 6월 30일 현재 산재보험의 보험관계가 성립한 후 3년이 지난 사업의 경우에 그 해 6월 30일 이전 3년 동안의 산재보험료(통상적인 경로와 방법으로 출퇴근하는 중 발생한 사고로 인한 업무상의 재해에 관한 산재보험료율을 곱한 금액은 제외)에 대한 산재보험급여 금액(통상적인 경로와 방법으로 출퇴근하는 중 발생한 사고로 인한 업무상의 재해를 이유로 지급된 보험급여는 제외)의 비율이 대통령령으로 정하는 비율에 해당하는 경우에는 같은 종류의 사업에 적용되는 산재보험료율의 100분의 50의 범위에서 사업 규모를 고려하여 대통령령으로 정하는 바에 따라 인상하거나 인하한 비율(이하 "개별실적요율")을 통상적인 경로와 방법으로 출퇴근하는 중 발생한 사고로 인한 업무상의 재해에 관한 산재보험료율과 합하여 그 사업에 대한 다음 보험연도의 산재보험료율로 할 수 있다(법 제15조 제2항).

③ 법 제15조 제2항에서 "대통령령이 정하는 비율에 해당하는 경우"라 함은 100분의 85를 넘거나 100분의 75 이하인 경우를 말한다(영 제16조).

2) 산 정

개별실적요율을 산정할 때 수급인·관계수급인 또는 파견사업주의 근로자에게 발생한 업무상 재해가 다음의 어느 하나에 해당하는 재해인 경우에는 그로 인하여 지급된 산재보험급여 금액을 재해발생의 책임 등을 고려하여 대통령령으로 정하는 바에 따라 해당 근로자에 대한 도급인, 수급인 또는 사용사업주의 산재보험급여 금액에 포함한다.

① 도급인이 산업안전보건법에 따른 의무를 위반하여 도급한 기간 중 수급인의 근로자에게 발생한 업무상 재해

② 산업안전보건법에 따른 의무를 위반하여 하도급한 기간 중 관계수급인의 근로자에게 발생한 업무상 재해

③ 도급인이 산업안전보건법상의 의무를 위반하여 관계수급인의 근로자에게 발생한 업무상 재해

④ 파견근로자에게 발생한 업무상 재해

3) 적 용

개별실적요율 적용 사업 중 대통령령으로 정하는 규모 이상의 사업의 경우 매년 6월 30일 이전 3년 동안에 업무상 사고로 사망한 사람(해당 사업에서 직접 고용한 근로자, 수급인·관계수급인의 근로자 및 파견근로자가 해당 사업에서 업무수행 중 사고로 사망한 경우를 모두 포함)의 수가 대통령령으로 정하는 기준 이상인 경우에는 해당 사업주의 산업안전보건법상 의무위반 여부 등을 고려하여 대통령령으로 정하는 바에 따라 개별실적요율을 달리 적용할 수 있다.

(2) 산재예방요율

1) 의 의

대통령령으로 정하는 사업으로서 산재보험의 보험관계가 성립한 사업의 사업주가 해당 사업 근로자의 안전보건을 위하여 재해예방활동을 실시하고 이에 대하여 고용노동부장관의 인정을 받은 때에는 그 사업에 대하여 적용되는 통상적인 경로와 방법으로 출퇴근하는 중 발생한 사고로 인한 업무상의 재해에 관한 산재보험료율의 100분의 30의 범위에서 대통령령으로 정하는 바에 따라 인하한 비율을 같은 종류의 사업에 적용되는 산재보험료율과 합하여 그 사업에 대한 다음 보험연도의 산재보험료율(이하 "산재예방요율")로 할 수 있다(법 제15조 제5항).

2) 재해예방활동

① 산재예방요율을 적용할 때 재해예방활동의 내용·인정기간, 산재예방요율의 적용기간 등 그 밖에 필요한 사항은 사업주가 실시하는 재해예방활동별로 구분하여 대통령령으로 정한다.

② 개별실적요율이나 산재예방요율에 따른 산재보험료율을 모두 적용받을 수 있는 사업의 경우에는 그 사업에 적용되는 산재보험료율에 각각 인상 또는 인하한 비율을 합하여(인상 및 인하한 비율이 동시에 발생한 경우에는 같은 값만큼 서로 상계하여 계산) 얻은 값만큼을 인상하거나 인하한 비율을 그 사업에 대한 다음 보험연도 산재보험료율로 한다.

3) 재해예방활동인정의 취소

① 고용노동부장관은 산재예방요율을 적용받는 사업이 다음의 어느 하나에 해당하는 경우에는 재해예방활동의 인정을 취소하여야 한다.

㉠ 거짓이나 그 밖의 부정한 방법으로 재해예방활동의 인정을 받은 경우 **기출** 24

㉡ 재해예방활동의 인정기간 중 산업안전보건법에 따른 중대재해가 발생한 경우. 다만, 산업안전보건법에 따른 사업주의 의무와 직접적으로 관련이 없는 재해로서 대통령령으로 정하는 재해는 제외한다.

㉢ 그 밖에 재해예방활동의 목적을 달성한 것으로 인정하기 곤란한 경우 등 대통령령으로 정하는 사유에 해당하는 경우

② 거짓이나 그 밖의 부정한 방법으로 재해예방활동을 인정받아 재해예방활동의 인정이 취소된 사업의 경우에는 산재예방요율 적용을 취소하고, 산재예방요율을 적용받은 기간에 대한 산재보험료를 다시 산정하여 부과하여야 한다.

③ 재해예방활동의 인정기간 중 중대재해가 발생하여 재해예방활동의 인정이 취소된 사업에 대하여는 해당 보험연도 재해예방활동의 인정기간비율에 따라 산재예방요율을 적용하여 다음 보험연도의 산재보험요율을 산정한다.

2. 산재보험료율의 특례적용사업(영 제15조)

산재보험료율의 특례적용사업(영 제15조)

① 법 제15조 제2항에서 "대통령령으로 정하는 사업"이란 다음 각 호의 사업을 말한다.

1. 건설업 중 법 제8조 제1항 및 제2항에 따라 일괄적용을 받는 사업으로서 해당 보험연도의 2년 전 보험연도의 총공사금액이 60억원 이상인 사업. 이 경우 총공사금액은 법 제11조 제1항 및 제3항에 따라 각각 신고한 공사금액에서 법 제9조 제1항 단서에 따라 공단의 승인을 받은 하수급인이 시행하는 공사금액을 제외한 금액으로 한다.
2. 건설업 및 벌목업을 제외한 사업으로서 상시근로자수가 30명 이상인 사업. 이 경우 상시근로자수는 법 제16조의10 제3항부터 제5항까지, 같은 조 제7항 및 법 제48조의5 제2항에 따른 신고를 기준으로 하여 제2조 제1항 제3호 가목에 따라 산정하되, 그 산정기간은 기준보험연도의 전년도 7월 1일부터 기준보험연도 6월 30일까지로 한다.

② 제1항에도 불구하고 공단은 사업주가 법 제11조 제1항 및 제3항, 제16조의10 제3항부터 제5항까지, 같은 조 제7항 및 법 제48조의5 제2항에 따른 신고를 하지 않거나 그 신고한 내용이 사실과 다른 경우에는 사실을 기초로 하여 총공사금액 또는 상시근로자수를 산정할 수 있다.

③ 기준보험연도 6월 30일 이전 3년의 기간 중에 제1항에 따른 산재보험료율 적용사업의 종류가 변경되면 그 사업에 대해서는 법 제15조 제2항에 따른 개별실적요율(이하 "개별실적요율")을 적용하지 않는다. 다만, 사업종류가 변경된 경우라도 기계설비・작업공정 등 해당 사업의 주된 작업실태가 변경되지 않았다고 인정되는 경우에는 개별실적요율을 적용한다.

④ 법 제15조 제5항에서 "대통령령으로 정하는 사업"이란 상시근로자수가 50명 미만으로서 다음 각 호의 어느 하나에 해당하는 사업을 말한다.

1. 제조업
2. 임 업
3. 법 제14조 제3항 전단에 따라 정하는 산재보험료율의 사업의 종류 중 다음 각 목의 사업
   가. 위생 및 유사서비스업
   나. 하수도업

⑤ 제4항에 따른 상시근로자수 산정 시 적용하는 해당 보험연도는 제18조의2에 따른 산재예방활동을 인정받은 보험연도로 한다.

개별실적요율의 산정(영 제18조)

① 법 제15조 제2항에 따른 산재보험료율의 인상 또는 인하는 [별표 1]의 비율에 따른다.

② 법 제15조 제2항에 따라 개별실적요율을 산정할 때 수급인・관계수급인(산업안전보건법에 따른 수급인・관계수급인) 또는 파견사업주(파견근로자보호 등에 관한 법률에 따른 파견사업주)의 근로자에게 발생한 재해가 법 제15조 제3항 각 호의 어느 하나의 재해인 경우 그로 인하여 지급된 산재보험급여의 금액은 다음 각 호의 구분에 따라 도급인(산업안전보건법에 따른 도급인), 수급인 또는 사용사업주(파견근로자보호 등에 관한 법률에 따른 사용사업주)의 산재보험급여 금액에 포함한다.

1. 법 제15조 제3항 제1호의 재해로 지급된 산재보험급여 금액 : 도급인의 산재보험급여 금액에 전부 포함
2. 법 제15조 제3항 제2호의 재해로 지급된 산재보험급여 금액 : 수급인의 산재보험급여 금액에 전부 포함
3. 법 제15조 제3항 제3호의 재해로 지급된 산재보험급여 금액 : 도급인의 산재보험급여 금액에 전부 포함. 다만, 해당 업무상 재해의 발생과 관련하여 관계수급인이 산업안전보건법 제38조 또는 제39조의 의무를 위반한 사실이 있는 경우 그 재해로 지급된 산재보험급여 금액은 도급인 및 관계수급인의 산재보험급여 금액에 각각 2분의 1씩 포함한다.
4. 법 제15조 제3항 제4호의 재해로 지급된 산재보험급여 금액 : 사용사업주의 산재보험급여 금액에 전부 포함

③ 법 제15조 제4항에서 "대통령령으로 정하는 규모 이상의 사업"이란 다음 각 호의 사업을 말한다.
1. 제15조 제1항 제1호의 사업
2. 건설업(건설장비운영업은 제외) 및 벌목업을 제외한 사업으로서 상시근로자수가 500명 이상인 사업. 이 경우 상시근로자수는 법 제16조의10 제3항부터 제5항까지 및 제7항에 따른 신고를 기준으로 하여 제2조 제1항 제3호 가목에 따라 산정하며, 그 산정기간은 기준보험연도의 전년도 7월 1일부터 기준보험연도 6월 30일까지로 한다.
④ 법 제15조 제4항에서 "대통령령으로 정하는 기준"이란 3명을 말한다.
⑤ 법 제15조 제4항에 따른 업무상 사고로 사망한 사람 수 등을 고려한 개별실적요율의 적용 기준은 [별표 1의2]와 같다.
⑥ 공단은 법 제15조 제2항부터 제5항까지의 규정을 적용하여 개별실적요율을 산정한 경우에는 지체 없이 해당 사업주에게 그 개별실적요율을 알려야 한다.

Ⅳ 보험료의 부과 · 징수 및 산정

1. 보험료의 부과 · 징수(법 제16조의2)

① 보험료는 공단이 매월 부과하고, 건강보험공단이 이를 징수한다. 기출 14 · 21 · 24
② 건설업 등 대통령령으로 정하는 사업의 경우에는 법 제17조(건설업 등의 개산보험료의 신고와 납부) 및 제19조(건설업 등의 확정보험료의 신고 · 납부 및 정산)에 따른다.
③ 건설업 등 대통령령으로 정하는 사업이란 다음의 사업을 말한다(영 제19조의2). 기출 21
㉠ 건설업(건설장비운영업은 제외한다)
㉡ 임업 중 벌목업

2. 월별보험료의 산정(법 제16조의3)

① 공단이 매월 부과하는 보험료(이하 "월별보험료")는 근로자 또는 예술인의 개인별 월평균보수에 고용보험료율 및 산재보험료율을 각각 곱한 금액을 합산하여 산정한다. 다만, 월평균보수를 산정하기 곤란한 일용근로자 등 대통령령으로 정하는 사람에 대한 월별보험료는 대통령령으로 정하는 바에 따라 산정한 금액을 개인별 월평균보수로 보아 산정한다.
② 월평균보수는 사업주가 지급한 보수 · 보수액 및 고용보험료를 징수하는 경우에는 근로자가 휴직이나 그 밖에 이와 비슷한 상태에 있는 기간 중에 사업주 외의 자로부터 지급받는 금품 중 고용노동부장관이 정하여 고시하는 금품을 기준으로 산정한다. 이 경우 월평균보수의 산정방법, 적용기간 등은 대통령령으로 정하는 바에 따른다.

3. 월 중간 고용관계 변동 등에 따른 월별보험료 산정(법 제16조의4)

다음의 어느 하나에 해당하는 경우 월별보험료는 해당 월의 다음 달부터 산정한다. 다만, 매월 1일에 다음의 어느 하나에 해당하는 경우에는 그 달부터 산정한다.
① 근로자가 월의 중간에 새로이 고용된 경우
② 근로자가 월의 중간에 동일한 사업주의 하나의 사업장에서 다른 사업장으로 전근되는 경우
③ 근로자의 휴직 등 대통령령으로 정하는 사유가 월의 중간에 종료된 경우

월 중간에 종료되는 고용관계 변동 사유(영 제19조의4)

법 제16조의4 제3호에서 "근로자의 휴직 등 대통령령으로 정하는 사유"란 다음 각 호의 어느 하나에 해당하는 사유를 말한다.

1. 근로자의 휴업·휴직
2. 근로기준법 제74조 제1항부터 제3항까지의 규정에 따른 출산전후휴가 또는 유산·사산 휴가
3. 그 밖에 근로자가 근로를 제공하지 않은 상태로서 고용노동부장관이 인정하는 사유

4. 보험료 산정의 특례(법 제16조의5)

근로자가 근로기준법에 따른 휴업수당을 받는 등 대통령령으로 정하는 사유에 해당하는 경우에는 대통령령으로 정하는 바에 따라 해당 근로자의 월평균보수(건설업 등의 사업은 보수총액)의 전부 또는 일부를 제외하고 보험료를 산정한다.

보험료 산정 시 월평균보수 등에서 제외하는 보수(영 제19조의5)

① 법 제16조의5에서 "근로기준법 제46조 제1항에 따른 휴업수당을 받는 등 대통령령으로 정하는 사유"란 제19조의4 각 호의 사유를 말한다.

② 제1항에 따른 사유에 해당하는 기간 중의 보수는 산재보험료를 산정할 때 월평균보수 또는 보수총액에서 제외한다.

5. 조사 등에 따른 월별보험료 산정(법 제16조의6)

① 공단은 사업주가 신고를 하지 아니하거나, 신고한 내용이 사실과 다른 때에는 사업주에게 미리 알리고 그 사실을 조사하여 다음의 어느 하나에 해당하는 금액을 기준으로 월평균보수를 결정하여 월별보험료를 산정할 수 있다.

㉠ 공단이 조사하여 산정한 금액

㉡ 사업주가 공단 또는 국세청 등 유관기관에 근로자의 보수 등을 신고한 사실이 있는 경우에는 그 금액

㉢ 근로자의 보수 등에 관한 자료를 확인하기 곤란한 경우에는 기준보수

② 공단은 보험료를 산정한 이후에 사업주가 월평균보수 등을 정정하여 신고하는 경우에는 사실 여부를 조사하여 월별보험료를 재산정할 수 있다.

V 월별보험료의 납부 및 고지

1. 납부기한(법 제16조의7)

사업주는 그 달의 월별보험료를 다음 달 10일까지 납부하여야 한다(제1항). 제16조의6(조사 등에 따른 월별보험료 산정) 및 제16조의9 제2항(공단은 사업주가 보수총액을 신고하지 아니하거나 사실과 다르게 신고한 경우에는 제16조의6 제1항을 준용하여 보험료를 산정)에 따라 산정된 보험료는 건강보험공단이 정하여 고지한 기한까지 납부하여야 한다(제2항). 기출 15·17

2. 고지(법 제16조의8)

① 건강보험공단은 사업주에게 다음의 사항을 적은 문서로써 납부기한 10일 전까지 월별보험료의 납입을 고지하여야 한다. 기출 15·21
   ㉠ 징수하고자 하는 보험료 등의 종류
   ㉡ 납부하여야 할 보험료 등의 금액
   ㉢ 납부기한 및 장소

② 건강보험공단은 납입의 고지를 하는 경우에는 사업주가 신청한 때에는 전자문서교환방식 등에 의하여 전자문서로 고지할 수 있다. 기출 17

③ 전자문서로 고지한 경우 고용노동부령으로 정하는 정보통신망에 저장하거나 납부의무자가 지정한 전자우편주소에 입력된 때에 그 사업주에게 도달된 것으로 본다.

④ 연대납부의무자 중 1명에게 한 고지는 다른 연대납부의무자에게도 효력이 있는 것으로 본다.

⑤ 건강보험공단은 제2차 납부의무자에게 납부의무가 발생한 경우 납입의 고지를 하여야 하며, 원납부의무자인 법인인 사업주 및 사업양도인에게 그 사실을 통지하여야 한다. 이 경우 납입의 고지 방법, 고지의 도달 등에 관한 사항은 이미 살핀 내용과 동일하다.

Ⅵ 보험료의 정산(법 제16조의9)

① 공단은 사업주가 신고한 근로자의 개인별 보수총액에 보험료율을 곱한 금액을 합산하여 사업주가 실제로 납부하여야 할 보험료를 산정한다. 이 경우 보험료납부자가 사업주, 예술인 또는 노무제공자의 보험료를 원천공제하여 납부한 경우는 제외한다.

② 공단은 사업주가 보수총액을 신고하지 아니하거나 사실과 다르게 신고한 경우에는 공단의 조사 등에 의하여 월별보험료를 산정하여 보험료를 산정한다.

③ 건강보험공단은 사업주가 이미 납부한 보험료가 ①과 ②에 따라 산정한 보험료보다 더 많은 경우에는 그 초과액을 사업주에게 반환하고, 부족한 경우에는 그 부족액을 사업주로부터 징수하여야 한다.

④ 건강보험공단이 사업주로부터 부족액을 징수하는 경우에는 정산을 실시한 달의 보험료에 합산하여 징수한다. 다만, 그 부족액이 정산을 실시한 달의 보험료를 초과하는 경우에는 그 부족액을 2등분하여 정산을 실시한 달의 보험료와 그 다음 달의 보험료에 각각 합산하여 징수한다.

Ⅶ 신고의무

1. 보수총액 등의 신고(법 제16조의10, 영 제19조의8)

① 사업주는 전년도에 근로자, 예술인 또는 노무제공자에게 지급한 보수총액 등을 매년 3월 15일까지 공단에 신고하여야 한다. 이 경우 보험료납부자가 사업주, 예술인 또는 노무제공자의 보험료를 원천공제하여 납부한 경우는 제외한다.

② 사업주는 사업의 폐지·종료 등으로 보험관계가 소멸한 때에는 그 보험관계가 소멸한 날부터 14일 이내에 근로자, 예술인 또는 노무제공자에게 지급한 보수총액 등을 공단에 신고하여야 한다.

③ 사업주는 다음의 어느 하나에 해당하는 때에는 그 근로자 · 예술인 · 노무제공자의 성명 및 주소지 등을 해당 근로자를 고용한 날 또는 해당 예술인 · 노무제공자의 노무제공 개시일이 속하는 달의 다음 달 15일까지 공단에 신고하여야 한다. 다만, 1개월 동안 소정근로시간이 60시간 미만인 사람 등 대통령령으로 정하는 근로자에 대해서는 신고하지 아니할 수 있다.
   ㉠ 근로자를 새로 고용한 때
   ㉡ 문화예술용역 관련 계약을 체결한 때
   ㉢ 노무제공계약을 체결한 때

④ 사업주는 다음의 어느 하나에 해당하는 때에는 그 근로자 · 예술인 · 노무제공자에게 지급한 보수총액, 고용관계 또는 문화예술용역 관련 계약 · 노무제공계약의 종료일 등을 해당 고용관계 또는 계약이 종료된 날이 속하는 달의 다음 달 15일까지 공단에 신고하여야 한다.
   ㉠ 근로자와 고용관계를 종료한 때
   ㉡ 예술인과 문화예술용역 관련 계약을 종료한 때
   ㉢ 노무제공자와 노무제공계약을 종료한 때

⑤ 사업주는 근로자, 예술인 또는 노무제공자가 휴직하거나 다른 사업장으로 전보되는 등 대통령령으로 정하는 사유가 발생한 때에는 그 사유 발생일부터 14일 이내에 그 사실을 공단에 신고하여야 한다.

⑥ 사업주 또는 발주자 · 원수급인이 고용보험법에 따른 사항을 고용노동부장관에게 신고한 경우에는 보수총액 등의 신고를 생략할 수 있다.

⑦ 보수총액 등의 사항을 신고하여야 하는 사업주는 해당 신고를 정보통신망을 이용하거나 콤팩트디스크(Compact Disc) 등 전자적 기록매체로 제출하는 방식으로 하여야 한다. 다만, 전년도 말일 현재 근로자 수가 10명 미만인 사업주는 해당 신고를 문서로 할 수 있다.

2. 수정신고(법 제16조의11)

보수총액신고서를 그 신고기한 내에 제출한 사업주는 보수총액신고서에 적은 보수총액이 실제로 신고하여야 하는 보수총액과 다른 경우에는 공단이 사업주에 대하여 사실을 조사하겠다는 뜻을 미리 알리기 전까지 보수총액을 수정하여 신고할 수 있다. 이 경우 보수의 수정신고 사항 및 신고절차에 관하여 필요한 사항은 고용노동부령으로 정한다.

Ⅷ 월별부과 · 고지제외 대상사업

1. 대상사업(법 제16조의2 제2항)

① 건설업 등 대통령령으로 정하는 사업의 경우에는 법 제17조(건설업 등의 개산보험료의 신고와 납부) 및 제19조(건설업 등의 확정보험료의 신고 · 납부 및 정산)에 따른다.

② 건설업 등 대통령령으로 정하는 사업이란 다음의 사업을 말한다(영 제19조의2).
   ㉠ 건설업(건설장비운영업은 제외)
   ㉡ 임업 중 벌목업

2. 건설업 등의 개산보험료(법 제17조)

(1) 산정 및 납부

사업주는 보험연도마다 그 1년 동안(보험연도 중에 보험관계가 성립한 경우에는 그 성립일부터 그 보험연도 말일까지의 기간)에 사용할 근로자(고용보험료를 산정하는 경우에는 고용보험법에 의한 적용 제외 근로자를 제외)에게 지급할 보수총액의 추정액(대통령령이 정하는 경우에는 전년도에 사용한 근로자에게 지급한 보수총액)에 고용보험료율 및 산재보험료율을 각각 곱하여 산정한 금액(개산보험료)을 대통령령이 정하는 바에 따라 그 보험연도의 3월 31일(보험연도 중에 보험관계가 성립한 경우에는 그 보험관계의 성립일부터 70일, 건설공사 등 기간이 정하여져 있는 사업으로서 70일 이내에 끝나는 사업에 경우에는 그 사업이 끝나는 날의 전날)까지 공단에 신고·납부하여야 한다. 다만, 그 보험연도의 개산보험료 신고·납부 기한이 확정보험료 신고·납부 기한보다 늦은 경우에는 그 보험연도의 확정보험료 신고·납부 기한을 그 보험연도의 개산보험료 신고·납부 기한으로 한다(제1항).

(2) 사실조사

공단은 사업주가 신고를 하지 아니하거나 그 신고가 사실과 다른 경우에는 그 사실을 조사하여 개산보험료를 산정·징수하되, 이미 낸 금액이 있을 때에는 그 부족액을 징수하여야 한다.

(3) 분할납부

① 사업주는 개산보험료를 대통령령이 정하는 바에 따라 분할납부할 수 있다(제3항).

② 사업주가 분할 납부할 수 있는 개산보험료를 납부기한까지 전액 납부하는 경우에는 그 개산보험료의 금액의 100분의 5의 범위에서 고용노동부령으로 정하는 금액을 경감한다(제4항).

개산보험료의 분할 납부(영 제22조)

① 개산보험료의 분할 납부는 연 4분기로 하되, 각 기의 구분은 다음 각 호와 같다.
1. 제1기 : 1월 1일부터 3월 31일까지
2. 제2기 : 4월 1일부터 6월 30일까지
3. 제3기 : 7월 1일부터 9월 30일까지
4. 제4기 : 10월 1일부터 12월 31일까지

② 개산보험료를 분할 납부할 수 없는 사업은 다음과 같다.
1. 해당 보험연도 7월 1일 이후에 보험관계가 성립된 사업
2. 건설공사 등 기간의 정함이 있는 사업으로서 그 기간이 6개월 미만인 사업

③ 보험연도 중에 보험관계가 성립된 경우의 개산보험료의 분할 납부의 최초의 기는 다음 각 호의 구분에 따른 기간으로 한다.
1. 1월 2일부터 3월 31일 사이에 보험관계가 성립된 경우에는 보험관계 성립일부터 6월 30일까지
2. 4월 1일부터 6월 30일 사이에 보험관계가 성립된 경우에는 보험관계 성립일부터 9월 30일까지

④ 각 기의 개산보험료는 다음 각 호와 같다.
1. 제1항의 규정에 따른 각 기의 개산보험료는 해당 연도의 개산보험료를 4등분한 금액
2. 제3항에 따른 각 기의 개산보험료 : 해당 연도의 개산보험료에 보험관계성립일부터 해당 연도 말일까지의 총일수에서 각 기별 기간의 일수가 차지하는 비율을 각각 곱하여 산정한 금액

⑤ 개산보험료를 분할 납부하는 사업주는 최초의 기의 개산보험료를 규정에 의한 납부기한까지 납부하고, 그 이후의 각 기의 개산보험료는 각각 그 분기의 중간월의 15일까지 내야 한다.

⑥ 분할 납부를 하려는 사업주는 공단에 개산보험료의 분할 납부를 신청하여야 한다.

(4) 경정청구

① 개산보험료를 신고한 사업주는 이미 신고한 개산보험료가 이 법에 따라 신고하여야 할 개산보험료를 초과하는 때(사업규모의 축소로 인한 경우는 제외)에는 기한이 지난 후 1년 이내에 최초에 신고한 개산보험료의 경정을 공단에 청구할 수 있다(제5항).

② 개산보험료의 경정청구 및 이에 대한 통지에 필요한 사항은 대통령령으로 정한다(제6항).

> **개산보험료의 경정청구(영 제23조)**
>
> ① 개산보험료의 경정청구서 기재사항
> 1. 청구인의 성명과 주소 또는 거소
> 2. 경정 전의 개산보험료액
> 3. 경정 후의 개산보험료액
> 4. 경정청구를 하는 이유
> 5. 그 밖에 경정청구를 하는 이유 및 산출근거를 설명하는 데에 필요한 사항
>
> ② 공단은 경정청구를 받은 날부터 2개월 이내에 개산보험료의 경정청구에 대한 결과를 청구인에게 알려야 한다.

3. 건설업 등의 확정보험료(법 제19조)

(1) 산정 및 납부

① 사업주는 매 보험연도의 말일(보험연도 중에 보험관계가 소멸한 경우에는 그 소멸한 날의 전날)까지 사용한 근로자(고용보험료를 산정하는 경우에는 고용보험법에 따른 적용제외근로자는 제외)에게 지급한 보수총액(지급하기로 결정된 금액을 포함)에 고용보험료율 및 산재보험료율을 각각 곱하여 산정한 금액(이하 "확정보험료")을 대통령령으로 정하는 바에 따라 다음 보험연도의 3월 31일(보험연도 중에 보험관계가 소멸한 사업에 있어서는 그 소멸한 날부터 30일)까지 공단에 신고하여야 한다. 다만, 사업주가 국가 또는 지방자치단체인 경우에는 그 보험연도의 말일(보험연도 중에 보험관계가 소멸한 사업의 경우에는 그 소멸한 날부터 30일)까지 신고할 수 있다(제1항).

② 그 보험연도의 확정보험료 신고·납부 기한이 다음 보험연도의 확정보험료 신고·납부 기한보다 늦은 경우에는 다음 보험연도의 확정보험료 신고·납부기한을 그 보험연도의 확정보험료 신고·납부 기한으로 한다.

(2) 과부족 정산

납부하거나 추가징수한 개산보험료의 금액이 확정보험료의 금액을 초과하는 경우에 공단은 그 초과액을 사업주에게 반환하여야 하며, 부족한 경우에 사업주는 그 부족액을 다음 보험연도의 3월 31일(보험연도 중에 보험관계가 소멸한 사업의 경우에는 그 소멸한 날부터 30일)까지 납부하여야 한다. 다만, 사업주가 국가 또는 지방자치단체인 경우에는 그 보험연도의 말일(보험연도 중에 보험관계가 소멸한 사업의 경우에는 그 소멸한 날부터 30일)까지 납부할 수 있다.

(3) 사실조사

공단은 사업주가 신고를 하지 아니하거나 그 신고가 사실과 다른 때에는 사실을 조사하여 확정보험료의 금액을 산정한 후 개산보험료를 납부하지 아니한 사업주에 대하여는 그 확정보험료의 전액을 징수하고, 개산보험료를 납부한 사업주에 대하여 그 납부한 개산보험료와 확정보험료의 차액이 있는 때에는 그 초과액을 반환하거나 부족액을 징수하여야 한다. 이 경우 사실조사를 하는 때에는 미리 조사계획을 사업주에게 알려야 한다.

(4) 경정청구

① 확정보험료를 신고한 사업주는 이미 신고한 확정보험료가 이 법에 따라 신고하여야 할 확정보험료를 초과하는 때(사업규모의 축소로 인한 경우는 제외)에는 기한이 지난 후 1년 이내에 최초에 신고한 확정보험료의 경정을 공단에 청구할 수 있다.

② 확정보험료의 경정청구 및 이에 대한 통지에 필요한 사항은 대통령령으로 정한다.

(5) 수정신고

기한 내에 확정보험료를 신고한 사업주는 이미 신고한 확정보험료가 이 법에 따라 신고하여야 할 확정보험료보다 적은 경우에는 조사계획의 통지 전까지 확정보험료 수정신고서를 제출할 수 있다.

4. 보험료 납부방법의 변경(법 제19조의2)

사업종류의 변경으로 보험료 납부방법이 변경되는 경우에는 사업종류의 변경일 전일을 변경 전 사업 폐지일로, 사업종류의 변경일을 새로운 사업성립일로 본다. 기출 14·17·19

5. 보험료징수의 특례(법 제20조)

공단은 보험료를 징수함에 있어서 결산서 등 보험료 산정을 위한 기초자료를 확보하기 어려운 경우 등 대통령령이 정하는 사유에 해당하는 경우에는 그 사업주에 대한 적용대상 사업과 규모·보수수준 및 매출액 등이 비슷한 같은 종류의 사업을 기준으로 고용노동부령이 정하는 바에 따라 그 사업의 보험료를 산정·부과하여 징수할 수 있다. 여기서 대통령령이 정하는 사유(영 제27조)는 공단이 사업주에 대하여 결산서 등 보험료 산정에 필요한 기초자료의 제출을 2회 이상 요구하였으나 이에 불응하거나 제출된 자료가 현저히 믿기 어려워 보완을 요구하였으나 보완하지 아니한 경우를 말한다.

Ⅸ 보험료율의 인상 또는 인하 등에 따른 조치

1. 조정 및 징수(법 제18조 제1항)

공단은 보험료율이 인상 또는 인하된 때에는 월별보험료 및 개산보험료를 증액 또는 감액 조정하고, 월별보험료가 증액된 때에는 건강보험공단이, 개산보험료가 증액된 때에는 공단이 각각 징수한다. 이 경우 사업주에 대한 통지, 납부기한 등 필요한 사항은 대통령령으로 정한다. 기출 14·19·22·24

2. 통지(영 제24조)

① 공단은 보험료를 감액 조정한 경우에는 보험료율의 인하를 결정한 날부터 20일 이내에 그 감액 조정 사실을 사업주에게 알려야 한다. 기출 19·24

② 보험료를 감액 조정한 결과 사업주가 이미 납부한 금액이 납부하여야 할 금액보다 많은 경우 공단은 잘못 낸 금액의 충당 및 반환을 결정하고 사업주에게 이를 알려야 한다.

③ 공단 또는 국민건강보험공단은 보험료를 증액 조정한 경우에는 납부기한을 정하여 보험료를 추가로 낼 것을 사업주에게 알려야 한다.

④ 보험료의 추가 납부를 통지받은 사업주는 납부기한까지 증액된 보험료를 내야 한다. 다만, 공단 또는 건강보험공단은 정당한 사유가 있다고 인정되는 경우에는 30일의 범위에서 그 납부기한을 한 번 연장할 수 있다. 기출 24

3. 신청에 의한 감액(법 제18조 제2항)

공단은 사업주가 보험연도 중에 사업의 규모를 축소하여 실제의 개산보험료 총액이 이미 신고한 개산보험료 총액보다 대통령령이 정하는 기준(100분의 30) 이상으로 감소하게 된 경우에는 사업주의 신청을 받아 그 초과액을 감액할 수 있다. 기출 24

X 고용보험료의 지원

1. 고용보험료의 지원

(1) 지원요건(법 제21조 제1항)

국가는 근로자가 다음의 요건을 모두 충족하는 경우 그 사업주와 근로자가 부담하는 고용보험료의 일부를 예산의 범위에서 지원할 수 있다.

① 대통령령으로 정하는 규모 미만의 사업에 고용되어 대통령령으로 정하는 금액 미만의 보수를 받을 것

② 대통령령으로 정하는 재산이 대통령령으로 정하는 기준 미만일 것

③ 소득세법상의 종합소득이 대통령령으로 정하는 기준 미만일 것

(2) 지원신청(영 제29조의2)

① 고용보험료를 지원받으려는 경우 그 사업의 사업주 또는 근로자・예술인・노무제공자는 고용노동부령으로 정하는 바에 따라 공단에 고용보험료의 지원을 신청해야 한다.

② 공단은 신청을 받은 경우 사업주 또는 노무제공플랫폼사업자가 월별보험료를 기한 내에 납부하였는지를 매월 확인한 후 지원한다. 이 경우 지원신청일이 속한 달의 고용보험료부터 해당 보험연도 말까지 지원하되, 사업주 또는 노무제공플랫폼사업자가 다음의 어느 하나에 해당하는 신고를 기한 내에 하지 않은 경우에는 그 신고를 이행한 날이 속한 달의 고용보험료부터 지원하고, 지원대상이 되는 피보험자가 일용근로자, 단기예술인 또는 단기노무제공자인 경우에는 사업주 또는 노무제공플랫폼사업자가 기한 내에 제출한 근로내용 확인신고서 또는 기한 내에 제출된 노무제공내용 확인신고서나 근로소득 지급명세서에 기재된 사람에 대한 월별보험료만을 지원한다.

㉠ 보수총액신고(노무제공자에 대한 보수총액 신고는 제외)

㉡ 지원대상이 되는 근로자인 피보험자에 대한 고용보험법에 따른 피보험자격취득신고

㉢ 지원대상이 되는 예술인인 피보험자의 피보험자격취득신고(발주자 또는 원수급인이 하는 신고를 포함)

㉣ 지원대상이 되는 노무제공자인 피보험자에 대한 피보험자격취득신고(월 보수액을 신고하여 피보험자격취득신고를 한 것으로 보는 경우를 포함)

③ 공단은 사업주 또는 노무제공플랫폼사업자가 고용보험료의 지원기간 중에 지원대상이 되는 노무제공자인 피보험자에 대한 월 보수액의 신고를 기한 내에 하지 않은 달에 대해서는 고용보험료를 지원하지 않는다.

④ 사업이 보험연도 말 현재 고용보험료 지원을 받고 있고 그 보험연도 중 보험료지원기간의 월평균근로자인 피보험자수가 10명 미만인 경우에는 다음 보험연도 1월 1일에 지원을 신청하여 지원받는 사업으로 본다.

⑤ 사업이 고용보험료 지원이 시작된 이후 해당 보험연도의 매월 말일을 기준으로 한 근로자인 피보험자수가 3개월 연속 10명 이상이 되지 아니하여 고용보험료 지원을 받지 못하게 된 경우에는 해당 보험연도 말까지는 고용보험료의 지원을 신청을 하지 못한다.

(3) 지원수준(영 제29조)

고용보험료의 지원수준과 지원기간은 사업주 및 근로자 · 예술인 · 노무제공자가 부담하는 고용보험료의 범위에서 근로자 · 예술인 · 노무제공자의 보수 · 보수액의 수준, 피보험자격의 취득상황 등을 고려하여 고용노동부장관이 보건복지부장관과 협의하여 고시한다.

2. 지원금의 환수(법 제21조의2, 영 제30조)

① 국가는 고용보험료의 지원을 받은 자가 다음의 어느 하나에 해당하는 경우에는 그 지원금액의 전부 또는 일부를 환수할 수 있다. 다만, 환수할 금액이 대통령령으로 정하는 금액 미만인 경우(3천원)에는 환수하지 아니한다.

㉠ 거짓 또는 부정한 방법으로 지원받은 경우

㉡ 지원대상이 아닌 자가 지원받은 경우

② 환수대상이 되는 지원금은 공단이 국세 체납처분의 예에 따라 징수한다.

③ 환수에 관하여는 보험료 및 징수금 징수에 대한 규정을 준용한다.

XI 보험료 등의 경감, 면제특례 및 2차 납부의무(법 제22조의2, 제22조의3, 제22조의5)

1. 보험료 등의 경감

① 고용노동부장관은 천재지변이나 그 밖에 대통령령으로 정하는 특수한 사유(화재, 폭발 및 전쟁의 피해, 그 밖에 이에 준하는 재난)가 있어 보험료를 경감할 필요가 있다고 인정하는 보험가입자에 대하여 고용보험법에 따른 고용보험위원회 또는 산업재해보상보험법에 따른 산업재해보상보험 및 예방심의위원회 심의를 거쳐 보험료와 이 법에 따른 그 밖의 징수금을 경감할 수 있다. 이 경우 경감비율은 100분의 50의 범위에서 대통령령으로 정한다.

② 경감비율은 보험료와 그 밖의 징수금의 100분의 30으로 한다(영 제30조의2 제2항). 기출 13 · 19

③ 공단은 보수총액 또는 개산보험료를 기한까지 고용 · 산재정보통신망을 통하여 신고하는 사업주에 대하여는 그 월별보험료 또는 개산보험료에서 대통령령으로 정하는 금액을 경감할 수 있다. 다만, 월별보험료 또는 개산보험료가 10만원 미만인 경우에는 그러하지 아니하다.

④ 공단은 월별보험료 또는 개산보험료를 자동계좌이체의 방법으로 내는 사업주에게는 월별보험료 또는 개산보험료를 경감하거나 추첨에 따라 경품을 제공하는 등 재산상의 이익을 제공할 수 있다.

2. 산재보험료등의 면제특례

산업재해보상보험법에 따른 노무제공자("산재보험 노무제공자")로부터 노무를 제공받는 사업주가 다음의 어느 하나에 해당하는 신고를 한 때에는 산재보험 노무제공자 노무 제공 신고일(산재보험 노무제공자로부터 최초로 노무를 제공받은 날 및 산재보험 노무제공자의 업무내용 등에 대한 신고) 이전의 산재보험료 및 이에 대한 가산금 · 연체금(이하 "산재보험료등")의 전부 또는 일부를 면제할 수 있다.

① 보험관계의 신고 및 해당 산재보험 노무제공자에 대한 노무제공 신고

② 사업주가 이미 보험관계의 신고를 한 경우에는 해당 산재보험 노무제공자에 대한 노무제공 신고

3. 제2차 납부의무

① 법인의 재산으로 그 법인이 납부하여야 하는 보험료, 이 법에 따른 그 밖의 징수금과 체납처분비를 충당하여도 부족한 경우에는 해당 법인이 납부하여야 하는 보험료의 납부기간 만료일(건설업 등의 개산보험료와 확정보험료의 신고가 있는 경우에는 해당 규정에 따른 납부기간 만료일) 현재의 무한책임사원 또는 과점주주가 그 부족한 금액에 대하여 제2차 납부의무를 진다. 다만, 과점주주의 경우에는 그 부족한 금액을 그 법인의 발행주식 총수(의결권이 없는 주식은 제외) 또는 출자총액으로 나눈 금액에 해당 과점주주가 실질적으로 권리를 행사하는 주식 수(의결권이 없는 주식은 제외) 또는 출자액을 곱하여 산출한 금액을 한도로 한다.

② 사업이 양도·양수된 경우에 양도일 이전에 양도인에게 부과 결정된 보험료(건설업 등의 개산보험료와 확정보험료로 신고된 보험료를 포함), 이 법에 따른 그 밖의 징수금 및 체납처분비를 양도인의 재산으로 충당하여도 부족한 경우에는 사업의 양수인이 그 부족한 금액에 대하여 양수한 재산의 가액을 한도로 제2차 납부의무를 진다. 이 경우 양수인의 범위 및 양수한 재산의 가액은 대통령령으로 정한다.

양수인의 제2차 납부의무(영 제30조의5)

① 법 제22조의5 제2항에 따라 제2차 납부의무를 지는 사업의 양수인은 사업별로 그 사업에 관한 모든 권리(미수금에 관한 것은 제외)와 모든 의무(미지급금에 관한 것은 제외)를 포괄적으로 승계한 자로 한다.

② 법 제22조의5 제2항에 따른 양수한 재산의 가액은 다음 각 호의 금액으로 한다.

1. 사업의 양수인이 양도인에게 지급했거나 지급해야 할 금액이 있는 경우에는 그 금액
2. 제1호에 따른 금액이 없거나 불분명한 경우에는 양수한 자산 및 부채를 건강보험공단이 상속세 및 증여세법 제60조부터 제66조까지를 준용하여 평가한 후 그 자산총액에서 부채총액을 뺀 가액

③ 제2항에도 불구하고 다음 각 호의 어느 하나에 해당하는 경우에 양수한 재산의 가액은 같은 항 제1호의 금액과 같은 항 제2호의 금액 중 큰 금액으로 한다.

1. 제2항 제1호에 따른 금액과 상속세 및 증여세법 제60조에 따른 시가의 차액이 3억원 이상인 경우
2. 제2항 제1호에 따른 금액과 상속세 및 증여세법 제60조에 따른 시가의 차액이 그 시가의 100분의 30에 상당하는 금액 이상인 경우

XII 보험료 등의 충당 및 반환

1. 보험료 등 과납액의 충당·반환(법 제23조 제1항·제2항)

① 공단은 보험료 등의 납부의무자가 잘못 낸 금액을 반환하고자 하는 때에는 다음의 순위에 따라 보험료등과 환수금에 우선 충당하고 나머지 금액이 있으면 그 납부의무자에게 반환결정하고, 건강보험공단이 그 금액을 지급한다. 다만, 개산보험료, 확정보험료 및 징수금에 따른 나머지 금액은 공단이 지급한다.

㉠ 체납처분비
㉡ 월별보험료, 개산보험료 또는 확정보험료
㉢ 연체금
㉣ 가산금
㉤ 보험급여액의 징수금
㉥ 환수금

② 잘못 낸 금액이 고용보험과 관련될 때에는 고용보험료, 관련 징수금, 환수금 및 체납처분비에 충당하고, 산재보험과 관련되는 경우에는 산재보험료, 관련 징수금 및 체납처분비에 충당하여야 하며, 같은 순위의 보험료, 환수금, 이 법에 따른 그 밖의 징수금과 체납처분비가 둘 이상 있을 때에는 납부기한이 빠른 보험료, 환수금, 이 법에 따른 그 밖의 징수금과 체납처분비를 선순위로 한다.

✔ 핵심문제

01 **고용보험 및 산업재해보상보험의 보험료징수 등에 관한 법률상 보험료의 부과·징수에 관한 설명으로 옳지 않은 것은?** 기출 14

① 월별보험료는 근로복지공단이 매월 부과한다.
② 월별보험료는 국민건강보험공단이 징수한다.
③ 보험료율이 인하된 경우 근로복지공단은 개산보험료를 감액 조정한다.
④ 보험료율이 인상된 경우 국민건강보험공단은 월별보험료를 증액 조정한다.
⑤ 원칙적으로 보험료와 그 밖의 징수금은 국세 및 지방세를 제외한 다른 채권보다 우선하여 징수한다.

[해설]
①·② (O) 징수법 제16조의2 제1항
③ (O) 공단은 보험료율이 인상 또는 인하된 때에는 월별보험료 및 개산보험료를 증액 또는 감액조정하고, 월별보험료가 증액된 때에는 건강보험공단이, 개산보험료가 증액된 때에는 공단이 각각 징수한다. 이 경우 사업주에 대한 통지, 납부기한 등 필요한 사항은 대통령령으로 정한다(징수법 제18조 제1항).
④ (×) 공단은 보험료율이 인상 또는 인하된 때에는 월별보험료 및 개산보험료를 증액 또는 감액조정하고, 월별보험료가 증액된 때에는 건강보험공단이, 개산보험료가 증액된 때에는 공단이 각각 징수한다. 이 경우 사업주에 대한 통지, 납부기한 등 필요한 사항은 대통령령으로 정한다(징수법 제18조 제1항).
⑤ (O) 징수법 제30조 본문

정답 ④

02 **고용보험 및 산업재해보상보험의 보험료징수 등에 관한 법령상 고용노동부장관은 천재지변 등의 특수한 사유가 있어 고용보험료를 경감할 필요가 있다고 인정하는 보험가입자에 대하여 고용보험위원회의 심의를 거쳐 보험료와 그 밖의 징수금을 경감할 수 있다. 이 경우 이 법 시행령이 정하는 경감비율은?** 기출 13

① 100분의 10
② 100분의 20
③ 100분의 30
④ 100분의 40
⑤ 100분의 50

[해설]
③ (O) 경감비율은 100분의 50의 범위에서 대통령령으로 정하며, 이에 의하면 경감비율은 100분의 30이다.

보험료 등의 경감(징수법 제22조의2)
① 고용노동부장관은 천재지변이나 그 밖에 대통령령으로 정하는 특수한 사유가 있어 보험료를 경감할 필요가 있다고 인정하는 보험가입자에 대하여 고용보험법 제7조에 따른 고용보험위원회 또는 산업재해보상보험법 제8조에 따른 산업재해보상보험 및 예방심의위원회의 심의를 거쳐 보험료와 이 법에 따른 그 밖의 징수금을 경감할 수 있다. 이 경우 경감비율은 100분의 50의 범위에서 대통령령으로 정하며, 그 밖의 경감 신청절차 및 경감 여부의 통지 등에 필요한 사항은 고용노동부령으로 정한다.

천재지변 등에 따른 보험료 등의 경감 사유 등(징수법 시행령 제30조의2)
① 법 제22조의2 제1항 전단에서 "대통령령으로 정하는 특수한 사유"란 화재, 폭발 및 전쟁의 피해, 그 밖에 이에 준하는 재난을 말한다.
② 법 제22조의2 제1항 후단에 따른 경감비율은 보험료와 그 밖의 징수금의 100분의 30으로 한다.

정답 ③

2. 산재보험급여의 충당(법 제23조 제3항)

산업재해보상보험법에 따라 보험가입자에게 산재보험급여를 지급할 때에는 ㉠~㉥의 순위에 따라 산재보험료, 이 법에 따른 그 밖의 징수금과 체납처분비(산재보험 관련 징수금과 체납처분비로 한정)에 우선 충당하고 그 잔액을 사업주에게 지급하여야 한다.

3. 산재보험 진료비 등의 충당(법 제23조의2)

공단은 산업재해보상보험법의 규정에 따라 근로자가 요양한 산재보험의료기관에 진료비를 지급하거나 약제를 지급하는 약국에 약제비를 지급하는 때에는 그 의료기관 또는 약국이 산재보험가입자로서 납부하여야 하는 산재보험료, 이 법에 따른 그 밖의 징수금과 체납처분비에 우선 충당하고 그 잔액을 지급할 수 있다. 이 경우 충당은 ㉠~㉥의 순위에 따른다. 기출 12

제4절 가산금, 연체금 등의 징수 및 납부 등

I 가산금 및 연체금의 징수

1. 가산금의 징수(법 제24조)

① 근로복지공단은 사업주가 납부기한까지 확정보험료를 신고하지 아니하거나 신고한 확정보험료가 사실과 달라 보험료를 징수하는 경우에는 그 징수하여야 할 보험료의 100분의 10에 상당하는 가산금을 부과하여 징수한다. 다만, 가산금이 소액이거나 그 밖에 가산금을 징수하는 것이 적절하지 아니하다고 인정되어 대통령령으로 정하는 경우 또는 대통령령으로 정하는 금액을 초과하는 부분에 대하여는 그러하지 아니하다(제1항).

② 대통령령으로 정하는 경우란 ㉠ 가산금의 금액이 3천원 미만인 경우, ㉡ 보수총액 또는 확정보험료를 신고하지 아니한 사유가 천재지변이나 그 밖에 고용노동부장관이 인정하는 부득이한 사유에 해당하는 경우를 말한다(영 제32조).

③ 공단은 확정보험료 수정신고서를 제출한 사업주에게는 가산금의 100분의 50을 경감한다(제3항).

2. 연체금의 징수(법 제25조)

① 건강보험공단은 사업주가 납부기한까지 보험료 또는 이 법에 따른 그 밖의 징수금을 내지 아니한 경우에는 그 납부기한이 지난 날부터 매 1일이 지날 때마다 체납된 보험료, 그 밖의 징수금의 1천500분의 1에 해당하는 금액을 가산한 연체금을 징수한다. 이 경우 연체금은 체납된 보험료 등의 1천분의 20을 초과하지 못한다. 기출 18

② 건강보험공단은 사업주가 보험료 또는 이 법에 따른 그 밖의 징수금을 내지 아니하면 납부기한 후 30일이 지난 날부터 매 1일이 지날 때마다 체납된 보험료, 그 밖의 징수금의 6천분의 1에 해당하는 연체금을 제1항에 따른 연체금에 더하여 징수한다. 이 경우 연체금은 체납된 보험료, 그 밖의 징수금의 1천분의 50을 넘지 못한다. 기출 20

③ 건강보험공단은 채무자 회생 및 파산에 관한 법률에 따른 징수의 유예가 있거나 그 밖에 연체금을 징수하는 것이 적절하지 아니하다고 인정되어 대통령령으로 정하는 경우에는 연체금을 징수하지 아니할 수 있다.

Ⅱ 산재보험가입자로부터의 보험급여액의 징수 등

1. 징수사유(법 제26조)

① 공단은 다음의 어느 하나에 해당하는 재해에 대하여 산재보험급여를 지급하는 경우에는 대통령령으로 정하는 바에 따라 그 급여에 해당하는 금액의 전부 또는 일부를 사업주로부터 징수할 수 있다.

㉠ 사업주가 보험관계 성립신고를 게을리한 기간 중에 발생한 재해

㉡ 사업주가 산재보험료의 납부를 게을리한 기간 중에 발생한 재해 기출 18

② 공단은 산재보험급여액의 전부 또는 일부를 징수하기로 결정하였으면 지체 없이 그 사실을 사업주에게 알려야 한다.

2. 사업주에 대한 산재보험급여액의 징수기준(영 제34조)

(1) 가입신고해태 중에 발생한 재해

보험급여액의 징수는 보험가입신고를 하여야 할 기한이 끝난 날의 다음 날부터 보험가입신고를 한 날까지의 기간 중에 발생한 재해에 대한 요양급여 · 휴업급여 · 장해급여 · 간병급여 · 유족급여 · 상병보상연금에 대하여 하며, 징수할 금액은 가입신고를 게을리한 기간 중에 발생한 재해에 대하여 지급 결정한 보험급여 금액의 100분의 50에 해당하는 금액(사업주가 가입신고를 게을리한 기간 중에 납부하여야 하였던 산재보험료의 5배를 초과할 수 없다)으로 한다. 다만, 요양을 시작한 날(재해 발생과 동시에 사망한 경우에는 그 재해발생일)부터 1년이 되는 날이 속하는 달의 말일까지의 기간 중에 급여청구사유가 발생한 보험급여로 한정한다.

(2) 산재보험료 납부해태 중에 발생한 재해

보험급여액의 징수는 월별보험료 또는 개산보험료의 납부기한(분할 납부의 경우에는 각 분기의 납부기한)의 다음 날부터 해당 보험료를 낸 날의 전날까지의 기간 중에 발생한 재해에 대한 요양급여 · 휴업급여 · 장해급여 · 간병급여 · 유족급여 · 상병보상연금에 대하여 하며, 징수할 금액은 재해가 발생한 날부터 보험료를 낸 날의 전날까지의 기간 중에 급여청구사유가 발생한 보험급여 금액의 100분의 10에 해당하는 금액(사업주가 산재보험료의 납부를 게을리한 기간 중에 납부하여야 하였던 산재보험료의 5배를 초과할 수 없다)으로 한다. 다만, 다음에 해당하는 경우는 징수하지 아니한다.

① 재해가 발생한 날까지 내야 할 해당 연도의 월별보험료에 대한 보험료 납부액의 비율이 100분의 50 이상인 경우

② 해당 연도에 내야 할 개산보험료에 대한 보험료 납부액의 비율(분할 납부의 경우에는 재해가 발생한 분기까지 내야 할 개산보험료에 대한 보험료 납부액의 비율)이 100분의 50 이상인 경우

3. 납부기한(영 제35조)

공단이 보험급여액의 전부 또는 일부의 납부를 통지할 때에는 그 납부기한은 통지를 받은 날부터 30일 이상이 되도록 하여야 한다.

4. 징수절차(영 제34조)

① 보험급여액을 징수할 때 지급 결정된 보험급여가 장해보상연금 또는 유족보상연금인 경우에는 최초의 급여청구사유가 발생한 날에 장해보상일시금 또는 유족보상일시금이 지급 결정된 것으로 본다.

② 가입신고해태 중에 발생한 재해와 산재보험료 납부해태 중에 발생한 재해에 해당하는 사유가 경합된 경우에는 그 경합된 기간 동안에는 보험급여액의 징수비율이 가장 높은 징수금만을 징수한다.

③ 산업재해보상보험법 시행령에 따른 단시간근로자에게 보험급여를 지급하는 경우에는 평균임금 중 재해가 발생한 사업을 대상으로 산정한 평균임금이 차지하는 비율에 해당하는 보험급여액을 기준으로 하여 보험급여액을 징수한다. 다만, 재해가 발생한 사업만의 평균임금으로 보험급여를 산정할 경우 해당 평균임금이 낮아 산업재해보상보험법에 따라 보험급여가 산정되는 경우에는 그 산정된 보험급여액을 기준으로 한다.

④ 산업재해보상보험법에 따른 노무제공자에게 보험급여를 지급하는 경우에는 평균보수 중 재해가 발생한 사업을 대상으로 산정한 평균보수가 차지하는 비율에 해당하는 보험급여액을 기준으로 하여 보험급여액을 징수한다. 다만, 재해가 발생한 사업만의 평균보수로 보험급여를 산정할 경우 해당 평균보수가 낮아 산업재해보상보험법에 따라 보험급여가 산정되는 경우에는 그에 따라 산정된 보험급여액을 기준으로 한다.

Ⅲ 징수금의 징수우선순위 및 통지·독촉

1. 징수금의 징수우선순위(법 제26조의2)

납부기한이 지난 보험료, 환수금 또는 이 법에 따른 그 밖의 징수금과 체납처분비를 징수(고용보험 관련 징수금과 산재보험 관련 징수금을 모두 징수하는 경우에는 각 보험별 총징수금액의 비율에 따라 징수)하는 경우 그 징수순위는 제23조 제1항 각 호의 순위, 즉 ① 체납처분비, ② 월별보험료, 개산보험료 또는 확정보험료, ③ 연체금, ④ 가산금, ⑤ 보험급여액의 징수금, ⑥ 환수금의 순위에 따른다. 이 경우 같은 순위에 해당하는 징수금이 둘 이상 있을 때에는 납부기한이 빠른 징수금을 선순위로 한다.

2. 징수금의 통지 및 독촉(법 제27조)

(1) 징수금의 통지

공단 또는 건강보험공단은 보험료[개산보험료 및 확정보험료는 제외] 또는 이 법에 의한 그 밖의 징수금을 징수하는 경우에는 납부의무자에게 그 금액과 납부기한을 문서로 통지하여야 한다. 다만, 자동계좌이체의 방법으로 보험료를 납부하는 사업주가 동의하는 경우에는 정보통신망을 이용한 전자문서로 통지할 수 있으며, 이 경우 그 전자문서는 당해 사업주가 지정한 컴퓨터 등에 입력된 때에 도달된 것으로 본다.

(2) 징수금의 독촉

① 건강보험공단은 납부의무자가 보험료등을 납부기한까지 내지 아니하면 기한을 정하여 해당 보험료등을 낼 것을 독촉하여야 한다.

② 건강보험공단은 독촉을 하는 경우에는 독촉장을 발급하여야 한다. 이 경우의 납부기한은 독촉장 발급일부터 10일 이상의 여유가 있도록 하여야 한다. 기출 18·20

③ 건강보험공단은 납부의무자의 신청이 있으면 독촉을 전자문서교환방식 등에 의하여 전자문서로 할 수 있다. 이 경우 전자문서 독촉에 대한 신청방법·절차 등에 필요한 사항은 고용노동부령으로 정한다.

④ 전자문서로 독촉한 경우 고용노동부령으로 정하는 정보통신망에 저장하거나 납부의무자가 지정한 전자우편주소에 입력된 때에 그 사업주에게 도달된 것으로 본다.

⑤ 연대납부의무자 중 1명에게 한 독촉은 다른 연대납부의무자에게도 효력이 있는 것으로 본다.

3. 징수금의 체납처분 등(법 제28조)

① 건강보험공단은 독촉을 받은 자가 그 기한까지 보험료나 이 법에 따른 그 밖의 징수금을 납부하지 아니한 때에는 고용노동부장관의 승인을 얻어 국세체납처분의 예에 따라 이를 징수할 수 있다. 기출 10·18

② 건강보험공단은 국세체납처분의 예에 따라 압류한 재산을 공매하는 경우에 전문지식이 필요하거나 그 밖의 특수한 사정이 있어 직접 공매하기에 적당하지 아니하다고 인정하면 한국자산관리공사로 하여금 압류한 재산의 공매를 대행하게 할 수 있다. 이 경우 공매는 공단이 한 것으로 본다.

③ 건강보험공단은 한국자산관리공사로 하여금 공매를 대행하게 하는 경우에는 고용노동부령이 정하는 바에 따라 수수료를 지급할 수 있다.

④ 한국자산관리공사가 공매를 대행하는 경우에 한국자산관리공사의 임·직원은 형법 제129조 내지 제132조의 적용에 있어서 공무원으로 본다.

Ⅳ 납부기한 전 징수(법 제27조의2) 기출 15·18·21

① 공단 또는 건강보험공단은 사업주에게 다음의 어느 하나에 해당하는 사유가 있는 경우에는 납부기한 전이라도 이미 납부의무가 확정된 보험료, 이 법에 따른 그 밖의 징수금을 징수할 수 있다. 다만, 보험료와 이 법에 따른 그 밖의 징수금의 총액이 500만원 미만인 경우에는 그러하지 아니하다.

㉠ 국세를 체납하여 체납처분을 받은 경우

㉡ 지방세 또는 공과금을 체납하여 체납처분을 받은 경우 기출 24

㉢ 강제집행을 받은 경우 기출 24

㉣ 어음법 및 수표법에 따른 어음교환소에서 거래정지처분을 받은 경우 기출 24

㉤ 경매가 개시된 경우

㉥ 법인이 해산한 경우 기출 24

② 공단 또는 건강보험공단은 납부기한 전에 보험료와 이 법에 따른 그 밖의 징수금을 징수할 때에는 새로운 납부기한 및 납부기한의 변경사유를 적어 사업주에게 알려야 한다. 이 경우 이미 납부 통지를 하였을 때에는 납부기한의 변경을 알려야 한다.

Ⅴ 보험료 등의 분할납부(법 제27조의3)

① 사업주는 다음의 어느 하나에 해당하는 경우에는 납부기한이 지난 보험료와 이 법에 따른 그 밖의 징수금에 대하여 분할 납부를 승인하여 줄 것을 건강보험공단에 신청할 수 있다. 기출 18

㉠ 보험의 당연가입자인 사업주로서 보험관계 성립일부터 1년 이상이 지나서 보험관계 성립신고를 한 경우

㉡ 납부기한이 연장되었으나 연장된 납부기한이 지나 3회 이상 체납한 경우

② 건강보험공단은 분할 납부를 신청한 사업주에 대하여 납부능력을 확인하여 보험료와 이 법에 따른 그 밖의 징수금의 분할 납부를 승인할 수 있다. 기출 18

③ 건강보험공단은 분할 납부 승인을 받은 사업주가 다음의 어느 하나에 해당하게 된 경우에는 분할 납부의 승인을 취소하고 분할 납부의 대상이 되는 보험료와 이 법에 따른 그 밖의 징수금을 한꺼번에 징수할 수 있다. 기출 18

㉠ 분할 납부하여야 하는 보험료와 이 법에 따른 그 밖의 징수금을 정당한 사유 없이 두 번 이상 내지 아니한 경우

㉡ 납부기한 전 징수사유가 발생한 경우

✔ 핵심문제

01 **고용보험 및 산업재해보상보험의 보험료징수 등에 관한 법률상 납부의무가 확정된 보험료의 총액이 600만원인 경우, 당해 보험료를 납부기한 전에 징수할 수 있는 사유로 옳지 않은 것은?** 기출 15

① 경매가 개시된 경우
② 국세를 체납한 경우
③ 강제집행을 받은 경우
④ 공과금을 체납하여 체납처분을 받은 경우
⑤ 어음법 및 수표법에 따른 어음교환소에서 거래정지처분을 받은 경우

[해설]

② (×) 국세를 체납하여 체납처분을 받은 경우가 납부기한 전 징수사유에 해당한다.

납부기한 전 징수(징수법 제27조의2)

① 근로복지공단 또는 건강보험공단은 사업주에게 다음의 어느 하나에 해당하는 사유가 있는 경우에는 납부기한 전이라도 이미 납부의무가 확정된 보험료, 이 법에 따른 그 밖의 징수금을 징수할 수 있다. 다만, 보험료와 이 법에 따른 그 밖의 징수금의 총액이 500만원 미만인 경우에는 그러하지 아니하다.

1. 국세를 체납하여 체납처분을 받은 경우
2. 지방세 또는 공과금을 체납하여 체납처분을 받은 경우
3. 강제집행을 받은 경우
4. 어음법 및 수표법에 따른 어음교환소에서 거래정지처분을 받은 경우
5. 경매가 개시된 경우
6. 법인이 해산한 경우

정답 ②

분할 납부의 신청 등(규칙 제32조의3)

① 법 제27조의3 제1항(법 제48조의2 제8항 제3호, 제48조의3 제8항 제3호 및 제48조의6 제13항 제3호에서 준용하는 경우를 포함)에 따라 체납된 보험료등의 분할 납부를 승인받으려는 사업주는 법 제27조 제2항(법 제48조의2 제8항 제3호, 제48조의3 제8항 제3호 및 제48조의6 제13항 제3호에서 준용하는 경우를 포함)에 따라 고지된 보험료등의 납부기한 만료일까지 다음 각 호의 사항을 적은 별지 제38호의3서식의 체납 보험료등의 분할 납부 승인신청서를 건강보험공단에 제출해야 한다.

1. 사업주의 성명과 소재지
2. 분할 납부 승인을 받으려는 체납된 보험료등의 종류와 금액
3. 분할 납부의 총 기간 및 총 횟수
4. 각 횟수별 분할 납부 금액 및 납부기한
5. 분할 납부 승인을 받으려는 사유

② 법 제27조의3 제1항(법 제48조의2 제8항 제3호, 제48조의3 제8항 제3호 및 제48조의6 제13항 제3호에서 준용하는 경우를 포함)에 따른 분할 납부의 총 기간은 법 제27조의3 제3항(법 제48조의2 제8항 제3호, 제48조의3 제8항 제3호 및 제48조의6 제13항 제3호에서 준용하는 경우를 포함)에 따른 분할 납부의 승인을 받은 날의 다음 날부터 2년 이내로 한다.

③ 법 제39조(법 제48조의2 제8항 제3호, 제48조의3 제8항 제3호 및 제48조의6 제13항 제3호에서 준용하는 경우를 포함)에 따라 2021년 12월 31일까지 보험료등의 납부기한을 연장받은 사업주로서 그 연장된 기간이 모두 합하여 3년을 초과한 경우에는 제2항에도 불구하고 분할 납부의 총 기간은 분할 납부의 승인을 받은 날의 다음 날부터 3년 이내로 한다.

④ 법 제27조의3 제3항(법 제48조의2 제8항 제3호, 제48조의3 제8항 제3호 및 제48조의6 제13항 제3호에서 준용하는 경우를 포함)에 따라 분할 승인을 받은 사업주가 매달 납부할 금액은 보험료 납입고지서에 따른 월별 보험료등의 금액 이상으로 한다.

Ⅵ 납부의무의 승계

1. 법인의 합병으로 인한 납부의무의 승계(법 제28조의2)

법인이 합병한 때에 합병 후 존속하는 법인 또는 합병으로 인하여 설립되는 법인은 합병으로 인하여 소멸된 법인에게 부과되거나 그 법인이 납부하여야 하는 보험료와 이 법에 따른 그 밖의 징수금과 체납처분비를 납부할 의무를 진다. 기출 10・14・21・24

2. 상속으로 인한 납부의무의 승계(법 제28조의3)

① 상속이 개시된 때에 그 상속인(민법의 규정에 따라 포괄적 유증을 받은 자를 포함) 또는 민법의 규정에 따른 상속재산관리인(이하 "상속재산관리인")은 피상속인에게 부과되거나 그 피상속인이 납부하여야 하는 보험료, 이 법에 따른 그 밖의 징수금과 체납처분비를 상속받은 재산의 한도에서 낼 의무를 진다.

기출 10・14・21

② 상속인이 2명 이상이면 각 상속인은 피상속인에게 부과되거나 그 피상속인이 내야 하는 보험료, 이 법에 따른 그 밖의 징수금과 체납처분비를 민법에 따른 상속분에 따라 나누어 계산한 후, 상속받은 재산의 한도에서 연대하여 낼 의무를 진다. 이 경우 각 상속인은 그 상속인 중에서 피상속인의 보험료, 이 법에 따른 그 밖의 징수금과 체납처분비를 낼 대표자를 정하여 건강보험공단에 신고하여야 한다.

③ 상속인의 존재 여부가 분명하지 아니할 때에는 상속인에게 하여야 하는 보험료, 이 법에 따른 그 밖의 징수금과 체납처분비의 납부 고지・독촉 또는 그 밖에 필요한 조치는 상속재산관리인에게 하여야 한다.

④ 상속인의 존재 여부가 분명하지 아니하고 상속재산관리인도 없으면 건강보험공단은 피상속인의 주소지를 관할하는 법원에 상속재산관리인의 선임을 청구할 수 있다.

⑤ 피상속인에 대한 처분 또는 절차는 상속인 또는 상속재산관리인에 대하여도 효력이 있다. 기출 18

Ⅶ 연대납부의무(법 제28조의4)

① 공동사업에 관계되는 보험료, 이 법에 따른 그 밖의 징수금과 체납처분비는 공동사업자가 연대하여 낼 의무를 진다. 기출 14・19・21

② 법인이 분할 또는 분할합병되는 경우 분할되는 법인에 대하여 분할일 또는 분할합병일 이전에 부과되거나 납부의무가 성립한 보험료, 이 법에 따른 그 밖의 징수금과 체납처분비는 다음의 법인이 연대하여 낼 책임을 진다.

㉠ 분할되는 법인

㉡ 분할 또는 분할합병으로 설립되는 법인

㉢ 분할되는 법인의 일부가 다른 법인과 합병하여 그 다른 법인이 존속하는 경우 그 다른 법인

③ 법인이 분할 또는 분할합병으로 해산되는 경우 해산되는 법인에 대하여 부과되거나 그 법인이 내야 하는 보험료, 이 법에 따른 그 밖의 징수금과 체납처분비는 법인이 연대하여 낼 책임을 진다. 기출 14

Ⅷ 고액・상습 체납자의 인적사항 공개(법 제28조의6)

① 건강보험공단은 납부기한의 다음 날부터 1년이 지난 보험료와 그 밖의 징수금과 체납처분비(결손처분한 보험료, 이 법에 따른 그 밖의 징수금과 체납처분비로서 징수권 소멸시효가 완성되지 아니한 것을 포함)의 총액이 5천만원 이상인 체납자가 납부능력이 있음에도 불구하고 체납한 경우에는 그 인적사항 및 체납액 등(이하 "인적사항등")을 공개할 수 있다. 다만, 체납된 보험료, 이 법에 따른 그 밖의 징수금과 체납처분비와 관련하여 행정심판 또는 행정소송이 계류 중인 경우, 그 밖에 체납된 금액의 일부납부 등 대통령령으로 정하는 사유가 있을 때에는 그러하지 아니하다. 기출 13・16・23

② 체납자의 인적사항 등에 대한 공개 여부를 심의하기 위하여 건강보험공단에 보험료정보공개심의위원회(위원회)를 둔다. 기출 16・23

③ 건강보험공단은 위원회의 심의를 거쳐 인적사항 등의 공개가 결정된 자에게 공개대상자임을 알림으로써 소명의 기회를 주어야 하며, 통지일부터 6개월이 지난 후 위원회로 하여금 체납액의 납부이행 등을 고려하여 체납자 인적사항 등의 공개 여부를 재심의하게 한 후 공개대상자를 선정한다. 기출 16・23

④ 체납자 인적사항 등의 공개는 관보에 게재하거나, 고용・산재정보통신망 또는 건강보험공단게시판에 게시하는 방법에 따른다. 기출 16・23

고액・상습 체납자의 인적사항 공개 제외 사유 등(영 제40조의4)

① 건강보험공단은 법 제28조의6 제1항 본문에 따라 체납자의 인적사항등을 공개할 때에는 체납자의 성명・상호(법인의 명칭을 포함), 나이, 주소, 체납액의 종류・납부기한・금액 및 체납요지 등을 공개하여야 하고, 체납자가 법인인 경우에는 법인의 대표자를 함께 공개한다.

② 건강보험공단은 법 제28조의6 제1항 본문에 따른 납부능력을 판단하는 경우에는 같은 조 제2항에 따른 보험료정보공개심의위원회의 심의를 거쳐 고액・상습 체납자의 재산상태, 소득수준 및 미성년자 여부 등을 종합적으로 고려해야 한다.

③ 법 제28조의6 제1항 단서에서 "체납된 금액의 일부납부 등 대통령령으로 정하는 사유"란 다음 각 호의 어느 하나에 해당하는 경우를 말한다.

1. 체납된 보험료와 그 밖의 징수금 및 체납처분비(이하 "체납액")의 100분의 30 이상을 해당 보험연도에 납부한 경우
2. 채무자 회생 및 파산에 관한 법률 제243조에 따른 회생계획인가의 결정에 따라 체납액의 징수를 유예받고 그 유예기간 중에 있거나 체납액을 회생계획의 납부일정에 따라 내고 있는 경우
3. 재해 등으로 재산에 심한 손실을 입어 사업이 중대한 위기에 처한 경우 등으로서 법 제28조의6 제2항에 따른 보험료정보공개심의위원회가 체납자의 인적사항등을 공개할 실익이 없다고 인정하는 경우

④ 건강보험공단은 법 제28조의6 제3항에 따라 체납자 인적사항등의 공개대상자에게 공개대상자임을 알리는 경우에는 체납액의 납부를 촉구하고, 법 제28조의6 제1항 단서에 따른 인적사항등의 공개 제외 사유에 해당되는 경우 이에 관한 소명자료를 제출하도록 안내하여야 한다.

보험료정보공개심의위원회의 구성 및 운영(영 제40조의5)

① 법 제28조의6 제2항에 따른 보험료정보공개심의위원회(이하 "위원회")는 위원장 1명을 포함한 11명의 위원으로 구성한다.
② 위원회의 위원장은 건강보험공단의 임원 중 해당 업무를 담당하는 상임이사가 되고, 위원은 다음 각 호의 사람 중에서 건강보험공단의 이사장이 임명하거나 위촉한다.
  1. 공단의 소속 직원 1명
  2. 건강보험공단의 소속 직원 3명
  3. 고용노동부의 고용보험 및 산업재해보상보험의 징수업무를 담당하는 3급 또는 4급 공무원 1명
  4. 국세청의 3급 또는 4급 공무원 1명
  5. 법률, 회계 또는 사회보험에 관한 학식과 경험이 풍부한 사람 4명
③ 제2항 제5호에 따른 위원의 임기는 2년으로 한다.
④ 위원회의 회의는 위원장을 포함한 재적위원 과반수의 출석으로 개의(開議)하고, 출석위원 과반수의 찬성으로 의결한다.
⑤ 제1항부터 제4항까지에서 규정한 사항 외에 위원회의 구성 및 운영에 필요한 사항은 건강보험공단이 정한다.

✔ 핵심문제

01 고용보험 및 산업재해보상보험의 보험료징수 등에 관한 법률상 고액·상습 체납자의 인적사항 공개에 관한 설명으로 옳지 않은 것은? 기출 16

① 국민건강보험공단은 이 법에 따른 납부기한의 다음 날부터 1년이 지난 보험료의 총액이 1억원 이상인 체납자에 대하여는 그 인적사항 등을 공개하여야 한다.
② 국민건강보험공단은 체납된 보험료, 이 법에 따른 그 밖의 징수금과 체납처분비와 관련하여 행정소송이 계류 중인 경우에는 체납자의 인적사항 등을 공개할 수 없다.
③ 체납자의 인적사항 등에 대한 공개 여부를 심의하기 위하여 국민건강보험공단에 보험료정보공개심의위원회를 둔다.
④ 국민건강보험공단은 보험료정보공개심의위원회의 심의를 거쳐 인적사항 등의 공개가 결정된 자에 대하여 공개대상자임을 알림으로써 소명할 기회를 주어야 한다.
⑤ 체납자 인적사항 등의 공개는 관보에 게재하거나, 고용·산재정보통신망 또는 국민건강보험공단 게시판에 게시하는 방법에 따른다.

[해설]

① (×) 건강보험공단은 이 법에 따른 납부기한의 다음 날부터 1년이 지난 보험료와 이 법에 따른 그 밖의 징수금과 체납처분비의 총액이 5천만원 이상인 체납자가 납부능력이 있음에도 불구하고 체납한 경우에는 그 인적사항 및 체납액 등을 공개할 수 있다(징수법 제28조의6 제1항 본문).
② (O) 징수법 제28조의6 제1항 단서
③ (O) 징수법 제28조의6 제2항
④ (O) 징수법 제28조의6 제3항 전단
⑤ (O) 징수법 제28조의6 제4항

정답 ①

IX 징수금의 결손처분

1. 결손처분사유(법 제29조 제1항, 영 제41조)

건강보험공단은 다음의 어느 하나에 해당하는 사유가 있을 때에는 고용노동부장관의 승인을 받아 보험료와 이 법에 따른 그 밖의 징수금을 결손처분할 수 있다. 기출 14 · 19 · 21

① 체납처분이 끝나고 체납액에 충당된 배분금액이 그 체납액보다 적은 경우

② 소멸시효가 완성된 경우 기출 11 · 18

③ 체납자의 행방이 분명하지 않은 경우(영 제41조 제1항 제1호) 기출 11 · 14 · 18

④ 체납자의 재산이 없거나 체납처분의 목적물인 총재산의 견적가격이 체납처분비에 충당하고 나면 나머지가 생길 여지가 없음이 확인된 경우(영 제41조 제1항 제2호) 기출 11 · 18

✔ 핵심문제

01 고용보험 및 산업재해보상보험의 보험료징수 등에 관한 법률상 징수금의 결손처분에 해당하는 사유를 모두 고른 것은?

기출 18

ㄱ. 경매가 개시된 경우
ㄴ. 소멸시효가 완성된 경우
ㄷ. 체납자의 행방이 분명하지 않아 징수할 가능성이 없다고 인정되는 경우
ㄹ. 체납처분이 끝나고 체납액에 충당된 배분금액이 그 체납액보다 적은 경우

① ㄷ
② ㄴ, ㄷ
③ ㄴ, ㄹ
④ ㄴ, ㄷ, ㄹ
⑤ ㄱ, ㄴ, ㄷ, ㄹ

[해설]

④ (O) 제시된 내용 중 징수법 제29조의 징수금의 결손처분 사유에 해당하는 것은 ㄴ., ㄷ., ㄹ.이다.

징수금의 결손처분(징수법 제29조)

① 건강보험공단은 다음 각 호의 어느 하나에 해당하는 사유가 있을 때에는 고용노동부장관의 승인을 받아 보험료와 이 법에 따른 그 밖의 징수금을 결손처분할 수 있다.
1. 체납처분이 끝나고 체납액에 충당된 배분금액이 그 체납액보다 적은 경우
2. 소멸시효가 완성된 경우
3. 징수할 가능성이 없다고 인정하여 대통령령으로 정하는 경우

② 건강보험공단은 제1항 제3호에 따라 결손처분을 한 후 압류할 수 있는 다른 재산을 발견한 경우에는 지체 없이 그 처분을 취소하고 다시 체납처분을 하여야 한다.

징수금의 결손처분(징수법 시행령 제41조)

① 법 제29조 제1항 제3호에서 "대통령령으로 정하는 경우"란 다음 각 호의 어느 하나에 해당하는 경우를 말한다.
1. 체납자의 행방이 분명하지 않은 경우
2. 체납자의 재산이 없거나 체납처분의 목적물인 총재산의 견적가격이 체납처분비에 충당하고 나면 나머지가 생길 여지가 없음이 확인된 경우
3. 체납처분의 목적물인 총재산이 보험료, 그 밖의 징수금보다 우선하는 국세 · 지방세 등의 채권 변제에 충당하고 나면 나머지가 생길 여지가 없음이 확인된 경우
4. 채무자 회생 및 파산에 관한 법률 제251조에 따라 체납회사가 보험료 등의 납부책임을 지지 않게 된 경우

② 건강보험공단이 제1항 제1호에 따라 결손처분을 하려면 시 · 군 · 세무서, 그 밖의 기관에 체납자의 행방 또는 재산 유무를 조사 · 확인하여야 한다. 다만, 체납액이 10만원 미만이면 그러하지 아니하다.

정답 ④

⑤ 체납처분의 목적물인 총재산이 보험료, 그 밖의 징수금보다 우선하는 국세・지방세 등의 채권 변제에 충당하고 나면 나머지가 생길 여지가 없음이 확인된 경우(영 제41조 제1항 제3호) 기출 11

⑥ 채무자 회생 및 파산에 관한 법률에 따라 체납회사가 보험료 등의 납부책임을 지지 않게 된 경우(영 제41조 제1항 제4호)

2. 결손처분취소(법 제29조 제2항)

건강보험공단은 결손처분을 한 후 압류할 수 있는 다른 재산을 발견한 경우에는 지체 없이 그 처분을 취소하고 다시 체납처분을 하여야 한다.

X 금융거래정보의 제공 요청 등

1. 체납 또는 결손처분 자료의 제공(법 제29조의2)

① 건강보험공단은 보험료징수 또는 공익목적을 위하여 필요한 경우에 신용정보의 이용 및 보호에 관한 법률에 따른 종합신용정보집중기관이 다음의 어느 하나에 해당하는 체납자 또는 결손처분자의 인적사항・체납액 또는 결손처분액에 관한 자료(이하 "체납등 자료")를 요구할 때에는 그 자료를 제공할 수 있다. 다만, 체납된 보험료, 이 법에 따른 그 밖의 징수금과 관련하여 행정심판 또는 행정소송이 계류 중인 경우, 그 밖에 체납처분의 유예 등 대통령령으로 정하는 사유가 있을 때에는 그러하지 아니하다.

㉠ 이 법에 따른 납부기한의 다음 날부터 1년이 지난 보험료, 이 법에 따른 그 밖의 징수금과 체납처분비의 총액이 500만원 이상인 자

㉡ 1년에 세 번 이상 체납하고 이 법에 따른 납부기한이 지난 보험료, 이 법에 따른 그 밖의 징수금과 체납처분비의 총액이 500만원 이상인 자

㉢ 결손처분한 금액의 총액이 500만원 이상인 자

② 체납등 자료의 제공절차에 관하여 필요한 사항은 대통령령으로 정한다.

③ 체납등 자료를 제공받은 자는 이를 업무 외의 목적으로 누설하거나 이용하여서는 아니 된다.

2. 금융거래정보의 제공 요청(법 제29조의3)

① 건강보험공단은 다음의 어느 하나에 해당하는 체납자의 재산조회를 위하여 필요한 경우에는 금융실명거래 및 비밀보장에 관한 법률에 따른 금융회사 등의 특정점포에 금융거래 관련 정보 또는 자료(이하 "금융거래정보")의 제공을 요청할 수 있으며, 해당 금융회사 등의 특정점포는 이를 제공하여야 한다.

㉠ 납부기한의 다음 날부터 1년이 지난 보험료, 그 밖의 징수금 및 체납처분비의 총액이 500만원 이상인 자

㉡ 1년에 세 번 이상 체납하고 납부기한이 지난 보험료, 그 밖의 징수금 및 체납처분비의 총액이 500만원 이상인 자

② 건강보험공단이 금융거래정보의 제공을 요청할 때에는 금융실명거래 및 비밀보장에 관한 법률에 따른 금융위원회가 정하는 표준양식으로 하여야 한다.

③ 금융거래정보의 제공 요청은 체납자의 재산 조회를 위하여 필요한 최소한도에 그쳐야 한다.

④ 금융회사 등이 건강보험공단에 금융거래정보를 제공하는 경우에는 그 금융회사 등은 금융거래정보를 제공한 날부터 10일 이내에 제공한 금융거래정보의 주요내용・사용목적・제공받은 자 및 제공일자 등을 거래자에게 서면으로 알려야 한다. 이 경우 통지에 드는 비용에 관하여는 금융실명거래 및 비밀보장에 관한 법률을 준용한다.

⑤ 건강보험공단은 금융회사 등에 대하여 금융거래정보를 요청하는 경우에는 그 사실을 기록하여야 하며, 금융거래정보를 요청한 날부터 5년간 그 기록을 보관하여야 한다.

⑥ 금융거래정보를 알게 된 자는 그 알게 된 금융거래정보를 타인에게 제공 또는 누설하고나 그 목적 외의 용도로 이용하여서는 아니 된다.

3. 보험료등의 완납증명(법 제29조의4)

① 보험료등의 납부의무자가 국가, 지방자치단체 또는 공공기관의 운영에 관한 법률에 따른 공공기관 등 대통령령으로 정하는 기관으로부터 공사・제조・구매・용역 등 대통령령으로 정하는 계약의 대가를 지급받으려면 보험료등의 완납(完納) 사실을 증명하여야 한다. 다만, 납부의무자가 계약대금의 전부 또는 일부로 보험료등을 납부하려는 경우 등 대통령령으로 정하는 경우에는 그러하지 아니하다.

② 납부의무자가 보험료등의 완납 사실을 증명하여야 하는 경우 계약을 담당하는 주무관서 또는 공공기관 등은 납부의무자의 동의를 받아 공단 또는 건강보험공단에 조회하여 보험료등의 납부 여부를 확인하는 것으로 제1항에 따른 완납 사실 증명을 갈음할 수 있다.

4. 보험료징수의 우선순위(법 제30조)

보험료와 이 법에 따른 그 밖의 징수금은 국세 및 지방세를 제외한 다른 채권보다 우선하여 징수한다. 다만, 보험료 등의 납부기한 전에 전세권・질권・저당권 또는 동산・채권 등의 담보에 관한 법률에 따른 담보권의 설정을 등기하거나 등록한 사실이 증명되는 재산을 매각하여 그 매각대금 중에서 보험료 등을 징수하는 경우에 그 전세권・질권・저당권 또는 동산・채권 등의 담보에 관한 법률에 따른 담보권에 의하여 담보된 채권에 대하여는 그러하지 아니하다. 기출 14

5. 산재보험료 및 부담금 징수 등에 관한 특례(법 제31조)

① 공단 또는 건강보험공단은 이 법에 따른 산재보험료 및 산재보험과 관련된 그 밖의 징수금, 임금채권보장법에 따른 부담금 및 그 밖의 징수금과 석면피해구제법에 따른 분담금 및 그 밖의 징수금을 통합하여 징수하여야 한다.

② 사업주는 이 법에 따른 산재보험료, 임금채권보장법에 따른 부담금 및 석면피해구제법에 따른 분담금(이하 "부담금")을 통합하여 신고하고 내야 한다.

③ 사업주가 산재보험료 및 부담금(각각에 대한 연체금 및 가산금 포함)을 낸 경우에는 그 총액 중에서 사업주가 내야 할 산재보험료와 부담금의 비율만큼 산재보험료와 부담금을 낸 것으로 본다.

④ 공단 또는 건강보험공단은 징수하거나 납부된 산재보험료 및 부담금을 산업재해보상보험법에 따라 설치된 기금, 임금채권보장법에 따라 설치된 기금 및 석면피해구제법에 따라 설치된 기금에 각각 납입하여야 한다.

제5절 보험사무대행기관

I 보험사무대행기관

1. 보험대행기관의 인가(법 제33조) 기출 20

① 사업주 등을 구성원으로 하는 단체로서 특별법에 따라 설립된 단체, 민법에 따라 고용노동부장관의 허가를 받아 설립된 법인 및 그 밖에 대통령령으로 정하는 기준에 해당하는 법인, 공인노무사 또는 세무사(이하 "법인 등")는 사업주로부터 위임을 받아 보험료 신고, 고용보험 피보험자에 관한 신고 등 사업주가 지방고용노동관서 또는 공단에 대하여 하여야 할 보험에 관한 사무(이하 "보험사무")를 대행할 수 있다.

② 법인 등이 보험사무를 대행하고자 하는 경우에는 대통령령이 정하는 바에 따라 공단의 인가를 받아야 한다.

③ 인가를 받은 법인 등(보험사무대행기관)이 인가받은 사항을 변경하고자 하는 경우에는 수탁대상지역 등 대통령령이 정하는 사항에 관하여는 공단의 인가를 받아야 하며, 소재지 등 고용노동부령이 정하는 사항에 관하여는 공단에 신고하여야 한다.

④ 보험사무대행기관이 업무의 전부 또는 일부를 폐지하고자 할 때에는 공단에 신고하여야 한다.

2. 보험사무대행기관 인가의 취소(법 제33조 제5항, 제6항, 영 제48조)

(1) 인가의 취소 사유

공단은 보험사무대행기관이 다음의 어느 하나에 해당하는 경우에는 그 인가를 취소할 수 있다. 다만, 거짓이나 그 밖의 부정한 방법으로 인가를 받은 경우에는 인가를 취소하여야 한다.

① 거짓이나 그 밖의 부정한 방법으로 인가를 받은 경우 기출 13

② 정당한 사유 없이 계속하여 2개월 이상 보험사무를 중단한 경우

③ 보험사무를 거짓이나 그 밖의 부정한 방법으로 운영한 경우

④ 그 밖에 이 법 또는 이 법에 따른 명령을 위반한 경우

(2) 인가의 제한 기간

업무가 전부 폐지되거나 인가가 취소된 보험사무대행기관은 폐지신고일 또는 인가취소일부터 1년의 범위에서 대통령령으로 정하는 기간 동안은 보험사무대행기관으로 다시 인가받을 수 없다.

① **업무 전부에 대한 폐지 신고를 한 경우** : 3개월. 다만, 인가취소 절차가 진행 중인 기간(행정절차법에 따른 처분의 사전 통지 시점부터 인가취소 처분 여부를 결정하기 전까지의 기간)에 업무 전부에 대한 폐지 신고를 한 경우에는 다음의 구분에 따른다.

㉠ 거짓이나 그 밖의 부정한 방법으로 인가를 받아 인가취소의 사전 통지를 받은 경우 : 1년

㉡ 정당한 사유 없이 계속하여 2개월 이상 보험사무를 중단한 경우, 보험사무를 거짓이나 그 밖의 부정한 방법으로 운영한 경우, 그 밖에 이 법 또는 이 법에 따른 명령을 위반한 경우 등의 어느 하나에 해당하는 사유로 인가취소의 사전 통지를 받은 경우 : 6개월

② 거짓이나 그 밖의 부정한 방법으로 인가를 받아 인가가 취소된 경우 : 1년 기출 24

③ **정당한 사유 없이 계속하여 2개월 이상 보험사무를 중단한 경우, 보험사무를 거짓이나 그 밖의 부정한 방법으로 운영한 경우, 그 밖에 이 법 또는 이 법에 따른 명령을 위반한 경우 등의 어느 하나에 해당하는 사유로 인가가 취소된 경우** : 6개월

(3) 취소사실의 통지

공단은 보험사무대행기관의 인가를 취소하면 지체 없이 그 사실을 해당 보험사무대행기관과 보험사무를 위임한 사업주에게 알려야 한다.

3. 보험사무의 위임의 범위(영 제46조) 기출 19

① 보수총액 등의 신고
② 개산보험료・확정보험료의 신고・수정신고에 관한 사무
③ 고용보험 피보험자의 자격 관리에 관한 사무
④ 보험관계의 성립・변경・소멸의 신고
⑤ 그 밖에 사업주가 지방노동관서 또는 공단에 대하여 하여야 할 보험에 관한 사무

4. 보험사무대행기관에 대한 통지(법 제34조)

공단은 보험료, 이 법에 따른 그 밖의 징수금의 납입의 통지 등을 보험사무대행기관에 함으로써 그 사업주에 대한 통지를 갈음한다. 기출 20

5. 보험사무대행기관의 의무(법 제35조)

공단이 가산금, 연체금 및 산재보험급여에 해당하는 금액을 징수하는 경우에 그 징수사유가 보험사무대행기관의 귀책사유로 인한 것일 때에는 그 한도 안에서 보험사무대행기관이 해당 금액을 내야 한다. 기출 20

Ⅱ 보험사무대행기관에 대한 지원 등(법 제37조)

공단은 보험사무대행기관이 보험사무를 대행한 때에는 대통령령이 정하는 바에 따라 징수비용과 그 밖의 지원금을 교부할 수 있다.

✔ 핵심문제

01 고용보험 및 산업재해보상보험의 보험료징수 등에 관한 법령상 보험사무대행기관에 보험사무를 위임할 수 있는 업무의 범위가 아닌 것은? 기출 19

① 확정보험료의 부과
② 개산보험료의 신고
③ 고용보험 피보험자의 자격 관리에 관한 사무
④ 보험관계의 소멸의 신고
⑤ 보험관계의 변경의 신고

[해설]
① (×) 확정보험료의 부과는 징수법 시행령 제46조에서 정한 보험사무대행기관에 위임할 수 있는 업무의 범위에 해당하지 않는다.

정답 ①

제6절 보험료의 수납절차 등

I 보험료의 수납절차(법 제38조)

이 법에 따른 보험료와 그 밖의 징수금의 수납방법 및 그 절차 등에 관하여 필요한 사항은 고용노동부령으로 정한다.

II 납부기한의 연장(법 제39조)

공단 또는 건강보험공단은 천재지변 등 고용노동부령으로 정하는 사유로 이 법에 규정된 신고·신청·청구나 그 밖의 서류의 제출·통지 또는 납부·징수를 정하여진 기한까지 할 수 없다고 인정될 때에는 그 기한을 연장할 수 있다.

납부기한의 연장(규칙 제40조)

법 제39조(법 제48조의2 제8항 제3호, 제48조의3 제8항 제3호 및 제48조의6 제13항 제3호에서 준용하는 경우를 포함)에서 "천재지변 등 고용노동부령으로 정하는 사유"란 다음 각 호의 어느 하나에 해당하는 사유를 말한다.

1. 천재지변 등으로 법에 규정된 신고·신청 등을 정해진 기한까지 할 수 없는 경우
2. 법에 따른 납부기한 또는 납부서·납입고지서에 적힌 납부기한의 말일이 금융회사 또는 체신관서의 휴무일인 경우
3. 정전, 프로그램의 오류, 그 밖의 부득이한 사유로 금융회사 또는 체신관서의 정보처리장치의 정상적인 가동이 불가능한 경우
4. 법 제22조의2 제3항(법 제48조의2 제8항 제3호, 제48조의3 제8항 제3호 및 제48조의6 제13항 제3호에서 준용하는 경우를 포함)에 따라 월별보험료 또는 개산보험료를 자동계좌이체의 방법으로 낸 경우로서 정보통신망의 장애 등 사업주의 책임 없는 사유로 납부기한까지 이체되지 않은 경우
5. 그 밖에 고용노동부장관이 인정하는 부득이한 사유가 있는 경우

III 자료제공의 요청(법 제40조)

① 공단 또는 건강보험공단은 보험관계의 성립 및 소멸, 고용보험료의 지원, 보험료의 부과·징수, 보험료의 정산, 그 밖에 연체금 또는 징수금의 징수 등을 위하여 근로소득자료·국세·지방세·토지·건물·건강보험·국민연금 등 대통령령으로 정하는 자료를 제공받거나 관련 전산망을 이용하려는 경우에는 관계 기관의 장에게 사용목적 등을 적은 문서로 협조를 요청할 수 있다. 이 경우 관계 기관의 장은 정당한 사유가 없으면 그 요청에 따라야 한다.

② 공단은 산재보험 노무제공자에 대한 보험료의 부과·징수 등을 위하여 산재보험 노무제공자의 노무를 제공받는 사업의 도급인, 보험회사 등 대통령령으로 정하는 기관·단체에 산재보험 노무제공자의 월 보수액 등 보험료 부과·징수 등에 필요한 내용으로서 대통령령으로 정하는 자료 또는 정보의 제공을 요청할 수 있다. 이 경우 요청을 받은 기관·단체는 특별한 사유가 없으면 그 요청에 따라야 한다.

③ 공단 또는 건강보험공단에 제공되는 자료에 대하여는 수수료 및 사용료 등을 면제한다.

제7절 보험료의 시효 등

I 시효(법 제41조)

1. 소멸시효

보험료, 이 법에 따른 그 밖의 징수금을 징수하거나 그 반환받을 수 있는 권리는 3년간 행사하지 아니하면 시효로 인하여 소멸한다. 소멸시효에 관하여는 이 법에 규정된 것을 제외하고는 민법에 따른다.

기출 14 · 17 · 20 · 21

2. 시효의 중단(법 제42조)

① 소멸시효는 다음의 사유로 중단된다. 기출 17

㉠ 월별보험료의 고지

㉡ 보험료 등 과납액의 반환의 청구

㉢ 보험료 또는 징수금의 통지 또는 독촉

㉣ 체납처분 절차에 따라 하는 교부 청구 또는 압류

② 중단된 소멸시효는 다음의 기한 또는 기간이 지난 때부터 새로 진행한다.

㉠ 고지한 월별보험료의 납부기한 기출 21

㉡ 독촉에 의한 납부기한 기출 12 · 21

㉢ 통지받은 납부기한

㉣ 교부청구 중의 기간 기출 12 · 14 · 21

㉤ 압류기간

3. 보험료 정산에 따른 권리의 소멸시효(법 제43조)

① 보험료의 정산에 따라 사업주가 반환받을 권리 및 건강보험공단이 징수할 권리의 소멸시효는 다음 보험연도의 첫날(보험연도 중에 보험관계가 소멸한 사업의 경우에는 보험관계가 소멸한 날)부터 진행한다.

② 건설업 등의 확정보험료의 정산에 따라 사업주가 반환받을 권리 및 공단이 징수할 권리의 소멸시효는 다음 보험연도의 첫날(보험연도 중에 보험관계가 소멸한 사업의 경우에는 보험관계가 소멸한 날)부터 진행한다. 기출 12 · 14

II 보고 및 조사

1. 보고(법 제44조)

공단 또는 건강보험공단은 보험료의 성실신고 및 보험사무대행기관의 지도 등을 위하여 필요하다고 인정되어 대통령령으로 정하는 경우에는 이 법을 적용받는 사업의 사업주, 그 사업에 종사하는 근로자, 보험사무대행기관 및 보험사무대행기관이었던 자에 대하여 이 법 시행에 필요한 보고 및 관계서류의 제출을 요구할 수 있다.

2. 조사(법 제45조)

① 공단은 보험료의 성실신고 및 보험사무대행기관의 지도 등을 위하여 필요하다고 인정되어 대통령령으로 정하는 경우에는 소속 직원으로 하여금 근로자를 고용하고 있거나 고용하였던 사업주의 사업장 또는 보험사무대행기관, 보험사무대행기관이었던 자의 사무소에 출입하여 관계인에 대하여 질문을 하거나 관계서류를 조사하게 할 수 있다.

② 공단은 조사를 하는 경우 해당 사업주 등에게 조사의 일시 및 내용 등 조사에 필요한 사항을 미리 알려야 한다. 다만, 긴급한 경우나 사전 통지 시 그 목적을 달성할 수 없다고 인정되는 경우에는 그러하지 아니하다.

③ 공단직원은 그 권한을 표시하는 증표를 지니고 이를 관계인에게 내보여야 한다. 공단은 조사를 마치면 해당 사업주 등에게 조사 결과를 서면으로 알려야 한다.

Ⅲ 업무의 위임 및 위탁(법 제46조)

① 이 법에 따른 고용노동부장관의 권한은 대통령령으로 정하는 바에 따라 그 일부를 지방고용노동관서의 장에게 위임할 수 있다.

② 공단 또는 건강보험공단은 대통령령으로 정하는 바에 따라 보험료, 이 법에 따른 그 밖의 징수금의 수납업무 중 일부를 체신관서 또는 금융기관에 위탁할 수 있다.

제8절 적용특례

Ⅰ 해외파견자에 대한 특례(법 제47조)

① 산업재해보상보험법의 규정에 따라 산재보험의 적용을 받는 해외파견자의 산재보험료 산정의 기초가 되는 보수액은 그 사업에 사용되는 같은 직종 근로자의 보수나 그 밖의 사정을 고려하여 고용노동부장관이 정하는 금액으로 하고, 산재보험료율은 해외파견자의 재해율 및 재해보상에 필요한 금액 등을 고려하여 고용노동부장관이 정하여 고시한다. 기출 12

② 산재보험 가입자의 해외파견자에 대한 보험가입의 신청 및 승인, 보험료의 신고 및 납부 등에 관하여 필요한 사항은 고용노동부령으로 정한다.

Ⅱ 현장실습생에 대한 특례(법 제48조)

① 산업재해보상보험법의 규정에 따라 산재보험의 적용을 받는 현장실습생의 산재보험료 산정의 기초가 되는 보수액은 현장실습생이 받은 모든 금품으로 하되, 산재보험료 산정이 어려운 경우에는 고용노동부장관이 정하여 고시하는 금액으로 할 수 있다.

② 현장실습생의 산재보험료의 신고 및 납부 등에 관하여 필요한 사항은 고용노동부령으로 정한다.

Ⅲ 예술인 고용보험 특례(법 제48조의2)

1. 보험가입

고용보험법에 따라 고용보험의 적용을 받는 예술인과 이들을 상대방으로 하여 문화예술용역 관련 계약을 체결한 사업의 사업주는 당연히 고용보험의 보험가입자가 된다.

2. 보수액

예술인의 보수액은 소득세법에 따른 사업소득 및 같은 법에 따른 기타 소득에서 대통령령으로 정하는 금품을 뺀 금액으로 한다.

3. 보험료 및 보험료율

예술인의 월별 고용보험료는 전년도 보수총액을 전년도에 노무제공을 한 개월 수로 나눈 금액인 월평균보수에 고용보험료율을 곱한 금액으로 산정한다. 예술인과 이들을 상대방으로 하여 문화예술용역 관련 계약을 체결한 사업의 사업주에 대한 고용보험료율은 종사형태 등을 반영하여 고용보험법에 따른 고용보험위원회의 심의를 거쳐 대통령령으로 달리 정할 수 있다(제3항). 현재 대통령령으로 정한 고용보험료율은 1천분의 16이다(영 제56조의5 제2항). 기출 23 예술인에 대한 고용보험료의 상한액을 정하는 경우, 보험료가 부과되는 연도의 전전년도 보험가입자의 고용보험료 평균액의 10배 이내에서 고용노동부장관이 고시하는 금액으로 한다(영 제56조의5 제3항).

4. 보험료의 납부

① 고용보험법에 따라 고용보험의 적용을 받는 사업의 사업주는 예술인이 부담하여야 하는 고용보험료와 사업주가 부담하여야 하는 고용보험료를 납부하여야 한다. 이 경우 사업주는 예술인이 부담하여야 하는 고용보험료를 대통령령으로 정하는 바에 따라 그 예술인의 보수에서 원천공제하여 납부할 수 있다.
② 사업주는 고용보험료에 해당하는 금액을 원천공제하였으면 공제계산서를 예술인에게 발급하여야 한다.
③ 고용보험법에 따라 피보험자격의 취득을 신고한 예술인이 부담하여야 하는 고용보험료는 대통령령으로 정하는 바에 따라 발주자 또는 원수급인이 납부하여야 한다.
④ 고용보험료를 납부하여야 하는 자는 대통령령으로 정하는 바에 따라 해당 고용보험료를 부담하여야 하는 보험가입자로부터 고용보험료를 원천공제하여 납부하여야 한다. 이 경우 해당 사업주 등에게 원천공제내역을 알려야 한다.

Ⅳ 노무제공자의 고용보험 특례(법 제48조의3, 영 제56조의6)

1. 보험가입

고용보험법에 따라 고용보험의 적용을 받는 노무제공자와 이들을 상대방으로 하여 노무제공계약을 체결한 사업의 사업주(이하 “노무제공사업의 사업주”)는 당연히 고용보험의 보험가입자가 된다.

2. 보수액

노무제공자의 보수액은 소득세법에 따른 사업소득 및 기타 소득에서 소득세법상 비과세소득 및 고용노동부장관이 정하여 고시하는 필요경비를 뺀 금액으로 한다. 다만, 노무제공특성에 따라 소득확인이 어렵다고 대통령령으로 정하는 노무제공자가 종사하는 직종의 고용보험료 산정기초가 되는 보수액은 고용노동부장관이 고시하는 금액으로 한다. 사업주 또는 노무제공플랫폼사업자는 노무제공자의 노무제공 내용과 월 보수액을 고용노동부령으로 정하는 바에 따라 노무제공일이 속하는 달의 다음 달 말일까지 공단에 신고해야 한다. 노무제공자의 월 보수액은 사업주가 노무를 제공받은 월에 대하여 노무제공자에게 지급한 보수액을 기준으로 산정한다. 다만, 사업주 또는 노무제공플랫폼사업자가 월 보수액을 신고하지 않은 경우 그 월 보수액은 고용보험법 시행령에 따른 피보험자격 취득 신고, 노무제공계약 체결 신고와 사업주 또는 노무제공플랫폼사업자가 신고한 노무제공자의 노무제공 내용과 월 보수액 중 가장 최근에 신고된 해당 노무제공자의 월 보수액으로 한다.

3. 보험료 및 보험료율

공단이 매월 부과하는 노무제공자의 월별 보험료(고용보험료에 한정)는 월 보수액에 고용보험료율을 곱한 금액으로 한다. 노무제공자와 노무제공사업의 사업주가 부담하여야 하는 고용보험료 및 고용보험료율은 종사형태 등을 반영하여 고용보험법에 따른 고용보험위원회의 심의를 거쳐 대통령령으로 달리 정할 수 있다. 현재 고용보험료율은 1천분의 16으로 하고, 노무제공자와 사업주가 각각 분담해야 하는 고용보험료는 해당 노무제공자의 월 보수액에 고용보험료율의 2분의 1을 곱한 금액이다. 노무제공자에 대한 고용보험료의 상한액을 정하는 경우 고용보험료가 부과되는 연도의 전전년도 보험가입자의 고용보험료 평균액의 10배 이내에서 고용노동부장관이 고시하는 금액으로 한다.

4. 보험료의 납부

노무제공사업의 사업주는 노무제공자가 부담하여야 하는 고용보험료와 사업주가 부담하여야 하는 고용보험료를 납부하여야 한다. 이 경우 노무제공사업의 사업주는 노무제공자가 부담하여야 하는 고용보험료를 대통령령으로 정하는 바에 따라 그 노무제공자의 보수에서 원천공제하여 납부할 수 있다. 노무제공사업의 사업주는 고용보험료에 해당하는 금액을 원천공제한 때에는 공제계산서를 노무제공자에게 발급하여야 한다.

V 노무제공플랫폼사업자에 대한 특례(법 제48조의4)

1. 노무제공플랫폼이용계약의 신고

고용보험법에 따른 노무제공플랫폼사업자는 노무제공사업의 사업주와 노무제공플랫폼 이용에 대한 계약(이하 "노무제공플랫폼이용계약")을 체결하는 경우 해당 이용계약의 개시일 또는 종료일이 속하는 달의 다음 달 15일까지 다음에 해당하는 사항을 공단에 신고하여야 한다.

① 노무제공플랫폼사업자의 성명과 주소(법인의 경우에는 법인의 명칭과 주된 사무소의 소재지)
② 노무제공사업의 사업주가 해당 사업에 고용보험법에 따른 노무제공플랫폼을 이용하기 시작한 날 또는 종료한 날
③ 노무제공사업의 사업주의 성명과 주소(법인의 경우에는 법인의 명칭과 주된 사무소의 소재지)
④ 그 밖에 고용노동부령으로 정하는 사항

2. 정보제공의 요청

공단은 노무제공플랫폼사업자와 노무제공사업의 사업주가 노무제공플랫폼이용계약을 체결하는 경우 노무제공플랫폼사업자에게 노무제공횟수 및 그 대가 등 대통령령으로 정하는 자료 또는 정보의 제공을 요청할 수 있다. 이 경우 요청을 받은 노무제공플랫폼사업자는 특별한 사유가 없으면 그 요청에 따라야 한다.

3. 보험료의 납부

고용보험법에 따라 노무제공플랫폼사업자가 피보험자격의 취득 등을 신고한 경우 그 노무제공자 및 노무제공사업의 사업주가 부담하는 고용보험료 부담분은 노무제공플랫폼사업자가 원천공제하여 대통령령으로 정하는 바에 따라 납부하여야 한다. 노무제공플랫폼사업자는 고용보험료를 원천공제한 경우에는 해당 노무제공자와 노무제공사업의 사업주에게 그 원천공제내역을 알려야 한다.

4. 관계서류의 제출요구

공단 또는 건강보험공단은 노무제공플랫폼사업자의 원천공제에 관한 지도 등을 위하여 필요하다고 인정되는 경우에는 노무제공플랫폼사업자 및 노무제공플랫폼사업자이었던 자에 대하여 다음의 구분에 따라 보고 또는 관계서류의 제출을 요구하거나 조사 등을 할 수 있다.

① 공단 또는 건강보험공단의 경우 : 노무제공플랫폼사업자가 원천공제하여 납부하여야 하는 고용보험료 부담분 납부업무와 관련된 보고 또는 관계서류의 제출요구

② 공단의 경우 : 소속 직원으로 하여금 해당 사업자의 사무소에 출입하여 관계인에 대한 질문과 관계서류의 조사

5. 비용 지원

① 공단은 노무제공플랫폼사업자가 노무제공자의 월 보수액을 기한 내에 신고한 경우, 노무제공자 및 노무제공사업의 사업주가 부담하는 고용보험료를 기한 내에 납부한 경우, 노무제공자에 대한 피보험자격의 취득 등을 기한 내에 신고한 경우 등에는 노무제공플랫폼사업자가 보험사무에 관한 의무를 이행하는 데 필요한 비용의 일부를 고용보험기금에서 지원할 수 있다.

② 노무제공플랫폼사업자는 지원을 받으려는 경우에는 고용노동부령으로 정하는 바에 따라 공단에 지원 신청을 해야 한다.

③ 공단은 노무제공플랫폼사업자의 보험사무에 관한 의무 이행 실적 등을 고려하여 고용노동부장관이 정하여 고시하는 기준에 따라 지원 금액을 분기별로 산정하여 지급한다.

Ⅵ 산재보험 노무제공자의 산재보험 특례(법 제48조의6, 영 제56조의8 내지 제56조의14)[5)]

1. 보험가입

산재보험 노무제공자의 노무를 제공받는 사업의 사업주는 당연히 산재보험의 보험가입자가 된다.

---

5) 2022.6.10 산재법의 개정으로 산재보험의 전속성을 요건으로 하고 있던 산재법 제125조가 삭제됨에 따라 이를 전제로 한 징수법 제49조의3도 마찬가지로 삭제되었다. 이에 따라 새로 산재보험의 적용을 받는 사람들(특수형태근로종사자 및 플랫폼 종사자 등)의 노무제공 특성에 맞는 보험행정의 달성을 위하여 징수법 제48조의6(산재보험 노무제공자의 산재보험 특례), 제48조의7(플랫폼 운영자의 산재보험 특례)이 신설되어 2023.7.1.부터 시행되고 있다.

2. 보수액

산재보험 노무제공자의 월 보수액은 소득세법상의 사업소득 및 기타소득에서 비과세소득과 고용노동부장관이 정하여 고시하는 방법에 따라 산정한 필요경비를 뺀 금액으로 한다. 다만, 노무제공특성에 따라 소득확인이 어려운 산재보험 노무제공자인 등록된 건설기계를 직접 운전하는 사람과 고용노동부령으로 정하는 화물자동차를 운전하는 사람의 월 보수액은 고용노동부장관이 고시하는 금액으로 한다. 사업주는 월 보수액(사업주가 노무 제공을 받은 월에 대해 산정한 것)을 고용노동부령으로 정하는 바에 따라 노무제공일이 속하는 달의 다음 달 말일까지 공단에 신고해야 한다. 산재보험 노무제공자인 등록된 건설기계를 직접 운전하는 사람과 고용노동부령으로 정하는 화물자동차를 운전하는 사람으로부터 노무 제공을 받는 사업주는 노무 제공을 받거나 받지 않게 된 경우에는 고용노동부령으로 정하는 바에 따라 그 사유가 발생한 날이 속하는 달의 다음 달 15일까지 공단에 신고해야 한다. 사업주가 신고하지 아니하여 산재보험 노무제공자가 월 보수액을 신고하는 경우에는 소득을 증명할 수 있는 자료를 함께 제출해야 한다. 사업주 또는 산재보험 노무제공자가 월 보수액을 잘못 신고한 경우에는 고용노동부령으로 정하는 바에 따라 공단에 월 보수액 정정 신고를 할 수 있다. 이 경우 산재보험 노무제공자는 소득을 증명할 수 있는 자료를 함께 제출해야 한다.

3. 보험료 및 보험료율

공단이 매월 부과하는 산재보험 노무제공자의 월별보험료(산재보험료에 한정)는 사업주가 매월 지급하는 보수액에 산재보험료율을 곱한 금액으로 한다. 사업주는 노무제공특성에 따라 소득확인이 어려운 산재보험 노무제공자(등록된 건설기계를 직접 운전하는 사람과 고용노동부령으로 정하는 화물자동차를 운전하는 사람)가 ① 산재보험 노무제공자가 부상을 당하거나 질병에 걸려 휴업을 하는 경우, ② 여성 산재보험 노무제공자가 임신 또는 출산으로 휴업을 하는 경우, ③ 산재보험 노무제공자가 8세 이하 또는 초등학교 2학년 이하의 자녀(입양한 자녀를 포함)를 양육하기 위하여 휴업을 하는 경우, ④ 사업주의 귀책사유로 휴업을 하는 경우, ⑤ 사업주가 천재지변, 전쟁 또는 이에 준하는 재난이나 감염병의 확산으로 불가피하게 휴업을 하는 경우 등으로 노무를 제공할 수 없을 때에는 그 사유가 발생한 날부터 14일 이내에 그 사실을 공단에 신고하여야 하며, 사업주가 해당 기한 내에 신고하지 아니한 경우에는 산재보험 노무제공자가 신고할 수 있다. 이 경우 해당 사유가 발생한 기간은 보험료를 부과하지 아니할 수 있다. 산재보험 노무제공자의 산재보험료율은 재해율 등을 고려하여 산업재해보상보험법상의 산업재해보상보험 및 예방심의위원회의 심의를 거쳐 고용노동부장관이 달리 정할 수 있다. 산재보험료는 사업주와 산재보험 노무제공자가 각각 2분의 1씩 부담하며, 이 경우 각각 분담해야 하는 산재보험료는 개인별 월 보수액에 산재보험료율의 2분의 1을 곱한 금액으로 한다. 다만, 사용종속관계(使用從屬關係)의 정도 등을 고려하여 대통령령으로 정하는 직종에 종사하는 산재보험 노무제공자의 경우에는 사업주가 부담한다. 산재보험 노무제공자의 재해율, 월 보수액, 산재보험료율 및 노무제공 형태 등을 고려하여 대통령령으로 정하는 산재보험 노무제공자와 해당 사업주에 대해서는 재보험료를 대통령령으로 정하는 바에 따라 감면할 수 있다.

산재보험 노무제공자에 대한 산재보험료의 감면(영 제56조의11)

① 법 제48조의6 제7항에서 "대통령령으로 정하는 산재보험 노무제공자와 해당 사업주"란 다음 각 호의 구분에 따른 산재보험 노무제공자와 해당 사업주를 말한다.

1. 산재보험료 감경 대상자 : 산업재해보상보험법 시행령 제83조의5 각 호에 해당하는 사람이 종사하는 직종의 재해율(공단이 산재보험급여의 신청 등을 고려하여 산정한 재해율을 말하며, 그 재해율을 산정하기 어려운 경우에는 해당 직종이 속하는 업종의 재해율)이 전체 업종의 평균재해율(고용노동부장관이 보험연도의 직전 연도 말일을 기준으로 산정하여 공고한 것)의 2분의 1 이상인 직종 중에서 산재보험료의 부담 수준, 노무제공자의 규모 등을 고려하여 고용노동부장관이 정하여 고시하는 직종에 종사하는 사람과 그 사람으로부터 노무 제공을 받는 사업의 사업주

2. 산재보험료 면제 대상자 : 산재보험 노무제공자의 월 보수액이 고용노동부장관이 정하여 고시하는 금액 미만인 사람. 다만, 산업재해보상보험법 시행령 제83조의5 제2호 및 제13호에 해당하는 직종에 종사하는 사람은 제외한다.

② 제1항 제1호에 따른 감경 비율은 산재보험료의 100분의 50 범위에서 고용노동부장관이 정하여 고시한다.

③ 제1항 및 제2항에서 규정한 사항 외에 산재보험료의 감경 기간, 면제 대상 월 보수액의 판단 방법 등 산재부험류의 감면에 필요한 사항은 고용노동부장관이 정하여 고시한다.

4. 보험료의 납부

사업주는 산재보험 노무제공자가 부담하여야 하는 산재보험료와 사업주가 부담하여야 하는 산재보험료를 납부하여야 한다. 사업주는 산재보험 노무제공자에게 월 보수액을 지급할 때마다 그 지급금액과 직전의 지급일 이후 따로 지급한 보수액을 더한 금액에서 노무제공자가 부담할 산재보험료에 해당하는 금액을 원천공제하여 납부할 수 있다. 이 경우 사업주는 공제계산서를 산재보험 노무제공자에게 발급하여야 한다.

Ⅶ 플랫폼 운영자의 산재보험 특례(법 제48조의7)

1. 신 고

① 플랫폼 운영자(플랫폼 운영자가 플랫폼 종사자의 노무를 직접 제공받아 사업을 영위하는 경우는 제외. 이하 "플랫폼 운영자")는 플랫폼 이용 사업자(이하 "플랫폼 이용 사업자")의 온라인 플랫폼(이하 "온라인 플랫폼") 이용 개시일 또는 종료일이 속하는 달의 다음 달 15일까지 다음 사항을 공단에 신고하여야 한다.

㉠ 플랫폼 운영자의 성명과 주소(법인의 경우에는 법인의 명칭과 주된 사무소의 소재지)

㉡ 플랫폼 이용 사업자가 해당 사업에 온라인 플랫폼을 이용하기 시작한 날 또는 종료한 날

㉢ 플랫폼 이용 사업자의 성명과 주소(법인의 경우에는 법인의 명칭과 주된 사무소의 소재지)

㉣ 그 밖에 산업재해보상보험법에 따른 플랫폼 종사자(이하 "플랫폼 종사자")의 보험관계에 관한 정보 등 고용노동부령으로 정하는 사항

② 플랫폼 종사자의 월 보수액 등 신고는 대통령령으로 정하는 바에 따라 플랫폼 운영자가 하여야 한다.

2. 정보제공의 요청

플랫폼 운영자는 신고를 하기 위하여 필요한 경우 해당 플랫폼 이용 사업자와 플랫폼 종사자에게 필요한 자료 또는 정보의 제공을 요청할 수 있다. 이 경우 요청을 받은 플랫폼 이용 사업자와 플랫폼 종사자는 정당한 사유가 없으면 그 요청에 따라야 한다.

3. 보험료의 납부

플랫폼 운영자는 산재보험료를 납부하기 위하여 산재보험료 원천공제 및 납부를 위한 전용 계좌를 개설하여야 한다. 플랫폼 종사자 및 플랫폼 이용 사업자가 부담하는 산재보험료는 플랫폼 운영자가 원천공제하여 대통령령으로 정하는 바에 따라 납부하여야 한다. 다만, 대통령령으로 정하는 온라인 플랫폼을 통하여 노무를 제공하는 플랫폼 종사자의 산재보험료 원천공제・납부 등에 대해서는 대통령령으로 정하는 바에 따른다. 플랫폼 운영자는 산재보험료를 원천공제한 경우에는 해당 플랫폼 종사자와 플랫폼 이용 사업자에게 그 원천공제 내역을 알려야 한다.

4. 관계서류의 제출요구

공단 또는 건강보험공단은 보험료의 성실납부 등을 위하여 필요하다고 인정되는 경우에는 플랫폼 운영자 및 플랫폼 운영자였던 자에 대하여 다음의 구분에 따라 보고 또는 관계 서류의 제출을 요구하거나 조사 등을 할 수 있다. 이 경우 보고·관계 서류의 제출 요구 및 조사 등에 관하여는 이미 살펴본 보고 및 조사에 대한 규정을 준용한다.

① 공단 또는 건강보험공단의 경우 : 제4항의 업무와 관련된 보고 또는 관계 서류의 제출 요구

② 공단의 경우 : 소속 직원으로 하여금 해당 플랫폼 운영자의 사무소에 출입하여 관계인에 대한 질문과 관계 서류의 조사

5. 정보 보관

플랫폼 운영자는 월 보수액 등 신고와 관련된 정보를 플랫폼 종사자의 해당 온라인 플랫폼을 통한 노무제공이 종료된 날부터 5년 동안 보관하여야 한다.

6. 비용 지원

공단은 대통령령으로 정하는 바에 따라 플랫폼 운영자가 보험사무에 관한 의무를 이행하는 데 필요한 비용의 일부를 지원할 수 있다.

플랫폼 운영자의 월 보수액 신고 등(영 제56조의15)

① 플랫폼 운영자(산업재해보상보험법 제91조의15 제4호 단서에 해당하는 플랫폼 운영자는 제외)는 법 제48조의7 제3항에 따라 플랫폼 종사자(산업재해보상보험법 제91조의15 제2호에 따른 플랫폼 종사자)의 월 보수액(플랫폼 종사자가 노무를 제공한 월에 대해 산정한 것)을 고용노동부령으로 정하는 바에 따라 노무제공일이 속하는 달의 다음 달 말일까지 공단에 신고해야 한다. 다만, 플랫폼 운영자가 신고하지 않은 경우에는 고용노동부령으로 정하는 바에 따라 플랫폼 종사자가 신고할 수 있다.

② 플랫폼 운영자는 제1항에 따른 월 보수액을 잘못 신고한 경우에는 고용노동부령으로 정하는 바에 따라 공단에 월 보수액 정정신고를 할 수 있다. 다만, 법 제48조의7 제4항 단서 및 이 영 제56조의16 제2항에 따른 온라인 플랫폼(산업재해보상보험법 제91조의15 제1호 나목에 따른 온라인 플랫폼)의 경우에는 플랫폼 이용 사업자(산업재해보상보험법 제91조의15 제4호에 따른 플랫폼 이용 사업자) 또는 플랫폼 종사자가 월 보수액 정정신고를 할 수 있다.

플랫폼 종사자의 산재보험료 원천공제 및 납부(영 제56조의16)

① 플랫폼 운영자(산업재해보상보험법 제91조의15 제4호 단서에 해당하는 플랫폼 운영자는 제외)는 법 제48조의7 제4항 본문에 따라 플랫폼 종사자 및 플랫폼 이용 사업자가 부담해야 하는 그 달의 산재보험료를 다음 달 10일까지 납부해야 한다.

② 법 제48조의7 제4항 단서에서 "대통령령으로 정하는 온라인 플랫폼"이란 플랫폼 운영자가 플랫폼 이용 사업자의 플랫폼 종사자에 대한 보수 지급을 중개하지 않는 온라인 플랫폼을 말한다.

③ 제2항에 따른 온라인 플랫폼의 경우에는 해당 플랫폼 이용 사업자가 플랫폼 종사자가 부담해야 하는 산재보험료를 플랫폼 종사자로부터 원천공제하여 플랫폼 이용 사업자가 부담해야 하는 산재보험료와 합산하여 납부해야 한다.

플랫폼 운영자에 대한 지원(영 제56조의17)

① 공단은 법 제48조의7 제9항에 따라 플랫폼 운영자가 다음 각 호의 어느 하나에 해당하는 경우에는 플랫폼 운영자가 보험사무에 관한 의무를 이행하는 데 필요한 비용의 일부를 산업재해보상보험 및 예방기금에서 지원할 수 있다.

> 1. 법 제48조의7 제3항 및 이 영 제56조의15에 따라 플랫폼 종사자의 월 보수액을 기한 내에 신고한 경우
> 2. 법 제48조의7 제4항 본문에 따라 플랫폼 종사자 및 플랫폼 이용 사업자가 부담하는 산재보험료를 기한 내에 납부한 경우
>
> ② 플랫폼 운영자는 제1항에 따른 지원을 받으려는 경우에는 고용노동부령으로 정하는 바에 따라 공단에 지원 신청을 해야 한다.
>
> ③ 제1항에 따른 지원 금액은 플랫폼 운영자의 보험사무에 관한 의무 이행 실적 등을 고려하여 고용노동부장관이 정하여 고시하는 기준에 따라 분기별로 산정하여 지급한다.

Ⅷ 자영업자에 대한 특례(법 제49조의2)

1. 보험가입

① 근로자를 사용하지 아니하거나 50명 미만의 근로자를 사용하는 사업주로서 대통령령으로 정하는 요건을 갖춘 자영업자(이하 "자영업자")는 공단의 승인을 받아 자기를 이 법에 따른 근로자로 보아 고용보험에 가입할 수 있다(제1항).

② 보험에 가입한 자영업자가 50명 이상의 근로자를 사용하게 된 경우에도 본인이 피보험자격을 유지하려는 경우에는 계속하여 보험에 가입된 것으로 본다. 기출 16·24

> **가입대상 자영업자(영 제56조의18)**
>
> 법 제49조의2 제1항에서 "대통령령으로 정하는 요건을 갖춘 자영업자"란 다음 각 호에 해당하는 요건을 모두 갖춘 자영업자를 말한다.
>
> 1. 고용보험 가입 신청 당시 다음 각 목의 어느 하나의 경우에 해당할 것
>   가. 「소득세법」 제168조 제1항 또는 「부가가치세법」 제8조에 따라 사업자등록을 하고 실제 사업을 영위하고 있는 경우
>   나. 「소득세법」 제168조 제5항에 따라 고유번호를 부여받아 실제 사업을 영위하고 있는 경우로서 「영유아보육법」 제10조 제5호의 가정어린이집을 운영하는 등 고용노동부장관이 정하여 고시하는 사업을 영위하는 경우
>   다. 「농어업경영체 육성 및 지원에 관한 법률」 제4조 제1항에 따라 농어업경영정보를 등록하고 실제 사업을 영위하고 있는 경우
> 2. 고용보험 가입 신청일 전 2년 이내에 「고용보험법」 제69조의3에 따라 구직급여를 받은 사실이 없을 것
> 3. 다음 각 목의 어느 하나에 해당하는 업종에 종사하지 아니할 것
>   가. 「고용보험법 시행령」 제2조 제1항 각 호의 어느 하나에 해당하는 사업
>   나. 부동산 임대업(한국표준산업분류표의 세분류를 기준으로 한다)

2. 보수액

① 자영업자에 대한 고용보험료 산정의 기초가 되는 보수액은 자영업자의 소득, 보수수준 등을 고려하여 고용노동부장관이 정하여 고시한다. 기출 12·24

② 자영업자는 보험가입 승인을 신청하려는 경우에는 본인이 원하는 혜택수준을 고려하여 고시된 보수액 중 어느 하나를 선택하여야 한다.

③ 자영업자는 선택한 보수액을 다음 보험연도에 변경하려는 경우에는 직전 연도의 12월 20일까지 고시된 보수액 중 어느 하나를 다시 선택하여 공단에 보수액의 변경을 신청할 수 있다.

3. 보험료 및 보험료율

자영업자가 부담하여야 하는 고용안정 · 직업능력개발사업 및 실업급여에 대한 고용보험료는 선택한 보수액에 고용보험료율을 곱한 금액으로 한다. 이 경우 월(月)의 중간에 보험관계가 성립하거나 소멸하는 경우에는 그 고용보험료는 일수에 비례하여 계산한다. 자영업자에게 적용하는 고용보험료율은 보험수지의 동향과 경제상황 등을 고려하여 1000분의 30의 범위에서 고용안정 · 직업능력개발사업의 보험료율 및 실업급여의 보험료율로 구분하여 대통령령으로 정한다. 이 경우 고용보험료율의 결정 및 변경은 고용보험법에 따른 고용보험위원회의 심의를 거쳐야 한다. 기출 15 · 16

자영업자 고용보험료율(영 제56조의19)

① 법 제49조의2 제7항에 따른 고용보험료율은 다음 각 호와 같다.

1. 고용안정 · 직업능력개발사업의 보험료율 : 1만분의 25
2. 실업급여의 보험료율 : 1천분의 20

② 공단은 제1항에 따른 자영업자 보험료율이 인상되거나 인하된 경우에는 자영업자에 대한 고용보험료를 증액 또는 감액 조정하여야 한다.

4. 부과 · 징수

고용보험료는 공단이 매월 부과하고, 건강보험공단이 이를 징수한다. 기출 15 · 24

5. 보험료의 납부

고용보험에 가입한 자영업자는 매월 부과된 보험료를 다음 달 10일까지 납부하여야 한다. 기출 24

6. 보험관계의 소멸

고용보험에 가입한 자영업자가 자신에게 부과된 월(月)의 고용보험료를 계속하여 6개월간 납부하지 아니한 경우에는 마지막으로 납부한 고용보험료에 해당되는 피보험기간의 다음 날에 보험관계가 소멸된다. 다만, 천재지변이나 그 밖에 부득이한 사유로 고용보험료를 낼 수 없었음을 증명하면 그러하지 아니하다. 기출 24

Ⅸ 국민기초생활 보장법의 수급자에 대한 특례(법 제49조의4)

① 고용보험법에 따라 고용보험의 적용을 받는 사업에 참가하여 유급으로 근로하는 국민기초생활 보장법에 따른 수급자는 이 법의 적용을 받는 근로자로 보고, 국민기초생활 보장법에 따른 보장기관(사업을 위탁하여 행하는 경우는 그 위탁받은 기관)은 이 법의 적용을 받는 사업주로 본다.

② 사업의 보험가입자에 대한 고용보험료 산정의 기초가 되는 보수액은 같은 항에 따른 사업에 참가하고 받은 금전으로 한다.

③ 수급자가 국민기초생활 보장법에 따른 수급권자인 경우에는 해당 수급자의 고용보험료는 보수액에 고용안정 · 직업능력개발사업의 보험료율을 곱한 금액으로 한다.

X 산재보험관리기구의 산재보험 가입에 대한 특례(법 제49조의5)

① 직업안정법에 따라 국내 근로자공급사업을 하는 자(이하 "근로자공급사업자"), 근로자공급사업자로부터 근로자를 공급받는 사업주·화주(貨主) 및 그 사업주·화주 단체, 그 밖에 근로자공급사업과 관련 있는 법인 또는 단체가 산재보험의 가입자가 되는 기구(이하 "산재보험관리기구")를 구성하려는 경우에는 공단의 승인을 받아야 한다.

② 산재보험관리기구는 공단에 승인을 신청한 날의 다음 날부터 보험가입자의 지위를 가지며, 산재보험의 보험관계가 성립한다.

③ 산재보험관리기구의 산재보험관계는 다음의 어느 하나에 해당하는 경우에 소멸하며, 보험관계 소멸일은 다음의 구분과 같다.

㉠ 산재보험관리기구가 보험가입자로서의 지위를 해지하기 위하여 공단의 승인을 받은 경우 : 공단의 승인을 받은 날의 다음 날

㉡ 공단이 산재보험관리기구가 실제로 운영되지 아니하는 등의 사유로 계속하여 산재보험의 보험관계를 유지할 수 없다고 인정하여 보험관계를 소멸시킨 경우 : 소멸 사실을 결정하여 통지한 날의 다음 날 기출 13

④ 산재보험관리기구는 승인받은 사항을 변경한 경우에는 변경사항을 공단에 신고하여야 한다.

⑤ 산재보험관리기구가 납부하여야 하는 산재보험료는 산재보험관리기구를 구성하는 근로자공급사업자 등이 근로자에게 지급한 보수를 합산한 금액을 기초로 산정한다.

⑥ 산재보험관리기구가 납부하여야 하는 산재보험료, 이 법에 따른 가산금·연체금·체납처분비 및 징수금은 산재보험관리기구를 구성하고 있는 근로자공급사업자 등이 연대하여 낼 의무를 진다.

⑦ 공단은 산재보험관리기구를 보험사무대행기관으로 보아 대통령령으로 정하는 바에 따라 징수비용과 그 밖의 지원금을 교부할 수 있다.

제9절 벌 칙

I 형벌(법 제49조의6)

금융회사등의 특정점포가 제공한 금융거래정보를 알게 된 경우, 이를 타인에게 제공 또는 누설하거나 그 목적 외의 용도로 이용한 자(예술인, 노무제공자의 고용보험 특례, 산재보험 노무제공자의 산재보험 특례에 준용되는 경우를 포함)는 5년 이하의 징역 또는 3천만원 이하의 벌금에 처한다. 이 경우 징역형과 벌금형은 병과할 수 있다.

II 양벌규정(법 제49조의7)

법인의 대표자나 법인 또는 개인의 대리인, 사용인, 그 밖의 종업원이 그 법인 또는 개인의 업무에 관하여 제49조의6의 위반행위를 하면 그 행위자를 벌하는 외에 그 법인 또는 개인에게도 해당 조문의 벌금형을 과(科)한다. 다만, 법인 또는 개인이 그 위반행위를 방지하기 위하여 해당 업무에 관하여 상당한 주의와 감독을 게을리하지 아니한 경우에는 그러하지 아니하다.

Ⅲ 과태료(법 제50조) 기출 14

1. 300만원 이하의 과태료

① 보험관계의 신고(예술인, 노무제공자의 고용보험 특례 및 산재보험 노무제공자의 산재보험 특례에 준용되는 경우를 포함), 보험관계의 변경신고(예술인, 노무제공자의 고용보험 특례 및 산재보험 노무제공자의 산재보험 특례에 준용되는 경우를 포함), 보수총액 등의 신고, 개산보험료의 신고 및 확정보험료의 신고를 하지 아니하거나 거짓 신고를 한 자

② 금융거래정보의 제공을 요청받고 정당한 사유 없이 금융거래정보의 제공을 거부한 자(예술인, 노무제공자의 고용보험 특례, 산재보험 노무제공자의 산재보험 특례에 준용되는 경우를 포함)

③ 공단이 산재보험 노무제공자에 대한 보험료의 부과・징수 등을 위하여 산재보험 노무제공자의 노무를 제공받는 사업의 도급인, 보험회사 등 대통령령으로 정하는 기관・단체에 산재보험 노무제공자의 월 보수액 등 보험료 부과・징수 등에 필요한 자료 또는 정보의 제공을 요청하였으나 그 요청에 따르지 아니한 자

④ 공단 또는 건강보험공단의 보고 요구(예술인, 노무제공자의 고용보험 특례 및 산재보험 노무제공자의 산재보험 특례에 준용되는 경우를 포함), 공단 또는 건강보험공단의 노무제공플랫폼사업자 및 노무제공플랫폼사업자였던 자에 대한 보고 요구, 플랫폼 운영자 및 플랫폼 운영자였던 자였던 자에 대한 보고 요구에 불응하여 보고를 하지 아니하거나 거짓으로 보고한 자 또는 관계서류를 제출하지 아니하거나 거짓으로 적은 관계서류를 제출한 자

⑤ 공단 소속 직원의 질문(예술인의 고용보험 특례에 준용되는 경우를 포함), 공단이 노무제공플랫폼사업자 및 노무제공플랫폼사업자였던 자에 대하여 소속 직원으로 하여금 해당 사업자의 사무소에 출입하여 행하게 한 관계인에 대한 질문, 공단이 플랫폼 운영자 및 플랫폼 운영자였던 자에 대하여 소속 직원으로 하여금 해당 플랫폼 운영자의 사무소에 출입하여 행하게 한 관계인에 대한 질문에 거짓으로 답변한 자 또는 조사를 거부・방해 또는 기피한 자

⑥ 산재보험 노무제공자의 산재보험 특례 및 플랫폼 운영자의 산재보험 특례에 따른 월 보수액 등 신고를 하지 아니하거나 거짓 신고를 한 자

⑦ 플랫폼 운영자의 산재보험 특례에 따른 산재보험료 원천공제 및 납부를 위한 전용 계좌를 개설하지 아니한 자

⑧ 플랫폼 운영자의 산재보험 특례에 따른 플랫폼 종사자의 월 보수액 등 신고와 관련된 정보를 보관하지 아니한 자

2. 50만원 이하의 과태료

제36조(보험사무대행기관의 장부비치 등)에 따른 장부 또는 그 밖의 서류를 갖추어 두지 아니하거나 거짓으로 적은 자(법 제50조 제2항).

3. 과태료의 부과・징수

과태료는 대통령령으로 정하는 바에 따라 고용노동부장관이 부과・징수한다(법 제50조 제3항).

✔ 핵심문제

01 **고용보험 및 산업재해보상보험의 보험료징수 등에 관한 법률상 5년 이하의 징역 또는 3천만원 이하의 벌금에 처하는 경우는?** 기출 14

① 사업주가 확정보험료의 신고를 거짓으로 한 경우
② 보험료 체납자의 재산조회를 위한 국민건강보험공단의 금융거래정보 제공요청에 응하는 과정에서 금융거래정보를 알게 된 자가 이를 타인에게 제공한 경우
③ 국민건강보험공단으로부터 체납자의 재산조회를 위하여 금융거래정보의 제공을 요청받은 자가 정당한 사유 없이 그 제공을 거부한 경우
④ 국민건강보험공단으로부터 관계서류의 제출을 요구받은 자가 거짓으로 적은 관계서류를 제출한 경우
⑤ 근로복지공단이 보험사무대행기관의 지도를 위하여 필요하다고 인정하여 관계인에게 질문을 한 경우, 관계인이 그 질문에 거짓으로 답변한 경우

[해설]
징수법상 5년 이하의 징역 또는 3천만원 이하의 벌금에 처해지는 경우는 ②이다. 나머지는 모두 과태료 부과대상에 해당한다.

벌칙(징수법 제49조의6)
제29조의3 제6항(제48조의2 제8항 제3호, 제48조의3 제8항 제3호 및 제48조의6 제13항 제3호에 따라 준용되는 경우를 포함)을 위반한 자는 5년 이하의 징역 또는 3천만원 이하의 벌금에 처한다. 이 경우 징역형과 벌금형은 병과할 수 있다.

과태료(징수법 제50조)
① 다음 각 호의 어느 하나에 해당하는 자에게는 300만원 이하의 과태료를 부과한다.
1. 제11조(제48조의2 제8항 제1호, 제48조의3 제8항 제1호 및 제48조의6 제13항 제1호에 따라 준용되는 경우를 포함)에 따른 보험관계의 신고, 제12조(제48조의2 제8항 제1호, 제48조의3 제8항 제1호 및 제48조의6 제13항 제1호에 따라 준용되는 경우를 포함)에 따른 보험관계의 변경신고, 제16조의10에 따른 보수총액 등의 신고, 제17조에 따른 개산보험료의 신고 및 제19조에 따른 확정보험료의 신고를 하지 아니하거나 거짓 신고를 한 자
2. 제29조의3 제1항(제48조의2 제8항 제3호, 제48조의3 제8항 제3호 및 제48조의6 제13항 제3호에 따라 준용되는 경우를 포함)에 따른 금융거래정보의 제공을 요청받고 정당한 사유 없이 금융거래정보의 제공을 거부한 자
3. 제40조 제2항을 위반하여 자료 또는 정보의 제공 요청에 따르지 아니한 자
4. 제44조(제48조의2 제8항 제4호, 제48조의3 제8항 제4호 및 제48조의6 제13항 제4호에 따라 준용되는 경우를 포함), 제48조의4 제5항 제1호 및 제48조의7 제7항 제1호에 따른 요구에 불응하여 보고를 하지 아니하거나 거짓으로 보고한 자 또는 관계 서류를 제출하지 아니하거나 거짓으로 적은 관계 서류를 제출한 자
5. 제45조 제1항(제48조의2 제8항 제4호에 따라 준용되는 경우를 포함), 제48조의4 제5항 제2호 및 제48조의7 제7항 제2호에 따른 질문에 거짓으로 답변한 자 또는 같은 항에 따른 조사를 거부·방해 또는 기피한 자
6. 제48조의6 제8항 및 제48조의7 제3항에 따른 월 보수액 등 신고를 하지 아니하거나 거짓 신고를 한 자
7. 제48조의7 제6항을 위반하여 산재보험료 원천공제 및 납부를 위한 전용 계좌를 개설하지 아니한 자
8. 제48조의7 제8항을 위반하여 플랫폼 종사자의 월 보수액 등 신고와 관련된 정보를 보관하지 아니한 자

정답 ②

CHAPTER 06 고용보험 및 산업재해보상보험의 보험료 징수 등에 관한 법률

01 기출 24

☑ 확인 Check! ○ △ ×

고용보험 및 산업재해보상보험의 보험료징수 등에 관한 법률 제49조의2(자영업자에 대한 특례)에 관한 설명으로 옳은 것은?

① 자영업자에 대한 고용보험료 산정의 기초가 되는 보수액은 자영업자의 소득, 보수수준 등을 고려하여 기획재정부장관이 정하여 고시한다.

② 고용보험에 가입한 자영업자는 매월 부과된 보험료를 다음 달 14일까지 납부하여야 한다.

③ 자영업자의 고용보험료는 근로복지공단이 매월 부과하고 징수한다.

④ 고용보험에 가입한 자영업자가 자신에게 부과된 월(月)의 고용보험료를 계속하여 3개월간 납부하지 아니한 경우에는 마지막으로 납부한 고용보험료에 해당되는 피보험기간의 다음 날에 보험관계가 소멸된다.

⑤ 근로복지공단의 승인을 통해 고용보험에 가입한 자영업자가 50명 이상의 근로자를 사용하게 된 경우에도 본인이 피보험자격을 유지하려는 경우에는 계속하여 보험에 가입된 것으로 본다.

정답 및 해설

01

① (×) 자영업자에 대한 고용보험료 산정의 기초가 되는 보수액은 자영업자의 소득, 보수수준 등을 고려하여 고용노동부장관이 정하여 고시한다(징수법 제49조의2 제3항).

② (×) 고용보험에 가입한 자영업자는 매월 부과된 보험료를 다음 달 10일까지 납부하여야 한다(징수법 제49조의2 제9항).

③ (×) 자영업자의 고용보험료는 근로복지공단이 매월 부과하고, 국민건강보험공단이 이를 징수한다(징수법 제49조의2 제8항).

④ (×) 고용보험에 가입한 자영업자가 자신에게 부과된 월(月)의 고용보험료를 계속하여 6개월간 납부하지 아니한 경우에는 마지막으로 납부한 고용보험료에 해당되는 피보험기간의 다음 날에 보험관계가 소멸된다. 다만, 천재지변이나 그 밖에 부득이한 사유로 고용보험료를 낼 수 없었음을 증명하면 그러하지 아니하다(징수법 제49조의2 제10항).

⑤ (○) 징수법 제49조의2 제2항

정답 ⑤

02 기출 24

☑ 확인Check! ○ △ ×

고용보험 및 산업재해보상보험의 보험료징수 등에 관한 법령상 보험료 등에 관한 설명으로 옳지 않은 것을 모두 고른 것은?

> ㄱ. 고용보험 가입자인 근로자가 부담하여야 하는 고용보험료는 자기의 보수총액에 고용안정·직업능력개발사업 및 실업급여의 보험료율의 2분의 1을 곱한 금액으로 한다.
> ㄴ. 보험료는 국민건강보험공단이 매월 부과하고, 이를 근로복지공단이 징수한다.
> ㄷ. 보험사업에 드는 비용에 충당하기 위하여 보험가입자인 근로자와 사용자로부터 산업재해보상보험의 보험료를 징수한다.
> ㄹ. 기획재정부장관은 산재예방요율을 적용받는 사업이 거짓이나 그 밖의 부정한 방법으로 재해예방활동의 인정을 받은 경우에는 재해예방활동의 인정을 취소하여야 한다.

① ㄱ, ㄴ, ㄷ ② ㄱ, ㄴ, ㄹ
③ ㄱ, ㄷ, ㄹ ④ ㄴ, ㄷ, ㄹ
⑤ ㄱ, ㄴ, ㄷ, ㄹ

02

ㄱ. (×) 고용보험 가입자인 근로자가 부담하여야 하는 고용보험료는 자기의 보수총액에 실업급여의 보험료율의 2분의 1을 곱한 금액으로 한다(징수법 제13조 제2항 본문). 고용보험 가입자인 사업주가 부담하여야 하는 고용보험료는 그 사업에 종사하는 고용보험 가입자인 근로자의 개인별 보수총액(보수로 보는 금품의 총액과 보수의 총액은 제외)에 고용안정·직업능력개발사업의 보험료율과 실업급여의 보험료율의 2분의 1을 각각 곱하여 산출한 각각의 금액을 합한 금액으로 한다(징수법 제13조 제4항).

ㄴ. (×) 보험료는 근로복지공단이 매월 부과하고, 국민건강보험공단이 이를 징수한다(징수법 제16조의2 제1항).

ㄷ. (×) 보험사업에 드는 비용에 충당하기 위하여 고용보험의 가입자인 사업주와 근로자로부터 고용안정·직업능력개발사업 및 실업급여의 보험료를 징수한다. 또한 산업재해보상보험의 가입자인 사업주로부터 산업재해보상보험의 보험료를 징수한다(징수법 제13조 제1항, 제5조 제1항, 제3항).

ㄹ. (×) 고용노동부장관은 산재예방요율을 적용받는 사업이 거짓이나 그 밖의 부정한 방법으로 재해예방활동의 인정을 받은 경우에는 재해예방활동의 인정을 취소하여야 한다(징수법 제15조 제8항 제1호).

정답 ⑤

03 기출 24

☑ 확인Check! ○ △ ×

고용보험 및 산업재해보상보험의 보험료징수 등에 관한 법률상 납부의무가 확정된 보험료가 600만원인 경우, 이를 납부기한 전이라도 징수할 수 있는 사유에 해당하지 않는 것은?

① 법인이 합병한 경우
② 공과금을 체납하여 체납처분을 받은 경우
③ 강제집행을 받은 경우
④ 법인이 해산한 경우
⑤ 「어음법」 및 「수표법」에 따른 어음교환소에서 거래정지처분을 받은 경우

03

① (×) "법인이 합병한 경우"는 징수법 제27조의2 제1항에서 정한 보험료 기타 징수금의 납부기한 전 징수사유에 해당하지 아니한다. 다만, 이 경우 법인의 합병으로 인한 납부의무의 승계 여부가 문제될 수 있다(징수법 제28조의2).
② (O) 징수법 제27조의2 제1항 제2호
③ (O) 징수법 제27조의2 제1항 제3호
④ (O) 징수법 제27조의2 제1항 제6호
⑤ (O) 징수법 제27조의2 제1항 제4호

정답 ①

PLUS

납부기한 전 징수(징수법 제27조의2)

① 공단 또는 건강보험공단은 사업주에게 다음 각 호의 어느 하나에 해당하는 사유가 있는 경우에는 납부기한 전이라도 이미 납부의무가 확정된 보험료, 이 법에 따른 그 밖의 징수금을 징수할 수 있다. 다만, 보험료와 이 법에 따른 그 밖의 징수금의 총액이 500만원 미만인 경우에는 그러하지 아니하다.

1. 국세를 체납하여 체납처분을 받은 경우
2. 지방세 또는 공과금을 체납하여 체납처분을 받은 경우
3. 강제집행을 받은 경우
4. 「어음법」 및 「수표법」에 따른 어음교환소에서 거래정지처분을 받은 경우
5. 경매가 개시된 경우
6. 법인이 해산한 경우

② 공단 또는 건강보험공단은 제1항에 따라 납부기한 전에 보험료와 이 법에 따른 그 밖의 징수금을 징수할 때에는 새로운 납부기한 및 납부기한의 변경사유를 적어 사업주에게 알려야 한다. 이 경우 이미 납부 통지를 하였을 때에는 납부기한의 변경을 알려야 한다.

04 기출 24

확인 Check! ○ △ ×

고용보험 및 산업재해보상보험의 보험료징수 등에 관한 법령상 보험료율의 인상 또는 인하 등에 따른 조치에 관한 설명으로 옳지 않은 것은?

① 근로복지공단은 보험료율 인하로 보험료를 감액 조정한 경우에는 보험료율의 인하를 결정한 날부터 20일 이내에 그 감액 조정 사실을 사업주에게 알려야 한다.

② 보험료율 인상으로 월별보험료가 증액된 때에는 국민건강보험공단이 징수한다.

③ 보험료율 인상으로 증액 조정된 보험료의 추가 납부를 통지받은 사업주는 납부기한까지 증액된 보험료를 내야 한다. 다만, 근로복지공단 또는 국민건강보험공단은 정당한 사유가 있다고 인정되는 경우에는 30일의 범위에서 그 납부기한을 한 번 연장할 수 있다.

④ 근로복지공단은 사업주가 보험연도 중에 사업의 규모를 축소하여 실제의 개산보험료총액이 이미 신고한 개산보험료 총액보다 100분의 20 이상으로 감소하게 된 경우에는 그 초과액을 감액해야 한다.

⑤ 보험료율 인상으로 개산보험료가 증액된 때에는 근로복지공단이 징수한다.

04

① (○) 징수법 시행령 제24조 제1항

② (○) 공단은 보험료율이 인상 또는 인하된 때에는 월별보험료 및 개산보험료를 증액 또는 감액 조정하고, 월별보험료가 증액된 때에는 국민건강보험공단이, 개산보험료가 증액된 때에는 근로복지공단이 각각 징수한다. 이 경우 사업주에 대한 통지, 납부기한 등 필요한 사항은 대통령령으로 정한다(징수법 제18조 제1항).

③ (○) 근로복지공단 또는 국민건강보험공단은 보험료를 증액 조정한 경우에는 납부기한을 정하여 보험료를 추가로 낼 것을 사업주에게 알려야 한다. 보험료의 추가 납부를 통지받은 사업주는 납부기한까지 증액된 보험료를 내야 한다. 다만, 근로복지공단 또는 국민건강보험공단은 정당한 사유가 있다고 인정되는 경우에는 30일의 범위에서 그 납부기한을 한 번 연장할 수 있다(징수법 시행령 제24조 제3항, 제4항).

④ (×) 공단은 사업주가 보험연도 중에 사업의 규모를 축소하여 실제의 개산보험료 총액이 이미 신고한 개산보험료 총액보다 100분의 30 이상으로 감소하게 된 경우에는 사업주의 신청을 받아 그 초과액을 감액할 수 있다(징수법 제18조 제2항, 동법 시행령 제25조).

⑤ (○) 공단은 보험료율이 인상 또는 인하된 때에는 월별보험료 및 개산보험료를 증액 또는 감액 조정하고, 월별보험료가 증액된 때에는 국민건강보험공단이, 개산보험료가 증액된 때에는 근로복지공단이 각각 징수한다. 이 경우 사업주에 대한 통지, 납부기한 등 필요한 사항은 대통령령으로 정한다(징수법 제18조 제1항 전문).

정답 ④

05 기출 24

☑ 확인Check! ○ △ ×

고용보험 및 산업재해보상보험의 보험료징수 등에 관한 법령상 거짓으로 보험사무대행기관 인가를 받아 근로복지공단으로부터 인가가 취소된 경우 보험사무대행기관 인가의 제한 기간은?

① 3개월
② 6개월
③ 1년
④ 3년
⑤ 5년

05

근로복지공단은 보험사무대행기관이 거짓이나 그 밖의 부정한 방법으로 인가를 받은 경우 그 인가를 취소하여야 한다(징수법 제33조 제5항 제1호). 인가가 취소된 보험사무대행기관은 인가취소일부터 1년 동안은 보험사무대행기관으로 다시 인가받을 수 없다(징수법 제33조 제6항, 동법 시행령 제48조 제1항 제2호).

정답 ③

PLUS

보험사무대행기관(징수법 제33조)

⑤ 공단은 보험사무대행기관이 다음 각 호의 어느 하나에 해당하는 경우에는 그 인가를 취소할 수 있다. 다만, 제1호에 해당하는 경우에는 인가를 취소하여야 한다.
1. 거짓이나 그 밖의 부정한 방법으로 인가를 받은 경우
2. 정당한 사유 없이 계속하여 2개월 이상 보험사무를 중단한 경우
3. 보험사무를 거짓이나 그 밖의 부정한 방법으로 운영한 경우
4. 그 밖에 이 법 또는 이 법에 따른 명령을 위반한 경우

⑥ 제4항에 따라 업무가 전부 폐지되거나 제5항에 따라 인가가 취소된 보험사무대행기관은 폐지신고일 또는 인가취소일부터 1년의 범위에서 대통령령으로 정하는 기간 동안은 보험사무대행기관으로 다시 인가받을 수 없다.

보험사무대행기관 인가의 제한 기간 등(징수법 시행령 제48조)

① 법 제33조 제6항에서 "대통령령으로 정하는 기간"이란 다음 각 호의 구분에 따른 기간을 말한다.
1. 법 제33조 제4항에 따라 업무 전부에 대한 폐지 신고를 한 경우 : 3개월. 다만, 법 제33조 제5항 각 호의 어느 하나에 해당하는 사유에 따른 인가취소 절차가 진행 중인 기간(「행정절차법」 제21조에 따른 처분의 사전 통지 시점부터 인가취소 처분 여부를 결정하기 전까지의 기간을 말한다)에 업무 전부에 대한 폐지 신고를 한 경우에는 다음 각 목의 구분에 따른다.
   가. 법 제33조 제5항 제1호의 사유로 인가취소의 사전 통지를 받은 경우 : 1년
   나. 법 제33조 제5항 제2호부터 제4호까지의 어느 하나에 해당하는 사유로 인가취소의 사전 통지를 받은 경우 : 6개월
2. 법 제33조 제5항 제1호의 사유로 인가가 취소된 경우 : 1년
3. 법 제33조 제5항 제2호부터 제4호까지의 어느 하나에 해당하는 사유로 인가가 취소된 경우 : 6개월

② 공단은 법 제33조 제5항에 따라 보험사무대행기관의 인가를 취소하면 지체 없이 그 사실을 해당 보험사무대행기관과 보험사무를 위임한 사업주에게 알려야 한다.

06 기출 24

☑ 확인Check! ○ △ ×

고용보험 및 산업재해보상보험의 보험료징수 등에 관한 법령상 고용안정·직업능력개발사업의 보험료율에 관한 내용이다. 다음 중 연결이 옳은 것은?

ㄱ. 상시근로자수가 120명인 사업주의 사업
ㄴ. 상시근로자수가 1,000명인 사업주의 사업
ㄷ. 국가·지방자치단체가 직접 하는 사업

a. 1만분의 18
b. 1만분의 25
c. 1만분의 65
d. 1만분의 85
e. 1천분의 18

① ㄱ - a, ㄴ - c
② ㄱ - b, ㄷ - d
③ ㄱ - c, ㄴ - e
④ ㄴ - d, ㄷ - a
⑤ ㄴ - e, ㄷ - b

06

징수법 시행령 제12조 제1항 제1호에서 정한 고용안정·직업능력개발사업의 보험료율에 관한 내용으로 올바른 연결은 ㄱ - b, ㄴ - d, ㄷ - d이다.

정답 ②

PLUS

고용보험료율(징수법 시행령 제12조)

① 법 제14조 제1항에 따른 고용보험료율은 다음 각 호와 같다.
1. 고용안정·직업능력개발사업의 보험료율 : 다음 각 목의 구분에 따른 보험료율
가. 상시근로자수가 150명 미만인 사업주의 사업 : 1만분의 25
나. 상시근로자수가 150명 이상인 사업주의 사업으로서 우선지원대상기업의 범위에 해당하는 사업 : 1만분의 45
다. 상시근로자수가 150명 이상 1천명 미만인 사업주의 사업으로서 나목에 해당하지 않는 사업 : 1만분의 65
라. 상시근로자수가 1천명 이상인 사업주의 사업으로서 나목에 해당하지 않는 사업 및 국가·지방자치단체가 직접 하는 사업 : 1만분의 85
2. 실업급여의 보험료율 : 1천분의 18

07 기출 23

☑ 확인 Check! ○ △ ×

고용보험 및 산업재해보상보험의 보험료징수 등에 관한 법령상 고액·상습 체납자의 인적사항 공개에 관한 설명으로 옳지 않은 것은?

① 국민건강보험공단은 체납된 보험료, 이 법에 따른 그 밖의 징수금과 체납처분비와 관련하여 행정심판이 계류 중인 경우에는 공개하여서는 아니 된다.

② 체납자의 인적사항등에 대한 공개 여부를 심의하기 위하여 국민건강보험공단에 보험료정보공개심의위원회를 둔다.

③ 국민건강보험공단은 인적사항등의 공개가 결정된 자에 대하여 소명할 기회를 주어야 한다.

④ 체납자 인적사항등의 공개는 관보에 게재하거나, 고용·산재정보통신망 또는 국민건강보험공단 게시판에 게시하는 방법에 따른다.

⑤ 국민건강보험공단은 보험료정보공개심의위원회의 심의와 관련한 통지일부터 3개월이 지난 후 체납자 인적사항등의 공개 여부를 재심의하게 한 후 공개대상자를 선정한다.

07

① (○) 건강보험공단은 이 법에 따른 납부기한의 다음 날부터 1년이 지난 보험료와 이 법에 따른 그 밖의 징수금과 체납처분비의 종액이 5천만원 이상인 체납자가 납부능력이 있음에도 불구하고 체납한 경우에는 그 인적사항 및 체납액 등을 공개할 수 있다. 다만, 체납된 보험료, 이 법에 따른 그 밖의 징수금과 체납처분비와 관련하여 행정심판 또는 행정소송이 계류 중인 경우, 그 밖에 체납된 금액의 일부납부 등 대통령령으로 정하는 사유가 있을 때에는 그러하지 아니하다(징수법 제28조의6 제1항). 2022.12.31. 개정된 징수법(2023.7.1. 시행)에서는 보험료의 고액·상습체납자의 인적사항 공개기준을 체납기간 2년 이상에서 1년 이상으로, 체납액 10억원 이상에서 5천만원 이상으로 변경하였다.

② (○) 징수법 제28조의6 제2항

③ (○) 건강보험공단은 위원회의 심의를 거쳐 인적사항등의 공개가 결정된 자에 대하여 공개대상자임을 알림으로써 소명할 기회를 주어야 하며, 통지일부터 6개월이 지난 후 위원회로 하여금 체납액의 납부이행 등을 고려하여 체납자 인적사항등의 공개 여부를 재심의하게 한 후 공개대상자를 선정한다(징수법 제28조의6 제3항).

④ (○) 징수법 제28조의6 제4항

⑤ (×) 건강보험공단은 위원회의 심의를 거쳐 인적사항등의 공개가 결정된 자에 대하여 공개대상자임을 알림으로써 소명할 기회를 주어야 하며, 통지일부터 6개월이 지난 후 위원회로 하여금 체납액의 납부이행 등을 고려하여 체납자 인적사항등의 공개 여부를 재심의하게 한 후 공개대상자를 선정한다(징수법 제28조의6 제3항).

정답 ⑤

08 기출 23

☑ 확인Check! ○ △ ×

고용보험 및 산업재해보상보험의 보험료징수 등에 관한 법령상 예술인과 이들을 상대방으로 하여 문화예술용역 관련 계약을 체결한 사업의 사업주에 대한 고용보험료율은?

① 1천분의 8
② 1천분의 16
③ 1천분의 24
④ 1천분의 32
⑤ 1천분의 40

08

예술인과 이들을 상대방으로 하여 문화예술용역 관련 계약을 체결한 사업의 사업주에 대한 고용보험료율은 1천분의 16으로 한다(징수법 시행령 제56조의5 제2항).

정답 ②

PLUS

예술인 고용보험 특례(징수법 제48조의2)

① 고용보험법 제77조의2에 따라 고용보험의 적용을 받는 예술인과 이들을 상대방으로 하여 문화예술용역 관련 계약을 체결한 사업의 사업주는 당연히 고용보험의 보험가입자가 된다.
② 예술인의 보수액은 소득세법 제19조에 따른 사업소득 및 같은 법 제21조에 따른 기타소득에서 대통령령으로 정하는 금품을 뺀 금액으로 한다.
③ 제14조에도 불구하고 예술인과 이들을 상대방으로 하여 문화예술용역 관련 계약을 체결한 사업의 사업주에 대한 고용보험료율은 종사형태 등을 반영하여 고용보험법 제7조에 따른 고용보험위원회의 심의를 거쳐 대통령령으로 달리 정할 수 있다. 이 경우 보험가입자의 고용보험료 평균액의 일정비율에 해당하는 금액을 고려하여 대통령령으로 고용보험료의 상한을 정할 수 있다.
④ 고용보험법 제77조의2에 따라 고용보험의 적용을 받는 사업의 사업주는 예술인이 부담하여야 하는 고용보험료와 사업주가 부담하여야 하는 고용보험료를 납부하여야 한다. 이 경우 사업주는 예술인이 부담하여야 하는 고용보험료를 대통령령으로 정하는 바에 따라 그 예술인의 보수에서 원천공제하여 납부할 수 있다.

예술인 고용보험 특례(징수법 시행령 제56조의5)

① 법 제48조의2 제2항에서 "대통령령으로 정하는 금품"이란 소득세법 제12조 제2호 또는 제5호에 해당하는 비과세소득 및 고용노동부장관이 정하여 고시하는 방법에 따라 산정한 필요경비를 말한다.
② 법 제48조의2 제3항 전단에 따른 고용보험료율은 1천분의 16으로 한다.
③ 법 제48조의2 제3항 후단에 따른 예술인에 대한 고용보험료의 상한액은 보험료가 부과되는 연도의 전전년도 보험가입자의 고용보험료 평균액의 10배 이내에서 고용노동부장관이 고시하는 금액으로 한다.

09 기출 23

☑ 확인Check! ○ △ ×

고용보험 및 산업재해보상보험의 보험료징수 등에 관한 법령상 동일한 사업주가 하나의 장소에서 사업의 종류가 다른 사업을 아래와 같이 할 경우 산재보험료율을 적용하기 위한 주된 사업은?

사업의 종류	매출액(억)	보수총액(억)	근로자 수(명)
A	150	15	30
B	150	15	40
C	250	15	40
D	250	12	40
E	300	12	40

① A ② B

③ C ④ D

⑤ E

10 기출 22

☑ 확인Check! ○ △ ×

고용보험 및 산업재해보상보험의 보험료징수 등에 관한 법률상 보험료율의 인상 또는 인하 등에 따른 조치에 관한 내용이다. ( )에 들어갈 내용으로 옳은 것은?

> (ㄱ)은 보험료율이 인상 또는 인하된 때에는 월별보험료 및 개산보험료를 증액 또는 감액 조정하고, 월별보험료가 증액된 때에는 (ㄴ)이, 개산보험료가 증액된 때에는 (ㄷ)이 각각 징수한다.

① ㄱ : 근로복지공단
ㄴ : 국민건강보험공단
ㄷ : 근로복지공단

② ㄱ : 근로복지공단
ㄴ : 근로복지공단
ㄷ : 국민건강보험공단

③ ㄱ : 근로복지공단
ㄴ : 근로복지공단
ㄷ : 근로복지공단

④ ㄱ : 국민건강보험공단
ㄴ : 근로복지공단
ㄷ : 국민건강보험공단

⑤ ㄱ : 국민건강보험공단
ㄴ : 국민건강보험공단
ㄷ : 근로복지공단

09

동일한 사업주가 하나의 장소에서 사업의 종류가 다른 사업을 아래와 같이 할 경우 산재보험료율을 적용하기 위한 주된 사업의 결정은 ① 근로자 수가 많은 사업(제1호) → ⓛ 근로자 수가 같거나 그 수를 파악할 수 없는 경우에는 보수총액이 많은 사업(제2호) → ⓒ 제1호 및 제2호에 따라 주된 사업을 결정할 수 없는 경우에는 매출액이 많은 제품을 제조하거나 서비스를 제공하는 사업(제3호) 순서에 따라 한다(징수법 시행령 제14조 제2항). 이러한 순서에 의하면 ㉠ 근로자 수가 많은 사업(40명)(B, C, D, E) → ⓛ B, C, D, E 중에서 보수총액이 많은 사업(15억)인 B, C → ⓒ B, C 중에서 매출액이 많은 사업(250억)인 C가 산재보험료율을 적용하기 위한 주된 사업이 된다.

정답 ③

10

근로복지공단은 보험료율이 인상 또는 인하된 때에는 월별보험료 및 개산보험료를 증액 또는 감액 조정하고, 월별보험료가 증액된 때에는 건강보험공단이, 개산보험료가 증액된 때에는 근로복지공단이 각각 징수한다. 이 경우 사업주에 대한 통지, 납부기한 등 필요한 사항은 대통령령으로 정한다(징수법 제18조 제1항).

정답 ①

11 기출 22

☑ 확인Check! ○ △ ✕

고용보험 및 산업재해보상보험의 보험료징수 등에 관한 법률상 보험관계의 변경신고에 관한 내용이다. (　　)에 들어갈 숫자로 옳은 것은?

> 보험에 가입한 사업주는 그 이름, 사업의 소재지 등 대통령령으로 정하는 사항이 변경된 경우에는 그 날부터 (　　)일 이내에 그 변경사항을 근로복지공단에 신고하여야 한다.

① 7　　② 14
③ 15　　④ 20
⑤ 30

11

보험에 가입한 사업주는 그 이름, 사업의 소재지 등 대통령령으로 정하는 사항이 변경된 경우에는 그 날부터 14일 이내에 그 변경사항을 공단에 신고하여야 한다(징수법 제12조).

정답 ②

12 기출 22

☑ 확인Check! ○ △ ✕

고용보험 및 산업재해보상보험의 보험료징수 등에 관한 법령상 상시근로자수가 150명 미만인 사업주의 사업의 고용안정·직업능력개발사업의 보험료율은?

① 1만분의 15　　② 1만분의 25
③ 1만분의 35　　④ 1만분의 45
⑤ 1만분의 55

12

상시근로자수가 150명 미만인 사업주의 사업의 고용안정·직업능력개발사업의 보험료율은 1만분의 25이다(징수법 시행령 제12조 제1항 제1호 가목).

정답 ②

PLUS

고용보험료율(징수법 시행령 제12조)

① 법 제14조 제1항에 따른 고용보험료율은 다음 각 호와 같다.

1. 고용안정·직업능력개발사업의 보험료율 : 다음 각 목의 구분에 따른 보험료율
   가. 상시근로자수가 150명 미만인 사업주의 사업 : 1만분의 25
   나. 상시근로자수가 150명 이상인 사업주의 사업으로서 우선지원 대상기업의 범위에 해당하는 사업 : 1만분의 45
   다. 상시근로자수가 150명 이상 1천명 미만인 사업주의 사업으로서 나목에 해당하지 않는 사업 : 1만분의 65
   라. 상시근로자수가 1천명 이상인 사업주의 사업으로서 나목에 해당하지 않는 사업 및 국가·지방자치단체가 직접 하는 사업 : 1만분의 85

13 기출 22

☑ 확인 Check! ○ △ ×

고용보험 및 산업재해보상보험의 보험료징수 등에 관한 법령상 기준보수에 관한 설명으로 옳지 않은 것은?

① 근로시간에 따라 보수를 지급받는 근로자가 주당 소정근로시간을 확정할 수 없는 경우에는 시간단위 기준보수를 적용한다.
② 기준보수는 사업의 규모, 근로·노무 형태, 보수·보수액 수준 등을 고려하여 고용보험법에 따른 고용보험위원회의 심의를 거쳐 시간·일 또는 월 단위로 정하되, 사업의 종류별 또는 지역별로 구분하여 정할 수 있다.
③ 사업의 폐업·도산 등으로 근로자, 예술인 또는 노무제공자의 보수 또는 보수액을 산정·확인하기 곤란한 경우에는 기준보수를 보수로 할 수 있다.
④ 통상근로자로서 월정액으로 보수를 지급받는 근로자에게는 월단위 기준보수를 적용한다.
⑤ 예술인(일정 소득기준을 충족하는 예술인과 단기예술인은 제외) 및 노무제공자(일정 소득기준을 충족하는 노무제공자와 단기노무제공자는 제외)의 보수액이 기준보수보다 적은 경우에는 기준보수를 보수로 할 수 있다.

13

① (×) 시간급근로자 또는 일급근로자임이 명확하지 아니하거나 주당 소정근로시간을 확정할 수 없는 경우에는 월단위 기준보수를 직용한다(징수법 시행령 제3조 제2항 제2호 단서).
② (○) 징수법 제3조 제2항
③ (○) 징수법 제3조 제1항 제1호
④ (○) 징수법 제3조 제2항, 동법 시행령 제3조 제2항 제1호
⑤ (○) 징수법 제3조 제1항 제2호

정답 ①

PLUS

기준보수(징수법 제3조)

① 다음 각 호의 어느 하나에 해당하는 경우에는 고용노동부장관이 정하여 고시하는 금액(이하 "기준보수"라 한다)을 근로자, 고용보험법 제77조의2 제1항에 따른 예술인(이하 "예술인")이나 같은 법 제77조의6 제1항에 따른 노무제공자(이하 "노무제공자")의 보수 또는 보수액으로 할 수 있다.
1. 사업의 폐업·도산 등으로 근로자, 예술인 또는 노무제공자의 보수 또는 보수액을 산정·확인하기 곤란한 경우 등 대통령령으로 정하는 사유가 있는 경우
2. 예술인(고용보험법 제77조의2 제2항 제2호 본문에 따른 소득 기준을 충족하는 예술인으로서 대통령령으로 정하는 사람과 같은 호 단서에 따른 단기예술인은 제외) 및 노무제공자(같은 법 제77조의6 제2항 제2호 본문에 따른 소득 기준을 충족하는 노무제공자로서 대통령령으로 정하는 사람과 같은 호 단서에 따른 단기노무제공자는 제외)의 보수액이 기준보수보다 적은 경우

② 기준보수는 사업의 규모, 근로·노무 형태, 보수·보수액 수준 등을 고려하여 고용보험법 제7조에 따른 고용보험위원회의 심의를 거쳐 시간·일 또는 월 단위로 정하되, 사업의 종류별 또는 지역별로 구분하여 정할 수 있다.

기준보수의 적용(징수법 시행령 제3조)

① 법 제3조 제1항 제1호에서 "사업의 폐업·도산 등으로 근로자, 예술인 또는 노무제공자의 보수 또는 보수액을 산정·확인하기 곤란한 경우 등 대통령령으로 정하는 사유가 있는 경우"란 다음 각 호의 어느 하나에 해당하는 경우를 말한다.
1. 사업 또는 사업장(이하 "사업")의 폐업·도산 등으로 근로자, 고용보험법 제77조의2 제1항에 따른 예술인(이하 "예술인") 또는 같은 법 제77조의6 제1항에 따른 노무제공자(이하 "노무제공자")의 보수 또는 보수액을 산정·확인하기 곤란한 경우
2. 보수 관련 자료가 없거나 명확하지 않은 경우
3. 사업의 이전 등으로 사업의 소재지를 파악하기 곤란한 경우

② 법 제3조에 따른 기준보수는 다음 각 호의 구분에 따라 적용한다.

1. 통상근로자로서 월정액으로 보수를 지급받는 근로자에게는 월단위 기준보수를 적용한다.
2. 단시간근로자, 근로시간에 따라 보수를 지급받는 근로자(이하 이 조에서 "시간급근로자"), 근로일에 따라 일당 형식의 보수를 지급받는 근로자(이하 이 조에서 "일급근로자")에게는 주당 소정근로시간을 실제 근로한 시간으로 보아 시간단위 기준보수를 적용한다. 다만, 시간급근로자 또는 일급근로자임이 명확하지 아니하거나 주당 소정근로시간을 확정할 수 없는 경우에는 월단위 기준보수를 적용한다.
3. 예술인에게는 월단위 기준보수를 적용한다.
4. 노무제공자에게는 월단위 기준보수를 적용한다.

14 기출 22

☑ 확인Check! ○ △ ×

고용보험 및 산업재해보상보험의 보험료징수 등에 관한 법령상 보험관계의 성립 및 소멸에 관한 설명으로 옳지 않은 것은?

① 산업재해보상보험법을 적용하지 아니하는 사업의 사업주는 근로복지공단의 승인을 받아 산업재해보상보험에 가입할 수 있다.
② 일괄적용사업의 사업주는 사업의 개시일부터 14일 이내에 끝나는 사업의 경우에는 그 끝나는 날의 다음 날까지 개시 및 종료 사실을 근로복지공단에 신고하여야 한다.
③ 고용보험법을 적용하지 아니하는 사업의 사업주가 고용보험에 가입된 경우 그 보험계약을 해지할 때에는 미리 근로복지공단의 승인을 받아야 한다.
④ 고용보험에 가입한 사업주는 기간의 정함이 있는 건설사업의 경우 사업의 기간이 변경되면 그 변경된 날부터 14일 이내에 그 변경사항을 근로복지공단에 신고해야 한다.
⑤ 고용보험법을 적용하지 아니하는 사업의 사업주가 근로자의 과반수의 동의를 받아 근로복지공단의 승인을 받으면 그 사업의 사업주와 근로자는 고용보험에 가입할 수 있다.

14

① (○) 징수법 제5조 제4항
② (×) 일괄적용사업의 사업주는 그 각각의 사업(당연가입자가 보험관계를 신고한 사업은 제외)의 개시일 및 종료일(사업 종료의 신고는 고용보험의 경우만)부터 각각 14일 이내에 그 개시 및 종료 사실을 근로복지공단에 신고하여야 한다. 다만, 사업의 개시일부터 14일 이내에 끝나는 사업의 경우에는 그 끝나는 날의 전날까지 신고하여야 한다(징수법 제11조 제3항).
③ (○) 징수법 제5조 제5항 전문
④ (○) 징수법 제12조, 동법 시행령 제9조 제5호
⑤ (○) 징수법 제5조 제2항

정답 ②

PLUS

보험관계의 변경신고(징수법 제12조)

보험에 가입한 사업주는 그 이름, 사업의 소재지 등 대통령령으로 정하는 사항이 변경된 경우에는 그 날부터 14일 이내에 그 변경사항을 공단에 신고하여야 한다.

보험관계의 변경신고(징수법 시행령 제9조)

법 제12조에 따라 사업주는 보험에 가입된 사업에 다음 각 호의 사항이 변경되면 그 변경된 날부터 14일 이내에 공단에 신고해야 한다. 다만, 제6호는 다음 보험연도 첫날부터 14일 이내에 신고해야 한다.

1. 사업주(법인인 경우에는 대표자)의 이름 및 주민등록번호
2. 사업의 명칭 및 소재지
3. 사업의 종류
4. 사업자등록번호(법인인 경우에는 법인등록번호를 포함)
5. 건설공사 또는 벌목업 등 기간의 정함이 있는 사업의 경우 사업의 기간
6. 고용보험법 시행령 제12조에 따른 우선지원 대상기업의 해당 여부에 변경이 있는 경우 상시근로자수

15 기출 21

☑ 확인Check! ○ △ ×

고용보험 및 산업재해보상보험의 보험료징수 등에 관한 법령상 보험료의 납부 등에 관한 내용으로 옳지 않은 것은?

① 법인이 합병한 경우에 합병 후 존속하는 법인은 합병으로 소멸된 법인이 내야 하는 보험료를 낼 의무를 진다.

② 근로복지공단은 사업주가 국세를 체납하여 체납처분을 받은 경우에는 보험료와 이 법에 따른 징수금 총액이 300만원 미만이면 납부기한 전이라도 즉시 보험료를 징수하여야 한다.

③ 국민건강보험공단은 소멸시효가 완성된 경우에는 고용노동부장관의 승인을 받아 보험료와 이 법에 따른 그 밖의 징수금을 결손처분할 수 있다.

④ 공동사업에 관계되는 보험료, 이 법에 따른 그 밖의 징수금과 체납처분비는 공동사업자가 연대하여 낼 의무를 진다.

⑤ 상속이 개시된 때에 그 상속인은 피상속인에게 부과되거나 피상속인이 내야 하는 보험료를 상속받은 재산의 한도에서 낼 의무를 진다.

15

① (○) 법인이 합병한 경우에 합병 후 존속하는 법인 또는 합병으로 설립되는 법인은 합병으로 소멸된 법인에 부과되거나 그 법인이 내야 하는 보험료와 이 법에 따른 그 밖의 징수금과 체납처분비를 낼 의무를 진다(징수법 제28조의2).

② (×) 공단 또는 건강보험공단은 사업주가 국세를 체납하여 체납처분을 받은 경우에는 납부기한 전이라도 이미 납부의무가 확정된 보험료, 이 법에 따른 그 밖의 징수금을 징수할 수 있다. 다만, 보험료와 이 법에 따른 그 밖의 징수금의 총액이 500만원 미만인 경우에는 그러하지 아니하다(징수법 제27조의2 제1항 제1호).

③ (○) 건강보험공단은 체납처분이 끝나고 체납액에 충당된 배분금액이 그 체납액보다 적은 경우, 소멸시효가 완성된 경우 및 징수할 가능성이 없다고 인정하여 대통령령으로 정하는 경우에 해당하는 사유가 있을 때에는 고용노동부장관의 승인을 받아 보험료와 이 법에 따른 그 밖의 징수금을 결손처분할 수 있다(징수법 제29조 제1항).

④ (○) 징수법 제28조의4 제1항

⑤ (○) 상속이 개시된 때에 그 상속인(민법 제1078조에 따라 포괄적 유증을 받은 자를 포함) 또는 민법 제1053조에 따른 상속재산관리인은 피상속인에게 부과되거나 그 피상속인이 내야 하는 보험료, 이 법에 따른 그 밖의 징수금과 체납처분비를 상속받은 재산의 한도에서 낼 의무를 진다(징수법 제28조의3 제1항).

정답 ②

16 기출 21

☑ 확인Check! ○ △ ×

고용보험 및 산업재해보상보험의 보험료징수 등에 관한 법령상 보험료의 부과 및 징수에 관한 내용으로 옳은 것은?

① 건설업 중 건설장비운영업은 보험료의 월별 부과·징수 제외대상사업에 해당한다.

② 임업 중 벌목업은 보험료의 월별 부과·징수 대상사업에 해당한다.

③ 근로복지공단은 사업주에게 납부기한 20일 전까지 월별보험료의 납입을 고지하여야 한다.

④ 장애인고용촉진 및 직업재활법상 장애인인 보험가입자의 보험료는 근로복지공단이 매월 부과하고, 한국장애인고용공단이 이를 징수한다.

⑤ 제조업의 보험료는 근로복지공단이 매월 부과하고, 국민건강보험공단이 이를 징수한다.

16

① (×) 건설업 중 건설장비운영업은 보험료의 월별 부과·징수 제외대상사업에서 제외한다(징수법 시행령 제19조의2 제1호). 즉, 제외대상사업에 해당하지 아니한다.

② (×) 임업 중 벌목업은 보험료의 월별 부과·징수 제외대상사업에 해당한다(징수법 시행령 제19조의2 제2호).

③ (×) 건강보험공단은 사업주에게 징수하고자 하는 보험료 등의 종류, 납부하여야 할 보험료 등의 금액, 납부기한 및 장소 등을 적은 문서로써 납부기한 10일 전까지 월별보험료의 납입을 고지하여야 한다(징수법 제16조의8 제1항).

④ (×) 장애인고용촉진 및 직업재활법상 장애인도 고용보험법이 적용되므로, 장애인인 보험가입자의 보험료는 근로복지공단이 매월 부과하고, 건강보험공단이 이를 징수한다(징수법 제16조의2 제1항).

⑤ (○) 보험료는 공단이 매월 부과하고, 건강보험공단이 이를 징수한다(징수법 제16조의2 제1항).

정답 ⑤

17 기출 21

☑ 확인 Check! ○ △ ×

고용보험 및 산업재해보상보험의 보험료징수 등에 관한 법령상 소멸시효에 관한 내용으로 옳지 않은 것은?

① 월별보험료의 고지로 중단된 소멸시효는 월별보험료를 고지한 날부터 새로 진행한다.
② 소멸시효에 관하여는 이 법에 규정된 것을 제외하고는 민법에 따른다.
③ 징수금의 독촉에 따라 중단된 소멸시효는 독촉에 의한 납부기한이 지난 때부터 새로 진행한다.
④ 이 법에 따른 그 밖의 징수금을 징수할 수 있는 권리는 3년간 행사하지 아니하면 시효로 인하여 소멸한다.
⑤ 이 법에 따른 체납처분절차에 따라 하는 교부청구로 중단된 소멸시효는 교부청구 중의 기간이 지난 때부터 새로 진행한다.

17

① (×) 월별보험료의 고지로 중단된 소멸시효는 고지한 월별보험료의 납부기한이 지난 때부터 새로 진행한다(징수법 제42조 제2항 제1호).
② (○) 징수법 제41조 제2항
③ (○) 징수법 제42조 제2항 제2호
④ (○) 보험료, 이 법에 따른 그 밖의 징수금을 징수하거나 그 반환받을 수 있는 권리는 3년간 행사하지 아니하면 시효로 인하여 소멸한다(징수법 제41조 제1항).
⑤ (○) 징수법 제42조 제2항 제4호

정답 ①

18 기출 21

☑ 확인 Check! ○ △ ×

고용보험 및 산업재해보상보험의 보험료징수 등에 관한 법령상 사업주는 보험에 가입된 사업에 변경사항이 있으면 그 변경된 날부터 14일 이내에 근로복지공단에 그 변경사항을 신고하여야 한다. 변경신고사항에 해당하는 것을 모두 고른 것은?

> ㄱ. 사업주의 이름 및 주민등록번호
> ㄴ. 사업의 종류
> ㄷ. 사업의 명칭 및 소재지
> ㄹ. 사업자등록번호

① ㄱ, ㄴ　　② ㄴ, ㄷ
③ ㄱ, ㄴ, ㄹ　　④ ㄱ, ㄷ, ㄹ
⑤ ㄱ, ㄴ, ㄷ, ㄹ

18

ㄱ., ㄴ., ㄷ., ㄹ. 모두 징수법 시행령 제9조에서 정한 보험관계의 변경신고사항에 해당한다.

정답 ⑤

PLUS

보험관계의 변경신고(징수법 시행령 제9조)

법 제12조에 따라 사업주는 보험에 가입된 사업에 다음 각 호의 사항이 변경되면 그 변경된 날부터 14일 이내에 공단에 신고해야 한다. 다만, 제6호는 다음 보험연도 첫날부터 14일 이내에 신고해야 한다.

1. 사업주(법인인 경우에는 대표자)의 이름 및 주민등록번호
2. 사업의 명칭 및 소재지
3. 사업의 종류
4. 사업자등록번호(법인인 경우에는 법인등록번호를 포함)
5. 건설공사 또는 벌목업 등 기간의 정함이 있는 사업의 경우 사업의 기간
6. 고용보험법 시행령 제12조에 따른 우선지원 대상기업의 해당 여부에 변경이 있는 경우 상시근로자수

19 기출 21

☑ 확인Check! ○ △ ×

고용보험 및 산업재해보상보험의 보험료징수 등에 관한 법령상 국가 · 지방자치단체가 직접 하는 사업의 고용안정 · 직업능력개발사업의 보험료율은?

① 1만분의 25　② 1만분의 45
③ 1만분의 65　④ 1만분의 85
⑤ 1천분의 16

19

국가 · 지방자치단체가 직접 하는 사업의 고용안정 · 직업능력개발사업의 보험료율은 1만분의 85이다(징수법 시행령 제12조 제1항 제1호 라목).

정답 ④

PLUS

고용보험료율(징수법 시행령 제12조)

① 법 제14조 제1항에 따른 고용보험료율은 다음 각 호와 같다.

1. 고용안정 · 직업능력개발사업의 보험료율 : 다음 각 목의 구분에 따른 보험료율
   가. 상시근로자수가 150명 미만인 사업주의 사업 : 1만분의 25
   나. 상시근로자수가 150명 이상인 사업주의 사업으로서 우선지원 대상기업의 범위에 해당하는 사업 : 1만분의 45
   다. 상시근로자수가 150명 이상 1천명 미만인 사업주의 사업으로서 나목에 해당하지 않는 사업 : 1만분의 65
   라. 상시근로자수가 1천명 이상인 사업주의 사업으로서 나목에 해당하지 않는 사업 및 국가 · 지방자치단체가 직접 하는 사업 : 1만분의 85
2. 실업급여의 보험료율 : 1천분의 18

20 기출 21

☑ 확인Check! ○ △ ×

고용보험 및 산업재해보상보험의 보험료징수 등에 관한 법령상 보험관계의 성립일 또는 소멸일에 관한 내용으로 옳지 않은 것은?

① 사업이 폐업되거나 끝난 날의 다음 날에 소멸한다.
② 일괄적용을 받는 사업의 경우에는 처음 하는 사업이 시작된 날에 성립한다.
③ 근로복지공단이 계속하여 보험관계를 유지할 수 없다고 인정하여 그 보험관계를 소멸시키는 경우에는 그 소멸을 결정 · 통지한 날의 다음 날에 소멸한다.
④ 근로복지공단의 승인을 얻어 가입한 보험계약을 해지하는 경우에는 그 해지에 관하여 근로복지공단의 승인을 받은 날의 다음 날에 소멸한다.
⑤ 보험에 가입한 하수급인의 경우에는 그 하도급공사의 착공일의 다음 날에 성립한다.

20

① (○) 징수법 제10조 제1호
② (○) 징수법 제7조 제4호
③ (○) 징수법 제10조 제3호
④ (○) 징수법 제10조 제2호
⑤ (×) 보험에 가입한 하수급인의 경우에는 그 하도급공사의 착공일에 성립한다(징수법 제7조 제5호).

정답 ⑤

21 기출 20

☑ 확인Check! ○ △ ✕

고용보험 및 산업재해보상보험의 보험료징수 등에 관한 법률상의 내용이다. (   )에 들어갈 내용으로 옳은 것은?

> • 국민건강보험공단은 보험가입자가 보험료를 납부기한까지 내지 아니하면 기한을 정하여 그 납부의무자에게 징수금을 낼 것을 독촉하여야 한다. 국민건강보험공단이 독촉을 하는 경우에는 독촉장을 발급하여야 한다. 이 경우의 납부기한은 독촉장 발급일부터 (ㄱ)일 이상의 여유가 있도록 하여야 한다.
> • 보험료를 징수하거나 그 반환받을 수 있는 권리는 (ㄴ)년간 행사하지 아니하면 시효로 인하여 소멸한다.

① ㄱ : 7, ㄴ : 1
② ㄱ : 7, ㄴ : 3
③ ㄱ : 10, ㄴ : 1
④ ㄱ : 10, ㄴ : 3
⑤ ㄱ : 14, ㄴ : 1

21

• 건강보험공단은 독촉을 하는 경우에는 독촉장을 발급하여야 한다. 이 경우의 납부기한은 독촉장 발급일부터 10일 이상의 여유가 있도록 하여야 한다(징수법 제27조 제3항).
• 보험료, 이 법에 따른 그 밖의 징수금을 징수하거나 그 반환받을 수 있는 권리는 3년간 행사하지 아니하면 시효로 인하여 소멸한다(징수법 제41조 제1항).

정답 ④

22 기출 20

☑ 확인Check! ○ △ ✕

고용보험 및 산업재해보상보험의 보험료징수 등에 관한 법률상 월별 보험료 연체와 관련된 내용이다. (   )에 들어갈 내용으로 옳은 것은?

> 국민건강보험공단은 납부기한 후 30일이 지난 날부터 매 (ㄱ)일이 지날 때마다 체납된 월별 보험료의 (ㄴ)에 해당하는 연체금을 이미 발생한 연체금에 더하여 징수한다. 이 경우 연체금은 체납된 월별 보험료의 (ㄷ)을 넘지 못한다.

① ㄱ : 1, ㄴ : 1천분의 1, ㄷ : 1천분의 30
② ㄱ : 1, ㄴ : 6천분의 1, ㄷ : 1천분의 50
③ ㄱ : 1, ㄴ : 1천분의 1, ㄷ : 1천분의 90
④ ㄱ : 7, ㄴ : 1천분의 1, ㄷ : 1천분의 30
⑤ ㄱ : 7, ㄴ : 3천분의 1, ㄷ : 1천분의 90

22

건강보험공단은 사업주가 보험료 또는 이 법에 따른 그 밖의 징수금을 내지 아니하면 납부기한 후 30일이 지난 날부터 매 1일이 지날 때마다 체납된 보험료, 그 밖의 징수금의 6천분의 1에 해당하는 연체금을 제1항에 따른 연체금에 더하여 징수한다. 이 경우 연체금은 체납된 보험료, 그 밖의 징수금의 1천분의 50을 넘지 못한다(징수법 제25조 제3항).

정답 ②

23 기출 20

☑ 확인 Check! ○ △ ×

고용보험 및 산업재해보상보험의 보험료징수 등에 관한 법률상 산재보험료율의 결정에 관한 내용이다. (   )에 들어갈 내용으로 옳은 것은?

> • 업무상 사고에 따른 업무상 재해에 관한 산재보험료율은 매년 6월 30일 현재 과거 (ㄱ)년 동안의 보수총액에 대한 산재보험급여총액의 비율을 기초로 하여 산업재해보상보험법에 따른 연금 등 산재보험급여에 드는 금액, 재해예방 및 재해근로자의 복지 증진에 드는 비용 등을 고려하여 사업의 종류별로 구분하여 고용노동부령으로 정한다.
> • 고용노동부장관은 산재보험료율을 정하는 경우에는 특정 사업종류의 산재보험료율이 전체 사업의 평균산재보험료율의 (ㄴ)배를 초과하지 아니하도록 하여야 한다.

① ㄱ : 2, ㄴ : 20
② ㄱ : 2, ㄴ : 30
③ ㄱ : 3, ㄴ : 15
④ ㄱ : 3, ㄴ : 20
⑤ ㄱ : 3, ㄴ : 30

23

• 산업재해보상보험법에 따른 업무상의 재해에 관한 산재보험료율은 매년 6월 30일 현재 과거 3년 동안의 보수총액에 대한 산재보험급여총액의 비율을 기초로 하여, 산업재해보상보험법에 따른 연금 등 산재보험급여에 드는 금액, 재해예방 및 재해근로자의 복지 증진에 드는 비용 등을 고려하여 사업의 종류별로 구분하여 고용노동부령으로 정한다(징수법 제14조 제3항 전문).
• 고용노동부장관은 산재보험료율을 정하는 경우에는 특정 사업종류의 산재보험료율이 전체 사업의 평균산재보험료율의 20배를 초과하지 아니하도록 하여야 한다(징수법 제14조 제5항).

정답 ④

24 기출 20

☑ 확인 Check! ○ △ ×

고용보험 및 산업재해보상보험의 보험료징수 등에 관한 법률상 보험사무대행기관 등에 관한 설명으로 옳은 것을 모두 고른 것은?

> ㄱ. 공인노무사가 보험사무를 대행하려는 경우에는 근로복지공단의 인가를 받아야 한다.
> ㄴ. 근로복지공단은 보험료, 이 법에 따른 그 밖의 징수금의 납입의 통지 등을 보험사무대행기관에 함으로써 그 사업주에 대한 통지를 갈음한다.
> ㄷ. 근로복지공단이 가산금을 부과하여 징수하는 경우에 그 징수사유가 보험사무대행기관의 귀책사유로 인한 것일 때에는 보험사무대행기관이 100분의 50에 해당하는 금액을 내야 한다.

① ㄱ ② ㄱ, ㄴ
③ ㄱ, ㄷ ④ ㄴ, ㄷ
⑤ ㄱ, ㄴ, ㄷ

24

ㄱ. (○) 징수법 제33조 제2항
ㄴ. (○) 징수법 제34조
ㄷ. (×) 공단이 가산금, 연체금 및 산재보험급여에 해당하는 금액을 징수하는 경우에 그 징수사유가 보험사무대행기관의 귀책사유로 인한 것일 때에는 그 한도 안에서 보험사무대행기관이 해당 금액을 내야 한다(징수법 제35조).

정답 ②

25 기출 20

☑ 확인Check! ○ △ ×

고용보험 및 산업재해보상보험의 보험료징수 등에 관한 법령상 보수총액 등의 신고와 관련한 내용으로 옳지 않은 것은?

① 보수총액신고는 문서로 함을 원칙으로 한다.

② 사업주는 근로자가 다른 사업장으로 전보되는 등 대통령령으로 정하는 사유가 발생한 때에는 그 사유발생일부터 14일 이내에 그 사실을 근로복지공단에 신고하여야 한다.

③ 사업주는 사업의 폐지 등으로 보험관계가 소멸한 때에는 그 보험관계가 소멸한 날부터 14일 이내에 근로자에게 지급한 보수총액 등을 근로복지공단에 신고하여야 한다.

④ 사업주는 전년도에 근로자에게 지급한 보수총액 등을 매년 3월 15일까지 근로복지공단에 신고하여야 한다.

⑤ 사업주는 근로자와 고용관계를 종료한 때에는 그 근로자에게 지급한 보수총액, 고용관계 종료일 등을 그 근로자의 고용관계가 종료한 날이 속하는 달의 다음 달 15일까지 근로복지공단에 신고하여야 한다.

25

① (×) 전년도에 근로자, 예술인 또는 노무제공자에게 지급한 보수총액 등을 공단에 신고하여야 하는 사업주는 해당 신고를 정보통신망을 이용하거나 콤팩트디스크(Compact Disc) 등 전자적 기록매체로 제출하는 방식으로 하여야 한다. 다만, 대통령령으로 정하는 규모에 해당하는 사업주는 해당 신고를 문서로 할 수 있다(징수법 제16조의10 제8항).

② (○) 징수법 제16조의10 제5항

③ (○) 징수법 제16조의10 제2항

④ (○) 징수법 제16조의10 제1항

⑤ (○) 징수법 제16조의10 제4항

정답 ①

26 기출 17

☑ 확인Check! ○ △ ×

고용보험 및 산업재해보상보험의 보험료징수 등에 관한 법령의 내용으로 옳은 것은?

① 고용보험료를 징수하는 경우, 근로자가 휴직기간 중에 사업주 외의 자로부터 지급받는 금품 일체는 보수에서 제외된다.

② "하수급인"이란 원수급인으로부터 그 사업의 전부 또는 일부를 도급받아 하는 자를 말하고, 그 자로부터 그 사업의 전부 또는 일부를 도급받아 하는 자는 제외한다.

③ 보험에 가입한 사업주는 그 이름, 사업의 소재지 등 대통령령으로 정하는 사항이 변경된 경우에는 그날부터 7일 이내에 그 변경사항을 근로복지공단에 신고하여야 한다.

④ 근로기준법에 따른 출산전후휴가의 기간이 월의 중간에 종료된 경우 월별보험료는 해당 월의 다음 달부터 산정한다.

⑤ 보험사업에 드는 비용에 충당하기 위하여 보험가입자로부터 고용안정・직업능력개발사업 및 실업급여의 보험료, 육아휴직 급여 및 출산전후휴가급여의 보험료, 산재보험의 보험료를 징수한다.

26

① (×) 고용보험료를 징수하는 경우에는 근로자가 휴직이나 그 밖에 이와 비슷한 상태에 있는 기간 중에 사업주 외의 자로부터 지급받는 금품 중 고용노동부장관이 정하여 고시하는 금품은 보수로 본다(징수법 제2조 제3호 단서).

② (×) 하수급인이란 원수급인으로부터 그 사업의 전부 또는 일부를 도급받아 하는 자와 그 자로부터 그 사업의 전부 또는 일부를 도급받아 하는 자를 말한다(징수법 제2조 제5호).

③ (×) 보험에 가입한 사업주는 그 이름, 사업의 소재지 등 대통령령으로 정하는 사항이 변경된 경우에는 그날부터 14일 이내에 그 변경사항을 공단에 신고하여야 한다(징수법 제12조).

④ (○) 징수법 제16조의4 제3호, 동법 시행령 제19조의4 제2호

⑤ (×) 보험사업에 드는 비용에 충당하기 위하여 보험가입자로부터 고용안정・직업능력개발사업 및 실업급여의 보험료, 산재보험의 보험료를 징수한다(징수법 제13조 제1항).

정답 ④

27 기출 19

☑ 확인Check! ○ △ ×

고용보험 및 산업재해보상보험의 보험료징수 등에 관한 법령의 내용으로 옳은 것은?

① 사업의 폐업·도산 등으로 근로자, 예술인 또는 노무제공자의 보수 또는 보수액을 산정·확인하기 곤란한 경우에는 기준보수를 보수로 할 수 있다.
② 원수급인으로부터 사업의 전부를 도급받아 하는 자는 하수급인에 해당하지 않는다.
③ 고용보험료를 징수하는 경우에는 근로자가 휴직기간 중에 사업주 외의 자로부터 지급받는 금품 일체는 보수로 보지 않는다.
④ 보험에 가입한 사업주는 사업의 명칭 및 소재지, 사업의 종류 등이 변경된 경우에는 다음 보험연도 첫날부터 14일 이내에 그 변경사항을 근로복지공단에 신고하여야 한다.
⑤ 산업재해보상보험법을 적용받는 사업의 사업주는 근로복지공단의 승인을 받아 산업재해보상보험에 가입할 수 있다.

27

① (○) 징수법 제3조 제1항 제1호
② (×) 하수급인이란 원수급인으로부터 그 사업의 전부 또는 일부를 도급받아 하는 자와 그 자로부터 그 사업의 전부 또는 일부를 도급받아 하는 자를 말한다(징수법 제2조 제5호).
③ (×) 보수란 소득세법 제20조에 따른 근로소득에서 대통령령으로 정하는 금품을 뺀 금액을 말한다. 다만, 고용보험료를 징수하는 경우에는 근로자가 휴직이나 그 밖에 이와 비슷한 상태에 있는 기간 중에 사업주 외의 자로부터 지급받는 금품 중 고용노동부장관이 정하여 고시하는 금품은 보수로 본다(징수법 제2조 제3호).
④ (×) 보험에 가입한 사업주는 그 이름, 사업의 소재지 등 사항이 변경된 경우에는 그날부터 14일 이내에 그 변경사항을 공단에 신고하여야 한다(징수법 제12조).
⑤ (×) 산업재해보상보험법을 적용받는 사업의 사업주는 당연히 산업재해보상보험법에 따른 산업재해보상보험의 보험가입자가 된다(징수법 제5조 제3항).

정답 ①

28 기출 18

☑ 확인Check! ○ △ ×

고용보험 및 산업재해보상보험의 보험료징수 등에 관한 법률상 ( )에 들어갈 내용을 순서대로 옳게 나열한 것은?

• 산재보험의 가입자인 사업주가 그 사업을 운영하다가 근로자를 고용하지 아니하게 되었을 때에는 그날부터 ( )의 범위에서 근로자를 사용하지 아니한 기간에도 보험에 가입한 것으로 본다.
• 고용보험료율은 보험수지의 동향과 경제상황 등을 고려하여 ( )의 범위에서 고용안정·직업능력개발사업의 보험료율 및 실업급여의 보험료율로 구분하여 대통령령으로 정한다.

① 6개월, 1,000분의 15
② 6개월, 1,000분의 30
③ 1년, 1,000분의 15
④ 1년, 1,000분의 30
⑤ 3년, 1,000분의 30

28

• 사업주가 그 사업을 운영하다가 근로자를 고용하지 아니하게 되었을 때에는 그날부터 1년의 범위에서 근로자를 사용하지 아니한 기간에도 보험에 가입한 것으로 본다(징수법 제6조 제3항).
• 고용보험료율은 보험수지의 동향과 경제상황 등을 고려하여 1,000분의 30의 범위에서 고용안정·직업능력개발사업의 보험료율 및 실업급여의 보험료율로 구분하여 대통령령으로 정한다(징수법 제14조 제1항).

정답 ④

29 기출 18

☑ 확인 Check! ○ △ ×

고용보험 및 산업재해보상보험의 보험료징수 등에 관한 법률상 근로복지공단의 업무가 아닌 것은?

① 고용보험료의 월별 부과
② 환수대상이 되는 고용보험료의 지원금의 징수
③ 사업주가 법이 정한 기한까지 확정보험료를 신고하지 않은 경우 부과한 보험료 가산금의 징수
④ 사업주가 법이 정한 납부기한까지 보험료를 내지 아니한 경우 보험료 연체금의 징수
⑤ 사업주가 산재보험료의 납부를 게을리한 기간 중에 발생한 재해에 대하여 산재보험급여를 지급하는 경우 사업주로부터 그 급여에 해당하는 금액의 징수

29

① (○) 징수법 제16조의2 제1항, 제13조 제1항 제1호
② (○) 징수법 제21조의2 제2항
③ (○) 징수법 제24조 제1항 본문
④ (×) 건강보험공단은 사업주가 납부기한까지 보험료 또는 이 법에 따른 그 밖의 징수금을 내지 아니한 경우에는 그 납부기한이 지난 날부터 매 1일이 지날 때마다 체납된 보험료, 그 밖의 징수금의 1천500분의 1에 해당하는 금액을 가산한 연체금을 징수한다. 이 경우 연체금은 체납된 보험료 등의 1천분의 20을 초과하지 못한다(징수법 제25조 제1항).
⑤ (○) 징수법 제26조 제1항 제2호

정답 ④

30 기출 19

☑ 확인 Check! ○ △ ×

고용보험 및 산업재해보상보험의 보험료징수 등에 관한 법령상 보험사무대행기관에 보험사무를 위임할 수 있는 업무의 범위가 아닌 것은?

① 확정보험료의 부과
② 개산보험료의 신고
③ 고용보험 피보험자의 자격관리에 관한 사무
④ 보험관계의 소멸의 신고
⑤ 보험관계의 변경의 신고

30

확정보험료의 부과는 징수법 시행령 제46조에서 정한 보험사무대행기관에 위임할 수 있는 업무의 범위에 해당하지 않는다.

정답 ①

PLUS

위임대상 보험사무의 범위(징수법 시행령 제46조)

법 제33조 제1항 후단에 따라 보험사무대행기관에 위임할 수 있는 업무의 범위는 다음 각 호와 같다.

1. 법 제16조의10에 따른 보수총액 등의 신고
2. 개산보험료·확정보험료의 신고·수정신고에 관한 사무
3. 고용보험 피보험자의 자격관리에 관한 사무
4. 보험관계의 성립·변경·소멸의 신고
5. 그 밖에 사업주가 지방노동관서 또는 공단에 대하여 하여야 할 보험에 관한 사무

참고문헌

• 권오성, 사회보험법, 신조사, 2013
• 이상윤 · 곽병수, 사회보험법, 홍문사, 2012
• 노병호 · 한경식, 사회보험법, 진원사, 2010
• 전시춘, 2024 에센스 사회보험법, 청출어람, 2024
• 나진석, 해설이 있는 사회보험법 법령집, 법학사, 2021
• 이주현, 2024 핵심정리 사회보험법, 새흐름, 2024

2025 시대에듀 EBS 공인노무사 1차 사회보험법

초 판 발 행	2024년 10월 30일(인쇄 2024년 09월 27일)
발 행 인	박영일
책 임 편 집	이해욱
편 저	EBS 교수진
편 집 진 행	안효상 · 이재성 · 김민지
표지디자인	박종우
편집디자인	표미영 · 하한우
발 행 처	(주)시대고시기획
출 판 등 록	제10-1521호
주 소	서울시 마포구 큰우물로 75 [도화동 538 성지 B/D] 9F
전 화	1600-3600
팩 스	02-701-8823
홈 페 이 지	www.sdedu.co.kr
I S B N	979-11-383-7781-2 (13360)
정 가	25,000원